Hans-Jürg Braun

Das Leben nach dem Tod

Jenseitsvorstellungen der Menschheit

Hans-Jürg Braun

Das Leben nach dem Tod

Jenseitsvorstellungen der Menschheit

© 1996 Artemis & Winkler, Düsseldorf/Zürich

Lizenzausgabe für KOMET MA-Service und Verlagsgesellschaft mbH, Frechen
Gesamtherstellung: Komet MA-Service und Verlagsgesellschaft mbH, Frechen
ISBN 3-933366-56-9

Inhalt

Vorbemerkung

Die Thematik des vorgelegten Textes wurde vom Verlag angeregt. Ich danke vorab Herrn Dr. Thomas Meier für die abermals bewährte Betreuung, die vom großen Rahmen bis in die Details reichte.

Dies Buch steht im methodologischen Kontext, den die «Elemente des Religiösen» (Artemis 1993) zu formulieren versuchten. War dort die theoretische Absicht dominant, so ist hier der Deskription vorab Raum gewährt. Die Fülle der Phänomene macht die erhoffte Übersicht zu einer teilweisen. Sie soll dennoch einen Eindruck vermitteln von dieser unbestreitbaren Menschheitsproblematik.

Zu danken habe ich auch hier der Steo-Stiftung, die den zeitlich ausgedehnten Weg religionsphänomenologischer Arbeit geduldig mitverfolgt hat, außerdem den kirchlichen Instanzen, die mir durch den vormaligen Auftrag als Leiter der Evangelischen Studiengemeinschaft an den Zürcher Hochschulen legitime Freiräume gewährten, zuletzt Frau Annette Hegland Rohr sowie Frau Dora Tsatoura, die sich der Manuskriptgestaltung annahmen.

Meiner Frau Brigitte Ambühl Braun danke ich für ihr begleitendes Interesse, das manch kritisches und förderliches Gespräch ermöglichte.

Zürich, 15. April 1995
Hans-Jürg Braun

1 Einleitung

Abschied vom Jenseits?

Unsere Thematik wird heute, doch auch schon im letzten Jahrhundert, verabschiedet als Ausdruck nicht aufgeklärter und von keinerlei Religionskritik beeinflußter Mentalität. Ihr wird nachgesagt, der Mensch habe diese Entlastung angesichts eines unwiderruflichen Lebensendes und der Kürze des Lebens in allen Jahrhunderten zuvor dringend gebraucht. Wer sich stets realiter vom Tod bedroht sieht, dem drängt sich eine solche Ausweichmöglichkeit auf. Ludwig Feuerbach hat die Destruktion dieser menschlichen Tendenz fast verbindlich zu Ende geführt. Die in unseren Tagen akzentuierter vertretene Haltung stützt sich auf die eindeutig verlängerte Lebenserwartung, welche mit großer Wahrscheinlichkeit in den Industrieländern noch zunehmen wird bis zur Verdoppelung praktisch des Lebensalters früherer Tage, und beruht nicht nur auf großen weltbildlichen Veränderungen, sondern ist fraglos vom religionskritischen Impetus der Moderne gespeist. Im Klartext: es gibt nichts, was auf eine nachtodliche Existenz schließen läßt, also ist dem Menschen zuzumuten, daß er, mit seiner verlängerten Lebenszeit zufrieden, sich der Zeit und nur ihr anvertraut, womit man das Eingeständnis seiner endgültigen Vernichtung liefert.

Die Kulturwissenschaftler – in unserer Thematik erscheint ein erstrangiger Focus der gesamten Kultur – muten sich selbst und jedermann Gelassenheit und Demut zu. «In Gelassenheit und Würde sterben» – lautet das zur Todesproblematik Gesagte.[1]

Diese Todesbewältigung aus Wissenschaft und modernem Lebensgefühl gilt es in einigen Hinsichten zu befragen.

Zunächst müßte sicher sein, daß die heutigen Menschen auch in ziemlich langem Leben, verglichen mit der mittelalterlichen und frühen Neuzeit, eine innere und äußere Erfahrung gewinnen, die derart erfüllend ist, daß sie allesamt das empfohlene mittelalterliche «sis humilis» – sei demütig – sich zu eigen machen, so gut sie es eben können in einer weitgehend säkularisierten Welt.

Übersehen wird, daß das «sis humilis» als Aufforderung aus eben der Transzendenz lebt, die man ja nun längst verabschiedet zu haben glaubt.

Gelassenheit, der andere Begriff, mit dem Kulturbetrachter gern operieren, ist bekanntlich von äußerster Relevanz im Denken Meister Eckharts und seiner Schule.[2] Gelassenheit, die mit Abgeschiedenheit zusammen gelesen und praktiziert werden sollte, kann im Kontext des Mystischen, wo sie genuin hingehört, ohne die Transzendenz, den göttlichen Gott keine Sinnhaftigkeit gewinnen. Wer hier auf der Lebensseite Abgeschiedenheit und Gelassenheit pflegt, hat sich losgelassen auf etwas hin, das nicht mehr irdisch ist: die Gottheit, der göttliche Abgrund, die leere Wüste, das Nichts – in jedem Falle auf Transzendenz. Daß dies Loslassen aber nicht mit Schrecken endet, sondern Geborgenheit auslöst, ist Ergebnis einer intensiven religiösen Kultur, die man im Grunde abgelegt zu haben glaubt. Was heute von der Religion bleibt, ist deren Auftrag zu ethisch einwandfreier Sterbebegleitung. Uns will die Aktivität der Kulturwissenschaftler in dem Sinne nicht einleuchten, wonach dem Menschen in seiner Zeitverhaftung kein ausdrücklicher Vektor in Richtung Ewigkeit mehr zugebilligt wird.

Nach dieser knappen einleitenden Bemerkung haben wir vorerst hervorzuheben, daß es keine «Bewältigung» des Todes geben kann. Hier führt niemand mehr Regie – und wenn noch so sehr von außen, sterbehelfend, eingeschritten und sanft wirkendes Gift gereicht wird. Die Härte und Machtgröße des Geschehens, das als Sterben und Tod gilt, schaltet alles aus, was dem Menschen sonst zu Lebzeiten möglich ist.

Somit wird die Frage nach der ars moriendi, der Kunst zu sterben, zur Frage nach der ars vivendi, der Kunst zu leben. Über das Leben, wie es optimal sein könnte, läßt sich einiges sagen.

Eigenartig mutet folgender Befund an: Einerseits wird dem Menschen die bewährte Einsicht nahegelegt, auf alles, was Jenseits meint, zu verzichten, weil man längst weiß, hier ist nichts zu erwarten. Der irdische Tod macht den Schlußpunkt unwiderruflich. Andererseits bleibt unter Menschen eine Jenseitshoffnung feststellbar, ein Bedenken des sogenannten «Weiterschreitens» über die Todesschwelle hinaus, was ja die rege Diskussion zum Reinkarnationsthema nachdrücklich belegt.

Die Absicht

Jenseitsvorstellungen der Menschheit – unser Titel nennt ein Programm, das zunächst für die Deskription der Phänomene Raum vorsieht und anschließend im Rahmen philosophischer Besinnung eine, freilich begrenzte, kritische Prüfung wie auch Einordnung der Ergebnisse in das Gesamtfeld des Religiösen beabsichtigt. Worauf unsere Betrachtung vorrangig zielt, ist der Aufweis diverser Strukturmuster in den Jenseitsvorstellungen, wie sie sich im Religionskosmos zeigen, und zwar von den sogenannten Natur- und Stammesreligionen bis zu den konkrete Vorstellungen auflösenden Meditationswegen z. B. im Zen-Buddhismus. Die *Rede* vom Jenseits oder einem transzendenten Bereich, für den Menschen in seiner nachtodlichen Existenz entscheidend wichtig, ist das zu Behandelnde – nicht irgendeine damit in Verbindung stehende Überzeugung oder Gewißheit, mit deren Hilfe in irdischer Ungewißheit missioniert bzw. das Heil angeboten wird.

Wir stellen uns entschieden außerhalb des in der Gegenwart stattfindenden Diskutierens z. B. über Reinkarnation mit der Leitfrage: Gibt es so etwas, oder gibt es das nicht? Wir nehmen zur Kenntnis, daß in einer Zeit globaler Veränderungen, die man auch Revolutionen nennt, eine Orientierungssuche stattfindet, die – zeitgt sie positive Ergebnisse – im Bewußtseinswandel hin auf ein neues Zeitalter zur Ruhe kommen möchte.

Wir beteiligen uns nicht an Weltuntergangsreden und in ihnen aufscheinenden apokalyptischen Bildern, die man in kleinen Gruppen «Erwählter» zeichnet und pflegt. Wir leiten keine Folgerungen ab aus Zeichen einer sich rasant verschärfenden Krise der Umwelt, die auf säkularisierter Ebene den immer lauter klingenden Ruf nach Ethik erzeugt, in fundamentalistischen Kreisen christlicher Provenienz die sicheren Marken des Weges zum Ende aller Dinge wahrzunehmen meint, das sich bekanntlich gemäß neutestamentlicher Aussage mit der Wiederkunft Christi verbindet.

Wir beteiligen uns keineswegs vorrangig an der breiten Strömung, die mit der Todesforschung bekannt geworden ist – mit der achtbaren Intention, Weltangst und Todesfurcht zu lindern oder gar aufzuheben. Wir sind aber auch nicht dort angesiedelt, wo Immanenz das letzte Wort bleibt, Religion damit insgesamt und die ihr zugehörenden Jenseitsvorstellungen aus Abschied und Traktanden fallen.

Uns geht es, wie angedeutet, um phänomenologische Deskription der Materialien, soweit sie in einem solchen Rahmen präsentiert werden können. Darüber hinaus gehört zu unserem Programm der religionsphilosophische Versuch, die religiöse und anthropologische Relevanz der Jenseitsvorstellungen aufzuzeigen.

Religion, Jenseits und Transzendenz

Zweierlei ist vorauszuschicken: Einmal fassen wir den schon so oft definierten Begriff Religion, um eine Arbeitsleitlinie zu gewinnen, äußerst formal, indem wir sagen, Religion, die auch als Sich-Binden an ein Göttliches bzw. einen Gott gefaßt wird, deutet auf die den Menschen charakterisierende Fähigkeit, über sich selbst hinauszuschreiten, zu transzendieren. Der Mensch erscheint als ein transzendenz-orientiertes Wesen.

Zum anderen haben wir Rechenschaft abzulegen über Fundorte unseres Materials. Es sind vorab enzyklopädische Darstellungen, größere Monographien zu einzelnen Religionen. Wir versuchen, die Eigenarten solcher Darstellungen, die mit den Positionen ihrer Autoren zu tun haben, zu berücksichtigen.

Besonders dienen uns die religionsphänomenologischen Systeme von Gerardus van der Leeuw[3], Friedrich Heiler[4] und Geo Widengren[5] als Feld, in dem Umschau zu halten ist, um einen religionswissenschaftlich vertretbaren Begriff des Jenseits abzusichern.

Unsere Interpretation stützen wir auf Überlegungen, die sich sowohl dem Hintergrund der genannten großen Darstellungen verpflichtet wissen, als auch von dem Versuch ausgehen, eine transzendentalphänomenologische Betrachtung im Anschluß an Edmund Husserl[6] zu inaugurieren. Unsere Betrachtung versteht sich als Diskussionsbeitrag zu einer revidierten Phänomenologie der Religion.

Die Materialien als Zeugnisse menschlicher Rede zu Themen wie Leben und Sterben, Mensch und Gott, Zeit und Ewigkeit, Diesseits und Jenseits etc. sind über ihre Wiedergabe hinaus als Ergebnisse von Konstitutionsleistungen zu fassen und hinsichtlich ihrer Genese zu erforschen. Was dabei nicht zum vornherein das Feld unserer Arbeit okkupieren darf, ist die von Ludwig Feuerbach[7] und Sigmund Freud[8] verkündete Projektionsthese. Projektion im Sinne dieser Denker bedeutet psychische Entlastung aus irdischem Elend, menschlicher Not. Transzendentalphänomenologie, betrieben im Bereich des Religiösen, meint dagegen völlige Ausklammerung der sich durch Feuerbach und Freud stellenden Gewißheitsfrage. Das Jenseits sowie alle Vorstellungen von ihm sind in religiöser Rede gleichgewichtig dem Entsprechenden, als das wir das Diesseits kennen.

An dieser Stelle empfiehlt sich eine Begriffsbestimmung des Jenseits und ein Hinblick auf den Transzendenzbegriff. Zunächst haben wir festzustellen, daß im Begriff des Jenseits die Vorstellung räumlicher Distanz zu einer anderen als unserer diesseitigen Welt waltet. Sie wurzelt in einer Urerfahrung, die sich für den Menschen aus bloßem Aufblick zu den Höhen des Himmels ergibt. Die unvermittelt wahrgenommene Distanz zwischen Erde und Himmel dürfte sehr vielen Jenseitsvorstellungen zugrunde liegen. Mit diesen Vorstellungen verbindet sich nicht selten das Bild des Aufstiegs – hinauf zum Himmel und am Himmel entlang. Wir finden es bis in die Philosophie – z. B. bei Parmenides[9] mit der Himmelsreise wie bei Platon[10] im berühmten Höhlengleichnis.

Der Begriff Transzendenz steht hinsichtlich seiner Geschichte im Spannungsfeld zu seinem Gegenbegriff: der Immanenz. Letzterer umfaßt alles, was dem Menschen als subjekteigen und wesensmäßig zugehört, während Transzendenz das bezeichnet, was die Immanenz übersteigt, außerhalb derselben als ihr Gegenüber gedacht und geglaubt wird. Transzendenz gilt als das, was dem Menschen nicht wesenseigen, sondern fremd ist, jedoch gerade in seinem fremdartigen und andersartigen Gegenübersein in gewisser Hinsicht dem Menschen und seiner Daseinswelt eignet. Transzendenz meint das, woraufhin der Mensch sich in seinem immanent-subjektiven Leben übersteigt bzw. zu übersteigen versucht. Da es dem Menschen wesentlich ist, über sich hinauszugehen, wird Transzendenz notwendig ins Subjektive einbezogen, d. h. Immanenz ist erst im Bezug auf Transzendenz das, was sie ist. Umgekehrt redet man von Transzendenz als solcher eben auch bezogen auf die Immanenz. Nur von der Immanenz her kann von Transzendenz die Rede sein.[11]

Historische Hinweise

Im Laufe der Zeit wurde unter den Begriffen Transzendenz und Immanenz sehr Verschiedenes verstanden. So galt z. B. zur Zeit der Scholastik die gesamte Schöpfung, zu der der fragende und erkennende Mensch gehört, als Immanenz gegenüber der Transzendenz Gottes, dem Weltenschöpfer.[12]

Später bezieht Descartes[13] die Transzendenzproblematik auf die räumliche Welt. Die der *res cogitans* als dem unräumlichen Bewußtsein transzendente *res extensa* als Bereich des Materiellen soll ihrer Essenz und Existenz nach aus Gründen erschlossen und bewiesen werden, die dem *cogito* immanent sind. Das *ego cogito* muß zur Realität Gottes und der körperlichen Dinge in ein Verhältnis gesetzt werden. Descartes gewahrt das *ego cogito* in unaufhebbarem Bezug zur Gottheit. Aber die Idee Gottes überschreitet so sehr das vom Menschen aus Mögliche und Umgrenzbare, daß die Existenz Gottes als des Urhebers einer solchen Idee notwendig vorauszusetzen ist. Wäre die Idee der Gottheit aus mir selbst entsprungen, so wäre ich selbst das allervollkommenste Wesen – ich wäre nicht Mensch, sondern Gott. Descartes argumentiert so: Allein dadurch, daß ich existiere und daß die Idee eines vollkommensten Wesens, das ist Gottes, in mir ist, gewinne ich die Evidenz, daß auch Gott existiert. Gott erweist sich auf diese Weise als die transzendente Macht, die sich im Selbstbewußtsein bezeugt.

Anders verhält es sich bei Kant[14], der alles, was die Reichweite möglicher Erfahrung überschreitet, für Transzendenz hält, so z. B. das grundsätzlich unerkennbare Ding an sich im Gegensatz zu dessen Erscheinung. Für Kant bleibt das Ansich dessen, was sich uns von außen eindrückt, was uns affiziert, «gänzlich unbekannt». Doch damit ist das, was erscheint, nicht bloßer Schein. Dem Ding außer mir kommt ebenso wie dem Ding in mir Realität zu. Dem Schein wird Tür und Tor geöffnet, wo man Aussagen über «Sachen an sich» wagt. Kant will mit solchen Überzeugungen verhindern, daß der Mensch über die Gottheit verfügt.

Ludwig Feuerbach[15] steht im Konnex einer mit der Neuzeit und besonders der Aufklärung einsetzenden emanzipatorischen Intention. Sie richtet sich darauf, die Gottheit nicht mehr in ihrer Struktur an sich und dem in ihr gelegenen inneren Machtpotential zu thematisieren, sondern den Menschen in der Ablösung von der Gottheit als seiner selbst vollmächtig zu instituieren. Dann ist die kritische Destruktion der Rede von Gott unumgänglich; Gott kann nur noch Projektionsfigur menschlicher Wünsche sein.

Mensch und Jenseits – entlastende Illusion?
Über den Menschen ist je nach Standort Verschiedenes zu sagen. Was ihn aber sicher generell charakterisiert, kann man als Angst vor dem Auslöschen im Tod bezeichnen.[16] Der Tod bleibt undiskutabel die

Schwelle, über deren Beschaffenheit keine zuverlässige Kunde aufklärt. Das Vorher, das Sterben, der manchmal lange, qualvolle Prozeß und der sowohl für die Betroffenen wie für die Umgebung plötzliche brutale Hinschied – dies Faktum treibt den Menschen als Individuum wie als Glied einer Gemeinschaft, Vorstellungen über seine nachtodliche Existenz auszubilden. Dazu rechne ich auch Schilderungen solcher Menschen, die aus dem klinischen Tod reanimiert werden konnten. Offensichtlich arbeitet die menschliche Psyche in dieser Zwischenzone zwischen Leben und definitivem Totsein, dem sogenannten Gewebetod, außerordentlich intensiv, so daß Fülle und Farbigkeit der Bilder verständlich sind.[17]

Wird nicht selten ein Weiterleben nach dem Tode grundsätzlich verneint, so beschäftigt sich der sterbende Mensch ganz bestimmt mit seiner möglichen totalen Auflösung als Gestorbener. Das Leben ist derart mächtig, der Wille zum Leben webt und waltet in allem Lebendigen, daß die Beschäftigung mit dem Tod und dem «Danach» unausweichlich wird, was immer man mit diesem «Danach» meint.

Die Mächtigkeit des Lebens und die aufkeimende Angst vor dem Auslöschen spielen so zusammen, daß diese Welt als irdische Heimat, von Unbehagen besetzt, wohl Lebensbewältigungen anbietet, aber keine umfassende und dauernde Erfüllung gewährt. Umfassende und dauernde Erfüllung wäre über eine bewußte Intensivierung der Augenblickserfahrung hinaus beliebige Verlängerung des Lebens mit irdischen Mitteln – bei voller Aktions- und Genußfähigkeit. Weil aber gerade dies nur sehr bedingt und. bei genauerem Hinsehen nicht in der Hand des Menschen liegt, ist das Darüberhinausschreiten, in philosophischer Sprache das Transzendieren, das diese Problematik bearbeitende Grundverhalten. Die Gegebenheiten des Diesseits konstituieren Schritte auf ein Jenseits zu, das vom Menschen vorgestellt und gedacht werden kann.

Damit haben wir keineswegs festgeschrieben, daß das Bild des Jenseits einzig als entlastende Illusion zu interpretieren ist. Was sich auf dem Weg des Menschen von der Geburt bis zum Tod ereignet und zeigt, vermag man nie nur in rationaler Behandlung aufzuschlüsseln und verfügbar zu machen. Die religionsphänomenologische Deutung des Religiösen als ein Sich-Zeigen des Heiligen bereits hier und jetzt legt gerade auf solche Erfahrungen den Finger. Im Unverfügbaren des menschlichen Daseins zwischen Geburt und Tod finden sich immer wieder Verweise auf ein Anderes, ein Ganz-Anderes, ein Nichtmenschliches, ein Göttliches. So jedenfalls lautet der Befund religionsphänomenologischer Betrachtung des Religionskosmos in Vergangenheit und Gegenwart.[18] Daß eine rationalistisch bestimmte, agnostische Haltung für gewisse Menschen möglich sein mag, ist damit keineswegs in Abrede gestellt. Jürgen Habermas[19] z. B. empfiehlt uns denn auch, die Kontingenzen von Leiden und Schuld, Krankheit und Tod ohne weitere Worte, prinzipiell ungetröstet, auf uns zu nehmen. Jenseitsvorstellungen jeder Art fallen damit wie Religion überhaupt aus allen Diskussionszusammenhängen.

Wo Vorstellungen des Jenseits eliminiert sind, bleibt aber – blicken wir auf den Menschen und seine Lebensvollzüge – das Transzendieren als der immer wieder gesuchte Überschritt in Neues, von dem Besserung zu hoffen ist. Die Utopie als irdischer Ersatz des Jenseits birgt ihre unmißverständliche Botschaft. Werden Utopien, ursprünglich ein Idealland, einen Ort nirgendwo bezeichnend, in die Zeit versetzt (das ist in der Aufklärung der Fall), so bewahren sie auch dann unverkennbar ihren transzendierenden Ausgriff, nämlich als ein die Zukunft gestaltenwollendes Verhalten, ein nach vorn gerichtetes Agieren im geistigen Entwurf.[20] Der transzendierende Ausgriff auf eine überirdische, jenseitige Welt, der für die religiös bestimmte Tradition charakteristisch war, – dieser vertikale Ausgriff kippt um in die Horizontale; nun geht es um das Vorwärtsdrängen auf der Zeitlinie bis zu dem Punkt irdischer Erfüllung. Hier siedelt auch des während vieler Jahre wirkungsmächtige Prinzip Hoffnung von Ernst Bloch.[21]

Das Vorwärtsdrängen des Menschen, das sich mit ständigen Rückgriffen auf Vergangenes verbindet, ist begleitet von geheimem Hoffen, die Lebensqualität zu verbessern und die Todesschwelle auf der Zeitlinie zu verschieben.[22]

Wir richten unser Interesse auf die Konstitution des Transzendenten, d. h. auf die Rede von diesem und fragen nach den Leistungen des Bewußtseins, nach der Art und Weise, wie die Dinge, Themen, Bilder usw. im intentionalen Bewußtsein enthalten sind. Wir versuchen noch nicht – jedenfalls hier noch nicht – weiter den im Bewußtsein vorhandenen Sinn hinsichtlich seiner letzten Bestimmtheit näher zu erfassen und zu deuten; das ist Sache der eigentlichen philosophischen Erörterungen.

Systemtheoretische Deutung

Niklas Luhmann hebt hervor, daß in systemtheoretischer Sicht Transzendenz eine andersartige Region derselben Wirklichkeit darstellt, «etwas, was ebenso wirklich ist wie die wirkliche Welt, aber von ihr aus unerreichbar ist, weil alle Reisen oder sonstigen Explorationen, wie die Erfahrungen zeigen, die Horizonte nur verschieben, aber nie hinter sie führen».[23] «Der Weltbegriff kann eng, kann horizontintern gefaßt werden und schließt dann Transzendenz aus; aber die Wirklichkeit des Seins, [...] die Realität [der Welt ...], schließt Transzendenz ein und kommt gerade in der Transzendenz, [...] zur Perfektion.» Von daher «hat es Sinn, zu fragen, ob sie [die Gottheit] existiert oder ob sie nicht existiert, und die richtige Antwort lautet dann so gut wie unausweichlich: ja».[24]

Luhmann beobachtet die Umstände, in denen ein System seine Balance zu finden sucht. Er selbst offeriert nichts zur Verbesserung der derzeitigen Situation, er zeigt nur, wie sich systemische Verläufe dartun. Mag auch Religion in ihren kirchlich-institutionalisierten Formen angefochten sein, so bleibt doch der Wunsch, ja sogar die Überzeugung vieler Menschen, daß Erde und Himmel, Immanenz und Transzendenz sinnvoll zusammengehören. Im Verlaufe der geschichtlich-gesellschaftlichen Entwicklung aber reißt der Bezug von Transzendenz zur Welt ab. In der Evolutionstheorie wird der Gedanke der Schöpfung beiseite gestellt. Was noch an Transzendenz geglaubt werden kann, ist anders zu formulieren: Je verborgener die religiösen Menschen denken und argumentieren, desto herrlicher und vollkommener dürfte ihre Vorstellung von Transzendenz sein. Zu denken ist an solche Menschen, die sich in kleinen frommen Gruppen zusammenfinden, um dort ihr Genüge zu haben – sie argumentieren unter sich, kaum oder gar nicht wahrnehmbar für eine breitere Öffentlichkeit. Ihre Jenseitsvorstellungen sind detailliert ausgearbeitet – oft in leuchtenden Farben.

An einer anderen Stelle hat Luhmann hervorgehoben, daß die Frage nach dem Code von Religion uns mit Dualismen konfrontiert, d. h. für die Religion ist die Unterscheidung von Immanenz und Transzendenz (als Code) von äußerster Bedeutung. Inwiefern, nach Luhmann, läßt sich bereits sehr viel an Einsicht gewinnen, wenn man klarstellt, daß in systemtheoretischer Optik die Unterscheidung als solche für relevant genommen wird und nicht etwa die Transzendenz an sich? Der Systemtheoretiker diskutiert die für das System konstitutive Unterscheidung von Immanenz und Transzendenz, aber nicht die Frage, ob es einen Gott realiter gibt oder nicht.

Das menschliche Dasein entfaltet seine aktualen Sinnstiftungen in Horizonten bzw. im Vorfeld von Horizonten, die als Grenze der menschlichen Ausgriffe fungieren. Horizonte sind, wie wir eben andeuteten, unerreichbar und unüberschreitbar. Jede unserer Tätigkeiten, die sich mit bestimmten Aufgaben und Materialien befaßt, geschieht vor einem entsprechenden Horizont. Und alle Horizonte, die möglicherweise auftauchen, werden übergriffen und unübersteigbar gemacht vom Gesamthorizont des Lebens, der den Tod einschließt. Ein aktual erlebter Sinn wechselt permanent. Dagegen ist der Spielraum der Möglichkeiten, der durch die Horizonte bestimmt wird, stabil, aber nicht aktualisierbar. Der Horizont, der sich in einer Tätigkeit andeutet – z. B. der Gesamthorizont der Geschichte – bleibt stabil, auch wenn meine Einzelforschungen und sogar meine monographischen Versuche, größere Räume zu überblicken, mich vor wechselnde Möglichkeiten der Darstellungen und Deutungen bringen. Das Aktuale und Evidente ist in Luhmanns Sicht das Instabile, das Unzuverlässige, das Stabile hingegen läßt sich weder aktualisieren noch sicherstellen. «Diesen Unterschied von Aktualität und Möglichkeit hebt die religiöse Codierung auf, indem sie ihn der Immanenz zuweist (und üblicherweise an der Endlichkeit des Menschen festmacht) und für die Transzendenz das Gegenteil postuliert: daß sie sicher und stabil, evident und von alles durchdringender Dauer sei.»[25] Luhmann unterstreicht, daß die Immanenz als der positive Wert dem Code die Anschlußfähigkeit an die Erfahrungen des täglichen Lebens garantiert, daß die Transzendenz diese Erfahrungen in ein anderes Licht setzt und damit die Reflexion erlaubt. Bei Luhmann findet sich der Schluß, den wir bereits gezogen haben: Es gibt keine Transzendenz ohne Immanenz, aber auch keine Immanenz ohne Transzendenz. «Die Ausdrücke verlieren ohne ihren Gegenbegriff ihren Sinn.»[26]

Problematisch ist, diesen Sachverhalt außer acht zu lassen und sich ausschließlich für das Jenseits, für die Transzendenz zu interessieren, weil man denkt, darin die Eigenart des Religiösen allein fassen zu können. Auch das Diesseits, auch der Bereich der Immanenz hat seine religiöse Qualität, aber es hat sie im Konnex mit dem Jenseits. Ohne Bezug auf ein Jenseits würde kein Diesseits erfahren werden.

Luhmann betont, daß eine Entwicklungslogik des hier angezogenen

Codes besteht, wonach schließlich alles Immanente der Transzendenz gleich nah und gleich fern sein muß, mit der Folge, als Säkularisation in der modernen Welt beschrieben, daß es keine heiligen Plätze, Orte und Bilder mit einer privilegierten Gottesnähe mehr gibt. Was sich damit andeutet, ist der von Mircea Eliade aus dem Bereich einer mondialen religionswissenschaftlichen Schau erwachsende Dualismus von Heiligem und Profanem bis hin zu der These von Dietrich Bonhoeffer, welcher die säkulare Welt als letzte Instanz formuliert, inmitten derer sich Gott erfahren läßt.

Luhmann meint, Religion könne niemals beweisen, nur behaupten, daß für ihr gesamtes Feld die Differenz von Immanenz und Transzendenz erheblich sei. Nahe liegt, Gott in die Transzendenz zu setzen, wenn nämlich Probleme auftauchen, die sich wie in unserer Zeit z. B. von Feuerbach her mit der Existenz Gottes in seinem Ansichsein verbinden. Je stärker aber die Differenz, das Auseinanderklaffen von Immanenz und Transzendenz betont wird (und als Code der Religion fungiert), desto ferner rückt Gott. Nach Luhmann ist es äußerst problematisch, wenn die Frage nach der Einheit von Transzendenz und Immanenz als Einheit mit immer größerem Nachdruck gestellt werden muß. Solange die Menschen wie im ausgehenden Mittelalter und in der beginnenden Neuzeit noch zwischen Gott und dem Teufel bzw. dem Schöpfer und dem Geschöpf, das sich auch gegen den Schöpfer zu stellen vermag, zu unterscheiden vermochten, ist die Frage nach der Göttlichkeit Gottes in seiner Transzendenz höchstens eine spekulative. Sie bleibt aber ohne Bedeutung für die Praxis des religiösen Erlebens und Verhaltens. Heil und Verdammnis, Gut und Böse, Himmel und Hölle, Gott und Teufel – diese Begriffe bezeichneten die binäre Codierung der Religion.

Die funktionale Betrachtung des Soziologen bzw. Systemtheoretikers Luhmann, die mit dem Code von Immanenz und Transzendenz arbeitet, läßt das religiöse Leben zu einem solchen werden, das sich nach außen hin als religiös deklariert zeigt, d. h. der Sinn, der dem Leben zugesprochen wird, ist dann letztlich nicht der Sinnfülle der Immanenz, sondern eben der Transzendenz entnommen. Leben zeigt sich als von höherem Sinn getragen, wenn es sich als religiöses Leben versteht und deklariert. Insofern – das folgern wir nun – ist die ausdrückliche Darlegung und Diskussion der Jenseitsvorstellungen unumgänglich.

Zum Programm

Die Diskussion um die die Konstitution des ideellen bzw. des religiösen Bereichs verbindet sich mit dem Hinweis auf die Ebene, wo diese Vorstellungen, die für den Religionskosmos relevant sind, in der Betrachtung angegangen und gefaßt werden müssen. Fraglos sind viele der Jenseitsvorstellungen auf den ersten Blick Produktionen bestimmter Gegebenheiten des irdisch-phänomenalen Lebens und geben sich somit als Schöpfungen des Menschen zu erkennen. Was uns interessiert, ist das spezielle Vollzugsgeschehen, das Jenseitsvorstellungen hervorbringt, das aber auch im Laufe einer Bewegung, die den Religionskosmos durchzieht und die Fülle und Farbigkeit der Jenseitsvorstellungen reduziert bis zu Positionen wie die bei japanischen Zen-Philosophen.[27]

Wir behandeln die folgenden Bereiche: zunächst Stammesreligionen, unter denen Altvölker Indonesiens, Religionen Südostasiens, der Südsee und Australiens figurieren. Wir beschäftigen uns in gebotener Kürze mit den Religionen Nordasiens, Finnlands, Amerikas, Afrikas, um in einem folgenden Kapitel zu den antiken Hochkulturen, die ja stammesübergreifende Organisationen aufweisen, überzugehen. Hier beschäftigen uns Mesopotamien, Urartu, die Hethiter, Syrien und Palästina, Israel, der Iran und Ägypten. Anschließen sollen sich Darstellungen antiker Stammesverbände mit übereinkommenden religiösen Vorstellungen, worunter wir Kelten, Germanen, Griechen, aber auch Hinweise auf antike Mysterien, Platon und die Römer zu geben haben. Sodann ist es erforderlich, die stammes- und völkerübergreifenden Religionen zu beleuchten, also das Christentum (mit in seinem Bereiche sich artikulierenden Phänomenen wie Gnosis), Islam, Indien, Buddhismus und die fernöstliche Welt: China, Japan, Korea. Abschließend haben wir neuere Strömungen zu diskutieren. Neue Religionen sind in Vielzahl anzutreffen, sogenannte Heilserwartungsbewegungen. Weit verbreitet sind Esoterik, New Age, Theosophie und der Glaube an Abgesandte außerirdischer Welten. Zuletzt wird unsere Betrachtung dem philosophischen Bemühen gewidmet sein, die vorgeführten Themen in übergreifendem Blick zu reflektieren als ein Besonderes, ein Spezifisches menschlichen Erlebens und Verhaltens.

2 Stammesreligionen

2. 1 Vorbemerkung

Bei dem Versuch, Jenseitsvorstellungen auf dem Feld der Stammesreligionen akzentuiert darzulegen, drängt sich eine Vorbemerkung auf. Die in der überkommenen Religionsphänomenologie gehandhabte Schau, welche Material aus verschiedenen Bereichen derart zusammenstellt, daß Wesensgebilde hervortreten, ist in ihrem Ungenügen erwiesen, weil historische Bezüge, in denen man die Phänomene antrifft, unbeachtet bleiben müssen, will man solch überzeitliche Wesensformen herausarbeiten. Ein religionsphänomenologischer Neueinsatz beginnt mit der Akzentuierung eigenständiger Bereiche. Eine Aufzählung in bestimmter Reihenfolge wird unumgänglich; doch am Schluß sind jeweils überschauende, zusammenfassende Reflexionen angezeigt.

Im Feld unserer Betrachtung finden wir keine völlig kongruierenden Aussagen über den Menschen, gerade wenn es um Körper und Seele geht. Wir gewahren zudem eine sehr disparate Auffassung darüber, was im Tode geschieht und wie sich nachtodliches Leben gestaltet. In diesem engen Bezirk des Religionskosmos sind wir hinsichtlich des Landes der Toten mit einer Fülle von Informationen über mythische Bilder und rituelle Handlungen umgeben. Das Jenseits ähnelt meist dem Diesseits, hat aber doch in den verschiedenen Gebieten je eigene Züge.

Wir setzen mit der Bemerkung ein, daß sich Jenseitsvorstellungen vom Diesseits her konstituieren und daß sie in den Rahmen der Versuche zu stellen sind, religiöse Todesbewältigung zu leisten. Daß eine solche Todesbewältigung verschiedenste Ausprägungen annehmen kann, bedarf keiner Erläuterung. Hier sind es Bilder, Erzählungen, die sagen wollen, wie sich das Fortexistieren nach dem Tode im Feld der Stammesreligionen gestaltet.

2. 2 Altvölker Indonesiens
Zum Weltkonzept

Bei den Altvölkern Indonesiens weisen nicht nur die Sozialordnung und der Spielraum des Künstlerischen eine klare Beziehung zur Religion auf, sondern auch die materiellen und wirtschaftlichen Bereiche. Die Religion ist mit den einzelnen Stämmen derart verquickt, daß jeder Stamm eine eigene Religionsindividualität zeigt. Wir haben religiöse Aussagen ebenso wie die Völker und Stämme in ihrer Einmaligkeit und Unverwechselbarkeit zu betrachten. Dies schließt nicht aus, daß sich Stammesreligionen in einer verwandtschaftlichen Nähe zueinander darbieten. Zwischen Elementen und Formen des religiösen Lebens bestehen zahlreiche Ähnlichkeiten, Parallelen und Übereinstimmungen. Praktisch überall sind diese Stammesreligionen Vergangenheit; sie müssen als historische Phänomene diskutiert werden.

Der Basler Missionar Hans Schärer erwarb große Verdienste durch seine Arbeit über die Religion der Ngadju Dajak. Was in der Betrachtung des religiösen Erlebens und Verhaltens der Altvölker seit Schärer geschah, kann nicht an seinen Arbeiten vorbei. Schärer hat 1946 unter dem Titel «Die Gottesidee der Ngadju Dajak in Süd-Borneo»[1] ein Werk erscheinen lassen. Er wollte noch andere Bücher schreiben. Sein früher Tod im Jahre 1947 vereitelte dies. Auch ein unvollendetes Lebenswerk vermag von fruchtbarer Bedeutung zu sein.[2]

Jeder Stamm hat seine eigene Gottheit. Wir finden eine Fülle von Erscheinungen; bereits in derart begrenztem Feld ist es schwierig, eine übergreifende Gottesvorstellung oder Gottesidee herauszuarbeiten. Das Göttliche bedingt die Menschenwelt insgesamt und überall.[3] Das Göttliche ist das durch und durch Konstituierende. Nur von dieser Voraussetzung her kann man an spezielle Themen herantreten – wie z. B.: Bezüge und Spannungen zwischen der Oberwelt und der Unterwelt. Nur mit einer solchen Vorüberlegung ist der ganze Bau des Kosmos zu verstehen. Die Welt als ganze wird in den mythischen Aussagen der Ngadju Dajak als von Anbeginn existent gedacht, freilich noch in inexpliziter Form. Geschildert wird, wie einzelne Schichten und Sphären der Oberwelt sich mit Göttern, Geistern und anderen Zwischenwesen bevölkert haben. Die Mittelwelt, das Reich dazwischen, als Reich der Menschen, gewährt den vertrauten Lebensraum mitsamt allen unsicheren und gefürchteten Grenzzonen. Schärer vertritt die Ansicht, daß die Mittelwelt (in der Sicht der Ngadju Dajak) keine selbständige Größe darstellt. Die Mittelwelt der Menschen hat nicht nur ihre Position zwischen den beiden anderen Welten, sie kann auch als deren Produkt verstanden werden. Sie repräsentiert die Totalität von Oberwelt und Unterwelt.[4]

26

Ein Blick auf den Schöpfungsmythos zeigt, daß Konsistenz in unserem Verstand nicht zu erwarten ist. Wir skizzieren seine Struktur: Eine erste Phase spricht von dem Zustand, da die Wasserschlange alles in ihrem Maul zusammenhält. Zwei Berge konturieren sich plötzlich – aus Gold der eine, aus Edelstein der andere – und zwar als Sitz der beiden höchsten Gottheiten. Diese Berge geraten in Bewegung; sechsmal stoßen sie zusammen. Die Wolken, das Himmelsgewölbe, Berge und Felsen, Sonne und Mond, mythische Wesen (Falken, Fische etc.) kommen hervor. Zuletzt entsteht die Kopfbedeckung des Gottes der Oberwelt, Mahatala, der nun selbst aktiv wird. Die Schöpfung, vordem gewissermaßen eingefaltet in der Gottheit, beginnt sich zu artikulieren und damit zu zeigen.[5]

Aber das ist nicht eindeutig. Ein anderer Autor, Philipp Zimmermann, vermutet, daß Mahatala erst durch die Reibung der beiden großen Berge aneinander entstanden sei.[6] Das ist eine folgenschwere Nuance: Der Gott des Himmels erscheint in der Zeit. Die Theogonie also bedarf der Zeit. Sie gewinnt in diesem Falle, wenn der Gott sein Antlitz offenbart, das Signet des Göttlichen, die Ewigkeit, aber nur so, daß er sich dank eines speziellen Lebenswassers permanent verjüngen muß.

Eine zweite Phase schafft Bewegung von unten, indem sich die Göttin der Unterwelt, Djata, bemerkbar macht. Sie taucht auf aus dem Urwasser und wirft einen Achatstein in die Höhe, wodurch Erde und Hügel entstehen. Nicht allein, sondern in Kooperation mit Mahatala erschafft sie die Flüsse.

In der dritten Phase findet auf Initiative des Oberweltgottes Mahatala eine Konferenz statt, zu der er die Unterweltgöttin Djata in die Oberwelt einlädt. Nun passiert folgendes: Mahatala hebt seine Kopfbedeckung; der Lebensbaum mit goldenen Blättern und elfenbeinernen Früchten entsteht. Der Lebensbaum ist das Bild, in dem sich die Ambivalenz der beiden Gottheiten ausdrückt. Das heißt: im Leben sind integriert Oberwelt und Unterwelt, Mahatala und Djata, Tag und Nacht, Sonne und Mond, Leben und Tod, Gut und Böse, Heil und Unheil.

Die beiden ersten Menschen (wo sie herkommen, bleibt offen) treiben in ihren Booten auf dem Urwasser. Die Gottheiten helfen ihnen, sich niederzulassen, um zu heiraten. Mahatala schafft für sie eine Insel, die von Djata auf ihrem Rücken getragen wird. Mahatala liefert den Rohstoff Holz, Djata bearbeitet es. So entsteht durch göttliches Wirken das Urdorf. Es ist das Modell aller künftigen Dörfer der Ngadju und auch der Ort, wohin die Toten zurückkehren.

In der vierten Phase geschieht die erste Geburt. Die Stammutter gebiert nacheinander die engsten Gefährten des Menschen, die als seine Geschwister betrachtet werden, nämlich Schwein, Hund und Huhn. Dann erst kommen drei Knaben zur Welt: Sangen, Sangiang und Buno, alle Maharadjas. Auch die Waffenproduktion beginnt anzulaufen, so daß Kämpfe ausgefochten werden können. Die Brüder trennen sich. Sangen bleibt im Urdorf (Sangen – das sind auch die Urzeitmythen selbst). Ermordete Sangen – also Nachkommen – bringen die Nutzpflanzen hervor. Wir stoßen auf das von Adolf E. Jensen herausgearbeitete Motiv der Dema-Gottheiten.[7] Sangiang zieht mit seinen Nachkommen in die Oberwelt. Dieser obere Stock ist das Paradies. Sangiang sind ganz wichtige Begleiter der Menschen. Wir können sagen: Schutzengel. Sangen und Sangiang als Repräsentanten der Oberwelt stehen zueinander in einer komplizierten hierarchischen Ordnung. Buno, der letzte der Brüder, siedelt im Diesseits; er tritt auf als der eigentliche Begründer des Menschengeschlechts. Ursprünglich gab es keine Kluft zwischen Welt und Oberwelt, also auch keine Übergangs- bzw. Anschlußprobleme. Später haben sich zwischen den beiden Welten Wolkenteile, Wolkenschichten gebildet, 33 an der Zahl.

Grundlegend für die Ngadju-Religion ist die eigentümliche Wechselwirkung des Widerstreites von Mahatala und Djata sowie dessen Aufhebung in der totalen Einheit der Gottheiten. Man darf nicht sagen, daß sich aus der Einheit die Zweiheit entwickelt hätte, die Einheit war nach den Quellen immer eine Zweiheit und die Zweiheit immer eine Einheit.[8] Es gelingt kaum, für diese Erscheinung in abendländischer Begriffssprache eine Formel zu finden; denn es handelt sich nicht um einen Dualismus von zwei feindlichen Prinzipien, die einander zu vernichten trachten. Schärer hat die Zweiheit einmal als in der Einheit aufgehobene bezeichnet und dann von einem dualistischen Monismus gesprochen. Waldemar Stöhr sagt: «Es handelt sich im Grunde um einen dialektischen Prozeß: Der Antagonismus wird immer wieder im neuen Geschöpf zu neuer Einheit aufgehoben. Dieses Phänomen zieht sich wie ein roter Faden durch das ganze Ritual, offenbart sich in zahllosen Emblemen und Symbolen [...], auch in der sozialen Ordnung und selbst im wirtschaftlichen Leben, in der Art der Arbeitsteilung und der Güterordnung.»[9]

Zwei Aspekte sind zu unterstreichen: einmal die kosmische Ordnung und ihre Harmonie, die sich vom Göttlichen herleitet, zum anderen die Ordnung des menschlichen Lebens und Handelns, insofern sie in Übereinstimmung mit der göttlichen Ordnung geschieht. Jedes Wesen, also nicht nur der Mensch, jede Erscheinung, auch eine des Himmels, jede Zeit und jede Handlung ist von einer Potenz erfüllt, die dieses zu leistende Vollziehen der genannten Übereinstimmung irdischer und göttlicher Ordnung gewährleistet oder ermöglicht. Man muß sich vergegenwärtigen, daß alles im Kosmos in einer von der Gottheit vorgenommenen Ordnung seinen Platz hat. Auf diesem seinem Platz soll alles der diesem Platz gemäßen Bestimmung leben und handeln. Dieses dem Göttlichen Gemäßsein verbürgt die Harmonie des Kosmos. Hier liegt auch das Verhältnis des Menschen zur Natur im ganzen und darüber hinaus zu allen kosmischen Erscheinungen begründet. Die angesprochene Potenz erzwingt eine Durchstrukturierung des ganzen Lebens, was bedeutet, daß der Mensch keinen Schritt tun, keine Handlung unternehmen kann, wobei nicht Formen und Verlauf vorbestimmt, vorgegeben sind. Wir haben hier eine Art Wegweiser, einen Kompaß durchs Leben, an dem der Mensch sich zu orientieren hat. Aber dies ist nicht nur ein Gebot, das auf der Sollensebene letztlich in seiner Unerfüllbarkeit erscheint, sondern ein wirklich auch bis ins letzte realisierbares. Die aus dem Göttlichen stammenden Ordnungen und Gesetze, denen der Mensch in seiner besonderen Position, in der er sich vorfindet, zu entsprechen hat, lassen sich realisieren, sofern der Mensch dazu entschlossen ist.[10]

Damit erscheint die Jenseitswelt als ein Bestandteil des Diesseits, ja das Diesseits gibt es nur, weil das Jenseits es in seinen Charakteristika, in seinen entscheidenden Strukturen bis in die feinsten Verästelungen hinein konstituiert. Diesseits ist nicht ohne Jenseits – so läßt sich das eben Angedeutete zusammenfassen.

Seelen

Wichtig für die Betrachtung der Jenseitsvorstellungen wird das, was man über die Seele sagen kann. Von den Ngadju Dajak wissen wir, daß sie die Existenz von zwei, drei, fünf und mehr Seelen annehmen. Bei näherem Hinsehen freilich verlieren diese Unterschiede an Gewicht – im Grunde sind es nur zwei Seelen: Hambaruan und Liau. Die erste ist einfach, die zweite teilbar bzw. hat mehrere Erscheinungsformen. Diese beiden Seelen repräsentieren verschiedene Konzeptionen. Die Hambaruan repräsentiert die Lebenssubstanz und Lebenskraft, was darauf deutet, daß man sie hinsichtlich ihres Wesens nicht in einen einzigen Begriff fassen kann. Sie ist vor allem stofflich, aber unpersönlich. Sie vermag den Körper des Schlafenden zu verlassen und anderen Menschen im Traum zu erscheinen. Mit dem Tode kehrt sie zurück in den höchsten Himmel zur höchsten Gottheit. Ihre lebensträchtige, fundamentale Funktion verbindet sich mit dieser ebenso fundamentalen Korrelation zum Jenseits.

Die Gottheit kreiert nach einem Vorgang der Durchmischung mit verschiedenen Substanzen, unter denen Gold, Silber, Eisen etc. genannt werden, eine neue Hambaruan, die ihrerseits ins irdische Leben eintritt. Man muß die Substanzen kennen; ist eine Seele z. B. besonders vom Eisen geprägt, so bedeutet dies, daß der betreffende Mensch tapfer und mit festem Willen begabt sein wird. Die Konsequenz lautet: Der Mensch kann am Geschick, das ihm die Gottheit zugemessen hat, nichts ändern; er ist prädestiniert. Das Leben tritt nur in seinem auf die Transzendenz gerichteten Existieren in der Weise der Hambaruan als Leben in Erscheinung. Die andere Seele, Liau, zeigt eine komplexere Bedeutung. Während die Hambaruan des nachts den Körper verläßt, so ist die Liau erst beim Tod zu bemerken. Im Laufe des Lebens hat sie keine speziellen Funktionen und Aufgaben. Auch wenn sie im Leben selbst nicht vorhanden zu sein scheint, so tritt sie im Augenblick des Todes in persönlich-individueller Charakterisierung ins Blickfeld. Sie repräsentiert eine neue und andere Existenzform des Menschen im nachtodlichen Bereich.

Die Reise nach dem Tode

Das Sich-Zeigen der Liau, ihr Erscheinen, geschieht nicht nur in einem einzigen Augenblick, sondern auch in einer bestimmten Weise in zeitlichem Ablauf bis zum großen Totenfest in einem Zwischenhimmel. Bei letzterem handelt es sich um einen vorläufigen Aufenthaltsort der Totenseelen, während eine andere Erscheinungsform der Liau im Sarg des Toten verharrt. Die festliche Inszenierung der Lebenden für die Toten in bestimmten kultischen Abläufen ermöglicht diese Reise. Die beiden Seelen fahren dorthin zurück, von wo alles Leben gekommen ist. Während der Handlung deklamieren die Priester in ihren Gesängen, wie die Überfahrt der beiden Seelen geschieht. Hinzu gehört eine Darstellung des ganzen Kosmos.

Die eine Liau, die ätherisch-persönliche Seele, fährt nach dem Tode ins Beinhaus, die andere als Hauptsubstanz des Körpers in die Oberwelt. Sie muß dort bis zum Totenritual bzw. Totenfest, das die Hinterbliebenen halten, warten. Erst mit diesem Ritual erhält sie die Möglichkeit, das weitere Wegstück zu bewältigen. Vom Abend des ersten Tages bis zum frühen Morgen des zweiten geleitet sie der Totenführer Tempon Telon ins Totendorf. Die das Leibliche repräsentierende Seele gelangt ebenfalls dorthin, wo sich beide Teile erneut zu einer physisch-psychischen Einheit zusammenfügen. Mit ihren Gesängen mobilisieren die Lebenden den Seelengeleiter Tempon Telon, aber dieser stellt sich keineswegs ohne weiteres zur Verfügung. Denn auch ihn strapaziert die Reise jedes Mal überaus. Vom dauernden Durchqueren der gewaltigen Feuerstrudel ist er schon ganz schwarz geworden.

Die Reise beginnt, sobald alle erforderlichen Gegenstände zusammengetragen sind: Boote, Ersatzruder usw. Nachdem Tempon Telon und seine Begleiter das aus 33 Schichten bestehende Nebelmeer zwischen Himmel und Erde durchfahren haben, landen sie auf dem Platz, wo das Abschiedsfest stattfindet. Am Sarg des Verstorbenen kommt es zu einem ersten Machtkampf zwischen Tempon Telon und einem anderen Geist. Natürlich siegt Tempon Telon, indem er nur an den Sarg zu klopfen braucht, der sich sogleich öffnet. Die Seele freilich schläft noch. Tempon Telons Schwester gießt Lebenswasser über den Schädel des Skeletts und weckt die Seele auf. Die Seele will aber nicht wahrhaben, daß sie gestorben ist. Dieses Phänomen findet sich auch in europäischer Literatur, z. B. bei den Theosophen, die ja ganz genaue Beschreibungen des nachtodlichen Existierens liefern.

Erst der Anblick ihres Spiegelbildes mit dem Leichenschmuck belehrt die Seele eines besseren. Nach gründlicher Reinigung mit Seife, wodurch sie Spuren der Verwesung beseitigt, befiehlt Tempon Telon, Kleider anzuziehen und zu essen.

Bemerkenswert ist, daß für die Seele genug Zeit bleibt, alle Phasen des Nicht-wahrhaben-Wollens und der schließlichen Akzeptation durchzustehen.

Die Fahrt erfordert zwei Boote, weil die Seele zweigeteilt reist. Das Boot Tempon Telons trägt das Emblem der Oberwelt, das andere Boot mit dem Emblem der Wasserschlange verweist auf die Unterwelt. Auf der Fahrt der Schiffe geht es durchs Nebelmeer, an Mond und Sternen und neidischen Geistern vorbei, für die noch kein Totenfest gehalten wurde und die deshalb den Weg versperren wollen. Das Wegstück durchs Feuermeer erfordert äußerste Konzentration Tempon Telons, der seine Bambusstangen, mit denen er steuert, ständig erneuern muß. Während dieser Passagen trinken die Seelen viel Wasser zur Abkühlung. Kleinere Vergehen werden jetzt gebüßt, indem die betreffenden Seelen Durst leiden. Versucht ein großer Übeltäter dennoch zu trinken, dann findet er in der Wasserkanne lediglich geschmolzenes Blei vor. Die Feuersperre dient der Seelenreinigung und Seelenläuterung. Nun haben die Seelen gute Aussicht, nicht noch in einem der zahlreichen weiteren «Filter», die eingebaut sind, hängen zu bleiben. (Läuterung im Feuer ist ein weitverbreitetes Bild, bis in die Weltreligionen.)

Die Boote müssen gewechselt werden. Durchquert man die Feuerstrudel, so nur mit einem Metallboot. Geht die Reise über Berge und durch den Urwald, so ist wieder ein entsprechendes Fahrzeug vonnöten. Die Reise, für die man die Seele in feuchte und feuerfeste Kleider stecken muß, ist gewiß kein Vergnügen. Das zeigen auch die Waffen, die auf den Seelenbooten mitgeführt werden.

Am Ufer des Totendorfes sieht die Seele zahlreiche Stege aus dem Wasser herausragen. Nach dem Ankern darf sie auf dem Steg voranschreiten, der ihr bzw. ihrem Leben gemäß ist. Wer kein Blut vergossen hat, darf auf dem goldenen Steg hinüber. Personen, die im Leben gemordet haben, werden von einem bösen Geist in Empfang genommen. Er ermordet nun die Betreffenden; sie haben nachher als Diener zur Verfügung zu stehen.

Eine Befragung darüber findet statt, ob die Seele ausreichende sexuelle Erfahrung bis zur Benutzung der Prostitution nachweisen kann. Wer ein Leben lang keusch geblieben ist, darf nicht weiterreisen.

Diebe wohnen in Häusern ohne Dächer. Sie sind der Witterung ausgesetzt und müssen alle in ihrem Leben gestohlenen Gegenstände mit sich herumschleppen. Gestohlene Angelhaken beispielsweise bleiben bis zum großen Totenfest im Fleisch haften und schmerzen ganz außerordentlich.

Im Dorf der Selbstmörder leiden die Seelen – je nach gewählter Todesart – entweder unter betäubenden Pflanzendüften, z. B. wenn sie sich durch Gift das Leben genommen haben, oder sie müssen bis zur Brust im Wasser stehen bleiben für alle Zeit, falls sie den Tod durch Ertrinken suchten. Die Seelen, die alle Gefahren glücklich überstehen, werden an den Landungsstegen von vorausgegangenen Ahnen abgeholt und herzlich begrüßt.

Liau steht für den Verstorbenen selbst. Sie ist eine andere Existenzform, die mit dem Tod des betreffenden Menschen eintritt. Wir gewahren die Schwierigkeit, der sich unser Denken ausgesetzt sieht, wenn wir von Teilbarkeit und den daraus resultierenden diversen Erscheinungsformen der Liau hören. Schärer hat eine Entschärfung dieser Schwierigkeit intendiert, indem er die beiden wichtigsten Liau als Geist und Leib des Toten interpretiert.[11]

Das Land der Toten

Auch bei anderen Stämmen Indonesiens ist solches festzustellen. Die Jenseitsbilder, die auftauchen, stehen im Zusammenhang mit dieser der Liau entsprechenden Seele, genannt Begu. Stirbt der Mensch, so wird er zu einer Begu, ähnlich wie die Liau. Die Furcht vor der Begu ist ungemein, da sie den Lebenden mit ihrer Lebenspotenz, die hier auch der Hambaruan entspricht (aber Tandi heißt), nachjagt, um deren Tod zu bewirken. Das ist ihre besondere Funktion; der Übertritt in die Oberwelt bzw. das Reich der Toten gestaltet sich äußerst differenziert. Es gibt viele Aufenthaltsorte: in der Oberwelt, in der Himmelsluft, auf dem freien Feld, in Waldesdickichten und Quellen. Begu treffen sich familienweise und stammesweise – das irdische Muster wird in seiner jenseitigen Verfassung sichtbar. Die Position einer Begu im Totenreich hängt ab von der während des Lebens im Diesseits eingenommenen Stellung. Das ganze Sozialgefüge spielt dabei eine überragende Rolle. Kinderlose und Sklaven haben keine Chance, sie sind und bleiben zuunterst. Das weitere Schicksal der Begu koppelt sich an die Verehrung der noch lebenden Nachkommen. Diese können in entsprechendem Einsatz derart intensiv wirken, daß so eine Rangerhöhung des Verstorbenen erfolgt.

Jenseitsvorstellungen, die eine Konzeption der Totenseele voraussetzen, beinhalten eine Auffassung vom Jenseits und dem Schicksal der Totenseele im Sinne einer Einheit. Das Land der Toten ist im allgemeinen eine Art idealisiertes Diesseits. Das Dorf der Totenseelen bei den Ngadju Dajak gleicht einer schönen Flußlandschaft. Bei Zimmermann lesen wir: «Die reiche Stadt mit goldenem Sande und blitzenden Diamanten, die Steingerölle sind lauter Achate. Die Erde ist mit köstlichen Stoffen bedeckt. Wo man keine müden Glieder mehr hat. In der Königsstadt. Wo die Adern durch Arbeit nicht mehr aufschwellen, d. h. wo man ein behagliches Leben führt. Wo die Gongs haufenweise herumliegen»[12] Im Mittelpunkt des weitläufigen Dorfes liegt ein großer See. Er heißt «Freude des Lebens» und trägt eine Insel mit mächtigem Baum. Die Knorren dieses Baumes sind mit verjüngendem Lebenswasser gefüllt. Auch das Wasser des Sees hat dieselbe Wirkung, wenn altgewordene Seelen darin baden. Die Lage des Wohnplatzes jedes einzelnen Toten hängt davon ab, wie dessen soziale Situation zu Lebzeiten konstituiert war, d. h. wie reich er bei der endgültigen Bestattung mit Gütern aller Art ausgestattet wurde. Das reiche Dorf der Toten ist vollendetes Abbild eines diesseitigen Dorfes. Der eigentliche Dorfkern befindet sich auf einer Sandbank im Fluß, umgeben von zahlreichen Weilern. In den Randzonen müssen sich die ökonomisch benachteiligten Toten aufhalten. Einzig besuchsweise dürfen sie den prächtigen Hauptteil des Dorfes sehen.

Im Totendorf, äußerlich schöner als ein Dorf im Diesseits, lebt es sich bedeutend angenehmer. Neben verbesserten materiellen Voraussetzungen besteht die schon im Diesseits vorhandene soziale Ordnung unverändert in der Gesellschaft der Toten weiter. Ökonomische Unterschiede zeigen sich sowie Unterschiede im Status. Ein Sklave darf im Totendorf auf keine andere Existenzweise hoffen – als eben auf die eines Sklaven, doch wird ihm auch hier ein glückliches Leben bescheinigt.

Bemerkenswert im Leben der Toten ist ihre Sprache. Wohl gibt es die gleichen Worte wie im Diesseits, allerdings mit dem Unterschied, daß sie immer das Gegenteil bedeuten. Sogar der Charakter des Toten ändert sich; selbst böse Menschen sind nicht mehr fähig, im paradiesischen Leben des Totendorfes den anderen zu schaden. Das Totendorf, auf Edelsteinen und Goldsand gebaut, wird im übertragenen Sinn selbst zum Edelstein – und Goldberg der im Schöpfungsmythos beschriebenen mythischen Urzeit.

Auf den Feldern gibt es keine Mißernten, die Gewässer sind reich an Fischen und die Wälder voller Wild. Eine schönere und unbekümmerte Fortsetzung des irdischen Daseins! Mord und Diebstahl kennt man nicht. Alles in der Diesseitswelt hat seinen Platz im Jenseits. Nur eben ist dort alles umgekehrt, rechts ist links, oben ist unten, und weiß ist schwarz.

Die Position des Landes der Toten gleicht sich nicht überall: Man findet sie in der Oberwelt, dann auch in der Unterwelt. Oder als Insel und Höhe eines Berges, wo man dieses Land vermuten darf. Verständlich wirkt die Position des Totenlandes bei den Dusun in Nordborneo, das sich auf dem Gipfel und an den Hängen des Kinabalu, des höchsten Berges von Borneo mit seinem mächtigen Massiv, befindet.

Erhaltung der irdischen Ordnung mit ihren sozialen Aspekten, mit der Stratifikation, die das irdische Leben kennzeichnet, bleibt übergreifendes Ziel. Daß es so sei und währe, drückt bereits das Totenritual selbst aus. Unterscheidungen werden gemacht, deren Folgenschwere man nicht unterschätzen darf. So sind die ums Leben Gekommenen, eines unnatürlichen Todes Gestorbenen für immer von diesem Land der Toten ausgeschlossen. Wer verunglückt, Opfer der Kopfjagd wird oder irgend einer Gewalttat, wer sich selbst das Leben nimmt, als Frau im Wochenbett verstirbt und irgend eine ekelerregende Krankheit zum Tode durchleiden muß, hat keine Chance, ins Land der Toten überzutreten. Wohl verwandelt er sich in einen Geist, doch keinen guten, so daß ein spezielles Totenritual angezeigt ist. Auf Zentralborneo treffen wir die Ansicht, wonach diejenigen, die nicht in der Geborgenheit ihrer eigensten Lebenswelt, umgeben von ihren Verwandten und im Beisein eines Priesters, sterben, einem solchen Schicksal ausgeliefert sind.

Die Totenseelen haben auf ihrem Jenseitsweg eine Reihe von Gefahren zu bemeistern. Sie müssen sich mancher Prüfung unterziehen. Keuschheit und Unberührtheit stellen kein Plus, vielmehr ein schwerwiegendes Negativum dar. Im Glauben der Ngadju Dajak an einen Geist, Kukang, ist bemerkenswert, daß er mit einer Lanze bewaffnet den Seelen der Toten in den Weg tritt. Er fragt sie, ob und mit wem sie früher geliebt und gehurt haben. Kann die Seele darauf eine Antwort geben, so läßt er sie passieren. Gibt es den Fall der Keuschheit, dann wird die betreffende Seele von Kukang totgestochen. Aber auch dieser Tod ist kein Definitivum – in einer gewissen Zeit geschieht eine Erneuerung des Lebens.[13]

Die Reise der Toten ins Jenseits läuft aber nicht nur in eine Richtung. Sie verbindet sich mit der Vorstellung einer Rückkehr. Der Tote zieht heimwärts zum Lande seiner Ahnen. Das Jenseits liegt häufig im Land aller Ursprünge, so daß die Seele des Toten einen sehr weiten Weg zurücklegen muß. Die Totenseele kehrt auf ihrem Weg in das Totenland zugleich in den Schoß der Gottheit zurück. Das kann man für den Ngadju Dajak deutlich zeigen. Nach ihrer Auffassung sind die Menschen direkte Nachkommen des von der Gottheit geschaffenen Stammelternpaares. Dieses lebt in einem von der Gottheit geschaffenen Urdorf, von dem alles ausgeht. Es ist das Modell sämtlicher Ngadju-Dörfer. Schärer hat im Land der Toten nichts anderes als dieses Urdorf gesehen.

Reinkarnation

Auch stellt sich das Thema der Reinkarnation bei den Ngadju Dajak. Im Jenseits lebt eine Seele nicht ewig, obwohl sie sich dank Lebenswasser siebenmal verjüngen kann. Dann stirbt sie im Jenseits und kehrt erneut zur Erde zurück, um dem endgültigen Tod zu entgehen. Eine zurückkehrende Seele geht vorerst in Pilze oder Früchte ein. Frißt ein Tier davon, so wird in ihm die Seele wiedergeboren, bis ein Mensch das Tier erlegt und verzehrt. Bei der ersten Zeugung dieses Menschen geschieht die Wiedergeburt der Seele als Mensch. Einfacher freilich ist es, wenn ein Mann oder eine Frau direkt eine beseelte Frucht genießen und sich die Seele ohne Umwege im Kind der betreffenden Menschen reinkarnieren kann.

Geht die Frucht zugrunde oder stirbt das Tier, in dem sich die Seele vorübergehend aufhält, ohne daß jemand davon gegessen hat, dann muß in beiden Fällen die Seele endgültig sterben.

Die Ahnen

Die Ahnen sind ein besonderer Teil des Jenseits. Nimmt man an, daß jeder Ahne ein Toter ist und jeder Tote ein Ahne, so ist dies simplifizierend. Man kann das gleiche sagen von Heiligen. Jeder Heilige ist ein Toter, aber noch lange nicht jeder Tote ein Heiliger. In der Ahnenverehrung fungiert ein besonderer und ausgezeichneter Ahne, der für die menschliche Gemeinschaft in bestimmter Form bedeutsam war.

Der Totenkult beruht auf Auffassungen, aus denen Entstehung und Sinn des Todes zu erheben ist. Das Verhalten zum Toten sowie Grund des Sterbens und Sorge der Lebenden für den Sterbenden, Behandlung und Aufbahrung der Leiche, das ganze Fest, Trauer und zu ihr gehörende Trauerkleidung bis zu den Vorstellungen vom Jenseits und Schicksal der Totenseele – das alles ist ein großer entscheidender Komplex, den man nicht ohne weiteres auseinanderlegen kann.

Den Totenkult haben wir zu unterscheiden vom Totenritual, das sich auf einen konkreten Todesfall richtet. Totenkult ist dem Totenritual übergeordnet.[14] Das Ritual zeigt sich im Detail als außerordentlich vielfältig. In dieser Differenziertheit liegt eine immer neu zu leistende Antwort des Menschen auf die Herausforderung des Todes. Die Lücke, die das verstorbene Individuum hinterläßt, muß auf kultisch-symbolische Weise geschlossen werden. Ineins damit ist es von Belang, daß der Tote selbst von den Lebenden betreut und versorgt ist, auf daß es ihm möglich wird, in die andere, nun verbindliche Existenzform hinüberzugehen.

Die Ahnen unter dem Vorzeichen der Ahnenverehrung sind eine Auslese. Wir haben zu unterstreichen, daß es nicht die Vorfahren schlechthin sind, sondern hervorragende, ausgezeichnete, für das Leben des Volkes Verdienstvolle. Zu dieser Position gelangen sie aber nicht eo ipso, sondern wiederum nur durch die Leistung der Zurückgebliebenen in einem großen Fest, das man als Initiation verstehen kann. Die Toten werden initiiert in ihre inskünftige Rolle als Vorfahren bzw. Ahnen. Besonders deutlich läßt sich diese Überführung in den Status der Ahnen beim Stamme der Toba-Batak zeigen; das Besondere, das den Ahnen anhaftet, liegt in der Zahl der Nachkommen. Angesehen sind im Diesseits wie im Jenseits diejenigen, die Kinder, noch angesehener diejenigen, die Enkel und Urenkel haben. Rangerhöhung einer Totenseele kann nur geschehen, wenn sich die Nachkommen zu einem großen und aufwendigen Fest bereitfinden. Eine Entsprechung besteht darin, daß sich einerseits im Jenseits die Figur des Ahnen etabliert in möglichster Ranghöhe und zugleich auf der anderen Seite die Verwandtengruppe, die das Fest vollbringt, zur eigenständigen Sippe aufgewertet wird. Man gräbt die Knochenreste der Ahnen vor dem Fest aus, was bedeutet, daß die Ahnen am Fest selbst teilnehmen, um dann erneut bestattet zu werden.

Tod, Mythos und Jenseits

Die zeremoniale Handlung, die Zelebration des mythischen Ablaufs, die religiöse Feier mit darstellenden Gesängen der Priester, die sagen, was jetzt gerade passiert, ist der zu leistende Part der Lebenden. Ohne die Lebenden kann der Tod des Toten gar nicht vollkommen realisiert werden. Der große Einsatz, den die Lebenden zu leisten haben, ermöglicht die Jenseitsfahrt gemäß den Urordnungen der Welt. Die Urordnungen der Welt als mythischer Komplex zeigen, was war, ist und zu sein hat. In etwas Außerzeitlichem also wurzelt das Zeitliche, zu dem das Sterben und der Tod gehören.

Die Konstitution des Jenseits als der Bezirk der Toten ist kein Projektionsvorgang zur bloßen Entlastung aus irdischer Not. Im Mythen- und Ritualschatz der Ngadju Dajak jedenfalls bekundet sich, daß Leben und Sterben, Diesseits und Jenseits wohl in ihrer Urkonstitution dargelegt und dann – diesen Darlegungsmustern gemäß – immer wieder vollzogen werden müssen, um die Urordnung bejahend neu in ihrer überragenden Potenz zu bestätigen. Tod und Jenseits sowie der Umgang mit ihnen sind die beiden Elemente menschlichen Daseins, die besonders die Akzeptanz des Ganzen, des Kosmos fordern. Der Bruch, den der Tod darstellt, der Punkt des Umschlags von einer Seinsweise in eine andere – wird nicht abgewehrt, verdrängt, um dann im sich unweigerlich meldenden Trauerdruck den Projektionsmechanismus auszulösen, sondern schon in der Urstiftung ist enthalten, was ist – der Tod also und was ihm folgt und die sich zeigende mythische Weise des Umgangs mit ihm. Die Konstitution der Jenseitsvorstellung verläuft nicht abgespalten, sondern als Umgang mit dem Diesseits, seiner Ordnung, zu dem die Einzelordnung des Todes als des Platzmachens, des Weitergehens, des Aufstiegs etc. integrativ gehört.[15]

2.3 Religionen Südostasiens[16]

Purgatorium und Paradies

Wir eröffnen unsere Betrachtungen mit einem Hinweis auf die Einwohner der Andaman-Inseln im südlichen Golf von Bengalen: asiatische Negritos[17], mit wenigen Ausnahmen Wildbeuter. Diese Wirtschaftsform bedingt ihr Sozialleben. Sie leben in Gruppen von einigen Familien und ziehen umher. Sie haben kurzfristig errichtete Lager, aber auch ständige Siedlungen und Hütten.

Blicken wir auf die Phänomene angesichts der Schwelle des Todes, so gibt es zwei fundamentale Größen, die den sterblichen Leib verlassen. Die eine geht in die Unterwelt, in der das Leben demjenigen der irdischen Welt ähnelt. Die andere wandert über eine Brücke zwischen Erde und östlichem Himmel direkt ins Paradies – oder in das darunter liegende Purgatorium, sofern der betroffene Mensch zu seinen Lebzeiten Mörder oder Ehebrecher war. Diese beiden Größen vereinen sich wieder am Ende der Welt – dann nämlich, wenn die alte Erde zerstört, eine neue geschaffen wird und Tote auferstehen.

Bei den Semang in Thailand und Malaysia wird die Seele «Traumseele» genannt. Sie ist die einzige Seele und entweicht während des Schlafes aus dem Körper, so daß Träume als ihre nächtlichen Erlebnisse zu verstehen sind. Im Tod verläßt sie den Leib definitiv, bleibt freilich sieben Tage lang in der Nähe des Grabes bzw. des Lagers. Sie ähnelt dem Menschen, aber nur wie sein Schatten. Ihr Gesicht leuchtet – an Glühwürmchen erinnernd. Wenn sie sich in der Nähe der Lebenden aufhält, ist sie besonders gefährlich. Sie versucht, so glaubt man, den Hinterbliebenen die Zunge herauszureißen, um zu töten. Dies beabsichtigt sie, weil es ihr um Gesellschaft bzw. Begleitung auf der letzten Reise geht. Nach sieben Tagen wandert sie gen Osten und muß zwei Brücken überqueren. Die erste ist wie eine Wippe konstruiert, die die Seele in die Höhe schleudert und bei einem Gott am Firmament landen läßt. Der schiebt sie mit dem Ellbogen zu einer zweiten, ins Totenland führenden Brücke – doch die Seele fällt ins Meer. Die Ahnen kommen und befragen sie nach ihren Hinterbliebenen. Wenn sie nicht genug weiß, muß sie auf die Erde zurückfahren. Bestimmte Gruppen – auch hier ist die Differenzierung deutlich – glauben, am Eingang zur Totenwelt trenne ein grausig aussehender Wächter die guten und die bösen Seelen und schicke alle Seelen zunächst in eine Art Purgatorium, Fegefeuer.

Totenland

Meistens situiert man das Totenland im Westen; es wird als Insel oder Meeresstrand geschildert. In der Mitte steht ein wundersamer Baum, der an einem Ast schöne Blumen, am anderen Reis, dann wieder anderes wie etwa Rambutan[18] trägt. Die Seelen der Erwachsenen nähren sich von Früchten, frühverstorbene Säuglinge trinken an den Brüsten, die sich am Fuß des Baumstammes befinden. Das Totenland zeigt sich als Land des Überflusses und des Friedens; man kennt keinen Hunger, keine Tiger und Elefanten, auch keinen Donner und Blitz. Ein sprichwörtliches Blumenparadies von angenehmer Kühle, wo die Toten den Frieden genießen, von Krankheiten verschont sind und vergnügt spielen. Für die einen gibt es kein Zusammenleben der Paare mehr, wie sie auf Erden lebten, andernorts scheint es anders zu sein, doch generell kann man sagen, daß im Totenland keine Kinder mehr gezeugt werden.

Zwei Existenzzyklen zeichnen sich im Lichte der Jenseits- bzw. Urzeitvorstellungen ab. Beide münden mit dem Tod ins Göttliche, nur daß derjenige der Laien später als derjenige der Priester geschieht. Was der Laie am Ende der Zeiten erlebt, das wird dem kultisch Tätigen gleich nach dem Tode zuteil.

Vielgestaltig, aber auch reich an wiederkehrenden Motiven sind Vorstellungen von der Seelenreise ins Land der Toten. Der Weg beginnt in der konkreten Landschaft, um sich allmählich in mehr oder weniger imaginären Sphären fortzusetzen. Erste Station der Totenseele ist häufig ein Fluß oder Teich. Dabei handelt es sich um die Grenze zwischen dem Diesseits und dem Jenseits. Die Seele weiß erst, nachdem sie das Wasser überquert oder in ihm gebadet hat, dort drüben, daß sie tot ist. Sie muß vom klaren Wasser des Flusses trinken und von wachsenden Blüten einige pflücken, worauf sie keine Sehnsucht mehr nach dem Land der Lebenden verspürt. Diese trennende Funktion übt die Wächterin des Totenlandes aus, die den neu angekommenen Toten mit einem Backenstreich empfängt. Auf einen Schlag löscht die Erinnerung an das irdische Leben aus. Wir hören, der Tote nehme seine gesamte persönliche Habe, besonders die Seelen der bei Opfern oder auf der Jagd von ihm oder im Rahmen des Totenrituals für ihn getöteten Wildtiere und Haustiere mit. Sein Hund soll erschlagene Feinde und erlegte Wildtiere aus dem Wege scheuchen, wenn sie sich am Toten rächen wollen. Das ihn begleitende Huhn hat die Aufgabe, Trinkwasser aus dem Boden zu kratzen. Wer die vorgeschriebene Serie der Feste gegeben und eine bestimmte Art von Wildtieren erbeutet hat, der kann auf einem Hirsch sitzen und wird von einem Adler beschützt.

In den Gebirgen an der nordöstlichen Grenze Indiens, die die Ebenen Assams wie ein riesiges Hufeisen umgeben, lebt eine Vielfalt von Stämmen mongoloider Rasse, die tibeto-birmanische Sprachen sprechen. Bis vor gut einem Menschenalter bewahrten sie eine archaische, an die Steinzeit erinnernde Kultur. Die halbe Million Naga sind die zahlreichsten unter ihnen.

Die Tangkhul Naga, südöstlich des Brahmaputra ansässig, glauben, ein Büffel (Symbol des Reichtums und Status) müsse dem Toten vorausgehen, um mit seinen Hörnern das massive Tor des Totenlandes aufzustoßen. Der Eintritt ins Land der Toten ist auch hier häufig mit dem Bestehen einer Prüfung verbunden. Wer scheitert, verwandelt sich in ein ewig umherirrendes Gespenst. Nicht selten muß die Seele einen furchtbar aussehenden Jenseitswächter besiegen. Meistens ist dieser Wächter nicht bloß ein einfältiger oder boshafter Wegelagerer, sondern zugleich der Totenrichter. In solcher Funktion finden wir ihn z. B. bei den Lakhern, die in der Nähe der Naga wohnen. Er sitzt an einem Kreuzweg und trennt die eines unnatürlichen Todes Verstorbenen von den übrigen. Er weist alle diejenigen ab, die nie mit Frauen geschlechtlich verkehrt haben. Nach Aussagen der Tangkhul Naga mustert er das Gepäck der Ankommenden, um Diebe zu entlarven. Jeden befragt er über seine Leistungen und seinen Besitz. Gelegentlich treffen wir den Glauben, ein zweiter Geist stelle sich in den Weg, um eine zweite Probe zu erzwingen. Auch Rache geschieht, wenn die irdisch-elementaren Verhaltensweisen zwischen Mann und Frau beispielsweise durch Ehebruch gestört wurden. Je nach Todesart und Verdienst gelangen die Seelen in verschiedene Aufenthaltsorte. Das eigentliche Totenland stellt man sich vielfach unter der Erde vor, wobei es aus mehreren Schichten bestehen kann. Seltener kommt der Himmel als Bleibe für die Toten in Betracht. Dorthin gelangen meistens nur die Verdienstvollen, die sich allgemein einer besseren Existenz als die Bewohner der Unterwelt erfreuen. Wer sich unreinen Fleisches von Fröschen, Hunden und Affen enthalten konnte, der hat Chancen, einen höheren Platz einzunehmen. Auch hier spiegelt das Totenland schattenhaft die Erde. Das dortige Leben der Seelen ist eine direkte Fortsetzung, gelegentlich sogar eine genaue Wiederholung des irdischen Lebens. Fast durchweg behalten die Toten ihren Status und Besitz. Sie bebauen ihre Felder, leben in Häusern, heiraten wieder, kommen mit ihren Familien zusammen. Sie altern und sterben sogar. Der Glaube der Ao Naga, daß im Totenland kein Geschlechtsverkehr mehr stattfinden kann, scheint, als Ausnahme, nur die Regel zu bestätigen. Durch die so entstehende Stagnation sollen die irdischen Verhältnisse nach ihrem letzten Stand vor dem Tod in die nachtodliche Existenz übertragen werden.

Träger erworbener Titel und Ränge, erfolgreiche Krieger und Jäger, leben nicht selten von den übrigen Toten getrennt in einer Art Paradies.

Träger erblicher Würden (Häuptlinge, Dorfpriester, Angehörige der oberen Klasse) haben ein solches Privileg nicht automatisch. Die Rede vom jenseitigen Sein bezieht sich auf Personen, die eines natürlichen Todes gestorben sind. Wer durch Krankheit oder Gewalt vor der Zeit verstirbt, darf nicht ins Totenland oder hat von den übrigen Toten abgesondert zu leben. Bei den Ao Naga müssen diejenigen, die ohne jede sexuelle Erfahrung gestorben sind, ruhelos zwischen dem Diesseits und dem Jenseits umherirren. Andere wieder denken, daß wohl alle ins unterirdische Totendorf einziehen, dort aber ihrer Todesart entsprechend verschiedene Abteile beziehen. Es gibt solche, die von den Feinden erschlagen, von wilden Tieren getötet wurden, ferner Selbstmörder, Ertrunkene und die Frauen, die vor dem Klimakterium verstarben. Wer eines natürlichen Todes stirbt, ist in einer bestimmten Siedlung beheimatet. Leben, das nicht zu einer erfüllenden Abrundung kommt, hat für nachtodliches Existieren schwerwiegende Nachteile. Bis auf die Fälle, wo der Gott der Konyak Naga oder Jenseitswächter die Seelen nach ihren Taten richtet, ist nachtodliches Schicksal mehr oder weniger eine Folge des irdischen.

Inwiefern aber kann nachtodliches Schicksal als Resultat moralischer Vergeltung betrachtet werden? Schon zu Lebzeiten erworbener Besitz an Gütern und Verdiensten schafft Kapitalisierung, die dem Betreffenden nach seinem Tode zur Verfügung steht. Vergolten wird so: nicht Einschränkung im Irdischen, nicht ein asketisch das Leben minderndes Verhalten, sondern ein volles Leben mit vollem Erfolg gewinnt nachtodliche und jenseitige Rechtfertigung. Verzicht ist denkbar; er darf aber nicht auf Kosten der eigenen Gruppe gehen, die ja meistens durch das Dorf repräsentiert wird. Mord und Diebstahl innerhalb dieser Gruppe gelten, wie auch bei uns, als kriminell. Doch werden sie, bis auf wenige Ausnahmen, durch die Gesellschaft geahndet. Für das Schicksal nach dem Tode selbst sind sie, ebenso wie Inzest oder Ehebruch, irrelevant. Andererseits hat ein schlimmer, d. h. ein unnatürlicher Tod für das Schicksal fatale Folgen, obwohl der, der ihn erleidet, nicht dafür verantwortlich gemacht werden kann – zumindest nicht moralisch.

Wiedersterben und Wiedergeburt der Totenseelen trifft man fast durchgängig. Oft heißt es, die Seelen der nichtprivilegierten und natürlichen Toten sterben noch einmal, ja sogar mehrere Male, um sich schließlich entweder auf der Erde in Schmetterlingen oder Insekten zu reinkarnieren oder aber endgültig zu erlöschen. Nach den Angama Naga z. B. müssen die Seelen der Toten insgesamt siebenmal leben und wieder sterben, wobei sie jedesmal in einer der anderen der sieben untereinander liegenden Unterwelten wiedergeboren werden, um sich nach der Vollendung der siebten Existenz in nichts aufzulösen. Vereinzelt bemerken wir die Vorstellung, daß die Seelen unmittelbar oder bald nach dem Tode als Neugeborene oder als Insekten erscheinen, offenbar ohne sich vorher ins Totenland begeben zu haben.

Individuum und Stamm

Nach dem bis jetzt präsentierten Material läßt sich für unsere Fragestellung besonders folgendes hervorheben: Nachtodliches Existieren im Anschluß an den Übertritt in eine Transzendenz ist nicht ohne weiteres erkennbar als reines Spiegelbild des immanenten Daseins. Wohl gibt es spiegelbildliche Entsprechungen, doch darüber hinaus finden wir eine Fülle sehr differenzierter und im Falle einzelner Stämme zu untersuchender Aussagenkomplexe. Grundsätzlich hängen die Toten von dem in ihrem Leben selbst Gehandhabten, Vollbrachten, Geleisteten auf ihrer Reise und hernach in ihrer definitiven Existenzform im Jenseits ab. Desgleichen sind sie abhängig von der Leistung der Lebenden, insofern diese sich bereitfinden, geregelte Initiationen und entsprechende Festivitäten mit beträchtlichem materiellem Aufwand zu organisieren. Der Einzelne lebt, insofern der Stamm, die Gruppe lebt. Dem Einzelnen werden die Themen des Lebens und somit auch des Sterbens, des Todes und nachtodlichen Existierens, nur in und durch den Stamm vermittelt. Der Mensch als Glied des Stammes hat zu ergreifen, was der Stamm an Lebensmöglichkeiten kennt; er soll leben gemäß seiner Bestimmung als Mensch. Der Gesamthorizont, mag das jenseits seiner Liegende dunkel und chaotisch anmuten, ist doch der allen irdischen Beständen in ihrer Instabilität gegenüber stetsfort stabile. Zur Instabilität, Bedrohtheit und Kürze des Lebens, das nicht weiß, ob zum Beispiel die Nahrung für alle morgen noch genügt, gehört unabdingbar, stets gegenwärtig, der Tod, gedacht bzw. geglaubt als Durchgang in eine andere Existenzform. Davon berichten die Mythen der Vergangenheit. Die Zukunft des Todes wurzelt im Wissen, das die Vergangenheit gewährt. So kann Gegenwart erfüllt sein, weil sie damit über beide Ränder hinausragt – in die Vergangenheit und in die Zukunft. Wo derart das Individuum eingesenkt ist in die Konstitution seines Stammes und mit seiner Sterblichkeit lebt, bedarf es keiner individuellen Unsterblichkeit.

2.4 Südsee und Australien[19]

Polynesien

In dem gewaltigen Gebiet zwischen Neuguinea und der Osterinsel, Neuseeland und den Hawaiinseln leben Menschen verschiedener Rasse und Kultur, die sich zur Zeit ihrer Begegnung mit den Weißen in technischer Hinsicht auf dem Niveau der jüngeren Steinzeit befinden. Ihr intellektueller und seelischer Stand aber entspricht keineswegs dem Bild, das unter uns von Steinzeitmenschen verbreitet wird. Einige von ihnen – wie der größte Teil der Polynesier – haben schon früh Schritte hin zu hochkultureller Lebensgestaltung getan, während andere, vor allem in Melanesien und besonders auf Neuguinea, als sogenannte Naturvölker in Erscheinung treten. Deshalb darf man nicht von einer Religion der Südsee, sondern nur von vielen Religionen sprechen.

Von den übrigen Völkern der Südsee unterscheiden sich die Polynesier dadurch, daß sie eine relativ geschlossene kulturelle und sprachliche Einheit bilden, ja ausgeprägten Sinn für Wahrung ihrer geschichtlichen Überlieferungen besitzen, auch wenn hierbei dynastische Interessen der Häuptlingsfamilien mitschwingen. Bei den Polynesiern hat sich im Laufe der Zeit auf vielen Inselgruppen eine Theologie entwickelt, freilich keine einheitliche, sondern nach Zeiten, Inseln und Göttern verschieden und mit priesterlichen Spekulationen und Sektenbildungen ausgestattet. Die Eigenart der Polynesier als kühne Seefahrer und Entdecker schafft Kontakte unter den Inseln und damit gegenseitigen Ausgleich. Nur ganz abgelegene Eilande sind ausgeschlossen und bleiben bei Kulten aus ältester Zeit.

Um die Jenseitsvorstellungen der Polynesier zu verstehen, verweilen wir in Kürze bei ihren Göttern. Diese sind von kraftvoller Lebendigkeit, nicht etwa nur Personifizierungen von Naturgewalten. Der Konnex zwischen Diesseits und Jenseits zeigt sich mit der Möglichkeit, bedeutende Häuptlinge und andere herausragende Menschen (Kriegsführer und Helden) nach ihrem Tode unter die Götter aufsteigen zu lassen. Stark ausgeprägt wirkt der Kult vergöttlichter Ahnen auf polynesischen Exklaven, Inseln im Grenzgebiet zu Melanesien und Mikronesien. Dort verdrängt der Kult der Anführer von Einwanderern und ihren nächsten Nachkommen fast jeden anderen Gott und seinen Kult.

Äußerst subtil ist das Menschenbild der Polynesier. Der Körper mit seinen verschiedenen Organen wird genauer Betrachtung unterzogen. Vom Körper scheidet man den physischen Atem. Man nimmt ihn als geistigen Lebenshauch, als eigentliche Lebenskraft, die das Göttliche im Menschen repräsentiert. Das komplexe System menschlichen Daseins löst sich beim Sterben auf. Eine Art Doppelgänger bleibt, wenn der Tod eintritt: ein Schattengeist, der später den Menschen erscheinen kann, die dafür empfänglich sind. Dieser Schattengeist vermag bei Lebenden im Zustand der Bewußtlosigkeit oder während des Schlafes den Körper zu verlassen. Träume gelten als Erlebnisse des schattenhaften Doppelgängers. Die Vorstellung eines geistigen Lebenshauches ist alt und allgemein polynesisch.

Man bittet immer wieder die Götter, Leben zu schenken, freilich nicht nur bloße Vitalität und Fruchtbarkeit, sondern darüber Hinausgehendes, das Gedeihen, Gesundheit und Rettung aus Gefahr in sich schließt. Der Konnex zwischen Diesseits und Jenseits ist vielfältig und lebensrelevant bis in den Alltag.

Die Theogonie der Götter in Polynesien findet ihr Zentrum in einem höchsten Gott, der sich in Konkurrenz gegen andere durchsetzt: Tangaroa. Er gelangt auf den obersten Platz und schafft für das Jenseits klare hierarchische Verhältnisse. Eine Urzeitdichtung aus Tahiti beschreibt, wie Tangaroa die Welt gestaltet: «Er weilt, Tangaroa mit Namen, in der Unermeßlichkeit des Raumes. Da war keine Erde, da war kein Himmel, da war kein Meer und keine Menschheit. Tangaroa ruft die Höhe an. Er wandelt sich von Grund aus. Tangaroa ist der Ursprung, Tangaroa ist der Urfels, Tangaroa ist der Sand, Tangaroa breitet weit aus. Tangaroa ist das innerste Wesen der Dinge, Tangaroa ist der Keim, Tangaroa ist das Fundament, Tangaroa ist der Dauernde, Tangaroa ist weise. Er schuf das Land Hawaiki, groß und tabuiert und machte es zur Schale Tangaroas.»[20] Entscheidend für unsere Absicht erscheint die Bemerkung über des Gottes schöpferisches Tun hinsichtlich der nachtodlichen Sphäre. Ein Gott, der mit seiner Gestaltungsmacht alles, auch die Unterwelt kreiert, darf als besonders ranghoch gelten; er ragt heraus, er könnte als Weltgott fungieren.

Ein anderer Mythos, der sich über einen großen Seefahrer des

11. Jahrhunderts bildet, sagt, er lebe im dunklen Hawaiki und ziehe mit seinem Bruder aus, um das Land des Lichtes zu suchen. Zweimal fahren die Brüder mit Booten, deren Namen auf die Sehnsucht nach Licht weisen, aus, sehen in der Ferne einen Lichtschimmer, geraten in Unwetter und müssen umkehren. Erst als ihnen ein Priester in Hawaiki rät, den Mast des Bootes «Aufgerichtet im Lichte des Himmels» zu nennen, gelingt es, durch den Lichtschimmer weiter vorzudringen. Sie kommen bis zum Land des Lichtes, das vor ihnen aus dem Meere auftaucht, und sie nennen es zum Dank Aitutaki, d. h. von der Gottheit geleitet.

Die Jenseitsvorstellungen gliedern sich somit in zwei Bereiche: Hawaiki und Aitutaki, Land der Nacht und Land des Lichts. Hawaiki betreffende Vorstellungen sind auf den einzelnen Inseln nicht genau dieselben. Auf Mangaia (Cook-Inseln) findet sich das Bild eines dunkeln, schrecklichen Reiches der Unterwelt, in dem die Göttin Miro herrscht. Sie kocht die Toten im Erdofen und verschlingt sie hernach. Auf anderen Inseln wird Hawaiki nicht derart entsetzlich vorgestellt, sondern als Land der Urahnen – weit im Westen, wohin die Toten zurückkehren. So dichtet 1824 auf Mangaia ein Mann einen Abschiedsgesang für seine Frau: «Wohin ist sie gegangen? Sie eilte nach Hawaiki. Sie verschwand an der Ecke des Horizonts, wo die Sonne sich hinabsenkt. Wir weinen um dich! Ja, ich will immer weinen und dich immer suchen. Bittere Tränen vergieße ich um dich. Ich weine um eine verlorene Herzensfrau. Ach du kommst nicht wieder! Oh daß du doch wiederkämest! Bleib stehen! Komm zurück in diese Welt! Komm in meine Arme zurück! Du bist wie ein vom Winde herabgerissener Ast, abgerissen und nun in Hawaiki, dem fernen Lande, in das du geflohen bist.» Hawaiki in der Ferne, nicht durch und durch schrecklich, aber trotzdem für die Toten so beschaffen, daß sie dort ein graues, freudloses Schattendasein führen, im Gegensatz zu der leuchtenden Rolle, die Hawaiki sonst in der Erinnerung an eine verlorene Urheimat spielt. Es gibt also verschiedene Ebenen. Auf der untersten vermutet man das traurigste aller Länder der Toten: «In Hawaiki liegt ein Land von seltsamen Wesen wie das Seufzen der verwehenden Brise, wo man im Schweigen tanzt und die Gabe der Sprache unbekannt ist.»[21]

Die Schattengeister der Toten müssen in dieses Totenreich eintreten, sofern sie aus dem Volke stammen. Die Schattengeister verstorbener Adliger gelangen in ein paradiesisches Land, das man als wunderschöne Insel malt. Auf Tonga lebt die Überzeugung, nur die Ariki, die Adligen, dürfen nach dem Tode ein neues Leben beginnen, während die Schattengeister gewöhnlicher Sterblicher allmählich verblassen und dahinsterben, also kein echtes jenseitiges Leben zu erwarten haben. Eine streng geordnete Klassengesellschaft wird deutlich; sie ist geprägt von Moral und Gesetzen, deren Bedeutung für das alltägliche Leben niemand bestreitet. Was sich in den Jenseitsvorstellungen spiegelt, ist das festgeschriebene soziale Leben.

Auf den Fidschi-Inseln, in denen Einflüsse aus Melanesien wie Polynesisches zusammenkommen, bemerken wir Vorstellungen vom Jenseits, die stark polynesisch bestimmt sind. Man denkt das Jenseits unter der See oder wenigstens als Land, zu dem der Zugang unter der See liegt. Die Wanderung dorthin gilt als höchst gefahrvoll; sie kann nicht jedem Toten gelingen. Dieses Land ähnelt dem Diesseits. Ein Teil der Seele bleibt oft auf der Erde, z. B. besonders als Gespenst erschlagener Häuptlinge. Stellen, an denen solche Gespenster zu vermuten sind, meidet man sorgfältig, oder man errichtet an ihnen Kulthäuser. Für das Gebiet der Zentralkarolinen repräsentiert eine andere Vorstellung des Jenseits: nämlich von einem im Süden über der See liegenden glücklichen Land, aus dem alle guten Früchte zu den Inseln gekommen sein sollen.

Jenseitsvorstellungen weisen also eine das Leben der Menschen bzw. ihre eigentliche Lebenswelt charakterisierende Form auf – bis eben hin zu spiegelbildlicher Entsprechung.

In Polynesien ist der Raum in unermeßlicher Weite mit allgegenwärtigen Gewalten des Meeres ein erstrangiger Stimulus für religiöse Verarbeitung der Probleme von Leben und Tod. Die Polynesier als Menschen der jüngeren Steinzeit, was ihre technischen Möglichkeiten anbetrifft, im Blick auf ihre sozietätische Organisation von hochkultureller, d. h. außergewöhnlich differenzierter Geisteshaltung, sind eine faszinierende Gruppe, deren Weltkonzept gelesen werden muß als ein mit Jenseitsvorstellungen gekoppeltes. Die Welt der Polynesier kann nur sein, weil die Urstiftung Diesseits und Jenseits enthält: Hawaiki als Land der Vorfahren und der Toten. Wo das Leben der zahlenmäßig kleinen seefahrenden Stämme Polynesiens Bedrohungen ausgeliefert ist und der Tod auf allen Reisen mitfährt, dort kann tradiertes Wissen über nachtodliches Sein intensiv gepflegt werden. Die Kleinheit der Eilande und die Weite des Pazifik vermitteln ein Lebensgefühl von Erhabenheit und

Winzigkeit, von eigener Stärke und Klugheit sowie von Ohnmacht und Hilflosigkeit.

Weil die Polynesier zu hoher kultureller Differenzierung gelangt sind und ihr Reflexionsniveau erstaunliche Subtilität aufweist, haben wir die Jenseitsvorstellungen im zentralen Punkt zu diskutieren: Hawaiki, das dunkle Land, das Land des Todes, zugleich die Urheimat, steht im Spannungsfeld zu Aitutaki. Nacht und Tag verbinden sich, gehen ineinander über, was an der Beobachtung des Horizonts bei Sonnenuntergängen und Sonnenaufgängen deutlich wird. Leben und Tod vereinen sich im Gefühl, ja im Daseinsverständnis als ganzem.

Immanenz, Leben hier und jetzt, ist gestaltet von Transzendenz, Überstieg, Fahrten hinaus und möglicherweise hinüber in andere Seinsweisen des Nachtodlichen. Stürme zerbrechen alles, und eine Wiederkehr gibt es nicht. Was bleibt, ist die Klage der Zurückgebliebenen.

Melanesien und Neuguinea

Blicken wir auf Melanesien und Neuguinea, so sind die Geister der Toten eine mächtige Potenz. In der Regel gelten sie als gute Geister, denen man in Liebe und Ehrfurcht wie in Dankbarkeit für Hilfe verbunden ist. Andererseits befürchtet man, sie seien neidisch auf das glückliche Los der noch Lebenden. Darum tun sie ihnen Böses an. Sie sind bestrebt, Lebende zu sich zu holen. Glück oder Unglück nach dem Tode hängt davon ab, ob die guten Toten uns erwählen oder nicht, aber nicht davon, ob ein Mensch selbst gut oder böse war. In diesen Bereichen kursiert das Muschelgeld, das dazu dient, sich das Leben vor und nach dem Tode angenehmer zu gestalten. Wer kein Geld besitzt, hat keine guten Aussichten nach dem Tode. Man stellt sich dann die Toten, die in einem unterirdischen, durch Höhlen zugänglichen Totenreiche wohnen, als abgemagerte und ungepflegte Wesen vor, die schmutzige und faule Dinge, hauptsächlich Kot, essen.

Sonst freilich ist das Totenreich dem Diesseits sehr ähnlich. Wie auf Erden haben es die Reichen besser, zumal mit dem Tod ihr Muschelgeld ihnen nachfolgt; sie können also ihr Vermögen mitnehmen. Zuweilen denkt man, daß im Land der Toten die soziale Stellung der Verstorbenen derjenigen auf Erden entspricht. So führt auf den Admiralitäts-Inseln ein verstorbener Polizist unter den Toten sein Amt weiterhin aus, treibt Steuern ein und tut all das, was er zu Lebzeiten schon getan hat. Immer ist das Schicksal nach dem Tode von Zufällen auf dem Wege ins Geister-land abhängig, z. B. bei den Stämmen am oberen Digul auf Südneugui-nea. Dort geht es darum, ob die wandernde Totenseele einem Geist im Busch begegnet, der sie fressen kann und damit vernichtet, oder ob sie unangefochten in das Totendorf des guten Geistes gelangt. Für die Guten, diejenigen, die sich im engsten Kreis als gute Menschen erwiesen haben, erhofft man ein besseres Schicksal als für alle unsozialen, nament-lich für solche, die bereits als Lebende aus der Gemeinschaft ausgestoßen und damit vogelfrei geworden sind.

Die skizzierte Auffassung von den Totenseelen schließt nicht einfach deren Unsterblichkeit ein, sondern nur, daß sie so lange leben, wie ihr Gedenken dauert, bis sie sich in ein sterbliches, aber doch wieder einer Seele teilhaftiges Tier verwandeln. Aus naheliegenden Gründen nimmt man eine Verwandlung in Würmer oder Insekten an – bis ein Wächter auf dem Wege zum Totenreich mit einem Tötungsversuch Erfolg hat oder bis der Tote von anderen Toten wie in menschlichen Fehden (oder auch wenn er Menschen lästig fällt) noch einmal und unwiderruflich getötet wird.

Auf Neukaledonien gibt es die Klage um einen Häuptling, der in der Zeit zwischen den Ernten stirbt, so daß man seine Totenfeier nicht im ge-wünschten Überfluß begehen kann: «Er hat das Land verlassen. Er ver-ließ es, und Stille herrscht. Nichts ist mehr da. Er verließ es mitten zwi-schen den Jahreszeiten, zwischen zwei Yams-Ernten. Er wird Böses be-seitigen, er wird reinigen, er wird Landabschwemmungen beseitigen, er wird den Kotpilz mit der brummenden Fliege zertreten, er wird sich auf die Zehen erheben und seine Verwandtschaft segnen.»[22]

Auf den Admiralitäts-Inseln glaubt man, die Ahnengeister, vom Familienoberhaupt als Stütze der Nachkommen geehrt, seien ihnen wohlgesonnen. Man opfert ihnen zwar nicht, ruft sie an, wenn man ißt, und bittet sie, am Mahl teilzunehmen. Sie helfen ihren Verwandten beim Schildkrötenfang. Die Knochen verstorbener Angehöriger sind wirk-same Schutzmittel gegen böse Geister und werden im Hause aufgeho-ben oder als Amulette getragen.

Der Weg ins Totenreich, oft unterirdisch gedacht, gilt nicht selten als gefährlich. Aus Mitleid mit den Toten, auch um sie loszuwerden, müs-sen ihnen die Lebenden helfen, sicher dorthin zu finden.[23]

Die Mbowamb: Wie der Tod in ihre Welt kam

Nach der Ansicht der Mbowamb im Hagengebirge von Neuguinea sieht man das Jenseits in seiner Verfassung ähnlich wie das Diesseits. Aus dem reichen Material, das Strauß und Tischner[24] ausbreiten, können wir nur weniges in diesen Zusammenhängen beiziehen. Für die Mbowamb in den Western Highlands bedeuten Krankheiten und Tod Folgen von Störungen im tragenden Lebensgrund – hinsichtlich der Beziehungen, die zwischen Menschen und dem, was diesen Menschen ihr Leben erst ermöglicht (also dem Lebensgrund) auftreten. Eine Störung des religiösen Urbezuges zum tragenden Grund bedingt den Tod. Positiv gesagt: Leitmotiv der Religion und Kultur sind Erhaltung und Anreicherung gegebenen Lebens und darum nach Möglichkeit Vermeidung oder baldmöglichste Beseitigung von Störungen der Beziehungen innerhalb dieser Gemeinschaften.

Der Einbruch des Todes in die Welt der Menschen kann nur als etwas ganz Furchtbares verstanden werden. Die Mbowamb fragen nicht, woher der Tod gekommen ist, sondern wie er überhaupt in die Menschenwelt einzubrechen vermochte. Die Mittel, nämlich die Träger von Todeskräften, durch die der Tod wirkt, werden vorausgesetzt. Die brennende Frage lautet, aus welchem Grund und wie können diese Kräfte wirken? Ein verkehrter Wille muß diese Kräfte zum Einsatz bringen. Nach dem Mythos über den Einbruch des Todes in die Menschenwelt macht man dafür eine uralte Frau verantwortlich. Über Sterben und Sich-Verjüngen der Menschen hören wir in diesem Zusammenhang: Es lebten in der Urzeit ein Uralter und eine Uralte. Die Uralte gebar einen Sohn. Das Knäblein hatte Stuhlgang, und der Stuhl kam auf den Schoß seiner Mutter zu liegen. Die Uralte wußte sich nicht zu helfen und konnte es nicht wegwischen. Da merkte es der Uralte und sprach: Warte, bis ich im Walde Blätter und Rinden von Bäumen holen und dir geben werde, die sich abschälen; damit kannst du es dann abwischen. Ich will das Kunststück machen, daß die Menschen sich häuten (d. h. verjüngen). Die Uralte wartete auf seine Rückkehr; aber er blieb ihr zu lange aus. Der Kot auf ihrem Schoß verbreitete einen unausstehlichen Gestank. Da nahm sie Blätter, die in Reichweite waren. Damit wischte sie es ab und schaffte es weg. (Nach Ansicht der Mbowamb sitzt in den Exkrementen Lebenskraft bzw. Seelenstoff.) Inzwischen hatte der Uralte im Walde die Sachen gesammelt, die der immer wiederkehrenden Verjüngung der

Menschen dienen sollten. Als er endlich damit ankam, sprach die Uralte zu ihm: Du liebe Güte! Weil du solange nicht zurückkamst, und ich es vor Ekel nicht mehr aushalten konnte, habe ich alles schon fortgewischt. Da wurde der Uralte von Rache-Zorn erfüllt und sprach: Während ich mich um die Verjüngung der Menschen mühe, hast du das Kunststück des Sterbenmüssens der Menschen vollbracht. Mit diesen Worten warf er alle Sachen, die der Verjüngung des Menschen dienen, fort. Und deshalb herrscht nun der Tod unter den Menschen von Generation zu Generation. Bei einem Todesfall kann man den Mbowamb oft klagen hören: O weh! Warum hast du Uralte dieses Kunststück des Sterbenmüssens der Menschen vollbracht? Warum hast du des Uralten Rede widersprochen, daß wir nun immer sterben müssen? Hätte er doch das gute Kunststück der Verjüngung der Menschen gemacht. Dann würden wir uns noch immer häuten. So sind wir zornig auf die Uralte und schimpfen über sie.

Dieser Mythos erklärt nicht die Herkunft von Tod und Todeskräften, sondern den Einbruch dieser Kräfte in die Diesseitswelt der Menschen. Daß der Uralte zu lange brauchte und die Uralte nicht warten konnte, bedeutet ein Verhängnis, das man bedauern und beklagen muß, dem gegenüber es aber keine Erklärung mehr gibt. Das Kind ist von den beiden Uralten gezeugt, damit es als Menschenkind lebe. Als solches bedrohen es Todeskräfte. Der Uralte, sein Vater also, möchte für es das Kunststück der ewigen Verjüngung einführen, so daß alle Nachkommen immer wiederkehrender Verjüngung teilhaftig würden. Aber es wirkt nun das, was die Uralte machte, in ewiger Wiederholung weiter. Freilich nicht mechanisch, sondern so, wie der verkehrte Wille der Uralten es den Todeskräften ermöglichte, zur Wirkung zu kommen, so gibt es für den Mbowamb keine natürliche, von selbst funktionierende Todesursache, sondern von Todesfall zu Todesfall ist es der böse Wille von Geistern und Menschen, der die Todeskräfte zur Wirkung bringt.

Das Leben nach dem Tode stellt man sich bei den Mbowamb ganz ähnlich dem irdischen Leben vor, freilich nicht besser, sondern schlechter. Die Sprache gebraucht hier Ausdrücke der Nacht, des Dunkeln und Finstern, um das Dasein der Toten zu beschreiben. Es ist ein Schattendasein. Die Toten hungern und frieren, haben nur schlechte Nahrung, sind Wind und Wetter, Regen und Kälte ausgesetzt. Es ist ein Leben draußen; «hinausgehen» kann darum als verdeckte Rede für Sterben und

Tod gebraucht werden, auch «ins Gebüsch gehen», dorthin wo die Gräber sind. Das Draußen bezeichnet das Dasein der Toten im Gegensatz zum Drinnen, drinnen am wärmenden Hüttenfeuer, wo die Lebenden sitzen. So heißt es: Die Toten schauen von draußen neidisch herein. Sie neiden uns den von Öl und Fett glänzenden Schein des geschmeidigen Körpers. Sie neiden uns das durch wippenden Federschmuck, glänzenden Muschelbehang und rauschendes Gesäßdecklaub beschwingte Lebensgefühl. Nur wir, die Lebenden, erfreuen uns noch der Frauen, der Wertsachen und Schweine. Nur wir feiern richtige Feste und vollbringen Wesenhaftes. Das Dasein der Toten ist ein Schemen. Daher drängendes Verlangen nach langem Leben und die Überzeugung vom Neid der Toten. Der Tote lebt nicht mehr in der Sonne, sondern draußen in der Nacht. Er ist auf Fürsorge seiner Hinterbliebenen angewiesen, wie er es schon in seiner Krankheit war. Wenn die Hinterbliebenen den Toten kein Geister-Wohnhaus bauen, so müssen sie draußen frieren, sind Wind und Regen ausgesetzt. Bringen die Lebenden den Toten keine Opfer dar, so haben sie nur ganz schlechte Nahrung und müssen ein kümmerliches Dasein fristen.

Eindrücklich ist das Bild der Gestalt von Toten. Sie reißen den Mund auf, strecken die Zunge weit heraus, fassen ihre Ohrläppchen und ziehen sie weit ab, sperren die Augen auf und schauen uns unheimlich an. Ihr Blick ist flackernd, die Augenlider flimmern. Sie heben die Hände in Augenhöhe und halten die Finger wie zum Greifen gekrümmt. Sie wollen uns mit sich fortholen. Furcht und Schrecken der Lebenden bekundet dieses Bild der Toten. Doch die Toten können auch in der Gestalt des Gestorbenen erscheinen, wie man ihn zu seinen Lebzeiten gekannt hat. Man stellt sich die Toten nicht als körperlose Wesen vor, sondern der ganze Mensch ist der Verstorbene. Deshalb braucht man neben dem Ausdruck Geist für die Toten auch denjenigen, welcher bedeutet: gestorbene Menschen. Man schreibt ihnen weiterhin die gleichen Eigenschaften, Fähigkeiten und Bedürfnisse zu, die sie im Leben hatten. Die Toten können in der Gestalt eines Vogels, einer Eidechse usw. erscheinen. Sie können pfeifen, sprechen und allerlei Geräusche verursachen. Schließlich nehmen sie die Gestalt von Motten an und können dann nochmals und endgültig sterben.

In unserem Sinne sind die Toten in diesem Kontext der Mbowamb nicht tot. Sie sind in unheimlicher Weise anwesend und tätig. Sie können durch ihre Aktivität den Lebenden nützen oder schaden. Sie können den Menschen Glück und Heil, gute Ernten, Kinderreichtum, Gesundheit, Wertsachen, langes Leben, kurz Hilfe und Schutz in jeder Hinsicht verschaffen. Sie können aber auch Unheil, Unglück, Unfrieden, Krankheit, Seuchen, Not und Tod bereiten, was ganz vom guten oder schlechten Einvernehmen mit ihnen abhängt. Denn wie unter den Lebenden das gute Einvernehmen und ungestörte Seelenleben in der Gemeinschaft Heil, Gesundheit und Wohlstand bedeutet, die durch irgendwelche Vergehen in Verwirrung und Unordnung gebrachten seelischen Beziehungen in der Gemeinschaft eine gefährliche Reaktion des seelischen Potentials hervorrufen, wenn hier nicht alles in Ordnung gebracht wird, so verhält es sich mit den Toten, die ja immer noch zu der Lebensgemeinschaft insgesamt gehören. Sie sind nicht einfach grundlos tätig zu Nutzen oder Schaden ihrer Hinterbliebenen. Es hängt davon ab, ob die gegenseitigen Beziehungen in Ordnung sind oder nicht. Die Toten haben noch dieselben Empfindungen und Leidenschaften wie die Lebenden; sogar in gesteigertem Maße, weil bei ihnen von vornherein der Neid auf die Lebenden hinzukommt, weil diese noch im Leibe sein, sich noch des richtigen Lebens freuen, in warmen Hütten wohnen, gutes Essen genießen, wirkliche Feste feiern können. Schon deshalb muß man auf die Toten mehr Rücksicht nehmen als auf die Lebenden. Schon ihr Sterben und vorausgehende Krankheit oder Verzauberung macht die Toten böse. Dazu kommen allerlei Versäumnisse seitens der Lebenden gegenüber den Toten.

Sterben ist für die Mbowamb kein wirkliches Ende, sondern nur das Aufhören der einen, freilich äußerst geschätzten und erwünschten Existenzform. Die Toten leben, sind aktiv, haben Wünsche, Sehnsüchte, Bedürfnisse ganz ähnlich denen der Lebenden. Sie sind aufs stärkste am Tun und Treiben der Hinterbliebenen interessiert. Sie sind immer gegenwärtig und beobachten alles. Die Macht der Toten beruht nicht auf eigener Mächtigkeit, sondern auf gesteigerter Fähigkeit, Träger hintergründiger Lebens- oder Todeskräfte für oder gegen die Lebenden einzusetzen. Die Toten sind mächtig, weil ihnen solche Macht zufließt. Schon zu ihren Lebzeiten ist ihre Tüchtigkeit, Begabung, Redegewandtheit, ihr Können, ihre körperliche Kraft und Gesundheit, Erfolg, Wohlstand, Ehre, Ansehen, Glück etc. nichts anderes als Ausdruck der Macht, die ihnen aus geheimnisvollen Quellen zuströmt. Und als Tote haben sie nun einen besseren Zugang zu diesen Quellen. Eigenschaften und Fähigkeiten eines lebenden Menschen bleiben nach dem Tode dieselben. Sie steigern sich aber noch, werden magisch mächtiger. Jeder Tote nimmt unter den Toten dieselbe Stellung ein, wie er sie zu Lebzeiten innehatte. Daran ändert sich im Tod nichts mehr. Nur muß jeder, so wie im Leben, auch im Tod diese Stellung erhalten und befestigen durch neuen Machtzufluß. Das geschieht vornehmlich durch Opfer, die ihm dargebracht werden. Gleiches gilt für die, an denen sich im Leben nur wenig und nicht in besonderer Weise Macht zeigte, so daß sie körperlich schwächer, leichter anfällig für Krankheiten, weniger erfolgreich, wenig begabt und glücklich, wenig beachtet und kaum gefürchtet waren. Auch daran ändert sich im Tode nichts mehr.

Ganz besonders mächtig sind die Toten, von denen die Mbowamb glauben, daß sie nach ihrem Tod nicht den Weg für immer und nicht in das Land für immer gingen, sondern nach oben, also in einen himmlischen Bereich. Die Urahnen dieser Gruppen bzw. die Stammväter sind nach oben gegangen. Das gilt heute noch von den Männern, die im Leben für ihre jeweilige Gemeinschaft aufgrund ihrer besonderen magischen Mächtigkeit besondere Bedeutung hatten. Weil sie im Leben zu Wohlstand, Ruhm und Ehre der Gruppe beitrugen, weil sie durch Schlichten der Konflikte die Macht, die die Seelenkraft vermittelt, für den Gleichklang der Gemeinschaft zur Wirkung bringen konnten, weil sie durch Veranstaltung der großen Opferfeste als Vergegenwärtigung mythischen Geschehens der Macht gleichsam Gelegenheit gaben, sich immer wieder in besonderer Weise zu zeigen und der jeweiligen Gemeinschaft zur Stärkung und Vermehrung zuzufließen, darum gehen solche Männer nach ihrem Tode nach oben. Regnet es bei ihrem Begräbnis, so weint das Land, donnert es in der Ferne, so ist das ein Zeichen dafür, daß sie dröhnenden Schrittes gehen.

Halten wir fest: Im Falle der Mbowamb bekundet sich der Schwerpunkt im Leben hier. Tod und nachtodliches Sein sind abstoßend, ekelerregend. Das Arrangement mit dem Tod, um nicht durch Seelen Verstorbener gefährdet zu sein, zehrt an den Kräften. Die Balance zwischen Leben und Tod ist schwer zu halten, wo dem Tod so sehr seine negative Seite angelastet wird.

Australien

Von den australischen Aborigines ist zu sagen, daß ihre Jenseitsvorstellungen in einem bestimmten Lebensverständnis wurzeln, das sie ausgebildet und während langer Zeit kultiviert haben. Für sie ist der Ursprung jungen Lebens etwas Geheimnisvolles. Nach Überzeugung vieler australischer Stämme nähert sich ein Geistkind, das schon vor der Empfängnis existiert, also aus einer geistigen Welt stammt, wir können sagen – aus einem Jenseits, dem zukünftigen Vater, um von ihm die Einladung zum Eintritt in den Leib der Mutter zu erhalten. Der Mann träumt von dem Kind, das ihm geschenkt wird. So finden wir eine präexistierende Geistigkeit, ein Geistleben, das für das Leben hier Ermöglichung überhaupt bedeutet.

Auch über die Aborigines sind eindrückliche Berichte eines bedeutenden Ethnologen von Wichtigkeit: Andreas Lommel.[25] Er bezieht sich auf Nordwest-Australien.

Zu diesem merkwürdigen Vorgang des Kinderfindens im Traum konnte Lommel folgendes in Erfahrung bringen: In *lalai*, der Urzeit, gehen die Wondjinas, vergöttlichte Vorfahren, über die Erde und lassen die Geschöpfe wachsen, in jedem Land bestimmte Tiere und Pflanzen. Mit ihnen zusammen erschaffen sie eine Menge von sogenannten Kinderkeimen, Seelen von Menschen, die später geboren werden. Die Tiere oder die Pflanzen, mit diesen Keimen zusammen erschaffen, bezeichnet man als «gi» dieser Seelen. Gi drückt ein ursprüngliches Verwandtschaftsverhältnis aus – von tiefer Bedeutung für den Einzelnen. Kein Wesen ist für sich allein erschaffen, sondern jedes mit einem anderen zusammen. Doch es gibt Erscheinungen, die ganz für sich stehen, z. B. der Mond, von dem man sagt: er war immerdar, er wurde von niemandem geschaffen. Nach einer anderen Aussage macht eine Krähe den Mond, indem sie ihn zuerst als kleine Ratte erschafft. Die Mondratte klettert auf einen Baum und steigt von da auf den Wolken wie auf Stufen in den Himmel hinauf. Dort geht der Mond, bis er wieder zur Erde kommt, und dann unter die Erde weiter bis zu dem Baum, an dem er wieder in den Himmel hinaufsteigt. Die Sonne ist schneller als der Mond und fängt ihn immer nach einiger Zeit. Sie tötet ihn und bringt den toten Mond ins Mondland, das Land, in dem die Seelen der Verstorbenen leben und das von dem toten Mond beleuchtet wird.

Eine weitere Version zeigt, wie ein Geistwesen den Mond macht. Dieser Geist nimmt die Rippe eines Toten und wirft sie in den Himmel. Die Rippe wächst zum vollen Mond heran, wird alt, schrumpft zusammen, stirbt ab und ist schließlich tot. Dieses Geisterwesen, das in der Gestalt einer großen Fledermaus auftritt, wirft sie weg und nimmt eine andere. Lommel erzählt folgendes: «Viel später erklärte ein Eingeborener nachts, als wir, am Lagerfeuer sitzend, ein schwirrendes Geräusch in der Dunkelheit nicht erklären konnten: dies sei ein Geist, der seine Rippe wie ein Bumerang würfe – und das sei der Mond, die Rippe dieses Geistwesens, der Mond, der wie ein Bumerang am Himmel verschwände, um wiederzukehren. Da war sie, die mythologisch-metaphysische Erklärung der einfachen alltäglichen Dinge, entstanden als Ausdruck einer Weltanschauung, als Darstellung eines Vorgangs, den man beobachtet hatte.»[26] Lommel zeigt, daß die Eingeborenen eine besondere psychische Verfassung, die sie von den Europäern unterscheidet und die sie sehr verletzlich macht, mit bestimmten Ausdrücken, die eigentlich unübersetzbar bleiben, sehr häufig mit «Traum» unzulänglich umschreiben. Immer wieder wird betont, daß zum Beispiel die Heroen der Urzeit, die als Traumzeit gilt, träumend über das Land gegangen seien und die ersten Wesen träumend «die Geschöpfe der Welt» selbst gemacht hätten. Träumend heilen Medizinmänner Kranke, und träumend besuchen sie die Unterwelt oder fliegen in andere Länder. Die Aborigines wollen mit dem Wort Traum nicht irgend eine am Rande des Lebens sich abspielende Erscheinung bezeichnen. Sie scheinen mit dem Ausdruck «Dream» eine Vielfalt von Erscheinungen und Zuständen zu umfassen. Eine Struktur vielleicht, die ihnen eigen war bzw. ist, für die Weißen unerreichbar. Oder vielleicht einen Zustand, den sie selbst nicht immer erreichen konnten und können, der aber der schöpferische Zustand an sich sein kann. Ein Zustand, den man nicht begreift, wenn man die Aussagen in unsere Sprache zu übersetzen versucht, also von ihrer Bewußtseinsebene in unsere transponiert.

Offensichtlich hängt dieser schöpferische Zustand mit den Felsbildern zusammen; er hat immer eine Beziehung zu diesen, zur Kunst also – und beide, Felsbilder und Träume, wurden und werden zusammen erwähnt. Die Aborigines sprechen von Träumen, wenn sie ihre Mythen erzählen und vom Beginn der Welt berichten. Die Urzeit, in der alles Leben entsteht, ist für sie in einem traumartigen Zustand, den sie *lalai* nennen, in dem schöpferischen Zustand an sich. Als solcher ist dieser

Zustand aber nicht auf die Urzeit und die Urschöpfer beschränkt, denn es ist auch dem Menschen der Gegenwart möglich, sich in diesen schöpferischen Traumzustand zu versetzen.

Der Mythos von der Urzeit lautet in Nordwest-Australien (ungefähr) so: Himmel und Erde bestehen von Anfang an. Sie sind immer schon da. Im Innern der Erde lebt, damals und heute, Ungud in Gestalt einer großen Schlange. Ungud ist die schöpferische Urkraft, aus der alles Leben entsteht und in die es nach dem Tode zurückkehrt, um wiedergeboren zu werden. Ungud wird oft mit der Erde identifiziert. «Alles, was wir sehen und für Erde halten, ist an sich nur der Rücken von Ungud. Die Bäume wachsen auf dem Rücken Unguds.»[27] Andererseits setzt man Ungud mit dem Wasser und als Zeitbegriff und Zustand psychischer Art mit *lalai* gleich.

Die Urzeit, Ungud, war und ist – der Grund allen Seins und real präsent: Alles, was ist, entsteht und beharrt, indem es auf diesem Grund gründet.

Die Urzeit als Traumzeit ist realisiertes Jenseits: Jenseits im Diesseits tagtäglich und besonders in den hohen Zeiten des Träumens selbst.

Am Himmel lebt Walanganda, der Herr des Himmels, zugleich Personifikation der Milchstraße. Von Walanganda heißt es, daß er alles gemacht habe. Zuerst sei gar nichts auf der Erde gewesen. Nur Ungud lebt im Erdinnern. Walanganda wirft das Süßwasser vom Himmel auf die Erde herab. Ungud macht das Wasser tief. Ungud läßt den Regen entstehen. So kann Leben auf der Erde beginnen. Ihre schöpferischen Taten verrichten Walanganda und Ungud niemals bei Tag, sondern immer bei Nacht. Sie weilen dabei im Traumzustand *lalai*. Ungud verwandelt sich in diesem Zustand in die Wesen, die er oder sie – Ungud ist je nach Belieben von dem einen oder anderen Geschlecht oder auch zweigeschlechtlich – erschaffen will. Ebenso träumt Walanganda die Wesen, die er erschafft. Walanganda wirft ständig träumend Seelenkraft vom Himmel herab. Er formt diese Seelenkraft zu Bildern der Geschöpfe, die er erschaffen möchte. Diese Bilder bringt er mit roter, weißer und zuletzt mit schwarzer Farbe in allen Ländern an bestimmten Felswänden an. So entstehen die Felsbilder, die sich im Lande finden, die jeweils die seelischen Zentren für die Wesen sind, die sie darstellen. Die Bilder an den Felsen verhalten sich wie Väter und Brüder zu diesen Wesen. Erst nachdem die Seelenkraft der Wesen in den Bildern Form annimmt, schafft

Walanganda die Geschöpfe selbst. Er sendet sie nach allen Seiten hin über die Erde aus. Walanganda erschafft und träumt ständig weiter und läßt die Geschöpfe auf der Erde nie aussterben. Unaufhörlich sendet er neue Seelenkräfte vom Himmel herab.

Die Wondjinas gehen nach ihrer Erschaffung in der Urzeit über das Land. Sie lassen Regen auf die Erde niedergehen, sie gestalten die Erde, ziehen die Flußläufe, türmen die Berge aufeinander und breiten die großen Ebenen aus. Zu einer Zeit, da die Steine noch weich waren, bauen sie sich Steinhäuser. Und wenn sie sterben, dann legen sie sich auf die weichen Felsen und hinterlassen einen Abdruck. Diese Abdrücke sind die heutigen Felsbilder. Die Wondjinas gehen an der Stelle, wo sie ihren Abdruck hinterlassen haben, in die Erde ein und leben seither auf dem Grunde des zu dem jeweiligen Felsbild gehörigen Wassers. Am Grunde des Wassers erschaffen sie unablässig neue Kinderkeime. Jeder Mensch entsteht aus einem solchen Kinderkeim. Der Kinderkeim, den der Vater eines Menschen im Traum findet, wird *jallala* genannt und ist ein Teil der Seelenkraft eines am Grunde eines Wasserplatzes lebenden Wondjina. Als solche ist jede *jallala* zugleich Teil Unguds. Diese *jallala* heißt dann, wenn sie menschliche Gestalt angenommen hat, *jajaru* und ist der (sogenannte) Ungudteil eines Menschen, d. h. der Teil seiner Seele, der von Ungud selbst abstammt.

Die *jajaru* gilt als die Hauptseele eines Menschen, daneben hat der Mensch drei oder vier weitere Seelen. Die Seelen werden gemeinsam mit einem anderen Ausdruck belegt. Sie scheinen mit bestimmten Körperteilen verbunden und mit diesen zu entstehen. Wichtig ist, daß eine die-

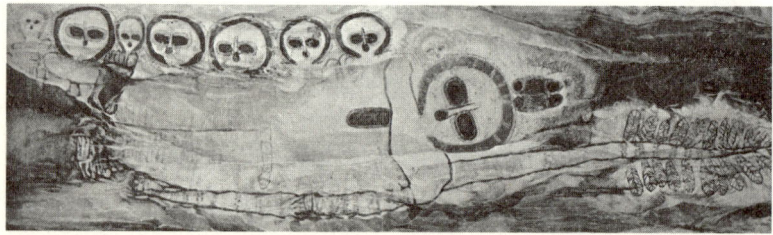

Abb. 1: Felsbild aus Norwestaustralien mit der Darstellung eines vergöttlichten Vorfahren. Diese Bilder werden alljährlich neu aufgefrischt, um die Fruchtbarkeit in der Natur zu fördern. Sie stellen einen Rest lebendiger steinzeitlicher Kunst dar. (aus: A. Lommel, Fortschritt ins Nichts: 16).

ser Seelen nach dem Tode des Menschen in ein besonderes Totenreich kommt, in dem sie in menschlicher Gestalt als eine Art Schatten ein dem irdischen ähnliches Dasein weiterführt. Die *jajaru* hingegen kehrt nach dem Tod in ihren ursprünglichen Wasserplatz zurück und bleibt dort, bis ein neuer Traumvorgang sie zu einem neuen menschlichen Leben bringt. So ist *jajaru* zunächst die Bezeichnung für psychische Potenz des Menschen und dann auch Bezeichnung für eine Art von Traum.

Die Eingeborenen in weiten Teilen Australiens glauben an eine dem Lebenden ähnliche ätherische und immaterielle Bild- und Schattenseele. Zu Lebzeiten eines Menschen verläßt die Seele den Leib zeitweilig im Traum und wandert umher. Diese Traumwanderungen werden für den zurückbleibenden Menschen verhängnisvoll, wenn die Seele von anderen Geistern oder durch böswillige Medizinmänner zurückgehalten wird. Wenn sie zu spät zurückkehrt, dann erkrankt der Körper. Das Gleiche geschieht, wenn ein tief schlafender Mensch plötzlich aufgeschreckt wird. Die Seele kann nicht schnell genug in den Leib zurückkehren.

Ist ein Mensch gestorben, so hält sich die Seele in der Nähe der Leiche auf – und zwar solange die Trauerriten nicht abgeschlossen sind. Nach den Begräbnisriten scheidet der Tote aus dem Stammesverband aus und beginnt eine neue Existenz im jenseitigen Totenreich. Die australischen Aborigines haben die Neigung, den endgültigen Aufenthalt der Verstorbenen in möglichst weite Ferne zu verlegen. Dahinter steht der Wunsch, jeden Annäherungsversuch der Toten bzw. der Totengeister möglichst zu verhindern. Die Sammelplätze der Totenseelen liegen in tiefen Höhlen am äußersten Rand des jeweiligen Stammesgebietes, aber auch in einem fernen Land am Rande des Morgenhimmels oder des Abendhimmels, besonders auf entlegenen Meeresinseln.

Klassisch ist der Bericht der Yirrkalla von einer Totenfahrt, bei der der Erstverstorbene der Menschen, von Delphinen begleitet, die Seele des jeweiligen Toten in einem Rinderkanu in der Richtung des Morgensterns nach der Toteninsel rudert. Auf den Ruf des aufmerksamen Kiebitzes hin hat sich der Herr der Toten zum Willkomm am Gestade eingefunden, wo die übrigen Toten den Neuankömmling mit Speeren überschütten, freilich ohne ihm schaden zu können. Während einer gewissen Zeitdauer erfreut er sich eines neuen Lebens, das besser, idealer als sein irdisches Leben vordem ist. Was zum Ausdruck kommt, findet sich, wie wir sahen, häufig: Nachtodliches Sein ist Sein auf Zeit – auch es endet einmal – entweder für immer oder mit der Möglichkeit der Reinkarnation.

Der australische Mensch lebte in einer Welt, die Diesseits und Jenseits in fließendem Übergang kennt, doch eigentlich in einer Beziehung zueinander, wo eines ins andere greift, Diesseits auch nur gilt, weil Jenseits permanent webt und waltet. Dreaming ist alles – ein veränderter Bewußtseinszustand, nicht den uns bekannten Zuständen dieser Art vergleichbar. Sofern wir kosmisches Bewußtsein erlangen, ist es immer noch Bewußtsein des Diesseits, das freilich in leuchtenden Farben seine Größe und Kraft zeigt.[28]

2. 5 Religionen der nordasiatischen und der finnischen Völker sowie der amerikanischen Arktis[29]

Leichnam und Seele

Die nordeurasischen Völker sehen in jedem Tier – wie beim Menschen – den Sitz einer besonderen Seele, die außerkörperliche Erscheinungen möglich macht. Sie wohnt im Kopf; es ist die sogenannte Freiseele oder Schattenseele. Im Unterschied zu den verschiedenen Lebenspotenzen des Körpers, den Körperseelen oder Lebensseelen, die nicht gestalthaft vorgestellt werden und den Körper während der Lebensdauer in der Regel nicht verlassen, wirkt sie beim Menschen wie beim Tier zuweilen als Schutzseele, als ein Schutzwesen des betreffenden Individuums. Der Mensch trägt somit in sich einen Anteil, der eine über dieses irdische Leben mit seinen Gefahren und Bedrohungen hinausgehende Mächtigkeit besitzt. Dies ist ein Hinweis auf das Numinose bzw. Heilige und damit auf etwas, das das Diesseits transzendiert. Zudem finden wir unter den Nordeurasiern die Annahme, ein Tier, ein Vogel oder Fisch könne seine Seele verlieren, sie gelange dann ins jenseitige Schattenreich und werde von Toten, die dort als schattenhafte Wesen ihr Dasein in derselben Weise wie auf Erden fortsetzen, eingefangen. Der Seelenverlust ist nicht nur beim Tier, sondern auch beim Menschen eine große Gefahr. Die menschliche Seele kann in Krankheitszuständen, in Ohnmacht und im Schlaf den Körper verlassen und ins Jenseits zu den Toten gelangen. Eben dies ist die Freiseele; sie ist nichts anderes als das Lebewesen selbst, nur in dessen außerkörperlicher Erscheinungsform. Sie wird in Träumen, Visionen und Erinnerungsbildern gesichtet.

60

Die Seelenauffassungen der nordeurasischen Völker zeigen weithin große Ähnlichkeit. Der Totenglaube hingegen, besonders seine praktische Ausprägung, das aus ihm entstandene Brauchtum (das Totenritual), ist mehr oder weniger von Faktoren des jeweiligen Ökotyps abhängig. Vorstellung und Totenglaube der Menschen in Sibirien lassen sich so zusammenfassen: Ein Dualismus zwischen Lebensseele (Atemseele) und Freiseele (Schattenseele) ist unübersehbar. Die Freiseele kommt als Traumseele oder (bei Seelenverlust) als verlorene Seele sowie als Seele des Schamanen bei der schamanistischen Seelenfahrt zur Erscheinung. In der Volksüberlieferung wird sie durch verschiedene Spuk- und Gespenstergestalten sowie als Doppelgänger bzw. Doppelgängerseele reichlich bezeugt.[30]

Leichnam und Seele vertreten den Verstorbenen total in seiner persönlichen Identität. Wohl liegt der Tote als Leiche im Grab, zugleich aber ist er als Seele irgendwo auf, unter oder über der Erde. Nach dem Tode zieht die als Schatten vorgestellte Freiseele in ein jenseitiges, unterirdisches Totenland, wo sie den Verstorbenen repräsentiert. Dies nachtodliche Fortleben entspricht im großen und ganzen dem Leben auf Erden.[31]

Ausführliche Mitteilungen über den Seelen- und Totenglauben gibt es bei den Jukagiren, die früher weite nordostsibirische Räume bewohnten. Heute treffen wir dort Tungusen und Jakuten. Bei den Jukagiren leben viele altertümliche und ursprüngliche Vorstellungen im Gegensatz zu den durch die südlichen Hochkulturen und deren Religion (Buddhismus) beeinflußten Tungusen. Die Pneumatologie der Jukagiren charakterisiert sich durch einen Dualismus. Der Mensch hat eine Freiseele mit Sitz im Kopf und weitere Körperseelen. Diesem pneumatischen Konzept entspricht die Eschatologie. Die Freiseele gelangt als Schatten des Toten ins unterirdische Totenland, das als Reich der Schatten vorzustellen ist. Als Schatten führen die Toten ein Leben, das dem auf Erden ähnelt. Verwandte leben zusammen. Man verfügt über ein Zelt, einen Hund. Zugleich sind viele Schattenseelen anwesend, die vormals auf der Erde existierende Lebewesen repräsentieren. Eine Jagd findet statt, bei der die übrigen Lebewesen von den Menschen bzw. ihren Seelen gejagt werden.

Während die Freiseele ins unterirdische Totenland fährt, gelangt die Atemseele in den Himmel. Die anderen Körperseelen bleiben als Grabgeister auf Erden oder gehen ebenfalls in ein himmlisches Jenseits ein.

Alle diese Vorstellungen präsentieren sich in Modifikationen unter den einzelnen, in ihrer Eigenart von anderen abgehobenen Stämmen. Die Freiseele als freies, außerkörperliches Erscheinungsbild des Menschen ist sein zweites Ich, das sich zu Lebzeiten bereits (gelegentlich) vom Körper trennen und zeitweise ein selbständiges Dasein führen kann. Als außerkörperliche Seele manifestiert sich dies zweite Ich nur in passiven, inaktiven Zuständen z. B. im Traum (Traumseele), in Ekstase und Trance (besonders beim Schamanen) sowie im sogenannten Seelenverlust – bei verschiedenen Krankheiten – als verlorene Seele. Bei den Körperseelen, d. h. den während des Lebens fest an den Körper gebundenen, belebenden Prinzipien oder Potenzen kann man zwischen der Lebensseele als Trägerin physischer Lebensfunktionen und der Ichseele als Trägerin psychischer Seelenfunktionen unterscheiden.

Tod und Leben im Totenland

Der Lebenszyklus des Menschen hat seine polaren Momente: Geburt und Tod. Dazwischen steht das irdische Leben mit Mühen und Freuden. Wohl ist der Mensch auf mannigfache Weise für seinen Lebensweg ausgerüstet, doch drohen fortwährend Gefahren in Gestalt von Unglück, Krankheit und Tod. Im Volksglauben gelten sie als übernatürliche Ereignisse, hinter denen übernatürliche Erreger zu suchen sind, in mehr oder weniger enger Verbindung zur religiösen Sphäre. In der umgebenden Natur lauern vielerlei Gefahren. Ist man nicht imstande, bei einem Kranken den Erreger aus dem Körper zu vertreiben, so entschwindet früher oder später das Leben. Ihn verläßt der Atem bzw. die Atemseele. Dies bringt den Tod mit sich. Die Atemseele (Lebensseele) wird bei fast allen finnischen Völkern als identisch mit dem Leben schlechthin aufgefaßt. Dies Leben, an den Atem selbst gebunden, erlischt beim letzten Atemzug. In der Sterbestunde öffnet man mancherorts Tür, Fenster oder Rauchloch, um den Atem herauszulassen. Berichtet wird, daß, versäumt man dies, der Atem sich gewaltsam einen Ausweg schafft und dabei ein Loch in das Stubendach schlägt, so daß es buchstäblich kracht. Vom Augenblick an, da der Mensch nicht mehr atmet, gilt er als tot. Seine Existenz aber hat noch kein Ende gefunden; sein Dasein als Toter geht in einer jenseitigen Welt weiter. Das Bild vom Jenseits schließt sich bei den finnischen Völkern eng an die Auffassung der Begräbnisstätte als Wohnort der Toten. Das Grab funktioniert als Haus des Toten, die Begräbnisstätte, der Friedhof, als Dorf der Toten. Überall findet sich zudem noch die Vorstellung einer besonderen unterirdischen Totenwelt. Je nach Interessendominanz, Situation und entsprechendem Kontext wird sie einmal als mit der Begräbnisstätte mehr oder weniger identisch, ein andermal als deutlich von dieser getrennte, entferntere und allgemeinere Aufenthaltsstätte der Toten geschildert. Die unterirdische Totenwelt stellt einen entlegenen, mythischen Wohnort für alle Toten dar; sie liegt irgendwo im Erdinnern, im Westen oder Norden. Der Weg von der Welt der Lebenden dorthin ist lang und mühsam. Als klassische Beispiele können die im Kalevala-Epos enthaltenen Bilder des finnischen Totenreiches (*manala* und *tuonela*) genannt werden, die viele den alten Hochkulturen und der altnordischen Mythologie entlehnte Züge tragen: z. B. der schwarze Fluß und die gefahrvolle Brücke ins Totenland etc. Als Herrscher im Jenseits tritt der Tod selbst oder die Herrscherin des Nordlandes auf.[32]

Diesseitsmuster des Jenseits

Daneben waltet bei den finnischen Völkern eine einfache, undifferenzierte Auffassung vom Leben im Totenland vor. Das jenseitige Dasein wird nach Mustern des irdischen vorgestellt. Der Tote setzt im Jenseits seine Arbeit fort. Auch im Totenland pflügt er und sät, treibt Viehzucht, jagt und fischt, auch dort hält er sich Bienen und geht allerhand Geschäften nach – wie zu seinen Lebzeiten. Verwandte wohnen zusammen. Die Toten besuchen sich gegenseitig, heiraten und haben Kinder. Sogar im Jenseits kann man wie auf der Erde Kälte und Hunger leiden. Einige Stämme glauben, der Tote lebe im Jenseits kein ewiges Leben. Er stirbt abermals (zweiter Tod), wird dann entweder auf der Erde wiedergeboren, oder man weiß nichts mehr von seiner Existenz. Die Eschatologie, die sich auf das Jenseits bezieht, ist nachdrücklich vom Bild des Diesseits in seinem Fluß und seiner Vergänglichkeit her geformt, worin der Gedanke einer ewigen Existenz noch keinen Platz hat.

Mitunter wird die Totenwelt im finnischen Volksglauben als verkehrte Welt geschildert, in der alles umgekehrt ist: wo die Sonne im Westen auf- und im Osten untergeht, wo unten oben und oben unten ist, Menschen, Bäume, Häuser etc. auf dem Kopfe stehen, wo man jünger und jünger wird, bis man in einem Kind in der Welt der Lebenden wiedergeboren wird. Alle Verstorbenen – mit Ausnahme der sogenannten ruhelosen Toten – kommen unterschiedslos ins unterirdische Totenland. Daneben finden sich Ansätze zu gewisser Differenzierung, die eigenem Erleben entsprungen sein können. Zuweilen nämlich bedingt die Art des Todes ein differenziertes Dasein im Jenseits: z. B. fahren die in der Schlacht Gefallenen oder durch Blitze Getöteten nicht ins unterirdische Totenland, sondern direkt in den Himmel. Im ostseefinnischen Raum, bei den Ästen, deutet man das Nordlicht (Aurora borealis) als Erscheinung der in ihrem Blut kämpfenden Seelen gefallener Streiter. Dies erinnert an die altnordische Vorstellung von Walhall. Im Volksglauben der finnischen Völker zeigt sich an manchen Stellen eine doppelte Eschatologie, nach der der Mensch in zwei getrennten Existenzformen weiterlebt – nämlich als Schatten bzw. schattenhaft gedachte Freiseele im unterirdischen Totenland oder als Atemseele bzw. als nach dem belebenden Atem geformte hauchartige Seele im Himmel. (Zum Teil geht diese auf sehr alte Vorstellungen, welche ein subtil ausgearbeitetes Jenseitsbild in sich schließen, zurück.)[33]

Wandel des Jenseitsbildes

Ein ethisch differenziertes Jenseitsbild mit Lob und Strafe, dem Lebenswandel entsprechend, konstituiert sich bei den finnischen Völkern erst unter dem Einfluß der missionierenden Großreligionen: durch christliche Vorbilder sowie auch durch den Islam. Die russisch-orthodoxe Kirche hat bei den permischen und wolgafinnischen Völkern sowie bei den östlichen Ostseefinnen starken Einfluß auf ihre volkstümlichen Jenseitsvorstellungen und die mit diesen verbundenen Sitten und Gebräuche ausgeübt. Während die kirchliche Lehre der Auferstehung von den Toten bzw. des Fleisches am jüngsten Tage immer wieder auf Widerstand gestoßen ist, regt die in der Ostkirche prägnanter und lebendiger formulierte Lehre vom Zwischenzustand der Seele die religiöse Phantasie stärker an und führt zu synkretistischen kirchlich-volkstümlichen Himmels- und Höllenvorstellungen. Als Beispiel kann man die (tscheremissische) Anschauung vom hellen Ort und vom dunklen Ort nennen. Ein guter Mensch kommt an den ersteren, ein schlechter an den letzteren. Dabei hat man aber – und hier zeigt sich das Jenseitsbild einer älteren, weniger differenzierten Eschatologie – zugleich an die gemeinsame unterirdische Totenwelt geglaubt. Man kann häufig nicht mehr unterscheiden, was ursprünglich ist und was durch Fremdeinfluß in dieses ganze Vorstellungsverhalten hineinkommt. So spricht man in West-finnland von Toten in den Bergen, von Verstorbenen, die wegen eines Vergehens (im Leben) von den Göttern in die Berge verbannt worden sind und dort ihr jenseitiges Leben führen müssen. Die ruhelosen Toten gelangen nach Anschauung der finnischen Völker weder ins unterirdische noch ins himmlische, noch in ein auf Erden gelegenes Totenland, weil ihnen zumeist keine reguläre Bestattung zuteil geworden ist; sie sind aus der Gemeinschaft der Toten ausgeschlossen. Zu den ruhelos auf Erden umherirrenden Toten gehören die von ihren Müttern umge-brachten Kinder, im Wald, im Wasser oder in den Bergen Verunglückte, in der Ferne Gestorbene. Wo der Körper des Verstorbenen begraben ist, dort weilt auch seine Seele – diese Überzeugung von der doppelten und reziprok verbundenen Existenzform eines Toten liegt den Vorstellungen und Bräuchen des Totenglaubens zugrunde.

Die toten Angehörigen gehören mit lebenden Familien- oder Sippen-mitgliedern unabtrennbar zusammen. Die ersteren bedürfen im Jenseits der Hilfe und Fürsorge ihrer auf Erden wohnenden Angehörigen, und die Lebenden sind in manchen Angelegenheiten (z. B. Geburt, Krank-heit, Hochzeit, Tod, Ackerbau, Viehzucht und Haushalt) auf die Gewo-genheit und Hilfe ihrer Ahnen angewiesen. Deshalb erscheint das Band zwischen Diesseits und Jenseits als eng und intim. Obwohl man meint, die Seele bzw. der Totengeist des Verstorbenen halte sich in der Regel in der Nähe der Grabstätte auf, oder auch glaubt, sie weile in einem entle-genen Totenland, nimmt man an, daß der in seiner persönlichen, totalen Identität vorgestellte Tote gelegentlich sein früheres Heim besuchen könne, wo ihn mit pietätvoller Ehrfurcht und Liebe seine lebenden An-gehörigen empfangen.

Immer wieder heißt es, die Lebenden wenden sich mit ihren Sorgen, Bitten und Entschuldigungen an die Verstorbenen, aber auch einem To-ten werden Wünsche an andere tote Angehörige und Freunde im Jenseits mitgegeben. Währt eine Totenfeier eine Nacht lang, so muß anschlie-ßend der Tote wieder mit allen Ehren zum Grabe zurückgefahren wer-den. Im unterirdischen Totenland beginnt ja nun die Nacht, und der Tote bedarf der Ruhe.

Schamanen

Bei den nordasiatischen Völkern ist der Schamane überall anzutreffen. Er naht sich vor der Jagd den Gottheiten der verschiedenen Naturbereiche oder den Schutzgeistern einzelner Tierarten und bittet um reiche Beute. Er erhält aufgrund seiner Bitten und Versprechungen die Schatten (d. h. die Seelen der Tiere), die die Jäger seiner Gruppe anschließend fangen können. Jedes Tier hat nach dem Glauben dieser Stämme einen individuellen Schutzgeist, der nicht mit seiner Tierseele verwechselt werden darf. Der Schutzgeist schenkt Jagdglück, indem er das Tier, seinen Schützling, dem ihm gefälligen Jäger ausliefert. Ohne Einwilligung des Schutzgeistes kann kein Tier erlegt werden. Der Schutzgeist fungiert somit in doppelter Rolle: als Beschützer des Tieres und als der, der einem Jäger Gunst erweist, indem er das Tier preisgibt. Die Schutzwesen der einzelnen Tierarten sind aus der Tierwelt selbst hervorgewachsene übernatürliche Wesen. Sie gelten als Besitzer der wilden Tiere und können als Personifikationen der Tierkollektiva gesehen werden. Die wichtigsten Naturgottheiten und Besitzer von Tieren sind der Herr der Berge, der Herr der Aitaiga, d. h. des Urwaldes bzw. Bergwaldes, der Herr des Meeres. Wir kennen anschauliche Beschreibungen: «Der Gott des Meeres lebt auf dem Grunde des ochotskischen Meeres. Er ist ein uralter Greis mit einem eisgrauen Bart, der mit seinem alten Weib in einer Jurte unter dem Wasser haust. In der Jurte befindet sich eine Menge Kästen mit verschiedenartigsten Fischrogen. Davon wirft er von Zeit zu Zeit eine Handvoll ins Meer und sendet so zu bestimmten Zeiten unübersehbar große Züge von Lachsen aus, ohne die der Giljake sein Leben nicht würde fristen können; er ist es auch, der die Schwertwale aussendet, um Ordnung im Meer zu schaffen und alle möglichen Tiere des Meeres dem Giljaken entgegen zu treiben.»[34]

Darüber hinaus ist der Schamane der mit der Jenseitswelt flexibel Verbundene, der jederzeit in jenseitige Gefilde verreisen kann. Andreas Lommel hat in seinem Buch «Die Welt der frühen Jäger, Medizinmänner, Schamanen, Künstler» die Schilderung der Reise eines Altai-Schamanen geliefert.[35] Der Schamane steigt auf und nimmt seinen Weg in südlicher Richtung. Er überquert das Altai-Gebirge und dann die roten sandigen Wüsten Chinas. Er sagt: Wir werden es singend überwinden. Nach dem Flug über die gelbe Steppe kommt eine blasse Steppe, die kein Rabe überfliegen könnte. Der Schamane auf seiner Fahrt singt wieder ein

Abb. 2: Der Schamane als Mittler zwischen Diesseits und Jenseits. In seiner Trommel hält er gewissermaßen das Universum in der Hand. Es gibt kein Ereignis, bei dem er nicht Rat weiß. (aus: A. Anwander, Die Religionen der Menschheit: 5)

ermunterndes Lied. Dann kommt ein eiserner Berg, welcher sich an den Himmel lehnt. Der Schamane ermahnt sein Gefolge, eines Willens zu sein und die Grenze durch die geeinte Kraft ihres Willens zu überschreiten (die Worte sind an die Zuhörer gerichtet). Er beschreibt die Schwierigkeiten des nun ansteigenden Weges, wobei er tief und schwer atmet. Auf der Anhöhe angelangt, findet er die Knochen von anderen Schamanen, die hier gefallen sind, weil sie nicht machtvoll genug waren. Dann singt er wieder ein Lied, um sich Mut zu machen, und erklärt, daß er über den Berg will. Schließlich kommt er an den Eingang der Unterwelt. Dort findet er einen See, den man nur über eine Brücke, die aus einem Haar besteht, überqueren kann. Um zu zeigen, wie schwer der Übergang über diese Brücke ist, stolpert der Schamane und fällt beinahe. In den Tiefen des Sees sieht er Leichen von mehreren sündigen Schamanen, welche hier starben; denn nur diejenigen, die ohne Tadel sind, können die Brücke überqueren. In der Nähe des mächtigen Beherrschers der Unterwelt fallen ihn Hunde an; sie wollen ihn nicht durchlassen. Der

Schamane beruhigt sie aber durch vorher eingesteckte Leckerbissen. Ist er erfolgreich an diesen Tierwächtern vorbeigekommen, so verbeugt er sich vor dem Thron des Herrschers der Unterwelt und nimmt die Trommel zur Hand. Er erklärt, warum er gekommen ist. Plötzlich schreit er, weil er vor dem Herrscher der Unterwelt Angst hat, der darüber erzürnt, daß jemand wagt, seine Jurte zu betreten. Der Schamane reicht ihm Wein und stimmt ihn milder, so daß er ihm verspricht, das Vieh zu vermehren, und für das Ergehen des Stammes wichtige Fragen beantwortet. Schließlich kehrt der Schamane auf dem Rücken einer Gans auf die Erde zurück und läuft dabei auf Zehenspitzen, um das Fliegen zu demonstrieren.[36]

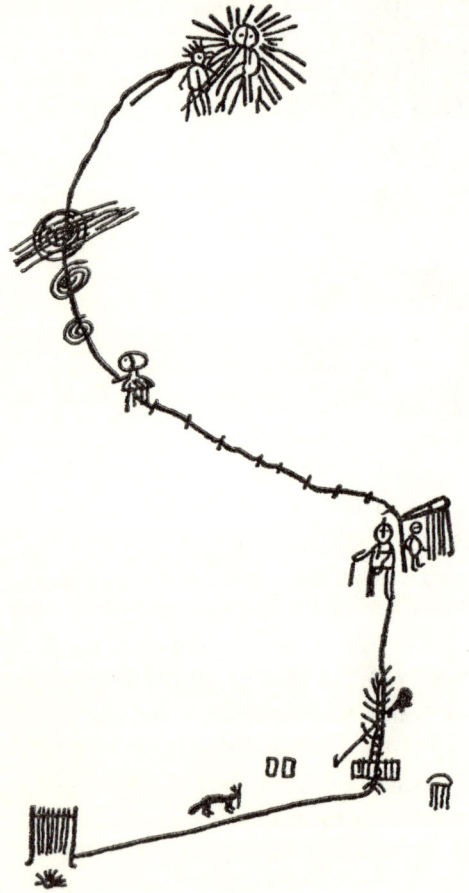

Abb. 3: Darstellung der Himmelsreise eines Schamanen im Altai-Gebiet. (aus: A. Lommel, Die Welt der frühen Jäger: 97)

Abb. 4: «Himmelsreise»
eines Schamanen.
Chinesisches Bild aus
dem 13. Jh. (aus:
A. Lommel, Die Welt
der frühen Jäger: 89)

Der Schamane inszeniert in einem Monodrama vor seiner Gruppe, womit die Gruppe zu tun hat. Das Jenseits ist nicht verfügbar; es bedarf des exzellenten Homo religiosus in der Gestalt des Schamanen, um für die Menschen das lebensbestimmende Wissen, das aus dem Jenseits stammt, herbeizuschaffen. In der Trance kommt dem Schamanen das labile psychische Gleichgewicht, die besondere psychische Struktur der Gruppe, die traumhafte Atmosphäre, entgegen. Wirkungsvoller als andere Kultpersonen vermag der Schamane auf die psychische Befindlichkeit seiner Gruppe einzuwirken, indem er die diesseitigen Probleme mit jenseitigen Mächten in Korrelation bringt. Diese Mittlerfunktion des Schamanen – nämlich zwischen Immanenz und Transzendenz – zeigt die eindrückliche Verflochtenheit beider Bereiche.

Schamanismus entsteht in einer Zeit, in der der Mensch sich seiner Umwelt gegenüber als Unterlegener fühlen muß. Er beginnt, den Lebenskampf mit geistigen Mitteln zu führen. Eine bestimmte seelische Kondition dient diesem Kampf. Schamanisieren heißt, die Jenseitsvorstellungen einer Gruppe für die Stärkung des Kollektivbewußtseins zu aktivieren. Die Tätigkeit des Schamanen ist eine zu wesentlichen Teilen künstlerische: Darstellen, Singen, Tanzen, Malen.

Eskimo

Für die amerikanische Arktis halten wir uns an unseren Gewährsmann Å. Hultkrantz, der in derselben Monographie wie Paulson publiziert.[37] Die Menschen, um die es uns besonders geht, sind die Eskimo. Man möchte sagen, die Religion der Eskimo habe wohl ihre entscheidendsten Stimuli vom harten und ungastlichen Klima empfangen. Immer wieder wird betont, die Glaubensvorstellungen der Eskimo seien Symbole vieler Ungewißheiten, mit denen sie ihr Leben führen. Die Eskimo erfahren die Natur als das Größte und Mächtigste. Persönliches religiöses Erleben, besonders beim Schamanen mit seiner sensiblen Psyche, kann unmittelbar von langer Winternacht, Einsamkeit und vitaminarmer Kost geprägt sein. Dabei aber darf man nicht vergessen, daß die grundlegenden Gedanken von der historischen Tradition getragen sind und daß die Formen des Universums die gesamte soziale Struktur spiegeln. Die Unterscheidung zwischen übernatürlicher und natürlicher Wirklichkeit – in der einen bestimmen mystische, in der anderen hingegen logisch begreifbare Ursachenzusammenhänge den Gang der Dinge – ist wichtiger Bestandteil alt ererbten Gutes. Die natürliche Welt steht unter der übernatürlichen. Unberechenbare und gefährliche Naturkräfte werden von göttlichen Mächten gelenkt. Sie rächen sich am Menschen, wenn er gegen sie verstößt. In der Regel heißt dies: er hat die heiligen Riten und Gebräuche verletzt. Durch das Tun der Menschen können furchtbare Naturkräfte beeinflußt werden, so daß dem Menschen Schaden entsteht. Es sind unheimliche Mächte, die in diesen Naturkräften wirken. Mit ihnen hat man permanent zu rechnen. Besonders gefährlich ist der Tabubruch. Wer die entsprechenden Verbote und Gebote verletzt und von den übernatürlichen Mächten verordnete Riten nicht genau zelebriert, wird von Hunger und Krankheit heimgesucht. Alles, was mit dem Tod in Verbindung steht – Gespenster, der Leichnam selbst usw. –, ist besonders gefürchtet, aber nicht der Tod als solcher! Geister und Götter repräsentieren die übermächtigen, gewaltsamen Naturkräfte, denen auf der anderen Seite die kleinen und isolierten menschlichen Gruppen gegenüberstehen. Die übernatürliche Welt der Eskimo muß man auf eine eigenartige Weise als zeitlos und statisch beschreiben. Alles erscheint gegenwärtig in einem nicht bestimmbaren Jetzt. Es gibt keine klare Vorstellung von einem vergangenen, mythischen Zeitalter, wo, wie z. B. bei den Indianern, die Tiere menschliche Gestalt haben, die Erde von monströsen Urzeitwesen bevölkert ist und der Mensch noch nicht die Geräte besitzt, die ihn zum Herrn der Tiere und Pflanzen machen. Für die Eskimo ist die Welt immer so gewesen, wie sie jetzt ist. Oberhalb der Welt der Menschen liegen die Mondstätten. Dorthin kommen viele Tote. Auf gleicher Ebene mit den Menschen existieren verschiedene übernatürliche Wesen, unterhalb davon befinden sich die Aufenthaltsorte der Toten sowie das Reich der Meerfrau. Himmel und Unterwelt gleichen unserer Erde mit ihren Seen und Bergen. Sowohl die Erde als auch der Himmel ruhen auf Stützen. Diese Weltstützen erinnern an die Hauskonstruktionen. Bei einigen westalaskanischen Eskimo haben sie die Form von Zeltstangen im konischen Zelt. Der Makrokosmos ist also nach dem Vorbild des Mikrokosmos – das Weltbild entsprechend der menschlichen Behausung – gestaltet. Aber die übernatürliche Welt erlangt ihre wahre religiöse Bedeutung erst durch die Mächte, die sie repräsentieren: die großen kosmischen Wesen mit unbeschränkter Machtfülle, sodann spezialisierte Gottheiten mit dämonischen Zügen und endlich kleinere Geisterwesen, denen ein begrenztes Wirkungsfeld eignet. Das Verhalten der Menschen diesen Mächten der übernatürlichen Welt gegenüber richtet sich danach, welchen Einfluß sie auf sein Wohl und Wehe auszuüben vermögen. Obwohl die Eskimoreligion wesentlich im Dienste des Diesseits steht, zielt ihre Aufmerksamkeit (sehr genau) auf das jenseitige Leben der Menschen. Der Tod kommt in die Welt, weil früher einmal zwei mythische Wesen das Schicksal des Menschen diskutiert haben. Sie finden heraus, daß es für den Menschen am vorteilhaftesten sein würde zu sterben. Also bestimmen sie, der Tod solle auf die Lebenszeit folgen. Der Tod ist nun nicht mehr etwas Selbstverständliches, sondern ein störender Eingriff in das menschliche Dasein. Das bedeutet keineswegs, daß die Eskimo Angst vor dem Tode kennen. Es gibt bei ihnen wie bei anderen arktischen Völkern ebenfalls den Brauch, Alte, Schwerkranke und Schwache auszusetzen, die dies sogar als eine Gunst betrachten. Die Polareskimo fürchten den Tod nicht, wohl aber das, was den Tod verursacht. Im östlichen Grönland verläßt man das Haus eines Sterbenden, sobald es mit ihm zu Ende geht. Nach dem Todesfall reinigt man das Haus, die Kleider der Angehörigen werden weggeworfen. Gelegentlich hüllt man die Leiche in ein Fell und setzt sie aus. Oder der Tote erhält einen Teil seines Eigentums mit ins Grab, d. h. hinter den am Grab verrichteten Zeremonien steht der Glaube, der Tote verlasse nicht sofort nach dem Hinscheiden sein Heim und die Seinen. Auch andere Eskimostämme nehmen an, daß die Lebensseele noch fünf Tage nach dem Tode dableibt, um dann zu verschwinden, während die Freiseele, die in eine andere Person übergehen kann, sich geraume Zeit am Grabe, im Dorfe und am Sterbeort aufhält.

Die Eskimoschamanen
Durch die außerkörperlichen Seelenreisen des Schamanen empfangen die Lebenden Kunde von der Länge des Weges ins Reich der Toten. Bestimmte Eskimo haben erfahren, daß der Tote einen gut gestampften Steig betritt. Während seiner Wanderung hört er die Klagerufe der Lebenden, die er zurückgelassen hat. Nach allem zu urteilen, ist der Weg ins Totenreich, wenigstens teilweise, mit der Milchstraße am Himmel identisch. Je nach Todesart oder sozialem Rang, seltener nach moralischen Eigenschaften kommt der Tote in das himmlische oder unterirdische Totenreich. Das helle Reich im Himmel gewährt ihm Essen und Trinken im Überfluß, während das unterirdische Reich ihn sich von den Opfern ernähren läßt, die die Lebenden bei den Totenfesten darbringen. Die Toten führen ein glückliches Leben, obwohl in ihrem Reich die Jahreszeiten umgekehrt aufeinanderfolgen, wo hingegen diejenigen, die in das Reich direkt unter der Erdoberfläche gelangen, hungern und verzweifeln müssen. Das sind die Unglücklichen, die rituelle Tabuverbote übertreten haben, oder die schlechten Jäger. Charakteristisch ist, daß gleichzeitig mit diesen teilweise diffusen Vorstellungen vom Totenreich

Abb. 5: Tôrnârssuk *mit einer Menschenseele unter dem Arm. Er ist die höchste und vornehmste Gottheit der Grönländer, fungiert auch als Schutzgott, begleitet und führt Schamanen bei ihrer ekstatischen Reise durch Meerestiefen. (aus: J. P. Asmussen u. a., Handbuch der Religionsgeschichte, Bd. 1, Göttingen 1971: 169)*

bei den Eskimo der Glaube an die Wiederkehr der Toten in Gestalt eines neuen Menschen (Reinkarnation) oder als Tier (Transmigration) vorkommt.

Die Eskimoschamanen vertreten keine besondere Gesellschaftsklasse. Sie schließen sich auch nicht zu einer geheimen Gesellschaft zusammen. Sie tragen keine äußeren Würdezeichen oder besondere Berufstracht wie ihre sibirischen Kollegen. Sie treten als Lehrer der Tradition und Leiter ritueller Feste vor den sogenannten weisen Männern zurück, die eine besondere Zunft ehrwürdiger Greise bilden und priesterliche Funktionen ausüben. Die Grenze zwischen dem Schamanen und anderen charismatischen, machtbegabten Personen ist wie in sozialer, so auch in religiöser Hinsicht fliessend. Übernatürliche Macht kann von jedem erworben werden, der entweder durch Erbschaft oder mittels Kauf in Besitz von magischen Gesängen und Amuletten gelangt. Besonders zeichnet den Schamanen seinen Besitz an Schutzgeistern aus.

Um in das Land der Toten zu kommen, muß der grönländische Schamane auf den Grund des Meeres hinabfahren, dessen Bereich durch einen Fluß als Grenze zwischen dem Land der Toten und der Lebenden

Abb. 6: Das große Fell, unter dem die Seelen ein Jahr lang kriechen müssen, bevor sie, befreit von den Säften des Körpers, in das Totenreich des Himmels kommen können. (aus: J. P. Asmussen u. a., Handbuch der Religionsgeschichte, Bd. 1, Göttingen 1971: 157)

vom Totenreich getrennt ist. Es heißt in einem Bericht: «Endlich erreichten sie die Grenze zwischen dem Meer und dem Land unter dem Meere, die von einem schäumenden Bach gebildet wurde; um hinüber zu gelangen, mußten sie über große, spitze Steine springen, die ganz von nassen Tanggewächsen bedeckt waren und so glatt schimmerten, daß sich niemand hinüberwagte [...]. Durch die Hilfe der Geister springt der Schamane über diese Hindernisse. Die Geister ermuntern ihn und rufen ihm zu: ‹Wenn du diesen Sprung nicht wagst und umkehrst, wirst du nie das Land der Toten erreichen; an diesen Steinen wird deine Reise immer enden.› Dann wagte der Schamane den Sprung, und zu seinem großen Erstaunen zeigte sich, daß der Tang gar nicht so glatt ist.»[38] Vom gleichen Autor wird von Stufen berichtet, die der Schamane überwinden muß, um in die Totenwelt zu gelangen: «Der Geisterbeschwörer [...] stieß auf eine Treppe mit drei hohen Stufen. Sie waren so hoch, daß er sich mit knapper Not von der einen zur anderen schwingen konnte, und schlüpfrig von Menschenblut, das darüberrieselte. Der Geisterbeschwörer stieg mit Mühe und unter großer Lebensgefahr die schlüpfrigen Stufen hinauf und gelangte zu einer weiten, weiten Ebene, der Himmelsebene [...]. Der Rückweg war ohne Hindernisse, und er hatte keine Bluttreppe zu überwinden.»[39] Der Schamane also kann die Verbindung mit dem Toten im Totenreich per Seelenreise aufrecht erhalten.

Der Traum bietet das Medium, um die Schranken zwischen Diesseits und Jenseits zu durchbrechen. Ein Träumen in Trance ist es, wohin sich der Schamane mit mancherlei Techniken begibt. Wenn der Schamane in Trance daliegt, nimmt niemand etwas wahr von dem, was in ihm geschieht. Gesagt wird, daß andere Schamanen die Erlebnisse, die der eine während des Fluges hat, in der Luft in Wirklichkeit sich abspielen sehen.[40]

2.6 Religionen des alten Amerika
Zur Geographie und Demographie
Zwei Kulturareale charakterisieren den nordamerikanischen Kontinent: ein Areal nördlich des 44sten Breitengrades und eines südlich davon.[41] Das nördliche Areal birgt eine Bevölkerung von Jägern und Sammlern. Diesen Menschen fehlt der Bodenbau, sie kultivieren keine Pflanzen, betreiben Jagd und Fischfang. Ausgerüstet mit dürftigem Gerätefundus, leben sie in rauchigen, rindengedeckten Zelten oder unter Windschirmen, gekleidet in Felle oder Pelze, ohne Übung in irgendwelcher Vorratswirtschaft und in zahlenmäßig schwachen Gruppen über riesige Räume verteilt. Sie sind allen Schrecknissen des langen subarktischen Winters ausgeliefert, kaum daß ihnen ein gewisser Saisonnomadismus zwischen Wasser und Wald eine unsichere Lebensgrundlage vermittelt.

Südlich davon bietet der Kontinent einen anderen Anblick. Schon in vorkolumbischer Zeit dominiert der Feldbau mit Mais, Bohne, Kürbis, Tabak, Sonnenblume. In seinem Gefolge wandelt sich das Kulturmuster. Feste Häuser mit Balkenkonstruktionen, viereckig, mit Giebel- oder Tonnendach bzw. bienenkorbförmig, mit Gras oder Erde gedeckt, dienen als Winterunterkunft. Palisaden verschanzen Dörfer, und ausgedehnte Maisfelder reißen Lichtungen in den Urwald. Sie zeigen schon von ferne an, daß die Natur hier nicht mehr mit sich allein ist. Die Menschen leben in Seßhaftigkeit. Sie kennen planende Vorratswirtschaft, um Hungersnöte der harten Jahreszeit in den Griff zu bekommen. Jagd und Fischfang gehen nur noch nebenher. Weberei und Töpferei bereichern und dienen als Basis künstlerischer Betätigung. Verwickelte Organisationen fügen die Menschen zu Stämmen zusammen. Stämme vereinigen sich zu staatenähnlichen Bünden mit mächtigen Oberhäuptlingen oder auch parlamentarischen Regierungsgremien an der Spitze.

Ursprünglich stellt das mittlere und östliche Nordamerika ein einziges geschlossenes Jagdgebiet dar. Der vom mexikanischen Golf heraufkommende Bodenbau verwandelt das Waldland zwischen Mississippi und Atlantik in eine Feldbaukultur. Selbst die jüngste Lebensform des Kontinents, der ab 1680 entstandene Reiternomadismus der Prärie, gehorcht noch diesem Gesetz, denn die Prärieindianer bewohnen feste Dörfer in den Flußauen, ziehen Mais und andere Kulturpflanzen und üben die Büffeljagd vornehmlich auf sommerlichen Jagdexpeditionen, die nach der Saat und vor der Ernte die Dörfler in das Grasland hinausführen.

Schamanen

Die religiösen Vorstellungen dieser vielgestaltigen weiten Zone präsentieren sich in schwer überschaubarer Vielfalt. Sicher gewichtet die Gestalt des Schamanen, über die im Blick auf eine für diese Menschen charakteristische Konstitution des Jenseits zu sprechen ist. Der Schamane steht im Gegensatz zum Priester, dessen Auftrag mit Kenntnis und Handhabung des Ritus zusammenhängt. Der Schamane bleibt von solchen außerpersönlichen Fakten unabhängig. «Er ruht in sich selbst und auf sich selbst; Autorität und Person fallen ineinander.»[42] Die großen Schamanen, so glaubt man, sind jede Nacht außerhalb ihres Körpers, sie besuchen den Himmel und erfahren alles, was sie wissen wollen. Diese Menschen sind Zentren der religiösen Praxis, so daß durch sie deutlich gemacht werden kann, in welcher Weise sich das Jenseits darstellt. Inmitten einer feindlichen Umwelt sind sie der einzige Halt. Übernormale Medizinen, die sie verteilen, bilden den Wall, hinter den sich die Verlassenheit eines ständig bedrohten Lebens flüchtet. Schamanen träumen. So wird von einem berühmten Zauberer gesagt, er habe eines Herbstes die Vögel den warmen Ländern im Südwesten zufliegen gesehen und sei ihnen gefolgt. Alsbald kam er am Fusse des Himmels an. Eine ungeheure Höhle öffnete sich, aus der ein Fluß strömte: der Wohnort der Totenseelen im Winter. Im Sommer wandeln nämlich die Seelen auf der Erde umher, bei Einbruch der kalten Jahreszeit aber schwirren sie mit den Zugvögeln nach Südwesten zu dieser Höhle. Südwesten ist das andere Land, der Wohnort der Seelen, ja das Land des Ursprungs der Menschen

Abb. 7: Der Adler steht hoch im Kurs. Er entspricht dem menschlichen Wunsch, sich adlergleiche Eigenschaften zuzulegen. Dieser mexikanische Vogeltänzer hat das Wesen des Adler-Seins, nämlich Flügel zu besitzen und im Trancezustand zu fliegen, neu erfaßt. (aus: P. L. Wilson, Engel, Stuttgart u. a. 1981: 19)

und des Lebens überhaupt. Dort weilen die Seelen der Vorväter, dorthin geht man nach dem Tod, von dort kommen Mais und Bohnen. Die Lage, in welcher diese Menschen zu leben haben, bewirken Trancezustände und eine in diesen sich artikulierende Angst vor einem eingebildeten

77

Feind, der unaufhörlich verfolgt, den sie überall zu sehen glauben. Sie sind die ewig Gejagten, ihre Vorstellung jenseitiger Welt ist eigentümlich konturlos und blaß. Abends verläßt niemand gerne das Lager, der geringste Laut läßt alle zusammenfahren; draußen strolchen die Geister umher.

Träume

Die Welt war immer da, sie unterlag Veränderungen. Geschaffen wurde sie nicht. Drei Weltepochen folgen aufeinander: Urzeit, von Tieren beherrscht, dann Geburt des Heros, der die menschliche Kultur ermöglicht. Nach seinem Verschwinden setzt die heutige Epoche ein, in der sich Menschen und Tiere nicht mehr verständigen können. Nur noch die Schamanen halten Verbindung zwischen menschlicher und außermenschlicher Sphäre. Kanadische Jägerstämme glauben an die Wiedergeburt, nicht nur der Tiere, sondern auch der Menschen. Bestimmte Merkmale bei Neugeborenen deutet man auf verstorbene Vorältern. Auf diese Weise macht man jedes Kind zu einer Reinkarnation. Die Bewohner derart unwirtlicher Gegenden betrachten den Tod nicht als Ende, sondern verknüpfen ihn mit einem neuen Anfang. Das Leben ist ihnen selbst ein Wert und trotz aller Erschwernisse durchaus keine Last. Die Bedeutung des Traumes für den nordamerikanischen Indianer darf man nicht unterschätzen. Träume stehen am Ursprung der Kulte. Sie begründen priesterliche Ämter und schamanistische Funktionen. Aus Träumen kommt medizinisches Wissen, die Namengebung der Kinder sowie Tabugebote. In Träumen erhalten diese Menschen Befehle für Kriegszüge, Jagdpartien, Totschlag und Hilfeleistung. Allein in Träumen erhellt sich das Dunkel der letzten Dinge. Der Traum ist Siegel der Legalität und Autorität. So gibt es Beispiele, wie das indianische Leben von Träumen gesteuert ist. Wir lesen bei Müller, daß einem der indianischen Berichterstatter, die im letzten Jahrhundert befragt werden, eine schwarze Gestalt erscheint und ihn mit drei Riesenschritten zum Gebirge des Hirsches führt. «Alsbald spaltete sich der Berg, und durch eine lange Kluft strahlte das Sonnenlicht hell hervor. Jenseits des Spaltes geriet der Träumer in das Haus der Sonne. Sowie er sich an die blendende Helligkeit gewöhnt hatte, ließ die Sonne ihn nach unten sehen. Da erblickte er die Erde tief drunten, die Bäume und Wälder, die Gebirge, den Oberen See und die ganze Rundung der Welt. Danach musste er hinaufblicken und sah durch eine Öffnung des Daches das Himmelsgewölbe mit seinen Gestirnen so nahe, als könnte er sie greifen. Nun zeigte ihm die Sonne sein zukünftiges Leben und schenkte ihm Adler und Bär als Erinnerungszeichen. Endlich entließ sie ihn; er mußte mit seiner Begleitgestalt eine unermeßlich hohe Tanne hinabklettern. An deren Fuß fanden ihn am Morgen seine Schwestern. Sie brachten ihn nach Hause, wo er lange brauchte, um wieder zu Kräften zu kommen.»[43] Der Indianer versteht diese Welt unablässig fließender Bilder als einzige Möglichkeit, in der er zu denken vermag und in die er sämtliche auftauchenden Erscheinungen einbezieht.

Schamanen im Totenland

Bei den Selisch-Indianern an der Nordwestküste Amerikas unternimmt der Schamane eine Wasserfahrt, um die verlorene und geraubte Seele eines Kranken wieder zu gewinnen.[44] Die Bootsfahrt über das große Meer (Totenfluß), das die Lebenden von den Toten trennt, wird mit einer Mannschaft von zehn Schamanen unternommen. Steuermann ist der Geist des handelnden Schamanen. Die übrigen stehen während der Zeremonien je zu viert in einer Reihe. Jeder hat ein Paddel, mit dem er Ruderbewegungen macht. So wird die Bootsfahrt auch den Zuhörern deutlich. Nach langer Fahrt kommen sie in das Land der Toten, einer Flußenge, an der die Geister wohnen. Diese fischen und jagen (sie haben dieselben Lebensgewohnheiten wie die Menschen); im Unterschied zu den Menschen gehen sie aber mit gekreuzten Beinen. Daran erkennt man sie als Geisterwesen. Das Jenseits ist dem Diesseits ähnlich; dessen Lebensbedingungen gelten im Jenseits.

Als erstes Hindernis, das der Schamane im Totenland zu überwinden hat, erscheint ein reißender Strom. Wie es die Toten zu tun pflegen, so legt auch er einen Baumstamm über den Fluß und überquert ihn wie auf einer Brücke. Während er das Hindernis nimmt, wirft er seine Paddel auf den Boden und balanciert vorsichtig darüber. Die nächste Schwierigkeit ist zähflüssiges Wasser, das in einem Kanu überquert wird. Dann folgt der Kampf mit einem Mann, der die Auskunft über den weiteren Weg verweigert.

Beim Eintritt in das Totenland beginnt der Kampf mit den Geistern, die sich mit Fackeln aus brennendem Zedernholz verteidigen. Dieser Vorgang wird durch Knaben des Stammes dargestellt: sie stürzen mit

Abb. 8: Bei den Tlingit in Nordwestamerika ist der Rabe der Demiurg oder der Vertreter von Chaos und Schöpfung. Wenn er auf dem Bug eines Kriegskahns reitet, ist er dem Mysterium tremendum nahe, vor dem auch Feinden der Mut schwindet. (aus: P. L. Wilson, Engel, Stuttgart u. a. 1981: 17)

Fackeln herbei und werfen diese auf die Eindringlinge. Schließlich wird die Schwelle zum Totenreich verschlossen, damit die Geister, denen die Seele des Kranken wieder geraubt wurde, sich nicht rächen können. Ist der Geist des Kranken gefunden, so singt man bei der Rückkehr das Lied dieses Geistes. Hört der Kranke die Musik, so kann er aufspringen und ist gesund.

Ein reiches Repertoire an Metamorphosen also eignet den Schamanen. Abgrenzungen der Individualitäten werden durchlässig, so daß Übergänge in andere Existenzformen möglich sind.[45]

Die angesprochenen Stammesreligionen der nordamerikanischen Arktis zeigen bei gewisser Gruppenlabilität, verständlich angesichts bedrohender Naturgewalten, eine im Jenseits verankerte Religiosität, aus der sich die überragende Geistigkeit des Schamanen speist, dessen erfolgreicher Kampf mit einer eigenen psychischen Störung – ich möchte vorsichtiger sagen: mit der genannten Gruppenlabilität, die sich im Individuum darstellt – zu einer Konzentration auf die Nahtstellen gewissermaßen von Diesseits und Jenseits führt, woraus Kraft und sich erneuernder Lebenswille erwachsen.

Der südliche Bereich

Die im südlichen Bereich von Maiskultur sich Ernährenden, wie z. B. die Irokesen, teilen die Erde auf in eine Innenwelt mit Menschen, Dorf und Ackerflur sowie eine Außenwildnis voller Steine, Sümpfe und falschen Gesichtern.[46] Die pazifischen Fischer kennen eine Urgeschichte der Welt als Geschichte vom Werden der Kulte.[47] Ursprünglich gibt es nur Tiere auf Erden. Sie hausen in zwei Dörfern, welche sich gegenseitig gründlich hassen. Nach einem Kampf erhalten die Sieger das erforderliche Ritual als legitimes Eigentum, so daß alle heutigen Feste nur Wiederholungen jener Urfeiern sind. Das Weltgebäude gliedert sich in verschiedene Stockwerke, deren mittleres unsere Erde ist. Auf der anderen Seite, jenseits des oberen Randes der Wolken, hausen Sonne, Morgenrot, der Dornenvogel und viele andere Wesen. Die unterste Welt dagegen bleibt den Totenseelen vorbehalten. Ein mächtiger Pfosten aus Kupfer, durch alle drei Schichten hindurchgehend, stützt den Himmel und die Erde. Dieses kosmische Haus beherbergt die Götter und Menschen.

Initiation

Die religiöse Situation läßt sich besonders deutlich zeichnen, wenn eine Initiation in ihrem Ablauf dargestellt wird. Das Konzept der religiösen Haltung enthüllt sich in der Schilderung einer solchen Initiation.[48] Man richtet ein besonderes Gebäude als Festlokal her, als Ort des Wohlseins für die Zeit des Glücks. Mitten im Raum brennt ein Feuer, das der Beleuchtung dient, zugleich als Richtpunkt für die Tänzer. Der Einzuweihende verschwindet aus der Eröffnungssitzung; er ist in das Haus des Gottes entrückt. In Wirklichkeit versteckt er sich in einem abgelegenen Waldwinkel. Er beschränkt die Nahrungsaufnahme, so daß er allmählich schwächer wird und in ein traumhaftes Dahindämmern eintritt. Während dieser Zeit hört und lernt er zum ersten Male den vollen Wortlaut des Clanmythos: ein Text, der die Wanderfahrten der Ahnen in Urzeiten beschreibt, Erlebnisse beim Kannibalen am Nordrand der Welt oder sonst einem Gott, und die Geschenke, die der Clanerste, der Häuptling, damals empfing. In seinem Trancezustand sieht, tut und erleidet der Initiant noch einmal, was sein Ahne einst erfahren hat. Der auswendig gelernte Clanmythos steuert das seelische Erlebnis. Es handelt sich um Traumfasten, wodurch jeder Kandidat den Weg gehen kann, den sein Ahne einst ging. Gott verschlingt den Novizen, so daß dieser sterben muß. «Er fiel tot um und erwachte zu neuem Leben.»[49] Wenn Gott den Novizen verschlingt, so geht es um nichts Geringeres als eine Ausformung der unio mystica: Verschmelzen mit der Gottheit durch Sterben und Auferstehen. Wo der Novize mit Gott vereinigt ist, dort verliert er seinen speziellen menschlichen Charakter. Eine Fülle von Ritualen kommt hinzu. Nach dem letzten Tanz setzt sich der Novize auf eine Matte und wird endgültig geheilt; im Verlauf der vielfältigen und anspruchsvollen Rituale kam seine geistig-seelische Abnormität zum Vorschein.

Südamerika

Die meisten Naturvölker Südamerikas glauben, wie Otto Zerries[50] mitteilt, daß dem Menschen mehrere Seelen eignen, die an getrennten Stellen des Körpers ihren Sitz haben, für die einzelnen Lebensäußerungen verantwortlich sind und nach dem Tode des Betreffenden unterschiedliche Schicksale erleiden. Eine dieser Seelen stammt aus dem Wohnsitz einer Gottheit im Zenit oder im Westen. Sie ist dort bereits fertig vorhanden und tritt bei der Geburt in den Körper ein. Der Medizinmann hat die Aufgabe, ihre jeweilige Herkunft festzustellen. Bald nach der Geburt kommt ein neues Element hinzu, um die Seele zu vervollständigen. Die Eigenschaften des Tieres, welches zur Bildung der Menschenseele beiträgt, bestimmen das Temperament der betreffenden Person. Ein geduldiger, freundlicher Mensch z. B. mag eine Schmetterlingsseele besitzen; eine Jaguarseele macht einen Mann grausam und gewalttätig. Unmittelbar nach dem Tode trennen sich die beiden Seelen wieder. Die Seele kleiner Kinder geht in ein Paradies («das Land ohne Schlechtigkeit»). Die entsprechende Seele Erwachsener kommt nicht ganz bis dorthin. Ihr Aufenthaltsort liegt vor diesem Land und findet Bedingungen, wie sie auf der Erde üblich sind.

Seele und Jenseits

Nicht immer gelangt die Seele ohne weiteres ins Jenseits, vor allem dann nicht, wenn der Betroffene eines gewaltsamen Todes gestorben ist. Dann lungert sie in der Nähe ihres früheren Heimes herum und gefährdet lebende Angehörige. Durch einen besonderen Tanz kann sie jedoch gefangen und dem Gewittergott zur endgültigen Überführung nach dem Lande der verstorbenen Seelen übergeben werden. Die Tierseele – der andere Teil – verwandelt sich nach dem Tode in ein gefürchtetes Gespenst, das den Menschen nachstellt und mit allen Mitteln bis zu seiner Vernichtung bekämpft werden muß. Zerries zeichnet die Seelenvorstellungen der Waika am oberen Orinoco.[51] Im Rauch des Feuers, das den Leichnam verbrennt, steigt die das irdische Dasein überdauernde Totenseele hinan. Sie eignet nur dem Menschen – nicht dem Tier. Nebst der Totenseele glauben die Waika an eine Schattenseele, die sich im Augenblick des Todes mit der Rauchseele oder Wolkenseele im Himmel verbindet, nachdem sie auf Erden mit dem Menschen gleichzeitig dahingeschieden ist. Die Schattenseele, obwohl mit dem menschlichen Schatten verbunden, befindet sich beim lebenden Erwachsenen außerhalb des Körpers und tritt an bestimmten Stellen des Waldes in tierischer Gestalt auf. Die Buschseelen der Waikamänner sind identisch mit Raubvögeln, die für diese Leute eine besondere Bedeutung besitzen. Hat jemand zufällig einen solchen Raubvogel getötet, so hält er dieselben Tabuvorschriften ein, die auch der Krieger beobachten muß, der einen Menschen getötet hat. Es wäre möglich, daß dieser Raubvogel Träger einer männlichen Schattenseele ist, deren Besitzer gleichzeitig mit dem Schuß dem Tode verfällt. Wir stoßen auf die (in Südamerika selten anzutreffende) Vorstellung vom zweiten Ich (Alter ego) des Menschen, die sich in einer dritten Seelenkonzeption bei den Waika manifestiert, der sogenannten Bildseele. Man spricht von der Bildseele des Kindes und denkt an eine kleine braune Eidechse mit schwarzen Flecken. Kommt die Eidechse um, dann stirbt das Kind.

Die Vorstellung vom Alter ego ist verwurzelt im Jägertum, wo sich eine tiefe Verbundenheit zwischen Tier und Mensch ausbildet. Auch die Schamanen haben ein Alter ego – z. B. diejenigen im Gran Chaco in der Gestalt eines übernatürlichen Baumes im Himmel. Der Baum ist dem Schamanen als Vision im Ritual präsent. Er trägt Blätter. Schaut der Schamane in seinen Visionen einen Baum mit verdorrten Blättern, so ist sein Tod innerhalb eines Jahres gewiß.

Im allgemeinen bezeugen die Trauerriten den Wunsch der Lebenden, die Toten zu versöhnen, ihre Rückkehr zu verhindern und ihre Jenseitsreise zu erleichtern. Besonders bemerkenswert ist die Vorstellung, die sich bei einem Stamm findet, wonach an einem Fest der Totenseelen diese in den Schamanen eintreten, um in seiner Gestalt mit den Lebenden auf dem Dorfplatz zu tanzen und zu trinken. Die Seele des Schamanen ruht während des Festes in der Hütte.

Bei bestimmten Anlässen werden die Totengeister zeremoniell angerufen, so daß sie im Traum erscheinen und die Träumer zu Weissagungen befähigen.[52]

Auch hier findet sich die Vorstellung, daß die verstorbenen Ahnen als Schutzgeister der ganzen Sippe fungieren und den Männern Stärke verleihen. Männer und Knaben, die Mut und Kraft suchen, baden jeden Morgen zum Klang der Ahnen-Trompeten. Bei den Reifezeremonien zeigen sich die Ahnen in Gestalt der Trompeten, die geblasen werden, während man die Initianden auspeitscht. Sie sollen dadurch zur Größe der Ahnen heranwachsen.

Die Seele eines Verstorbenen begibt sich nach einigen Irrwegen zum Aufenthaltsort der Vorfahren, der sich gelegentlich in der Nähe befindet, so daß die Toten zu bestimmten Anlässen zurückgerufen werden können. Die Frage nach Unsterblichkeit beschäftigt (wie andernorts) auch die Menschen des alten Amerika. Grundsätzlich ist Unsterblichkeit möglich, trotzdem entgehen die Menschen dem Tod nicht. Diese Ordnung besteht von Anfang an. Die Ursache der Sterblichkeit liegt in den bei Schaffung des Menschen verwendeten Materialien. Oftmals erscheint die Sterblichkeit der Menschen als sekundär eingetretene Bestimmung. Doch wenn das Sterbenmüssen nicht auf biologisch-determiniertes Schicksal hindeutet, so stellt sich die Frage, warum die Menschen nicht unsterblich bleiben konnten. Antwort liefern die Mythen vom Ursprung des Todes mit einer Reihe verschiedener Begründungen. Seltener wird der Tod als Strafe oder Rache eines erzürnten Gottes dargestellt. Nicht selten ist die Sterblichkeit weder von der Gottheit beabsichtigt noch durch eine Art Sündenfall der Menschen verursacht, sondern durch deren Unvorsichtigkeit und Nachlässigkeit. Sie schlafen ein, sie antworten nicht, sie gehorchen einem harmlosen Befehl nicht. Es scheint, als ob, und dies bei einer großen Anzahl von Stämmen, die Menschen nicht begriffen hätten, worum es entscheidend geht.

Die verlorene Unsterblichkeit empfangen andere Wesen, die damals gerade das maßgebliche tun. Sie schlafen nicht ein, sie antworten usw.

Meistens handelt es sich um Tiere und Insekten, die sich häuten können, manchmal auch Bäume. Unsterblich sind gelegentlich die Angehörigen einer zwar mythischen, aber nicht übermenschlichen oder außermenschlichen Gruppe.

In einigen Konzepten empfangen die Menschen den Tod zusammen mit etwas typisch Menschlichem: Der Tod z. B. ist mit der Umsiedlung der Ahnen in das irdische, menschliche Wohngebiet verbunden. Bei einem Stamm verbindet sich die Sterblichkeit mit dem Besitz des Feuers. Der Tod ist seit dem jeweils herausragenden mythischen Ereignis fester Bestandteil menschlichen Daseins. Aus diesem Grunde scheitern alle Versuche, den sterblichen Menschen auf irgend eine Weise Unsterblichkeit zu verleihen.

Die Indianer Südamerikas finden sich letztlich mit der resignierten Einsicht ab, daß der Tod unvermeidlich ist. Doch keine Gesamtmentalität ohne Ausnahme! Eine Reihe von Belegen zeigt, daß in bestimmten Fällen Auferstehung und sogar Unsterblichkeit eines Individuums für möglich gehalten wird. In diesen Fällen handelt es sich entweder um außerordentliche Persönlichkeiten oder um außerordentliche Umstände, d. h. seltene Ausnahmen, die aber die Gültigkeit der allgemeinen Regel nicht schmälert.

Weiterhin wird erzählt, daß auch die mythisch begründete, in die Stammestraditionen integrierte Lehre von der Sterblichkeit des Menschen nicht genügt, um den Tod eines bestimmten Menschen gefaßt hinzunehmen. Man zweifelt nicht daran, daß der Tod, wie im Mythos begründet, jeden Menschen erreicht; es widerstrebt jedoch, jeden konkreten, individuellen Tod als vorgeschriebenen Abschluß des Lebens zu akzeptieren. Vielmehr rechnet man bei nahezu jedem Todesfall mit bösem Zauber oder anderen feindlichen Einflüssen, die sich speziell gegen den Verstorbenen richten. Der Mythos bietet nur eine allgemeine, d. h. theoretische Erklärung des Todes. Der konkrete Todesfall bedarf jeweils konkreter Begründung.

Reise ins Totenland

In den religiösen Traditionen der südamerikanischen Indianer gibt es kein zweites Thema, bei dem die Meinungen der Gewährsmänner auch innerhalb derselben Gruppe auseinandergehen, wie in der Frage nach Lage und Beschaffenheit des Totenreiches (oder der Totenreiche). Die widersprüchlichen Aussagen lassen erkennen, daß viele Stammeskulturen keine feste, in der Überlieferung verankerte, verbindlich gewordene Antwort auf diese Frage bereithalten. Der Grund des geringen allgemeinen Interesses an der genauen Lokalisierung des Totenreiches dürfte in der Natur des Totenglaubens liegen. Die Toten beschäftigen die Lebenden hauptsächlich dadurch, daß sie mit den Lebenden in Kontakt bleiben, von ihnen bestimmte Gaben erwarten und sie auch gefährden können. Ihre für die Lebenden wichtigste Eigenschaft besteht nicht darin, daß sie im Totenreich eine Gemeinschaft bilden, sondern in ihrer Fähigkeit, jederzeit die Welt der Lebenden zu besuchen. Die Lage des Totenreichs im Weltall ist deshalb ein eher theoretisches Detail, während Maßnahmen zur Abwehr bösartiger Totengeister ganz unmittelbar die Existenz der Lebenden betreffen.

Einerseits glaubt man an die (meist gefürchtete) Wiederkehr der Toten, andererseits schreibt man ihnen ein weltfernes (aus der Perspektive der Lebenden belangloses) Dasein zu. Der Widerspruch zwischen beiden nebeneinander bestehenden Ansichten wird nicht selten durch die Lehre von mehreren Seelen des Individuums eliminiert. Eine der Seelen bleibt weiterhin in der Nähe der Lebenden und kann deren Schicksal entscheidend beeinflussen. Jene Seele dagegen, die früher oder später ins Totenreich kommt, erweckt bei den Lebenden kein direktes Interesse mehr. Deshalb hat die Frage, wo denn eigentlich die Toten ihren eigenen, nur für sie bestimmten Wohnort haben, für die Praxis des Alltags kein großes Gewicht.

Über die Lage des Totenreiches kann man im Überblick folgendes sagen: Es liegt in der oberen Welt, in den himmlischen Regionen; oder in der mittleren Welt, d. h. in jener Schicht des Kosmos, die auch von den Lebewesen bewohnt wird; oder in der Unterwelt. Oder die Toten bilden verschiedene Gemeinschaften, die an verschiedenen Orten und in etlichen Sphären des Kosmos wohnen.

Von beträchtlicher Zahl sind Beschreibungen der Totenreise. Die Idee wirkt mit, daß der Tote, mehr oder weniger mühevoll, eine bestimmte Strecke zurücklegen muß, bevor er die Toten und deren Land oder Dorf findet. Im Verlaufe dieser Reise drohen ihm bzw. seiner Seele Gefahren verschiedener Art, die sich von bedrohlichen Wesen über die Wahl des einzig richtigen Pferdes unter mehreren bis zu Gegenständen oder Wesen, die seine Aufmerksamkeit ablenken sollen, erstrecken.

Unter den Hindernissen kommt der Überquerung eines Wassers größte Bedeutung zu, sowohl wegen der großen Verbreitung des Motivs als auch wegen der mehrfach belegten Funktion dieses Wassers als Fluß im Totenreich oder als Grenze zwischen den Welten der Toten und der Lebenden. (In diesen Zusammenhang gehört außerdem das Symplegaden-Motiv,[53] d. h. die Vorstellung von einem engen Paß, der sich manchmal nur vor den gerechten Toten öffnet.) Teils mit der Reise, teils mit der Ankunft im Totenreich verbindet sich die Vorstellung von sexuellem Verkehr mit einem mythischen Wesen. Dieser Verkehr ist entweder gefährlich und soll deshalb vermieden werden, oder aber – umgekehrt – er ist Pflicht für den Toten. Nach bestimmter Auffassung hat er die Wirkung, vom Tode verursachte Schwäche zu beheben.

Der Tote kann im Verlauf der Reise auch sterben, wenn er die Proben nicht besteht oder die Gefahren nicht vermeidet. Dann tritt der zweite, endgültige Tod ein. Trotz dieser Möglichkeit scheinen jedoch gewöhnliche Tote immer durchzukommen; nur bestimmte Tote können den Gefahren der Reise nicht entgehen.

Nach mehreren Berichten erreicht der Tote sein Reiseziel nur deshalb, weil ihm Hilfe geleistet wird. Im meist schwierigen Prozeß, die Welt der Lebenden zu verlassen, kommt die Rolle des Psychopompos, des Seelenbegleiters, dem Schamanen zu. Anderswo sind es verstorbene Verwandte oder die Toten im Allgemeinen, die als Führer fungieren. Die Ankunft im Totenreich kann eine feierliche Angelegenheit sein. In ihrem Verlauf werden oft bestimmte rituelle Handlungen durchgeführt. Hierzu gehört etwa das rituelle Bad, das bei einem gewissen Stamm revitalisierende Funktion besitzt. Wir finden auch eine (allerdings singuläre) Aussage, wonach die neu angekommenen Toten grausame Proben bestehen müssen, die von den jeweiligen Bewohnern des Totenreiches bestimmt sind. Diese Proben stellen eine Initiation dar, die der Eingliederung in die Gesellschaft der Toten vorangeht. Andere rituelle Handlungen, die der Ankunft im Totenreich folgen, sollen den Verstorbenen von bestimmten Teilen seines Körpers befreien. Der Tote wird auf diese Weise gereinigt oder leichter gemacht.

Was die Toten im Alltag des Totenreichs unternehmen, steht in direkter Verbindung mit Tätigkeiten der Lebenden. So wird der Nahrungserwerb fortgesetzt. Familiäres und soziales Leben gibt es ebenfalls.

Dabei können z. B. die irdischen Ehen gültig bleiben, oder aber neue Ehen werden geschlossen. Die Fortsetzung des diesseitigen Lebens äußert sich besonders in Feiern und im Weiterbestehen der sozialen Unterteilungen.

Lebensqualität im Totenland

Bei näherer Betrachtung entpuppt sich freilich die Ähnlichkeit mit menschlichen Zuständen als trügerisch. Das Essen zeigt entfremdende Charakteristika, die Toten schlafen in einer seltsamen Haltung. In den Motiven der verkehrten Welt verdeutlicht sich der Abgrund zwischen Lebenden und Toten besonders. Hier werden alltägliche Züge durch Umkehrung total verfremdet. Im Totenreich sind Tag und Nacht oder sogar die Jahreszeiten im Vergleich zu der Erde umgekehrt. Oder die Toten arbeiten in der Nacht. Manchmal werden die Unterschiede in der sozialen Stellung von Indianern und Weißen umgekehrt oder ausgeglichen.

In breiterem Kontext steht die Frage nach der Bewertung des dortigen Daseins. Ausdrücke wie glückliches oder unglückliches Leben der Toten entsprechen nur ungenau den tatsächlichen Auffassungen. Fest steht jedoch, daß einige Stämme die Lebensweise der Toten positiv bewerten, während andere mit einem schattenhaften und trübseligen Dasein rechnen. In beiden Fällen vergleicht man mit dem irdischen Leben: Entweder werden die angenehmen Aspekte desselben betont oder seine unangenehmen Züge verneint, oder aber es erscheinen im schattenhaften Dasein bestimmte Sachen quantitativ und qualitativ minderwertig. So gibt es Beschränkung auf Insektenkost. Von Kraftlosigkeit im Tanz und in der Sexualität wird gesprochen. Der Alkohol fehlt. Die Verhältnisse im Totenreich zeigen also einen beträchtlichen Verlust an Lebensqualität.

Das Umherirren der Toten betrifft vorwiegend diejenigen, die einen schlimmen Tod erlitten haben, sei es, daß sie gewaltsamen Todes starben, sei es, daß sie Selbstmord begingen oder entfernt von ihrem Dorf starben und deshalb nicht nach der Art des eigenen Stammes begraben werden können. Diese Toten haben nicht nur selbst ein unangenehmes Schicksal, sie gelten oft auch als rachsüchtig und unheilbringend. Außerdem erscheinen sie häufig als lebende Leichname, als Gestalt, die zwar auch andere Tote annehmen können, die aber z. B. bei Getöteten, die ja mit ihren Wunden auftreten, besonders erschreckend ist. Verstöße gegen

Stammessitten können zu einem Nichtankommen des Toten führen. Sie werden häufig einfach als schlechte Taten erwähnt, in anderen Fällen genauer charakterisiert, wie Mißhandlung oder Tötung eines Hundes. Kinder haben manchmal einfach keinen Platz im gemeinsamen Totenreich. In einer Anzahl von Fällen bleibt den Toten nicht nur der Eintritt in das Totenreich verweigert, sondern auch das Weiterleben dort. Bemerkenswert ist, daß das Schicksal des Vernichtetwerdens mit Sicherheit nur diejenigen trifft, die zu Lebzeiten auf irgendeine Weise gegen die Stammessitten verstoßen haben.

Es kommt zu Begegnungen mit den Toten. Hierbei fällt die Selbstverständlichkeit auf, mit der die Toten – ihre Erscheinungsform wie ihr Verhalten und ihre Wünsche – geschildert werden. Ist der Tote überwiegend freundlich oder feindlich eingestellt, so hängt dies z. T. vom Verhalten des Lebenden ihm gegenüber ab. Beleidigte Tote (Tote sind übersensible Wesen) können aus Rache oder Unzufriedenheit alles mögliche Unheil anrichten. Ihre Rache bezieht sich ebenso auf die Vergangenheit wie auf die Gegenwart, d. h. sie rächen sich für das zu Lebzeiten erlittene Unrecht und für eventuelle Benachteiligungen nach dem Tode (Vernachlässigung des Grabes, Ausbleiben der Speisegaben u. ä.).

Ob wohlwollend oder feindlich, der Tote verfügt über gewaltige Macht. Sie ist unheimlich und wohnt jeder Begegnung mit Toten inne. Da selbst wohlwollende Tote bei den Lebenden Entsetzen hervorrufen, können sie die Auswirkungen ihrer Macht kaum kontrollieren. Mehrere Erzählungen berichten von Fällen, in denen das bloße Erscheinen eines Verstorbenen Unheil anrichtet, obwohl dies vom Toten selbst gar nicht beabsichtigt ist. Schließlich lassen sich im Lichte der Aussagen zwei Hauptkategorien der Toten unterscheiden: Erstens Tote, mit denen man vor ihrem Sterben in engem persönlichen Kontakt stand, werden gleich erkannt, weil sie sich – wenigstens bei oberflächlicher Betrachtung – nicht verändert haben.

Allmählich erkennt der Lebende den wahren Zustand des Besuches. In solchen Fällen handelt es sich um die Vorstellung vom lebenden Leichnam. Der Tote wirkt so, wie man ihn in Erinnerung hat (selbst wenn er manchmal schon Verwesungsmerkmale zeigt), seine Züge sind durch das Erinnerungsbild bestimmt. Deshalb hat diese Art von Begegnungen zweierlei Voraussetzungen: Es muß sich um Verstorbene handeln, die man vor ihrem Tode kannte, und seit ihrem Tode darf nicht allzuviel Zeit verstrichen sein, sonst wäre ihr Bild in der Erinnerung verblaßt.

Eine Begegnung mit diesen Toten hat persönliche Züge. Der Lebende will, wenn er entdeckt, daß sein Besucher tot ist, ihn loswerden, möglichst ohne aggressive Mittel. Gewaltanwendung von seiten der Lebenden geschieht selten, wie etwa dann, wenn ein Lebender seine verstorbene Verlobte samt dem Kind, das nach dem Tode des Mädchens gezeugt worden ist, in einen Abgrund wirft, weil sie ihn durch ihren verkehrten Lebensrhythmus am Schlafen hindert. Seltener werden jene Toten erwähnt, die keine persönlichen Züge aufweisen. Sie sind entweder keine ehemaligen Bekannten oder Angehörigen, oder sie sind vor längerer Zeit schon gestorben. Sie repräsentieren die Toten schlechthin. Ihre Einstellung zu den Lebenden ist im allgemeinen durch böse Absichten geprägt. Deshalb – und weil es zu ihnen keine persönlichen Beziehungen gibt, die Hemmungen hervorrufen könnten – hat der Lebende kaum Bedenken, diesen Toten gegenüber List oder Gewalt anzuwenden.

Besuch im Totenland

Auch findet sich die Auffassung, daß bestimmte Lebende die Toten im Totenreich besuchen. Dabei steht die Absicht im Spiel, dem Toten zu folgen, weil die Endgültigkeit der Trennung nicht akzeptabel erscheint. In solchen Fällen sind Tote und Hinterbliebene meistens nah verwandt oder haben zumindest eine sehr enge Beziehung. Die Initiative zur Reise ins Totenreich ergreift fast immer der Lebende, der durch Weinen und lange Trauer bekundet, daß er die Trennung nicht überwinden kann. Sein Verhalten entspricht nicht der allgemeinen Sitte; es handelt sich nicht um übliche, zeitlich begrenzte Trauer, vielmehr bleibt der Lebende am Grab bzw. auf dem Friedhof, ja er richtet sich sogar dort ein und schläft neben dem Grab. In solchem Falle kann der Lebende von den Toten mitgenommen werden. Dies geschieht auf Bitten des Hinterbliebenen, mit dem Toten gehen zu dürfen. Sodann findet sich der Hinweis, daß Lebende allein den Weg ins Totenreich unter die Füße nehmen. Die Dauer der Reise ist unterschiedlich. Sie wird dementsprechend als mehr oder weniger mühsam betrachtet. Da es sich mindestens um eine mehrtägige Reise handelt und man nur in der Nacht reist, am Tage aber schläft, haben wir ein weiteres Merkmal des Motivs der verkehrten Welt. Es gibt auch Fälle, wo der Tote sich selbst noch auf der Hinreise befindet, vom

Weinen der Hinterbliebenen gestört, innehält und zurückkehrt. Oft ist das Totenreich von dem der Lebenden durch Wasser getrennt, sei es ein Meer, See, Fluß oder Bach. Wasser fungiert als Grenze: ohne Hilfe der Toten ist sie unpassierbar.

Blicken wir auf die Beziehung der Lebenden zu den Toten, so finden wir ein Merkmal an der Figur des Toten besonders relevant: Der geliebte Tote erscheint nie ekelerregend. Die Tatsache, daß er ohne weiteres von den Hinterbliebenen erkannt wird, gestattet die Behauptung, daß er immer in der gleichen Gestalt, die er zu Lebzeiten hatte, erscheint. Nirgends besteht beim Lebenden Zweifel, um wen es sich handelt. (Diese Erkenntnis des Toten beruht letztlich auf der Vorstellung vom lebenden Leichnam.) Die Toten haben ein menschliches Aussehen, aber auch die Möglichkeit, andere Erscheinungsformen anzunehmen. Sie können als Vögel erscheinen, als Wolken und Wind. Im Totenreich, wenn sie dorthin zurückgekehrt sind, erscheinen sie wieder menschenähnlich.

Hier geschieht manchmal eine Änderung des geliebten Toten, die den Lebenden befremdet und seinen späteren Entschluß, den Ort zu verlassen, motiviert. So erscheint bei den Araukanern eine Tote nur nachts als Frau, am Tag jedoch als Tier. Oder die Toten verwandeln sich überhaupt in Tiere. Der Lebende sehnt sich nach einem Wiedersehn. Aber wie benimmt sich der Tote, welche Gefühle bewegen ihn? Er zeigt Mitleid, Scham, Gleichgültigkeit, ja gelegentlich ausgesprochene Unfreundlichkeit.

Der Hinterbliebene, der wegen des geliebten Toten die Welt und die Gesellschaft der Lebenden verläßt, kommt außer mit den Verstorbenen auch mit anderen Toten in Kontakt. Schon bei der Ankunft stellt er fest, daß sein Aufenthalt unter den Toten diesen sehr unangenehm ist. Sie sind entweder aggressiv oder scheu und halten sich von dem Lebenden fern. Nur ausnahmsweise sind sie freundlich. Manchmal wird erwähnt, was die Toten an den Lebenden stört bzw. stören könnte. Der Fährmann der Araukaner beklagt sich wegen des üblen Geruchs des Mannes und wäscht ihn. Ein anderer soll eine bestimmte Frucht essen, damit er den Geruch nach Lebenden verliert. Hier wird deutlich, daß die Welt der Toten eine Spiegelwelt ist. Tote riechen auf der Erde für die Lebenden übel, im Totenreich ist es umgekehrt.

Lebensweise im Totenland

Was die Lebensweise im Totenreich anbelangt, so üben die Toten weiterhin die Aktivitäten aus wie zu Lebzeiten. Sie essen, jagen, bauen usw., manchmal jedoch mit Zügen, die diese Tätigkeiten mit einem Hauch von Unheimlichkeit färben. Entweder sind es Handlungen der Lebenden, aber bis zur Erschöpfung ausgeübt, oder die Gegenstände sind verfremdet: Häuser bestehen aus Unkraut, eine Sitzgelegenheit aus Brennesseln, Fische sind entweder verfault oder haben keinen Kopf. Die Toten sind in der Nacht aktiv, am Tag schlafen sie oder verschwinden. Sie empfinden den Tag auf der Welt der Lebenden als Nacht. Andere Details zeigen noch klarer die Tiefe der Kluft zwischen den zwei Reichen: Nahrung, für die Toten nahrhaft, nämlich Seelen toter Tiere, nährt Lebende nicht. Gewisse Erzählungen heben die Unmöglichkeit hervor, im Totenreich zu bleiben, entweder weil Mangel an Wasser und Feuer herrscht, oder weil es dort ganz einfach immer kalt und dunkel ist. So ist ein Verweilen im Totenreich auf die Dauer unmöglich: Frustration, Sinnlosigkeit und doppelte Einsamkeit werden in den Texten unterschiedlich betont. Es verwundert nicht, wenn der Entschluß, das Totenreich zu verlassen, praktisch immer vom Besucher ausgeht, der Tote ihn in keinem Fall zum Bleiben auffordert. Oft stirbt der Besucher nach seiner Rückkehr aus dem Totenland, manchmal hat jedoch der Aufenthalt dort auch keine ernsten Konsequenzen.

In der Mehrzahl der Fälle vermißt der Lebende ein verstorbenes, geliebtes Wesen und will mit ihm gehen, um sein Schicksal im Totenreich zu teilen. Nur über den Zeitraum wird nicht von vorneherein gesprochen. Die enttäuschende Erfahrung, sich nicht an die Art der Existenz im Totenreich anpassen zu können, wie seine Einsamkeit unter den Toten, führen (in vielen Beispielen) dazu, daß der Lebende das Totenland am Ende verläßt. Wesentlich ist nicht die Absicht, einen Besuch im Totenreich durchzuführen, sondern das Scheitern all dieser Versuche, sich als Lebender in einer anderen Welt als eben der Welt der Lebenden aufhalten zu können. Das Totenreich ist der Welt der Lebenden ähnlich, aber nur bis zu einem bestimmten Punkt. Die Erkenntnis entsteht, daß es keine Wiedervereinigung zwischen den Mitgliedern der diesseitigen und der jenseitigen Gesellschaft trotz aller Liebe und Verbundenheit geben kann. Trotz Differenz zwischen Diesseits und Jenseits zeigt sich an folgendem die Einheit der Differenz. Diese kommt z. B. in der Ansicht zum Ausdruck, daß der zu Lebzeiten erworbene Besitz an Gütern und Verdiensten dem betreffenden Menschen auch nach seinem Tode zur Verfügung steht. Ausgaben für Feste und Geschenke werden schon im Diesseits dadurch belohnt, daß das Ansehen des Gebers hier und jetzt steigt. Auch hier gilt das bereits angetroffene Muster: Irdische Verfehlungen gelangen vor das Gruppentribunal. Nachtodliches bleibt davon unberührt. Wer auf extreme Weise den Tod findet, der hat mit nachtodlichen Auswirkungen zu rechnen. Eine moralisache Wertung kommt aber nicht ins Spiel. Damit zeigt sich, daß die sozialen Werte nur zum Teil transzendente Sanktionierung durch die Lehre von den letzten Dingen erfahren. Wiedersterben und Wiedergeburt der Totenseelen sind fast durchgängig anzutreffen. Oft heißt es, daß die Seelen der nicht-privilegierten, gewöhnlichen Toten noch einmal, ja sogar mehrere Male sterben, um entweder auf der Erde in Schmetterlinge oder Insekten zu transmigrieren oder aber endgültig zu erlöschen. Nach einem Stamm müssen die Seelen der Toten insgesamt siebenmal leben und wieder sterben, wobei sie jedesmal in einer anderen der sieben untereinanderliegenden Welten wiedergeboren werden, um sich nach der Vollendung der siebten Existenz in nichts aufzulösen. Vereinzelt findet sich die Vorstellung, daß die Seelen unmittelbar oder bald nach dem Tode als Neugeborene oder als Insekten erscheinen, offenbar ohne sich vorher ins Totenland begeben zu haben.[54]

2. 7 Religionen des Hindukusch
Weltbild der Kafiren
Um ein Bild des Jenseits zeichnen zu können, hat man sich die Frage nach der Weltsicht der Kafiren zu stellen. Wo siedelten sie ihre Götter und Dämonen an? Berichtet wird von einer Dreiteilung des Universums:[55] zuerst einer oberen Welt, die aus sieben übereinanderliegenden Schichten besteht. Im obersten dieser Himmel hält sich der Gott Mandi auf. Durch den Nordstern und ein zweites ungenanntes Gestirn werden die Himmel zusammengehalten. Ein gewaltiges Bild, handgreiflich ausgeschmückt: vermag doch ein bedrängtes Mädchen, das mit einem Seil in den Himmel gezogen wurde, durch ein Schiebefenster im Bart des obersten Gottes auf die Erde zu blicken. Von den Sternen hören wir wenig. Sonne und Mond können vom Himmel genommen und von einem Reiter davongetragen werden. An zweiter Stelle findet sich die mittlere

Welt, wo die Menschen wohnen. Sie wird als große, nicht näher beschriebene Scheibe gedacht. Zuletzt lokalisiert man in der Unterwelt, die unter dieser Scheibe liegt, Paradies und Hölle. Regulärer Zugang zur Unterwelt ist möglich durch ein Loch im Boden; man zeigt es nahe dem Zentraltempel in Ushteki. Wer hier hinabschaut, ist augenblicklich des Todes.

Ein anderes Weltbild der Kafiren plaziert den Himmel nicht über der Erde, sondern läßt ihn in allmählichem Übergang dort beginnen, wo das Obertal endet, nämlich in der reinen Region der Bergspitzen und des Schnees. Als Heimat der Götter gilt ein See dicht unter der Almregion. Hier steht der mächtige Baum, welcher Symbol für Menschen und Götter ist. Ein Fluß schafft die Verbindung zur mittleren Region, in der die Kafiren leben, und zum Totenreich in der Nähe des Talausgangs.

In dieses Weltkonzept lassen sich viele Phänomene einordnen, etwa das Wegschwemmen der für die Toten bereitgestellten Gaben mit dem Wasser. Häufig erwähnt wird auch, daß die Toten talabwärts gebracht werden. Die Götter hingegen schreiten talaufwärts, wenn sie zur Ratsversammlung zusammentreten. Die Seen, aus denen sie hervorkommen, liegen alle in der Hochregion. Reinheit und Heiligkeit dieser Gewässer schlägt sich bereits in ihren Namen nieder.

In manchen Erzählungen der Kafiren agieren die Götter und die Dämonen auf der Oberwelt, die ein nicht weiter charakterisierter Himmel bedeckt. Ihre eigentliche Heimat jedoch ist unter der Erde, wo die Toten und die Ungeborenen ihr Zuhause haben. Wichtigste Verbindung zwischen diesen beiden Seinsebenen sind Seen und Teiche. Wer es wagt, sich hineinzustürzen, der hat den Übergang geschafft. In anderen Fällen erscheint die Unterwelt als eine Art Verlies, in das man eindringen kann und aus dem man sich befreien muß. Außerdem finden wir die Vorstellung, wonach die Götter in Bergen oder Felsen wie in einem Hause leben. Ein bestimmter Gott öffnet auf einem heiligen Berg sieben Fenster. Der von den Göttern verjagte Sohn eines Gottes Diwog flüchtet sich in einen Felsen, aus dem er offenbar nicht mehr vertrieben werden kann.

Manchmal entsteht der Eindruck, als stelle man sich die Unterwelt unter dem Tale vor, so daß jener Teil der unteren Etage, der den Hochweiden entspricht, der höhere Aufenthaltsort der Götter ist, während Dämonen und Tote unterhalb der tieferen Talregionen hausen. Auch die Dämonen haben etwas mit der Almregion zu tun. Jener mächtige Unhold, der die Göttin Disani schwängert, taucht aus einem See in der Hochregion auf.

Eine verbreitete Auffassung sagt, die kafirischen Stämme seien aus dem Süden in die heute von ihnen bewohnten Täler eingewandert. Vielleicht hängt damit zusammen, daß die Mythen mehrheitlich die Frage außer acht lassen, wie Landschaft und Mensch entstanden sind. Wir müssen uns mit der summarischen Angabe begnügen, ein oberster Gott habe die Welt geschaffen. Alle Aufmerksamkeit konzentriert sich auf das Ordnen von etwas Vorgefundenem, die Bewältigung einer vorgegebenen Umwelt.

Wenden wir uns der Zeiterfahrung zu, so ergibt sich, daß die Feste sich optimal den Schwankungen des Klimas und den von sozialen Interaktionen diktierten Bedürfnissen unterordnen. Eine Phase heischt Aufmerksamkeit, in der Götter in schärfstem Kampf gegen die Dämonen stehen, daneben aber noch Zeit und Kraft finden, den Menschen die wichtigsten Kulturgüter zu schenken. Manchmal ist ausdrücklich von einer Zeit die Rede, in der die Götter gegenwärtig waren und die Menschen belehrten. Das legt den Gedanken nahe, daß sie sich danach in Himmelsschichten zurückgezogen haben, die in den Mythen keine Rolle spielen. Menschliche Initiative muß dafür Sorge tragen, daß sie sich – wenigstens vorübergehend – am menschlichen Dasein interessieren. Damit verbindet sich die Tatsache, daß Zukunft und Jenseitserwartungen in ausdrücklichem Sinn bei den Kafiren fast unerwähnt bleiben.

Ein weiteres Ordnungsschema ist die Teilung der Welt in eine männliche und eine weibliche Sphäre. In der kafirischen Vorstellung wird die Welt nicht nur von Menschen und Tieren, sondern auch von unsichtbaren, mit übernatürlicher Macht begabten Wesen bewohnt. Deren oberste Gruppe (ihr wird Unsterblichkeit zugeschrieben) entspricht dem Pantheon anderer Religionen. Die Gottheiten sind von Anfang an da oder haben einen Stammbaum, der in der Regel aber nicht mit der obersten Gottheit zusammenhängt. Auch verfügen nicht alle über die gleiche Macht, genießen aber gleiches Ansehen. Sie haben getrennte Funktionen, freilich mit Überschneidungen. Bedeutende Gottheiten vereinigen in sich verschiedene Möglichkeiten, die in sinnvollem Zusammenhang stehen. Generell trifft man die Vorstellung, wonach die Götter bestimmte Dörfer oder Sippen in persönlicher Zuordnung beschützen und dafür besondere Verehrung genießen. Auf einer Ebene handeln die Götter als integrierte Gemeinschaft arbeitsteilig, gemäß ihren Vorzügen und Schwächen. Man spürt die Liebe und das Interesse der Erzähler, die sich mit ihnen und ihren Abenteuern beschäftigen. Der oberste Gott entspricht dem Weisen und doch listigen Anführer. Ihm stehen ein kluger und kühner jüngerer Berater und Helfer, Mohn (Mandi), und ein etwas beschränkter Schläger, Gisch, zur Seite. Eine einzige Göttin, ihnen gleichberechtigt, heißt Disani. Sie verkörpert die Weiblichkeit in allen ihren Facetten. Die Götter gestalten vor allem diese Welt. Zur Gestaltung gehören nicht nur die Schaffung von Normen und das Erfinden im technischen Bereich, sondern auch Gewinn von Lebensraum mit List und Gewalt. Hauptbeschäftigung der Götter in der hohen Zeit irdischer Aktivität ist der Kampf gegen mächtige Feinde. Diese verkörpern die Umwelt. Zu ihr gehören nicht nur die Natur, die stets schroff und bedrohlich bleibt, sondern auch fremde Völker jenseits der umgebenden Bergketten. Stets muß die eigene Ordnung verteidigt werden. Eine sich solidarisch fühlende Gemeinschaft der Götter erscheint, die manche Außenseiter, vielleicht sogar Überläufer integriert. Wenige Nachrichten melden, daß sich die Götter nicht nur mit Dämonen, sondern auch mit Menschen verbinden. Nicht wird gesagt, welche Aufgabe dem aus solcher Verbindung entsprungenen Halbgott zukommt. Zudem ist die jenseitige Welt von Dämonen und Feen, Riesen und Geistern sowie Hexen bevölkert. Dämonen können getötet werden, nicht nur von Göttern, auch von ihresgleichen und von Menschen. Dabei entweicht ihre Seele durch das Scheitelloch. Die Sozialordnung der Dämonen entspricht etwa der der Götter. Diesen Dämonen gehören wie den Göttern bestimmte Almen. Sie verfügen über Felder, die sie bewässern und auf denen sie säen. Zumeist werden sie als Jäger geschildert, plump, grauer Vorzeit entstammend. Dazu paßt, daß sie speziell mit der altertümlichen Hirse zu tun haben. Ihre Waffen sind Bogen und Pfeil. Diese bösartigen Dämonen fressen Menschen. Eine Dämonin bringt Fleisch ihrer Opfer den Kindern mit, die glauben, es sei Ziegenfleisch. Die Dämonin stirbt, nachdem man sie halbiert hat. Sie haust im Wasser, also in der Unterwelt. Dorthin führt jedoch ein Dämon, den man beim Diebstahl von Kühen ertappt hat.[56]

Die Toten und die Seelenvorstellungen

Angaben über das Trauerritual, Beisetzung und Errichtung von Denkmälern für die Toten sind so klar, daß sie ein geschlossenes System bilden.[57] Trauer und Liebe äußern sich in lauten Klagen, wenn ein Mensch gestorben ist oder im Kampf fällt. Nach Abschluß der Trauerfeierlichkeiten überführt man den Toten auf den Friedhof. Am Ende begleiten ihn nunmehr die Frauen und die Sklaven, die als Leichenträger fungieren. Die Männer des Dorfes kehren um, bevor man den Friedhof erreicht. Schmuck und Speisen werden den Toten beigegeben, den Männern auch Waffen – entsprechend erworbenem Rang. Nur angesehene oder reiche Leute bekommen einen Einzelsarg, die anderen müssen ihre letzte Ruhestätte mit weiteren Familienmitgliedern oder den Köpfen von Gefallenen teilen. So gut, wie wir über den äußeren Ablauf der Trauerfeiern unterrichtet sind, so wenig wissen wir über die zugrunde liegenden Seelenvorstellungen. Die Seele wird mit einem Wort bezeichnet, das auch Atem bedeutet. Es heißt, daß sie nach dem Tode in eine Schattenform eingeht, die man Partir nennt und im Traume sehen kann. Ein anderer Forscher hörte, daß die Seele den Körper durch die Fontanelle verlasse. Diese Partir gehen in ein Totenreich ein, das unter der Erde liegt. Dort gibt es ein Paradies und eine Hölle. In der Hölle schmoren abgefeimte Sünder in ewigem Feuer. Über die Toten wacht Maramalik: niemanden läßt er zurückgehen. Die Frage stellt sich, welche spezifischen Verdienste oder Frevel die Anwartschaft auf das Paradies oder die Hölle einbringen und wie über das Schicksal der Seelen entschieden wird. So hören wir, daß Freigebigkeit und Gastfreundschaft wichtigste kafirische Tugenden sind.[58] Es gibt keinen Text, der das Gericht über die Toten anschaulich schildert. Auch fehlt eine Erzählung, die Begründung und Erklärung für das Aufstellen von Totenfiguren liefert. Man darf annehmen, daß die kostspielige Errichtung eines Monuments der Seele eines Verstorbenen zugute kommt und eine bessere Position im Jenseits sichert. Die Quellen freilich führen nicht weiter. In andere Richtung deutet der Hinweis, daß die Toten in das Haus der Disani zurückkehren, um dort gesund und glücklich zu leben. Disani beschützt nicht nur die biologische Einheit des Volkes, sie repräsentiert sie auch. Man könnte sich also vorstellen, daß an ihrem Sitz die Totenseelen zusammenkommen, um ihre Kraft den Lebenden zur Verfügung zu stellen, ja sich im Nachwuchs der Sippe wieder zu verkörpern. Das Neugeborene wird der Mutter an die Brust gelegt, die Namen der Ahnen werden aufgezählt. Wenn das Kind zu trinken beginnt, dann wird ihm der in diesem Augenblick ausgesprochene Name verliehen.

Feierlichen Ausdruck findet die Vorstellung von der Gemeinschaft toter Ahnen in einer Erzählung, in welcher ein Mann Namens Kanshit Turuk von Geistern entführt wird. Eine lange Leiter hinabsteigend gelangt er in die Unterwelt. Dort erblickt er seine Ahnen, die auf ihren Ehrenstühlen sitzen und sich auf ihre Tanzäxte stützen. Der Anführer der Toten, Mira Malik, fordert ihn auf, sich ihre ruhmreichen Lebensgeschichten aufmerksam anzuhören, damit er sie, an die Oberwelt zurückgekehrt, bei Festen und Gedenkfeiern verkünden könne. Als Kanshit Turuk gestehen muß, er sei unfähig, sich soviel auf einmal zu merken, schickt man ihn mit Schimpf und Schande heim. Zur Strafe sollen ihm nur Töchter, keine Söhne geboren werden. An seiner Statt holt man einen Dorfgenossen namens Karink ins Jenseits. Diesem fällt die ehrenvolle Aufgabe zu, die Lebensgeschichten der Vorfahren zu verkünden – von der Urzeit bis zur Gegenwart. Daran knüpfen die meisten Erinnerungsfeste für die Toten an. Man findet auch die Vorstellung belegt, daß die Seele bzw. die Lebenskraft in Vogelgestalt erscheinen kann. Die Tötung dieses Tierdoppelgängers hat fatale Folgen.[59]

Das Weltbild der Shinassprecher[60]

Ein Weltbild wird erlebt und gestaltet durch den Gegensatz zwischen der vom Menschen geschaffenen und geordneten Kultursphäre sowie der Natur. Der Mensch muß sich gegenüber einer bedrohenden Außenwelt zusammenschließen, gewissermaßen einigeln. Der von ihm mit Terrassen und Kanälen umgestaltete Boden ist ein Teil seines irdischen Geheges. Getreide und die vom Menschen gesetzten und gepflegten Nutzbäume gehören diesem Bereich an. Auf der anderen Seite steht, umgreifend, denn nirgends schließen sich die Oasen zu einer zusammenhängenden Kulturlandschaft zusammen, die übermächtige Natur der Berge. Zwischen ihr und dem Fruchtland der Menschen gibt es keine fließenden Übergänge; in einem Bewässerungsgebiet ist die Grenze jederzeit sichtbar. Die Berge verstellen den Ausblick in die Weiten der Welt. Es gibt keinen kosmologischen Prospekt, in dem ferne Kontinente und umgebende Ozeane vorkommen – wie etwa in der indischen Tradition. Auch der Himmel scheint die Phantasie nicht annähernd so zu beschäftigen wie bei anderen Völkern, etwa jenen der Steppe. Charakteristisch ist, daß dem Kalendersystem Beobachtungen zugrunde liegen, an welchem Punkt des Gipfelkranzes die Sonne während bestimmter Phasen der Vegetationsperiode aufgeht, jeweils von einem festen Punkt aus im Tal betrachtet. Die Stelle, wo sie während der Wintersonnenwende erscheint, wird als ihr Nest bezeichnet; das muß heißen: sie gehört einer Dimension an, die nicht ferner ist als jene Bergspitzen. Die Bergnatur gilt nicht in ihrer Gesamtheit als erhaben und heilig. Sie ist auch nicht durchweg feindlich und bedrohlich, vielmehr wird sie nach dem Prinzip der Reinheit in Zonen gegliedert. Inbegriff der Reinheit sind die Berggipfel, vor allem jene, die durch ihre Höhe und den Eispanzer ihrer Flanken vor den frevelhaften Anstürmen europäischer Bergsteiger dem Menschen unzugänglich waren. Rein sind die Felsregionen und die in sie eingebetteten Almen. Darunter rangieren Talabschnitte, in denen schon Felder und Dörfer des Menschen liegen. Als unrein und gefährlich werden Talausgänge betrachtet, die häufig schluchtartig verhängt und siedlungsfeindlich sind. Der Fluß bildet die Achse dieses Systems, die stete Verbindung der horizontal wie vertikal voneinander abgesetzten Sphären. Die Pflanzen sind insgesamt mit ihrem Standort auf einen bestimmten Grad der Reinheit festgelegt. Man empfindet es als Bestätigung, daß die schönsten und reichsten Duft ausströmenden Blumen auf den Bergeshöhen gedeihen. Als Konzentrat jener Reinheit aber, gleichzeitig als Heiligkeit aufgefaßt, gilt der Baumwacholder. Er wird in vielen Ritualen als Symbol des Göttlichen gebraucht. Dabei mag der starke Duft wichtig sein. Am stärksten kommen die aromatischen Öle zur Geltung, wenn man das Laub verbrennt. Der Rauch der auf offener Pfanne schwillenden Zweige wird oft zur Reinigung verwendet. Er dient aber schon allgemein zum Herstellen einer numinosen Atmosphäre. Schwer ist, sich der feierlichen Wirkung des Wacholderduftes zu entziehen. Als Inkarnationen des Reinen und Heiligen gelten in der animalischen Sphäre der Steinbock und die Wildziege. Es gibt ein Tier, das, obwohl in der Gewalt des Menschen und somit seiner Kultursphäre zugehörig, sich doch auch in der Natur der Berge behaupten kann, nämlich die Hausziege. Sie wird als heiliges und reines Tier, als ein in die Menschenwelt versetzter Abkömmling eines göttlichen Geschlechtes empfunden. Die Stimmigkeit des Systems erhöht sich dadurch, daß der immergrüne Baum, der den Ziegen das Winterfutter liefert, die Steineiche, ebenfalls als rein und heilig gilt. Andere Haustiere gelten eher als neutral, erstaunlicherweise auch das Pferd – obwohl man von ihm erzählt, daß es früher in die Berge gekommen sei als die Menschen. Das Rind dagegen wird verteufelt. Alle seine Produkte sind so unrein, wie die der Ziege rein sind. Eine entsprechende Gliederung gibt es nun unter den Menschen. Der Mann ist in der hellen oberen Sphäre zugeordnet – er ist rein, wenn er sich nicht durch den sexuellen Kontakt mit der Frau, die dem dunklen, unteren Prinzip verhaftet ist, befleckt. Manchmal entsteht der Eindruck, als werde nicht die Frau in allen Lebensäußerungen abgewertet, sondern nur ihre Sexualität. Junge Mädchen und Frauen vorgerückten Alters sind daher eher den Männern gleichgestellt. Männliche Phantasie hat wohl bei der Ausgestaltung der dämonischen Wesen beherrschend mitgewirkt, mit denen der Außenbereich erfüllt wird, in denen er sich verkörpert. Heute noch kann man ein fast geschlossenes System feststellen, eine Dämonologie, die neben dem Islam als der beherrschenden Religion zu bestehen vermag. Allerdings knüpft sie oft an Geistervorstellungen, die auch den Bekehrern vertraut waren.[61] Die enge Verflechtung von Diesseits und Jenseits durchzieht das Weltbild im Ganzen.

Weltvorstellungen der Kalash[62]

Der Bereich der Heiligkeit konzentriert sich um die Altäre, die meist außerhalb der Dörfer liegen. Heilig sind die Ziegenställe und der Raum zwischen Herd und Hinterwand des Hauses. In der Sphäre der Reinheit vollzieht sich das Leben des Kalash-Mannes. Die Kalash-Täler gelten als Insel in einer feindlichen Umwelt. Unrein hingegen ist das von Moslems bewohnte Gebiet. Unrein sind ferner die Frauen, besonders wenn ihr Geschlechtscharakter in Aktion tritt, und unrein sind Tod und Verwesung. Von den Frauen aber kann sich der Mann ebensowenig fernhalten wie umgekehrt. Die Frauen können höchstens in ihrem gefährlichen Zustand, während der Menstruation oder der Geburt, isoliert werden. Reinigungszeremonien sind notwendig, wenn ein Todesfall eintritt, ein Witwer oder eine Witwe bekommen das ausgiebig zu spüren. Beobachten kann man, daß jedem Fest Vorbereitungen vorausgehen, durch die Einbrüche in die Zone der Reinheit beseitigt werden. Zwischen Heiligkeit und Reinheit ist kein qualitativer, sondern ein gradueller Unterschied festzustellen. Alles, was rein ist, reicht in die Sphäre der Heiligkeit hinein.

Auch die Integration der menschlichen Ordnung im Blick auf die Natur ist sehr konsequent und intensiv. Wie bei den Shinassprechern gelten die höchsten Berggipfel als Residenz mächtiger Geister. Es gibt ein ganzes Tal und einen See, der ihnen so sehr zugehört, daß niemand sich zu nähern wagt. Selbst benachbarte Almen bleiben ungenutzt. Die Reinheit färbt auf das Edelwild – die Steinböcke und die Wildziegen – ab. Die Hausziegen sind wie zu den Menschen delegierte Angehörige dieser höheren Welt; damit wird motiviert, daß es den Frauen verboten ist, sich mit ihnen zu beschäftigen. Als rein gelten Wacholder und Steineiche. Im gleichen Zusammenhang werden die Weinrebe und die Walnuß genannt, aber auch bestimmte Blumen. Es kommt auf die Höhenlage an – und sehr oft auf den wilden Duft. Konsequenzen aus dieser Ordnung müssen wir kurz ansprechen. Da der Umgang mit der gefährlichen Sphäre der Frauen für die Männer unvermeidbar ist, sind minderjährige Knaben, die noch keinen sexuellen Kontakt mit Frauen haben können, dazu berufen, sich in der Sphäre der Heiligkeit frei zu bewegen. Sie übernehmen in erstaunlichem Maße priesterliche Funktionen und unterliegen damit entsprechenden Geboten. Von einem Schamanen wird berichtet, daß er in direktem Kontakt mit dem Göttlichen stehe. Er läßt wissen, daß es sieben Himmel gibt: runde Scheiben, die ohne verbindende Pfeiler übereinander schweben. Im höchsten, siebten Himmel lebt ein Gott, Khoda genannt. Bei ihm und im sechsten Himmel sind die Engel – das soll wohl heißen, die Gottheiten der Kalashreligion. Die Engel nehmen Befehle Gottes entgegen und tragen sie zu den Menschen hinab. Die Götter sind die Vermittler zwischen den Engeln Gottes und den Menschen – und zwar die Götter der vorislamischen heidnischen Religion. Im untersten Himmel schlafen die Sonne und der Mond bei ihren Müttern. Da die Mutter der Sonne früher wachte und ihren Sohn sofort zur Reise über den Himmel ausschickte, konnte die Mutter des Mondes ihren Sohn nur noch auffordern, die Nacht zu erleuchten. In jedem Himmel entspringt ein Fluß, aber der im obersten Himmel führt Milch, der des darunter liegenden sechsten jedoch Blut. Wenn der Milchfluß über die Ufer tritt, dann gibt es reiche Ernten, starke Vermehrung der Herden und Wohlstand für alle. Schwillt jedoch der Blutfluß an, dann kommen Krankheit, Hunger und Krieg über die Menschen. Gegenspieler der Engel ist der Teufel, Jestan genannt. Er erscheint auf Erden als Hund. Aber die Menschen haben Steine nach ihm geworfen, so daß er Gott bat, in den Himmel aufgenommen zu werden. Dort hört er nun, was Gott zu den Engeln spricht, und schmiedet seine Ränke. Deshalb sind die Engel seine Feinde. Sie werfen Steine nach ihm, die man als Sternschnuppen fallen sieht. Bis zum Hals hinauf ist der Mensch aus Erde geschaffen, von einem Engel. Stirbt er, so geht seine Seele zu dem Ort, von dem diese Erde genommen wurde. Seinen Kopf hat Gott selbst geformt. Wenn ein Kind geboren werden soll, dann befiehlt Gott der Seele, sich in den Körper hineinzubegeben. Die Seele antwortet ihm, das sei ein dunkler Raum, sie habe Angst. Gott redet ihr gut zu und verspricht ihr, er werde sie wieder herausholen, wenn sie es nicht ertrage. So läßt sich die Seele umstimmen und geht in den Körper ein. Dort findet sie es schön und angenehm und will den Körper nicht mehr verlassen. Gott gestattet ihr schließlich weiteren Aufenthalt im Körper, aber er kündigt ihr an, er werde sie wieder herausnehmen, plötzlich, wenn immer es ihm gefalle.[63]

2. 8 Religionen Afrikas[64]
Fülle der Seelenvorstellungen

Keine der völkerübergreifenden Religionen hat ihre Heimat in Afrika. Nirgends ist ein Religionsstifter aufgetreten, der eine Religion neuen Inhalts verkündet. Man spricht daher südlich der Sahara nur von Naturreligionen. Dies will ausdrücken, daß Naturvölker Träger solcher Religionen sind. Der Gegensatz zu Kulturvölkern kann mißverständlich aufgefaßt werden. Selbstverständlich haben Naturvölker eine Kultur, sofern darunter Fähigkeiten zu verstehen sind, das Leben der Umwelt zu meistern. Auch der Naturmensch bedient sich einer Fülle von Erfindungen, die zur Kultur gehören. Außerdem besitzt er in hohem Maße musische Befähigungen. Trotzdem besteht ein Unterschied zum sogenannten Kulturmenschen, der nicht auf einer Steigerung der Fähigkeiten oder Betätigungen beruht. Er scheint darin zu bestehen, daß der Naturmensch in der Ganzheit seiner Umwelt zu Hause ist. Er lebt als Glied von ihr und in ihr. Er hat noch keine Distanz zu ihr gewonnen. Die anorganische wie die organische Natur sind für ihn gleichermaßen bedeutsam. Transzendentes und Immanentes sind nicht getrennt. All dies ist beim Kulturmenschen anders. Er lebt weder aus noch in der Ganzheit.

Der mit seiner Umwelt verbundene Naturmensch macht die Erfahrung, daß diese stärker ist als er selbst. Krankheit und Tod, Feindschaft und Ungemach, Erfolglosigkeit bei der Jagd, Dürre, Viehsterben und Hungersnot gehört zu dem, was jeder Afrikaner erlebt. Die dem Menschen begegnende Macht, die seine Existenz umfaßt, ist dem Diesseits wie dem Jenseits zuzuordnen. Sie wird nicht als etwas Natürliches genommen. Der Wechsel der Gestirne oder der Wechsel der Jahreszeit ist nicht immer etwas Selbstverständliches, das man zu erklären vermag. Alles Werden und Geschehen kann man als Ausfluß einer Macht deuten, die auf ihre Weise gesetzmäßig wirkt. Diese Macht kann überall vorhanden sein: in der organischen wie der anorganischen Natur, im Diesseits und im Jenseits. Die Seele, von der man in Afrika spricht, trägt mehrere Eigenschaften, unter denen Freiheit und Personheit besonders hervorstechen. Freiheit bekundet sich in der Unabhängigkeit der Seele vom Körper. Schon zu Lebzeiten kann die Seele von Zeit zu Zeit den Menschen verlassen: im Traum, im Tod und – als Hexe personifiziert – zeitweilig außerhalb des Körpers. Vorstellungen über die Seelen, die sich durch den Tod vom Körper lösen, sind sehr verschieden. Der Ort der Verstorbenen, die Unterwelt, liegt gelegentlich weit von den Plätzen der Lebenden entfernt, nicht selten hinter einem Fluß. Anschaulich schildern z. B. die Ewe, wie beschwerlich der Weg dorthin ist und daß die Seele mit allem Nötigen ausgerüstet werden muß. Manche Schrecknisse sind zu überwinden, bis sie schließlich über den Grenzfluß in die Unterwelt gelangt, die nach dem Bilde des Diesseits gestaltet ist. Das soziale und wirtschaftliche Leben gehen dem Leben der Lebenden entsprechend weiter. Die toten Ewe kochen im Hades zwar Speise, diese verwandelt sich in ihren Händen zu Asche. Wie stark hier ein an Körperlichkeit gebundenes Denken dominiert, belegt die Anschauung der Kosi, daß eine etwaige Schwäche der im Hades aufgenommenen Schatten durch besondere Pflege zu überwinden ist.[65] Zuweilen verbindet sich mit dem Einzug in die Unterwelt eine Beurteilung. Die Vorfahren befragen den Neuankömmling nicht nur über die Zustände in der Welt, sondern auch um festzustellen, ob er auf Erden Strafwürdiges (etwa Zauberei oder Mord) begangen hat. Entsprechend wird ihm ein Platz angewiesen. Weil die einzelnen Abteilungen des Hades voneinander getrennt sind, kann man nicht von der einen in die andere gelangen. Ja, es geschieht sogar wie z. B. bei den Kosi, daß die Seele, die vor dem Ahnengericht nicht besteht, verbrannt wird. Ihre Asche zerstreut man in die Winde. Dadurch ist die Seele vernichtet. Kaum ein Stamm rechnet nicht mit einer Postexistenz der Seele. Die Form mag verschieden sein: in erdenähnlichem Zustand, vielleicht sogar von angenehmerer Art als auf Erden, bis hin zum ruhelosen Gespenst. Gemeinsam ist allen diesen Formen, daß die Seele eine gewisse Freiheit genießt, weil die Seele ihren jenseitigen Aufenthaltsort verlassen kann. Wie weit die Beweglichkeit der Seelen geht, belegt ein Text der Nyiha in Ostafrika. «Einige sagen: Die Alten leben in einem Fluß. Andere meinen: Die Ahnen halten sich in einem hohen Baum auf. Noch andere denken: Sie wohnen auf einem ganz hohen Berge. Wieder andere: Sie sind in den Termitenhügeln. Von allen diesen Orten nehmen sie an, daß sich die Ahnen gern darin aufhalten, wenn wir ihnen dort das geben, was sie begehren. In Wahrheit aber haben alle gewußt, daß das Ahnenland ganz unten ist.»[66] Die Ahnen begeben sich von ihrem eigentlichen Wohnsitz, der Unterwelt, wiederholt an die anderen angegebenen Plätze.

Somit genießt die Seele große Freiheit; der Gedanke einer Wiederverkörperung liegt nicht fern. Die Kusi vermuten, daß die Schattenseele eines zu jung verstorbenen Menschen auf die Erde zurückgeschickt wird und versuchen darf, in die begehrte Ahnenschaft aufzusteigen. Bei den Ewe haben die Seelen im Jenseits viel zu leiden und sehnen sich, wieder zur Erde zurückzukehren. Ihnen kann sich dieser Wunsch erfüllen; sie dürfen wieder Menschen werden. Es geht nicht an, Fülle und Widersprüchlichkeit der Seelenvorstellungen des alten Afrikaners in ein System zu bringen. Weil die Frage nach der Postexistenz fast überall eine große Rolle spielt, verwundert es nicht, daß auch die nach ihrer Präexistenz auftaucht. Das ist in besonderem Maße bei Stämmen im Obervoltagebiet wie an der Oberguineaküste der Fall. Die Ewe kennen eine Seelenheimat, in der eine Geistermutter ihres Amtes waltet. Sie entsendet die Seelen auf die Erde, nachdem sie ihnen vorher Gesetze und Verhaltensmaßregeln mitgeteilt hat. Auf dem Wege zur Erde muß die Seele Belästigungen und Leiden durch unholde Wesen bestehen. Erst danach gelangt sie in den Leib einer Frau. Für Freiheit der Seele spricht, daß sie auch im Zorn das Gottesheim verlassen und sich insgeheim in die Welt des Sichtbaren wegstehlen kann. Allerdings wird sie für ihre Eigenmächtigkeit dadurch gestraft, daß sie bzw. der sie gebärende Mensch zeitlebens arm bleibt. Das Geschick der Menschen auf Erden ist nicht selten abhängig von Vorgängen, die sich zuvor im Land der Seelen ereignet haben. Zuweilen spricht die präexistente Seele dem Himmelsgott ihre Wünsche aus, die sich in der irdischen Existenz, über die sie nach dem Tode des Menschen Rechenschaft ablegen muß, verwirklichen.

Eine besondere Form seelischer Existenz ist das Gespenst. Dabei handelt sich um Erscheinungen toter Personen, die in der Regel nicht in das Reich der Seelen eingegangen sind. Der Grund für ein solches Schicksal ist meistens, daß diese Menschen kein übliches Begräbnis erhielten und deshalb noch nicht zur Ruhe kommen konnten. Auch jähzornige oder übelredende Menschen können als Gespenster sehr beunruhigen; man verschnürt ihre Leichen besonders fest.

Für den Afrikaner besteht keine absolute Grenze zwischen Diesseits und Jenseits. Die Lebenden und die Toten bilden eine Gemeinschaft, die bei den Zulu sogar die Bezeichnung «Zuluheit» gefunden hat und die unter dem Himmel lebt.[67] Die Ahnen, wie man die Seelen der Abgeschiedenen häufig nennt, sind kein unindividuelles Kollektiv, sondern – mindestens in den ersten Generationen – eine Gruppe von Einzelwesen. Der Einzelne unter ihnen kann Forderungen stellen und ihre Erfüllung begehren. Von ihm kann das Schicksal des Menschen oder eine Gruppe entscheidend beeinflußt werden. Er wirkt als Überlegener auf den noch lebenden Teil der Gemeinschaft.

Die Geister

Außer den Seelen der Verstorbenen gibt es noch andere Wesen, die manchmal den Menschen erscheinen, oft aber unsichtbar wirken. Sie sind selbständig und haben keine Beziehungen zu den Ahnen. Ein fester Aufenthaltsort für diese Geister ist nicht vorhanden. Ob sie im Himmel oder in Himmelskörpern oder Himmelserscheinungen lokalisiert werden oder ob sie unter der Erde hausen, hängt mit den jeweiligen Kulturformen und ihrem Verhältnis zur Religion zusammen. Diese Geister können sich auch auf der Erde, etwa im Walde aufhalten und dauernd oder vorübergehend ihren Wohnsitz irgendwo, vielleicht in einem besonderen Baum im Dorf oder an einem Wege, aufschlagen. Sie sind nicht an Raum und Zeit gebunden. Sie können sogar eine gewisse Ubiquität aufweisen. Manche Geister verschmelzen mit Göttergestalten, ja zuweilen haben sie sogar den Hochgott verdunkelt oder sind mit ihm zusammengefallen. Gerade in diesem Sektor der Religion haben starke innerafrikanische Wandlungen stattgefunden, und die Beeinflussung durch völkerübergreifende Religionen, vorwiegend durch den Islam, ist besonders stark.

Götter

Wohl überall in Afrika entdeckt man Göttergestalten, unter welchen der Hochgott oder das höchste Wesen eine besondere Stellung einnimmt. Er ist Repräsentant von Jenseitigkeit schlechthin. Er begegnet in ausgesprochener Form bei vielen Stämmen, bei anderen immerhin in Spuren. Und die Aussagen über ihn sind entsprechend gleichförmig. Er wohnt im Himmel in unendlicher Entfernung. Er ist freundlich. Er hat keinen oder fast keinen Kult. Er hat die Lebewesen geformt, wie man etwas aus einem Holzklotz mit einer Axt z. B. herausschält. Nur selten wird ein Gebet an ihn gerichtet. Einige Stämme erweitern sein Bild, indem sie ihn als Weltschöpfer ansehen. So versteht man, daß er als Beherrscher des Alls gilt, wie es bei afrikanischen Völkern der Fall ist.[68] Aus seiner Güte kann trotz Zurückgezogenheit eine gewisse Fürsorge für die Menschen resultieren. Bisweilen sendet er den Menschen den Tod, wobei dieser aber nicht als Strafe für Verfehlungen angesehen wird. Seinen Wohnsitz nimmt er meistens im Himmel. In der Regel eine wenig faßbare Gestalt, trotzdem kann man sagen: er sieht alles und weiß alles. Trotz seiner Unbestimmtheit hat der Hochgott seine Eigenständigkeit bewahrt. Auch dort, wo er als eine Art Geist angesehen wird, unterscheidet er sich grundsätzlich von anderen Geistern. Eingereiht in ein religiöses System, nimmt er zuweilen Züge einer mehr aktiven Gottheit an, steht aber an der Spitze einer Hierarchie, in welche die anderen Wesen eingeordnet werden.

Vorstellungen von Heilbringern gibt es in verschiedener Form. An manchen Stellen findet sich eine Heilbringersage, die in Form einer Verschlingungsgeschichte erscheint. Ein Ungeheuer tritt auf. Was ihm in den Weg kommt, verschlingt es, wozu bisweilen auch Teile der materiellen Kultur gehören. Der Retter fungiert als Heilbringer, der die Menschen von einer einmaligen, globalen Katastrophe, die über sie hereingebrochen war, befreite. Das erzählte Ereignis spielt für die Gegenwart keine Rolle. Neben den Heilbringern stehen andere, die man als Kulturbringer bezeichnen kann. Oft tritt ein solcher in der Gestalt eines mythischen Schmiedes auf, der bisweilen die Kunst des Töpferns lehrt.

Eine Mittlergestalt ganz anderer Art ist beim Stamm der Sdschagga der Himmelsmensch, nämlich als Mittler zwischen Himmel und Erde, angerufen sowohl von den Lebenden wie von den Abgeschiedenen.

Der Tod als Übergang

Die Vorstellung über den Tod, sein Entstehen und das Schicksal, das sich aus ihm für den Menschen ergibt, sind in Afrika verständlicherweise sehr verschieden. Trotz aller Verschiedenheit aber waltet ein gemeinsamer Gedanke vor. Der Tod stellt nicht einen Abschluß dar, hinter dem nichts mehr kommt. Ein solcher Gedanke wäre für einen Afrikaner nicht möglich. Heißt es, ein Mensch sei verloren gegangen, so bedeutet das keineswegs, daß die so Sprechenden den Tod für einen absoluten Abschluß halten. Der Tod ist und bleibt für den Afrikaner ein Übergang, und zwar der einschneidendste, der ihm je widerfahren kann. Mit der Geburt tritt er in den Kreis der Lebenden, wächst heran und wird durch die Initiation zum Vollmenschen. Er hat seinen Platz unter den Lebenden, die ihm eine feste Stelle in der Gesellschaft zuweisen. Durch den Tod wird er menschlicher Zuständigkeit zunächst entzogen, doch gibt es Wege, die Verbindung zwischen Lebenden und Toten wieder herzustellen. Die Mittel, durch die dies geschieht, sind die Riten. Zwei große Kreise werden deutlich. Der eine umfaßt den Toten selbst und sein Schicksal, der andere den lebenden Menschen in seiner Beziehung zum Toten. Sehr verschieden zeigt sich die Behandlung der Leiche, sie ist niemals individuell willkürlich. Sie kann bei ein und demselben Stamm je nach dem Stand des Verstorbenen variieren.[69] Das Unvergängliche im Menschen muß bisweilen eine längere Reise antreten, bis das neue Ziel erreicht wird.

Wo Ahnenverehrung herrscht, existiert untrennbare Verbindung zwischen den Lebenden und den Verstorbenen. Besonders der Sippengründer steht in hoher Verehrung und wird bei feierlichen Gelegenheiten angerufen. Bestand und Mehrung der Sippe hängen von dem Wohlwollen der Ahnen ab. Die ältesten lebenden Glieder der Sippe sind ihnen am nächsten; sie, die vielleicht schon bald den Übergang zu den Ahnen vollziehen, müssen die mit der Ahnenverehrung gekoppelten kultischen Handlungen übernehmen. Außer dem engen Zusammenhang der Lebenden mit den Ahnen gibt es eine Tierverbundenheit, welche auf totemistische Vorstellungen zurückgehen kann.

Häuptlinge und Könige

Werfen wir noch einen Blick auf die religiöse Funktion des Häuptlings, weil auch diese mit den in Afrika anzutreffenden Jenseitsvorstellungen verbunden ist. Im einzelnen kann man nicht immer eindeutig die Grenze zwischen religiöser und sakraler Stellung eines Häuptlings ziehen. Sakral bedeutet, daß der Herrscher nicht nur einige religiöse Funktionen erfüllt, sondern seine Person und sein Amt in unauflösbarem Zusammenhang mit religiösen Kräften stehen, ja selbst ein Teil von ihnen sind. Ausschlaggebend ist, daß er von mythischen Ahnen abstammt, durch die er in die Nähe der Gottheit rückt. In ihm ist gewissermaßen ein kosmisches Gesetz inkarniert, das ihm die Befolgung einer Fülle von Einzelgeboten auferlegt. So kann es geschehen, daß er abgeschirmt von der übrigen Welt lebt. Nur wenige dürfen ihn sehen. Sein Fuß darf die Erde nur beschuht berühren. Aber je mehr er im Verborgenen lebt, desto intensiver kann er in Harmonie mit den kosmisch bestimmten Gesetzen sein Leben gestalten. Von deren Befolgung hängt das Wohlergehen der Menschen ab. Nur dadurch fällt z. B. der nötige Regen, so daß die Erde ihre Fruchtbarkeit erhält. Den Abschluß dieses Lebens bildete in der Regel der Zwangstod des Herrschers, entweder in der Form, daß er sich selbst das Leben nahm, oder dergestalt, daß er zeremoniell getötet und bestattet wurde. Dieser Tod ist das höchste, immer wieder gebotene Opfer, das der König bringen mußte. Auch bei körperlichen Gebrechen kann eine rituelle Beseitigung des Herrschers erfolgen. Der Zusammenhang des sakralen Königtums mit astralen Vorstellungen ist nicht zu verkennen. Vielleicht kann man dadurch am besten den Zwangstod des Herrschers erklären. Der Mond spielt eine besondere Rolle. Hermann Baumann berichtet über die Rundi, daß diese ihr Herrschergeschlecht vom Mond ableiteten und ihr letzter Herrscher, nachdem er verschollen war, im Monde fortlebte.[70] Das Verschwinden des Mondes, das man als Sterben ansehen kann, und sein Wiedererstehen mögen in ihrer Regelmäßigkeit dem Menschen Ursache und Symbol für die Stabilität der Welt gewesen sein. Wie der höchste Repräsentant der Himmelsmächte, der Mond, starb und wiederkehrte, so wurde es jetzt auch vom höchsten Vertreter auf Erden, dem Häuptling oder dem König, erwartet. Er mußte sterben, oft zu einer Zeit, die von Priestern, welche die Gestirne beobachteten, bestimmt wurde. Ein anderer Herrscher, im Ritual und zeremoniell dem Getöteten gleich, trat an seine Stelle. Ob

Abb. 9: Sterben des alten Königs und Huldigung des neuen. Begräbnis- und Krönungsszene. Links oben der neue König, dem zwei Männer königliche Insignien bringen. Der Übergang vom Leben in den Tod und wieder ins Leben wird unverkennbar akzentuiert. (aus: A. Anwander, Die Religionen der Menschheit: Taf. 1)

man diesen Tod als Opfer deutet oder ob es sich gemäß einer Vorstellung, daß himmlisches und irdisches Geschehen einander entsprechen, um das Bestreben handelt, durch gleiches Handeln gleiche Sicherheit herzustellen, mag unentschieden bleiben. Oft spielt neben dem Mond die Venus eine besondere Rolle. Sie gilt im Waldland von Kamerun als Begleiterin des Mondes, freilich ohne eine besondere Funktion. In Mythen anderer afrikanischer Völker ist sie am Sterben und Wiedererstehen des Mondes beteiligt. Sie erlöst den Mond und führt ihn aufs Neue heraus.

Die Bedeutung des Kultes

Wir kommen abschließend noch zum Kult und seiner Bedeutung hinsichtlich unserer Frage nach dem Bezug von Diesseits und Jenseits im afrikanischen Leben. Es gibt mancherorts ein bestimmtes Verhalten den jenseitigen Himmelskörpern gegenüber, ohne daß dafür ein besonderer Platz notwendig wäre. Stattdessen ist jedoch erforderlich, daß man den Himmelskörper sieht. Wenn Buschmänner und Hottentotten ihre Gebete an den Mond richteten, war die Voraussetzung, daß er schien. Er wird personifiziert gedacht, ebenso wie andere Himmelskörper. Der

Mond kann als alter Mann auftreten, die Sonne als junges Mädchen, die seine Frau darstellt. Überall in Afrika hatten früher die Vollmondnächte ihre große Bedeutung. In ihnen wurde ohne Unterbrechung getrommelt und getanzt. Dagegen finden sich Stämme, bei denen die Gleichsetzung des Gottes mit der Sonne erfolgt. Man kann also von einem Kult der Gestirne sprechen. Das bedeutet aber nicht, daß die Gottheit immer mit dem Gestirn identifiziert wird. Es ist auch nicht so, daß sich der Kult immer nur auf einen Himmelskörper erstreckt. Die Raumgebundenheit des Kultes zeigt sich überall dort, wo bestimmte Stellen auf der Erde zu Plätzen werden, an denen man vorübergehend oder ständig kultische Handlungen vollzieht. Solche Plätze finden sich irgendwo in der freien Natur. Dies galt in früheren Zeiten für die Verehrung der Geister der Ewe. Auffällig mag erscheinen, daß Stätten gewählt wurden, die anscheinend keinerlei Besonderheit aufwiesen. Immerhin dürften sie nicht willkürlich bestimmt worden sein. Sie wurden vielmehr von einem Kundigen ausgesucht, der sich zuvor die notwendige Auskunft bei seinem Geist geholt hatte. Dem beobachtenden Europäer ist meist nicht klar geworden, welche Potenz gerade der gewählte Platz besaß. Ebenso wie die Erde kann auch der Busch als Gottheit angesehen werden und wie bei einem gewissen Stamm seine Opfer erhalten.[71] In vielen Fällen gibt es ein äußeres Merkmal, aus dem sich die kultische Funktion des Platzes erklären läßt. Berge und Felsen mit den oft zu ihnen gehörigen Grotten und Höhlen sind Plätze, an denen die Gottheit wohnt oder sich zumindest manifestiert.

Die Gründe, welche zur Errichtung von Kultstätten führen, mögen verschieden sein. Aus Kamerun wird berichtet, daß bei den Bamenka ein Baum vom Sturm umgeweht wurde. Man höhlte seinen Stamm als Ölkelter aus und entfernte seine Äste als Brennholz. Als der Baum sich aber nach einem heftigen Regen um 45° aufrichtete, Wurzeln schlug und eine grünende Krone bildete, wurde er Gegenstand der Verehrung, und man opferte ihm.[72] Also war es hier die magische Kraft, die zum Kult führte. In anderen Fällen können äußere Gründe Anlaß zu einer religiösen Wertung gegeben haben. Sehr häufig wird die Wahl eines Kultplatzes durch ein geschichtliches Ereignis bestimmt. Auf den vielen Grabstätten, an denen im Gefolge der Ahnenverehrung ein Kult stattfindet, ragt die eine oder die andere besonders hervor. Sie mag die eines Herrschers sein, der zu seinen Lebzeiten eine große Macht ausübte, oder eines Machtmittelkundigen, der überdurchschnittliche Gaben besaß, oder was in der islamischen Welt vorkommt, eines sogenannten Heiligen, der sich durch frommen Lebenswandel auszeichnete und dem Wundertaten zugeschrieben wurden.[73] An solchen Plätzen sammeln sich dann nicht nur die Angehörigen der Verstorbenen, sondern auch andere, die sich von dem Besuch der Gräber und von der Teilnahme an den dort vollzogenen Kulthandlungen Gutes und Heilsames versprechen. Auf diese Weise entstehen Kultzentren, zu denen man nicht selten große Pilgerfahrten unternimmt. Eng mit dem Stand der Gestirne hängt die Feldbestellung zusammen. Der Beginn der Ackerarbeiten wie ihre Beendigung zur Erntezeit sind mit kultischem Brauchtum verbunden. Das Ackerjahr mit seinen wünschenswerten festen Perioden bildet Anlaß zum Entstehen von zeitlich fixierten Kulten. Doch diese so gesetzte Ordnung kann durch Witterungseinflüsse wie z. B. eine Dürrezeit durchaus ins Wanken geraten, wodurch sichtbar wird, daß die Beziehung des Jenseits zum Diesseits bzw. umgekehrt nicht vom Menschen für allemal fixiert werden kann. Neben solche Kulthandlungen, welche durch die jahreszeitlichen oder temporären Ereignisse für die Nahrungsgewinnung gegeben sind, treten andere, durch historische Gründe bedingte. So kennen die Zulu ein jährliches großes Fest, zu dessen wesentlichen Zeremonien gehört, daß ein schwarzer Stier getötet wird. Dabei scheint es sich nicht um ein gewöhnliches Stieropfer zu handeln, sondern der Stier gilt als Vertreter des Königs. Er wird geopfert, damit das Volk leben kann. Kultzeiten dieser Art dürfte es besonders dort geben, wo sakrales Häuptlings- oder Königstum vorhanden ist.[74] Die geistige und politische Umgarnung Afrikas hat sich auf das Priestertum aus vergangener Zeit sehr negativ ausgewirkt. Häuptlinge und afrikanische Herrscher wurden in den meisten Ländern ihrer Herrscherfunktion entkleidet. Auf diese Weise ist in jeder Beziehung ihre sakrale Stellung, vielfach auch ihre religiöse Rolle, beseitigt. Die Naturreligionen Afrikas hatten keine fixierte Lehre, so daß man auf die Frage nach dem Ziel aller kultischen Handlungen verschiedene Antworten bekam. Dazu gehören Verpflichtungen gegenüber dem Herkommen, dem Gebot ihrer Mächte, besonders gegenüber den Ahnen oder gegenüber einer Gottheit.[75]

Für Menschen, die vom Christentum geprägt sind, ist der Tod ein Ereignis, das auf die Unübersteigbarkeit des Diesseits bzw. die radikale Andersheit des Jenseits verweist. Dem Menschen Afrikas ist der Tod ein Übergang vom Bezirk der Lebenden zu dem der Ahnen. J. F. Thiel sagt uns: «Das jenseitige Leben ist für den Afrikaner eine Projektion des diesseitigen mit allen seinen wirtschaftlichen, sozialen und politischen Vor- und Nachteilen. Wer hier auf Erden Häuptling ist, ist es auch im Jenseits, wer hier arm und Sklave ist, wird es auch im anderen Dorf sein.»[76]

Der wichtige Unterschied zwischen der Weltsicht des traditionellen Afrikaners und der etwa eines Christen oder eines Muslim besteht darin, daß für den Afrikaner ein Leben in Gemeinschaft mit seinen Ahnen und vor allem seinem Urahn die nachtodliche Erwartung prägt, während Christ und Muslim doch vorab die Nähe zu ihrem Gott als Grundzug jenseitigen Lebens beschreiben. J. F. Thiel hat pointiert formuliert: «Die größte Misere, die den Menschen treffen kann, ist der Tod, und die größte Sehnsucht ist seine Unsterblichkeit. Da der Afrikaner weiß, daß er als Individuum den Tod erleiden wird, holt er sich über das Vehikel seiner Gemeinschaft und deren Repräsentanten, d. h. ihren Urahn, die Unsterblichkeit zurück.»[77]

2. 9 Rückblick

Betrachten wir die zu den Stammesreligionen vorgelegten Materialien, so ist zunächst zu sagen, daß der Aspekt der Transzendenz mit vielfältigen Fäden ins Diesseits reicht. Was über Transzendenz verlautet, ist in Kategorien des Diesseits gefaßt. Ohne solche könnte gar nicht davon die Rede sein.

Sicher – und das ist zugleich zu betonen – eignet dem Transzendenten trotz dieser Verflechtung auch eine eigentümliche Distanz zum Diesseits, eine Fremdheit, eine Übermacht. Aber dies ist ebenfalls niemals abgelöst vom menschlichen Dasein zu denken, ist doch das menschliche Dasein nie aus sich selbst heraus fähig, einen verläßlichen Stand in der Welt zu gewinnen. Ein übersehbares Charakteristikum des Menschen ist die Abhängigkeit von Bereichen und Kräften, die als nicht unmittelbar, direkt verfügbar gelten müssen. Diese Erfahrung kann sicher nicht im Sinne einer bloßen Projektion verstanden werden. In ihr waltet die Erfahrung – und nun sprechen wir mit Rudolf Otto – des Numinosen als des Ganz-Anderen. Sie kann schwerlich nur als innerpsychisches Reagieren auf Umweltbedrohungen und in dieser Form als Bewältigungsvollzug verstanden werden. Die Erfahrung der Abhängigkeit ist wohl vordergründig ausgezeichnet durch eine gewisse Passivität, die man aber doch auch als Reaktion des Menschen im Rahmen seiner Weltkonstitution verstehen muß. So ist z. B. das die Existenz der Polynesier dominierende Wissen der Seemannskunst und dessen Anwendung stets ein auf eine konstante Welt des Transzendenten bezogenes. Ohne diesen konstitutiven Bezug, der von den Menschen selbst entdeckt und im Entdecken zugleich als verbindlich gestiftet bzw. in seiner lebensweltlichen Relevanz gesetzt werden muß, kann das traditionsgemäße und (nur so) erfolgreiche Bestehen des gefährlichen Seeganges nicht erwartet werden. Das Land Hawaiki, von dessen transzendentem Sein wir vernahmen, ist nicht als bloß einfache Entsprechung des irdischen Lebens, dem einzelnen Eiland als der Heimat polynesischer Menschen zu verstehen, sondern immer auch als Bild der gesamten Daseinserfahrung, die von Gelingen und Untergehen berichtet. Wo das Leben inmitten der gewaltigen Wasser des Pazifischen Ozeans einen ständigen Balanceakt darstellt, erwächst das begleitende Gefühl von Heimat und ihrer ewigen Dauer. Dieses Gefühl gestaltet sich in der transzendenten Größe Hawaiki.

Immer haben wir auf die Aussagekraft der Bilder und Symbole, die Transzendenz thematisieren, zu verweisen – nun gerade in der Verbindung mit dem Todesbewußtsein, das sich unter Menschen stammesreligiöser Formationen durchgängig in seiner steten Gegenwärtigkeit bekundet. Nicht die Erfahrung der Sterblichkeit allein, wie Feuerbach und nach ihm gewisse nichtsowjetische Marxisten meinten, produziert die religiöse Welt, sondern das Bewußtsein unwiderruflicher Endlichkeit wird immer wieder durchbrochen durch eine Erfahrung, die wohl mit Sterben und Tod zu tun hat, aber darüber hinaus in Zusammenhang steht mit einer Botschaft vom Leben als dem sterbenden und auferstehenden.

Unter den besonders wichtigen homines religiosi im Kontext der Stammesgesellschaft begegnet uns der aktive und mit seinen Aktivitäten das Stammesleben auf besondere Weise integrierende Schamane. Sein Schamanisieren, das ihn in Trance bzw. Bewußtlosigkeit führt, deutet auf andere mögliche Existenzformen, die von Menschen im Tode ergriffen werden. Die Bilder der Reisen, die der Schamane unternimmt, eröffnen den Stammesangehörigen Einblicke in nachtodliches Sein. So fungiert der Schamane als Mittler zweier Welten – der des Diesseits und der des Jenseits. Er erscheint als der Todesnahe wie als der Lebensbote zugleich.

In seiner Existenz realisiert sich so etwas wie ein Bezirk zwischen den beiden Hauptbereichen von Immanenz und Transzendenz. In äußerster Knappheit haben wir auf die eigenständige religiöse Persönlichkeit des Schamanen hingewiesen, der in der Regel keiner kultischen Funktion als legitimativer Vorgabe für sein Auftreten bedarf, sondern aus sich selbst heraus mit einer offenbar sonderlichen – wir sagen besser: absonderlichen, d. h. pathologischen Psyche eine Berufung erlebt und alles daraus sich Ergebende ableitet. Gerade dieser Figur mit einem nicht in eigener Kraft, sondern in der Transzendenz verwurzelten Stand bedarf das labile Stammesgebilde, um sich in schwerer Lage zu orientieren und über Wasser zu halten. Ohne den Schamanen und dessen prognostische Möglichkeiten keine Jagd mit Erfolg.

Dem Schamanen gegenüber steht der den Sozialkontext der Stammesgesellschaft direkt repräsentierende Priester bzw. Kultfunktionär, dem die zu den üblichen Kultzeiten erforderlichen Zeremonien mit ihren stammes-mythischen Substraten obliegen. Auf diese Weise ist für Balance in der Gesellschaft gesorgt. Im Priester, dem auch Häuptlingsrang zukommen kann, und im gleichsam freischwebenden Schamanen repräsentiert sich religiöse Gewißheit.

Betrachten wir noch in Kürze die Konstitutionsleistung des Schamanen, der, wie angedeutet, Brückenfunktion zwischen dem Diesseits und dem Jenseits übt, so ist sein Verhalten, das die Stammesaktivitäten inklusive der erforderlichen Heilertätigkeit mitformiert, auf ein doppeltes Bewußtseinsgeschehen gegründet. Hierüber hat in nach wie vor bemerkenswerter Weise Andreas Lommel gehandelt – und zwar für die australischen Aborigines. Der Schamane, dessen Weltwahrnehmung offensichtlich andere, über das Normalmaß hinausreichende Strukturierungen zeigt, antwortet mit seinem schamanisierenden Verhalten auf die in seinem Bewußtsein artikulierten Eindrücke, die sich verbinden mit ihm eignenden innerpsychischen Bewegungen. Die Antwort ist keineswegs bloß verbal geformt, sondern zumeist eine durch das ganze Verhalten zum Ausdruck gebrachte. Transzendenz, Jenseits konstituiert sich für den Schamanen wie für den Stamm z. B. durch das Faktum der Jenseitsreise und all der Botschaften und Deutungen für das gelebte Leben, die von dort her rühren. Die Gewißheit des Jenseits als realer Zone beruht somit auf dem leistenden Bewußtseinsvollzug des Schamanen wie auf dem Nachvollzug des Stammes. Das eigentümliche Zusammenspiel stiftet die Gewißheit all der Zeichen und Gegebenheiten, wodurch das Jenseits als verbindlich gesetzt wird.

Erfahrungen finden sich auch dort, wo auf stammesreligiösem Gebiet die menschliche Seele Thema ist. Wir haben von diversen Seelenvorstellungen gehört, die in je bestimmten Korrespondenzen zueinander und zur Jenseitswelt stehen. Die für heutige Skeptiker unwahrscheinliche Anthropologie der Menschen stammesreligiöser Gesellschaften beruht auf Beobachtung und ihr entsprechenden Erfahrungszonen. Der Weggang eines Menschen im Tod hinterläßt derart starke Spuren von dessen weiterhin präsentem Existieren (eine Erfahrung, die heutige Menschen durchaus auch machen – je nach Beziehungsintensität zum Verstorbenen), daß sich der Schluß auf eine Wesenheit bzw. Substanz, die den Körper verläßt, aufdrängt. Aus dieser Erfahrung wird ein denkender Nachvollzug, wie ihn Platon im Blick auf die Seelenunsterblichkeit leistet, verständlich.

Außerdem dienen die Seelenvorstellungen als das menschliche Vorfeld für Weg und Übertritt in ein wie immer vorzustellendes Jenseits. Gerade am Seelenkomplex wird das schon Angesprochene belegbar, wonach nicht nur eine Korrespondenz von Immanenz und Transzendenz als zweier abgegrenzter Bereiche stattfindet, sondern deren Verwobenheit zur Darstellung gelangt. Ohne den transzendenten Anteil des Seelenmäßigen, der Leben stiftet und gewährt, ist das immanente Tun und Treiben nicht möglich. Andererseits ist Erfahrung des Transzendenten nur vom Immanenten, also vom Fleische her, möglich.

Religion gilt uns als Bindung an etwas, das über das irdische Leben hinausragen muß. Leben ist immer über mich hinaus, wenn ich gestorben bin. Ich bin im Leben, das mich über meinen persönlichen Tod hinaus umgreift. Es ist das sich andeutende Feld des Weitergehens. Mit ihm beschäftigen sich die Stammesreligionen. Mythen bzw. Vorstellungen des Nachtodlichen sind keine bloßen Versuche zur Kontingenzbewältigung, sondern – gerade wenn sie so schwierig, schrecklich sind (vgl. z. B. den zweiten Tod) – kontingenzverschärfend: Was hier ist, ist dort auch – nur noch viel akzentuierter! Es ist keine Primitivität oder kulturelle Minderbemittlung, die sich an solchen Vorstellungen ablesen läßt, auch nicht beim Motiv der verkehrten Welt, das sagt: Es ist dieselbe Welt, in der wir bleiben als Tote – und es ist muß doch eine total andere, anders strukturierte sein.

Der Horizont verschwindet im Tod – und doch weiß jeder, daß damit Leben nicht ausgelöscht ist.

In Südamerika kommt am deutlichsten zum Ausdruck, worin man so etwas wie eine Quintessenz sehen kann. Die Menschen versuchen mit allen ihnen verfügbaren Mitteln, die Umklammerung durch den Tod zu zerbrechen. Am Ende besteht die Einsicht, daß Diesseits und Jenseits zusammengehören, weil die Toten nicht von den Lebenden zu trennen sind, daß aber Diesseits und Jenseits desgleichen für immer auch geschieden bleiben. Das Reich der Lebenden und das Reich der Toten stehen wohl in einem Spiegelverhältnis zueinander, doch ihre Inkompatibilität ist ebenfalls unverkennbar – Beziehung und Bruch, Nahes und Fremdes, Leben und Tod lassen sich so in eine umgreifende Schau stellen. Die hier angesiedelte Rede vom Jenseits in den Stammesreligionen verweist aus sich selbst auf die religiöse Erfahrung überhaupt, die die ihnen angehörenden Menschen machen. Etwas von der Stimmung, die da mitschwingt, einzufangen, ist für uns differenzierend und begrifflich möglichst präzis Operierende nicht einfach.

Ich schließe diesen Abschnitt mit einem von Paul Radin in seinem Buch «Die religiöse Erfahrung der Naturvölker»[78] abgedrucktes Gespräch, das Rasmussen mit einem Eskimo führt. Er fragt den Eskimo, woraus der Mensch bestehe. Die Antwort lautet: Aus dem Körper, den du siehst; dem Namen, der von einem Toten geerbt ist; und dann noch aus etwas, einer geheimnisvollen Kraft, [...] der Seele, die allem, was lebt, Leben, Form und Erscheinung gibt.

Das Leben der Menschen ist brüchig, weil sie alle Dinge durcheinandermischen; schwächlich, weil sie nichts ganz tun können. Ein großer Jäger dürfte kein großer Liebhaber der Frauen sein. Aber niemand kann das ändern. Die Tiere sind ebenso unergründlich in ihrer Natur; und das legt uns, die wir von ihnen leben, die Pflicht auf, behutsam mit ihnen umzugehen.

Die Menschen aber suchen sich mit Amuletten aufzuhelfen und werden einsam in ihrem Mangel an Kraft. In jedem Dorf sollte es so viele verschiedene Amulette wie möglich geben. Einförmigkeit zersplittert die Kräfte; Gleichheit führt zur Wertlosigkeit.

Rasmussen fragt, woher der Eskimo dies alles wisse, und erhält folgende Antwort:

Ich habe geforscht in der Dunkelheit, ich schwieg in der großen Stille des Dunkels. So wurde ich ein *angacoq*, durch Visionen und Träume und Begegnungen mit fliegenden Geistern. In den Tagen unserer Ahnen waren die *angacoqs* einsame Männer; jetzt aber sind sie alle Priester oder Doktoren, Wetterpropheten oder Zauberer, die Wild hervorbringen, oder kluge Kaufleute, die ihre Gewandtheit für Geld verkaufen. Die Alten weihten ihr Leben der Aufgabe, die Welt im Gleichgewicht zu halten, sie weihten es großen Dingen, unermeßlichen, ungeheuren Dingen.

Auf die folgende Frage, ob er an eine dieser Mächte glaube, antwortet der Eskimo: Ja, an eine Macht, die wir *sila* nennen, die man nicht mit einfachen Worten erklären kann. Ein großer Geist, der die Welt erhält und das Wetter und alles Leben auf Erden, ein Geist so mächtig, daß er sich der Menschheit gegenüber nicht in gewöhnlicher Sprache äußert, sondern im Sturm und Schnee und Regen und im Toben der See; durch all die Naturkräfte, die die Menschen fürchten. Er kann sich aber noch auf andere Weise äußern, im Sonnenschein und in der Meeresstille und im unschuldigen Spiel kleiner Kinder, die selber davon nichts verstehen. Die Kinder hören eine sanfte, freundliche Stimme, fast wie von einer Frau. Sie kommt zu ihnen geheimnisvoll, aber so sanft, daß sie keine Angst haben; sie fürchten sich nur vor einer drohenden Gefahr. Und die Kinder erwähnen es, wie etwas Beiläufiges, wenn sie heimkommen. Und dann ist es die Aufgabe des *angacoq*, Abwehrmaßnahmen gegen die Gefahr zu ergreifen. Solange alles gut geht, schickt *sila* der Menschheit keine Botschaft, sondern zieht sich in sein eigenes unendliches Nichts zurück, ganz abgesondert. So verharrt er, solange die Menschen das Leben nicht mißbrauchen, sondern ihrer täglichen Nahrung mit Ehrfurcht begegnen. Niemand hat *sila* gesehen; der Ort seines Seins ist ein Geheimnis, indem er gleichzeitig mitten unter uns ist und gleichzeitig unaussprechlich weit entfernt.

3 Antike Kulturen

3.1 Vorbemerkung

Der geographische Rahmen

Die Reihenfolge ist hier nicht historisch angesetzt; denn die frühesten sind Ägypten und Mesopotamien – in den Tälern des Nil und des Euphrat und Tigris, im fünften Jahrtausend v. Chr. entstanden.[1]

Wollte man weitere Flußkulturen beifügen, so müßte auch von den Indern im Industal, im Gebiet von Sind und des Pandschab gesprochen werden. Desgleichen könnte die Kultur Kretas Erwähnung finden, die um 3000 v. Chr. oder noch früher entsteht.

Die Kultur Chinas bildet sich im Tal des gelben Flusses; ihr hohes Alter beeindruckt jeden, der sich mit ihr befaßt.

Im Erdteil Amerika lassen sich zwei entsprechende Kulturen benennen: die mittelamerikanische und die Andenkultur.

Diese sieben Kulturen treten unter ganz besonderen Umweltbedingungen ins Leben, von denen eine der wichtigsten ein Klimawechsel am Ende der letzten Eiszeitperiode des Pleistozän ist.

Bei der Wanderung und Niederlassung in den genannten Gebieten entstehen auch neue Religionen.

Wir prüfen im folgenden Kapitel für unsere Fragestellung nur zwei der genannten: Ägypten und Mesopotamien. Dann fügen sich hinzu die im weiteren geographischen Rahmen des Vorderen Orients übersehbaren Kulturen Urartus, der Hethiter, Israels und Irans. Abschließend betreten wir den westlichen Raum mit Kelten, Germanen, Griechen und Römern.

Die Lebenswelt

Die Lebenswelt als die das alltägliche Leben umfassende, in der sich auch die Grenzsituationen von Geburt und Tod ereignen, bezeichnet den Bereich, in dem religiöses Erleben und Verhalten wurzelt. Wir betrachten somit das Phänomenfeld religiöser Aussagen und ritueller Vollzüge in seiner Verflochtenheit mit den lebensweltlichen Gegebenheiten.

Für unsere Darstellung der Jenseitsproblematik im vorderorientalischen Raum bedeutet dies, daß das Schwergewicht der Überlegungen im historisch Gegebenen zu suchen ist. Spekulationen über Vorstellungen nachtodlichen Existierens, die das gelegentlich eher spärliche Material handhabbarer machen oder bereichern, haben keinen Platz. Die Lebenswelt ist der eine Themenbereich, weil in ihr bzw. aus ihr alles Religiöse erst als für den Menschen bedeutsam erwächst. Die andere Thematik sind die in der Lebenswelt aufsteigenden Größen wie Immanenz und Transzendenz. Hierbei ist zu präzisieren, daß Immanenz und Lebenswelt wohl Überlappungen, aber keine Identität kennen. Lebenswelt kann ohne jeden Bezug zu außerweltlich-religiösen Anschauungen bestehen, sie füllt sich je nach Situation mit religiösen Implikaten. Immanenz hingegen ist als Begriff nur denkbar, wenn er auf Transzendenz bezogen bleibt. Immanenz für sich, in sich und aus sich selbst bestehend – gibt es nicht. In der Immanenz, die dem Menschen auferlegt und zu vollziehen aufgetragen ist, geschieht ein unaufhörliches Überschreiten, also Transzendieren auf anderes hin. Diese Bewegung liegt auch dort zugrunde, wo von religiöser Transzendenz im Sinne eines über- bzw. außerweltlichen und jenseitigen Feldes die Rede ist. Wir können dies besonders eindrücklich an den lebensweltlichen Gegebenheiten der antiken vorderorientalischen Kulturen zeigen.[2]

3. 2 Mesopotamien

Die Religion Mesopotamiens umfaßt den sumerischen und den babylonischen Bereich. Männer, Frauen, Kinder, Sklaven und Mägde nehmen an den regelmäßig wiederkehrenden großen Kult- und Jahresfesten teil, die mit Opfern, Liturgien, kultischen Schauspielen und Prozessionen, aber auch mit orgiastischem Treiben begangen werden und in diesen Stunden alle Standesunterschiede verwischen. Gilt den unsterblichen Göttern der offizielle Kult, so treten wir mit der Totenverehrung in die private Sphäre Altmesopotamiens ein. Der Tod erschüttert die Menschen damals genauso wie in unseren Tagen. Das Fehlen jedes tröstlichen Zuges in den Jenseitsvorstellungen dürfte diese Erschütterung noch zusätzlich verstärken. Dann erhebt sich im Hause die Totenklage der Angehörigen, der sich Verwandte und Nachbarn anschließen. Im Epos von Gilgamesch[3] finden wir dessen Klage über seinen toten Freund Enkidu, die uns einen Begriff von der Heftigkeit der Gefühle vermittelt, in die ein Todesfall die Leidtragenden stürzen kann.

Der Abgeschiedenen wird in einer Mischung von Pietät und Furcht gedacht. Sehr früh bilden sich feste Riten der Bestattung heraus. Wir können nicht im einzelnen darüber berichten, doch ist entscheidend, daß man den Toten Speisen, Geräte, Waffen, Schmuck und einen Nachen zur Überquerung des Unterweltflusses Chubur mitgibt. Wenn auch das Bestattungsritual sehr ausgiebig zelebriert wird, so sind die Pflichten gegenüber dem Verstorbenen damit noch nicht abgegolten. Die Liebe zu den heimgegangenen Mitgliedern der Familie und den Freunden dauert über den Tod hinaus, sie wird freilich überschattet von der Angst einer Wiederkehr der Toten als Geister oder Dämonen. Damit der Tote aus seiner jenseitigen Sphäre den im Diesseits Lebenden die Huld nicht entzieht, aber ebenso um ihm das Leben im Totenreich erträglich zu machen, bedarf er einer regelmäßigen Wasserspende und des Totenopfers, das man ihm besonders an einer Art jährlichen Totenfestes darzubringen hat. Dieser Dienst für den Abgeschiedenen ist so wichtig, daß er von kinderlosen Elternpaaren oft als Grund für eine Adoption genannt wird. Die Versorgungspflicht der Kinder gegenüber verstorbenen Eltern versteht sich aus den Jenseitsvorstellungen, die von einer außerordentlichen Düsternis beherrscht sind. Der Tote geistert als wesenloser, blasser Schatten durch die Hallen der Unterwelt, des Landes ohne Wiederkehr, in denen berühmte Könige wie Gilgamesch oder Urnammu[4] nur als bleiche Totenrichter erscheinen. Kaum je hören wir etwas von jenseitiger Belohnung oder Strafe für gute Taten oder Verfehlungen auf dieser Welt. Der Bericht Enkidus an Gilgamesch[5] und andere Texte lassen das Los jener Verstorbenen erkennen in der Unterwelt, die von ihren Nachkommen getreu versorgt werden: es ist etwas angenehmer als für gewöhnlich im Hades. Aber grundsätzlich liegt auf den guten Menschen wie auf den bösen, auf den starken wie auf den schwachen, auf den weisen wie auf den unweisen das gleiche dunkle Schicksal schwer und bitter.

Gleich nach dem Tode muß der Verstorbene mit Hilfe eines sturmvogelköpfigen, mit vier Händen und Füßen versehenen Fährmanns namens «Nimm schnell hinweg» den Unterweltsfluß überqueren und sieben Tore durchschreiten.[6] Anschließend findet ein Totengericht statt, nachdem er nackt und bar allen Schmucks vor die Fürstin der Hölle tritt. Dann umfängt ihn das finstere Haus, wo die Abgeschiedenen im Dunkeln hocken, Staub und Lehm essen und ewig nach reinem Wasser dürsten. Sie sind wie Vögel mit einem Federgewand bekleidet, von dichtem Staub bedeckt. Nie wieder öffnen sich ihnen Tür und Riegel. Wenn es einem Totengeist gelingt zu entkommen, muß er sich vor dem Licht der Oberwelt in Gräbern und Grüften verstecken und nachts als herumstreifender Dämon Übles sinnen und tun. Wohl dem Helden, der die Sintflut übersteht, dem die Götter das ewige Leben schenken und der nun mit seinem Weib in Abgeschiedenheit fern am Ende der Welt für immer wohnen darf.

Hilflosigkeit einerseits wie ein rituell tief verankertes Pflichtbewußtsein andererseits kennzeichnen das Verhalten der Lebenden. Dahinter steht das Wissen, daß es ohne Gunst der Jenseitigen, also der eigenen Toten, ein gutes Leben im Diesseits nicht geben kann. Doch Vertrautheit, welche Helligkeit voraussetzt, ist nicht möglich. Die Bilder nachtodlichen Existierens bleiben allesamt düster.

Diese Festellungen lassen sich illustrieren durch wenige Zeilen aus dem Gilgamesch-Epos. Gilgamesch wird am Ende der 12. Tafel mit den unverrückbaren Konditionen vertraut gemacht, die das Totenreich kennt.[7] Will der Mensch, wenn es Zeit ist, seinen letzten Gang tun, so braucht er sich nicht mehr zu kleiden und herzurichten wie zur Zeit seines irdischen Lebens. Nichts mehr von dem, was das Diesseits fordert, besitzt Gültigkeit. Innere Abkoppelung von den engsten Bezugspersonen des irdischen Weges ist eine wesentliche Kondition des Totenreiches. Gilgamesch trifft seinen vorverstorbenen Freund Enkidu, der das Gesetz der Erde als ein Gesetz zum unweigerlichen Tod nicht nennen will – so schrecklich muß das sein, was auf den Menschen Mesopotamiens im Jenseits wartet. Enkidu sagt zu Gilgamesch: «Wenn ich dir die Satzung, die ich schaute, sagte, so müßtest du dich setzen und weinen. Den du anfaßtest, daß dein Herz sich freute, ist voll Staub, im Staub ist er niedergekauert.»[8] Das Epos bricht ab mit dem folgenden Passus: «Sahst einen du, der fiel im Schlachtgetümmel? Ich sah ihn wohl, die teuren Eltern hielten sein Haupt, es neigt sich ihm die Gattin zu! Sahst einen du, des Leichnam in die Steppe man warf? Weh mir, auch diesen sah ich wohl: Ganz ruhlos ist sein Schatten in der Erde! Sahst einen du, des' Geist ohn' Pflege ist? Ich sah ihn wohl: Den Speiserest im Topfe, den Brocken auf der Straße muß er essen!»[9]

Eintritt ins Land ohne Wiederkehr ist verbunden mit Rechenschaftsablage, Bilanzverpflichtungen, denen niemand ausweichen kann. Auch derjenige, der mit Ernst und Eifer sein irdisches Dasein mitmenschlich-uneigennützig zu leben versucht, wird unter der ewigen Schwere des Todesschicksals seufzen. Es sind nur die großen Helden, die außerordentlichen Menschen, die Prüfungen wie die Sintflut meistern, denen ein dem irdischen Topstandard entsprechendes Leben in Aussicht gestellt wird. Helden, Außergewöhnliche umgibt die Aura überirdischer Mächtigkeit. Sie bedeutet Vorpfand, Angeld künftiger Erwähltheit zu einer Daseinsweise, die für den Normalsterblichen nie in Betracht kommt.

Was diese Sicht Altmesopotamiens verdeutlicht, ist die unbestrittene Wertsetzung der irdischen Möglichkeiten menschlichen Daseins. Das Nachtodliche, dem niemand entrinnt, ist gewiss auch gegenwärtig, aber kaum für das Konstitutionsgeschehen des Diesseitigen maßgeblich. Leben und Tod sind verbunden durch die Unentrinnbarkeit des letzteren, doch bleiben sie getrennt in einer aus sich selbst heraus wachsenden Selbstbestimmung des Lebens.

Die Lebenswelt der Mesopotamier akzeptiert den Tod und stößt ihn zugleich von sich. Das Unsägliche wird in einer Form bearbeitet, die klar auch abweisende, fernhaltende Züge zu erkennen gibt. Das Gleichgewicht von Diesseits und Jenseits, von Immanenz und Transzendenz ist eher ein zweitrangiges Thema: das Schwergewicht liegt im Diesseits.[10]

3.3 Urartu

Unter den Gegenkräften, gegen die Assyrien im 9.–7. Jahrhundert v. Chr. seine Stellung immer wieder zu behaupten hat und an denen seine Macht schließlich zerbricht, nimmt ein Reich und Volk im äußersten Osten Kleinasiens eine hervorragende Stellung ein: Urartu.[11] Der Schritt von halbnomadischen Stammesverbänden zu einem durchorganisierten und differenzierten Staat, wie er in Urartu im 8. und 7. Jahrhundert v. Chr. existiert, ist ein weiter. Die Urartäer haben ihn in ziemlich kurzer Zeit durchmessen. An seinem Ende steht nicht mehr das patriarchalische Regiment eines Stammesfürsten, sondern eine komplexe königliche Verwaltung mit einem Statthalter und anderen Würdenträgern delegierter Macht. Der König ist nicht mehr ein unter seinen Leuten lebender Stammeshäuptling, sondern eine schon beinah der menschlichen Sphäre entrückte Figur mit fürstgöttlicher Machtfülle. Seine Hauptaufgabe ist Führung des Heeres und Leitung der Machtpolitik. Die Angehörigen des Stammes bzw. der Stämme, von denen die Gründung des Staates betrieben wird, sind im Verlauf der Entwicklung zu einer privilegierten Klasse von Kriegern und Beamten aufgerückt, die über eine arbeitende Bevölkerung von Menschen aus anderen Stämmen herrscht. Das erklärt auch die häufigen Aufstände, den immer wiederholten Zwang, schon einmal unterworfene Gebiete und Völkerschaften erneut zu bekriegen, um neue Abgaben, Steuern und Arbeitskräfte für die Unterhaltung des Staates zu gewinnen. Diese Maßnahmen werden gerechtfertigt durch die Religion, durch den Glauben an die Pflicht zur Verwirklichung des Machtanspruchs der Götter, als deren Vertreter die königliche Dynastie auftritt. Wir haben einige Kunde über die Konstitution der Götterwelt mit einem Kriegsgott und Herdengott, der bis zu einem gewissen Grade mit dem Jahwe der Israeliten vergleichbar ist. Wettergott und Sonnengott werden genannt. Sie dürften uralte Götter der Urartäer sein. Das Opfer spielt eine große Rolle.[12]

Über Jenseitsvorstellungen sagen die überkommen Texte praktisch nichts. Und da außer einem Fürstengrab nur wenige Begräbnisstätten bekannt sind, läßt sich auch über die Bestattungsbräuche wenig ausmachen. In den Felsen von Vankale eingehauene mehrräumige Kammern hat man wegen ihrer Ähnlichkeit mit späteren pontischen Felsengräbern als Gräber von Königen verstanden.[13] Ihnen allen ist gemeinsam, daß sie nur durch eine einzige in den Felsen gehaue Türe zugänglich sind, die in der Mitte der einen Längswand eines großen Mittelraumes mündet, von dem aus mehrere Türen in die Seitenräume führen, deren Niveau zum Teil von dem des Hauptraumes abweicht. Damit ist der Materialbestand, auf den man sich hier, will man Fragen nach den Jenseitsvorstellungen beantworten, stützen kann, umschrieben. Was bleibt ist ein Versuch, aus Analogien des Religionskosmos (vorsichtige) Schlüsse zu ziehen auf ein mögliches Bild des Jenseits, das in Urartu bestanden haben kann. Hierzu nur dies: Wo die Toten in Felsengräbern untergebracht werden, ist eine Festlegung erfolgt, die sagt, daß der Tote sicher an einem für ihn zubereiteten Ort seinen Aufenthalt findet. Die Welt der Toten ist also eine Welt innerhalb derjenigen der Menschen, doch völlig und ganz massiv von ihr separiert. Die Toten als die nicht mehr unter den Lebenden Weilenden sind in der Nähe der Lebenden mit diesen verbunden und zugleich in ihrer anderen Existenzform ausdrücklich deklariert. Was wir bei diesem politisch aktiven und militärisch erfolgreichen Volk der Urartäer annehmen dürfen ist, daß der Bezug zu den Toten in einer permanenten Dialektik der eben beschriebenen Nähe und Ferne zugleich geschieht. Die mächtigen Könige der früheren Zeit sind als die unausweichlichen Vorbilder für die Menschen hier und jetzt unabdingbar. Ihre Nähe ist zugleich ihre Ferne im Jenseits – wie ihre Ferne im Jenseits ihre Nähe für die Diesseitigen darstellt und ihnen Antriebe vermittelt, wenn es darum geht, in politischen und militärischen Aktionen Erfolg zu haben.[14]

In der massiven Materialität der Felsenkammern verbirgt sich eine stärkere und klarere Botschaft über Vorstellungen der Urartäer zum nachtodlichen Sein, als man in manchem Text zu formulieren vermag. Massive Materialität am zentralen Ort, wo die mächtigen Toten ihre Ruhe finden, die Könige begraben werden. Ihre numinose Mächtigkeit bleibt in nachtodlicher Seinsweise präsent und garantiert vom Felsengrab aus inneren Frieden der Sozietät, die nach außen oft den wechselvollen Geschicken der Geschichte ausgesetzt ist. Ein numinoses Potential, mit zentraler Präsenz, mitten in der Lebenswelt. Der Tod mitten im Leben, ohne daß er es aus dieser Mitte heraus zu bedrohen vermöchte – das ist in Urartu offensichtlich eine Thematik von großer Bedeutung.[15]

3.4 Die Hethiter

Im 19. Jahrhundert wurden durch Ausgrabungen und inschriftliche Funde große Kulturbereiche erschlossen: Ägypten, Palästina und zeitweise Assyrien, die alten Kulturen Mesopotamiens, die in Sumer und Akkad, Babylon und Assur Begriff geworden sind. Die syrische Wüste jedoch bleibt ohne Profil. Sie ist die Heimat wandernder Nomaden ohne schriftliche Überlieferung. Die Hethiter errichten im Laufe des zweiten vorchristlichen Jahrtausends ein Reich, das seinen Schwerpunkt in Anatolien hat, aber weit darüber hinausgreift.[16] Was uns interessiert, ist das Totenritual mit den Hinweisen auf ein Dasein jenseits des Todes. Für den König wird ein ausgebildetes Ritual in vierzehn Tagen gehandhabt. Die Verbrennung des Toten sowie der ihm zugedachten Gaben beruht auf Jenseitsvorstellungen, die weit in die Vorzeit der indogermanischen Einwanderer zurückreichen. Sie heben sich deutlich ab von dem, was der Alte Orient über Tod und Jenseits gedacht hat. Beim Tode von König und Königin hört jegliche Festlichkeit auf. Der Tote wird verbrannt, am nächsten Morgen löscht man die Flamme des Scheiterhaufens mit Bier und Wein. Frauen lesen die Gebeine auf, tränken sie mit Öl und legen sie in ein Linnentuch. Mann und Frau werden auch jetzt noch unterschieden. Die Gebeine des Königs legt man auf einen Stuhl, behandelt die der Königin auf einem Schemel, bevor das Totenmahl beginnt. Der Tote wird in ein Steinhaus überführt, wo sich sein Bett befindet, auf das man die Gebeine legt. Man stellt eine Lampe neben das Bett, man opfert ein Rind und ein Schaf der Seele des Toten. Vom Leichnam und den Gebeinen unterscheidet man die Seele, die den körperlichen Tod einige Zeit überdauert. Ein Bild des Toten wird angefertigt, das man zu den einzelnen Stationen mit einem Wagen herumfährt. Häufig sind Opfergaben an die im Jenseits Weilenden, besonders an die Sonnengöttin, aber auch an die Ahnen sowie die Seele des Toten selbst. Deutlich zeigt sich die Vorstellung, daß durch Verbrennen ihm zugedachter Gaben und eine Zueignungsformel der Tote in den Besitz von Ackergerät, Wiese, Pferden und Rindern gesetzt werden kann. Ein Stück Wiese wird ausgestochen und dem Toten zur Verfügung gestellt mit den Worten: «Oh Sonnengott, halte ihm diese Wiese rechtmäßig zugesprochen! Niemand soll sie ihm entreißen oder gerichtlich anfechten! Und es sollen für ihn auf dieser Wiese Rinder und Schafe, Pferde und Maultiere weiden!»[17] Den König erwartet ein jenseitiges Dasein als Besitzer großer Herden. Aber auch der einfachere Mann geht als Toter in eine andere Welt, von der in jedem Fall zu sagen ist, daß es kein zurück gibt.

König und Königin sind Personen, deren nachtodliche Existenz auf mögliche Vergöttlichung weist. Für sonstige Sterbliche mag gelten, daß ihnen die längst im Tode vorausgegangene Mutter auf dem Wege über die Todesschwelle entgegeneilt, sie bei der Hand nimmt und freundlich an den letzten Ruheort geleitet.

Gräberfunde zeigen, wie wichtig das den Toten beschützende Umfeld ist: Hunde z. B. als Begleiter und Verteidiger finden sich in Gräbern.

Ein ganzer Prozessionsweg wird begangen, der für Jahrhunderte seiner Länge nach Grabanlagen birgt, wohin die Toten gebracht werden. Am Ende des Weges – in Yazilikaya– besteht ein großes Heiligtum, in Felsen gehauen, wo in einer besonderen Kammer eines toten Königs namens Tutchalija gedacht wird.[18] Zu vermuten ist, daß sein Standbild in diesem Tempelraum dem Eintretenden an der hinteren Wand erschien. Dämonen in Löwengestalt bewachen den Eingang, ein Bildnis des von seinem Gotte geleiteten Königs sowie ein Dolchemblem in der Erde deuten auf die letzte Ruhestätte eines Herrschers.

Abb. 10: Yazilikaya. Ostwand der kleinen Kammer. Im Vordergrund links eine Darstellung eines in der Erde steckenden Schwertes mit einem Menschenkopf, der die spitze Mütze der Götter trägt, dahinter ein Schwertgott, der einen König umarmt, ganz rechts eine möglicherweise für eine Graburne bestimmte Felsnische. (aus: Lucienne Laroche, Mesopotamien, Luzern 1975)

Eine eigentliche Zone von Vorstellungen über das Jenseits läßt sich bei den Hethitern nicht ausmachen. Was aber aufgrund der angeführten Befunde erschlossen werden kann, sei in Kürze aufgelistet: Leib und Seele sind unterschieden, besonders letztere hat zeitlich längere Lebenskraft als der verwesliche Leib. Unsterblichkeit freilich ist nicht von ihr bezeugt. Eine Existenz im Jenseits ist unbestreitbar, müssen doch die irdisches Dasein ermöglichenden Werte wie Land und Besitz mitgegeben werden auf der letzten Fahrt. Ist diese Fahrt verbunden mit dem Prozessionsweg der Neujahrsfeier, so sagt dies, daß der Kreislauf der Zeit, der am Neujahr mit der Neustiftung der Lebenswelt und ihren Ordnungen beginnt, ein Kreislauf ist, in den der Tod immer eingeschlossen bleibt. Die Konstitution der Zeit nicht im Sinne des linearen Fortlaufs, sondern eben im Sinne ihrer Zirkularität beruht auf einem Verständnis des Menschen und der Natur in ihrem Aufstieg und Niedergang, wozu man vorzüglich den Tod rechnet.

Der Raum, in dem der tote König, vergöttlicht als Statue an der hinteren Wand, erscheint und der dem Besucher den Vorbeischritt an dämonischen, verschlingenden Löwenwächtern zumutet, stellt sich dar in einer Perspektive, die nur aus der besonderen Statik des ganzen Heiligtums einsichtig wird. Je nach Lage zeigt dem Betrachter das königliche Bild sehr verschiedene Aspekte. Immer wieder tritt etwas anderes ins Gesichtsfeld, niemals sehen Besucher mit einem einzigen Augenaufschlag die gesamte Fläche des Bildes, schon gar nicht des Raumes. Bei wechselnder Perspektive, im Wandel der Nah-Fern-Orientierung, sieht das Bild wieder anders aus. Das Bild als der zentrale Gegenstand des Felsraumes wird so in seiner Ganzheit intendiert. Aber die Intention erfüllt sich niemals, immer haftet der Blick an einem begrenzten Bereich mit klarem Bewußtsein freilich des Ganzen, das in seiner Hintergründigkeit auf die numinose Mächtigkeit verweist, die ins Spiel tritt. Der Tod also in seiner numinosen Mächtigkeit findet eine zentrale Repräsentanz in der Grabstätte des Königs, der wohl eine jenseitige Existenzform angenommen hat, doch immer noch für die Sozietät präsent bleibt.[19]

Damit ist erneut die eigentümliche Verschränkung von Diesseits und Jenseits, von Immanenz und Transzendenz verdeutlicht. Wo das Jenseits in solcher Nähe zum Diesseits steht, sind ausgeformte Vorstellungen kaum zu erwarten. Sollte es sie doch, da unsere Zeugnisse viele Lücken haben, geben, so entsprechen sie ganz sicher dem diesseitigen Leben, das in solch mächtigen kulturellen und politischen Zusammenhängen, wie sie das Hethiterreich ahnen läßt, nicht hoch genug eingeschätzt werden kann.

3. 5 Syrien und Palästina[20]

Bemerkenswert ist, daß die Sippen außerordentlich oft ihren Zusammenhalt nach außen hin bekunden und daß zu den verschiedensten Anlässen der Mensch sich dieser irdischen Absicherung bewußt werden kann. Uns interessiert das Verhalten im Anschluß an den Tod, das ebenfalls die Sippen zusammenführt. Ein Todesfall in Syrien und Palästina wird durch einen oder mehrere Ansager bekanntgegeben, die mit einem charakteristischen Ruf die Gassen der Stadt, die Weingärten vor dem Tor und die Felder durchziehen. Diese Meldung, die zugleich zur Teilnahme an der Totenklage auffordert, unterbricht alles Tun des Alltags auf der Stelle. Die Menschen begeben sich ins Trauerhaus, um den Verstorbenen zu beweinen. Die nächsten männlichen Angehörigen scheren ihre Häupter kahl, die Familien zerreißen ihre Kleider und bestreuen sich mit Staub und Asche. Die ganze Trauergemeinde versammelt sich um das Totenlager, um Leichenlieder zu singen und sich auf die nackte Brust zu schlagen. Die Bestattung erfolgt auf dem Erbgrund der Sippe, deren Zusammenhalt außerordentlich stark ist. Hier wird der Tote seinen Vätern übergeben. Durch die Bestattung mit ihren entsprechenden Ritualen glaubt man, dem Verstorbenen einen letzten Liebesdienst erweisen zu können. Der Tote geht nicht nur ins Grab ein, sondern zugleich in die Unterwelt, eine tief im Weltuntergrund gelegene Stadt der Toten, über die der Totengott herrscht. Der Klagelärm der Sippenangehörigen gibt dem Toten das Geleit. Darum erhält im Alten Testament der Prophet Ezechiel die Anweisungen: «Geleite ihn hinab [...] ins unterirdische Land [...] zu denen, die zur Grube gefahren sind.»[21] Die lauten Wehrufe künden dem Totenreich die Ankunft eines Menschen an. Das Buch Jesus Sirach empfiehlt, das Maß der Totenklage den sozietätischen Notwendigkeiten anzupassen.[22] Unter den Grabbeigaben spielt der Schmuck eine besondere Rolle. Vor allem sind Anhänger mit Licht- und Fruchtbarkeitssymbolen wie Monde, Sonnen- und Sternfiguren beliebt. Im ägyptischen Einflußgebiet Palästinas und Syriens gibt man auch Skarabäen und andere ägyptische Symbole von Leben und Licht mit ins

Grab. Alabasterflaschen für das Salböl und Siegelring dürfen nicht fehlen, damit die Verstorbenen standesgemäß in das Totenreich eingehen können. Aber die Frage stellt sich, ob sie all diese Kostbarkeiten, die ihnen mit auf den Weg gegeben werden, auch bis zur Endstation mitnehmen dürfen, ob ihnen der Wächter der Unterwelt nicht alles abnimmt, wie es der babylonische Torwart von Kurnugea der Ischtar tut.[23] Vielleicht ist das Totenreich der Menschen im westsemitischen Land toleranter als die Gesetze der Unterweltsherrin Ereschkigal nach der Vorstellung der Babylonier. Auch bei Jesaja[24] sitzen die Könige der Völker in der Unterwelt immerhin noch auf ihren Thronen, obschon ihre Betten moder sind und die Decken aus lauter Würmern bestehen. Wie bei vielen archaischen Völkern halten sich die Toten nicht an einem einzigen Ort auf, sondern sind gleichzeitig im Grab und in der Totenwelt. Wer in der Totenwelt, also im unterirdischen Jenseits, angelangt ist, kehrt nicht mehr zurück. Kein menschlicher Ruf dringt in die Totenwelt, keine noch so große Kunst der Beschwörung vermag dort etwas auszurichten. Aber die Toten sind zugleich immer auch ganz nah. Deshalb kann ein tüchtiger Totenbeschwörer sie aus ihrem Grab herausrufen und über Angelegenheiten befragen, die lebenden Menschen undurchsichtig und verborgen bleiben. Ja, um das Grab herum macht sich der Tote bisweilen sogar bemerkbar. So hört man Rahel, die Stammutter Benjamins, von ihrem Grabe in Rama her bitter weinen.[25]

Die Nuancen gegenüber den Hethitern sind unverkennbar. Wohl entsprechen sich die Ausstattungen der Toten, deren diese bedürfen, um standesgemäß im nachtodlichen Dasein zu existieren. Anders – und nun zu unterstreichen – ist die Aussage, daß der Schritt ins Grab zugleich der Schritt in die Unterwelt ist. Der Tod läßt den Hinterbliebenen im Grab den Lebenden nahe sein und entzieht ihn doch für immer durch Einbezug in den Herrschaftsbereich des Totengottes. Von einer Stadt der Toten ist die Rede, wo, wie das Alte Testament sagt, auch die Könige in alter Bestallung Platz haben. Aber die Spiegelbildlichkeit greift nicht recht: Es ist ein modriges, verfallenes, verwestes Dasein, das sich präsentiert. Merkwürdig erscheint die hiermit gekoppelte fortbestehende Nähe der Toten, die durch hellseherische Kraft herausgerufen und als Ratgeber in Anspruch genommen werden.

Ja und Nein zum Tode und zu einer Existenz im Jenseits – so läßt sich das Bild charakterisieren, das in Syrien und Palästina aufleuchtet. Das

Nein ist im Ja zum Leben, das sich in der Abwehr des Todes ausdrückt, enthalten. Das Ja zum Tode findet sich gerade dort, wo man durch Beschwörung den Rat der Toten gewinnt. Korrespondenz mit dem Verstorbenen ist für gewöhnlich nicht möglich; das definitive Schicksal wird damit unterstrichen. Aber die Grenze zwischen Tod und Leben ist durchlässig, so daß man sagen kann, die Lebensnähe der Toten als Bewohner der Jenseitswelt erscheint unbestritten.

Auch hier bekundet sich das Geflecht von Diesseits und Jenseits, von Immanenz und Transzendenz, wobei dem Diesseits das Schwergewicht zufällt.

3. 6 Israelitische Religion[26]
Das Gottekonzept des Bundes

Mose hat eine Anzahl von Stämmen zu einem religiös begründeten Bund zusammengefügt und zwischen ihnen und dem ihm erscheinenden Gott einen Bund geschlossen. Jahwe ist der Name des Gottes, dessen Unsichtbarkeit sein besonderes Kennzeichen ist. Seine Gegenwart wird im späteren Tempel von Jerusalem durch die im Allerheiligsten eingestellte Lade symbolisiert. Dieser Gott wohnt im Himmel. Der Himmel ist sein Thron und die Erde sein Fußschemel.[27] Vom Himmel spricht er zu den Israeliten; vom Himmel streitet er für sie, im Himmel sieht ihn Ezechiel. Jahwe ist kein Himmelsgott in dem Sinne, daß er mit dem Himmelsgewölbe identisch wäre. Er wohnt im Himmel, aber er ist nicht der Himmel. Die jenseitige Welt also, dargestellt durch den Himmel, wird von Jahwe beherrscht.

Was dem Menschen aufgetragen ist, kann als lebenslänglicher Gehorsam diesem Gott gegenüber bezeichnet werden. Dadurch stiftet sich auch die grundlegende Beziehung des Menschen zu einer jenseitigen Welt. In der Situation des Sterbens und des Todes wird in extremis diese Beziehung realisiert. Der Mensch ist vergänglich, sein Leben kurz: «Unser Leben währt 70 Jahre, und wenn es hoch kommt, sind es 80 Jahre, und das meiste daran ist Mühsal und Beschwer.»[28] Wir treffen Aussagen, die den Tod als etwas Natürliches bezeichnen, aber auch solche, die einen gewissen Pessimismus zeigen wie z. B. im Buche Prediger, wo Mensch und Tier in ihrer Vergänglichkeit verglichen werden.[29]

Höchstes Glück des Menschen bedeutet in Israel ein langes Leben. Mehrfach gilt es als Lohn für das Halten der Gebote.[30] Tod im hohen Alter wird positiv gewertet, aber ein jäher Tod ist Unglück; man versteht ihn gewöhnlich als göttliche Strafe. Frevler und Gottlose gehen einem plötzlichen Ende entgegen.

An einen Todesfall sich knüpfende Vorstellungen und Gebräuche tragen gelegentlich urtümliches Gepräge. Der tote Körper ist unrein. Wer ihn berührt, wird selbst unrein. Dahinter dürften alte Tabuvorschriften stecken, die aber kaum völlig verstanden werden. Trauerriten drücken die Verzweiflung der Überlebenden aus. Sie unterstreichen die Schwere des Todes für den Lebenden. Gut handelt, wer einen Leichnam bestattet. Ein besonderes Unglück besteht darin, fern der Heimat oder im Massengrab der Namenlosen beigesetzt zu sein. Ein Begräbnis ohne Totenklage versteht man als göttliche Strafe. Offenbar wird aufgrund des eben Gesagten vorausgesetzt, daß der Mensch nach dem Tode irgendwie weiterexistiert und die Art und Weise dieses Fortlebens von seinem Begräbnis abhängt.[31]

Scheol

Auf den Glauben an Weiterexistenz in einer anderen Welt deutet ebenfalls die im Alten Testament anzutreffende Praxis der Totenwahrsagung. König Saul sucht in verzweifelter Lage eine Totenbeschwörerin in Endor auf, damit sie den Geist des verstorbenen Samuel heraufbeschwöre. Samuel erscheint in der Gestalt eines alten Mannes, so daß Saul ihn auf die Beschreibung der Frau hin erkennt. Samuel fragt: «Warum störst du meine Ruhe und läßt mich heraufkommen?»[32] Diese Praxis scheint in Israel verbreitet gewesen zu sein, wird aber als der Jahwereligion fremd empfunden. Das Deuteronomium[33] verbietet die Totenwahrsagung wie alle anderen Zauberpraktiken. Jesaja spricht mit Verachtung von denen, die sich an Totengeister wenden.[34] Die Totengeister werden als göttlich und als Wissende bezeichnet, die den Lebenden wichtige Auskünfte zu geben vermögen. Jesaja hat als Prophet diese Praxis nicht gebilligt.[35]

Vorstellungen hinsichtlich des Weiterlebens der Verstorbenen sind nicht eindeutig. Der häufige Ausdruck «Er wurde zu seinen Vätern versammelt»[36] scheint zu besagen, daß die Totengeister der Familie zusammenleben. Man könnte an ein Familiengrab denken und die Weiterexistenz dorthin verlegen. Aber andererseits ist Scheol der Ort, wohin alle Verstorbenen gelangen.[37] Es gibt keinen klaren räumlichen Unterschied zwischen dem Grab und der Scheol. Zeitweise werden Grab und Scheol unterschiedslos verwendet.

Die eigentliche Bedeutung des Wortes Scheol ist unsicher. Vielleicht besteht ein Zusammenhang mit öde-sein.[38] Aber letztlich entscheidet nicht die Herkunft, sondern der tatsächliche Gebrauch des Wortes. Wir haben hervorzuheben, daß Scheol den Ort der Verstorbenen meint. Wer in die Scheol hinabsteigt – ist ein Sterbender. Mehr oder weniger gleichbedeutend mit Scheol sind Worte wie Grube oder Staub, welche auf die nahe Verbindung mit dem Grab hinweisen. Offensichtlich verlegt man die Scheol in die untersten Gegenden der Erde.[39] Aber sie wird auch mit Wasser, Wellen und Strömen in Zusammenhang gebracht. So stehen im Psalm 18 Wogen des Todes, Ströme des Verderbens, Bande der Unterwelt, also der Scheol, und die Schlinge des Todes gleichwertig nebeneinander, um eine tödliche Gefahr zu bezeichnen.[40] Und in dem ins Buch Jona eingefügten Psalm heißt es: «Aus dem Schoß der Scheol schrie ich, du hörtest meine Stimme. Du warfst mich in die Tiefe, mitten ins Meer, und die Flut umschloß mich; all deine Wogen und Wellen gingen über mich hin.»[41]

Das altorientalische Weltbild zeigt den Hintergrund, an den wir hier zu denken haben. Gilt die Erde als eine auf dem Wasser des Ozeans schwimmende Scheibe, so müssen sich unter der Erdoberfläche die Wasser befinden, aber auch die Wohnung der Toten.

Das Totenreich stellt eine Stätte der Finsternis und der Verwesung dar, ein Land tiefen Dunkels und der Unordnung, schwarz wie die Nacht, ein Ort, wo man das Gewürm als Vater, Mutter und Schwester anredet.[42] Dorthin kommen alle Menschen, reich und arm, Weise und Toren, Könige und Fürsten, Sklaven und Aufseher, groß und klein.[43] Wie ein Ungeheuer erscheint die Scheol. Unersättlich sperrt sie ihren Rachen auf, um die Pracht der Menschen zu verschlingen.[44] Sie ist wie das babylonische Totenreich ein Land ohne Rückkehr: «Nicht kehrt wieder, wer zur Scheol fuhr.»[45] Der Mensch, der in die Scheol hinabgefahren ist, wird von allen vergessen.[46] Aber noch mehr: Er bleibt von der Gemeinschaft mit Gott, auf die es ja grundsätzlich in der israelitischen Religion ankommt, abgeschnitten. Im Psalm 88 lesen wir: «Wirst du an den Toten Wunder tun? Können Schatten aufstehen, dich zu preisen? Wird deine Gnade im Grab verkündet und deine Treue in der Scheol? Werden deine Wunder in der Finsternis kund, dein Heil im Lande des Vergessens?»[47]

Die Scheol gehört nicht zum Bereich Jahwes, der ein Gott der Lebendigen ist. Das heißt nicht, daß die Scheol ursprünglich unter der Hoheit eines anderen Gottes gestanden hätte, sondern nur, daß der Mensch dort keine Gemeinschaft mehr mit ihm haben kann. Andere Stellen versichern, daß auch in der Scheol Jahwe waltet: «Stieg ich hinauf in den Himmel, so bist du dort; schlüge ich mein Lager in der Scheol auf, auch da bist du.»[48] Aber hier wie bei Amos liegt das Hauptgewicht auf der Tatsache, daß man Jahwe nicht entfliehen kann.[49] Interessant ist die Beschreibung der Scheol, die uns Jesaja in einem Lied über Babylon liefert. Der König von Babylon geht nach seinem Untergang in die Scheol: «Die Scheol drunten geriet in Aufruhr ob dir, als du nahtest; sie jagte die Schatten auf um deinetwillen, alle Fürsten der Erde, ließ aufstehen von ihren Thronen alle Könige der Völker. Sie alle heben an und sprechen zu dir: Auch du bist schwach geworden wie wir, uns bist du gleich geworden. In die Scheol gestürzt ist deine Hoheit und das Rauschen deiner Harfen. Auf Moder bist du gebettet, und Würmer sind deine Decke.»[50] Moder und Würmer deuten auf das Grab, andererseits erfahren wir, daß die Toten als kraftlose Schatten dahinleben, trotzdem aber irgendwie etwas von ihrer irdischen Würde behalten. Der Gedanke an das Totenreich löst eine Stimmung der Hoffnungslosigkeit aus. Daß die Macht Jahwes schließlich doch in die Scheol hineinreicht, schafft keinen Trost; denn es bedeutet nur, daß man ihm unmöglich entkommen kann. Hoffnung geht von den Stellen aus, an denen Jahwe als der gezeigt wird, der den Menschen nicht der Scheol ausliefert, sondern ihn vom Tode errettet. «Du hast mein Leben von dem Tode errettet.»[51] Ein anderer Psalmist ruft aus: «Ich werde nicht sterben, ich werde leben [...]. Gezüchtigt hat mich Jahwe, aber dem Tode nicht übergeben.»[52] Fragt man, was solche Aussagen bedeuten, so ist die Antwort nicht leicht zu finden; denn der Glaube an eine Auferstehung der Toten ist im alten Israel sonst nicht bezeugt. Da aber in Israel die Krankheit immer als potentieller Tod aufgefaßt wird, könnte man die Worte auf Gottes heilende Macht beziehen. Möglicherweise wird auch an die Errettung aus Todesgefahr und Hilfe zu langem irdischem Leben gedacht. Im Hintergrunde waltet eine Überzeugung, wonach Gott stärker ist als Tod und Scheol, und, sofern er will, Leben zu schenken vermag. Er hält Leben wie Tod in seiner Hand. Er kann das Leben des vom Tode bedrohten Menschen bewachen. Nicht gesagt wird, wie die Errettung vom Tode zustande kommt. Dagegen

heißt es, daß Jahwe den Psalmisten nicht im Tode oder der Scheol aus-
liefern wird.[53] Nirgends hören wir von einer Auferstehung der Toten,
doch unverkennbar bleibt die Gewißheit, daß Jahwe als der Tod und
Scheol gegenüber Stärkere gilt. Eine Ausdrucksweise müssen wir erwähnen, die mit dem Wort «nehmen» verbunden wird. Gott nimmt den
Menschen, so hören wir verschiedentlich, zu seiner Herrlichkeit an. Die
eigentliche Bedeutung ist schwer zu fassen.[54] In der Genesis wird das
Wort «nehmen» gebraucht im Sinne von «entrückt werden».[55] Wir treffen es auch im Blick auf die Himmelfahrt des Propheten Elias im zweiten Buch der Könige.[56] Aber damit ist nicht erwiesen, daß eine derartige
Vorstellung zur normalen Jenseitshoffnung eines Israeliten gehört.

Auferstehungsglaube

Ein wirklicher Auferstehungsglaube findet sich in Israel erst spät in
der Zeit nach dem Exil. Voraussetzungen sind im alten Israel vorhanden.
Eine davon ist die Überzeugung, daß Jahwe stärker ist als Tod und
Scheol, eine andere vielleicht in Vorstellungen vom sterbenden und auferstehenden Fruchtbarkeitsgott, die Israel im Lande, in dem es heimisch
wird, antrifft. Bei Jesaja findet sich eine der sicheren Stellen, die von der
Auferstehung der Toten sprechen – in diesem Falle im Zusammenhang
mit dem Tau: «Deine Toten werden leben, meine Leichen werden auferstehen; aufwachen und jubeln werden die Bewohner des Staubes. Denn
der Tau der Lichter ist dein Tau, und die Erde wird die Schatten wieder
gebären.»[57]

Eindeutig sind die Jenseitsvorstellungen im nachexilischen Judentum
nicht. Das Buch des Predigers spricht die Überzeugung aus, daß der
Mensch sich nicht grundsätzlich von den Tieren unterscheidet. Men-
schen sterben, und mit ihrem Tod ist alles aus.[58] Noch bei Jesus Sirach
findet sich die Vorstellung vom Totenreich, in dem die Gestorbenen ein
Schattendasein führen und wo man Gott nicht mehr preisen kann.[59]
Daneben gibt es (schon aus früherer Zeit) vereinzelte Aussagen, die eine
Auferstehung von den Toten in Aussicht stellen. Die eben genannte
Stelle bei Jesaja[60] ist besonders hervorzuheben. Diese göttliche Zusage
bildet die Antwort auf eine Klage des Volkes über die hoffnungslosen
Zustände im Land und besonders über die geringe Zahl der Bevöl-
kerung. Das Wort Gottes verheißt göttliches Eingreifen. Die Bevölke-
rung wird durch Wiederbelebung der Toten auf wunderbare Weise ver-

mehrt. Eine fixierte Vorstellung der Auferstehung ist dies kaum, doch wichtig erscheint, daß Tau die Belebung bewirkt, was an eine alte kanaanäische Vorstellung erinnert.[61] Sodann ist zu beachten, daß wirklich die Wiederkehr der in der Scheol hausenden Schatten zugesichert wird, denn das bedeutet auf jeden Fall, daß Jahwe, mächtiger als der Tod, über das Totenreich verfügt.

Bei Daniel ist der Auferstehungsglaube klar ausgesprochen: «Und viele von denen, die schlafen im Erdenstaube, werden erwachen, die einen zum ewigen Leben, die anderen zu Schmach, zu ewigem Abscheu.»[62] Das heißt: Von den Toten stehen alle oder möglicherweise nur viele auf: die Gerechten zum ewigen Leben, die Bösen zur ewigen Schmach. Von den außerbiblischen Texten der Apokryphen erwähnt das zweite Makkabäerbuch die Auferstehung und zwar als ein Erwachen der Gerechten zum neuen ewigen Leben.[63] In bezug auf die Ungerechten ist von Strafe die Rede, ohne daß etwas über deren etwaige Auferstehung verlautet. Daß nur die Gerechten auferstehen, deutet sich in den Psalmen Salomons, im äthiopischen Henochbuch, in den Patriarchentestamenten[64] an. Die Gottlosen bleiben im ewigen Todeszustand oder werden vernichtet. Andere Stellen setzen die allgemeine Auferstehung der Toten voraus. Erde, Meer, Totenreich und Hölle werden das zurückgeben, was ihnen anvertraut ist.

Das Ergebnis dieser Umschau lautet: Es gibt keinen einheitlichen Auferstehungsglauben. Sowohl das Neue Testament als auch der jüdische Schriftsteller Josephus bezeugen, daß die Sadduzäer nicht an die Auferstehung glauben.[65] Die Frage entsteht, wann dieser neue Gedanke im Judentum aufgekommen ist. Eine Antwort läßt sich nur innerhalb des ganzen Komplexes der Eschatologie und der Apokalyptik[66] geben. Da man mit einem ziemlich starken Einwirken iranischer Gedanken rechnen muß, liegt die Annahme nahe, daß auch der Auferstehungsglaube von dort her inspiriert wird. Doch man kann nicht alles durch iranische Einwirkung erklären! Sicherlich hat die alte Überzeugung, daß Jahwe als Gott der Väter und Gott Israels stärker ist als Tod und Scheol, mitgespielt.

Apokalyptik

Sprechen die Schriftpropheten von einem Tag Jahwes, der über Israel hereinbrechen und die Welt grundlegend verändern wird, so bedeutet dies, daß die Welt des Diesseits ihre Zurechtbringung aus der jenseitigen Welt, in der Gott allein herrscht, erfährt. Seine Rückkehr aus dem Exil erlebt Israel als Eingriff eines über die ganze Welt mächtigen Gottes und eine Heimkehr in das schon den Vätern verheißene Land. Der alte Bund wird erneuert. Israel erscheint, aus jenseitigen Quellen gestärkt, als Führerin der Nationen; die Völker werden Israel und seinem Gott dienen. In diesen Zusammenhang sind die Lieder vom Gottesknecht zu stellen. Auch in nachexilischer Zeit bleibt das Reden der Propheten immer noch Reden in die aktuelle Situation. Es zeigen sich freilich auch andere Züge, die Neues vorbereiten. Sacharja empfängt seine Offenbarungen in nächtlichen Visionen. Die Botschaft kleidet sich in eigenartige, phantastische Bilder. Er sieht Reiter, die über die Erde ziehen; er sieht Schmiede, die die Hörner der Fremdvölker zerbrechen; er erblickt einen goldenen Leuchter und zwei Ölbäume, die die Gegenwart Gottes bzw. die beiden gesalbten Führer Serubabel und Josua symbolisieren.[67] Der Endcharakter der Zukunftsschau ist markant hervorgehoben, womit zum Ausdruck kommt, daß die Entscheidung (mehr oder weniger) außerhalb der Geschichte, in einer jenseitigen Welt gefällt wird. Im Buche Joel z. B. ist eine Heuschreckenplage derart, daß sie sich zur Weltkatastrophe auswirkt.[68] Die Sonne verwandelt sich in Finsternis, der Mond in Blut, die Völker werden zum Gericht versammelt. Jahwe kommt, um auf ewig in Zion zu wohnen. Wir bewegen uns im Feld der Apokalyptik, der es um Enthüllung endzeitlicher Geheimnisse, die ihre Wurzeln in der Jenseitswelt haben, geht. Thema sind das Ende der Geschichte und eine neue Welt; allein die Herrschaft Gottes kann noch retten. Die Apokalyptik bedeutet Fortsetzung der Prophetie; der Übergang hat sich allmählich und in verschiedenen Zwischenstufen vollzogen.

Älteste apokalyptische Schrift ist das Danielbuch. Zwei Arten von Stoff finden sich: Legenden über die Standhaftigkeit Daniels und seiner Freunde in der babylonischen Gefangenschaft, die zeigen wollen, daß Gott den ihm treu Bleibenden hilft; sodann apokalyptisches Material, in dem mittels dunkler Visionen angedeutet wird, daß die Leser jetzt in der letzten schweren Zeit leben und bald ihre Errettung erfahren. Der Verfasser schildert die folgenden Weltreiche als nacheinander auftretende Tiere.[69] Am Ende erscheint der Erzengel Michael. Er verschafft Israel den Sieg. Hinter der Apokalyptik steht die Anschauung, daß sich alles Geschehen in der Welt nach Plan der Gottheit abwickelt. Das jetzige

Zeitalter ist derart böse, daß ein neues, besseres, von Gott gestiftetes folgen muß. Was kommt, ist Fortsetzung des Erdenlebens – auf nationaler wie universaler Ebene. Die Schöpfung erneuert sich, so daß vom neuen Himmel und einer neuen Erde gesprochen werden kann. Die Apokalyptik inszeniert die Rolle der Heilandsfigur, des Messias, freilich zunächst durchaus menschlich und innerweltlich. Er kann als außergewöhnlicher König des auserwählten Volkes auftreten.

Später geschehen Neuakzentuierungen: Der Messiaskönig öffnet das geschlossene Tor des Paradieses wieder; Sünde und ihre Folgen werden nicht mehr sein. Die Völker der Welt kommen, beten an und unterwerfen sich. Gott ist der Herrscher in allem und für alle. Diesseits und Jenseits sind fortan identisch.

Nach dieser Übersicht des Materialbestandes bleibt zu fragen, welche Geschichte die Lebenswelt Israels zurückgelegt hat, wenn es um Ausbildung der anzutreffenden Jenseitsschau geht.

Lebenswelt und Jenseitsschau

Ein Bogen spannt sich von Anfängen, die im Aufblick zum Himmel die göttliche Potenz in Jahwe, der die Väter durch schwierige Passagen geleitet, bewußt macht.[70] Israel blickt auf zu seinem Gott, dem einzigen, der ihm verkündigt wird. Sein Standort auf der Erde als Boden der zu konstituierenden Lebenswelt gewinnt Festigkeit gerade in diesem Aufblick; das irdische Feld ist umgriffen vom himmlischen, göttlichen. Leben im Irdischen impliziert Länge, Dauer, ein volles Zum-Zuge-Kommen des Menschen hier und jetzt. Aber die nachtodliche Existenz, wenn auch das Grab die unübersteigliche Schranke darstellt, bleibt offen – zumindest in der Frühzeit. Man kann mit den Toten kommunizieren; die Toten gelten nicht als präsent, doch als abrufbar, wobei besondere mediale Begabungen vonnöten sind. Tote bzw. ihre Geister verfügen über Wissen. Das im Leben erworbene Wissen bleibt erhalten, wird fruktifizierbar für die Lebenden, die immer an Wissensschranken stoßen. Dieses freundliche Bild, naiv anmutend, durchbricht das abgründige Bild der Scheol als Welt der Schemen und Schatten. Das geliebte irdische Leben gerät in Kontrast zu diesem Bezirk tödlicher Endzustände.

Die Lebenswelt altisraelitischer Menschen steht im weltbildlichen Kontext des Orients, der dreifache Gliederung kennt. Tritt der Gott der Väter als Herrscher aller Himmel und somit als Gott des Lichts auf, so ist ihm das Dunkel der Scheol fern, fremd. Dorthin gelangt nichts von seiner heiligen Mächtigkeit, was die Elenden, die wir antreffen, eindrücklich bekunden. Israel schwankt beim Vollzug der lebensweltlichen Muster, die das Göttliche so einseitig bestimmen. Die Macht des Gottes, die aus der Kraft des Volkes spricht, das im Zeitraum der Wanderung und bei der kriegerischen Abwehr überlebt, vermag nicht vereinseitigend stehenzubleiben: Jahwe wird, ja er gilt immer schon als Herrscher auch über die Scheol. Was die Menschen nicht mehr vermögen, aber zu Lebzeiten vermochten, ist Gemeinschaft mit ihm. Der Tod trennt alle von den Lebenden und dem lebendigen Gott, der aber gerade deswegen der Gott der Toten ist und bleibt.

Mit der Geschichte der Lebenswelt Israels verbindet sich die Aufsteigerung numinoser Mächtigkeit des Gottes der Väter zum Weltengott, was bedeutet, daß er nun jederzeit über Leben und Tod schaltet und waltet.

Die Geschicke Israels im Exil und hernach lassen der Macht des Gottes der Väter einen konsequent gedachten Zusatz angedeihen: die Auferstehung. Jahwe macht, daß Tote auferstehen. Auch wenn der religiöse Locus des Auferstehungsglaubens schwerpunktmäßig in Persien liegt, ist er doch die sinnvolle Abrundung, deren Israel bedarf. Wohl halten nicht alle Kreise der Religiösen diese Sicht für rechtens, aber mit dem pharisäischen Spätjudentum gewinnt die Auferstehung des Menschen in Korrespondenz zur allmächtigen Potenz Jahwes ihren sich ausweitenden Platz, der auch für die christliche Jenseitsschau fundierend wird. Bemerkenswert ist noch die Differenzierung des Auferstehungsbildes in ethische Kategorien und in eine allgemeine Sicht, die alle Menschen betrifft. Nur Einzelne, Würdige, die nach ethisch-religiösen Maximen gelebt haben, verlassen das Grabesdunkel – dies die eine Version; alle werden herausgerufen – dies die andere Version. Freilich schließt sich dann ein umfassendes Gericht an. Eschatologie und Apokalyptik folgen aufeinander. Die erste liegt im Spiel prophetischer Rede vom Tag Jahwes[71], die letztere ist synkretistisches Produkt, das hier nicht aufgeschlüsselt werden kann.

Was geschieht in Israel hinsichtlich der Konstitution der Jenseitsvorstellungen? Die Antwort: Ein Geschehen zeigt sich, das vom lebensweltlichen Stand der Bejahung irdischen Daseins zu einer gigantischen Schau jenseitiger, geschichtstranszendenter Vorgänge führt. Stammesgeschichte weitet sich in Teilhabe an der Weltgeschichte mit ihren gewaltigen Umbrüchen. Der ins Kollektiv eingebundene Einzelne, der nur ist, weil es das Kollektiv gibt, hat sich längst zum Kritiker des Kollektivs und damit zum Individuum geformt, dessen weltliche Geborgenheit von vormals umschlägt in Heimatlosigkeit. Wo die Erde nicht mehr in letzter Instanz Heimat zu sein vermag, wird eine umfassende Schau himmlischer Heimat vonnöten. Die Kategorie Heimat erweist sich in ihrer anthropologischen Verbindlichkeit.[72]

3. 7 Die Religion Irans
Vor Zarathustra[73]

Bei der Geburt des Urmenschen geht das Weltall aus dem Leib der Gottheit hervor. Jeder Körperteil des kosmischen Urmenschen entspricht einem Teil des sichtbaren Kosmos. Seine Glieder sind die Elemente der Welt. Man kann den Vergleich zwischen der Welt und dem göttlichen Urmenschen weiterziehen, indem der einzelne Mensch seinerseits als eine kleine Welt gilt. Wir begegnen hier der Makrokosmos-Mikrokosmos-Spekulation; sie hat in der Folge eine große Rolle gespielt.

Für Iran ist typisch, daß sich der Hochgott Ahura Mazda mit einer göttlichen Schar umgibt, die die Fülle seines Wesens darstellt. Diese Gottheiten gingen aus ihm hervor als selbständige Götter, aber zugleich auch nur als Aspekte von ihm. Der Mensch, der zu diesem System gehört, ist mit verschiedenen geistigen Kräften und seelischen Vermögen ausgestattet. Besonders bedeutsam sind die Fravasis, die Schutz bedeuten, Schutzgeister oder Schutzengel, Wesen einer jenseitigen Welt. Zugleich sind sie auch Seelen der Frommen oder richtiger: deren höheres, geistiges Selbst, daneben die geistigen Urwesen der frommen Menschen.

Die Seele, urvan, vereinigt sich nach dem Tode mit ihrer Fravasi, ihrem himmlischen Schutzgeist.[74] Als Ahnengeister figurieren die Fravasis in der Volksreligion. Darüber berichtet der persische Polyhistor al-Biruni (973–1048).[75] Er beschreibt zwei Feste, an denen die Fravasis sich zu den Wohnungen der Lebenden begeben: «Während dieser Zeit pflegen sie Speisen in die Räume der Verstorbenen und Getränke auf die Dächer der Häuser zu setzen, sie glauben, daß die Geister ihrer Toten während dieser Tage den Ort ihrer Belohnung oder Bestrafung verlassen und zu den für sie aufgestellten Gerichten kommen, deren Kraft in sich aufnehmen und ihren Geschmack einsaugen. Sie räuchern ihre Häuser mit Wacholder, damit die Toten dessen Wohlgeruch genießen und damit die Geister der Frommen zusammen mit der Familie, den Kindern und den Verwandten sich mit ihren Angelegenheiten beschäftigen, während sie sie doch nicht sehen können.»[76]

Aber nicht nur Geister der Ahnen sind die Fravasis, sondern auch präexistente himmlische Wesen, die als Schutzengel der Frommen fungieren. Als solche zeigen sie eine kriegerische Natur. Sie werden als speerbewaffnete Reiter geschildert, die den Himmel schützen und verteidigen.

Auffallend ist, daß sie zumeist als geschlossene Schar auftreten: als Fravasis der Frommen. Ferner stehen sie in dem großen Kampf, der zwischen guten und bösen Wesen ausgefochten wird, als Bundesgenossen Gottes und seine Helfer.

Wichtig sind die mit Feuer gestalteten Rituale Irans. Feuer bewirkt ordalmäßige Reinigung, es hat aber auch positiv heiligende, ja sogar lebenserneuernde Wirkung. Dies hängt damit zusammen, daß man das göttliche Feuer als Sohn Ahura Mazdas betrachtet. Eigentlich stammt das höhere Element des Menschen aus dem Feuer; sein Geist ist Feuer. Im Tode kehrt sein Lebenselement zum richtigen Dasein ins himmlische Feuer zurück.[77]

Die Einstellung den Toten gegenüber ist bei den meisten Völkern ambivalent: Trauer und Liebe auf der einen Seite, Furcht und Abscheu auf der anderen. Wie man den Ahnengeistern Speise und Trank gibt, ist angedeutet worden.[78] Aber während man mit den Toten ißt und trinkt, sucht man sie sich sonst vom Leibe zu halten.

In einer Pahlavi-Schrift (3.–7. Jahrhundert) heißt es: «Es ist an einer Stelle offenbar, daß wenn der Hausherr und die Hausfrau im Hause sterben, man sie nicht durch die Türe hinaustragen darf, weil das *xvarnah* (Glorie, Glücksglanz, inhärente Lichtnatur) des Hauses zugleich hinausgehen würde.»[79]

Eine individuelle Eschatologie enthält der Gedanke der Himmelsreise der Seele.[80] Sie verläuft folgendermaßen: Zuerst passiert die Seele die Sternensphäre, dann die Mondsphäre, schließlich die Sonnensphäre. Nach den drei ersten Schritten gelangt sie mit einem vierten ins Licht des Paradieses, wo sie gefragt wird: «Wie bist du hierhergekommen, o Gerechter? Aus jenem vergänglichen Dasein, voll von Unheil, bis zu diesem unvergänglichen Dasein, ohne Unheil? Genieße Unsterblichkeit, denn hier siehst du Wonne, lange Zeit!»[81] Die Gottheit Vohu Manah steht von ihrem Thron auf, faßt die Hand des Verstorbenen und bringt ihn zu Ahura Mazda und den diesen umgebenden Gottheiten, den Amescha Spentas.

Im Himmel werden der verstorbenen Seele Halle, Thron, Kleid, Lichtdiadem und Kranz übergeben. Dann tritt eine Gestalt der Seele entgegen, des Menschen eigene Daena.[82] Für die Vorstellung der Daena gilt, daß sie als die geistige Persönlichkeit, die im Himmel blieb, zusammen mit der Seele des Menschen das ganze Ich des Individuums ausmacht.

Zwei Hälften des Menschen lassen sich somit erkennen, eine himmlische und eine irdische, aber beide sind geistiger Natur. Die Daena hängt jedoch von der Seele bzw. dem Geist ab. Die beiden korrespondieren miteinander, weil Handlungen der irdischen Persönlichkeit auf die Beschaffenheit der himmlischen Daena durchgreifende wirkt. Gemäß den irdischen Handlungen wird die Daena schön oder häßlich. Ihr Los hängt von ihnen ab, andererseits ist das Los der Seele an die Beschaffenheit der Daena gekoppelt. Wie die Daena beschaffen ist, so gestaltet sich das Schicksal der menschlichen Seele nach dem Tode. Die gute Daena erscheint als schönes Mädchen von 15 Jahren, dem Idealalter in Iran.

Ein durchgehender Gedanke in allen Perioden der iranischen Religionsgeschichte sagt, daß die Taten der Menschen gewissermaßen die zweite Persönlichkeit sind, die dem Verstorbenen begegnet und ihn willkommen heißt. Sie tritt der Seele in Gestalt eben des schönen Mädchens entgegen, das sie empfängt mit deren Vorrat an guten Taten.[83]

Die schwierige Überfahrt aus der Welt der Lebenden nach jener der Toten, wie sie in iranischen Texten geschildert wird, hat in Indien bis in Einzelheiten hinein ihre Entsprechung. Eine klassische Schilderung zeigt, wie die Seele zur Brücke, cinvato, gelangt.[84] Hier wird sie verhört, dann kommt eine von zwei Hunden begleitete schöne Jungfrau und führt die gläubige Seele über die Brücke zu dem Damm oder Wall, der die Grenze der himmlischen Welt ausmacht. Von da gelangt sie zu Ahura Mazda.

Später wird die Brücke als scharfes Schwert dargestellt. Eine rechtschaffene Seele wandert auf breiter Seite hinüber, die sündige muß über die Schneide laufen. «Man schneidet ihr den Weg ab, sie stürzt vom höchsten Punkt der Brücke kopfüber in die Hölle und erlebt alles mögliche Böse.»[85] Die Vorstellung, wonach der zu passierende Übergang

schmal und scharf wie die Schneide eines Messers ist, findet sich ebenfalls in indischen Texten.[86]

In Überlieferungen, die sich auf den Neujahrstag beziehen, lebt die
Erinnerung, daß an diesem Tage der König die böse Macht besiegt, um
als Herrscher des Kosmos zu regieren. Ferner gibt es die Vorstellung,
daß Ahura Mazda an diesem Tage die Toten auferweckt und die dämonischen Mächte in der ganzen Welt vernichtet werden. Die gesamte
Schöpfung erneuert sich; die Menschen sind von Tod und Alter befreit.
Das Jahresfest ist Symbol der jährlichen, freilich auch endzeitlichen Erneuerung. Mit dem Jahresfest sind wegen der Erneuerung des Lebens
nicht nur der Umgang mit Verstorbenen und Erinnerung an sie verknüpft, sondern allem Anschein nach auch gewisse Fruchtbarkeitsriten
und phallische Umzüge, eingefügt in einen karnevalsmäßigen Rahmen.[87]

Zarathustra[88]

Authentisches Material über ihn finden wir in seinen Gesängen, den
Gathas.[89] Sie gehören zu den ältesten Teilen des Avesta. Über die Zeit
Zarathustras läßt sich nichts Sicheres sagen, auch wenn man sich immer
wieder darum bemüht hat, sie näher zu bestimmen. Mittels indirekter
Berechnungen gelangt man für den Zeitpunkt seines Wirkens zu so un-
bestimmten Angaben wie 1000–600 v. Chr. Es scheint, daß man Zara-
thustra früher als die achämenidischen Großkönige im Westen, Cyrus
oder Darius,[90] ansetzen muß. Im übrigen liegt über seinem Leben ein
Schleier zeitloser Zustände des arischen Altertums. Er ist berufsmäßiger
Priester und Sänger. Sein Auftreten bewirkt einen völligen Umbruch.
Zarathustra steht als Vertreter einer neuen Religion gegen die altirani-
sche. Er verwirft blutige Opfer und den Haoma-Rausch.[91] Sogar die alten Götternamen suchen wir bei ihm vergebens. Sie sind durch geistige
Wesen, Amescha Spentas, die heiligen Unsterblichen ersetzt worden.
Freilich darf mit den Ergebnissen der neueren Forschung nicht bezwei-
felt werden, daß die Amescha Spentas eine spiritualisierende Umdeu-
tung der Götter der indoiranischen Gesellschaft darstellen.[92] Zarathustra vermittelt seinen Schülern, was Ahura Mazda ihm verkündete. In einer dem Tiefschlaf ähnlichen Trance hat Zarathustra seine Visionen
erlebt und die göttlichen Worte Ahura Mazdas vernommen. Wahrscheinlich führt man in der ältesten Gemeinde diese Trance durch einen
Narkotikumstrank herbei. Die Rauschtechnik besitzt indoiranische

Ahnen; sie ist ebenfalls in Indien belegt.[93] Zarathustra tritt auf als Ekstatiker, von einer Schar von Schülern umgeben, die ebenfalls ekstatische Erlebnisse gehabt haben. Die schamanistische Form seines Auftretens bildet freilich nur den äußeren Rahmen seines Wirkens. Zarathustras Religion als eines Stifters schließt rigorose moralische Forderungen in sich. In Gedanken, Worten, Handlungen soll der Anhänger Zarathustras zeigen, daß er rechtschaffen lebt.[94] Der gut Handelnde ist ein Genosse Ahura Mazdas. Gut handeln meint nicht nur gütiges Betragen gegen gute Menschen, sondern auch Feindschaft gegen Lügner, Glaubensfeinde. Zarathustra ermahnt seine Anhänger, sich mit der Waffe in der Hand gegen ihre Gegner zu wehren. Seine Lehre schließt einen unablässigen Kampf gegen das Böse und die Bösen ein.

Die individuelle Eschatologie aus der Zeit nach Zarathustras Auftreten hat ihren klassischen Ausdruck in poetisch abgefaßter Schilderung gefunden (einst im verlorengegangen Text Hadoxt Nask). Sie ist Ahura Mazda in den Mund gelegt, der von Zarathustra über den Zustand des Menschen nach dem Tode befragt wird.

Drei Nächte lang verweilt die Seele des gerechten Verstorbenen in der Nähe des Leichnams, die Gatha Ustavaiti rezitierend.[95] Wenn die dritte Nacht sich ihrem Ende zuneigt, leuchtet es. Ein wohlduftender und balsamischer Wind weht von der südlichen Gegend her. In diesem Winde naht sich des Toten eigene Daena in der Gestalt eines schönen Mädchens, eines strahlenden weißarmigen, eines kräftigen, von schönem Aussehen, eines gerade aufgerichteten, eines hochgewachsenen, eines hochbusigen, von edlem Leib eines edel geborenen, von reicher Herkunft, eines fünfzehnjährigen, an Aussehen, an Gestalt so schön wie die schönsten der Geschöpfe. Die Seele fragt die Gestalt, wer sie ist und erhält die Antwort, sie sei des Verstorbenen eigene Daena. Dank seiner guten Taten sei sie so lieblich und schön geworden. Jetzt ist die Zeit gekommen, daß der Gerechte zum Himmel aufsteigt. Er geht auf Fahrt durch die drei Sphären des Himmels, der Sterne, des Mondes und der Sonne, die sich unter den spiritualisierten Namen «Gut Gedacht», «Gut Geredet» und «Gut Getan» verbergen. «Den vierten Schritt vorwärts tat damit», so heißt es, «die Seele des gerechten Mannes und setzte den Fuß nieder in den anfangslosen Lichtern.»[96]

Der Tote ist ins Paradies gelangt. Ein früher verstorbener Gerechter richtet an ihn die Frage: «Wie, o Gerechter, bist du hinweggegangen [...]

vom körperlichen Dasein zum geistigen Dasein, vom leidvollen Dasein zum leidlosen Dasein?» Der Frager wird von Ahura Mazda getadelt, der ihn ermahnt: «Frage ihn nicht, denn du fragst ihn nach dem grausigen, verderblichen, mit Trennung verbundenen Weg, den er gegangen ist, der in der Trennung von Leib und Bewußtsein besteht.»[97]

Nur andeutungsweise erfahren wir, daß sich der Weg der Seele aufwärts zum Paradies mit Gefahren und Schrecken verbindet. Ahura Mazda gebietet, dem glücklich angelangten Verstorbenen Frühlingsbutter zu geben. Für den Jüngling mit gutem Sinn, mit gutem Wort, mit guter Tat, mit guter Daena, ist dies Nahrung nach dem Tode.

Auch für eine Frau mit entsprechenden Eigenschaften bildet Frühlingsbutter die Nahrung nach dem Tode, deren Bedeutung undurchsichtig bleibt, weil alle konkreten Angaben fehlen. Unbezweifelbar: wir haben es mit Unsterblichkeitsspeise zu tun. Auch der Unsterblichkeitstrank Haoma spielt eine Rolle.

Die Eschatologie spricht von einer Himmelfahrt der Seele; sie erwähnt keine Auferstehung des Körpers, – eine Vorstellung, die sich mit der Himmelfahrt nicht vereinigen läßt. Ziemlich früh taucht indessen der Glaube an eine Auferstehung des Körpers auf und schon im Yäst heißt es: «Wenn die Toten auferstehen, dann wird kommen der Lebendige ohne Verderben, nach Wunsch wird das Leben ‹verklärt› gemacht werden.»[98]

Der Lebendige kann kaum jemand anders als den Saosyant, den letzten der Weltheilande, meinen, dessen Ankunft ersehnt wird. Er wird die Toten aufrütteln und alle Menschen auferstehen lassen wird. Am Ende findet die Verklärung statt, die das Ziel hat, die Welt unsterblich zu machen bis in alle Ewigkeit. In dieser Endzeit geschieht das Gericht, das über das Los der Guten und der Bösen entscheidet. Der Name Saoshyant ist symbolisch: verkörpertes Recht (Wahrheit). Der Erlöser trägt Asa, das Recht (der Wahrheit). Er selbst gehört der körperlichen Welt an und ist mit Lebensgeist versehen. Der eschatologische Erlöser, der die ersehnte Herrschaft der guten Mächte auf Erden aufrichten wird, ist ein auf mirakulöse Weise von einer Jungfrau geborenes göttliches Wesen, das Körper und menschliches Leben besitzt.

Der Saosyant-asta des Gottes Ahura Mazdas, d. h. sein Gesandter, besiegt Feinde: Ahra Mainyu, Aka Manah (das schlechte Denken), Aesma, die Lügenrede, usw. Die Gegner bekämpfen einander paarweise. Mit den alten Heroen der nationalen Überlieferung verbindet den Erlöser die siegreiche Keule. Der Gesandte ist vor allem ein kämpfender und siegreicher Erlöser. Zudem wird gesagt, daß sein Blick das ganze körperliche Dasein unvergänglich macht. Ein positives Ziel hat der Kampf, nämlich Wiederherstellung des glücklichen Zustandes der Welt. Der Erlöser verklärt das Leben in dem Sinne, daß es nicht altert, nicht verwest, nicht fault, sondern ewig gedeiht Die Welt wird in den glücklichen Zustand der Urzeit versetzt, ja die goldenen Zeiten kehren wieder; das Paradies ist verwirklicht.

Zur Eschatologie der nordiranischen Völker haben wir beizufügen, daß man dem Toten ein Pferd gibt, ebenso eine angemessene Ausrüstung. Bevor der Verstorbene an den Fluß kommt, den er zu überschreiten hat, treten ihm Wächter entgegen; er muß ihnen Hirsekuchen schenken, um weiterziehen zu dürfen. Über den Fluß selbst führt statt einer Brücke nur ein Balken, vor dem eine göttliche Gestalt steht, die ihn zu befragen beginnt. Nachdem sich herausgestellt hat, daß der Tote diesem göttlichen Wesen die Wahrheit gesagt und also die Probe bestanden hat, läßt er ihn hinüberziehen und vermittelt ihm einen Führer, um ihn so in das Land der Narten zu geleiten.[99] Hat der Verstorbene diese Erlaubnis erhalten, tritt er sofort auf den Steg, der unter ihm zu schwanken beginnt und einzustürzen droht. War der Verstorbene ein guter Mann und reitet er kühn drauflos, so wird der Steg immer breiter und fester. Er gestaltet sich schließlich zu einer ordentlichen großen Brücke. Auf der anderen Seite angelangt, sieht er verschiedene Leute. Sie werden wegen ihres irdischen Verhaltens bestraft oder belohnt. Darauf kommt er an eine Stelle, von der drei Wege abzweigen. Der erste führt hinauf zu den Heiligen im Himmel, der zweite in die Unterwelt zu den bösen Geistern, auf dem mittleren Weg gelangt er zu den Narten. Der Herrscher der Toten fordert ihn auf, die erste Stelle unter ihm einzunehmen. Als er zunächst den ersten Platz abweist, wird ihm der letzte angeboten und zugleich der Auftrag erteilt, sie zu bedienen. Wiederum weigert sich der Verstorbene, weil er auf Erden allen gedient und den letzten Platz eingenommen habe. Darauf setzt man ihn in die Mitte des Kreises. So bleibt er in der Mitte des Paradieses.[100]

Auch in parthischer Zeit erhält sich die Vorstellung von der Himmelsreise der Seele. Sie hat (aufs ganze gesehen) die alten Themen bewahrt, natürlich gekleidet in eine spezielle parthische Terminologie.

Wichtig ist, daß diese Terminologie eine nicht zoroastrische ist.[101] Ganz am Schluß in den beiden Jahrhunderten vor Christi Geburt kursiert im vorderen Orient eine Sammlung von Prophezeiungen unter dem Namen «Orakel des Hystaspes».[102] Sie arbeiten mit einem Siebentausend-Jahre-Schema. Die Welt hat eine Dauer von 7000 Jahren. Es gibt eine Nebeneinanderordnung der sieben Planeten, sieben Metalle und auch sieben Farben, deren Ursprung wir in der spätbabylonischen Religion zu suchen haben. 6000 Jahre lang kämpfen der gute Gott und der böse Geist um die Weltherrschaft. Dem Bösen gelingt es, die Oberhand zu gewinnen und alle jene Wehen und Widerwärtigkeiten auf die Bahn zu bringen, die für die Endzeit bezeichnend sind. Dann aber sendet Gott den Gott Mithra. Der Sonnengott macht den bösen Mächten ein Ende und herrscht während eines Millenniums. Tausend Jahre stehen unter der Herrschaft der Sonne; ihr metallenes Symbol ist das Gold. Nach dem Millennium des Mithras endet die Herrschaft der Planeten. Eine große Verbrennung findet statt, und die Welt wird vollständig erneuert.[103]

Erlösung und Ethik

Das Gesamtbild der Religion Irans hinsichtlich der Jenseitsvorstellungen ist sowohl in der Periode vor Zarathustra wie in der nach ihm von einer Grundrichtung gekennzeichnet. Für den Einzelmenschen findet sich die Möglichkeit der Himmelsreise. Sie steht dem zu, der sich im doppelten Spannungsfeld zwischen gut und böse auf die Seite des Guten geschlagen hat – und zwar immer, ein irdisches Leben lang. Irans alte und später durch Zarathustra reformierte Religion fußt auf einem dualistischen Weltkonzept, so daß die Lebenswelt der Menschen von ethischem Impetus durchdrungen wird, sich doch entschieden und unentwegt auf die Seite des Guten zu stellen. Wo die Ethik so bestimmend wirkt in der Religion, hat das Gericht, verbunden mit der Lebensbilanz, seinen besonderen Sinn. Was der Einzelne leistet und was ihm vergolten wird, geschieht im Kampf um jährliche Erneuerung der Schöpfung, die freilich in archaischer Sicht aus der sich naturmäßig vollziehenden jährlichen Reorganisation stammen dürfte.

Die Erlösung differenziert sich mit und nach Zarathustra, wo die Heilandsfigur ihre integratorische Funktion findet. Die Ethik mit ihrem den Menschen gänzlich und immer fordernden Zug hat schwerlich befriedigt – es bedarf der Gnade durch den aus der Jenseitswelt Gesandten.

Wie vordem schon ist auch bei Zarathustra die Aufwärtsbewegung des individuellen Lebens im nachtodlichen Sein charakteristisch. Über das Individuelle hinaus geht es um Verklärung der Welt insgesamt. Daß Leben ewig wird – ein Paradoxon hier, erscheint als zwangsläufige Folge des Wirkens, das die Heilandsfigur entfaltet.

Individuum und Kollektiv spielen im kosmischen Schauspiel der Religion Irans ihre tragenden Rollen. Alles richtet sich durchgängig auf eine geschichtstranszendente Erlösung, deren Gewißheit in der alten lebensweltlichen Überzeugung Irans wurzelt, daß wahr wahr und unwahr unwahr ist und erkannt werden kann und muß.

Lebensweltliche Ordnung im Religiösen also findet ihre Strukturen im durchgängigen Verweis auf die andere, die jenseitige Welt. Diesseits ist nur, weil Jenseits das Diesseits zum ethischen Vollzug drängt. Diesseits wäre nicht, wie hier geschildert, ohne Jenseits. Immanenz freilich als Wesen des Diesseits hat für sich selbst keine Chance: Transzendenz wird umfassend. Irans Religion ist eine eindrückliche Jenseitsreligion.

Auferstehung

Das Wort «Auferstehung» ist mit dem Christentum so verbunden, daß seine Anwendung bei außerchristlichen Verhältnissen verwirrt.

Wenn man aber mit Auferstehung die nach dem Tode erneuerte und verklärte Existenz des ganzen Menschen meint, so findet sich dieser Gedanke auch außerhalb der jüdisch-christlich-islamischen Eschatologie. Er setzt eine mehr oder weniger monistische Anthropologie voraus, während der Glaube an eine unsterbliche Seele auf einer dualistischen Weltsicht basiert. Dieser Unterschied kann aber so nur in der Theorie gemacht werden, in der Praxis gibt es viele Mischformen vom Glauben an die Auferstehung des Körpers und an eine unsterbliche Seele. Gedankliche Probleme entstehen: Wie z. B. kann ein vollständig vernichteter Körper wieder auferweckt werden? Selbstverständlich gibt es verschiedene Lösungen – so etwa die vedische Anschauung, die mit der Leichenverbrennung als fester Institution rechnet und die dem Toten einen neuen, verherrlichten Körper zuspricht. Der irdische Körper löst sich auf und geht, wie die psychischen Funktionen, in die verschiedenen Elemente auf.[104] Aber da es in der indischen Anschauung weder ein Ende der Zeit noch eine damit zusammenhängende allgemeine Auferstehung gibt, geschieht durch die himmlischen Ahnen die Wiedersammlung und

Neuschaffung gleich nach dem Tode des Einzelnen. Es bildet sich ein himmlischer Körper – völlig fehlerfrei.

Im Iran ist bereits in der vorchristlichen Zeit der Auferstehungsglaube anzutreffen – und zwar in griechischen Bezeugungen, aber immer sehr kurz. Die iranischen Quellen selbst, die über Auferstehung etwas sagen, sind jung (9. Jahrhundert n. Chr.). Der Erlöser Saoshyant erweckt am Ende der Zeit alle Toten.[105] Auf die Frage Zarathustras, wie dann der Körper, der von wilden Tieren und Vögeln bei der Steppenbestattung zerrissen worden ist, wiedergesammelt, rekonstruiert werden kann, antwortet Ahura Mazda: Eine zerstörte Kiste kann man leichter rekonstruieren, als eine neue aus dem Nichts schaffen.

Die körperliche Substanz geht zurück in die entsprechenden Elemente der Natur. Dann arbeiten sogenannte Einsammler, aber sie schaffen es nicht, die Bestandteile der einzelnen Menschen zu unterscheiden. Daraufhin tut es Ahura Mazda selbst. Er ist schließlich der Allweise und Allwissende. Er schafft darüber hinaus ja eine gänzlich neue Welt – mit allen Pflanzen und Tieren.

Ahura-Mazda

Die indoarische Einwanderung im 2. Jahrtausend vor Christus hat zur Folge, daß (im Gegensatz zu Indien, wo eine Überlagerung stattfindet) ein Ringen zwischen ererbter Frömmigkeit und vorderasiatischer Religiosität einsetzt, das Umwertungen bringt und zur Konstitution eines abstrakt-persönlichen Allgottes mit ausgeprägt sittlichem Charakter führt: Ahura Mazda. Andere Götter der arischen Vorzeit werden beibehalten. Zudem bleiben Naturmächte weiterverehrt – wie z. B. Sonne, Mond, Sterne, Wind, Erde, Feuer, Wasser.

Für die Beurteilung der iranischen Religion ist die zeitliche Ansetzung Zarathustras entscheidend. Greift man zu hohem Alter, so wären der Dualismus und die Einführung Ahura Mazdas sein Werk. Geht man bis ins 6. Jahrhundert vor Christus herab, so muß man den Glauben an den Allgott für die Zeit vor der Ausbildung seiner Lehre voraussetzen. Damit dürfte auch die dualistische Weltsicht schon vor Zarathustra aufgekommen sein (auch hier liegt eine komplizierte Genese vor).

Zarathustras geschichtliche Gestalt ist schwerer zu fassen als bei irgend einem Religionsstifter. Einzig die Gathas des Avesta als in Strophen zusammengefaßte Verkündigung zeugen von ihm. Abgesehen von vielerlei Anspielungen auf die persönlichen Verhältnisse, die Zeitumstände etc. dominiert das persönliche Gespräch mit seinem Gott Ahura Mazda, seinem heiligen Geist und den ihn darstellenden Amesha Spentas.

Eine fast intellektuell zu nennende Nüchternheit, aber zugleich eine tiefe inbrünstige Ergriffenheit zeichnet die Religiosität Zarathustras aus. Das Wunder der Gnade, wie es im Christentum oder Islam gelehrt wird, hat (noch) keinen Platz.

Eine Symbolsprache ist beherrschend, die etwas mit der Verehrung des Rindes zu tun hat. Es geht Zarathustra auch ganz konkret um die Pflege des Rindes, um das Verbot des blutigen Tieropfers und um die Kampfansage gegen den Haoma-Genuß und damit verbundenen Orgien.

Hinzu kommt der konsequent durchdachte Dualismus von Gut und Böse: Ahura Mazda, dem Weisen und Guten, steht Ahriman gegenüber. Hier siedelt die erwähnte ethische Forderung in ihrer Radikalität, die sich religiös auswirkt in der geschilderten nachtodlichen Existenz in ihrer ganzen Komplexität.

Wir finden Zarathustra in fortdauerndem Gespräch mit seinem Gott, als Kämpfer gegen das Böse, das sich als Teufel personifiziert, wir finden ihn als Heiligen, aus dessen Samen der Heiland (Saoshyant) geboren wird, der die Welt erlöst und umschafft.

3. 8 Die Religion Ägyptens[106]
Die Götter Ägyptens
Die Götter Ägyptens gelten als Urheber des menschlichen Schicksals. Sie werden vorgestellt und geglaubt als dessen Herren. Damit zeigt sich die maßgebende Grundlage des Jenseits, auf das sich der Ägypter ausrichtet. Bereits früh wird der ägyptische Kultus zu einer Vergegenwärtigung der im Mythos erfaßten und beschriebenen Götterwelt. Der Bezug zur jenseitigen Welt gestaltet sich in der rechten Lebensführung und durch ihre Norm: der Maat. Erkennen der Maat ist für den Menschen von entscheidender Bedeutung; sein Leben wird an ihr gemessen. In der Urzeit kam die Maat aus dem Himmel und gesellte sich zu denen, die auf Erden lebten – dann gab es kein Unrecht im Lande, keine Schmerzen, keinen Hunger, also offensichtlich keine Lebensprobleme.

Ethische Tatbestände müssen festgestellt werden, um anschließend Lohn oder Strafe auslösen zu können. Diese innere Notwendigkeit arbeitet einer anderen Erscheinung in die Hand: Der Ägypter betrachtet in seiner Frühzeit das Leben nach dem Tode als Fortsetzung des diesseitigen. Mumifizierung und Grabausstattung sind deutlichste Zeugen für diesen Grundgedanken. Aber nicht nur die gleiche Existenz setzt sich nach dem Tode fort, auch die dynamischen Beziehungen der Glieder der Gesellschaft untereinander regeln sich genau so, wie sie es im Leben zuvor taten. Das bedeutet u. a., daß in der Totenwelt Gericht gehalten wird, daß man Anklage erheben und selbst angeklagt werden kann. Aus der Norm der Maat und ihrer lebensumspannenden Geltung sowie aus der Vorstellung eines ins Totenreich verlängerten Prozessgerichts formiert sich die Idee des allgemeinen Totengerichts unter göttlicher Leitung.

Nach Auffassung des Ägypters hat die Welt als göttliche Schöpfung einen Anfang in der Zeit. Damit entsteht die Frage, ob sie auch in der Zeit enden kann. Ein Kapitel des Totenbuches bewahrt das drohende Wort des Urgottes Atum, daß er, der selbst aus dem Chaos heraufkam, seine Schöpfung überlebt. Die Macht des Chaos (in seiner Unendlichkeit) wird am Ende wieder alles in allem sein.

Das ägyptische Totenwesen ist ein grandioser und sehr komplexer Versuch, der Gegenwart Dauer zu verleihen, wobei die ägyptische Kunst auf ihre Weise die angestrebte Überwindung des Todes sinnfällig macht, indem sie die Zeit aus dem Gehalt ihrer Bilder wie durch ihren strukturellen Aufbau auszuschalten sucht.

Das Sein des Ägypters hat also einen von seinem göttlichen Schöpfer gesetzten Anfang. Der Schöpfer seines Lebens ist auch Herr des Todes. Schicksal meint die Lebenszeit wie das Todesgeschick. Den Tod, durch die Gottheit von Fall zu Fall gesetzt, muß man als Stück der Weltordnung begreifen. Er gehört zu den Phänomenen, die in der Welt vor der Schöpfung fehlen und folglich in jener negativen Reihe von Elementen aufgezählt werden, die erst für die erschaffene Welt und ihre Ordnung konstitutiv sind.

Die ökologische Situation und der Tod
Die Landschaft Ägyptens, im ganzen Niltal eine schmale Zone des Lebens, von Todesöde umschlossen, zeigt mit ihrer harten, fast messerscharfen Grenze zwischen Fruchtland und Wüste auf der ganzen Linie Mittel- und Oberägyptens jedem Bewohner den Tod in steter Gegenwärtigkeit. Hinzu kommt, daß Friedhöfe aus ökonomischen Gründen

Abb. 11: Amun-Re auf seinem Schiff. (aus: J. P. Asmussen u. a., Handbuch der Religionsgeschichte, Bd. 1, Göttingen 1971: 403)

nicht im Fruchtland, sondern am Wüstenrand angelegt werden, so daß sich die Assoziation von Wüste und Tod aufdrängt. Der Ägypter sorgt in seinem Leben für den Tod vor wie kaum ein anderer auf Erden.

«Niedrig (bzw. bedrückend) ist uns der Tod, hoch steht uns das Leben.» Der Weise empfiehlt, der Not des Todes durch eine treffliche Grabausstattung zu steuern. Eine seit dem Mittleren Reich als Appell an die Lebenden gebräuchliche Formel lautet: «Oh ihr, die ihr zu leben liebt und zu sterben haßt – sprecht (für den Toten das Totengebet).»[107]

Im Neuen Reich und später finden sich pessimistische Schilderungen vom Zustand des Toten. So klagen Frauen: «Der du reich an Leuten warst, du bist im Lande, das die Einsamkeit liebt. Der es liebte, seine Beine zu öffnen zum Gehen, ist gefesselt, eingewickelt und gehemmt. Der, reich an Stoffen, sich zu kleiden liebte, schläft im abgelegten Kleid von gestern.»[108] Der Tod treibt den Menschen in Einsamkeit, Unbeweglichkeit und äußere Armut. Später hören wir: «Der Ausgang des Lebens ist Trauer, bedeutet Dürftigkeit an dem, was früher bei dir war, und Leerheit an deinem Besitz, bedeutet Sitzen in der Halle der Bewußtlosigkeit [...], bedeutet Nichtwissen, bedeutet Schlafen, wenn die Sonne im Osten steht, bedeutet Dürsten zur Seite des Bieres.»[109] Leibliche Güter fehlen und geistige desgleichen in dem Sinne, daß sich das Totsein einem schlafähnlichen Zustand nähert. Schlafen ist die Beschäftigung der Toten, die nicht erwachen, um ihre Brüder zu sehen. Sie verlieren den Kontakt mit ihren Angehörigen. Das Wasser des Lebens ist ihnen fern; sie müssen dürsten. Der Tod ist unberechenbar. Alle haben Furcht vor ihm. Weiterhin gibt es Zeugnisse für eine starke kreatürliche Abneigung gegenüber dem Ereignis, das die Menschen um erfahrbare Vorteile ihrer irdischen Existenz bringt, um Speise und Trank, Bewegungsfreiheit und Licht, um liebende Gemeinschaft und geistige Fähigkeit. In einer Götterlehre von Memphis wird der Maat das Leben, dem Unrecht der Tod zugeordnet wird.[110] Wir verstehen, daß der Ägypter leben will und nur in Zeiten großer Not und täglicher Gefahr sich zu dem Bekenntnis hinreißen läßt: «Ich wünsche, ich stürbe».[111] Der Amonspriester Nebneteru (22. Dynastie) sagt: «Der flüchtige Augenblick, da man die Strahlen der Sonne empfängt, gilt mehr als die Ewigkeit, da man Herrscher der Unterwelt ist.»[112] In diesen Zeugnissen vom Alten Reich an bis zum Ausgang der Ptolemäerzeit, in unterschiedlichem Grade der Verhaltenheit, hören wir die Stimme der Kreatur, die von Angst vor dem Ende gepeinigt wird – zunächst weniger vor dem Tode an sich als vor dem Ende eines positiv gewerteten und dem Beginn eines unendlich langen, negativ erscheinenden Zustandes. Die Massivität ägyptischer Aussagen läßt sich

Abb. 12: Gastmahl in einem ägyptischen Grab (aus: H. Gressmann, Altorientalische Bilder: Taf. 84)

begreifen als unvermeidliches Negativ zu der bis über das Ende der vorchristlichen Zeit hinaus durchgehaltenen Vorstellung vom lebenden Leichnam und ihrem (eindrucksvoll-schauerlichen) Symbol der Balsamierung des Leibes zur Mumie. Gibt es tatsächlich ein Leben nach dem Tode und stellt man es als körperliche Fortexistenz dar, so bewahrt man folglich den Leib, baut ihm ein Haus und stattet es mit allem Nötigen aus. Dann aber muß dieses Leben selbst über kurz oder lang als mangelhaft und (müssen auch die Belebungsriten als Ersatzlösung sowie die magische Vergegenwärtigung der Gaben durch das Wort der Versorgungsliturgie) fragwürdig erscheinen. Tatsächlich lesen sich Klagen über die Grabexistenz wie eine Liste von Entbehrungen und sind insofern das Negativ zu den Listen der Darbringungen für die Toten.[113] Wir sollten uns hüten, freundlich klingende Umschreibungen des Todes wie «das schöne Geschick» oder gar die Umkehrung in Leben (Sarg = Herr des Lebens usw.) dem Wort des Apostels Paulus[114] vorschnell an die Seite zu stellen.

Die Gegenwärtigkeit des Todes

Verständlich ist, daß wir den Tod selbst negativ bewertet finden. Dies scheint aber für die geläufige Auffassung als Schlaf nicht zu gelten, da er ja die Möglichkeit des Weckens und Erwachens einschließt. «Es schlief jener Große (der tote Osiris), nachdem er entschlummert war; wach auf, erhebe dich.»[115] Osiris heißt als Heilsvorbild zunächst des Königs, dann aller Toten schlechthin «der unversehrt Erwachende». Dem liegt eine alte Auffassung vom Tode zugrunde, die sich lange vor dem Einsetzen schriftlicher Überlieferung kundgibt. Mag hier eine Grundvorstellung anzutreffen sein, die den Dienst an Osiris charakterisiert, so bezeugen die angeführten Klagen, daß gerade der Tod, als Zustand des Schlafes, unerwünscht und unbefriedigend ist. Der Tod bleibt dem Ägypter (je länger desto mehr) unerwünscht, er ist ihm ein Leben lang gegenwärtig und greift mehr oder weniger tief in sein irdisches Dasein ein. Die Gegenwärtigkeit des Todes veranlaßt Sorgen um die eigene Bestattung wie auch die Pflege des Totendienstes an anderen. Da der Tod nicht nur von der das Fruchtland umschließenden Wüste her als gegenwärtig erfahren wird, steht er auch (innerlich) im Bewußtsein und diktiert einen beachtlichen Teil der Handlungen und Leistungen. Im Laufe der Zeit wird jeder ägyptische Tote mumifiziert und zu Osiris und bedarf dazu der nötigen Riten. Wir wissen, daß Sorgen um rechte Bestattung nach dem Zeugnis erbrechtlicher Urkunden die Lebensperspektive selbst des kleinen Mannes bestimmt. Der Tod ist dem Ägypter schlechthin, dem König wie dem einfachen Bürger, im Leben gegenwärtig; der Gedanke daran beeinflußt für jeden auf seine Art einen Teil seines irdischen Handelns. Negativ wird dieses Todesbewußtsein eindrucksvoll bekundet. Wir hören vom Brauch, der das Aufsehen des Herodot erregt hat. Wenn die Ägypter nämlich beim Gastmahl sitzen, so schreibt Herodot, dann lassen sie einen Toten in einem Behältnis (ein mumiengestaltiges Figürchen) zirkulieren, um sich an den Tod zu erinnern und eben dadurch zum Lebensgenuß aufzufordern: «Diesen schau dir an und trink und ergötze dich! Denn bist du gestorben, wirst du ebenso sein.»[116] Der Ägypter gedenkt selbst bei den Freuden des Mahles in Wort und Handlungen des Endes. Er kommt vom Bewußtsein des Todes nicht einmal in der Forderung nach vollem Lebensgenuß los; das kennzeichnet ihn in besonderer Weise. Und trotz dieses intensiven Todesbewußtseins baut der Ägypter tatkräftig an dieser Welt mit! Er schafft nichts Geringeres als die ägyptische Kultur mit einer überwältigenden Fülle von Lebensformen. Das Todesbewußtsein macht sich in seinem Schaffen geltend – und zwar in dem vielberufenen Ewigkeitsdrang. Ein Todesbewußtsein, das nicht zur

Resignation führt, legt Ewigkeitsdrang als Entsprechung nah. Mit der Pyramide bekommen wir hierzu die Kunst des Ägypters in den Blick. Der Ägypter liebt den dauerhaften Stein als Werkstoff. Er versucht, durch seine Kunst die Zeit auszuschalten. «Niemals greift ein Wandbild aus dem unendlichen Strome der Zeit einen Zeitpunkt heraus, der in einem einzigen Sehakt erfaßt werden könnte [...], kein ägyptisches Bild deutet auf eine bestimmte Tageszeit [...], mit einer erstaunlichen Folgerichtigkeit wird eine Welt fertiger Objekte aufgebaut. Alles ist, nichts wird, überall starres, zeitfremdes Sein, nirgends fließendes, zeithaftes Werden.»[117] In der ägyptischen Kunst sehen wir einen Versuch, den Tod zu überwinden. Gerade in seiner Haltung gegenüber der Zeit wirkt sich das wache Todesbewußtsein des Ägypters aus und spiegelt seinen Ewigkeitsdrang. «Der Tod in all seiner Gegenwärtigkeit und klar negativen Wertung hat den Ägypter nicht zermalmt, sondern hat sein Schöpfertum gelenkt und ihn zur Größe führen helfen.»[118]

Mumifizierung

In diesen Zusammenhang gehört ein Hinweis auf die Mumifizierung, die bekanntlich den Leib insoweit konserviert, als das Fleisch aufgrund entsprechender Mittel völlig einschrumpft, aber so erhalten bleibt, daß der Tote von seiner eigenen Haut umschlossen als Ganzes beisammen ist. Der ägyptische Brauch bildet eine radikale Gegenposition zu Indien, wo man den Leib durch Leichenverbrennung und Wegwerfen der Knochen ins Wasser vernichtet, da nur die Wanderung der Seele von Existenz zu Existenz und ihre schließliche Erlösung durch Eingehen ins Nirvana als erheblich gilt. Der ägyptische Tote, im Leibe bewahrt und Bewohner eines Hauses, ist allezeit mit Beigaben versehen, die ihn ernähren, kleiden und schmücken. In der Gestaltung der den Toten gewidmeten Räume geht es um das Zusammentragen der Summe irdischen Lebensinhaltes, die dem Toten ebenso verfügbar sein soll wie die konkreten Darbringungen an Speise und Kleidung. Der Grundgedanke des lebenden Leichnams hat zur Bewahrung des Leibes, zum Errichten einer dauerhaften Wohnung und zu einer Fülle von Beigaben für die Leiche geführt, so daß daneben regelmäßig wiederholter Versorgungsdienst notwendig wird, in dessen Vollzug sich die irdische Bedürftigkeit des Toten ebenso zeigt wie die Kraft von Ritualen. Neben dem Grab gilt sowohl der Himmel wie auch das Totenreich als Aufenthaltsort der Abgeschie-

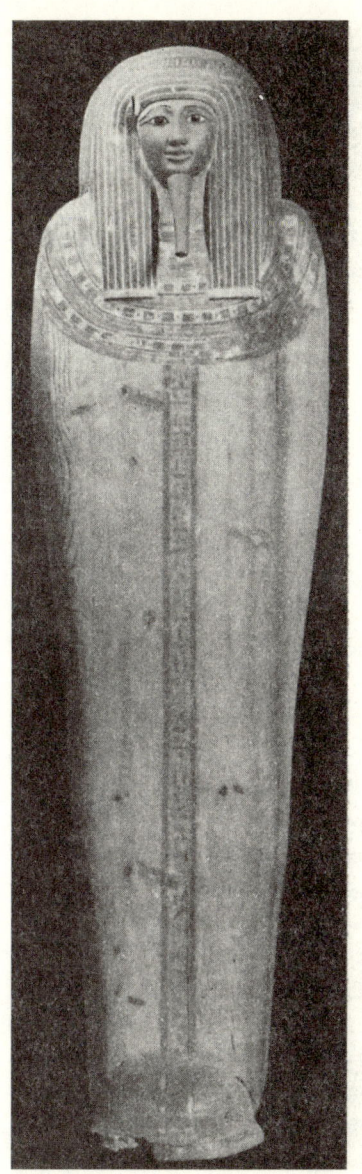
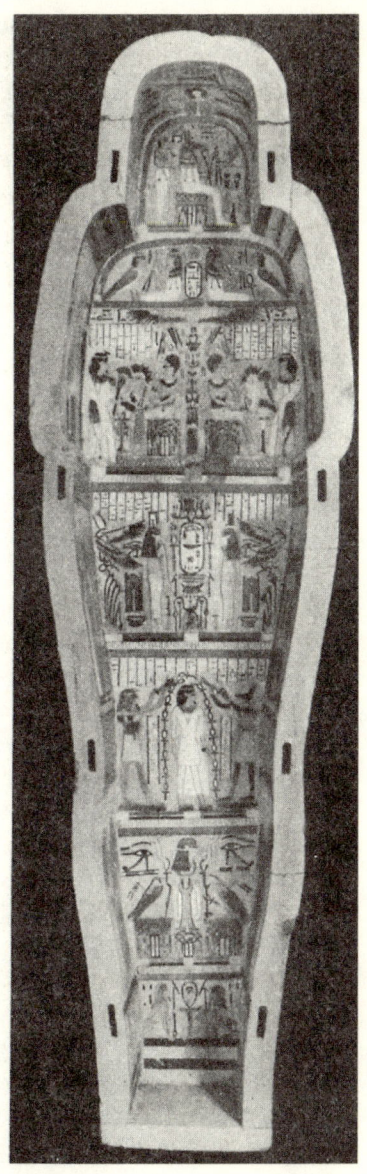

Abb. 13: Äußeres und Inneres eines Mumiensarges der 19. Dynastie.
Die Malereien beziehen sich auf ein glückliches Leben im Jenseits. (aus:
A. Anwander, Die Religionen der Menschheit: 19)

denen. Der Himmel wird zunächst vom toten König als Zielort beansprucht, dann aber im Zuge der Demokratisierung dergleichen vom Bürger besetzt. Es findet sich eine Reihe von Sargtexten, die den Gedanken himmlischer Existenz des Toten deutlich formulieren. Festzuhalten ist, daß der Ägypter unter Vorangang seines Königs den Himmel als Totenreich gewinnt und speziell die vogelgestaltige Seele des Ba mit dem Himmel verbunden wird. Dabei erweist sich die Bewahrung des Leibes im Grab sogar als Voraussetzung für diese Himmelfahrt![119]

Osiris

Ist die Wohnung des Toten im Himmel und bringt bisweilen eine Leugnung des Todes, so ist demgegenüber seine Zugehörigkeit zum Totenreich naturgemäß mit Erdgottheiten, schließlich mit Osiris gekoppelt. Osiris stirbt ja selbst. Von seinem Teilverwandten, dem Korngott Nepre, heißt es: «Er lebt, nachdem er gestorben ist.»[120] Auch der Tod des Menschen wird nicht geleugnet, der in der Nachfolge des Osiris steht.[121] Das Totenreich läßt sich verstehen als Summe der Friedhöfe, die am Wüstenrande liegen – zumeist im Westen. Es charakterisiert sich durch die Dunkelheit der Gräber, aus denen man am Tage heraustreten möchte, um die Sonne zu sehen. Der Untergang der Sonne verweist auf das Totenreich als westwärts gelegen. Daran knüpft sich die Hoffnung, die Sonne zeige bei ihrer Nachtfahrt den Weg durch das Totenreich und bringe seinen Bewohnern ihr Licht. Die ganze über bloßes Lichtspenden hinausgehende Heilskraft dieser Fahrt erscheint darin, daß der tote Osiris und mit ihm jeder Tote durch die Strahlen der Sonne rekreiert wird und sich nun erneut zu erheben vermag.

Osiris kommt gewaltsam vom Leben zum Tod, am Ende sogar zerstückelt. Aber er erhebt sich aus Zerfall und Ohnmacht im Jenseits aufs Neue, zeugt Horus als seinen Erben, hält Gericht und triumphiert über seine Gegner. Ein solcher Ablauf ist das Modell, das in gleicher Form immer wieder zur Repetition gelangt. Jeder Verstorbene wird zu einem Osiris; er tritt ein in die Rolle des Gottes und geht damit den gleichen Weg, den jener ging, durch alle Schrecken des Todes bis zur Bestätigung im Gericht. In Osiris realisiert sich das Todesgeschick in seiner ganzen Brutalität. Einerseits ist er völlig hilflos und andererseits zur Königsherrschaft berufen – und zwar über ein Reich, das an Größe nicht seinesgleichen hat: das Reich der ungezählten Toten. Geschieht einem ver-

Abb. 14: Wiegen des Herzens des Toten. Grabmalerei aus Theben, 18. Dynastie. Der Verstorbene (links) nähert sich mit ehrerbietiger Geste Osiris auf dem Thron. Horus mit Falkenkopf wiegt das Herz, der Schreibergott Thot mit Ibiskopf verbucht das Resultat (aus: J. P. Asmussen u. a., Handbuch der Religionsgeschichte, Bd. 1, Göttingen 1971: 371)

storbenen Menschen die Transformation in einen Osiris, dann begibt er sich auf den vorgezeichneten Weg, der zu Herrschaft und Triumph führt.

Auf diese Weise werden alle Verfallserscheinungen des Körpers nur transitorisch. Ziel ist das höhere, gesteigerte Sein im Reich des Osiris. Der Tote naht sich dem Gott in verschiedenen Ausdrucksformen: als Priester, Gefolgsmann, als treuer Sohn. Er verschafft sich auf diese Weise Zugang zu dem seligen Reich des Osiris, wo sich eine jenseitige Kultlandschaft eröffnet.[122]

Die Welt des Osiris ist aber nur die eine Hälfte des Jenseits, in das der Tote eingeht. Es gibt eine andere Hälfte, die das Grauen im Gefolge hat. Auch Osiris selbst bangt vor dem tiefen, finsteren, unendlichen Abgrund. Und Mangel wie Schrecken sind das tägliche Brot: kein Wasser, kein Licht, nur grauenhafte Finsternis. Schlimme, dämonische Wesen funktionieren dort. Sie schlagen Köpfe ab, trennen die Hälse vom Rumpf, ergreifen die Herzen und reißen sie aus der Brust, richten ein fürchterliches Blutbad an.[123] Tiefes Entsetzen spricht aus dem Wunsch des Toten, diesem schlimmen Land zu entkommen[124] – ein Land, in dem die Sterne umgestürzt auf ihre Gesichter fallen und nicht wissen, wie sie sich wieder erheben sollen. Der Mensch bemerkt dort, daß er selbst in dieser allgemeinen Verkehrtheit zum Kopffüßler werden kann und dann seinen eigenen Kot essen muß, da sich hier der Verdauungsprozeß umkehrt. Es kann auch sein, daß er einen zweiten, endgültigen Tod erleiden muß.

Sonne und Jenseits

Im Laufe der Zeit wird das Totenreich als eine gleich den Gräbern unter der Erde liegende Welt betrachtet, die die Sonne nach ihrem Herabsinken vor neuem Emporsteigen über die Horizontberge durchzieht. Wir finden die charakteristische Formulierung, daß die Unterwelt für Osiris und die Toten tiefgemacht ist sowie der Himmel hocherhoben wird. Die Nachtfahrt der Sonne bekundet die Einheit des Totenreiches sinnenfällig, die sich außerdem in der Königsherrschaft des Osiris dokumentiert.

Der Tote tendiert aus den eben genannten gefährlichen Abgründen wieder ans Tageslicht. So steht im Spruch 1 des Totenbuches, das Erik Hornung präsentiert: «Anfang der Sprüche vom Herausgehen am Tage, von den Entbehrungen und Verklärungen».[125] Aber, so belehrt uns Hornung, es ist keine Wiedergeburt zu irdischem Dasein, die der Tote sucht, sondern Eingehen in das beruhigende Gleichmaß der Gestirne, die ihre vorgegebene Bahn ziehen. Die Jenseitshoffnung zielt auf die Sonne als mächtigster Potenz am Himmel. Ihre Barke trägt den Verstorbenen aus der Unterwelt wieder empor und mit ihm das unzählige Heer der seligen Toten. Sie füllen als Vorgänger des nun Verstorbenen das Schiff. Wer einen Platz gewinnt oder darüber hinaus auf der Fahrt leitende Funktion übernimmt, hat seine Rettung für ewig gesichert. Von nun an ist Re, der Sonnengott, sein Schutz.[126] Ein gemeinsamer Kampf wird durchgefochten, der Sonnengott und die ihm Verpflichteten bemeistern die radikalste Bedrohung, die von der gigantischen Schlange Apophis ausgeht. Sie versucht unablässig, aber erfolglos, den sicheren Weg der Sonnenbarke und damit den Lauf der Welt selbst zu stoppen.

Ba und Ka

Menschliche Existenz konstituiert sich in ihrem doppelten Bezug zur Sonnenwelt des Gottes Re und zur Todeswelt des Osiris. Was der Ägypter hofft, ist eine Umkehr des natürlichen Ablaufs von Geburt zum Tod – nämlich eine Verjüngung im Grab. Der Körper gerät in die Unterwelt, der Ba ist Begleiter der Sonne auf ihrer Himmelsreise. Jede Nacht geschieht die Reunion von Körper und Ba[127] – und zwar in der Unterwelt, was zur Folge hat, daß es ein Wiederaufleben im Jenseits gibt.

Der Ba ist, wie schon angedeutet, vogelgestaltig. Er kann sich somit frei und ungehindert in alle Bezirke begeben. Aber das genügt nicht: Er benötigt die Verbindung mit der erstarrten Mumie. Erst dann ist personale Ganzheit wiedergewonnen. Zu ihr haben wir auch den Ka als wirkende Kraft zu zählen, ebenso den Schatten wie den Namen.[128] Nun kann man vom Verstorbenen als einem Verklärten, einem Bewohner des Osirisreiches sprechen. Das Totenbuch mit seinen Einzelsprüchen hat die Aufgabe, bei der Erlangung diese Zustandes behilflich zu sein.

Nachtodliches Existieren findet in Ägypten eine faszinierende Darstellung. Der Verstorbene ist in der Lage zu tun, was ihm beliebt. Er kann als Landwirt arbeiten, um Brot, Bier, Opferfleisch und frische Pflanzen zu erzeugen. Die Baumgöttin spendet Schatten, Nahrung und kühles Wasser.[129] Frische Winde machen das Atmen leicht.[130] Die Kleider dürfen gewechselt werden, wann auch es erforderlich ist.[131] Ein Standard zeigt sich, der im irdischen Dasein wohl nur der Oberschicht vorbehalten bleibt.

Die Mumifizierung konserviert den Körper, so daß der Verstorbene den Weg in die Tiefe des Totenreiches sicher findet. Aber der mumifizierte Körper beengt auch; neu erwachendes Leben im Jenseits gilt als Ziel. Lebendig und verjüngt empfängt der Tote die irdische Gestalt (im Jenseits) zurück.[132] Wir finden Hinweise auf eine symbolische Rückerstattung der Augen, des Mundes, des Herzens, des Kopfes überhaupt. Er kann wieder gehen, wie er will. Er kann wieder lieben und Sexualität genießen.[133]

Jenseitsfahrt

Der Verstorbene befindet sich auf großer Jenseitsfahrt. Die Räume, die er durchzieht, sind unermeßlich. Hornung sagt: «Wasserläufe überwindet er mit dem Fährboot»,[134] an den Toren mit ihren drohenden

Wächtern[135] weist er sich aus und erhält Einlaß, Himmel und Erde können ihn nicht festhalten,[136] und neben dem «Herausgehen am Tage» sichert er sich die freie Rückkehr in die nächtliche Welt der Tiefe.[137]

Die Sonnenbarke als Gefährt steigert noch seine Möglichkeiten, sich das Grenzenlose zu erschließen. Er hofft darauf, auch dort vertraute Landschaft zu finden und in jenen Räumen «ein Haus zu bauen».[138]

Vor keiner Gefahr muß der Verstorbene zurückschrecken. Er hat sich vertraut gemacht mit der Jenseitswelt. Er kennt alle Passworte, um Abgründe zu überwinden. Er ist sogar gegenüber jenseitigen Wesen der Wissende und Belehrende. Er hat wie die Götter eine Überschau über Millionen Jahre. Alles, was ist, liegt als Sein in Raum und Zeit entfaltet vor ihm. Es gibt ein bekanntes Jenseitsgespräch zwischen Atum und Osiris, in dem diese Dialogpartner sogar auf ein freilich sehr fernes Ende der Welt blicken.[139]

Totenbräuche und Lebenswelt

Ägyptens großes Thema ist die Vergöttlichung des Menschen im nachtodlichen Sein. Es bedarf des Todes, um die Götter realiter zu schauen. Schau der Götter ist eines, Vergottung des Schauenden ein anderes. Der Schritt von einem zum anderen vollzieht sich im Jenseits. Die nun gewonnene Göttlichkeit des Verstorbenen dokumentiert sich darin, daß jedes einzelne Glied in seiner Vergottung genannt wird.[140] Zwei Aspekte des Nachtodlichen zeigen sich: Der Tote ist angsterfüllt; er bangt um die Sicherstellung seiner täglichen Nahrung. Und der Tote ist der, der die unendliche Weite des Alls durchschwebt. Er steigt in dieser Verfassung auf zum Herrn des Kosmos, dem gehuldigt wird.[141]

Die Totenbräuche Ägyptens sagen in ihrem Kern dies eine, daß es für den Menschen darum geht, in Gott zu sein und bei Gott zu bleiben. Der ägyptische Totenglaube zeugt von den unermüdlichen Versuchen eines hellwachen, todbewußten Volkes, den Tod zu überwinden. Daß man überkommene Formen wandelt und in kritischen Perioden für fragwürdig erklärt, ja zuletzt an ihrem hohen Ziele selbst verzweifelt, ist lebendiges geschichtliches Schicksal. Der Sieg des Zweifels kann wohl als tiefstes Symptom des Endes gewertet werden. Ägypten wird bekanntlich vom Christentum und später vom Islam missioniert. Angesichts der weltweiten Ausbreitung dieser Religionen ist zu sagen, daß sie sich in einer Beziehung zur alten ägyptischen Grundposition befinden, weil auch sie die Ewigkeit der Existenz religiös zu begründen versuchen. Sie können mit neuen Tönen uralte Anliegen ansprechen. Wenn die ägyptische Spätzeit skeptisch gegenüber ihrem einst so starken Jenseitsglauben wird, so bedeutet das nicht Unglauben überhaupt. Daß Gott in der Lebenswelt handelt und innerweltliche Gerechtigkeit wirkt, aber auch daß er Herr über das Schicksal, das heißt speziell über Tod und Leben ist, war und blieb lebendiger Besitz jener Jahrhunderte des Ausgangs, die trotz ihrer Skepsis gegenüber dem Totenglauben alles eher als unfromm gewesen sind.[142]

Ägyptens Lebenswelt ist in ihrer Farbigkeit und ihrer kontrastreichen Verfassung besonders bemerkenswert. Die Geschichte des religiösen Bewußtseins, die sich in Ägypten abzeichnet, geht von der einschneidenden Diskrepanz zwischen Diesseits und Jenseits aus. Wo die Wüste alles umgibt, nur der schmale Streifen, von den Wassern des Nils zu üppiger Fruchtbarkeit gebracht, fürs Leben taugt, kann das nachtodliche Existieren kaum als erstrebenswert gelten. Wo Tod und Wüste zusammengehören, fehlen die Güter für den Leib wie für den Geist. Ägypten lebt im Bewußtsein des Todes als permanenter Möglichkeit. Ägypten stemmt sich mit gewaltigem Lebenswillen gegen diese umgreifende Todesbedrohung. Ihren Ausdruck gewinnen diese Kräfte in der sich ausbreitenden Mumifizierung. Sie wird zum Symbol für die eine große Intention ägyptischen Lebens, die sich auch in den Steinbauten pyramidaler Gräber bekundet – nämlich die Zeit, die unweigerlich den Tod bringt, auszuschalten.

Die Geschichte von Ägyptens Lebenswelt bringt eine Differenzierung, der erhebliche Bedeutung zukommt. Mit dem Konzept der beiden Seelenteile Ka und Ba ist einmal das der Erde bzw. unterirdischen Räumen zugehörige nachtodliche Existieren als Ka, das dem Himmel entsprechende als Ba definiert. Der Mensch als sterbliches Wesen hat eine weitgespannte Unsterblichkeit gewonnen. Er ist des Himmels als des Reiches der Toten teilhaftig, und er gehört zum Feld des sterbenden und auferstehenden Gottes Osiris, das mit dem Untergang und Aufstieg der Sonne gekoppelt ist. Ein zweifaches ist geleistet: immerwährende nachtodliche Existenz in himmlischen Zonen und Teilhabe am ewigen Spiel der Polaritäten von Tag und Nacht, von Blühen und Vergehen, vom Lauf auch der Jahreszeiten. Statik und Dynamik kennzeichnet die Konstitution der ägyptischen Jenseitsvorstellungen.

Das Bewußtsein des Ägypters konstituiert eine Welt, die sich aus den landmäßigen Gegebenheiten, beschränkt wie üppig zugleich, zu einer umfassenden Ausgestaltung erhebt. Statik und Dynamik sind unverkennbar in dem unentrinnbaren Todesschicksal eines jeden Menschen, das sich mit der Erfahrung von zerrinnender Zeit verbindet. Ägyptens Drang nach Dauer symbolisiert sich in behauenem Stein der großen Grabmäler. Das Jenseits wird mehrschichtig vorgestellt. Dem Erdboden nah als Totenwelt in nächtlichem Dunkel, das die Sonne in ihrem jeweiligen Durchgang erhellt, und dem Himmel nah als die Zone ätherischen Ewigseins.

Das Intentum Ägyptens ist im Frühstadium wie auf der Höhe politischer Mächtigkeit und im Abfall dasselbe: Meisterung des Todesschicksals, die zeigt, daß für den ägyptischen Menschen das Leben hier und jetzt eindeutig den Vorrang gewinnt, die nachtodlichen Bereiche aber ausgestaltet und einbezogen werden müssen, weil nur so das Leben hier und jetzt die transzendente Sinnstiftung finden kann. Immanenz und Transzendenz spielen beim Ägypter im Gegensatz zum zuvor behandelten Menschen des alten Iran in ihrer Bezogenheit aufeinander derart, daß der schwergewichtige Akzent der Immanenz beigegeben wird. Für den Iran war es, wie gezeigt, umgekehrt. Aus dieser Grundposition, die wohl verschiedene Motive hat, erfolgt das weitere Prozedere des Konstitutionsvorgangs, der Lebenswelt schafft und verändert.

3.9 Keltische Religion
Die Quellenlage

Ein besonderes Problem keltischer Religion liegt in den Quellen, die römischer Herkunft sind und aus denen sich eine interpretatio romana ergibt.[143] Dadurch entsteht ein Unsicherheitsfaktor. In der römischen Kaiserzeit sind die alten Götter der Kelten bereits weitgehend übertüncht. Sie haben kein scharfes Profil mehr und bieten zu sehr verschiedenen Identifikationen Anlaß. Fragen wir nach der Jenseitswelt in keltischen Vorstellungen, so läßt sich sagen, daß ein entsprechendes System für die indogermanische Urzeit vorausgesetzt werden darf. Die keltische Religion ist keineswegs, wie gelegentlich angenommen, ein chaotischer Wirrwarr lokaler Gottheiten, d. h. daß jeder Stamm seine eigene Welt von göttlichen Mächten aufgebaut hätte. Man kann dies schwerlich behaupten, weil unter den Kelten ein mächtiger, hochgebildeter Priesterstand wirksam ist, den klassische Autoren als Philosophen bewundern: die Druiden.

Rückkehr der Toten

Wiederholt sprechen klassische Schriftsteller vom keltischen Glauben, wonach die Seele unsterblich sei und in einem anderen Körper neu ins Leben zurückkehre. Solches erinnert an die Seelenwanderung; man kann an die Lehre des Pythagoras denken. Man sieht darin gelegentlich einen Beweis für den Tiefsinn priesterlicher Lehren und meint, diese stünden den Anschauungen der griechischen Philosophen in keiner Weise nach. Jan de Vries denkt an gewisse antike Kommentare, denen zufolge keltische Priester verneinen, daß die Seelen untergehen.[144] Mit dem Toten verbrennt man seine Pferde, Sklaven und mancherlei Hausgerät, damit dieser in nachtodlichem Dasein davon Gebrauch machen kann. Den Tod fürchten die Kelten nicht. Sie werden ja in anderem Bereich der Natur das Leben wieder zurückerlangen. Ist von Reinkarnation im keltischen Kulturbereich die Rede, so geschieht sie im Umkreis des eigenen Stammes, eigentlich nur in der eigenen Sippe. Archaische Menschen denken in religiösen Fragen nicht über Horizonte stammesgebundenen Lebens hinaus. De Vries meint, Vorstellungen, die über den Tod hinausweisen, unterscheiden sich bei den verschiedenen indogermanischen Völkern nicht wesentlich. Ein Toter steigt in die Unterwelt hinab, verbleibt aber dort nicht für immer. Er wartet auf Rückkehr ins irdische Leben, die er heiß ersehnt. Sobald in seiner Sippe ein neues Kind geboren wird, schlägt die Stunde für ihn. Er darf zurückkehren und im Kreise der Sippe zu neuem Leben auferstehen. Manchmal zutage tretende Gleichartigkeit der Gesichtszüge, des Körperbaus, auch seelischer und geistiger Eigenschaften, gelten als Bestätigungen für eine Seelenwanderung. Wir hören vom Brauch, dem neugeborenen Kinde den Namen des zuletzt gestorbenen Verwandten zu geben, in den meisten Fällen den des Großvaters. Sofern die Kelten diesen Glauben bejahen – de Vries hält es für wahrscheinlich –, ist der Gedanke einer Seelenwanderung nicht fremd, freilich in anderer Weise als der der Pythagoräer. Klassische Berichterstatter liefern ein Mißverständnis, wenn sie annehmen, die Kelten hätten dieselben Auffassungen von den Schicksalen der Seele wie der griechische Philosoph.

Lebender Leichnam

Daneben treten Anschauungen anderer Art. Man stellt sich den Toten als körperliches Wesen vor. Wir reden dann von einem lebenden Leichnam. Der Tote hat dieselben Bedürfnisse wie die Lebenden; er muß essen und trinken, er braucht seine Waffen, sein Pferd und seinen Kampfwagen. Grabbeigaben zeigen, daß die Kelten an eine derartige nachtodliche Existenz glauben. Die Seele ersteht von neuem, wenn sie vorher eine bestimmte Zeit in der Unterwelt zubringt. Ein antiker Autor, Diodorus Siculus, teilt mit: Sie werfen an ihre toten Verwandten gerichtete Briefe auf den Scheiterhaufen. Sie meinen, die Toten seien imstande zu lesen. Spätere Autoren haben daran angeknüpft, so daß einer sogar zu berichten weiß, die Abwicklung von Geschäften sei bis in die Unterwelt fortgesetzt worden. Es ist noch heute irische Sitte, dem Toten Briefe ins Grab mitzugeben.[145] Weshalb sollte der Tote, der in der Unterwelt das irdische Leben fortsetzt, vielleicht in anderer Weise, nicht lesen können? Wer seinen irdischen Verpflichtungen nicht nachgekommen ist, findet im Grabe keine Ruhe; er muß umgehen; das ist eine Last für die Lebenden. So ist es wohl vernünftig, ihn daran zu erinnern, welch unbeglichene Schuld er hinterlassen hat, und ihn zu mahnen, durch Tilgung seine Ruhe im Grabe zu ermöglichen.

Menschen und Tiere

Andere Geschichten erzählen, wie Menschen in Tiergestalt erscheinen. Auch hierzu findet sich eine Geschichte, die einen Helden kennt, der zu den 24 Begleitern Parthulons gehörte. Dieser landete als erster in Irland und machte alle aufeinanderfolgenden Invasionen mit. Weil ein einziges Menschenleben dazu nicht ausreicht, muß er jedesmal wiedergeboren werden. Nacheinander lebt er als Hirsch, Eber, Falke und Lachs. In seiner letzten Gestalt wird er gefangengenommen und gekocht. Die Gattin des irischen Königs Carell verspeist ihn. Er wird als dessen Sohn wiedergeboren und sogar noch von Patrick getauft.

Eine solche Erzählung zeigt nach de Vries, daß es sich um willkürliche Konstruktion handelt. Sie schafft einen Augenzeugen für die aufeinanderfolgenden Invasionen Irlands. Behauptet ein anderes Lied, jemand habe als Schlange auf dem Hügel, als Natter im See, als schneidende Sichel und alte scharfe Lanze existiert, so darf man derartige Manifestationen überhaupt nicht als Beweis für eine Seelenwanderungsvorstellung nehmen. De Vries sagt: «Man hat hier eher von einer Reihe von Metamorphosen zu sprechen, die nicht nur Tiere, sondern sogar Gegenstände einbezieht.»[146]

Die Kelten stellen sich das Leben nach dem Tod nicht nur als Weiterbestehen in der irdischem Leben analogen Gestalt vor. Sie empfinden den Tod ganz sicher zunächst einmal als grausames Schicksal. Das Museum von Avignon zeigt eine Skulptur, die ein sitzendes Ungeheuer darstellt, das man als Löwen, aber auch als Bären deutet, dessen Gestalt im Grunde ganz unbestimmt ist. Seine Vordertatzen liegen auf zwei bärtigen Köpfen, die ihre Augen geschlossen halten und deshalb wohl als Tote gelten. In seinem Maul hängt der zum größten Teil schon verschlungene Arm eines Menschen.

Aus der gleichen Kulturperiode kommt eine andere Skulptur: ein Löwe, der einen Krieger zu Boden geworfen hat. Dieser Typus bleibt in der römischen Zeit bewahrt, wie verschiedentlich belegt ist.[147] Der Löwe ist als Symbol des Todes in der antiken Welt verbreitet.

Auch andere Tiere finden sich. Ein Relief stellt einen Eber dar, der auf einen zu Boden gestreckten Menschen tritt; ein Stier nimmt die Stelle eines Ungeheuers (auf Monumenten bei Trier und von Cannstatt) ein.In einigen Fällen fungiert als Todesungeheuer eine Sphinx; das weist auf etruskisch-italische Beeinflussungen hin. Wir haben das Bild eines Wolfes in sitzender Haltung, aus dessen Rachen ein halber menschlicher Körper hervorragt.[148] Dies alles spricht für eine Grabsymbolik, die den Tod als verschlingendes Ungeheuer darstellt. Die Form solcher Plastiken und Reliefs scheint dazu angetan, dem Betrachter zum Bewußtsein zu bringen, daß der Tod den Körper erbarmungslos vernichtet. Gerade das dürfte im Gegensatz zur tröstlichen Lehre von der Seelenwanderung stehen. Müßte der Körper nicht zerfallen, um der Seele eine neue Lebensbahn zu eröffnen, so müßte man den Tod kaum so gräßlich darstellen. Wir stellen fest, daß etwas endgültig vernichtet wird.

Totenschädel

Der Erhaltung des Schädels messen die Kelten besondere Bedeutung bei. Getöteten Feinden werden die Köpfe abgeschnitten und auf besondere Weise konserviert. Auch die Schädel der eigenen Verwandten bewahrt man sorgfältig auf. Ein Portikus besteht aus drei aufrechtstehenden Säulen mit ovalen Nischen. In der obersten Nische der mittleren

Säule steckt noch der Schädel drin.[149] Der Brauch, den Kopf nicht mit dem Körper zu begraben, vielmehr gesondert aufzubewahren, hat sich bis in unser Jahrhundert in Teilen Oberösterreichs erhalten. In Neukirchen a. d. Erknach befanden sich fünfzig Schädel unter dem Altar der dortigen Kirche.[150] In der gotischen Kirche von Gilgenberg stehen sehr lange Brettergestelle mit ungefähr 300–400 Schädeln. Zu vermuten ist, daß man den Kopf des Toten in irgendeiner Weise hat verewigen wollen. Wir finden Köpfe, auf denen eine Hand ruht; die Bedeutung dieser Geste bleibt offen. Ist es etwa die Hand des Gottes der Toten, die vom Toten Besitz ergreift? Immer wieder trifft man die Meinung, ein Kopf bewahre apotropäische, Unheil abwendende Kraft. Dahinter steht der Gedanke, daß dieser Körperteil am meisten *mana* enthält. Im Kopf manifestiert sich auf besondere Weise seine Persönlichkeit. Erinnerung an einen Toten ist wesentlich Erinnerung an sein Angesicht. So verwundert es nicht, wenn man glaubt, mittels des Kopfes am besten mit dem Toten in Verbindung treten zu können. Weil aber alles, was mit dem Tod in Verbindung steht, unheimlich ist, kann man sich denken, daß mit gewissen Körperteilen auch Zauberhandlungen vorgenommen werden. Zudem besteht die Möglichkeit, die Schädel der toten Vorfahren nicht bloß aufzubewahren, um ihnen z. B. einen Hauskult zu widmen, sondern sie tatsächlich für bestimmte Kulthandlungen zu verwenden. Das Brauchtum in Österreich könnte darauf hinweisen. Von jungen Burschen werden die Schädel aus dem Altar hervorgeholt und vorgebunden, um damit in der Julzeit (Wintersonnenwende) die Totenseelen zu vergegenwärtigen. Ein derartiger Brauch reicht in die vorchristliche Zeit zurück. Kultische Umgänge dieser Art dürften bei den Kelten im Donaugebiet stattgefunden haben.

Widersprüchliche Anschauungen

Anschauungen über das jenseitige Leben nach dem Tode zeigen Widersprüche. Der Tote lebt in seinem Grab, in dem er mit seinen Habseligkeiten beigesetzt worden ist; er lebt auch in einer anderen Welt, die man sich auf verschiedene Weise denken kann. In der Regel liegt die Totenwelt unter der Erde, so daß begreiflicherweise die Toten zu begraben sind. In Irland glaubt man, die Toten wohnen in einem Grabhügel. Aber nicht allein sie wohnen dort, auch die alten Götter haben, vom Christentum ihrer Macht beraubt, in diesem Hügel Platz gefunden.

Nachdem das Christentum alle übernatürlichen Mächte und Gestalten zu wesenlosen Phantomen degradiert hatte, wurden Wesen verschiedenster Art miteinander vermischt. Seitdem bilden sie die unheimliche Schar der Dämonen. In den keltischen Ländern leben die alten Götter, Feen, Totenseelen fast gleichwertig nebeneinander. Sie alle bilden eine Welt des Wunders. Eigentümlich ist, daß diese Welt (fast ganz) offen steht. Man geht hin und her aus dem Bereich der Lebenden in den der Geisterwesen und umgekehrt. Männliche und weibliche Wesen leben wohl oberhalb der Erde, gehören trotzdem nicht zur eigentlichen Menschenwelt.

Götter

Götter finden sich in den verschiedenen Teilen der Welt, im Himmel und im Meer. Naturgeister wirken in den verschiedensten Naturobjekten, in Berg und Hügel, Quelle und Fluß. Teilweise sind sie den Menschen wohlwollend, teilweise aber auch feindlich gesinnt: die Feen und die Dämonen. Endlich wohnen noch die Totenseelen in ihrem Grabhügel. Die große Bedeutung des Totenkultes kann man vielleicht am ehesten daran messen, daß schließlich die Götter und die Dämonen auch in die Totenhügel gewandert sind.

Leben im Totenland

Mit starken Farben wird das Leben im jenseitigen Totenland gemalt. Reiche Schätze lagern dort. Die Erinnerung an diese Vorstellungen hat sich lange erhalten; manche Plünderungen der alten Gräber dürften auf Schatzsagen zurückzuführen sein. Die Schätze unter dem Boden enthalten Gold und Silber; sie werden von schmiedekundigen Zwergen gehütet. Der Gang in die Unterwelt voller Wunder ist nur den größten Helden vorbehalten.[151] Das Verbleiben in jener Welt ist freilich sehr gefährlich. Ein anderer Ablauf der Zeit herrscht dort, besser gesagt: Die Zeit steht still. Ein dort verlebter Tag ist wie hundert Jahre auf Erden. So kann es geschehen, daß der Held, wenn er in die Heimat zurückkehrt, unverzüglich stirbt.

Die Unterwelt gleicht der germanischen Walhalla. Wie könnte es auch anders sein, als daß Krieger, begraben mit ihren Waffen, nach dem Tode ihren Kampf fortsetzen wollen? In bestimmten Sagen kämpfen nach einer Schlacht die Toten weiter.

Aber die Toten leben nicht nur unter der Erde in ihren Grabhügeln. Man glaubt auch, daß die Seelen der Toten nach Brittia übergesetzt werden. In Dörfern an der Atlantikküste heißt es, man werde der Reihe nach dazu aufgefordert, die Seelen hinüberzubringen. Diejenigen, die an der Reihe sind, bleiben nach Einbruch der Nacht in ihren Häusern und warten auf die Befehle ihres Auftraggebers. Hat es Mitternacht geschlagen, dann hören sie ein Klopfen an der Tür und die Stimme eines Unsichtbaren. Sie stehen sogleich auf und gehen zum Strand, ohne zu begreifen, was sie dazu treibt. Dort finden sie Boote, zur Abfahrt bereit, jedoch ganz leer. Sie gehen an Bord und ergreifen die Ruder. Sie bemerken, daß eine große Menschenmenge an Bord ist. Das Wasser steht nur einen Fingerbreit unterhalb der Dollen. Nach einer Stunde kommen sie in Brittia an. Wenn sie jedoch in ihren eigenen Booten segeln, brauchen sie dazu einen ganzen Tag und eine Nacht. Nach der Landung kehren die Schiffer zugleich mit ihren Booten zurück, die leicht geworden sind. Am Strande der Insel ruft eine Stimme die Namen der Passagiere auf, wobei auch der Name des Vaters und sein Rang genannt wird. Befinden sich Frauen darunter, ertönt der Name ihres Gatten. Brittia meint Britannien. Aber das ist keinesfalls das eigentliche Ziel der Totenreise. Dieses liegt vielmehr auf einer kleinen Insel oder Inselgruppe, die man sich weithinaus im Ozean vorstellt. Die kleinen Inseln im Südwesten Irlands gelten als Aufenthaltsort der Totenseelen. Dort, gewissermaßen jenseits des Ozeans, gibt es noch ein anderes Land, das man eher mit elysischen Gefilden als mit einer Toteninsel gleichsetzen darf. Es führt viele Namen wie z. B. Land der Jugendlichen, Land der Lebenden, leuchtendes Land, liebliches Gefilde. Daneben nennt man es auch Land der Verheißung. Aber damit zeigt sich wohl schon eine durch die christliche Tradition beeinflußte Benennung. Von einem Totenreich im eigentlichen Sinne dürfen wir nicht sprechen, wie wohl Gedanken daran immer hineinspielen. Verständlich ist, daß, wenn die alten Götter und die toten Seelen zusammenleben, dies wohl auf einer überseeischen Insel voller Glückseligkeit geschieht. Helden können dorthin zeitweilig entrückt werden, nach ihrem Tode zeitlebens. Avalon oder die Insula Pomorum sind zu nennen, wohin der berühmte König Artus entrückt sein soll. Ein Paradies: der Boden spendet ohne Bebauung reichliche Früchte. Immer herrscht Friede wie ein ewiger Frühling. Die Bewohner bleiben von Alter, Krankheit und Kummer verschont.[152] Es ist eine andere Welt; sie kann als zeitlos bezeichnet werden. In ihr gibt es keine negativen Phänomene; die göttliche Ordnung des Gemeinschaftlichen ist bereits realisiert. Offensichtlich bestehen keine Klassen mehr, wie es auch keine Arbeit mehr gibt, die uns an Leiden bzw. Last erinnert. Altwerden mit seinen Beschwerden ist gleichfalls kein Thema, da die Zeit nicht mehr existiert. Desgleichen fehlt der Tod. So entstehen paradiesische Bilder von der genannten Insel Avalon: «Insula Fortunata, weil hier alle Vegetation bereits vorhanden ist. Die Bewohner der Insel brauchen die Pflanzen also nicht anzubauen, denn die Natur selbst sorgt für alles. Die Ernten sind reich, und die Haine hängen voller Äpfel und Trauben. Alles spendet der Boden [...]. Man wird dort 100 Jahre alt und älter. Neun Schwestern herrschen mit mildem Gesetz und machen jeden, der aus unseren Gefilden zu ihnen kommt, mit diesem Gesetz vertraut. Unter diesen neun ist eine, die alle anderen an Schönheit und Macht übertrifft. Ihr Name ist Morgane; sie lehrt, wozu die Pflanzen dienen und wie man die Krankheiten heilt [...].»[153]

«Es gibt eine Insel in weiter Ferne; um sie herum die prächtigen Rosse des Meeres; herrlicher Lauf gegen die schäumenden Wogen; eine Verzückung dem Auge, dehnt sich glorreich die Ebene, auf der Heere sich regen im Spiel [...]. Anmutige Erde, gespannt über die Jahrhunderte der Welt, über die sich Blumen breiten ohne Zahl. Drauf steht ein alter Baum in Blüten, in seinen Wipfeln rufen die Vögel die Stunden [...]. Unbekannt die Klage oder der Verrat, der so bekannt ist auf der kultivierten Erde, nicht Schnödes oder Schroffes gibt es hier, stattdessen dringt sanfte Musik ans Ohr. Weder Leid, noch Trauer, weder Tod, noch Krankheit oder Siechtum, – daran erkennt man die Insel; selten wurde ein solches Wunder geschaut. Schönheit einer Erde voller Zauber, unvergleichlich sind ihre Nebel [...], Reichtümer, Schätze aller Art wirkt dies stille Land, frische Pracht, die von sanfter Musik widerhallt bei herrlichstem Wein [...].»[154]

»Mit kühnem Schritt habe ich ein Land betreten, das voller Wunder war und doch vertraut [...]. Am Portal des Schlosses wächst ein Baum; nicht ungefällig ist die Harmonie, die ihm entströmt, ein Baum von Silber, darin die Sonne funkelt; goldgleich ist sein Glanz. Dreimal zwanzig Bäume wachsen da; ihre Wipfel berühren sich und berühren sich wiederum nicht; dreimal hundert Männer ernährt ein jeder Baum mit seiner vielgestaltigen, doch simplen Frucht [...]. Dort lockt ein ganzer Kessel lustigen Hydromels, den man mit dem ganzen Hausstand teilt; er geht nie zur Neige, ewig ist er bis zum Rand gefüllt, so ist es Brauch.»[155]

Gelegentlich gelingt es sterblichen Menschen, diese Insel zu betreten: «Es ist ihnen erlaubt, die Insel wieder zu verlassen, wenn sie dreizehn Jahre lang dem Kult des Gottes geopfert haben. Die meisten unter ihnen ziehen es jedoch vor, zu bleiben, die einen, weil sie sich an das Leben dort gewöhnt haben, die anderen, weil sie dort ohne Mühe und ohne Arbeit im Überfluß leben, sich dem Opferdienst und Kult widmen, oder Wissenschaft und Philosophie pflegen.»[156]

Daran schließt sich eine epische Dichtung von der Meerfahrt des Bran. Nachdem Bran und seine Gefährten einige Zeit auf dieser Insel gelebt haben, werden sie von Heimweh nach ihrer irischen Heimat ergriffen. Sie erhalten Erlaubnis, die Heimfahrt anzutreten, werden aber davor gewarnt, den Fuß an Land zu setzen, sobald ihre Heimat in Sicht kommt. Als sie landen, müssen sie feststellen, daß zwei Jahrhunderte vergangen sind, seitdem sie Irland verlassen haben. Sie selbst waren der Ansicht, nur einige Wochen fort gewesen zu sein. Als einer von ihnen den heimatlichen Boden berührt, zerfällt er auf der Stelle zu Asche.

In solchen Vorstellungen spiegeln sich die Wunschträume der Menschen. Man kann von einem Paradies sprechen, vielleicht auch von einem Schlaraffenland. Wir finden solche Vorstellungen auch bei den Griechen als Glauben an die Insel der Seligen, die Hesperiden, die weit im Westen am Rande des Ozeans liegen. Nur bevorzugten Menschen ist es gestattet, dorthin zu kommen.

Diese andere Welt wird nicht immer nur fern am Ende des bewohnbaren Landes lokalisiert, sondern gelegentlich unter der Oberfläche von bestimmten Hügeln. Auch hier gibt es eine ausgedehnte Ebene, auf der Pferde dahinjagen, Viehherden weiden oder Turnierspiele ehemaliger Krieger stattfinden; wundersame Obstgärten, in denen zu jeder Jahreszeit Äpfel reifen; ein Land voll himmlischer Musik, ewig heiteres Wetter, Reichtum und Schönheit, feenhafte Frauen, göttliche Getränke [...]. Diese Welt ist gewissermaßen nebenan zu den Füßen der Menschen, in der Welt der Seelenhügel und damit jenseits freilich der Welt des Sichtbaren. Wer nicht die nötige Einsicht gewinnt, sieht in solchen Welten nur feuchte, kalte Bezirke unterhalb.

Plutarch teilt mit: «Nach Demetrios sind einige der weitverstreuten Inseln in der Umgebung der Britischen Insel öde und unbewohnt, und manche haben ihren Namen von Heroen oder Dämonen. Als er auf Befehl des Königs diese Gegenden bereiste, um Informationen über sie zu sammeln, landete Demetrios einmal auf der nächstliegenden dieser öden Inseln. Sie hat in der Tat nur wenige Bewohner, aber diese waren nach Ansicht der Briten heilig und geschützt gegen jedes Unrecht. Bei seiner Ankunft entstand eine gewaltige Turbulenz in den Lüften, begleitet von zahlreichen Himmelserscheinungen. Die Winde fegten donnernd einher. An verschiedenen Stellen schlug der Blitz in den Boden. Als sich die Elemente wieder beruhigt hatten, erklärten ihm die Bewohner, daß dieses Ereignis durch das momentane Entschlummern eines höheren Wesens verursacht worden wäre. Sie fügten hinzu, daß ähnlich einer Lampe, deren Anzünden mit keinerlei Gefahr verbunden ist, während ihr Löschen mit üblen Begleiterscheinungen verbunden sein kann, die großen Seelen niemals Böses tun, sondern ihre Wohltaten verteilen, solange sie leben, daß sie aber Wind und Hagel entfesseln – ganz wie heute – sobald sie verlöschen oder, was häufig vorkommt, zugrundegehen. Oft können sie auch pestartige Emanationen in den Lüften verursachen. Auf diesen Inseln, sagt Demetrios weiter, würde Kronos – schlafend und von Briareos bewacht – gefangen gehalten [...].»[157] Die Zeit schläft! Häufige Todesfälle sind genannt. Der Text läßt nicht klar erkennen, ob es sich um mehrmaliges Sterben oder nur um die Häufigkeit des Todes im allgemeinen handelt. Die keltische Sicht der anderen Welt, des Jenseits also, zeigt, daß auch die großen Seelen verlöschen bzw. sterben können. Nun stellt sich die Frage: Wohin gehen sie, da es ja hier in der üblichen Form ein tödliches Ende nicht gibt? Innerhalb des Zyklus der Zeit können viele Welten sein. Und die Wesen in einer Welt können in eine andere hinübertreten. Die andere Welt, von der die Kelten in ihren Visionen träumen, wird von den Druiden offensichtlich als eine Möglichkeit unter vielen diskutiert. Worauf man den Finger zu legen hat, ist die Aussage, daß es keinen nicht wandelbaren Zustand gibt. Worum sich das Denken bemüht, ist ewige Bewegung in periodischen Abläufen. Entscheidend wird der Umschlag von einer Periode zur anderen. Diese Frequenzen sind entscheidendes Thema, auch wenn man Möglichkeiten des Weitergehens und Übergangs in die andere Welt, die Welt des Jenseits, diskutiert. Bewohner der anderen Welt begeben sich immer wieder unter die Lebenden. Die Lebenden, sofern sie in die Geheimnisse, um die es hier geht, eingeweiht sind, vermögen ihrerseits aus dem Irdisch-

Alltäglichen abzuheben und für eine gewisse Weile im Traum in die andere Welt überzutreten. Von solchen Reisen in die andere Welt, Fahrten zu der Insel der Feen oder Reisen ins Paradies gibt es viele Beispiele in der keltischen Epik. Man kann zu diesen schwierigen (im Grunde nicht besonders stark belegten) Zusammenhängen, über die sich leicht und mit Begeisterung spekulieren läßt, sagen: Die andere Welt ist nicht das Endgültige, wohin Menschen als Tote gehen, sondern der Bereich, von wo aus weitere Bewegungen im Sinne einer Rückkehr auf diese Erde – in welcher Form auch immer – gedacht werden können. Also sind die Möglichkeiten nachtodlichen Seins in einer Vielfältigkeit angesetzt, die in einer bisher dargestellten Weise kaum so differenziert ausgeführt wurden. Tote verlassen diese Welt, um in das Jenseits als die andere Welt einzutreten, aber dies nur für einen begrenzten Aufenthalt, welcher erforderlich macht, in irgend einer Form in die irdische Welt zurückzukehren, oder aber in eine neue andere Welt aufzubrechen.[158]

Druiden: das innere Sehen

Druiden versuchen zu zeigen, wie der einzelne Mensch sich auf dem schwierigen Weg in die andere Welt zurechtfinden kann, wobei es viele und unterschiedliche Wege gibt. Worüber nachgedacht werden muß, ist das Überschreiten von Grenzzonen. Sicher steht für alle die Einsicht fest, daß der Mensch in einer unvollkommenen, unvollendeten Welt lebt – mit einer Fülle von Schmerz, Krankheit, Kummer, Gewalt etc. Was dem Menschen auferlegt werden muß, ist die Überwindung der Welt mit all diesen eben genannten Phänomenen insgesamt: ein inneres Loslassen, eine sich mehrende Befreiung der Seele. Das kann nicht geschehen ohne Kämpfe, die man darstellt durch besondere Bilder von Schlachten. Aber nicht nur das – Verzweiflung und Zögern kommen hinzu. Dann geschieht, daß der Mensch den Eingang zur anderen Welt nicht wahrnimmt; denn dieser wird nur gelegentlich sichtbar, wenn man gewissermaßen mit dem inneren Auge sucht. Dieses innere Sehen ist das Entscheidende, was in der druidischen Lehre thematisiert und geübt wird. Der Mensch, der sich auf die Suche begibt, muß durch sein Handeln die Unvollkommenheiten der Welt zumindest zu beseitigen versucht haben. Es sollte ihm auf einem langen meditativ bzw. spirituell zu nennenden Weg möglich werden, Ungeheuer, die diese Unvollkommenheiten repräsentieren, zu besiegen. Möglicherweise hat er dann das Ziel erreicht. Aus diesem Grunde ist nach druidischer Sicht der Mensch aufgefordert, aktiv zu sein. Denn jeder Mensch spielt eine bestimmte Rolle in dieser Welt, die ein Ziel in sich schließt, auf ihre Weise an der Vollendung der Welt mitzuwirken – als Einzelner in der Gemeinschaft. So kann Markale sagen: «Der keltische Held lebt in der Welt und wirkt auf die Welt ein, da er danach strebt, die Welt zu verändern, um ihre Gestalt dem göttlichen Plan immer mehr anzugleichen. Das Reich des Kelten ist von dieser Welt und von der anderen Welt. Daher wäre es nutzlos, passiv und resigniert ein besseres Jenseits zu erwarten. Schon auf Erden muß man sich alle Mühe geben, Recht und Gesetz zu respektieren. Daher sind die Druiden auch Richter, die die Anwendung der göttlichen Gesetze überwachen. In ihrem Interesse liegt es, die Autre-Monde (die andere Welt) nach Möglichkeit im Diesseits zu verwirklichen, und dies ist vielleicht das einzige Mittel, um dem Tod zu entgehen.»[159]

Eine spärliche Quellenlage ist vorab zu erinnern, so daß dem Vermuten und Spekulieren breiter Raum bleibt.[160]

Schwerpunkte

Vergewissern wir uns der Schwerpunkte zu unserem Thema:

Wiedergeburt im Nachgang zum Tode geschieht nur in der Sippe, die dem Individuum vorgeordnet bleibt. Beglaubigen kann man sie an ähnlichen Zügen eines Kindes mit seinem Großvater.

Wiedergeburt fußt auf einer außerkörperlichen Seele, doch unter den Kelten kursiert gleichwohl die Vorstellung vom Toten als sozusagen demselben körperlichen Wesen – nur in einer jenseitigen Zone angesiedelt.

Die Notwendigkeit für Hinterbliebene, Grabbeigaben in reichem Maße zu spenden, weist darauf hin, daß Tote den Lebenden entsprechende Bedürfnisse haben.

Über diese beiden Positionen hinaus ist für den Kelten eindeutig der Tod grausames Schicksal, das die irdische Wohnstätte im Leib erbarmungslos vernichtet.

Die andere Seite eröffnet sich als das Totenreich, wo es viele Schätze gibt, doch der Aufenthalt dort bleibt gefährlich. Die Zeit in ihrem Ablauf ist ausgeschaltet. Stillstand der Zeit impliziert für den Lebenden Wunschtraum und Angstraum zugleich.

Den Kelten bleibt das Bild des Fortgangs der Zeit dominant. Wo die

Toten wie vordem gegeneinander kämpfen, ist ein Ziel des Kampfes intendiert. Ein Ziel haben auch die Toten, die nach Brittia als erste Station übersetzen und dann endgültig die Glückseligkeitsinsel jenseits des Ozeans suchen.

Als bemerkenswert muß der Positionswandel der alten Götter erscheinen; sind sie doch in ihrem Jenseitigsein vormals die überall wohnenden – im Himmel, im Meer, in den Flüssen und Quellen etc. Nach der Vertreibung des Alten durch das Neue des Christentums werden sie nicht ausgemerzt, sondern nur versetzt in einen neuen und offensichtlich dem Leben nahen Bereich des Totenhügels. Damit finden sie weiterhin Zugang zu den Lebenden wie umgekehrt diese ihren Göttern nahebleiben.

Daß solche Transpositionen geschehen, hat vermutlich – mehr können wir nicht sagen – zu tun mit dem Wirken der Druiden, das dem gesamtkeltischen Rahmen die Klammer gibt. Die Stammeskollektiva, die sich vor den Einzelnen stellen, integrieren sich in ein größeres Ganzes, dessen Integration durch die überragende Einzelpersönlichkeit erfolgt. In ihr formieren sich Kräfte, die nicht mehr als nur dem Diesseits entsprungen gelten, sondern Präsenz des Jenseits hier und jetzt garantieren.[161]

3. 10 Germanische Religion

Odin

Wir beschränken uns auf einen Hinweis, der die nordgermanische Religion der Eisenzeit betrifft. Diese ist wegen der Quellen bekannter als die kontinentaler und angelsächsischer Stämme. Bedeutsam sind Götterfiguren wie Odin, eine uralte numinose Potenz. Er ist Allvater und Götterkönig, Herrscher der Welt und der Menschen. Als herrschender Gott vertritt er einen magischen und mystischen Aspekt. Schamanistische Kunst, mittels deren bestimmte inspirierte Frauen die Zukunft schauen und schaffen, ist ihm vertraut. Odin hat die Runen erfunden, wovon eine Eddastelle spricht.[162] Nicht nur als Lenker und Beschützer der Krieger fungiert Odin, sondern als selbst am Kampf Beteiligter. Er nimmt die toten Krieger in das Schloß der Geschlagenen (Walhalla) auf, wo kriegerische Spiele veranstaltet und der sich jeden Tag erneuernde Eber verspiesen sowie ein Trank aus den Zitzen der Ziege Heidrun getrunken werden. Odins in der Luft reitende Kriegsweiber, die Walküren, bestimmen jene, die fallen sollen. Die toten Krieger ziehen ein, um das heldenhafte Leben auch wirklich zu führen. In hellen Farben wird geschildert, wie der Zug nach Walhalla geschieht und in welcher Weise Odin die Ankommenden ehrenvoll empfängt. In der Mitte des 10. Jahrhunderts hören wir dumpfe Untertöne des Schmerzes. Wie kann Odin so tapfere Helden aus dem Leben fortrücken und in einen qualvollen Tod schicken? Eine erschütternde Antwort findet sich: Der Gott versammelt die Helden deshalb zu sich, weil er ihrer bedarf im Blick auf die drohende Katastrophe der Ragnarök (Götterdämmerung). Düstere Stimmungen sinkenden Germanentums geben eine Antwort auf beängstigende Fragen nach dem Warum eines Heldenschicksals. Odin ist nicht mehr hehrer Schirmherr der Krieger, der am Ende des Lebens zu Freuden im Heldenparadies einlädt, sondern sorgenerfüllter Gott, der trüben Blickes drohendem Unheil entgegensieht. In derartige Betrachtungen mischt sich mit altem germanischen Glauben eine Stimmung von Menschen, die im Bewußtsein des Niedergangs und der Auflösung leben.[163]

Odin ist freilich nicht nur Gott der toten Krieger, sondern auch der Gehängten. Ein Mord läßt sich folgendermaßen beschreiben: «Ich übergab dem Odin den mächtig kühnen Erben Asmods. Wir bezahlen dem Herrn der Galgen (= Odin) Gauts Opfer (= Leben) und dem Raben die Leiche.»[164] Eine Geschichte erzählt, daß ein gewisser Starkad seinen Pflegbruder, König Vikar von Agder in Norwegen, tötet, indem er ihm einen ungefährlichen Strick um den Hals legt, ihn mit einer harmlosen Gerte sticht und ihm zuflüstert: «Jetzt übergebe ich dich Odin.» Der Strick und die Gerte werden hart, und Vikar stirbt am Galgen.[165]

Doch nicht alle Toten kommen zu Odin. Die im Kampf Gefallenen teilt er gerecht mit Freyja, seiner Gattin, der Himmelskönigin, und nach ihrem Stand mit Thor, dem Wettergott. Aber Odin bleibt doch auf besondere Weise Herr der Toten und Anführer des Totenzuges, welcher als wilde Jagd oder wütendes Heer in stürmischer Nacht dahinbraust. Odin hat spezielle Helfer, von denen man Loki erwähnen muß. Der ist ein Dieb und arbeitet für Odin. Es bereitet ihm keine Schwierigkeiten, auch gegen Odin zu arbeiten – also zum Verräter zu werden.

Götter und übermenschliche Wesen sind der eine Pol im Kontext nordgermanischer Religion, der Mensch ist der andere. Soll über nordische Menschen als religiöse Partner ihrer Götter gehandelt werden, so ist es schwierig, von Seelenvorstellungen zu sprechen. Einen Seelenbegriff nach abendländischem Muster mit einer Aufteilung der Persönlichkeit in Körper und Seele gibt es kaum innerhalb nordischer Vorstellungen. Eine Seele, wie sie der moderne Mensch mit seiner Psychologie thematisiert, kennen die Nordmänner nicht. Lebendiges Interesse an menschlichem Verhalten, das auf eine Jenseitswelt schließen läßt, kann man ihnen nicht absprechen.

Zum Wesen des Menschen

Weil den Nordmännern unser Persönlichkeitsbegriff fehlt, können zwei Menschen dasselbe Leben haben. Am selben Tag und zur selben Stunde, als Harald fällt, stirbt seine Tochter Maria; man fügt die Redensart hinzu: «Sie haben das Leben eines Menschen.»[166] Ein Mensch kann zur selben Zeit zwei Individuen und gleichzeitig an zwei Plätzen sein. In gewissen Fällen vermag die Seele den Körper zu verlassen; sie ist irgendwie materialisiert. Die Frage stellt sich: Wenn Körper und Seele materialisiert sind, wozu benötigen wir die beiden Aspekte? Dahinter steht der Gedanke, daß der Wechsel der Gestalt eine besondere Fähigkeit bedeutet. Von Odin hören wir, daß er die Gestalt wechselt; der Rumpf liegt dann schlafend oder tot. Er ist da als Vogel oder Tier, Fisch oder Schlange und fährt in einem Augenblick zu fernen Ländern in seinen oder anderer Geschäften.[167] Nicht nur Mystiker und Schamanen wechseln ihre Gestalt, auch an der Scholle hängende Männer kennen den Gestaltwechsel (Wal, Schwein, Vogel und andere Tiere). Ein unsichtbares Wesen folgt einem Menschen als die personifizierte Macht, die ihm innewohnt. Nur im Traum oder von besonders seherisch begabten Menschen können diese numinosen Potenzen wahrgenommen werden. Nicht ein Doppelgänger steht in Rede, sondern eine Größe, die z. B. vorahnen läßt, inwieweit Gefahr besteht. Nach oder bereits vor dem Tode kann diese übersinnliche Größe (Fylgie) auf eine andere Person übergehen. Damit verdeutlicht sich, daß man sie nicht als persönliches Eigentum denkt, sondern als Ausdruck der in der ganzen Sippe wirkenden Macht. Für die Nordmänner ist Leben nicht personalistisch – etwa in unserem Sinne, was der Glaube an die spezielle Einheit einer lebendigen mit einer toten Person zeigt. Man kann sie Partizipation nennen. In den Heldengedichten der Edda werden mehrere Menschen erwähnt, die mit Totengestalten identisch sind. Weil die Nordmänner die griechische Einteilung des Menschen nicht kennen, können sie den Tod nicht als Tren-

Abb. 15: Schiffssetzung in Badelunda bei Västerås, Schweden. Solche Steinsetzungen in Schiffsform wurden vom Ende der Bronze- bis in die Wikingerzeit gemacht. Einige der älteren enthalten Gräber, der Rest muß wohl als Kenotaphe, leere Grabmonumente, betrachtet werden. Das Grabschiff soll die Toten übers Meer ins Totenreich bringen. Dasselbe gilt für die Toten, die in einem Boot mit einem Grabhügel darüber bestattet werden. (aus: J. P. Asmussen u. a., Handbuch der Religionsgeschichte, Bd. 1, Göttingen 1971: 317)

nung der Seele vom Körper auffassen. Sie sehen deshalb auch nicht im Grab nur die Ruhestätte des Körpers, während sich Seele oder wahrer Mensch in irgend einem Totenreich aufhalten. Ein toter Mensch ist tot und doch nicht tot! In der einen oder in der anderen Weise bleibt er lebendig. Stirbt ein Mensch, so hat man ihm möglichst bald den letzten Dienst der Leichenhilfe zu erweisen: schließen von Mund, Augen und Nasenlöchern. Bereits das Überschreiten der Schwelle erfordert Vorsichtsmaßnahmen. Gelegentlich besteht sogar ein Verbot, den Sarg darüberhin zu tragen. Dann muß er unter der Schwelle hindurchgezogen oder aber durch eine besondere, in der Seitenwand angebrachte Öffnung fortgeschafft werden. Sodann findet man den Brauch, Leichname durch eine besondere Tür hinauszutragen. Nur so vermag sich der zurückbleibende Teil einer Familie bzw. Sippe für kommende Zeiten vor Einwirkungen des Verstorbenen zu schützen.

Tote in der Nähe der Lebenden

Man legt den Toten ins Grab oder verbrennt ihn. Die Sippe hält Totenfeier, vor allem so, daß man das Begräbnismahl ausrichtet. Den Verstorbenen kann man sich im Grab und gleichzeitig an anderem Ort denken – wie einen Lebendigen. Wir sehen: Der Germane besitzt keine einheitlichen Vorstellungen von Tod und Jenseits. Er lebt weiter am Begräbnisort, wo man den Körper hinlegt. In großen Kammergräbern findet sich, neben Waffen, Reitzeug, Pferd und Hund, bisweilen eine dem Mann mitgegebene Frau. Sie legen, so kann man lesen, auch seine noch lebende Lieblingsfrau mit ihm ins Grab. Das Tor wird zugemacht; sie stirbt dort.[168] Den Gedanken, zusammen zu sterben, finden wir (da und dort) in der nordischen Welt. Vielen Leichen geschieht die Verbrennung. Auch dabei können andere Menschen mitverbrannt werden. Unter Umständen, besonders des nachts, sieht man den Toten im Grab. Eine Heldensage berichtet, wie die Magd den mit großem Gefolge ins Grab reitenden Verstorbenen erblickt. Sie holt ihre Herrin, die Witwe Sigrun, und diese vollzieht den Beischlaf mit ihrem Gatten im Hügel mit den Worten: «Ich will, o Heerführer, in deinen Armen schlafen, wie ich es mit dem lebendigen Fürsten tat.»[169] Eine andere Erzählung berichtet, daß der Grabhügel plötzlich durchsichtig wird und man darin den Toten sehen zu können meint – heiter und freudigen Aussehens. Er singt ein Lied mit so hoher Stimme, daß sie es deutlich hören, obwohl sie entfernt sind. Dann schließt sich der Hügel.[170]

Sippe, Blutrache, zweiter Tod

Die Sippe haben wir als unverbrüchliche Gemeinschaft, Tote und Lebende umfassend, zu verstehen. Im Wesen sind ihre Glieder einander verbunden. Die Glieder einer Sippe werden aber nicht zu gegenseitiger Hilfe verpflichtet. Das würde einen bestimmten Rechtsanspruch voraussetzen. Angehörige einer germanischen Sippe können einfach nicht anders, als einander in bedingungsloser Treue beizustehen. Damit konstituiert sich der Friede, der in der Sippe waltet. Er vermittelt allen die Möglichkeit zu freier (nahezu schrankenloser) Wirkung nach außen. Der Einzelne weiß, daß für jede seiner Taten die ganze Sippe zur Verantwortung gezogen wird. Deshalb ist ein Kampf zwischen Sippengenossen das größte Unglück, das eine Familie befällt. Höchste tragische Steigerung liegt im Verwandtenstreit. So versteht man auch die Blutrache. Der Tote lechzt nach Wiederherstellung seiner Ehre. Aber die Sippe kommt ihm in diesem Wunsch mehr als nur halbwegs entgegen. Sie wird durch den Tod eines ihrer Glieder auf das Schmerzlichste getroffen. Sie hat einen tiefen Verlust erlitten, und ihre Kraft siecht dahin. Man kann sagen, ihr Glück erscheint gebrochen, ihre Ehre hat Einbusse erlitten. Nach dem Tod eines Helden bleiben seine Söhne den ganzen Winter zu Hause, setzen sich nicht auf den Ehrensessel, gehen weder zum Spiel noch zum Thing. Schwer drückt sie das Leid, weshalb sie den Männern des Bezirks nicht unter die Augen zu kommen wagen. Nur entsprechende Taten können ihnen das Selbstvertrauen zurückgeben. So ist die Blutrache nicht ungezügelter Ausbruch ihres Schmerzes oder ihrer Wut über den Tod eines Verwandten und noch viel weniger eine persönliche Rache. Sie bezweckt vielmehr die notwendige Wiederherstellung der gefährdeten Sippenehre. Sie bezeugt die undiskutable Forderung einer Sippengemeinschaft, um die durch den Tod gestörte Welt wieder zu heilen. Weil es um das Ganze der Sippe geht, trifft der Gegenschlag irgendwen. Wie tief sich der Gedanke an Rache für den Tod eines Sippengenossen im Geist der Germanen verwurzelt, zeigt die Zähigkeit, womit er durch das ganze Mittelalter erhalten bleibt und gegen Bestrebungen der Kirche und des Staates, diese Selbsthilfe der Sippenverbände zur Wahrung eigener Ehre auszuschalten, Gewicht behält. Außerhalb der Sippe ist kein Leben möglich. Wer die Heiligkeit der Sippenverbände schändet, schließt sich für immer von Glück und Ehre aus. Das gilt auch für den, der gegen die Götter verstossen, geschworene Treue verletzt und schimpflichen Mord begangen hat. Deutlich wird, daß für den germanischen Menschen eine seine Lebenswelt konstituierende, nicht auflösbare Verbindung zwischen dem Diesseits und einem Jenseits der Toten anzutreffen ist.

Die Toten bewegen sich unter den Menschen; nicht alle Toten bleiben im Grab, sie gehen um als Wiedergänger. Gewisse Verstorbene kommen abends auf die Höfe und zeigen sich den Lebenden. Ein Ertrunkener sieht durchnäßt aus. Einer, der nach Sonnenuntergang Menschen und Vieh belästigt und viele zu Tode quält, wird derart gebändigt, daß man sein Grab aufs neue öffnet und ihn darin unvermodert antrifft. Man verbrennt seine Leiche und streut die Asche ins Meer. Er wird also ein zweites Mal getötet. Die Vorstellung vom zweiten Tod ist altes indogermanisches Erbe.

Andere Orte der Toten

Sodann leben die Toten in den Bergen. In diesem Zusammenhang ist zu erinnern an die schon von Jakob Grimm behandelte Vorstellung, wonach in einem Hügel an der Weser in Westfalen der Herzog Widukind harrt, bis seine Zeit kommt.[171] Der entschwundene König Artur, dessen Wiederkehr die Briten erwarten, haust in einem Berg mit Frauen, Heer, Rossen, Speise und Trank.[172]

Zudem sind Tote im Meer anzutreffen, wo auf dem Grund ein Totenreich existiert. Ein Verstorbener kann gleichzeitig im Meer und unter den Lebenden sein. In einer Erzählung hören wir: Ein Held starb auf dem Meer; das Totenmahl wird auf seinem Hof gehalten. Er selbst kommt mit seinen trunkenen Gefährten. Alle setzen sich durchnäßt an den Tisch und werden reichlich verpflegt. Das ist ein gutes Omen. Besuchen nämlich Seetote ihre eigene Leichenfeier, ist dies ein Zeichen dafür, daß sie von Ran, der Meeresgöttin, freundlich bewirtet werden.[173]

Schließlich finden wir die Toten in der Unterwelt. In allen Arten von nordischen Quellen heißt die Unterwelt Hel, was ursprünglich «das Verborgene» bedeutet. Hel sitzt unter einer Wurzel Yggdrasills, der Weltenesche; er hat ein großes Haus mit hohen Sälen und hält dort die Totenfeste. Er erscheint auch in weiblicher Gestalt, holt die Menschen durch den Tod, so daß es des Menschen Aufgabe ist, Hel ständig zu erwarten. Einige Tote aus dem Totenreich können in etwas Furchtbares geraten: an die im Norden gelegene Leichenküste, wo Dunkelheit und Nebel herrschen. Ins Totenreich kann man gehen; man kann dorthin fahren – in Wagen oder reitend.[174]

Der Weg zu Hel heißt auch der lange Pfad. Erwandert der Tote diesen Weg, so braucht er kräftige Schuhe, weshalb es auf Island Sitte ist, den Verstorbenen Schuhe anzubinden. Schließlich finden wir die Toten unter den Göttern. Der Götterweg, auf dem auch Helden reiten können, führt zur Götterwelt und zu verschiedenen Orten, wo die Götter die Ihrigen empfangen.

Ein besonders lieblicher Ort mit grünen Wiesen, der den Charakter des Paradieses trägt, findet sich am Rande der Welt. Das Mädchen, das beim Begräbnis seines Herrn ins Jenseits schauen darf, ruft: «Wie schön und grün!»[175] Zu den grünen Wiesen gehören Hühner. Der Hahn, der die Verstorbenen weckt, ist nicht nur in den letzten Zeiten vor dem Untergang der Welt und der Götter tätig.[176] Der Zusammenhang zwischen Huhn und Land der grünen Wiesen geht aus der Geschichte Saxos hervor. Ein Held durchwandert mit einer übermenschlichen Begleiterin unter der Erde sonnenbestrahlte Orte, die solche Kräuter hervorbringen, wie die Frau sie trägt. Sie versuchen vergebens, über eine Mauer hinüberzukommen, aber die Frau schneidet den Kopf eines Hahns ab, den sie zufälligerweise mitbrachte, und wirft ihn über die Mauer, und zugleich zeigt der wieder lebendige Vogel durch klares Krähen, daß er die Atmung zurückgewinnt. Die Frage stellt sich, ob hierher auch die Aufforderung des Sokrates gehört, beim Sterben des Philosophen einen Hahn dem Asklepios zu opfern.[177]

Wir finden die radikale Ansicht, wonach es besser ist, lebendig zu sein als verbrannt und tot. Aber auch nach vernichtendem Tode leben die Menschen weiter in den Grabmälern, die ihre Nachkommenschaft errichten, und in dem Nachruhm, der ewiges Leben verleiht. In keinem von allen diesen verschiedenen Fällen lebt die Seele oder ein Teil des Menschen, sondern einfach der Mensch.

Die Mitte

Für den Menschen ist sein Wohnsitz zumeist das Reich der Mitte. Von seinem Haus aus sieht er nach allen Seiten hin die Welt ausgebreitet, in deren Mittelpunkt er selber steht. Auch wenn der Blick weite Strecken erfaßt, bleibt doch immer das Dorf, der Gau, das Land Zentrum seiner Betrachtungen. Deshalb nennt der Germane seine Welt «Hof der Mitte». Ganz wie das Land sich nach allen Seiten um das Bauerngehöft ausdehnt, lagert die Welt als Ganzes um das von Menschen bewohnte und angebaute Gebiet. Diese einfache Vorstellung beherrscht die Kosmologie. Die Mitte ist gleichzeitig Wohnstätte der Götter und der Menschen. Nachdem die Götter den Himmel und die unteren Welten geschaffen haben, geben sie dem Menschen die Mitte, Midgard, um dort zu wohnen. In der Nähe erbauen sie für sich eine Burg, Asgard, eine große Siedlung. Zahlreiche Götterwohnungen liegen hier zusammen. Eine herrliche Wiese sticht hervor. Rundherum zieht sich ein Schutzwall. Außerhalb der bewohnten Welt liegt Utgard. Dort hausen die Dämonen; es ist auch das Reich der Riesen. Die menschliche Siedlung dient als Vorbild. Jenseits des bäuerlichen Gehöfts mit seinen Wiesen, Feldern und Äckern dehnt sich das unbesiedelte Land in der Form von Urwald, Hochgebirge oder Moor.

Je nach geographischer Lage treten mehrere Vorstellungen nebeneinander auf. Küsten- und Inselbewohner sprechen von einem Weltmeer, das rings um die Erde herum liegt. Am äußersten Horizont gähnt unendliche Tiefe. Die Welt wird durch eine um den Rand gewundene Schlange zusammengehalten. Nach den vier Himmelsgegenden erstreckt sich Utgard, aber nicht überall in gleicher Intensität. Norden und Osten sind als Heimat der Dämonen bevorzugt. Der Süden ist die Gegend der Hitze. Auch der Westen ist (seit den Vikingerzügen) nicht eine Welt des Grauens, wie es der Ozean für die keltische Bevölkerung von Irland war. Die Vorstellung, daß dort die Inseln der Seligen sind, finden wir bei den Nordleuten nicht oder erst ziemlich spät unter dem Einfluß irischer Sagen. Daß an der Küste Norwegens ähnliche Anschauungen bestanden, beweisen die Volkssagen, die von plötzlich aus dem Meer auftauchenden und wieder versinkenden Feeninseln erzählen. Den Vorstellungen einer Totenwelt jenseits des Meeres liegt der Brauch zugrunde, die Toten in brennenden Schiffen auf das hohe Meer hinaussegeln zu lassen.

Für die Norweger gilt das hohe Gebirge im Osten und das arktische Gebiet im Norden als Utgard. Nach dem Dämonenreich im Osten führt der Weg über Land. Ein breiter Fluß trennt die Welt der Dämonen von Mitgard, der Menschenwelt. Zuweilen ist das Riesenland auch im Norden lokalisiert. Ein großer Adler sitzt dort. Sein Fittichschlag erregt einen Sturmwind. Der Norden ist besonders die Welt der Toten. Nordwärts führt der Weg der Toten. Uralt sind diese Vorstellungen. Schon die Orientierung der steinzeitlichen Gräber lokalisiert die Totenwelt im Norden. Der Sitz der Ahnen in einem Bauernhause befindet sich an der nördlichen Wand des Wohnzimmers. Nordwärts fließendes Wasser hat in der Magie eine Beziehung zum Totenreich. Dort sind die Gefilde der Finsternis, was wohl mit der endlosen Polarnacht und ihren eigentümlichen Lichterscheinungen zu tun hat.

Himmel und Hölle

Die Menschenwelt sieht den Himmel über sich wölben; unter ihr dehnt sich die Unterwelt aus. In den Vorstellungen über das Reich der Toten finden wir mehrere Schichten übereinander. Ganz abgesehen davon, daß der Tote in seinem Grabe ruht oder im Totenberg mit seiner Familie zusammenlebt oder, falls er auf dem Meer verunglückt ist, bei Ran verweilt, zeigen sich in den kosmischen Vorstellungen unausgeglichene Gegensätze. Außerordentlich eindrücklich ist eine Vorstellung der Hölle als Aufenthaltsort der Toten ausgebildet: Fürchterliche Flüsse rauschen mit gräßlichem Lärm. Über einen Fluß führt eine Brücke. Der aus arischer und griechischer Mythologie bekannte Höllenhund steht am Eingang der germanischen Hölle, mit bluttriefender Brust. Er bedroht sogar den obersten Gott Odin. Ist der Tote an der Brücke vorbei, so kommt er vor eine Einhegung. Der lebende Held, wenn er diesen Weg wählt, muß darüber hinwegspringen, aber für die Toten öffnet sich das Tor. Schnell muß man hindurchschlüpfen, sonst fallen einem die Türflügel auf die Fersen. Das Leben der Toten wird als elendes gezeichnet. Wir hören die Stimme, die berichtet, als sie Odin aus ihrem Todesschlaf weckt. Sie ist von Regen und Schnee gepeitscht und von Tau durchnäßt.

Die Urbewohner der Welt heißen Riesen, ja es gibt schon solche, ehe die Welt zustande kommt. In ekstatischen Visionen schaut die Seherin den Anfang der Zeiten, wo der Weltbaum mit den neun Stufen noch ein Sämling war. «Der Baum selbst ist das Maß für die Existenz der umgebenden Welt – in der Zeit.»[178]

Wie in Indien der Rsi Markandeya sechs Weltuntergänge und sechs Weltschöpfungen schaut, dazu den Urmenschen (Purusa) und den Hochgott mit vielen Namen, u. a. Yama, der auf dem Nyagrodha-Baum sitzt, so sieht die Seherin die Urwesen und vor allem Ymir, viele sich aneinanderreihende Welten, den Weltbaum als Maß der verschiedenen Weltalter und zugleich als Inbegriff des Kosmos. Auch die Neunzahl ist indogermanisch. Zwar kommt sie als Zahl der Vollendung ebenfalls bei Ägyptern und Chinesen vor, aber die allermeisten typischen Beispiele finden sich bei den Iraniern, Griechen, Kelten und Germanen. Die Schöpfungserzählung in der Edda lautet folgendermaßen: «Aus Ymirs Fleisch ward die Erde erschaffen, aus dem Blute das Meer, die Berge aus den Knochen, der Baum aus dem Haar und aus dem Schädel der Himmel.»[179] Der Mythos von der Schöpfung des ersten Menschenpaares knüpft an die indogermanische Vorstellung von seiner Erstehung aus zwei Bäumen.

Weltende

Die Schilderung der Endzeit folgt verbreiteten indogermanischen Vorbildern. Der Hahn leitet das eschatologische Schauspiel ein. Er ist der Bote des neuen Tages und neuen Lebens. Im Eddalied Völuspa gibt es eine zusammenhängende Darstellung. Nachdem die Seherin Baldurs Tod erzählt hat, beschreibt sie, wie auf allen Seiten außerhalb Mitgards die Dämonen hausen und sich auf den kommenden Kampf vorbereiten. In der Natur tauchen die Vorboten der Ragnarök, der Götterdämmerung, auf: Sonnenfinsternisse und rauhes Wetter. Brüder kämpfen miteinander, Geschwister üben Blutschande. Gegenseitige Schonung gibt es nicht mehr. Der Weltbaum zittert und kracht. Aus allen Richtungen ziehen dämonische Mächte heran. Durch das Weltmeer windet sich die Weltschlange. Die Felsen stürzen zusammen, und die Menschen sterben.

Der entscheidende Kampf zwischen den Göttern und den Dämonen beginnt. Odin hat die Weltschlange zum Gegner und wird verschlungen. Thor gelingt es, die Weltschlange zu vernichten, aber nach neun Schritten sinkt er selbst tot zusammen. Was hilft es, daß sein Sohn den Vater rächt? Der Tod der Götter bedeutet das Ende. Die Sonne wird schwarz, die Erde sinkt ins Meer zurück, die Sterne verschwinden, eine heiße Flamme lodert zum Himmel. Der Hund Garmr heult vor der Höllenhöhle, alle Gemeinschaftsformen lösen sich total auf, ein Groß-Winter bricht ein. Er wird Wolfszeit genannt. Während dieser kommt der Frevler Loki mit dem Fenris-Wolf los. Eine Art jüngsten Gerichtes ist anzutreffen. Es heißt: «Dort sah ich waten durch schwere Metallströme meineidige Männer und Mordtäter.»[180] Also ist von einem Ordal die Rede. Weiter geht das Enddrama. Gute und böse Mächte kämpfen paarweise gegeneinander. Die Himmelskörper stürzen und Feuer vernichtet alles.[181]

Der einzige auf uns gekommene Vers aus einer schwedischen sakralen Literatur besteht aus bestimmten Runenworten: «Die Erde soll zerreißen und der Himmel». Schließlich kehrt alles wieder, und – indisch gesprochen – eine neue Yuga, ein neues Weltalter, tritt an. Die Erde, durch Feuer vernichtet, taucht aus dem Meer auf. Beide Vorstellungen scheinen nicht als unvereinbar empfunden zu werden. Wichtig ist das neue Zeitalter. Die goldenen Tafeln werden wieder entdeckt. Baldur kehrt aus dem Totenreich zurück, Brüder und Vettern finden sich, der Opferdienst wird erneuert, und zuletzt kommt der mächtige Erich als neuer Herrscher der Welt.[182] Jugendfrisch hebt sich die Erde aus dem Meer. Der Adler kreist beutesuchend über stürzenden Wasserfällen. Ein neues Göttergeschlecht spielt mit dem goldenen Brettspiel. Ein goldbedachter Saal wird errichtet, wo die getreuen Scharen glücklich leben.

Mensch und Götter
Das Leben als ganzes ist also nicht ein von den Göttern gelenktes Los. Vom Anfang bis zum Ende bestimmt es eine innere Gesetzlichkeit, die im Wesen des Menschen liegt. Darüber hinaus gibt es Katastrophen, die den Menschen in seiner Seele tief erschüttern. Man ist geneigt, diese von außen wirkenden und plötzlich eingreifenden Mächten zuzuschreiben. Welche diese Mächte sind, läßt sich nicht unvermittelt und eindeutig bestimmen. Die Antwort hängt von der jeweiligen Lage des Menschen ab. Unter den Schlägen des Schicksals gewinnt der Mensch die Einsicht, daß weit über dem Leben erhabene Mächte sein irdisches Los regulieren, aber zu einer einheitlichen Anschauung ist der Germane ebensowenig wie zum Beispiel der Grieche gelangt.

Das aus der Jenseitswelt bestimmte Schicksal des Menschen kann von diesem beeinflußt, ja bezwungen werden. Die Germanen haben an die Götter als Walter des Schicksals geglaubt. Mit Hilfe der Magie vermag der Mensch in die Schicksalbestimmung einzugreifen.[183] In allen Zeiten versucht der Mensch den Schleier, der vor der aus dem Jenseits bestimmten Zukunft hängt, zu zerreißen. Die Germanen tun dies auf verschiedenen Wegen. Besonders besitzt eine Frau die Fähigkeit, in die Zukunft zu sehen.

In einem Lande nach dem anderen wurde die germanische Religion von dem Christentum abgelöst,[184] und zwar nicht durch autoritäre Befehle der Könige und Fürsten, sondern in fast demokratischer Weise durch Beschluß des Volkes auf dem Thing. Die Bekehrungszeit von insgesamt etwa 700 Jahre hat selbstverständlich nicht ohne weiteres die geistige Lage Nordeuropas gänzlich verändern können. Die Kirche betrieb eine bewußte Assimilationspolitik. Durch Mission und indirekten christlichen Einfluß ergab sich ein Zustand, der als ein fascettierter Synkretismus bezeichnet werden muß. Heidnische Elemente leben im Christentum bis heute. Die Wochentage tragen heidnische Namen. Besonders in Schweden, aber auch anderswo im germanischen Bereich sind alte Götter mit den zugehörigen Sitten durchaus lebendig.[185]

Die germanische Religion ist gekennzeichnet durch starke Beziehungen der Menschen zu den Göttern als den Waltern des Schicksals, aber darüber hinaus durch ungemeine Eigenverantwortlichkeit des Einzelnen, der sich freilich als Einzelner nie für sich allein, sondern nur im Verband seines Stammes und somit eines größeren Umkreises verstehen kann. Das Schicksal, dem sich der germanische Mensch ausgesetzt sieht, ist eine beeinflußbare, aber, schaut man genauer hin, unentrinnbare Fügung.

Die Doppeldeutigkeit, die den Toten zugemessen wird, zeigt bzw. verweist auf den intensiven Lebensbezug. Ist schon der Tod unentrinnbar, so soll das Leben doch nicht gänzlich dahin sein. Aber was heißt das? Die Strukturen des Lebens wirken auch im nachtodlichen Existieren, wenn der Tote an seinem Begräbnisort lebt, ja wenn er dorthin reitet und sich unter den Lebenden aufhält. Daß diese Verfassung nicht das letzte Wort sein kann, verdeutlicht sich am Phänomen des zweiten, endgültigen Todes.

Das ist die Botschaft Germaniens: Die Toten haben die prinzipielle Möglichkeit der Rückkehr. Das Jenseits der nachtodlich Existierenden reicht tief hinein ins Diesseits. Das Paradies der guten Toten, den Kelten vertraut, gilt auch dem germanischen Krieger als Ziel, doch er nimmt das, was ihm geschieht, als Schicksalsfügung seiner Götter. Das Einzelschicksal weiß sich eingebunden in eine weitergreifende Schicksalsmacht, die mit dem Krähen des Hahnes die Endzeit eröffnet. Untergang ins Chaos ist das eine, das Sich-neu-Formieren alles Seienden das andere. Hier sind Anknüpfungspunkte zwischen dem Norden Europas zu den Vorstellungen Indiens von den sich ablösenden Weltaltern.

Jenseits und Endlichkeit alles Diesseitigen spielen in gewaltigen Zeiträumen zusammen. Des Germanen Lebenswelt in ihrer Nähe zu Kampf, Nacht und Tod bindet sich selbst in diesen umspannenden Kontext.[186]

3. 11 Die Griechische Religion
Mensch, Götter und Jenseits

Die Menschen bedürfen der Götter, ganz anders als die Götter der Menschen. Mag das Ritual und die in ihm verankerten Opfer Erwartungen auf seiten des Menschen auslösen, so ist keineswegs fest mit deren Erfüllung zu rechnen. Die homerischen Götter können ohne Angabe von Gründen nein sagen. Ein Mensch kann sich also seiner Götter nie ganz sicher sein. Sie repräsentieren nicht das mütterlich Bergende. Vielmehr stehen sie in Distanz. Man kann sie von verschiedenen Seiten sehen in bemerkenswerter Plastizität. Dem Menschen ist gestattet, in Freiheit ein klares Nein zu sprechen, ja sich unter Umständen gegen die gegebene Ordnung aufzulehnen. Nur selten wird der Gott mit Herr (Despota) angerufen, wie der Sklave zum Herrn, seinem Eigentümer, spricht. Der Mensch bekundet eine Art von Freiheit und Geistigkeit, gewonnen auf Kosten von Sicherheit und Vertrauen. In der Wirklichkeit stossen die ihrer Freiheit bewußt gewordenen Menschen ständig an Grenzen. Am Ende bleiben dann die Götter die Stärkeren. Der jenseitigen Welt, durch die Götter repräsentiert, muß von vornherein ein größeres Gewicht zufallen. Aber gerade deshalb dürfte den Griechen ihre diesseitige Welt so wichtig, lieb, farbig, lebenserfreuend erschienen sein.

Über die Schicksale der Toten lassen sich Jenseitsvorstellungen ausmachen. Wir übergehen die im einzelnen darzustellenden Totenbestattungen, die Fülle der Bräuche, die das antike Griechenland kennt. Der Totenkult scheint vorauszusetzen, daß der Tote am Ort der Bestattung im Grab unter der Erde gegenwärtig ist. Die Toten trinken, was ihnen die Lebenden bereitstellen. Sie werden zum Mahl geladen. Man kann sie beschwören, selbst heraufzukommen. Man erzählt in Griechenland, daß manche Toten keine Ruhe finden, ja daß sie demzufolge um ihre Gräber herumirren und Vorübergehende bedrohen. Man fürchtet den Zorn der Toten und denkt, sie durch ständiges Spenden zu besänftigen, bei guter Laune halten zu müssen.

Die Griechen glauben, der Tote könne in Gestalt einer Schlange erscheinen. Die Schlange ist das Schrecktier für den Menschen, weil sie unversehens auftaucht, vielleicht an Überbleibseln gespendeter Lebensmittel leckt und rasch in ihrem Schlupfloch verschwindet. Gewisse Vorstellungen bekunden, das Rückenmark einer Leiche verwandle sich in eine Schlange.[187]

Die epische Dichtung hat das Tor zum Jenseits bzw. den Vorstellungen von diesem erschlossen.[188] Zwei homerische Szenen wurden wichtig: die Traumerscheinung des toten Patroklos in der Ilias und die Hadesfahrt des Odysseus. Auch in anderen alten Texten finden sich Hadesfahrten, besonders im Zusammenhang des Herakles- und des Theseus-Mythos. Später im 6. oder 5. Jahrhundert finden sich Texte des Orpheus. Aber keiner kann das Recht unanfechtbarer Offenbarung beanspruchen. Man bedurfte einer Sprachregelung für das Unsagbare; übereinstimmend konnte sie nicht sein.

Psyche

Nach Homer verläßt im Todesaugenblick die Psyche den Menschen und betritt das Haus des Hades. Psyche bedeutet Hauch. Sie weist auf den Verlust der Atmung als Kennzeichen des Todes. Den Toten kommt etwas abhanden, über dessen Vorhandensein und Wirken beim Lebenden kaum nachgedacht wird. Nur dort, wo es tatsächlich um Tod und Leben geht, wird Psyche zum Thema. Psyche meint nicht Seele als Träger von Empfindungen und Gedanken, sie ist auch nicht Person oder Doppelgänger des Menschen. Von dem Moment an, wo sie den Menschen verläßt, bezeichnet man sie als Bild (Eidolon).[189] Erscheinung eines Bildes, das man sieht, aber nicht ergreifen kann, ist das Traumbild, das Spukbild, in dem bzw. durch welches der Tote noch erscheinen kann. Es ist gleichzusetzen mit dem Hauch, der den Körper verlassen hat. So wird die Psyche eines Toten unter Umständen sichtbar. Man kann sie sich zumindest vorstellen. Als Achilleus den Patroklos und Odysseus seine eigene Mutter umarmen wollen, gleitet die Psyche wie ein Schatten oder Rauch durch ihre Hand.[190] Keine Kraft geht von der Psyche aus, keine Lebensenergie, auch das Bewußtsein fehlt. Sie flattert als Schatten wie eine Fledermaus in ihrer Höhle. Als Erinnerungsbilder können die Seelen in der Lebenstätigkeit und Todessituation verharren. Orion, der Jäger, darf immer noch jagen, Minos, der König, darf Recht sprechen und Agamemnon von denen umgeben sein, die mit ihm erschlagen wurden.

Hades

Für die Dichter ist Hades ein personhafter Gott, der Bruder des Zeus, auch der unterirdische Zeus genannt.[191] Hades erscheint als Gatte der

Persephone, im Mythos identisch mit dem Mädchen Kore, der geraubten Tochter Demeters.

Kennzeichen der Unterwelt ist das große Tor, das der Tote durchschreiten muß, um niemehr zurückzukehren. Bedrohen die Götter einander in heftigem Kampf, so beginnt die Erde zu beben. In der Unterwelt springt Hades von seinem Thron auf und brüllt vor Schreck; er muß fürchten, die Erde könnte sich öffnen und sein scheußliches Reich mit aller Modrigkeit ans Licht kommen.[192]

Die Vorstellungen der Griechen sind widersprüchlich: Einmal ist das Reich der Toten weit weg am Rande der Welt, jenseits des Okeanos (so in der Odyssee), bald liegt es direkt unter der Erde (so in der Ilias). Im 24. Buch der Odyssee erscheint Hermes als Totengeleiter, der die Seelen der gemordeten Freier herausruft und mit seinem Zauberstab anführt, vorbei am Okeanos und an dem weißen Felsen, an den Toren der Sonne und dem Ort der Träume.[193] In der Odyssee wird der Eingang in die Unterwelt jenseits des Okeanos durch Flüsse markiert, den Acheron, in den ein Feuerstrom und ein Klagestrom einmünden, und den Styx mit seinen Wassern des Grausens. Aus den Namen dieser Unterweltswasser hört man Hass, aus Acheron Weh heraus. Fluß oder See sind die Grenze, über die der Fährmann die Toten auf seinem Schiff ins Jenseits bringt. Zur Sage von Herakles gehört der fünfzigköpfige Hund Kerberos, der das Tor des Hades bewacht.[194] Nach Vollzug des Bestattungsrituals befindet sich die Seele jenseits der genannten Ströme. Sie hat das Tor zum Hades durchschritten und ist mit anderen Toten vereint.

Odyssee: 11. Gesang

Durch diese Jenseitswelt bleiben die Toten vom Bereich des Lebens getrennt. Der Lebende wird also nicht den Toten ausgeliefert. Die Schatten, als welche die Toten gelten, wirken kraftlos und bewußtlos. Der gespenstische Schrecken fehlt; die Verwesung wird nicht ausgemalt; Klappern der Totenbeine ist kein Thema. Aber desgleichen gibt es auch keinen Trost und keine Hoffnung.

Die angedeutete Sicht läßt sich besonders hervorheben im Nachvollzug von Schilderungen im 11. Gesang der Odyssee. Odysseus fährt in den Hades, um von Teiresias, dem berühmten Seher, die Zukunft zu erfahren. Auch Teiresias weilt als Seele dort, doch hat ihm Persephone die Gnade verliehen, mit ungebrochenem Verstand in die Zukunft zu blicken. Deshalb teilt er dem suchenden Odysseus Entscheidendes mit. So erfährt dieser die wichtige Warnung, er dürfe sich nicht an den Rindern des Helios vergreifen. Er müsse, sobald er heimkomme, im eigenen Haus Ordnung schaffen und einen Sühneweg zur Versöhnung des Poseidon hinter sich bringen. Odysseus wird von diesen Verlautbarungen kaum sonderlich erschüttert; er nimmt sie hin als göttliche Schickung.[195]

Scharenweise herantretende Totenseelen kennen den Ankömmling nicht, aber er sieht ihre Gestalten. Die Seelen werden, wie schon angedeutet, Eidola genannt, Scheinbilder; über ihr Aussehen im Augenblick des Todes, über ihre Gestalt und ihre Mienen, über ihre Kleider fällt manches Wort. Aber sie können nicht sprechen, nur schwirren und schreien. Der Genuß des bereitstehenden blutigen Opfertranks gibt ihnen die Möglichkeit zu Unterredungen. Auch Teiresias hat diesen Trank zu sich nehmen müssen, bevor er Odysseus berichten kann. Anders ist es mit der Seele Elpenors, der im Hause der Kirke vom Dach gestürzt und noch nicht verbrannt ist. Seine Seele darf nicht in den Hades hinein, da sein Leichnam noch existiert. Elpenors Maske kann reden; er bittet um den Liebesdienst der Verbrennung und Errichtung eines Ehrenmals.

Die Seelen nahen; damit öffnet sich der Zauber des Totenreichs. Alle drängen zum Blutopfer. Es sind die verstandlosen Toten, die Masken der müden Sterblichen.[196] Aus der Tiefe kommen sie. Zuerst erscheint die Mutter des Odysseus. Er hat sie bereits erkannt, sie ihn nicht. Er läßt sie trinken. Dann vermag sie ihn zu erkennen. Ein Gespräch beginnt, indem sie über ihr nachtodliches Dasein klagt. Der Sohn fragt nach dem Befinden der Seinen, seinem Besitz und dem Schicksal der Mutter. Diese berichtet, was sie weiß, um am Ende ihrer Rede schwere Gedanken und Gefühle zu bekennen, die ihr das Sterben bitter gemacht haben. Odysseus will tief erschüttert seine Mutter umarmen, aber sie ist nicht zu greifen und schildert beim Entschwinden den Vorgang des Todes: Feuer vernichtet, was Fleisch und Knochen ist. So verläßt der Drang zum Leben das Gebein, die Seele flattert, einem Traumbild gleich, davon.[197]

Die Seelen der Toten sind keine völlig blassen Wesen; sie haben Erinnerung an Geschehenes und Gelebtes. Sie wissen nichts von der Zukunft. Es fehlt ihnen die Kraft zum Handeln. Ihr Reich ist das Reich der Schatten, wo die kraftlosen Häupter der Gestorbenen, die Masken der Müden, denen Erinnerung nicht schwand und durch den Bluttrank mitteilbar gemacht werden kann, weilen. An der ihnen zugemessenen

*Abb. 16: Schlaf und Tod tragen den Leichnam des Sarpedon davon,
Hermes in der Mitte als Seelengeleiter. Detail eines attisch-rotfigurigen
Kelchkraters. (aus: D. Kurtz/J. Boardman, Thanatos: Taf. 7)*

Realität kann man nicht zweifeln: Es gibt einen Hades, es gibt eine Art
Weiterleben. Dem lebenden Betrachter freilich erscheint diese Welt
anders – etwa wie die Welt der Träume, die er als Schlafender ja auch in
einer bestimmten Realitätsform erlebt.

Im Hades findet keine Vergeltung statt. Gerechte und Sünder werden
nicht unterschieden. Das Leid des Lebens begleitet sie alle über das Leben hinaus und in den Tod hinein. Von erlebten Freuden spricht man
nicht. Wir blicken in einen moderigen, freudlosen, zeitlosen Raum.

Die Kraft, der sich lebendiges Erleben des Menschen verdankt, ist in
der Odyssee nicht die Seele, sondern der Thymos. Damit bleibt die Existenz einer Seele nicht ausgeschlossen. Sie wird auch den Lebenden zugeschrieben, jedoch immer nur dann, wenn diese unmittelbar vor dem
Tode stehen. Hernach verläßt sie den Leichnam. Von der Seele eines
Lebenden heißt es, sie wird irgendwann zum Hades gehen, während

Thymos als Drang zum Leben mit dem Tode endet. Die Seele muß freilich auch am ganzen Erleben teilgenommen haben; dies ist nicht ohne Eindruck – nach allem, was gestorbene Menschen wissen und empfinden.

Wir dürfen sagen, bei Homer wird noch nicht im Sinne Platons von bestimmten Teilen der lebendigen menschlichen Seele gesprochen. Seele, Psyche und Mut, Thymos, bleiben im Leben vereint. Die Seele erscheint im Tode als Bild, Traum, Schatten, eine Maske dessen, der seinen Thymos verloren hat.

Der Verfasser des 11. Gesanges der Odyssee hat die Vorstellung von der Seele nach dem Tod den damals verbreiteten Ansichten entnommen. Er will eine für jedermann einsichtige, wenn auch trübe Sichtweise proklamieren. Der Reihe nach trinken die Toten vom Blut und müßten reden, aber ihre Seelen reden nicht. Das ist eine weitere Variante. Odysseus erzählt, als er sie sieht und befragt, selbst ihre traurigen Schicksale. Anschließend holt sie die Göttin der Unterwelt wieder, die sie veranlaßt hatte, dem Odysseus zu nahen.[198] Die Schilderung geht weiter zur Begegnung mit den Helden vor Troja, deren Seelen nun erscheinen. Ohne Trunk aus der Opferschale erkennt Agamemnon den Helden Odysseus. Er erzählt ihm in gewaltiger Rede sein eigenes Schicksal. Auch Achilles erzählt ohne Trunk und erhebt ergreifende Klageworte über seinen Tod. Er fragt nach Vater und Sohn. Aias erkennt den Odysseus ebenfalls ohne Trunk, geht grollend und wortlos sich abwendend in die Tiefe, im Gegensatz zu den vielen anderen Toten, die fragend herantreten. Odysseus sieht die gequälten Titanen, die für ihre Strafen riesige Flächen brauchen: den Orion auf ewiger Jagd, Tityos, Sisyphos, der den zurückrollenden Stein nach oben wälzt und den gepeinigten Tantalos, der nach den Früchten greift, ohne sie je zu erreichen, und schließlich sogar eine Maske des Herakles, der selber im Olympos weilt. Der tote Achilleus sagt: «Suche mir nicht den Tod zu verreden», indem er die Worte des Odysseus abwehrt: «Lieber wäre ich auf der Erde ein Taglöhner bei einem anderen, einem Armen, der nicht viel zu leben hat, als Herrscher über alle dahingeschwunden Toten.»[199] In der düsteren Todeswelt mit ihrem bedrückenden Einerlei ist alles gleichgültig. Odysseus muß weit in den Hades hineingekommen sein. Als er Grausiges ahnt, flieht er und eilt zum Schiff, das am Rande der Unterwelt bei der Grube mit dem Opferblut wartet.

Das Jenseitsbild aus der homerischen Religion herrscht in Griechenland nicht allgemein. Bei Homer findet sich manches. Einmal ein furchtbarer Abgrund, «soweit unter der Erde, wie der Himmel über der Erde ist»: Tartaros.[200] In diesen Abgrund stürzten die Götterfeinde, die Titanen. Er kann weitere Opfer aufnehmen. Im Eid werden Mächte beschworen, «die unter der Erde die Toten strafen, wenn einer einen Meineid schwört»: Erinyen.[201] Doch ein Totengericht ist nicht im Spiel. Wo Erinyen auftreten, hat der Tote sein Schicksal selbst inszeniert.

Der homerische Demeterhymnus sagt, daß die Totenkönigin Persephone die Übeltäter bestraft – und zwar alle Tage bis in Ewigkeit.[202] Man muß sich mit Opfern ihrer Gunst versichern. Spätestens seit dem 5. Jahrhundert hat man die Strafen und das Gericht, die sich auf das Jenseits beziehen, im Umkreis der Orphik weiter ausgemalt (wohl kaum ohne ägyptischen Einfluß).

Elysium

Als Gegenpol zur Unterweltvorstellung findet sich die elysische Ebene im vierten Buch der Odyssee. Menelaos soll nicht sterben, die Götter werden ihn in dieses Gefilde geleiten, am Rande der Welt, wo ihn das leichteste Leben im angenehmsten Klima erwartet.

«Dir aber, Götterkind Menelaos, beschieden die Götter,
Nicht in Argos, wo Rosse gedeihen, zu sterben, dein Schicksal
Dort zu erfüllen. Es schicken dich einst die unsterblichen Götter
Weit, bis ans Ende der Welt, in Elysions ebne Gefilde.
Dort ist der Blonde daheim, Rhadamanthys; dort wandeln
die Menschen
Leicht durch das Leben. Nicht Regen, nicht Schnee, nicht Winter
von Dauer
Zephyros läßt allzeit seine hellen Winde dort wehen,
Die ihm Okeanos schickt zur Erfrischung der Menschen.
Den Göttern
Bist du ja Helenas Mann und Zeus ist dein Schwäher geworden.»[203]
Solche Verse zeigen auf einen jenseitigen Bereich, von dem die homerischen Texte sonst nichts sagen. Am Ende der Erde, am Okeanos, liegt das elysische Gefilde, ein Land unter ewig heiterem Himmel, gleich dem Land der Götter. Der Held Rhadamanthys wohnt dort, nicht allein. Von Menschen in der Mehrzahl ist die Rede. Dorthin werden dereinst die

Götter den Menelaos senden. Sterben wird er also nicht.[204] Wohin er entsendet werden soll, ist nicht etwa ein Teil des Hades, sondern irgendwo auf der Oberfläche der Erde, zum Aufenthalt bestimmt nicht für abgeschiedene Seelen, sondern für Menschen, deren Seelen sich nicht von ihrer sichtbaren Erscheinung getrennt haben. Nur so können sie Gefühl und Genuß des Lebens[205] haben. Das ist das Gegenteil einer Unsterblichkeit der Seele. Eine andere Lösung ist visiert, die einen Ausgang aus dem Reich der Schatten, von dem die Rede war, zu finden versucht. Das Reich der Schatten zerstört, wie wir sahen, alle Lebensenergie. Hier dagegen zeigt sich ein Land am Ende der Welt, das doch noch von dieser Welt ist, in das einzelne Begnadete entrücken, ohne daß ihre Seele sich vom Leibe trennt.

Die Macht der Götter entrafft Menelaos. Er führt fern von der Welt der Sterblichen ein ewiges Leben. Daß ein Gott seinen sterblichen Schützling den Blicken der Menschen plötzlich entziehen kann und ungesehen durch die Luft davonführt, ist eine Vorstellung bzw. basiert auf einem Glauben, der in einer Anzahl von Vorgängen, die sich bereits in Schlachten der Ilias abspielen, Anwendung findet. Unsichtbarmachung durch Verhüllung in einer Wolke und Entraffung ist möglich: z. B. des Paris durch Aphrodite;[206] des Aeneas durch Aphrodite;[207] des Hektor durch Apollo.[208] Die Götter können einen Sterblichen aber auch darüber hinaus auf unbestimmte Zeit hin unsichtbar machen. Da Odysseus schon so lange entschwunden ist, vermuten die Seinen: Die Götter haben ihre Hand im Spiel.[209] Er ist, meinen sie, nicht gestorben,[210] sondern wurde entrafft. Die Gattin des Odysseus, Penelope, wünscht sich einen schnellen Tod durch die Geschosse der Artemis, oder daß sie ein Sturmwind entführt auf dunklen Pfaden und an die Mündungen des Okeanos, d. h. am Eingang ins Totenreich schleudert.[211] Penelope beruft sich zur Erläuterung ihres Wunsches auf eine Erzählung von der Art, wie sie wohl oft unter Frauen weitergegeben werden mochten, nämlich von den Töchtern des Pandáreos, die, nach dem gewaltsamen Tod der Eltern von Aphrodite genährt, von Hera, Artemis und Athene mit allen Gaben und Kunstfertigkeiten ausgestattet, einst, da Aphrodite in den Olymp gegangen war, um ihnen von Zeus einen Ehebund zu erbitten, von den Harpyen entrafft und den verhassten Erinyen zum Dienst gegeben worden sind. Der Mensch kann, auch ohne zu sterben, auf Dauer dem Bereich der lebenden Menschen entführt werden und an anderen Plätzen weiterleben. Ein besonderes Beispiel ist die dem Menelaos vorausver-kündigte Entsendung nach dem elysischen Gefilde am Ende der Erde, ein besonderer Wohnplatz der Seligkeit mit der Garantie ewigen Lebens wie in einem Reich der Götter. Menelaos, der Held, soll zu einem Gott werden. Bei Homer sind Gott und unsterblich Wechselbegriffe. Un-sterblichkeit der Götter ist durch den Genuß der Zauberspeise und des Zaubertranks, Ambrosia und Nektar, bedingt; auch den Menschen macht der dauernde Genuß dieser exzellenten Diät zum ewigen Gott. Achilleus wird auf die weiße Insel entrückt und Herrscher des schwarzen Meeres. Diomedes steigt auf zum göttlichen Herrn einer Adriainsel.[212] Eine Verallgemeinerung dieser Ansätze findet sich im Rahmen des Weltalter-Mythos bei Hesiod: Die Heroen, vor Troia oder Theben gefallen, erhalten ein Leben am Rande der Welt, auf den Inseln der Seligen am Okeanos, wo die Erde dreimal im Jahre Frucht trägt. Auch erscheint Kronos als ihr König; ist er doch der Gott der Vorzeit, der Ausnahmezeit, vielleicht auch der Endzeit.[213]

Anders geschieht das Schicksal des Herakles. In der Ilias hören wir einfach von seinem Tode, in der Odyssee und den Katalogen des Hesiod heißt es, er lebe als Gott im Olymp und er habe Hebe, die Jugendblüte, zur Gemahlin.[214] Herakles hat den höchsten Aufstieg vollbracht. Seine Gestalt wurde Modell kühnster Hoffnungen.

Mysterien und Platon

Die Vorstellungen von Tod und Jenseits sind, gerade weil sie nicht einheitlich formuliert werden, nachhaltigem Wandel ausgesetzt. In die-sem Zusammenhang spielen die Mysterien eine besondere Rolle. Sie ver-sprechen dem Eingeweihten Seligkeit im Jenseits. Ethische Reflexion formuliert das Postulat, wonach der Fromme und Gerechte auf Seligkeit nach dem Tode Anspruch hat, während der Böse in jedem Fall Strafe fin-den muß. Die Seelenwanderungslehre zeigt sich; sie wertet die Psyche als einen vom Körper unabhängigen Träger der persönlichen Identität tief-greifend auf. Wo sich Philosophie über die Natur äußert, entsteht der Gedanke einer Verwandtschaft der Seele mit den Gestirnen und dem Himmel. Zugleich treten der Kosmos und das Göttliche in unmittelbare Beziehung. Als die Sophisten die Lebensgrundlagen des griechischen Menschen kritisch reflektieren, wird Seele als das, was empfindet, denkt und entscheidet, mit empirischem Gehalt erfüllt. Am Ende schafft Pla-

Abb. 17: Dionysos auf dem Schiff. Vasenbild von Exekias, ca. 500 v. Chr. (aus: J. P. Asmussen u. a., Handbuch der Religionsgeschichte, Bd. 3, Göttingen 1975: 190)

ton in Aufnahme und Umformung von vielerei Traditionen seine besonderen Jenseitsmythen.[215]

Der Totenkult und der Kult der Götter haben in ihren psychologischen und sozialen Funktionen vieles gemeinsam. Für beide gibt es einen bestimmten Ort, aus dem Bereich des Profanen ausgegrenzt, wo Verehrung und rituelle Vollzüge stattfinden können. Man hat die olympischen Götter in Gegensatz zu den erdbezogenen, den chthonischen Göttern gestellt. Neben den chthonischen Göttern sind dann eben auch die Toten diejenigen, die der Erde angehören. Der Schrecken der Vernichtung ist nur die eine Seite des Ortes der Toten in der Erde. Seit es Bauern gibt, ist bekannt, daß Nahrung und damit das Leben aus der Tiefe wächst. Darum fungiert Hades zugleich als Pluton, Hüter und Spender des Getreidereichtums. Die Getreidemutter Demeter wird in besonderem Maße chthonisch; bei ihr sind die Toten geborgen. In den Mysterien vermittelt die Göttin, daß der Tod seine Schrecken verliert. Mysteriengeheimnis umgibt den chthonischen Dionysos, den Sohn der Persephone. Am häufigsten erscheint der chthonische Zeus, der dem Himmelsvater als unterirdischer Partner gegenübersteht. Dieser andere Zeus, der Zeus der Toten, kann bloß ein anderer Name für Hades sein. Aber gerade von ihm erwartet man Wachstum. Der säende Bauer betet zum unterirdischen Zeus.

Gegensatz der Bereiche

Das Besondere bei den Griechen findet man in der Radikalität und Konsequenz, mit der sie den Gegensatz von Götter- und Totenbereich ausgestalten. Die Götter sind die Unsterblichen, die Athanatoi. Von den Göttern kann man Geburtsgeschichten erzählen; sie erstarren zu Idealgestalten, sei es in der Jugendblüte wie Apollon und Artemis, sei es im Höhepunkt der Reife wie Zeus und Hera. Das Alter selbst bleibt ihnen fern. Die Menschen sind dagegen auf den Tod hin konstituiert, als Sterbliche, Brotoi, Thnetoi. Solange sie leben, brauchen sie Götter, die ihnen gute Gaben vermitteln, sie bewahren und retten. Aber die im Tod gesetzte Grenze ist unverrückbar. Selbst Zeus handelt nicht mehr, wenn diese Grenze aufscheint. Apollon verläßt Hektor, als seine Waagschale sinkt. Artemis nimmt rasch und selbstverständlich Abschied vom sterbenden Hippolytos, der ihr so nah stand wie niemand sonst und eben darum untergeht.[216] Wer bewußt dem Tod entgegengeht wie Antigone, der sagt den Göttern Lebewohl.[217] Also: Die olympischen Götter und die Toten haben nichts miteinander zu schaffen. Die Götter hassen das Haus des Hades und halten sich fern. Die homerische Götterwelt hat ihren eigentümlichen Zauber aus diesem Glanz ihrer Ferne zum Tod. Das Projekt der olympischen Gestalten als der immer Seienden kann für den griechischen Menschen Maß und Orientierung bedeuten. In der Wirklichkeit des Kults ist dabei der Gegenpol in einer Weise enthalten, daß jede Verflachung ausgeschlossen bleibt. Aber diese Götter können nicht die umgreifende Fülle der Wirklichkeit mit der in sie eingewobenen Seite des Todes repräsentieren. Die Religion erschöpft sich daher nicht im Kult.

Zwei jenseitige Zonen kennt das antike Griechenland: die des Olympischen, des Hellen, Formschönen und die des Chtonischen, Dunklen, des Rauschhaften. Die zwei Pole des Apollinischen und Dionysischen werden zu Recht von Nietzsche betont.[218]

Nachtodliches Existieren des antiken Griechen geschieht im Auswandern der Seele. Das Totenreich für den Menschen ist nicht im Olymp, sondern im Chtonischen, im Hades, der Unterwelt.

Den Bezug zu den Lebenden und Hinterbliebenen stiftet das Ritual bei der Bestattung, dessen Dauer die Dauer der Überfahrt ins Land der Toten abdeckt. Doch das entfernte Land schließt die Rückkehr zu den Lebenden nicht aus, wie die Frühjahrsfeste der Antesthterien zeigen.

Die Götter insgesamt – ob olympisch-unsterblich oder sterbend und auferstehend (wie Kore-Demeter und Dionysos)[219] – stehen den sterblichen Menschen, als die Jenseitigen den Diesseitigen, gegenüber. Wo man Orientierung an den Unsterblichen des Olymps gewinnt, bleibt nachtodliches Existieren derart grauenvoll, daß laute Klage über das verlorene Diesseits verständlich wird.[220]

Der griechische Mensch bedarf der Götter als Paradigmata; sie sind seine Spiegelungen, aber nicht nur dies: Ihre Existenz ist ihm lange Zeit durchaus gewiß. Der Zerfall ihrer Numinosität hat zu tun mit dem mythenkritischen Denken der ersten Philosophierenden bis hin zur eigentlichen Sophistik, die den Menschen religionskritisch auf sich selbst zurücknimmt.

Der antike Grieche, dem nachtodliche Existenz schrecklich ist, kennt aber immer die große Ausnahme, den Helden, den auserwählten Menschen.[221]

3.12 Rom
Religion und Reich

Die Geschichte der römischen Religion geht einher mit Entstehung, Aufstieg und Niedergang des römischen Reiches bis zu dem Tag, an dem Theodosius der Große einen Schlußstrich (unter eine Geschichte von tausend Jahren) zieht.[222] Nur bestimmte religiös fundierte Feste, die ihren Zusammenhang mit den Göttern längst verloren haben, und einige abergläubische Riten überdauern den Untergang der römischen Religion.

Wir können lediglich skizzenhafte Hinweise geben auf Jenseitsvorstellungen, die sich unter Römern in bestimmten Situationen zeigen. Der Römer ist vor allem in seiner frühen Zeit von starker Diesseitsbejahung erfüllt, so daß auch die Todesgrenze keine Entwürfe im Blick auf ein Jenseits zuläßt und das menschliches Dasein über den Tod hinaus ermöglicht.[223]

Religion der Bauern

Am Anfang findet sich eine Religion der Bauern; sie verleiht dem Römertum ein besonderes Gepräge. In das römische Haus gehört am alten Jahresende im Februar eine Feier für die Toten der Familie. Man bringt an den Gräbern Opfer, Brot, Salz und Wein, dar, dazu Kränze, und man stellt solche Opfer an den Wegen auf.[224] Offenbar spielt eine Vorstellung mit, wonach während der ganzen Zeit die Totengeister auf der Erde herumschweifen. Die Nachfahren gedenken freundlich ihrer Toten. Einen Mann, der sich gegen seinen Vater, eine Schwiegertochter, die sich gegen die Schwiegereltern tätlich vergehen, erreicht der ganze Zorn der Totengeister. Mit dieser Ahnenbeziehung ist ein Konnex zur jenseitigen Welt, auch wenn diese nicht weiter ausgemalt wird, gesetzt.

Das Fest der Lemuria am 9., 11. und 13. Mai[225] verbindet sich mit dem Glauben an Geister, die zu den Wohnungen der Menschen kommen. Der Herr des Hauses übt bestimmte Riten, um hernach die Gespenster aus dem Hause zu weisen. Man will sie abwehren: sie könnten sonst Mitglieder der Familie holen. Wohltätige Ahnengeister und Lemuren (allgemeiner Name der abgeschiedenen Seelen) lassen sich nicht auf dieselbe Ebene stellen.

In der Kaiserzeit gilt Manes als eigentlicher Ausdruck für die Toten.[226] Manes erscheinen als differenzierte Masse; kein einzelnes Individuum tritt hervor. Doch wirken sie auch in das Leben der Menschen nicht herein.

Gewaltig ist der Einfluß, den der mos maiorum, die Sitte der Älteren und Alten, in Rom hat. Er meint Erinnerung an die Taten der Lebenden, nicht an die Wirksamkeit Toter aus einer jenseitigen Welt. Man glaubt wohl an die Macht der Toten, irgendwelche Vergehen gegen die Ordnung der Familien zu rächen. In den Nöten des Tages freilich betet man weder zu den divi parentum (Götter der Eltern) noch zu den Manes. Von einem jenseitigen Totenreich gibt es keine Vorstellungen, auch nicht von einem Herrn dieses Reiches. All das entwickelt sich unter griechischem und teilweise etruskischem Einfluß. Die Zeremonie der pompa funebris[227] (Leichenbegängnis), bei der die Toten des Geschlechts mit den Insignien ihrer Ämter auftreten, zielt nicht auf einen Kult für die Toten, sondern auf den Glanz der Familie in dieser Welt. Toten gegenüber sind Gefühle ambivalent. Man liebt und fürchtet sie. Bereits die conclamatio unmittelbar nach dem Ableben, bei der man den Namen des Toten ruft, will zeigen, wie gern man ihn behalten hätte. Durch Aussprechen seines Namens möchte man ihn zurückrufen. Doch bahrt man ihn mit den Füßen gegen die Türe auf, um seine Rückkehr zu verhindern. Der Versöhnung eines Toten dienen rituelle Klagen, die seine Vorzüge preisen und Trauer ausdrücken. Nicht eine individuelle Würdigung geschieht, vielmehr werden konventionelle Formeln gebraucht, die man von jedem Toten aussagen kann.[228]

Die Göttin Ceres als Herrin der Erde (sie nimmt den Toten auf), deren Kraft, Wachstum zu spenden, darf nicht durch die Berührung mit Leblosem geschmälert werden, empfängt bestimmte Opfer, um sie zu stärken.[229] Die im Nachgang zu einem Todesfall zelebrierten Riten dienen dazu, das Grab zum Eigentum des Toten und damit zu einem locus religiosus zu machen. Mit diesem Vollzug zeigt sich die Grenze, die man zwischen dem Diesseits der Lebenden und dem Jenseits der Toten zu denken hat.

Etruskische Einflüsse

In späterer Zeit, wo Einflüsse aus dem ursprünglichen Umfeld der Etrusker besonders wirken, ist zum Totenkult folgendes zu sagen: Der etruskische Einfluß erstreckt sich mehr auf die äußere Form des Kultes als auf den religiösen Gehalt;[230] im Feld des Jenseitsglaubens dürfte von den Römern nur der Pomp der Bestattung rezipiert worden sein, aber auch dieser nur von den Vornehmen.[231] Bei den Etruskern dürfte nicht so sehr eine Furcht vor dem Jenseits wie vor dem Tode geherrscht haben. Einem genussfreudigen Volk erscheint das jähe und brutale Lebensende unter dem Bilde schreckenerregender Dämonen, die aus Tiefen auftauchen und den Menschen packen. Dagegen bleibt es unsicher, wieweit Darstellungen griechischer Unterweltmythen in Gräbern mehr sind als dekorative Anreihung bekannter Motive. Bankettszenen reproduzieren eher das vergangene Leben als irgendwelche Paradiesvorstellungen. Erst seit der Mitte des vierten Jahrhunderts treten Dämonen der Unterwelt hinzu, zum Teil mit griechischen Namen.[232] Stattliche Grabdenkmäler in Etrurien erweisen, daß der Glaube an die Macht der Toten lebendiger ist als im alten Rom. Namentlich die Sitte, am Grabe Wettkämpfe zu veranstalten, bei denen Blut fließen muß, belegt dies. Die Sitte blutiger Leichenspiele erhält sich bis in die Zeit des Augustus. Die Totenkämpfer werden von einem Mann, der einen Hammer trägt, aus der Kampfbahn geschafft: Darstellung eines etruskischen Dämons, den man unter helmartiger Kappe und Hammer mit dem griechischen Totenbegleiter Charon identifiziert. Seine Funktion besteht darin, die Toten in die Unterwelt zu geleiten.[233] Bilder vermitteln den Römern Gedanken an eine Hölle und ihre Strafen. Plautus, der Komödienschreiber, spricht vom

Acheron als Totenstrom im Sinne des Raumes der Unterwelt. Er kennt einen Herrn der Unterwelt mit dem Namen Orcus.[234] In den Kreis der aus Etrurien übernommenen heiligen Handlungen gehören die Ludi Taurei,[235] die in geschichtlicher Zeit am 25. und 26. Juni begangen werden. Sie gelten den di inferi, den Göttern der Unterwelt. Zu unterstreichen ist, daß die Römer Rituale samt deren religiösem Hintergrund aus der Welt der Etrusker übernommen, sowohl privat gehandhabt als auch darüber hinaus in das Gesamte der Kulte im System des Staates eingebaut haben. Unverkennbar bleibt die Tendenz der Römer durchgängig, die pompa funebris als Vorführung der irdischen Traditionen des betreffenden Geschlechts gelten zu lassen. Mit eigentlichem Jenseitsglauben und hierzu gehörenden religiösen Vorstellungen hat dies nichts zu tun.[236]

Drittes Jahrhundert

Im dritten Jahrhundert v. Chr. führt ein starkes religiöses Bedürfnis des Volkes dazu, sich einzeln intensiv am Gottesdienst zu beteiligen. Das Verlangen wird deutlich, Ausnahmesituationen durch außergewöhnliche Maßnahmen zu bemeistern. Sehr eindrücklich ist das große Sühnefest der Ludi saeculares des Jahres 249 v. Chr.[237] Die Menschen jener Zeit sind betroffen von ungünstigen Verläufen außenpolitischer Natur. Der erste Punische Krieg beschäftigt die Gemüter. Verschiedenen Orts wird Unheil angekündigt. Der Blitz zerstört einen Teil der Stadtmauer. Am Ufer des Tiber opfert man an unterirdischem Altar in drei Nächten dem Dis Pater und der Proserpina. Eine Wiederholung dieses Opfers nach hundert Jahren wird gelobt. Dis Pater meint den griechischen Pluton, der Name Proserpina deutet auf etruskische Vermittlung. Abgesehen von Riten des Totenkults erscheinen die dunklen Mächte der Unterwelt im römischen Kult erstmals. Ausgearbeitete Jenseitsvorstellungen sind damit noch nicht vorausgesetzt. Der Name des Herrn der Unterwelt bezeichnet ihn als Geber des Reichtums, aber nicht als Wächter der Toten.[238]

Zeit der untergehenden Republik

Die Spanne der untergehenden Republik berührt sich mit dem Verfall altrömischer Religion. Die Gewißheit einer Beziehung zu Jenseitigem – in den Gestalten der Götter und der Ahnen – schwindet unter dem

Abb. 18: Wo das Weiterleben nach dem Tode in der Erinnerung und dem Nachruhm besteht, ist die massive Bauweise eines Grabmals angezeigt. (aus: Filippo Coarelli, Rom, Luzern 1974: 171)

Druck politischer Instabilität. Eindrücklich sind Sätze Ciceros, der wohl noch an einen Gott geglaubt haben mag, dessen Wirkung man aber in existentiellen Lebensvollzügen nicht mehr spürt. Auch der Jenseitsglaube mag teilweise bloß literarische Überlieferung sein, teilweise lebendiger Glaube. Die erste Grabschrift mit «Dis Manibus» taucht auf.[239]

Reihen von Individualnamen folgen. Grabinschriften der Scipionen verweisen mit keinem Wort auf individuelle Fortexistenz des Toten. Nur die Laufbahn auf Erden wird gezeigt; dies entspricht altrömischer Anschauung. Nachruhm des Toten bei den Lebenden ist unantastbar die Form seines Weiterlebens.[240] Bezeichnender noch sind Äußerungen Ciceros, als er im Schmerz um den Tod seiner Tochter ihr einen Tempel errichten will. Er bemüht sich, solche Wünsche mit seinen philosophischen Anschauungen in Einklang zu setzen. Immer wieder betont er, es sei ihm nur um den Nachruhm und das Weiterleben in der Erinnerung zu tun. Von den mannigfaltigen Formen des Jenseitsglaubens, die die hellenistische Welt den Römern darbietet, scheint kaum überzeugende Kraft ausgegangen zu sein.[241] Von der Möglichkeit einer Fortexistenz wird äußerst vorsichtig gesprochen, und der Wunsch, den man für den Toten bereithält, lautet, er möge im Frieden ruhen. Die Beziehung der Manen zum einzelnen Toten behält etwas Schwebendes, Unbestimmtes. So etwa: Mögen deine Ahnen dich ruhen lassen und schützen! Dies meint wohl, daß der Geist eines Toten durch eigene Schuld oder Versäumnis der Lebenden, was den Grabkult anbetrifft, keine Ruhe findet. Die Manen werden als Mehrheit verstanden. Sie sind wohl die Manen des Toten, aber zugleich vertreten sie jenes Gesetz, das eine unversöhnte Seele zwingt, ruhelos umherzugehen. Weil diese Anschauung widerspruchsvoll erscheint, wird sie dem gelebten Glauben, der keiner philosophischen Logik bedarf, entsprechen. Der Mangel an plastischen Umrissen ist charakteristisch für religiöses Denken der Römer. Strafen im Jenseits, wie sie in der Literatur genannt sind, spielen für die Gebildeten keine Rolle. Die Oberschicht hat der Religion im letzten Jahrhundert der Republik nichts mehr abgewonnen. Höchstens ist sie Mittel, politische Aktionen zu beeinflussen bzw. zu verhindern. Sie erfüllt diese Aufgabe so lange, als der Gegner sich an die Spielregeln hält.[242]

Der Kaiser als Werkzeug der Götter

Die Restauration des Augustus[243] erweist darin ihre Kraft, daß sie alle Einzelmaßnahmen im Herrscherkult zusammenfließen läßt. Was in der Ära des Augustus einem Gefühl entspricht, nämlich den Beginn einer neuen Zeit erleben zu dürfen, wird später zu bloßer Floskel. Man benutzt sie bei jedem Regierungsantritt als Beginn des goldenen Zeitalters. Entscheidend wird eine von Augustus formulierte Trennung des Kultes, der dem lebenden Kaiser, und eines Kultes, der dem Divus Julius als verstorbenem Ahnherrn gilt. Doch bald gilt dieser Unterschied nicht mehr in strenger Form. So redet Seneca in der Consolatio ad Polybium[244] von dessen divina manes. Domitian nennt sich selber dominus et deus.[245] Der Brauch des Ostens, dem jeweiligen Herrscher Göttlichkeit zuzuschreiben, wird auch in Rom heimisch.[246] Schon Augustus läßt sich mit Merkur, aber auch mit Apollo identifizieren. Diese Form erscheint bald als üblich. Die vergöttlichten Kaiser sind Vertreter numinoser Potenz unter ihren Mitmenschen: als Wundertäter und unter Umständen Wunderheiler. Die Göttlichkeit eines Kaisers kann man so verstehen, daß man ihn als Gefäß betrachtet, wodurch göttliche Mächte zum Segen des Reiches wirken. Vom Glanz der Gottheit geht etwas auf das Werkzeug über, dessen sie sich bedient. Im Anschluß an die Vorstellung persönlicher Schutzgeister läßt von einem göttlichen Begleiter des Kaisers sprechen. Man erzählt sich, daß z. B. Domitian in der Angst seiner letzten Tage träumt, Minerva habe ihm erklärt, nun müsse sie ihn verlassen.[247]

In alledem drückt sich aus, daß die Entwicklung der römischen Religion nicht zu stärkerer Gewichtung des Jenseits fortschreitet. Die in den römischen Kaisern repräsentierte numinose Sphäre wird im Kontext zelebrierter Kulte für die Verstärkung und Absicherung irdischer Gegebenheiten und Macht verwendet. Der Blick des Römers beharrt in Horizonten des Diesseits. Eigentliche Jenseitsvorstellungen, wie wir sie ja andernorts in bemerkenswerter Üppigkeit antreffen, sind für Rom generell nicht nachweisbar. Sofern eine solche sich zeigt, vermag man unschwer Implantate fremder Provenienz zu erkennen. Seit Commodus (180–192 n. Chr.) schreitet die Orientalisierung im Staatskult unaufhaltsam fort.[248] Eine Zersplitterung der Religion folgt. Es gibt verschiedene Religionsgemeinschaften, die über das ganze Reich verbreitet sind. Keine unter ihnen bietet ein einigendes Band für alle Bewohner. So wenig eine Verschmelzung disparater Elemente zu einer Nation der Römer geschieht, so wenig wird eine Einheit des Kultes erreicht. Die Frage nach den Jenseitsvorstellungen in dieser Zeit muß beantwortet werden im Rückgriff auf einzelne religiöse Strömungen, die sich im ausgehenden römischen Altertum allmählich in ihrer Dominanz bekunden. Unter ihnen ist das aufkommende Christentum ein entscheidender Faktor.[249]

Tod und Genius

Große Nüchternheit zeigt Rom, wenn es den Tod bedenkt. Wohl schweifen die Toten herum und kommen an bestimmten Tagen in die Wohnungen. Auch wird die Vorschau auf die guten und die bösen Geschicke zu einem weitgespannten Geschäft. Vorstellungen eines Totenreiches, einer Jenseitswelt – abgesehen von der der Götter –, wachsen erst im Gefolge der Inkulturation des Etruskischen ins Römische.[250]

Für den römischen Glauben ähnlich wie für den des homerischen Griechen geht der Tote weg in eine andere Existenzform, um unter Scharen unheimlicher Geister seine Existenz fortzusetzen. Er ist freilich nichts anderes als der ganze Mensch, mag auch seine Leiblichkeit mit dem Tod ins Schattenhafte übergehen. Er empfängt Bezeichnungen, die mit einer Seele des Lebendigen nichts gemein haben. Es sind vorzüglich Namen der dunklen Dämonen und Todesgötter, die man scharenweise unter der Erde wohnhaft denkt.

Den persönlichen Lebensgeist – auf ihn soll noch in Kürze der Finger gelegt werden, nennen die Römer Genius.[251] Der Gedanke an das Leben, ruft den Namen Genius hervor. Der freudige Genuß der Lebensgüter, der Entschluß, sich etwas Gutes zu gönnen, gilt dem Römer als besondere Aufmerksamkeit gegenüber seinem eigenen Genius. Der Tod begrenzt die Sphäre des Genius. Der Genius hat mit dem Totenreich selbst nichts zu schaffen hat. Leben und Tod, Sterben und Geborenwerden gehören verschiedenen und einander letztlich entgegengesetzten Ordnungen an.[252]

Das Irdische zu betonen, den Tod als unvermeidlich zu nehmen – das ist des Römers Programm. Eine irdische Laufbahn mit Rang und Namen sucht der Römer. Das Jenseits greift zentral ins Diesseits in der Gestalt des vergöttlichten Imperators. In ihm repräsentiert sich das Numinose. Dem einzelnen Toten wird das Grab ganz zu eigen gegeben. Das Ritual der Lebenden ermöglicht dem Toten den Aufenthaltsort, der ihm als gemäß gilt.

Zerfall und Auseinandersetzung mit dem Christentum

Rom, das Weltreich, durchlebt einen lang dauernden Zerfallsprozess, der eine Vielfalt von religiösen Aspekten in sich birgt, unter denen ganz am Ende ein besonderer zu finden ist, der noch erwähnt werden soll. Das inzwischen mächtig gewordene und von der staatlichen Gewalt auf den ersten Rang gesetzte Christentum vertritt im Herzstück seiner Lehre die Auferstehung und Himmelfahrt des Erlösers Christus. Himmelfahrt, verstanden als Entrückung eines Lebenden oder dann eines bereits Gestorbenen, wobei es um seine Seele geht, ist ein uns durchaus vertrautes religiöses Phänomen. Was uns am Ende des Römertums besonders beeindruckt, ist der Hinweis auf die Himmelfahrt des Julianus Apostata (361–363 n. Chr.), jenes Kaisers also, der versucht, das bereits zur Macht gelangte Christentum noch einmal zurückzubinden, ja durch eine Rückwendung auf die vorchristlichen religiösen und philosophischen Seiten das Alte gegen das Neue definitiv zu setzen.[253] Von diesem Kaiser, der in einer Schlacht, im blutigen Kampf, sein Leben verliert, wird auch von christlichen Autoren betont, er sei gen Himmel gefahren. Dem Senat jener Zeit ist es unter dem christlichen Nachfolger Julians nicht erlaubt, auf Münzen oder Denkmälern des Konsekrationsaktes, also des dem Kaiser Roms zustehenden Aktes der Vergöttlichung und der durch ihn beglaubigten Himmelfahrt, zu gedenken. Aber ein Angehöriger des Senatorenadels wagt es später doch, die Erinnerung an jene Zeit zu beschwören, da der Senat das Recht hat, einen Herrscher, der seinem göttlichen Auftrag gerecht geworden ist, zum divus, Heiligen, zu erklären und seine Apotheose im Zeremoniell symbolisch zu veranschaulichen.

Auf einem Elfenbein-Diptychon sind die verschiedenen Szenen in einem Bild vereinigt. In der Mitte sieht man den in drei Stufen aufgebauten Scheiterhaufen; auf der obersten Stufe steht die Quadriga, mit der eine Gestalt in göttlicher Nacktheit die Himmelfahrt antritt, die zwei auffliegende Adler begleiten. Während bei der Bestattungsfeier tatsächlich ein Adler vom Scheiterhaufen aufflog, um die Seele des Verstorbenen zum Himmel zu tragen, sind es auf dem Diptychon zwei geflügelte Dämonen, die den divus emportragen. Fünf caelicolae (Himmelsbewohner), hinter einer Wolkenbank sitzend, erwarten ihn, der grüßend die Hand hebt. Unter einem Bogen, mit den Bildern des halben Tierkreises, ist Helios zu sehen, der seinen Blick der Szene zuwendet.[254]

Wir geraten hier in die Bereiche der Geschichte, in denen die Übergänge vom einen zum anderen, vom Römertum zum Christentum, schwer zu fassen sind. So finden wir gegen Ende des vierten Jahrhunderts die Einrichtung eines besonderen Festes zum Gedächtnis an die

Himmelfahrt Christi erstmals bezeugt.[255] Man kann sich mit Recht fragen, ob darin nicht eine Antwort der Kirche auf die römischen Bemühungen um Rechtfertigung der vergöttlichten Kaiser erblickt werden muß. Die Kirchenväter haben erregt und heftig polemisiert gegen diesen römischen Brauch, aber ihre Polemik ist nur dann verständlich, wenn es sich nicht darum handelt, daß die von den nicht-christlichen Römern hartnäckig verteidigten Anschauungen als unhaltbar erwiesen, sondern wenn gleichzeitig die eigenen Glaubensgenossen vor der Gefahr bewahrt werden, im Blick auf die dem Kaiser Julian Apostata und anderen zugedachte Himmelfahrt die Singularität der wunderbaren Auferstehung und Himmelfahrt Jesu Christi zu bezweifeln und sich dadurch in ihrer Glaubensgewißheit erschüttern zu lassen.[256]

3. 13 Antike Mysterien
Das Mysterium von Geburt, Tod und Wiedergeburt

Mircea Eliade zeigt in seinem Buch «Mythen, Träume und Mysterien», daß dasselbe Strukturmuster – Leiden, Sterben und Wiedererweckung – in allen Mysterien wirkt, sowohl in Riten anläßlich der Pubertät als auch in jenen, durch die man in einen Geheimbund eintritt. Wir erfahren auch, warum dasselbe Muster in den erschütternden Erlebnissen, welche der Berufung vorausgehen, ablesbar ist. Menschen archaischer Gesellschaften bemühen sich, den Tod zu besiegen, indem sie ihm eine solche Bedeutung beimessen, daß er schließlich nicht mehr als Schlußpunkt erscheint, sondern zu einer Schwelle des Übergangs wird. «Man kann auch sagen, daß in der geistigen Welt der Primitiven man immer dem Unwesentlichen abstirbt, vor allem also dem profanen Leben. Das führt schließlich dazu, den Tod als die höchste Einweihung zu betrachten, d. h. als Beginn eines neuen geistigen Daseins. Ja mehr noch: Geburt, Tod und Wiedergeburt wurden als drei Momente eines einzigen Mysteriums verstanden, und die ganze geistige Anstrengung der archaischen Menschheit ist darauf gerichtet, zu zeigen, daß zwischen diesen Momenten keine Unterbrechungen eintreten dürfen. Man darf nicht *haltmachen* in einem der drei Momente, man darf sich nicht unterwegs *einrichten,* weder im Tod noch in der Geburt. Die erneuernde Bewegung setzt sich unablässig fort. Unermüdlich wiederholt man die Kosmogonie, um sicher zu gehen, daß etwas wohlgetan wird – die Zeugung eines Kindes, der Bau eines Hauses oder eine geistige Berufung. Dies ist der

Grund, daß wir in den Einweihungsriten stets kosmogonischen Bezügen begegnen sind.»[257] Die archaische Wertung des Todes als höchstes Mittel geistiger Wiedergeburt stellt ein Einweihungsmuster dar, das bis in die großen Weltreligionen hinein fortwirkt und auch vom Christentum in seinen Dienst gestellt wird. Es ist das maßgebende Mysterium, das von jeder neuen religiösen Erfahrung wieder aufgenommen, umgewertet und neu gelebt wurde. Kennt man schon im Diesseits den Tod, stirbt man unzählige Male immer wieder, um zu Neuem wiedergeboren zu werden, so folgt daraus, daß man schon hienieden auf der Erde etwas lebt, das dieser Erde nicht angehört, daß man am Heiligen, am Göttlichen Anteil hat; man lebt, können wir sagen, den Beginn der Unsterblichkeit. So dringt der Mensch immer weiter in die Unsterblichkeit ein. Unsterblichkeit ist nicht als ein Fortleben nach dem Tode anzusehen, sondern bereits als ein Zustand, den man sich unausgesetzt, immer wieder, schafft, auf den man sich schon in dieser Welt vorbereitet, ja an dem man bereits jetzt teilhat. Todlosigkeit, Unsterblichkeit muß als Grenzsituation angesehen werden, als idealer Zustand, nach dem der Mensch mit seinem ganzen Sein strebt, den zu erringen er sich bemüht in unablässigem Sterben und Auferstehen.[258]

Mysterien – Zug ins Private

Walter Burkert unterstreicht in seinem Buch «Antike Mysterien», daß diese Kulte eine Form persönlicher Religion darstellen, die eine private Entscheidung voraussetzt und durch Beziehung zum Göttlichen eine Art von Erlösung sucht. Eine solche Feststellung gab immer wieder Anlass, in den antiken Mysterien von vornherein eine tiefe spirituelle Dimension vorauszusetzen. Burkert hält dies nicht für ausgeschlossen, doch «hat der Blick aufs Jenseitige nicht selten das Diesseits übersehen lassen».[259] Formen persönlicher Religion, die wir antreffen, zielen aufs Diesseits. Es geht um die Bemühung des Menschen, sich in schwierigen Lagen, wie Krankheit oder Nöte (welcher Art auch immer) mit Hilfe der Gottheit über Wasser zu halten. «Da ist die quälende Erfahrung der Not, die oft lange und verzweifelte Suche nach Hilfe, schließlich die Entscheidung des Glaubens, ein Gelübde in dieser bestimmten Form auf sich zu nehmen.»[260] All diese Einsichten, hier nur angedeutet, sind mitzuberücksichtigen, wenn eine adäquate Würdigung der antiken Mysterien hinsichtlich ihrer Jenseitsvorstellungen fällig wird. Auf der Ebene der Realität und psychologisch läßt sich verstehen, wie eine Bekehrung z. B. zur Verehrung der Göttin Isis keineswegs Rückzug von der Welt, sondern das Gegenteil impliziert. «Der aus der Normalität ausgebrochene Student, der in einer Serie wilder Abenteuer durch die griechische Welt getrieben worden war, wird nun endlich in die respektable, ‹bürgerliche› Gesellschaft integriert. Er läßt sich als Anwalt in Rom nieder und hat Erfolg in seinem Beruf, dank der Gnade von Isis und Osiris: Sie erweisen sich in der Tat als Geber des Reichtums, ploutodotai.»[261] Im Auf und Ab des Lebens erzeigt sich der Mysteriengott als Psychotherapeut; die Krisen, die den Anhänger der Religion erfassen, sind nicht aus eigener Kraft zu bewältigen. Mysterien bedeuten aber nicht Sammlung von Rezepten zur Rettung aus Schwierigkeiten, vielmehr ist ihr Ziel das der Seligkeit, welches sich, worüber kein Zweifel besteht, auf eine Existenz nach dem Tode bezieht. Das ist die andere Gabe der Demeter von Eleusis, die neben der Stiftung des Getreides den Menschen zukommt.

Mysterien von Eleusis
Wer die Mysterien geschaut hat, dem ist ein besseres Dasein im Jenseits garantiert. Hier haben wir die klare Öffnung des Diesseitigen auf das Jenseitige hin. Der Hymnus an Demeter zeigt, wie die Göttin verkleidet einen Besuch beim Herrscher von Eleusis unternimmt. Sie erscheint als Greisin und wird in den Palast geführt. Nun geschieht folgendes:
«Schritt für Schritt, das Haupt verhüllt, die dunkle Gewandung
Ringelte sich um der Göttin bewegliche Füße. Sie kamen
Rasch zum Palast des zeusentsprossenen Keleos, schritten
Dann durch die Halle. Da saß mit dem Kind ihre waltende Mutter,
Neben der Säule, der Stütze des festgezimmerten Daches,
Hielt das junge Geschöpf an der Brust. Jetzt liefen die Mädchen
Neben sie. Aber die andere trat mit den Füßen den Boden,
Reichte jedoch mit dem Scheitel ans Dach und erfüllte die Tür mit
Göttlichem Glanz. Verehrung und Scheu und blasses Erschrecken
Packten die Mutter; sie bot ihren Lehnstuhl, hieß sie sich setzen.»[262]
Die Königin Metaneira möchte die Göttin bewirten, doch diese lehnt ab. Sie trinkt keinen Wein und empfiehlt, einen Trank aus Gerste und Wasser mit zarter Minze zum Schlürfen zu mischen – offensichtlich das Rezept eines Rauschtranks, der im Mysterienkult seine Bedeutung ge-

winnt. Die Königin erzählt von ihrem Sohn. Sie bittet ihren Besuch, dieses Kind als Amme zu betreuen. Die Göttin willigt ein und erklärt, sie werde sorgsam das Kind in ihren Schutz nehmen und hoffe, es werde ihm nichts Böses geschehen.

«Also sprach sie und legte mit ihren unsterblichen Händen
Ihn an die duftende Brust; es freute sich herzlich die Mutter.
Sie nun erzog im Palast das strahlende Söhnchen des klugen
Keleos, Demophon, den die schön gegürtete Mutter
Metaneira gebar. Er gedieh wie ein göttliches Wesen,
Aß aber keine Speise und ließ sich nicht stillen. Demeter
Freilich säugte ihn oft mit Ambrosia grad wie ein Gottkind,
Schmiegte ihn sich an die Brust und blies ihm süß ins Gesichtchen.
Jede Nacht aber steckte sie ihn, als wär er ein Holzscheit,
Mitten in kräftiges Feuer; den Eltern blieb es verborgen,
Wenn sie auch heftig staunten, wie frühreif täglich er zunahm,
Grad wie ein Gott. Nun hätte Demeter unsterblich und ewig
Jung ihn gemacht; doch die schön gegürtete Metaneira
Ging ohne Vorsicht nachts, um zu schauen,
aus dem duftenden Schlafraum,
Sah es und heulte und schlug sich auf beide Schenkel und bangte
Für ihren Sohn; ihr Gemüt geriet in wilde Verblendung.»[263]
Die überraschte Demeter zieht den Knaben aus dem Feuer. Sie ist ungemein wütend und sagt zu Metaneira, wie töricht sie doch sei. Sie sei dabeigewesen, durch diese Feuerkur den Knaben unsterblich zu machen. Aber jetzt, da die Mutter eingegriffen hat, wird auch er dem Tod bzw. dem Todesschicksal nicht entrinnen.

Dafür freilich stiftet die Göttin die Mysterien von Eleusis, «damit ihr in Zukunft schuldlos in Handel und Wandel mein Herz zur Versöhnung bereitmacht».[264] Die Mysterien von Eleusis dienen einer besonderen Kommunikation mit dem Jenseits, das sich in Gestalt der Göttin Demeter zum Ausdruck bringt. Bemerkenswert ist, daß die Göttin unverzüglich ihre Gestalt ändert, ihr Alter abwirft und ihre ganze Schönheit in der Halle des Palastes zeigt. Ihr unsterblicher Körper mit den blonden Haaren, die auf die Schulter herabfallen und das Haus mit strahlendem Funkeln erfüllen als wären es Blitze, beherrscht die Szene. Wir verstehen, daß das Königshaus in Eleusis tief bestürzt ist über den Mißgriff der Königin, und versucht, eine Versöhnung – leider vergeblich – zu inszenie-

ren. Demeter hat diese Aktion der Unsterblichmachung in einen Such-
gang einbezogen, den sie unternimmt, um ihre von Hades geraubte
Tochter, Persephone, wieder zurückzugewinnen. Sie erreicht ihr Ziel, indem sie sich mit ihrem Götterkollegen Hades ausspricht und ihm mitteilt, daß die oberste göttliche Instanz, nämlich Zeus, ihrem Begehren
stattgibt.

Somit haben die Mysterien die Aufgabe der Versöhnung mit einem
Schicksal, das den Menschen unwiderruflich heimsucht. Was der
Mensch lernen soll, ist Umgang mit seiner Sterblichkeit, Bejahung seines
unweigerlich bevorstehenden Todes und eine über diesen hinauswei-
sende nachtodliche Existenz, auf die hin schon der Vollzug der Riten
entscheidend vorzubereiten vermag. Dem Tod selbst ist damit seine
Stärke nicht genommen, wohl aber ist die Furcht vor ihm erheblich gemildert.

Wir finden Zeugnisse, wonach der Tod nicht als etwas Übles, sondern
als Gutes verstanden wird.[265] Cicero hat hervorgehoben, daß Eleusis
einen Weg weist, sowohl in Freude zu leben als auch mit einer besseren
Hoffnung zu sterben.[266] Entsprechendes läßt sich für die Dionysosmysterien seit dem fünften Jahrhundert v. Chr. aussagen.[267]

Dionysos

Ich kann hier nur zusammenraffen, was sich zum Wesensbild des
Dionysos zusammenfügen läßt.[268] Auf Dionysos als Gott des Wachs-
tums der Natur deuten begleitende Symbole: der Weinkrug, die Rebe,
der Bock, der Korb mit den Früchten und der Phallos. Offensichtlich
steht im Vordergrund der Wein. Wie kein anderer Gott hat Dionysos die
Menschen der mediterranen Welt die Abgründe und Gipfel möglicher
Lebenserfahrung, die stets auch Todeserfahrung bedeutet, kennenge-
lehrt. Dionysos repräsentiert einen Göttertypus, der weit verbreitet ist –
unter verschiedenen Namen: Attis, Adonis und Osiris. Im Kult dieser
Gottheiten bemerken wir bei der Feier ihres Todes eine Fülle von über-
schwenglichen Kultriten und bei ihrer Auferstehung entsprechende
Freudenfeste. Eine bestimmte, wichtige Form der Verwandlung und Erscheinung des Dionysos geschieht in einer Maske, die zu seinem Kult
gehört. Die dionysische Maske will keinen Schrecken erzeugen, sie will
auch nicht Böses abwehren. Mit dieser Maske verbindet sich vor allem
die Verwandlung, die Transformation, wodurch Menschen aus ihrem al-

ten Dasein heraustreten, um als von transzendenten Kräften Verwandelte neu zu erscheinen. Träger der Maske stellen nicht nur ein anderes Wesen dar, sondern realisieren es, indem es in der Maske als gegenwärtig gesetzt wird. Das Gesicht des in dionysischer Ekstase befindlichen Menschen, dem sich das Tor zum Jenseits öffnet, ist in seiner Individualität verhüllt, um zugleich tief Menschliches zu enthüllen: nämlich das, was in der Ekstase selbst aus dem Menschen hervorbricht. Es ist die Bereitschaft bzw. innere Lockerung, sich nach entsprechendem Quantum beim Weingenuß in ekstatischem Tanz mit dem Gott zu vereinen, das Irdische zu übersteigen und in bestimmten Erfahrungen des Jenseits gewiß zu werden. Der Gott verwandelt sein Gefolge, zieht die Menschen zu sich, gestattet ihnen, zu toben und zu rasen. Er hebt damit die Grenzen der irdisch überschaubaren, geordneten Welt auf. Das heilige Spiel, das man zu seinen Ehren zelebriert, ermöglicht dem Menschen hier und jetzt in seiner irdischen Problemsituation Erfahrungen des Jenseitigen. In Erinnerung an solche Erfahrungen transformiert sich der Schrecken des Todes in Gewißheit allumfassenden Lebens. An solche Punkte hat Nietzsche, dem Dionysos zentral wichtig wird, angeknüpft.[269]

Platon läßt die wandernden Mysterienvertreter, die an den Türen der Reichen ihre Weihen anbieten, versichern, daß ihre Rituale für die Lebenden dienlich sind, aber auch für die bereits Verstorbenen.[270] Wer sich den Riten verweigert, den erwartet Entsetzliches in seiner nachtodlichen Existenz. 1974 fand man ein Goldplättchen in einem Grab in Unteritalien, das die Mysten im Jenseits auf der heiligen Straße der Seligkeit entgegen ziehen läßt, so wie in den «Fröschen» des Aristophanes die eleusinischen Mysten im Hades ihr Fest in seligen Chören feiern. Seit 1987 kennt man zwei Goldplättchen in der Gestalt von Efeublättern, die in Thessalien einer verstorbenen Frau ins Grab auf die Brust gelegt waren. Dazu der Text: «Jetzt bist du gestorben, und jetzt bist du geboren worden, dreimal Seliger an diesem Tag. Sage der Persephone, daß Bakchios selbst dich gelöst hat [...]. Und dich erwarten unter der Erde die Weihen, die auch die anderen Seligen feiern.»[271] Dies kann als Fortsetzung des Mysterienfestes – im Jenseits gelten. Die Weihe bringt eine Lösung aus festgefahrener Lebenssituation, aus irgendwelchen Leiden überhaupt: «Glücklich alle, sind doch qualbefreiende Weihen ihr Teil», heißt es bereits in einem Totenklagelied Pindars von Verstorbenen in der anderen Welt.[272] Zu dieser Seligkeit steht im Gegensatz das vergebliche

Mühen derer, die im Leben jene Weihen versäumt haben. Solche finden sich als Gestorbene in der Unterwelt vor. Die Dionysosmysterien sind besonders in Italien in den Rang eines gleichwertigen Gegenstücks zu dem Kult von Eleusis aufgestiegen. Eine eigentümliche dionysische Bilderwelt entwickelt sich auf den rotfigurigen Vasen Unteritaliens, die fast ausschließlich dem Grabkult dienen, mit eindrücklichen, aber vieldeutigen Symbolen: erotische Begegnung und Reinigung, Grabstele und Weintraube, das Efeublatt. Dionysische Bilder und Symbole kehren im Grabbereich immer wieder und schmücken Grabbauten, Stelen und Altäre; sie erreichen einen letzten künstlerischen Höhepunkt bei den Sarkophagen. In Nikomedien ließ sich ein Dionysos-Anhänger eine Statue seines Gottes auf das Grab setzen, um nach dem Tode seinen Gott vor Augen zu haben.[273] Man entwickelt und kultiviert in diesen Kulten Umgangsweisen mit dem unausweichlichen Geschehnis des Todes. Bei Platon heißt es: «Wenn einem das nahe tritt, daß er glaubt, er wird sterben, ihn dann Furcht ankommt und Sorge, um was er zuvor keine hatte.»[274] In solchen Situationen stehen die Mysterien dem Hilfesuchenden zur Verfügung. Ihre Jenseitsverheißungen sind gerade dann nicht zu unterschätzen. Für einen nachträglichen Betrachter erscheint es möglicherweise als zwiespältig, wenn auf der einen Seite Therapie geboten wird für Leiden, die offen zutage liegen, auf der anderen Hoffnungen auf eine jenseitige Welt. «Es reicht kaum aus, zur Erklärung auf die vielseitige Bedeutung oder Deutbarkeit der Symbole zu verweisen, die offenbar verwendet wurden, so der Zyklus von Saat, Wachstum, Ernte und neuer Saat oder die geheimnisvolle Wandlung der Trauben zum Wein; der Glaube bedient sich der Symbole, doch nicht sie sind sein Fundament.»[275] Die Einweihung der Mysterien als ein initiatischer Vorgang verändert den Status des Menschen. «Es ist einleuchtend zu denken, daß das Zentrum aller Initiation Tod und Wiedergeburt sein müssen, daß Tod und neues Leben auf diese Weise im Ritual vorweggenommen seien und daß der reale Tod so zu einer sekundären Wiederholung gemacht werde.»[276] Zu verweisen ist auf Platon, der im Phaidros hervorhebt, daß Leiden des Menschen auf einen alten Zorn von Göttern, Geistern und Dämonen zurückgeführt werden.[277] Eine schreckliche Tat, die in der Vergangenheit geschah, hat vernichtende Mächte geweckt. Sie machen sich jetzt bemerkbar. Ahnengeister, Opfer unbestrafter Morde, Tote ohne Begräbnis. Der Fluch von Eltern oder anderen Vorfahren – mit alledem muß man rechnen. Tödliche Fessel ist gelegt, die nur gelöst werden kann, wenn es gelingt, diese Mächte freundlich zu stimmen. Nur dann darf man hoffen, mit offensichtlichen Leiden, Krankheiten und Depressionen fertig zu werden. So sind denn die meisten Totenriten darauf bezogen, die Unterirdischen heiter zu stimmen. Die Seligkeit der Toten gibt den in ihrem Leben leidenden Menschen das Recht zu ihrer Lebensfreude zurück. Man kann sich ausmalen, wie auch die Toten in der Unterwelt das Fest der Mysterien feiern. Man braucht, vermag man einen solchen Zustand herzustellen, vor den Toten, dank dem Ritual, keine Angst mehr zu haben. «Es bedarf nur einer kleinen Verschiebung in jener erlebbaren Balance von Lebenden und Toten, daß mit der Angst vor den Toten auch die Angst vor dem Tode schwinden soll, eben dank der Gemeinsamkeit im geheimnisvollen Mysterienfest. Freilich, auch Seligkeit bedarf des Kontrastes, und so werden denn die Schicksale der Ungeweihten erst recht in schrecklichen Farben ausgemalt, damit man ihnen denn durch ‹Weihen und Reinigungen› entrinnen mag. Schon im homerischen Demeterhymnus ist von ewigen Strafen durch den Machtspruch der Persephone die Rede, falls man nicht durch rituelle Verehrung der Göttin ihrem Zorn entgeht.»[278]

Isis und Osiris
Die Mysterien beziehen sich auf Lebenspraxis und Lebensbewältigung und vermitteln eine über das Leben hinaus reichende Hoffnung – jenseits des Todes. Diese Dimension, die das Jenseitige eröffnet, wird für die Mysterien von Eleusis und des Dionysos vielseitig bezeugt. Zu unterstreichen ist, daß dieser Jenseitsbezug in den Kulten des Orients weniger in Erscheinung tritt. Im Festzyklus der Großen Mutter von Pessinus folgt auf das Fest des Abstiegs das ausgelassener irdischer Heiterkeit. Der Kult des Osiris in Ägypten verbindet sich aufs engste mit dem Totenkult. Bekannt ist die Formel, daß Osiris frisches Wasser geben möge. In der Praxis der Mumifizierung haben wir eine besondere Weise der Auseinandersetzung mit dem Leben nach dem Tode. Deutlich ist, wie Burkert hervorhebt, eine kürzlich gefundene Grabinschrift für einen Isispriester aus Bithynien. Weil dieser für Isis die Riten gewissenhaft durchgeführt hat, ist er nicht zum Acheron, sondern zum Hafen der Seligen gelangt. Isis selbst spricht in ihrer großen Offenbarungsrede an Lucius bei Apuleius in den berühmten Metamorphosen. Der Held schildert

im 11. Buch seine Einweihung in den Mysterienkult der Isis. Wir hören, daß er um die erste Nachtwache in plötzlicher Angst aus dem Schlaf fährt und mit Sicherheit fühlt, wie die Göttin droben im Jenseits allerhaben waltet. Er spürt, daß sie die Welt der Menschen mit ihrer Obhut lenkt. Das ihm und anderen Menschen beschiedene Schicksal mit einer oft kaum ertragbaren Wucht darf nicht das letzte Wort bleiben. Es gibt Hoffnung auf Erlösung. «Und so beschloß ich, die hoheitsvolle Erscheinung der Göttin anzurufen, die mir nahe war.»[279] Lucius betet und spricht zu der Göttin in einem für die spätantike Zeit typischen Gebetsritual, indem er Isis mit anderen bekannten Göttinnen identifiziert: Demeter, Aphrodite etc. Das Gebet endet mit der flehenden Bitte, die Göttin möge ihm aus höchster Not helfen, sein zerstörtes Glück aus den Trümmern wieder aufrichten, ihm nach überstandenen grausamen Leiden Rast und Ruhe gewähren. Lucius ist in der Zwischenzeit in einen Esel verwandelt worden. Damit deutet sich eine Metamorphose, zurück in sein wahres Menschsein, als notwendig an. Lucius schläft ein. «Noch war ich nicht recht eingenickt, sieh, da taucht mitten aus dem Meer ein göttliches Antlitz empor und erhebt einen Blick, dem auch der Himmel huldigen muß; dann schien allmählich, das Meerwasser abschüttelnd, ein schemenhaftes Wesen in voller Gestalt vor mir zu stehen. Sein wundersames Aussehen will ich auch euch zu schildern mich bemühen [...].»
«Erst einmal legte sich üppig wallendes, sanft gelocktes Haar breit über den göttlichen Nacken und floß lieblich herab. Den bunten Wechsel vieler Blumen hatte ein Kranz den erhabenen Scheitel umwunden. In seiner Miene über der Stirn ließ eine runde Scheibe wie ein Spiegel, nein, wie ein Modell des Mondes, schimmerndes Licht erstrahlen; rechts und links davon schlängelten sich flankierend Vipern empor und oben standen prächtige Kornähren heraus. Das Kleid: ein farbenstrotzendes feines Baumwollgespinst, bald leuchtendweiß wie der Tag, bald im Gelb der Krokusblühte, bald in flammendem Rosenrot. Und – er blendete schon von weitem meine Augen – ein Mantel, nachtschwarz und von dunklem Seidenschimmer; rings herum ging er hin, lief unter der rechten Achsel zur linken Schulter zurück und ließ das Tuchstück wulstartig fallen, sank vielfach gefältelt zu Boden und zeigte am äußersten Saum reizend wogende Fransenklöppel.
Über die angewebte Verbrämung hin und auf seiner Fläche selbst waren flimmernde Sterne verstreut, und in ihrer Mitte sprühte ein Voll-

Abb. 19: Die Prozession bei den Isis-Mysterien. Voran schreitet die Priesterin mit Lotosblüten und Uräusschlange. Es folgen der Schreiber und der Träger des heiligen Nilwassers, am Schluß die Dienerin mit Isisklapper und Schöpfkelle. (aus: A. Anwander, Die Religionen der Menschheit: 21)

mond feurige Flammen. Aber überall wo die herrliche Mantelumrandung flutete, haftete fest eine Girlande aus lauter Blumen und lauter Früchten daran. Und nun diese verschiedene Ausrüstung! Die rechte Hand hielt eine bronzene Klapper mit einem schmalen, gurtartig gebogenen Blech und ein paar mitten darinsteckenden Stäbchen, die einen schwirrenden Klang von sich gaben, wenn der Arm sie zu dritt in zitternde Schwingung setzte. Von der linken aber hing eine goldene Schiffchenschale herab, und wo ihr Henkel sichtbar ist, stieg mit steilerhobenem Kopf und breitgeschwollenem Hals eine Natter empor. Die ambrosischen Füße waren mit Sandalen bekleidet, einem Flechtwerk aus Fasern der Siegespalme. Nur schön und hehr, nach Arabiens herrlichen Wohlgerüchen duftend, würdigte sie mich ihrer göttlichen Stimme.«[280]

Nach dieser Schilderung der Garderobe der Göttin hören wir ihre Stimme, die vor allem den Helden, Lucius, ermahnt, sie anzuschauen – also in diese numinose und damit verwirrende Fülle der Eindrücke offenen Auges zu blicken. Sie stellt sich vor als Mutter der Natur, als Herrin aller Elemente, als Keimzelle der Geschlechter, als Geisterfürstin, als Totenkönigin, als Himmelsherrin, ja als Inbegriff aller Götter und Göttinnen. Alles gehorcht ihr, so hebt sie hervor: die Sterne des Firmaments, die Wogen des Meeres und die jammervolle Stille der Hölle. Sie erscheint in vielen Gestalten und wird unter mancherlei Namen auf der ganzen Erde angebetet. Sie ist aus Erbarmen mit den Nöten des Lucius hierhergekommen und fordert ihn auf: «Laß jetzt das Weinen und laß gehen die Klagen, den Gram wirf ab! Jetzt dämmert dir dank meiner Vorsorge der Tag des Heils herauf. Höre also nun und gib wohl acht, was ich dir befehle:

Den jungen Tag, den diese Nacht heraufführen wird, eben diesen Tag hat frommer Sinn seit Ewigkeiten mir geweiht. Beruhigt sind die Winterstürme und besänftigt die tosenden Meeresfluten: so weihen morgen meine Priester der wieder schiffbaren See eine neue Barke zur Einweihung des Verkehrs. Der heiligen Handlung darfst du nicht in Kummer, nicht in weltlichen Gedanken entgegengehen. Denn auf mein Geheiß wird ein Priester, wenn die Prozession sich gehörig formiert, in der rechten Hand an seiner Rassel einen Rosenkranz hangen haben. Unverzüglich also dränge dich durch das Gewimmel und folge im Vertrauen auf meinen Willen munter der Prozession! Bist du dann nahe, so rupfe friedlich, als wolltest du dem Priester die Hand küssen, die Rosen ab: im Nu sollst du die Haut dieses schlimmen und mir schon immer widerlichen Ungetüms los sein! Scheue keine meiner Anordnungen als zu schwierig! Denn in eben diesem Augenblick, da ich hüben erscheine, bin ich auch drüben nahe und weise meinen Priester im Traum an, das Weitere zu besorgen. Auf meinen Befehl werden dir die Leute im Gedränge des Festzuges ausweichen, und niemand wird sich bei den frohen Zeremonien und im festlichen Gedränge an deinem häßlichen Äußeren da stoßen. Keiner wird deine plötzliche Verwandlung mißverstehen und dich böswillig verleumden. Doch mußt du dir dessen ganz bewußt sein, und es immer mit allen Fasern deines Herzens festhalten: Mir ist der Rest deines Erdenlaufs bis zum allerletzten Atemzug verfallen!»[281]

Dem sich Unterwerfenden verspricht die Göttin ein Leben voll Glück, ja voll Ruhm, ein Leben unter ihrer Obhut. Aber sie spricht nicht nur über das neue Leben, sondern auch über dessen Befristung, also über den Tod. «Und ist einst die Frist deiner Zeitlichkeit abgelaufen und bist du zur Unterwelt hinabgestiegen: auch dort in der unteren Halbkugel werde ich, wie du mich siehst, der Höllenfinsternis leuchten und dem Totenpalast gebieten, du aber wirst – auch selbst dann Bewohner der elysischen Gefilde – beständig zu mir, deiner Gönnerin, beten. Hast du mit emsigem Gehorsam, frommem Dienst und zäher Kasteiung unsere Gnade verdient, so wisse: über die dir vom Schicksal gesetzte Spanne hinaus gar dein Leben zu verlängern, ist mir allein verstattet.»[282]

Des Lucius Leben kommt damit, daß er sich mit den Weihen ausstatten und in eine Verwandlung seiner Existenz bringen läßt, gänzlich unter die Obhut und Vormacht der allmächtigen Göttin. Ihm wird ein nachtodliches Existieren in Aussicht gestellt, das ihn sorglos machen könnte, aber die Göttin läßt wissen, daß keine Garantie von nun an für immer gegeben ist, sondern daß sie, als letzte Instanz, die über seine Lebensspanne und sein nachtodliches Existieren allein Verfügende ist und bleiben wird. Sie leuchtet mit ihrer überirdischen Kraft auch in der Unterwelt.

Lucius, der die Mysterienfeier absolviert, verwandelt sich in einen Menschen zurück. Der Priester sagt ihm folgendes: «Viele Leiden mancher Art hast du bestanden, heftige Stürme des Schicksals und die heftigsten Orkane haben dich umgetrieben; aber endlich, Lucius, bist du zum Port des Friedens und zum Altar des Erbarmens gelangt. Nirgends waren dir deine Abkunft, wenigstens dein Stand oder selbst deine prächtige Bildung nütze; sondern in haltlos-unreifem Jugendungestüm bist du in niedere Wollust gefallen und hast für unangebrachte Neugier schlimmen Lohn davongetragen. Aber wie dem auch sei, so hat dich das blinde Schicksal im Augenblick schlimmster Gefahr und Pein in diese Glaubensseligkeit geleitet, aus Versehen in seiner Bosheit! Fort jetzt mit ihm, mag es grenzenlos rasen und wüten, sich aber für seine Grausamkeit ein anderes Objekt suchen! Denn bei denen, deren Leben unsere erhabene Göttin sich dienstbar gemacht hat, findet tückisches Ungefähr keine Stätte. Was haben die Räuber, was die wilden Tiere, was der Frondienst, was das ewige Umher auf den rauhsten Pfaden, was die tägliche Todesangst dem ruchlosen Schicksal genützt? In seine Obhut hat dich jetzt ein Schicksal aufgenommen, aber ein sehendes, dessen Lichtglanz auch die anderen Götter bestrahlt. Blicke nun fröhlicher drein, wie es deinem weißen Gewand da ansteht, und schließe dich dem Zug der göttlichen Erlöserin mit jubilierendem Schritt an! Laß schauen die Ungläubigen, laß sie schauen und ihren Irrtum erkennen: «Seht nur, aus früheren Drangsalen erlöst durch die Fürsorge der großen Isis feiert Lucius über sein Schicksal einen frohen Triumph!» Aber zu deinem besseren Schutz und Schirm verschreibe dich diesem heiligen Streitertum – ihm den Eid zu leisten, wurdest du schon vor kurzem aufgefordert –, weihe dich nunmehr als Jünger unserem Glauben und nimm freiwillig das Joch des Dienens auf dich! Denn hast du die Knechtschaft bei der Göttin begonnen, dann wirst du doppelten Gewinn an Freiheit spüren!»²⁸³

Isis ist die Göttin, die Leben gibt und Macht über das Schicksal hier auf Erden hat. Im Gegensatz zu geläufigen Annahmen bringen die orientalischen Götter und ihre Kulte nicht eine totale Umorientierung der Religion ins Jenseitige mit sich; sie passen sich dem an, was schon gegeben ist. Es bleibt eine Besonderheit des Christentums, daß darin die Sorge für den Tod und die Toten zum zentralen Anliegen wird – eine Gräberreligion. Wenn auch die nichtchristlichen Mysterienkulte auf ihre Weise das Jenseits thematisieren, so ist die Freude am Leben doch ihr letztes unangefochtenes Ideal.²⁸⁴

Das Heilsgut der Mysterien

Fragen wir nach dem, was die Mysterien vermitteln, so läßt sich als Beleg Plutarch anziehen, der das Erlebnis des eigenen Sterbens mit einer Mysterienweihe zu vergleichen versucht.²⁸⁵ Den bedeutsamsten Text über die Mysterienerfahrung bietet Platon im Phaidros. Es ist das Bild von der Wagenfahrt der Seele, über den Himmel hin im Gefolge der Götter, um auf der Höhe der Kuppel den Blick ins Jenseitige zu tun, der der Seele ihre Kraft gibt. Eine vielleicht getrübte Erinnerung daran verbleibt zumindest einigen Seelen. Sie kann nahezu schlagartig wiedererweckt werden durch Begegnung mit dem Schönen in dieser Welt. Dann geraten diese Seelen außer sich und kennen sich selbst nicht mehr, sie wissen wieder, «die Schönheit war damals glänzend zu schauen, als mit dem seligen Chore wir selige Bilder und Gesichter im Gefolge des Gottes schauten und geweiht wurden in den Weihen, die man die seligsten nennen darf, eine Weihe, die wir feierten, selbst untadelig [...] und so auch zu untadeligen, unverfälschten, unwandelbaren, seligen Gesichten eingeweiht und sie schauend – im reinen Glanz, selbst rein und noch nicht geprägt von dem, was wir jetzt mit uns herumtragen und Körper nennen».²⁸⁶ Heilige Schau, unvergeßliche Seligkeit, tanzende Chöre – das ist das, was Menschen sich in diesen Kontexten über das Jenseits vorgestellt haben. Ein anderes Beispiel findet sich im genannten elften Buch der Metamorphosen des Apuleius. «Vielleicht magst du, wißbegieriger Leser, in Aufregung fragen, was dann gesprochen, was getan wurde. Ich würde es sagen, wenn ich es sagen dürfte, du würdest es erfahren, wenn du es hören dürftest. Aber Ohren wie Zunge würden gleichmäßig eine Sünde begehen, entweder gottloser Schwatzsucht oder frecher Neugier. Indessen will ich dich, weil dich vielleicht fromme Erwartung gespannt macht, nicht mit anhaltender Unruhe quälen. Höre also, aber glaube, was wahr ist! Ich nahte dem Grenzbezirk des Todes, stieg über Proserpinas Schwelle und fuhr durch alle Elemente zurück; um Mitternacht sah ich die Sonne in weißem Licht flimmern, trat zu Totengöttern und Himmelsgöttern von Angesicht zu Angesicht und betete sie ganz aus der Nähe an.»[287] Eine paradox geheimnisvolle Antithese von Tod und Leben bekundet sich in den Mysterien. Dazu gehören die Zeichen von Tag und Nacht, Dunkel und Licht, unten und oben. Von einer neuen Geburt des Verstorbenen ist die Rede in Texten, die erst vor kurzem zur Verfügung gelangten. «Jetzt bist du gestorben, und jetzt bist du geboren worden, dreimal Seliger, an diesem Tag. Sage der Persephone, daß Bakchios selbst dich gelöst hat.»[288] Der reale Tod wird als eine Geburt verstanden, als Beginn einer neuen Existenz. Das Ende ist mit dem Anfang verknüpft. Die dionysische Weihe garantiert, daß die neue Existenzform eine selige sein wird, Fortsetzung des Weihefestes im Jenseits.

Marion Giebel erklärt in ihrem Buch «Das Geheimnis der Mysterien»: «Die Eingeweihten haben ‹bessere Hoffnungen› nach dem Tode [...]. Wie sah nun dieses Leben im Jenseits aus, von dem man sich im archaischen Griechenland wie in Rom gleichermaßen angesprochen fühlen konnte? Wir hören nichts von einem Glauben an die Wiedergeburt der Seele, auch scheint die bei Pindar angedeutete Rückkehr des Menschen zu seinen Ursprüngen nicht eine allgemeine Auflösung des Individuums in die Elemente zu sein, eine Vorstellung, wie wir sie bei den Naturphilosophen, bei Anaximander und Heraklit, antreffen. Wer nach Eleusis kam, suchte mehr, als er in den Schriften der Naturphilosophen finden konnte. Ihm genügte es nicht, daß nur das Leben an sich weiterlebt. Er ließ sich als Einzelner einweihen, und er wollte auch als Individuum die versprochenen Segnungen der Gottheit für sich in Anspruch nehmen. Das verheißene Glück und die Seligpreisungen der Mysten – deutlich unterschieden von dem Zustand der Ungeweihten, die im Schlamm liegen und Wasser im Sieb tragen müssen – deuten darauf hin, daß die Eingeweihten einer Art individuellen Weiterlebens sicher sein konnten: in der Nähe der Götter. Wie man sich dieses Leben auch vorstelle – etwa als ewiges Fest mit Gesang und Reigentanz, in Festfreude, in blumigen Hainen wie bei Aristophanes –, es war offenbar tröstlich und bot einen weiten Spielraum für individuelle Glücksvorstellungen.»[289] Im Mittelpunkt der ganzen Hoffnung und Zuversicht steht das Verhältnis zur Gottheit, das den Eingeweihten sicher ist. Auf Vasen, die man den Toten mit ins Grab gibt, sieht man Demeter und Persephone, wie sie den Toten mit einem Trankopfer im Jenseits empfangen. Sokrates sagt: «Du brauchst keine Angst vor dem Tode zu haben, dir wird auch im Jenseits ein Ehrenplatz sicher sein, denn als Eingeweihter in die eleusinischen Mysterien bist du doch ein Stammesverwandter der Götter.»[290] Wer sich einem Mysterienkult anschließt, tritt in eine neue und sichere Beziehung, die das Individuum selbst wählen kann. Die persönliche Wahl ist nicht beschränkt für eine gewisse Zeit; sie gilt für immer. Der Einzelne wird zentral. Um seine Seligkeit geht es bereits als Mensch auf Erden und im nachtodlichen Bereich. Der Einzelne wählt und entscheidet, welcher Gottheit er persönlich angehören will. Damit ist der Beginn seiner Unsterblichkeit gesetzt. Sie wird gänzlich ergriffen im Tod, der als höchste Initiation gilt. Wo man den Tod derart aufwertet, kann das Leben nicht entsprechend abgewertet werden. Leben *und* nachtodliches Sein bedeuten unzerstörbare Kontinuität.

Damit zeigt sich die Diesseitsbezogenheit der Mysterienfrömmigkeit. Mysterien animieren nicht zur Weltflucht, sie ermöglichen Bewältigung irdischer Probleme – insofern sie das undiskutable Ziel der Seligkeit über alles stellen. Wer auf seine ewige Seligkeit hin lebt, lebt in Distanz zu alltäglicher Not, akzeptiert seinen eigenen Tod. Leiden kann therapiert werden mit bzw. in der Hoffnung auf eine jenseitige Welt. Die Ruhe der Toten und das Wohlbefinden der Lebenden entsprechen einander. Die Initiation in die Mysteriengemeinschaft eröffnet die heilige Schau und in ihr die Vorstellungen des Jenseits. Der reale Tod wird als Geburt verstanden, als Beginn einer neuen Existenz. Weil das Jenseits in der Nähe der Gottheit ein sicheres Ziel ist, kann der Mensch seinen Tod bewältigen.

Die Mysterien der Antike bezeichnen den Übergang in mehrfacher Hinsicht: Übergang aus dem Kollektiven ins ganz Persönliche, Übergang auch in eine neue Phase religiöser Interpretation, die sich aus griechisch-antikem und jüdisch-christlichem Geist bildet. Das Christentum hat die Mysterien beerbt. Der sterbende und auferstehende Gott bildet das Zentrum, aber nun als einmalige Figur in der Abfolge der Geschichte.[291]

3.14 Platon
Phaidon

Platons Dialog «Phaidon» präsentiert folgende These: Diejenigen, die sich mit Philosophie befassen, streben nach nichts anderem, als zu sterben und tot zu sein.[292] Von daher wird das Argument, Philosophie sei Weltflucht und verhalte sich lebensfeindlich, verständlich. In diesem Leben schlecht Weggekommene hoffen auf ein anderes Leben jenseits des Grabes, wo die Ersten die Letzten und die Letzten die Ersten sind. Man erfindet das Jenseits zum Zweck dieser imaginären Rache. Die Hauptfigur, Sokrates, erklärt, daß ihm eine entscheidende Frage über allem steht: Was ist der Tod in Wahrheit? Die Antwort: Er trennt die Seele vom Leib. Dann bedeutet Totsein, daß diese beiden Teile für sich gesondert existieren.[293] Leib und Seele sind somit als zwei Teile, zwei Substanzen, zu betrachten, die – im Leben miteinander verbunden – sich im Tode voneinander trennen. Die Seele zieht im Tode den Leib wie ein Kleid aus; sie steigt aus dem Leib wie ein Fahrer aus seinem Wagen.

Der Philosoph ist also derjenige, der zu sterben wünscht. Dies kann man nur verstehen, wenn man weiß, daß der Philosoph keinen Wert legt auf Genüsse von Essen und Trinken oder des Geschlechtlichen, auch nicht auf schöne Kleider, Schuhe und Schmuck, und daß er einer ist, der sich um das Leibliche nicht mehr bekümmert als unbedingt nötig, vielmehr soweit wie möglich von ihm abgekehrt und der Seele zugekehrt lebt.[294] Der Philosoph ist derjenige, der sich dadurch von den anderen Menschen unterscheidet, daß er seine Seele am intensivsten von der Gemeinschaft mit dem Leib ablöst. Aber darin sehen die Nichtphilosophierenden beinahe schon ein Gestorbensein.[295] Für die Gewinnung wahrer Erkenntnis ist, wie Platon sagt, der Leib ein Hindernis. Versucht die Seele mit dem Leibe das Wahre zu erfassen, so wird sie von ihm getäuscht. Also zeigt sich ihr, wenn überhaupt irgendwo, nur im reinen Denken etwas vom Seienden.[296] Am besten vermag die Seele zu denken, wenn sie nichts trübt, weder Gehör noch Gesicht, weder Schmerz noch Lust, sondern wenn sie möglichst an und für sich ist, somit dem Leib den Abschied gibt, und, soviel sie kann, ohne Gemeinschaft und ohne Verkehr mit ihm den entscheidenden Fragen nachgeht. Die Seele des Philosophen flieht den Leib und trachtet, an und für sich selbst zu sein. Ihr eigentliches Ziel werden die Philosophen erst erreichen, wenn sie den lästigen Leib losgeworden sind.[297] Auf Erden gelangen wir niemals zur vollkommenen Erkenntnis, erst nach dem Tode. Der Philosophierende hofft, im Tod ein Ziel zu erreichen, dem er in diesem Leben nur unvollkommen nachstreben kann, weil der Leib, der seine Seele einsperrt, permanent behindert. Zu glauben, es sei mit dem Tode endgültig aus, würde bedeuten, daß die Welt von einer Macht regiert wird, die dem Menschen und insbesondere dem Philosophen nicht wohlgesinnt ist.

Daher meint Philosophie Streben nach Absonderung der Seele vom Leib: Trachten nach dem Sterben. Es ist falsch, sinnlos, philosophierend den Tod zu fürchten.[298] Erduldet ein tapferer Mensch, der nicht philosophiert, den Tod, so tut er dies aus Furcht vor noch größerem Übel. Außer den Philosophen sind alle eigentlich nur aus Furcht tapfer.[299] Der Tod ist kein Übel, vielmehr Übergang in ein besseres Leben. Deshalb bedarf er keiner besonderen Tapferkeit.

In der Diskussion verlangt ein Teilnehmer, man müsse beweisen, inwiefern eine Seele nach dem Tode existiert und nach wie vor Kraft und Einsicht besitzt. Als Befragter will Sokrates über das sprechen, was als wahrscheinlich gelten darf. Es geht ihm nicht um apodiktische Gewißheit.

Zunächst beruft sich Sokrates auf eine alte Sage, wonach Wiedergeburt geschieht.[300] In welcher Weise könnte sonst ein später Geborener mit anderem Leib derselbe sein wie ein früher Geborener? Die Lebenden, so die Sage, gehen aus den Toten hervor.

Sokrates verweist darauf, daß alles aus seinem Gegenteil entsteht: Größeres aus Kleinerem und umgekehrt, Stärkeres aus Schwächerem und umgekehrt, Schnelleres aus Langsamerem und umgekehrt und so überall. Zwei Übergänge gibt es zwischen derart Entgegengesetzten. Ist Leben dem Tod derart entgegengesetzt wie Wachen dem Schlafen und finden sich zwischen diesen die Übergänge des Einschlafens und des Aufwachens, so sind auch Übergänge zwischen Leben und Totsein zu denken: Sterben und Wiederaufleben.[301]

Man kann eine Einrede formulieren. Ein Mensch entsteht nicht aus einem Toten, sondern von seinen lebendigen Eltern – leiblich und seelisch. In gewisser Hinsicht freilich geht Lebendiges auch aus Totem hervor, sofern nämlich Lebewesen anorganische Materie in organische transformieren. Irgendwann dürfte Leben aus lebloser Materie entstanden sein. Nicht aber stammen Lebende von Gestorbenen in der Weise ab, daß sie wieder lebendig gewordene Tote sind.

Sokrates unterstreicht: Gäbe es nur Einschlafen und nicht Wiedererwachen, so würde zuletzt alles schlafen.[302] Gäbe es nur Sterben und nicht auch Wiederaufleben, so würde irgendwann alles tot sein. Dies Argument würde gelten, wenn kein anderer Ursprung des Lebens zu denken wäre als ein Wiederaufleben aus dem Tode. Leben altert und stirbt; in der Fortpflanzung verjüngt es und überlebt es sich selbst. Sokrates folgert, daß die Seelen der Verstorbenen tatsächlich sind.[303]

Ein anderer Beweisgang für die unsterbliche Seele knüpft an die Erinnerung. Lernen, so heißt es, ist nichts anderes als Erinnerung.[304] Wir müssen (notwendigerweise) irgendwo früher das gelernt haben, woran wir uns jetzt erinnern. Das könnte sich nicht ereignen, wenn die Seele nicht schon irgendwo gewesen wäre, bevor sie in diesen Leib geboren wurde. Deshalb scheint die Seele unsterblich zu sein. Man kann aus einem Menschen geometrische Einsichten herausfragen kann, ohne ihm lehrmäßige Vorgaben zu machen.[305] Entsprechendes lesen wir bereits im Dialog «Menon». Sokrates muß aber noch weitere Beweise vortragen. Wer sich an etwas erinnern möchte, muß dies vorher schon gewußt haben.[306] Doch wie gelangt man zur Erinnerung? Der Grund kann die Assoziation sein. Gewahren wir etwa ein Musikinstrument, so ist es möglich, daß uns derjenige Mensch unverzüglich einfällt, der ein solches spielt. Erweckung der Erinnerung ist für Sokrates wichtig. Ein Abbild läßt an sein Original erinnern. Es kann aber auch das Wissen befördern, wonach etwas hinter ihm zurückbleibt.[307]

Sokrates überträgt seine Einsicht auf die Lehre von den Ideen. Er sagt: «Wir nennen doch etwas gleich, nicht ein Holz dem andern Holze oder einen Stein dem andern Stein noch irgend etwas dergleichen, sondern außer diesem allen etwas anderes, das Gleiche selbst.»[308] Wir besitzen eine Idee des Gleichen. Sie dient als Maßstab, an dem alles im Blick auf Gleichheit gemessen und beurteilt werden kann. Platon nennt die Idee das Gleiche selbst. Wir müssen das Gleiche bereits kennen, um vergleichen zu können. Woher stammt das Wissen von dieser Idee? Sicher nicht aus der Wahrnehmung bestimmter Gegenstände. Diese sind bloß mehr oder weniger gleich. Wir stellen vollkommene Gleichheit vor. Sie gibt es in der Wahrnehmung überhaupt nicht. An der Sicht der Wahrnehmung aber dieser mehr oder weniger gleichen Dinge haben wir das Wissen vom an sich Gleichen erworben. Wahrnehmungen des mehr oder weniger Gleichen erinnern an die Idee des Gleichen. Dazu müssen wir schon vorher von der Idee gewußt haben.[309] Aus dieser Überlegung läßt sich kaum zwingend die Präexistenz der Seelen ablesen. Ein Wissen von Ideen muß nicht erworben, es könnte vielleicht dem Menschen als Ausstattung seiner Natur eingepflanzt sein. Bestreitbar ist auch, es gäbe ein Wissen, welches der Mensch von Geburt an mitbringt. Ein Bild, das wir wahrnehmen, erinnert an die Idee der Schönheit. An ihr messen wir die Schönheit des Bildes, um sie hernach als mehr oder weniger vollkommen zu beurteilen. Diese Vorstellung, die bereitliegt, ähnelt dem Sich-Erinnern an Vorstellungen, die unser Gedächtnis aufbewahrt. Sie sind durch frühere Wahrnehmungen in es hineingekommen. Es muß eine Präexistenz der Seele (ohne Leib) gegeben haben. Somit wird die Seele durch den Untergang des Leibes nicht notwendigerweise mitgerissen. Daß die Seele überleben kann, ist aber noch nicht evident.

Zwei der Dialogpartner unterstreichen, aus einer Präexistenz der Seele folge nicht unbedingt ihre Postexistenz; die Möglichkeit bleibe offen, daß sie sich im Augenblick des Todes auflöse.[310] Sokrates sagt dagegen, eigentlich sei schon bewiesen worden, nähme man nämlich das jetzt Gewonnene zusammen mit dem vorher Gewonnenen, wonach Lebendes aus Gestorbenem entsteht. Ist eine Seele notwendigerweise vorher und tritt sie in einen Leib ein, so kann sie nicht von woanders herkommen als aus dem Tod.[311] Sokrates möchte eine Brücke schlagen von der Gewißheit der Ideen zur Gewißheit der Unsterblichkeit der Seele. Ohne diese Gewißheit bleibt die vorgetragene Philosophie problematisch. Die Frage, wie zu leben ist, findet eine andere Antwort, sollte es mit dem Tode zu Ende sein, eine andere, sollte das wahre Leben mit dem Tode überhaupt erst beginnen.

Wir bleiben kindlich, sofern wir Furcht verspüren, unsere Seele könne sich mit dem Tode auflösen. Sokrates will beweisen, daß es für die Seele ein Sich-Auflösen wesensmäßig nicht geben kann. Sokrates hebt hervor, daß das, was sich immer auf gleiche Weise verhält, wahrscheinlich etwas ist, das man als nicht zusammengesetzt bezeichnen muß. Ideen sind solche nicht zusammengesetzten Seienden. Gleiche Dinge können durch irgendwelche Umstände ungleich werden, aber die Idee der Gleichheit kann sich niemals in die Idee der Ungleichheit verwandeln.[312] Sich gleichbleibende Ideen nimmt man nicht wahr; sie sind nichts Sinnliches, sondern etwas Übersinnliches, Intelligibles. Sie werden durch das Denken erfaßt.[313] Ob zwei Dinge gleich sind, kann man durch Wahrnehmung ermitteln, aber die Gleichheit als solche ist etwas, das man nicht sehen, sondern nur denken kann. Das Werden deutet auf den Bereich, der nicht Idee ist und wo niemals etwas sich selbst gleich bleibt, sondern sich ständig verändert. Von daher ist es nur eine Frage der Zeit, wenn sein Untergang folgt. Denken entzieht sich der Veränderung. Denken heißt, auf ein Gedachtes als immer dasselbe zurückzukommen.

Sokrates fragt nach dem Leib und dann nach der Seele, welchem der beiden Bereiche sie ähnlicher und verwandter seien.[314] Für Platon ist Sinnlichkeit gleich äußerer Wahrnehmung. Klar ist, daß man eine Seele nicht sehen und tasten kann. Sie scheint gar nichts Wahrnehmbares zu sein, nur ein Gegenstand des Denkens. Beim Leib löst sich das Problem: Er ist dem Bereich des Sinnlichen verwandter.

Platon darf noch nicht sagen: Die Seele ist eine Idee. Das ist deswegen unmöglich, weil die Idee immer sich selbst gleichbleibt, keine Veränderung erleidet, was für die Seele nicht gilt. Die Seele kann sich ja verändern. Sie kann besser und schlechter werden. So mag man sagen: Die Seele ist der Idee verwandt, aber sie ist nicht die Idee. Durch den Leib wendet sich die Seele dem Sinnlichen zu, das sich stets ändert. Daraus folgt, daß die Seele sich verirrt und verwirrt. Die Unbeständigkeit des Sinnlichen verunmöglicht beständiges Wissen.[315] Blickt aber die Seele selbst als solche, ohne jede Vermittlung des Leibes, so wendet sie sich zum Jenseits, dem Reinen, immer Seienden und Unsterblichen. Dann ruht sie aus von ihrer Irrfahrt und ist durch ihren Bezug auf jenes immer sich selbst gleich. Dieser Zustand wird von Platon Einsicht genannt.[316]

Die Seele ist dem Göttlichen verwandt und von Natur zur Herrschaft über den Leib bestimmt. Sie gleicht dem Göttlichen, der Leib dem Sterblichen. Im Falle des Todes bestehen die Knochen eines Menschen viel länger als das Fleisch. Deshalb ist umsoweniger anzunehmen, daß die Seele mit dem Tode sogleich verwehe und untergehe. Vielmehr hat man zu erwarten, daß sie nach dem Tod in den wahren Hades geht zum guten und weisen Gott, wenigstens dann, wenn sie sich rein ablöst und nichts vom Körper mit sich nimmt. Sie war bereits im Leben gewillt, nichts mehr mit ihm gemein zu haben, sondern blieb in sich selbst gesammelt. Sie hat stets um diese Konzentration gerungen. Das bedeutet nichts anderes, als daß sie rechtschaffen philosophierte und besorgt blieb, leicht zu sterben.[317] Die Trennung der Seele vom Leib meint eigentlich Trennung vom Sinnlichen der Seele. Eine Seele, die sich so verhält, also den Sinnen den Abschied gibt, geht im Tode zu dem ihr Ähnlichen, Unsichtbaren, dem Göttlichen, dem Unsterblichen, dem Vernünftigen, und wenn sie dahin kommt, wird sie glückselig sein, befreit von der Irre der Unwissenheit, der Furcht, der sinnlichen Liebe, allen anderen menschlichen Übeln, indem sie immerdar bei den Göttern weilt.[318]

Sokrates spricht ein Bekenntnis zur Hoffnung der Mysterien auf eine Zukunft ohne Ende, die sich jenseits des Grabes öffnet. Da erst beginnt wahres Leben, welches das Elend des Diesseits, Tod und Leiden, Unwissenheit und Unfreiheit hinter sich gelassen hat. Derart zu leben ist geheime Sehnsucht des Menschen. Erfüllung dieser Sehnsucht ist wahres Glück und wahre Lust. In dieser Hinsicht stimmen Platons Lehre vom Jenseits und christliche Eschatologie überein. Beide sagen gleichermaßen: Dieses Leben ist tot, erst nach dem Tode beginnt das wahre Leben. Der Unsterblichkeitsglaube begleitet die ganze griechische Geschichte, aber lange Zeit bleibt er in den Mysterien doch eher eine Unterströmung. Was damals den Tag kennzeichnet, ist die Tradition des Homer. Auch ihr ist die Sehnsucht nach Unsterblichkeit nicht fremd, aber Homers Griechen denken nicht in der Konsequenz, die Platon auszeichnet. Der Tod gilt als Schicksal, das mit unerbittlicher Notwendigkeit den sterblichen Menschen ein unüberschreitbares Lebensende setzt. Man hat sich in das Notwendige zu fügen, man soll sich nichts Schöneres ausdenken. Trotz Sterblichkeit in dieser Welt kann man in ihr zu Hause sein. Das ist in der Zeit Homers möglich, aber für Platon nicht mehr.

Scheidet die Seele befleckt und unrein vom Leib, weil sie sich mit dem Leib gemein gemacht hat, so wird sie mit dem Leib derart zusammengewachsen sein, daß sie vom Sinnlichen infiziert ist und sich in ihrem nachtodlichen Existieren nicht gänzlich vom Irdischen zu befreien vermag. Eine solche Seele ist ein Gespenst, das man umgehen sieht. Die Seelen derjenigen, die nicht das wahre Leben zu ergreifen versuchten, irren als Gespenster umher, bis sie durch Begierde des noch anhaftenden Irdisch-Sinnlichen in einen neuen Körper gelangen. Bei der Wiedergeburt werden die unreinen Seelen in einen Leib gebunden und von solchen Sitten erfüllt sein, deren sie sich selbst im Leibe befleißigt haben.[319] Wer der

Völlerei anhing, wird zu einem Esel oder ähnlichen Tier. Der Herrsch-
süchtige und Räuber wird zu einem Wolf, Habicht oder Geier. Ein Weiterleben nach dem Tode erreicht nur der Philosoph: «In der Götter Geschlecht aber ist wohl keinem, der nicht philosophiert hat und vollkommen rein abgegangen ist, vergönnt zu gelangen, sondern nur dem
Lernbegierigen.»[320] Philosophen enthalten sich der Begierden des Leibes nicht etwa, weil sie fürchten, in Armut zu fallen, wie es etwa die
Geldgierigen tun. Philosophen tun es auch nicht wegen Schande und
Schmach, die sich ein lasterhafter Mensch zuzieht, sondern aus Sorge für
ihre Seele, ihre Reinigung und Erlösung.[321] Philosophie nimmt die Seele
als in den Leib eingekerkert. An ihn ist die Seele gefesselt und gezwungen, wie hinter einem Gitter das wahre Seiende zu betrachten, aber nicht
an und für sich, sondern gebrochen, somit in Unwissenheit. Die Philosophie erlöst die Seele aus der Gefangenschaft, indem sie sie darüber belehrt, daß die Betrachtung durch die Augen voll Trug ist, ebenso durch
die übrigen Sinne. Sie überredet die Seele, sich aus den Sinnen zurückzuziehen, soweit es nicht notwendig ist, sie zu gebrauchen. Die Seele
wird ermuntert, sich in sich selbst zu sammeln und niemandem zu trauen
als sich selbst, sofern sie selbst an und für sich das Seiende im Denken
erfaßt, aber das durch etwas anderes Erfaßte, d. h. das Wahrnehmbare,
verachtet.[322] Die Seele ist das wesentlich Lebendige, so wie das Feuer das
wesentlich Warme und der Schnee das wesentlich Kalte ist. Dem Leben
entgegengesetzt (wie dem Warmen das Kalte oder dem Feuchten das
Trockene) ist der Tod. Die Seele kann das Gegenteil des Lebens nicht annehmen. Eine tote Seele kann es so wenig geben wie kaltes Feuer und
warmen Schnee. Was den Tod nicht annimmt, das ist unsterblich.[323]

Jeder Gestorbene hat seinen Dämon, der sich bereits zu Lebzeiten um
ihn kümmert und nach dem Tode an den Ort führt, wo er Rechenschaft
ablegen muß und gerichtet wird. Von da wird er in die Unterwelt zu
Strafe oder Lohn und nach langer Zeit hierher zurückgebracht – zur
Wiedergeburt.[324] Eine Abstufung der Strafen, die auf den Menschen
warten, findet sich. Die am meisten Fortschritte gemacht haben im heiligen Leben, dürfen auf der reinen Oberfläche der Erde wohnen. Diejenigen endlich, die durch Philosophie sich hinreichend gereinigt haben,
leben für alle künftige Zeit ohne Leiber.

Politeia, Phaidros

Allein der von der Philosophie geleistete Beweis verschafft dem Religiösen das Recht, sich das Jenseits detailliert vorzustellen. Platons eigene Modifikationen finden sich am Ende der Politeia im 10. Buch, wo er davon spricht, daß die Seele mit dem Tode eine Reinigung erfährt. Das Höchste in der Seele, die Vernunft, strebt zum Ewigen empor. Sie ist das Unsterbliche, die anderen Seelenteile werden mit dem Leibe abgeworfen. Und was nach dem Tode sein wird, zeigt der Mythos. Er berichtet von der Todeserfahrung eines im Krieg Gefallenen, der auf dem Scheiterhaufen verbrannt werden soll, dort aber wieder erwacht und erzählt: Er sei, nachdem seine Seele aus ihm gefahren, mit vielen anderen wandernd an einen wunderbaren Ort gelangt, wo sich in der Erde zwei aneinander grenzende Spalten gezeigt hätten und oben am Himmel gleichfalls zwei andere. Die Richter aber hätten zwischen diesen ihren Platz gehabt und nach Fällung ihres Spruches die Gerechten den Weg zur Rechten und nach oben durch den Himmel ziehen lassen, nachdem sie ihnen Zeichen des Richterspruchs über ihre Taten vorn angeheftet, die Ungerechten aber den Weg zur Linken und nach unten, auch sie versehen mit Zeichen all ihrer Taten, aber hinten.[325]

Der sich auf dieser Himmelsreise Befindende erklärt, er habe an den beiden genannten Spalten die Seelen vorbeiziehen sehen, nachdem sie ihren Richterspruch empfangen. Die aus der Erde herauskommen, voll Schmutz und Staub, andere aber, die aus dem Himmel herabsteigen, völlig gereinigt. Die jeweilig Ankommenden hätten immer den Eindruck gemacht, als kämen sie von langer Wanderung; sie hätten, auf der Wiesenflur angelangt, sich frohgemut wie zu festlicher Versammlung gelagert; dann hätten sich die einander Bekannten gegenseitig begrüßt und die aus der Erde Kommenden hätten sich mit den anderen nach den dortigen Dingen erkundigt, die aus dem Himmel Kommenden nach denen in der Erde. Sie erzählen sich jammernd und weinend, in der Erinnerung an das viele Leid, das sie bei ihrer Wanderung unter der Erde erfahren und geschaut (die Wanderung, so wird berichtet, dauere tausend Jahre); andere aber erzählen aus dem Himmel von ihrem Wohlergehen und unbeschreiblich schönen Dingen, die sie geschaut.

Wichtig erscheint ein Vergeltungsmechanismus, der im Jenseits spielt. Jeder vergangene Frevel wird durch eine Reihe von Strafen abgegolten. Das Strafmaß ist ungemein hoch im Verhältnis 1:10. Wird das Strafmaß derartig weitgreifend gesetzt, so wird auch die Dauer, die seine Realisierung erfordert, entsprechend groß.

Von einem Tyrannen erzählt man sich, er habe nach dem Mord seines alten Vaters und seines älteren Bruders die Herrschaft an sich gerissen. Ein entsprechend mühsamer und beschwerlicher Weg zum jenseitigen Ort ist ihm zugemutet: «Als wir nahe der Mündung (des Unterweltflusses) waren und im Begriff auszusteigen, nachdem wir das andere alles erduldet, sahen wir plötzlich jenen mit anderen, von denen die meisten auch Tyrannen waren; nur einige darunter waren keine Staatsmänner, hatten aber sonst Großes verbrochen. Als diese meinten eben auszusteigen, nahm die Öffnung sie nicht auf, sondern erhob ein großes Gebrüll, sooft einer von diesen Unheilbaren in der Schlechtigkeit, oder wer noch nicht genügend gebüßt hatte, versuchen wollte heraufzusteigen und gleich waren auch wilde Männer zur Hand, ganz feurig anzusehen, welche den Ruf verstanden, und einige ergriffen und wegführten packend, weg, dem Ardiaios aber und anderen banden sie Hände und Füße und Kopf zusammen, warfen sie zu Boden und, nachdem sie sie mit Schlägen zugedeckt, zogen sie sie seitwärts vom Wege ab, wo sie sie mit Dornen schabten und den Vorübergehenden andeuteten, weshalb sie abgeführt würden, um in den Tartaros geworfen zu werden.»[326] Nach dieser Schau entsetzlicher Strafmaßnahmen geht die Wanderung weiter. Der Berichterstatter gelangt an eine Stelle, von wo aus er ein gerades Lichtband sieht, das sich von oben über den ganzen Himmel und die Erde hinzieht, wie eine Feuersäule, ähnlich dem Regenbogen, aber glänzender und reiner. Zu diesem Lichtband kommen er und seine Mitwanderer nach einem Tag. In der Mitte des Lichtbandes sehen sie am Himmel die Enden der den Himmel zusammenhaltenden Reifen befestigt. Es ist das Band, das das ganze sich umschwingende Himmelsgewölbe zusammenhält. An den Gipfeln des Himmels ist die Spindel der Notwendigkeit befestigt, mit deren Hilfe alle Umläufe in Schwung gesetzt werden. An dieser Spindel findet sich ein Widerhaken aus Stahl, der genauer beschrieben wird. Die Spindel dreht sich auf dem Schoß der Notwendigkeit. Oben auf jedem Sternkreis sitzt je eine mitumschwingende Sirene, immer einen und den nämlichen Ton von sich gebend, aus denen acht Töne zusammengenommen eine Harmonie bilden. Andere weibliche Gestalten sind in einer gewissen Entfernung zu sehen, jede auf einem Thron: die Töchter der Notwendigkeit, die Moiren (Lachesis, Klotho und Atropos). Die erste kündet die Vergangenheit, die zweite ist für die Gegenwart zuständig und die dritte für die Zukunft. Eine Gestalt erscheint, Prophet genannt, und stellt sich in gewissem Abstand neben die drei Sirenen. Aus dem Schoße der Lachesis nimmt er Lose- und Lebensmuster, besteigt eine hohe Bühne und erklärt folgendes: Dies kündet euch die Tochter der Notwendigkeit, die jungfräuliche Lachesis, eintägige Seelen. Dies ist der Beginn eines neuen todbringenden Umlaufes für euer sterbliches Geschlecht. Euer Los wird nicht durch den Dämon bestimmt, sondern ihr selbst seid es, die sich den Dämon erwählen. Lebensmuster sind es, die verteilt und an denen nicht mehr gerüttelt werden kann – sowohl negative als auch positive. In diesem Zusammenhang wird deutlich gemacht, daß der Mensch eine entscheidende Aufgabe in seinem Leben sehen und erfüllen sollte, nämlich dem Wissen nachzutrachten, das ihn befähigt herauszufinden, was ein gutes bzw. ein schlechtes Leben ist. Hat er dies entdeckt, so soll er unbedingt sich für das bessere entscheiden. Wer tief überzeugt von der Richtigkeit seiner Wahl die «Todesschranke» übertritt, kann gewappnet in die Jenseitswelt eintreten. Auch dort kann er von unerschütterlichem Gleichmut erfüllt sein und läßt sich von keinen Verlockungen auf dem wahren Weg beeinflussen. Wer mit Vernunft gelebt, d. h. sich als der Philosophie Verpflichteter erwiesen hat, dem wird ein entsprechendes Leben in seiner nachtodlichen Existenz beschieden sein.

Platon ist offensichtlich der Ansicht, eine Wiedergeburt finde statt. Der die Jenseitsreise Erfahrende erzählt von dem Schauspiel, wie jede Seele sich ihr Leben gewählt habe. In der Regel träfen die Seelen ihre Wahl gemäß der früheren Lebensgewohnheit. Auch Tierseelen sind im Spiel. Gesagt wird, ein Schwan z. B. habe sich die Umwandlung in ein menschliches Leben erwählt. Ein alter Held hat sich aus den Losen des Lebens für die Existenzform eines Löwen entschieden. Der homerische Held Agamemnon habe ebenfalls wählen dürfen und aus Haß gegen das Menschengeschlecht wegen erduldeter Leiden das Leben eines Adlers gesucht. Thersites, der Possenreißer, habe sich in einen Affen verwandelt. Odysseus habe im Andenken an überstandene Leiden das Leben eines von allen Staatsgeschäften freien Biedermannes gewünscht.

Auf der weiteren Reise schreiten alle Beteiligten durch unerträgliche Hitze und Glut zum Feld der Vergessenheit, einer öden Stätte, ohne jeden Baum und was sonst auf der Erde wächst. Bei anbrechender Dunkelheit wird ein Fluß entdeckt. Er heißt Sorgenlos. Dieses Wasser läßt sich nicht in einem Gefäß schöpfen, doch muß jeder von diesem Wasser ein bestimmtes Quantum trinken. Die, die unvernünftig gelebt haben, trinken unmäßig. Wer aber zuviel trinkt, vergißt alles. Nachdem sie sich zur Ruhe gelegt und die Mitternacht herangekommen ist, fängt es an zu blitzen und zu beben. Plötzlich seien sie, der eine nach dieser, der andere nach jener Seite hin, emporgefahren zu neuem Leben, flimmernd wie Sterne. Er selbst aber habe von dem Wasser nicht trinken dürfen; wie aber unter welchen Umständen er wieder zu seinem Leibe gekommen sei, das wisse er nicht, nur dies, daß er plötzlich des morgens die Augen aufgeschlagen und gesehen habe, wie er auf dem Scheiterhaufen liege.

An anderer Stelle, im «Phaidros», läßt Platon wissen, daß die Seele der zusammengewachsenen Kraft eines befiederten Gespannes und seines Lenkers gleicht.[327] Die Pferde der Götter und die Lenker sind selbst gut, von guter Abstammung, die der anderen aber sind vermischt. Bei uns Menschen ist es so, daß der Lenker ein Zweigespann führt. Das eine der Pferde ist schön und gut und auch von solcher Abstammung, das andere aber von entgegengesetzter Beschaffenheit. Notwendigerweise ist die Lenkung bei uns Menschen schwierig und mühsam. Die Seele führt Aufsicht über das Unbeseelte; sie durchwandelt den ganzen Himmel. Immer wieder erscheint sie in anderen Gestalten. Ist die Seele vollkommen und befiedert, dann kreist sie in höheren Regionen. Die entfiederte Seele aber stürzt, bis sie auf etwas Starres trifft, wo sie Wohnung nimmt, einen irdenen Leib anzieht, der wegen ihrer Kraft sich selbst zu bewegen scheint. Das Ganze aus Leib und Seele ist das Lebewesen Mensch und wird sterblich genannt.

Warum verliert der Mensch das Gefieder? Dessen Kraft gestattet es, das Schwere emporzuheben und hinaufzuführen an den Ort, wo die Götter wohnen. Das Göttliche ist schön, weise, gut etc. Davon nährt sich und wächst am meisten das Gefieder der Seele. Durch das Häßliche und Schlechte aber schwindet es und vergeht. Der große Herr im Himmel, Zeus, fährt voraus, seinen Wagen lenkend, alles anordnend und für alles sorgend. Ihm folgt die Schar der Götter und Dämonen.

Viel Herrliches kann geschaut werden auf dem Weg innerhalb des Himmels, den die Götter dahinziehen. Wer will und kann, folgt ihnen. Die Götter kennen keinen Neid. Wenn die Götter zum Fest und Mahl eilen, lenken sie steil empor zum äußersten Himmel. Und da sind es nur die Gespanne der Götter, die leicht vorankommen. Die Gespanne der anderen haben Mühe, denn das eine Pferd, das etwas von der Schlechtigkeit an sich hat, sofern es nicht von seinem Lenker sehr gut erzogen ist, drückt zur Erde nieder. Dann hat die Seele einen schweren Kampf zu führen. Die Unsterblichen, die Götter also, fahren, wenn sie zur höchsten Höhe gelangt sind, hinaus und stehen nun auf dem Rücken des Himmels, auf seiner Außenseite. Außerhalb des Himmels ist der Bereich der Ideen. Die Seele, die etwas vom Wahren geschaut hat, kann sich bis zum nächsten Auszug ohne Schaden halten. Ist sie aber nur von Vergeßlichkeit und Schlechtigkeit erfüllt, so verliert sie die Schwingen und stürzt zur Erde. Damit ist festgelegt, daß sie bei der ersten Geburt noch nicht in einen Tierleib kommt, sondern in den eines Menschen. Wer am meisten erschaut hat, der wird ein künftiger Freund der Weisheit oder Schönheit oder ein Diener der Musen oder der Liebe. Der zweite im Rang ist ein gesetzestreuer König oder Krieger oder Herrscher, der dritte ein guter Staatsmann oder Hausverwalter oder Geschäftsmann, der vierte ein Freund der Gymnastik oder Medizin, der fünfte ein Seher oder Priester, der sechste ein Dichter oder bildender Künstler, der siebte ein Handwerker oder Bauer, der achte ein Sophist, der neunte ein Tyrann. Wer gerechter gelebt hat, erhält ein besseres Leben, wer ungerechter gelebt, ein schlechteres.

Nach zehntausend Jahren kehrt die Seele zurück zu neuer Fahrt zum überhimmlischen Ort mit Ausnahme dessen, der ein echter Philosoph gewesen ist. Echte Philosophen können, wenn sie dreimal dasselbe Leben gewählt haben, schon nach dreitausend Jahren heimkehren. Die übrigen kommen nach dem irdischen Leben vor ein Gericht und werden in unterirdische Zuchtorte geworfen, wo sie Strafen abbüssen, teils kommen sie an einen himmlischen Ort. Hier deckt sich dann die Aussage mit dem am Ende der «Politeia» von Platon ausgeführten.[328]

Platon zeigt ein Todesverständnis, das als philosophisches über das individuelle Sterben hinaus zum Allgemeinen der Unsterblichkeit führt.

Wenn Menschen das Jenseits suchen, weil es sich im Diesseits miserabel lebt, so ist damit für den Philosophen nichts präjudiziert. Ihm geht es nur um die körperlose, weil vom Körper nicht tangierte, nicht behinderte Geistigkeit des Seelischen. Der Philosoph will das in seinem Geschäft störende Kleid des Leibes abwerfen – somit gilt ihm Sehnsucht nach dem Tod als Tor zur Unsterblichkeit in alles Philosophieren integriert. Sammlung im Denken meint reines Leben, Leben ohne den Leib, dessen Bedürfnisse diese Reinheit trüben. Sammlung im Denken als Trennung von sinnlicher Zerstreuung eröffnet Heimkehr zu den Göttern.[329] Nach dem Tode beginnt das wahre, das unsterbliche Leben: die Heimat in den Himmeln – wie der Apostel Paulus später formuliert.[330] Die Nähe zu Platon bzw. einer Auffassung vom Jenseits, die sich in der Spätantike ausbildet, wird unverkennbar.

3. 15 Plotin

Plotin, der sich als Interpret Platons in der ausgehenden Antike betrachtet, hat einen Text «Über Ewigkeit und Zeit»[331] verfaßt, von dem hier noch in gebotener Kürze die Rede sein soll. Was ist in der Sicht Plotins das Ewige? Oder: Wie gelangt der Denkende dorthin, wo die Zeit und also das Werden und Vergehen nicht mehr statthaben?

Ständigkeit, Selbigkeit und eine Bewegung in der Einheit eines in sich selbst verharrenden Lebens sind die ersten Kennzeichen der Unwandelbarkeit und Unausgedehntheit, für die das Wort Ewigkeit verwendet werden kann. Ewigkeit ist ein einziges Leben, in dem die Andersheit in das unaufhörliche, unveränderliche und unausgedehnte Wirken der Selbigkeit aufgehoben ist. Plotin sagt: «Wer all dies sieht, sieht Ewigkeit: Leben, das im Selben verharrt, da es immer das Ganze gegenwärtig hat, nicht jetzt dieses, dann ein Anderes, sondern alles zugleich, und nicht jetzt anderes und dann wieder anderes, sondern teillose Vollendung; gleichwie in einem Punkt Alles (alle Linien) versammelt ist, und niemals in Fluß hervorgeht, so verharrt jene (die Ewigkeit) im Selben in sich und verändert sich nicht, sondern ist immer in der Gegenwart, weil nichts von ihr vergangen ist und nichts von ihr erst sein wird, sie ist vielmehr das, was sie ist.»[332]

Ewigkeit also ist das in sich im Selben Verharrende, das Ganze oder Alles zugleich (weil ohne Vergangenheit und Zukunft) seiende unwandelbare Leben des Geistes, das ständig denkend bei sich selbst ist. Diese ewige Selbstgegenwart des Denkens im Sein durch das Leben gleicht dem Punkt, in den alles zugleich denkend versammelt ist, der jedoch seine unausgedehnte, in sich durch das Denken bewegte und lebende Einheit nicht dadurch aufgibt, daß er fließend aus sich hervorgeht. Weil Ewigkeit reine Gegenwart (des Seins als des sich selbst denkenden Denkens) ist, die immer schon ist, was sie ist und daher immer schon das

Ganze zugleich ist, kann sie nicht als ein solches Zugrundeliegendes begriffen werden, zu dem noch etwas von außen hinzukommen müßte, oder das sich selbst in ein ihm Künftiges entfalten oder vollenden müßte, um ganz es selbst sein zu können. Ewigkeit ist vielmehr «das aus dem Zugrundeliegenden gleichsam Hervorleuchtende gemäß der Selbigkeit, die es verheißt für sein nicht erst künftiges, sondern schon seiendes Sein: daß es so und nicht anders ist».[333] In der Ewigkeit kommt die unwandelbar-bewegte Ständigkeit des Geistes zum Scheinen. Ewigkeit ist das zeitlose Ereignis des sich selbst denkenden Seins. Dies Ereignis ist sein Leben. Das Wirken der aus dem Denken des Seins erscheinenden Selbigkeit, welche der Grund dieses Ereignisses ist, verursacht, daß in ihm nichts ist, was nicht schon ist, so daß die Abmessungen der Zeit in das zeitlose Jetzt eingefaltet sind. Ewigkeit ist weder gewesen noch wird sie sein. Ewigkeit ist das Ist, das nicht aus einer Vergangenheit in das zeitlos gegenwärtige Jetzt gelangt, das aber auch nicht erst künftig ein Jetzt sein wird. Dieses Ist der Ewigkeit ist immer schon jetzt, indem es die Fülle des Seins immer schon denkend ist. Gerade in dieser Benennung der Ewigkeit auf diese Weise zeigt sich das Sein der Ewigkeit für das menschliche Denken als paradox, daß Ewigkeit zwar nicht Zeit ist, gleichwohl aber auf Grund der in die Zeitlichkeit verflochtenen Sprache mit Namen benannt werden muß, die ursprünglich zeitlichen Sinn haben. Ewigkeit ist der höchste Gedanke der plotinischen Philosophie: das eine Selbst, das nur in einer negativen Dialektik zugänglich wird. Plotin schreibt in der genannten Abhandlung im 11. Kapitel, daß Zeit noch nicht gewesen ist und Ewigkeit völlig in sich ruhte. Die Frage entsteht, wie die Zeit in einem mythischen Urakt aus der Ewigkeit herausfiel. Die Ewigkeit ruhte in der beschriebenen Weise. Und dann heißt es: «Es war aber dort eine Natur, geschäftig und danach strebend, Herr ihrer selbst zu sein und sich selbst zu gehören; sie war gewillt, mehr zu suchen, als bei ihr war: So geriet sie in Bewegung, es geriet aber auch in Bewegung die Zeit, und wir wurden bewegt zum Immer-Künftigen und Späteren und niemals Selbigen hin, sondern zum immer wieder Anderen – und haben wir ein Stück des Weges durchmessen, dann haben wir als Bild der Ewigkeit die Zeit hervorgebracht.»[334] Plotin hebt hervor, daß in der Seele eine unruhige Kraft waltet, die das in der Ewigkeit Geschaute auf Anderes übertragen möchte und nicht zufrieden ist, wenn sich das Ganze in ihr als gegenwärtig versammelt. Wie aus ruhendem Samen entfaltet der Logos selbst den Durchgang ins Viele. Was stattfindet, ist ein Verzeitlichungs-akt, in dem an Stelle der Ewigkeit die Zeit kreiert wird, woraus sich dann auch die gewordene Welt, die ja nur in der Zeit gedacht werden kann, er-gibt.

Was Plotin hier in hoher Abstraktion denkt, ist ein Versuch, die pla-tonische Philosophie in einem seinerseits gemäßen Denkvollzug und ei-ner entsprechenden Sprache aufzunehmen und zu verwandeln. Plotin geht es entschieden darum, daß die Seele sich aus der Welt des Vielen und der Zerstreutheit umwendet und zur Ewigkeit hinkehrt, wo allein sie Ruhe findet. Was in dem eben angezogenen Text besonders auffällt, ist die eigentümliche Abwendung des Geistes und der Seele aus dem Be-reich der Ewigkeit, wohin sie gehören und worin sie eingebettet waren. Ein Aufbruch zur Verzeitlichung, der im Endergebnis die irdisch-sinn-liche Welt überhaupt erst in ihrer Artikulation entstehen läßt. Das Ur-sprüngliche, worin alles, was ist, zurückzukehren hat, bleibt die Ewig-keit. Zeit und alles in der Zeit sich Ereignende kann nur gedacht werden, wenn das Eine als der göttliche Gott in allem und jedem webt und wal-tet. So hat sich bei Plotin auf eine besonders eindrückliche Weise am Ausgang des Altertums eine Verschmelzung von Transzendenz und Immanenz ergeben – in der Art, daß hier Priorität und Primat von Ewig-keit eindeutig und unabdingbar gesichert sind.[335]

4 Völkerübergreifende Religionen
(Weltreligionen)

4. 1 Das Christentum des Neuen Testaments
Das Christentum als Ableger des Judentums
Das Christentum etabliert sich als Religion einer kleinen Gruppe und eines im Vergleich zu anderen religiösen Texten der Menschheit an Umfang bescheidenen Buches, dem Neuen Testament (NT).

Das Christentum ist ein Ableger des palästinensischen Judentums. Letzteres besitzt zur Zeit des beginnenden römischen Prinzipats keine politische Selbständigkeit; es steht unter römischer Militärverwaltung – mit Ausnahme des nördlichen Teils, der von einem, selbstverständlich von den Römern geduldeten, einheimischen König (Herodes) regiert wird. Jenseitsvorstellungen gab es im Judentum.[1] Wir können ihre Genese nicht verfolgen, müssen uns darauf beschränken, die in einer bestimmten religiösen Richtung, nämlich der Pharisäer,[2] vertretene Auferstehung des Leibes zu konstatieren. Sehr wahrscheinlich sind diese Ansichten aus iranischem Bereich in das späte Judentum eingedrungen.[3] Mit der Auferstehung verbindet sich eine Sicht des Jenseits, die wir auch im Christentum aus dem Munde Jesu hören.[4]

Jesus – Repräsentant der Jenseitswelt
Die zentrale Figur des NT und damit der christlichen Religion ist Jesus von Nazareth, von dem das NT sagt, daß er der von Gott Gesandte, der das Heil für die Menschen garantierende Göttliche sei. Jesus tritt auf als Prediger einer Lehre, die gezielt irdische, mitmenschliche Umstände kritisch ins Visier nimmt und Redlichkeit hinsichtlich der Übereinstimmung religiösen Verhaltens und religiöser Überzeugung postuliert. In vielen Gesprächen, Ansprachen und eindrücklicher Weise der Gleichnisgestaltung erschließt Jesus den Menschen seiner Zeit die Möglichkeit einer auf den Fundamenten des Judentums beruhenden direkten und innigeren Beziehung zu ihrem Gott.[5] Da fallen Äußerungen, die die Realität des himmlischen Bereiches in der irdischen diesseitigen Wirklichkeit bezeugen. In den synoptischen Evangelien wird über diesen Jesus mitgeteilt, daß durch ihn das himmlische Reich anbricht, somit zugleich

eine neue Epoche in der irdischen, diesseitigen Geschichte der Menschen. Wir haben in den Uraussagen des Christentums eine Bestätigung der eingangs in unseren Überlegungen zu den Jenseitsvorstellungen gemachten Beobachtung, wonach sich immer wieder eine Verschmelzung von Jenseits und Diesseits bei gewissen religiösen Intentionen andeutet.[6] Der auf diese Erde gekommene Gottessohn ist in exzellentem Ausmaß Repräsentant der Jenseitswelt unter den Menschen auf dieser Erde. Wir wissen, daß Jesus eine Schar von Anhängern um sich sammelt, durch das Land zieht, als religiöser Störefried von seinen eigenen Landsleuten angeklagt, den Römern ausgeliefert und als messianischer Aufrührer hingerichtet wird mit der typisch römischen Todesstrafe, der Kreuzigung.

Im Anschluß an dieses Ereignis konstituiert sich eine religiöse Ansicht, daß dieser Jesus nicht im Tod bleibt, sondern nach drei Tagen leiblich aufersteht und in den Himmel, von wo er, jedenfalls was seine religiöse Mächtigkeit anbetrifft, gekommen ist, aufsteigt. Sein irdischer Tod als – menschlich nachvollziehbare – Katastrophe für den kleinen Kreis der sich um ihn als Meister scharenden Jünger und zugewandten Interessenten sowie die wenig später erfolgende Auferstehung bilden einen Komplex, den man nicht auseinanderdividieren kann, was aber Ausleger (auch im letzten Jahrhundert) nicht gehindert hat, dies doch immer wieder zu tun, um zur reinen irdischen Gestalt des Jesus von Nazareth vorzudringen.[7] Solche Bemühungen bleiben zum Scheitern verurteilt. Was in den Texten des NT angeboten ist, stellt keine biographische Berichterstattung, sondern eine Verkündigung, eine Predigt, eine religiöse Rede dar, die sagt, daß Himmel und Erde, Jenseits und Diesseits, Gott und Mensch auf eine besondere, neue, revolutionierende Weise zusammenfinden.

Der Anspruch, daß es sich so verhält und für alle Zeiten Gültigkeit hat, wird in kurzer Zeit nach dem Tode Jesu von einflußreichen Geistern dieser kleinen Bewegung vertreten. Wir können namentlich auf den Apostel Paulus verweisen, aber auch auf eine Schrift, die sich aus anderen Quellen und einem diesen entsprechenden anderen Geist speist: das Johannesevangelium.[8]

Was diesem Jesus von den ersten Anhängern nachgesagt wird, ist seine Wiederkehr als göttlicher Herrscher, die Parusie – und zwar noch zu Lebzeiten des Paulus. Paulus hat auf seinen Reisen, zuerst der Ge-

Abb. 20: Der Isenheimer Altar von Matthias Grünewald. Der Durchbruch durch die Todeswelt in der Auferstehung: das Haupt des Christus ist entmaterialisiert in einer riesigen Sonnenaureole. Das sonnenhafte Licht aber ist nur der innere Kern der Aureole, im ihn legt sich ein Kreis roten und dann blauen Lichtes. Der Körper des Meisters ist in sie hineingehoben. (aus: G. Scheja, Der Isenheimer Altar, Köln 1969: 35)

meinde in Thessalonich gegenüber, betont, daß der Herr in nächster Zeit auf den Wolken des Himmels kommen und sie, die Gemeinde, ihm entgegen entrückt, also Aufstieg bzw. Überstieg in eine Jenseitswelt erfolgen werde.[9]

Somit zeigt sich in der allerersten Phase eine gewisse Zwiespältigkeit, die einerseits in Aussagen von einer irdischen Präsenz seiner Numinosität besteht, andererseits im Hinweis, daß die diesem Jesus Verpflichteten bei seiner baldigen Wiederkunft aus dieser irdischen Wirklichkeit ins Jenseits versetzt werden.

Nun ist aber diese Wiederkunft Christi nicht erfolgt, womit sich bereits der Apostel Paulus in seinen späteren Briefen – jedenfalls in Andeutungen – auseinandersetzen muß, wenngleich ihm persönlich sicher diese Überzeugung bis an sein vermutliches Märtyrerende bleibt. Die sich hernach ausbildende Deutung der irdischen Geschichte läuft auf die zentrale Aussage hinaus, daß das Ende der Geschichte mit einer nicht mehr unmittelbar zu erwartenden Wiederkunft Christi gekoppelt wird.[10] Das Jenseits entfernt sich und überläßt das Diesseits seinen mehr oder weniger schlimmen Geschicken. Eindrückliches Beispiel bietet das letzte Buch des NT und der Bibel, die Offenbarung des Johannes, die von diesem Ende in ungemein farbigen und erschütternden Bildern erzählt. Es sind christliche Gemeinden, denen Lauheit, Nachlässigkeit, innere Schwäche nachgesagt werden, die sich mit der übrigen Welt dem Gericht zu stellen haben. Hier werden die Zeiträume auffallend größer, ist doch von einem tausendjährigen Friedensreich auf dieser Erde die Rede, bevor das totale Ende und die Herrschaft des göttlichen Gottes, dem an seiner Seite der auferstandene und gen Himmel gefahrene Christus als Weltenrichter assistiert, realisiert werden soll.[11]

Die Verzögerung der Parusie hat bereits im NT zu Veränderungen geführt, die auch das Bild des Jenseits beeinflussen müssen. Was das NT aber keineswegs besonders hervorhebt, womit es sich auch in seiner Nähe zum Judentum erweist, ist das Theorem von der unsterblichen Seele. Dies ist platonisches Werk, das in der Folgezeit eines großen Verschmelzungsprozesses genuin christlich-jüdischer Elemente mit griechisch-platonischen auch im Christentum Eingang findet.[12] Wo eine unsterbliche Seele für den einzelnen Gläubigen gewiß wird, stellt sich die Frage nach seiner persönlichen Bewährung auf neue und entschiedenere Weise. Denn nun kann er selbst ja dafür Sorge tragen, daß er nach seinem

Tod wohl einerseits im Grabe ruht und auf die Auferstehung der Toten, von der Paulus gesprochen hat, hofft bzw. wartet. Er kann aber auch andererseits in Zwischenwelten zwischen Himmel und Erde erhoben und dort unter den Engeln angesiedelt sein. In den ersten Jahrhunderten nach den Ereignissen mit und um Jesus von Nazareth formuliert sich eine Sicht des Christentums, in der die Geschichte als in großen Zeiträumen erfassbar und somit wieder vom Jenseits (in unmittelbarer Beziehung) abgekoppelt gedacht wird, dafür aber der Einzelne mit seiner unsterblichen Substanz eine Aufwertung und wohl auch einen Trost findet für die nicht eingetretene Wiederkunft des göttlichen Meisters. Der Gedanke des Gerichts und der im Gericht vollzogenen Vergeltung bleibt bestehen, wenn auch in einer ferneren Zeit.[13]

Heimat im Jenseits

Ein knapper Überblick über verschiedene Aussagen im NT zeigt unverkennbar eine Jenseitsbetonung. So ist im Brief an die Kolosser[14] und in dem Johannes-Evangelium[15] die Rede von der oberen Welt – und zwar ganz unmißverständlich. Diese obere Welt ist die Heimat des von seinem göttlichen Vater, dem ewigen Gott, direkt abstammenden Christus.[16]

Eine Reihe von Stellen findet sich, in denen die Engel als das menschliche Dasein permanent begleitende Zwischenwesen genannt sind: Markus («Wenn sie von den Toten auferstehen, heiraten sie nicht und werden nicht verheiratet, sondern sie sind wie Engel in den Himmeln.»);[17] Matthäus («Sehet zu, daß ihr keinen dieser kleinen verachtet! Denn ich sage euch: Ihre Engel in den Himmeln schauen allezeit das Angesicht meines Vaters in den Himmeln.»);[18] Lukas («Und es begab sich, als die Engel von ihnen gen Himmel gefahren waren, da sprachen die Hirten zueinander: Lasset uns doch nach Bethlehem hingehen und diese Sache sehen, die geschehen ist und die der Herr uns kundgetan hat.»);[19] Johannes («Und er sagt zu ihm: Wahrlich, wahrlich ich sage euch: Ihr werdet den Himmel offen und ‹die Engel Gottes auf und nieder steigen› sehen auf den Sohn des Menschen.»).[20]

Die himmlische Welt ist über diese Bewohnerschaft hinaus unverkennbare Stätte der Heilsgüter, deren es bedarf, um als Mensch vor Gott bestehen zu können: Kolosser (Es ist von der Liebe der Kolosser die Rede, die sie erzeigen können «wegen der Hoffnung, die euch [also

Abb. 21: Seraph und Franziskus, Detail aus Giottos Franziskus-Szenen,
Assisi. Der Seraph erscheint dem Heiligen Franziskus, aber die Erscheinung
wirkt wie ein Glas, in dem der Heilige das sieht, was auch der Engel sieht.
Die Direktheit des Kontaktes von Diesseits und Jenseits findet eine bemer-
kenswerte Gestaltung. (aus: P. L. Wilson, Engel: 55)

den Kolossern] in den Himmeln aufbewahrt ist».);[21] Matthäus («Freut
euch und frohlocket, weil euer Lohn groß ist in den Himmeln.»);[22]
(«Sammelt euch [...] Schätze im Himmel, wo weder Motte noch Rost

[sie] zunichte machen und wo Diebe nicht einbrechen und stehlen!»);[23] Offenbarung des Johannes («Und ich sah die heilige Stadt, das neue Jerusalem, von Gott her aus dem Himmel herabkommen [...].»).[24] Den Menschen in ihrer irdischen Situation wird himmlisches Bürgerrecht zugesprochen.[25]

Auch in der Jenseitswelt geschieht eine mächtige Veränderung, indem dort, worüber Jesus in einer Schau berichtet, die Entmächtigung des im späten Judentum immer mächtiger gewordenen Satans stattfindet: Lukas («Ich sah den Satan wie einen Blitz vom Himmel fallen.»);[26] Offenbarung («Und es entstand Krieg im Himmel, so daß Michael und seine Engel Krieg führten mit dem Drachen. Und der Drache führte Krieg und seine Engel; und sie vermochten nicht standzuhalten, und ‹eine Stätte für sie war im Himmel nicht mehr zu finden›.»).[27]

Den verehrten Meister der Christen identifiziert man in einer Phase nach seinem Tode bereits mit dem höchsten religiösen Funktionär des Judentums, dem Hohenpriester.[28]

Wir finden auch, was die Kontaktzone des Menschen zur Jenseitswelt des göttlichen Gottes betrifft, einen Hinweis auf den (unvergänglichen) Auferstehungsleib, der dem Christen am genannten Tage X zuzumessen ist.[29]

Die himmlischen Bereiche sind nicht irgendwelche Zonen, über die sich freischwebend spekulieren ließe. Sie werden an markanten Stellen mit der Gottheit selbst ineins gesetzt: Lukas («Ich will mich aufmachen und zu meinem Vater gehen und zu ihm sagen: Vater, ich habe gesündigt gegen den Himmel und vor dir.»);[30] Markus (Die Johannestaufe ist irdisch und bereits himmlisch zugleich).[31] Der Mensch darf freilich hoffen, nach seinem Tode in diese Bereiche eintreten zu können, wobei sich seine Existenzform gegenüber der irdischen verändert. Zum Beispiel ist das, was andernorts ja durchaus gedacht werden kann, nicht mehr möglich: Heiraten und Geheiratetwerden. Die göttliche Welt ist das Reich der Himmel, somit das Jenseits und auch der bereits im NT hervorgehobene Aufenthaltsort der Toten. Wenn im 1. Thessalonicher («Christus ist um unseretwillen gestorben, damit wir, ob wir wachen oder schlafen, zugleich mit ihm leben.»)[32] und 2. Korinther («Denn er wurde gekreuzigt aus Schwachheit, aber er lebt vermöge der Macht Gottes; denn auch wir sind schwach in ihm, aber wir werden mit ihm leben vermöge der Macht Gottes, die gegen euch wirksam ist.»)[33] von einem solchen Auf-

Abb. 22: Das Weltgericht (Köln, 2. Hälfte 15. Jh.) Vor einer lyrischen Land-
schaftsszenerie ziehen die Seligen in den Himmel ein und versinken die
Verdammten im Höllenschlund. (aus: Peter Jezler, Himmel, Hölle, Fege-
feuer. Das Jenseits im Mittelalter, Zürich 1994: 341)

246

enthaltsort andeutend die Rede ist, muß man sich doch hüten, bereits eine ausgebildete Jenseitsvorstellung anzusetzen. Wo eine solche später im Christentum angetroffen wird, handelt es sich um spekulative Weiterbildung.[34]

Zusammenfassend kann man unterstreichen, daß die Korrespondenz von Transzendenz und Immanenz in der Ursituation des Christentums außerordentlich stark ist, aber eine menschlicher Phantasie entsprungene Ausmalung, Ausgestaltung jenseitiger Bereiche durchgängig nicht geschieht. Was eine gewisse Farbigkeit erzeigt, ist die Szenerie des großen Weltgerichtes, des Umsturzes für immer. Hernach wird die Gottheit alles in allem sein.

Die Jesusgestalt, in ihrer Menschlichkeit zu betonen, verdeutlicht (in gewissen Einschüben) die Verbindung bzw. Vermittlung auf das Jenseits hin. Ein Beispiel noch: Jesus ist mit zweien seiner Jünger auf einem Berg und erfährt dort die (sogenannte) Verklärung; es wird in der Szene deutlich, daß himmlische Mächte, nachdem sich der Himmel geöffnet hat, diesen Jesus als Sohn Gottes (nun auch in den Augen und Ohren der Jünger) deklarieren. Die Mächtigkeit des irdischen Predigers zeigt sich darüber hinaus in seinen Heilungen und besonderen Taten, von denen z. B. die Auferweckung des Lazarus im Lukas-Evangelium[35] und dann auch in einer anderen Version des Johannes-Evangelium[36] nachdrücklich zeugt.

Insgesamt ist dieser Jesus als Vertreter des Jenseits eine im Diesseits merkwürdig schwach operierende Figur. Der politische Impetus, der ihm nachgesagt wird und dessentwegen man ihn ans Kreuz bringt, ist nur in eher vagen Äußerungen zu bemerken, aber auch diese sind keine das irdische Dasein positiv bestimmenden. Wenn er dem Zuhörer empfiehlt, dem Kaiser zu geben, was des Kaisers ist, und Gott zu geben, was Gottes ist,[37] so ist gerade eine solche Aussage der Beleg für das eben Angedeutete.

Das frühe Christentum des NT bedarf einer Verbreitung seiner Basis in der Anhängerschaft sowie des Ausgriffes ins öffentliche und politische Leben bis zur staatlichen Anerkennung und Vereinnahmung durch kaiserliche Gewalt, um aus einer jenseitsbetonten kleinen Gruppierung zu einer irdisch-mächtigen Organisation zu werden. Die von uns angesprochene Verzögerung bzw. sogar das Nichteintreten der Parusie erleichtert die Akzentverlagerung vom Jenseits aufs Diesseits.

4. 1. 1 In der Folge des Neuen Testaments

Auferstehung und das neue Jerusalem

Mit Jesus wird der Gedanke des göttlichen Reiches, das bevorsteht, derartig etabliert, daß die ihm sich verpflichtenden Jünger ihre Akzente für eine künftige Gemeindebildung folgendermaßen setzen: Aus der tradierten Erwartung eines messianischen Reiches auf irdischem Boden und mit glanzvollem Zentrum in Jerusalem entfaltet sich ein zweiter Aspekt, wonach himmlisches Reich in seiner umfassenden Jenseitigkeit sich in einer Weise gestaltet, daß die Bürger allesamt, verstorben oder lebend, Teilhaber und Nutznießer sein werden. Die Verstorbenen gelangen durch eine allgemeine Auferstehung in den verdienten Genuß der Teilhabe.

Die so zweifach akzentuierte Erwartung des jenseitigen Heils im Argen des Diesseits floß nicht selten in einen einzigen Komplex zusammen, was verständlich wird, wenn man bedenkt, daß die Verfolgungszeit schon bald nach des göttlichen Meisters Tod begann.

Paulus und die Apokalypse des Johannes lehren eine Kooperation mit dem wiederkommenden Christus; die Sterblichkeit wird genommen und für alle bereits Verstorbenen die Auferstehung garantiert.

Ein erster Akt also, der Jenseits und Diesseits verbindet; ihm folgt ein zweiter des umfassenden Gerichts, vom Gott und seinem göttlichen Sohn veranstaltet, an dem die Getreuen seiner Herde mitwirken.[38]

Der Apokalyptiker Johannes bedient sich dieser Jenseitserwartung fürs Diesseits, indem er ein Reich von 1000 Jahren projektiert.[39] Im Anschluß an diesen für Menschen doch beträchtlichen Zeitraum geschieht der umwerfende Akt eines Durchbruchs der Jenseitswelt ins Diesseits: Alle je Verstorbenen auferstehen, alle sind pflichtig, vor die Schranken des göttlichen Gerichts zu treten. Einen neuen Himmel und eine neue Erde gestaltet der allmächtige Heilige. Die Herabkunft eines neuen Jerusalem, das aus der Jenseitswelt herniedersinkt, wird verheißen; ein tausendjähriges Reich, ein Reich der Privilegierten, die sich in der Not der Verfolgung getreu bewährten bis zum Tod.

Heilserwartung über ein Jahrtausend

Die Geschichte des Christentums ist durchtränkt von dieser Erwartung; in ihr spiegelt sich ein Konnex der so stark expandierenden

Religion zu ihren jenseitigen Wurzeln. Weil diese Erwartung konstitutiv bleibt, erwachsen aus ihr vielfältige Reformen und Revolutionen.

Die alte Kirche koppelt den Gedanken eines solchen Reiches von tausend Jahren mit dem eines Paradieses, eines goldenen Zeitalters. Was viel später in seiner säkularisierten Utopie der junge Marx anspricht, hat fraglos Vorzeichnungen im Wunschtraum der totalen Bedürfnisbefriedigung. Wem mag nicht ein Leben ohne Arbeitsmühe und bei qualitativ vorzüglicher Versorgung munden? Wir finden z. B. die Vorstellung vom Lebenswasser, einer offensichtlich im vorderen Orient begehrten Substanz, das allen verfügbar wird.[40]

Die ideologisch geleistete Konvergenz von Diesseits und Jenseits bleibt problematisch, weil die Herabkunft des letzteren und die dadurch

Abb. 23: Krönung der Jungfrau im Paradies, von Jacobello del Fiore, 15. Jh. Jesus und Maria, umgeben von Heiligen und Märtyrern, von denen man glaubt, sie würden beim Tode unmittelbar in den Himmel aufgenommen. (aus: R. Cavendish/T. O. Ling, Mythologie, München 1981: 163)

geschehene radikale Verwandlung des ersteren niemals realisiert wird. Behelfslösungen, denen man wie allen Provisorien Dauercharakter gestattet, finden sich vielfach. Die erfolgreichste ist diejenige Augustins, der überragend geschickt die römische Kirche mit ihren das ganze Leben erfassenden Strukturen als tausendjähriges Reich deklariert. Auferstehung, so ergänzt Augustinus, sei nicht rein aus jenseitiger Verursachung zu erwarten, sondern schon geschehen und geschehe permanent im Sakrament der Taufe.

Der Getaufte gilt als verbriefter Bürge des göttlichen Reiches hier und jetzt. Ihm ist das Jenseits zur lebensbestimmenden Macht des Diesseits geworden.

Eine solche Verdiesseitigung des jenseitigen Potentials, woraus das Christentum lebt, mochte nicht überall genügen. Die Häresien, für das römische Machtzentrum höchst unangenehme Konkurrenten, zählen im Einzelfalle vielleicht nicht so stark, doch ihr Insgesamt beeindruckt: Montanisten, Katharer, Albigenser, Arnold von Brescia, Humiliaten und Waldenser, Joachimiten und Franziskaner. Die Geschichte Europas unter römischen Vorzeichen mit ihren Schrecken – von der Pest bis zu den Endloskämpfen zwischen Papststuhl und Kaiserthron – stimuliert nicht selten und nachhaltig das sich meldende Harren und Hoffen auf den Einbruch des Jenseits gemäß alter Verheißung.

4. 1. 2 Gnosis
Wissen aus himmlischer Vermittlung

Ihre wesentlichen Grundzüge sind aus den gnostischen Überlieferungen zu entnehmen. Der Begriff «Gnosis» aus dem Griechischen bedeutet Wissen und Erkenntnis. Er wird übergreifend für diese Religionsanschauung. Inhalt des Wissens und der Erkenntnis ist primär religiös. Er kreist um die Hintergründe von Mensch, Welt und Gott. Er beruht nicht auf eigenem Forschen, sondern auf himmlischer Vermittlung. Gnostische Lehren sind stets Teil erlösenden Wissens. Intellektuelle Kenntnis in solchem Kontext hat direkte religiöse Bedeutung. Ein Mensch der Gnosis ist erlöst.

Wir können uns nicht mit der unübersehbaren Vielfalt einzelner gnostischer Systeme und ihrer entsprechenden Aussagen befassen. Wir beschränken uns auf Grundaussagen, die, unserem Thema entsprechend, sich auf den Menschen und seine Erlösung richten.

Struktur der Systeme

Hans Leisegang skizziert die gnostische Weltschau, deren Struktur in allen Systemen erkennbar bleibt. Ein Gott jenseits aller Welten, somit ein unsichtbarer und unverkennbarer, ruht vollkommen in sich selbst. Er ist reiner Geist. Sein Gegenpart liegt im Diesseits mit der hier allerfüllenden Materie, die in permanenter Wandlung erscheint und vergeht. Der Gott als das absolute Gute, unübertreffbar in seiner Reinheit, trifft auf den Schmutz des Irdischen als des Bösen.

Das Problem des Denkens, dem die Gnostiker nachgehen, bricht auf in der zu erfragenden Relation zwischen dem das Gute repräsentierenden jenseitigen Gott und der bösen Materie des Diesseits. Der Gott erzeugt zuerst die reine Geisteswelt, aus der ihr immanente Kräfte (Ideen, Geister) den sichtbaren Himmel (mit seinen Sternengeistern und Planetensphären) erschaffen. Auch die Erde und der Mensch fallen in dies Schöpfungstun. Unter den Geistern geschah ein Fall, eine Sünde: Sie haben sich von ihrem obersten Herrn abgewendet und der Materie zugeneigt. Diese Bewegung – vom reinen göttlichen Geist hin zur Materie – unternehmen auch die Menschen. Die Trennung vom göttlichen Gott ist die Folge. «Eine Erlösung aus diesem Zustande der Gottentfremdung, der Gottverlassenheit und der Abhängigkeit von den bösen Dämonen [...] kann nur dadurch erfolgen, daß Gott selbst von außen in den Kosmos eingreift und den Gottesgedanken, den Logos, den Erlöser aus Himmelshöhen durch die Reiche der guten und bösen Geister hindurch zu den Menschen schickt, um ihnen Kunde von seiner unwandelbaren Güte zu bringen und ihnen den Weg zu zeigen, auf dem sie aufsteigen und an den bösen Dämonen vorbei zu Gott zurückgelangen können.»[41]

Diese Rückkehr aus dem Diesseits in die ewige jenseitige Heimat gelingt, weil der Mensch als Mikrokosmos aus Materie, aber auch aus dem Geist besteht, der der göttliche ist.

Die angebotene Erlösung geschieht derart, daß die Materie und ihre Verstrickung gänzlich abgelegt wird und der Aufstieg ins Jenseits konsequent bis zur Ankunft in der unendlichen Ewigkeit sich vollendet.

Der gnostische Weg

In der Nag-Hammadi-Schrift «Die ursprüngliche Lehre»[42] lesen wir: «Unsere Seele ist wahrhaftig krank, denn sie wohnt in einem armseligen Haus (das ist der Körper) und die Materie verwundet ihre Augen im Bestreben, sie blind zu machen. Deswegen eilt sie hinter dem Wort her und legt es sich auf die Augen wie ein Heilmittel, das sie anwendet, und wirft die Blindheit von sich [...] und jener dann, wenn er sich in Unwissenheit befindet, ist er ganz und gar finster und der Materie verfallen. So ist es mit der Seele, indem sie jederzeit ein Wort empfängt, um es sich wie ein Heilmittel auf die Augen zu legen, damit sie wieder sieht und ihr Licht die Feinde, die mit ihr streiten, verberge, und sie durch ihr Licht blende, sie bei ihrer Ankunft gefangennehme, sie durch Unermüdlichkeit zu Fall bringe und sie in ihrer Macht und mit ihrem Zepter zuversichtlich sei. Während ihre Feinde ihr beschämt nachblicken, als sie nach oben in ihre Schatzkammer, in der ihr Verstand wohnt, und in ihre sichere Scheune geht.»[43] Dieses Textstück ist typisch für den gnostischen Weg, d. h. für den auf ihm zu vollziehenden Aufstieg zu wahrer Erkenntnis und damit zur Erlösung. Mittels der Erkenntnis verbürgte Erlösung im Sinne einer Rettung aus Verstrickungen irdischen Daseins realisiert sich für den Gnostiker erst mit dem Tode. Zu diesem Zeitpunkt löst sich der unvergängliche, wiedererweckte Faktor von den Fesseln des Körpers endgültig. Er kann nun den Weg in seine Heimat antreten. Diesen Vorgang bezeichnet man als Seelenaufstieg oder Himmelsreise der Seele.[44] Für die Gnosis ist daher der Tod ein Akt der Befreiung. Der Weg der Seele zum Lichtreich oder zur Ruhe ist derselbe, auf dem sie im Anfang herabkam. Viele beeindruckende Zeugnisse finden wir in der mandäischen Literatur.[45] Ganze Bücher beschreiben den Weg der Seele durch überirdische «Wachthäuser» oder «Höllen». Nach dem Tode hat die Seele eine lange, 42tägige Reise vor sich. Sie wird von der Gemeinde auf Erden mit Gebeten und Zeremonien begleitet. Es geht durch himmlische Wachtstationen der Planeten und Tierkreiswesen. Diese lassen nur gute und sündlose Seelen passieren, während die anderen festgehalten und bestraft werden, im Sinne eines Purgatoriums. Am Ende steht noch die Waage bevor, auf der das für den Einzug ins Lichtreich erforderliche Gewicht, d. h. ihre Frömmigkeit, festgestellt wird. Den Durchzug ermöglichen außer Frömmigkeit und guten Werken die aus kultischer Praxis stammenden Symbole, Namen und Taufen. In einem Buch mit Toten- oder Seelenliedern ist zu lesen: «Der Weg, den wir zu gehen haben, ist weit und ohne Ende. Auf ihm sind keine Parasangen abgemessen, und er ist nicht durch Meilensteine markiert. Folterknechte sind an ihm zurückgelassen, und Wachthäusler und Zöllner sitzen an ihm.»[46] Eine Reise zum Gericht wird hier geschildert. «Ich (die Seele) fliege und ziehe dahin, bis ich zum Wachthaus der Sonne gelange. Ich rufe: ‹Wer wird mich am Wachthaus der Sonne vorbeiführen?› Deine Lohnspende und Deine Werke, Deine Almosengaben und Deine Güte werden Dich am Wachthaus der Sonne vorbeiführen. Wie sehr freue ich mich, wie sehr freut sich mein Herz. Wie sehr freue ich mich auf den Tag, da mein Streit erledigt ist, auf den Tag, da erledigt ist mein Streit und mein Gang nach dem Ort des Lebens ist. Ich fliege und ziehe dahin, bis ich zum Wachthaus des Mondes gelange, bis ich zum Wachthaus des Feuers gelange, bis ich zum Wachthaus der Sieben gelange [...].

Als ich bei den Wasserbächen anlangte, kam mir der Ausfluß des Glanzes entgegen. Er nahm mich bei der Fläche meiner Rechten und brachte mich über die Wasserbäche. Man brachte Glanz und bekleidete mich damit und man brachte Licht und hüllte mich darin ein. Das Leben stützte das Leben, und Leben fand das Seinige. Das Seinige fand das Leben und meine Seele fand, was sie ersehnte.»[47]

Heimkehr der Seele bedeutet Reintegration in die Lichtwelt. Von dort fiel sie einst (nach mandäischem Glauben) unverschuldet herab. Eine (in der mandäischen Literatur) häufige Vorstellung zeigt die Befreiung der Seele aus dem Gewahrsam böser Mächte, der sieben Planeten, und zwar durch einen Gewaltakt des Helfers oder des Lichtboten. Dabei erscheint nicht nur der Gedanke von der Mauer des Firmaments als bedeutsam. Sie muß zerbrochen werden. Auch die überirdischen Straforte, an denen die sündigen Seelen festgehalten werden, sind von Belang. Nur durch eine Tat der Lichtwelt können sie erlöst werden. Die überirdischen Purgatorien oder Höllen dienen zur Bestrafung der sündigen Seelen wie überhaupt aller Ungläubigen (also Nichtmandäer). So löst sich auch die Frage, was mit denen geschieht, die nicht zur wahren Erkenntnis gelangt sind oder sie verletzt haben. Ihnen wird Läuterung mittels Bestrafung durch die Finsternismächte zuteil. Endgültig entscheidet sich das Schicksal dieser Seelen erst am Weltende. Dabei hat man mit einem zweiten Tod, d. h. mit endgültiger Vernichtung und Einschließung in die Finsternis, zu rechnen. Seelen können radikal verloren gehen, wenn sie sich nicht von ihren irdisch bösen Taten zu befreien vermochten. Nicht erarbeitetes Wissen schafft ein Manko, welches das Unheil für immer inszeniert. Böse fallen durch ihren eigenen Willen in das große Meer. In der Finsternis werden sie ihre Wohnung haben – bis zu dem Tag des Gerichts und der Rettungsstunde. Der Welterlöser, von dem die Gnosis spricht, rettet in diesen überirdischen Gefängnissen einzelne Seelen.[48]

Eine weitere Schilderung der Straforte findet sich: Im ersten Wachthaus, das die aufsteigende Seele erreicht, gibt es Folterwerkzeuge, Marter und Quälereien. «Mit einer Feuergeißel peinigt man die Zauberer und Hexen, wie Ungeziefer schickt man sie in die Öffnungen der Öfen. Wie diese Seele dasteht, zittert und bebt sie, und ihre ganze Gestalt zittert in ihrem Gewande, und sie ruft nach dem großen und erhabenen Leben und spricht: ‹Wo ist das Leben, das ich geliebt? Wo ist die Wahrheit, die in meinem Herzen weilte? Wo ist das Almosen, das ich in meiner Tasche trage?› Und man sagt zu ihr: ‹O Seele! Du steigst zum Lichtort auf, weshalb rufst du nach dem großen und erhabenen Leben? Gib deinen Namen und dein Zeichen her, die du aus den Wasserwogen, aus den Schätzen (oder dem Inneren) des Glanzes, aus dem großen und erhabenen Krater, aus dem Jordan der Heilkräfte und aus den gewaltigen Sprudeln des Lichts genommen hast.»[49] Die begleitenden Lichtwesen vermitteln Aufklärung über dieses erste Wachthaus und wer darin festgebunden ist (u. a. Pfaffen, Oberpriester, Orakelgeber, Pharisäer, Ehebrecher). Sieben derartige Stationen hat die Seele zu durchwandern; so erfährt sie alle Schrecken dieser Orte und nimmt die wahr, die darin zu leiden haben (Christen, Asketen bzw. Mönche, ungerechte Herrscher und Richter, abtrünnige Mandäer). Sie erreicht schließlich das Lichtreich und wird wieder eingegliedert.[50]

Rettung oder Verdammung der Seelen gehören weiterhin zu den zentralen Themen. Solche Fragen stellt man dem Christus. Er beantwortet sie unterschiedlich. Wer nicht zu den unvermittelt aufsteigenden Seelen gehört, unterzieht sich einer Läuterung (z. B. durch Seelenwanderung). Auch endgültige Verdammung abgefallener Seelen erfolgt im Jüngsten Gericht. Finstere Mächte verführen die Seelen und bringen sie von der vom Geist des Lebens vorgezeichneten Bahn ab. Eine Form des Satans ist im Spiel, des großen Widersachers in der Bibel. Für den Gnostiker zählt Standhaftigkeit, nicht nur bloße Erkenntnis der wahren Natur des Menschen. Die vom Geist gestärkte Seele gelangt an den für sie bestimmten Ort. Sie entrinnt den Werken der Bosheit; durch die «Unvergängliche Fürsorge» findet sie Rettung und Ruhe der Äonen. Wer aber keine Erkenntnis besitzt, ist von einem falschen Geist überwältigt. Dieser beschwert die Seele, indem er sie zu den Werken der Bosheit zurückführt. So vergessen Seelen die wahre Lehre, die Gnosis. Nachdem eine Seele sich vom Körper gelöst, wird sie den Gewalten übergeben, die unter dem gegengöttlichen Herrscher, dem Demiurgen, entstanden. Erneut wird sie in Fesseln geworfen und umhergeführt, in einem Körper eingepflanzt. Sie muß vom Vergessen befreit werden und Erkenntnis erlangen. Damit ist eine weitere Seelenwanderung ausgeschlossen. Die Seelen der total Abtrünnigen bleiben für das Endgericht aufbewahrt. Sie gehen zu dem Ort, wohin sich die Engel der Armseligkeit zurückziehen, denen keine Busse zuteil wurde. Bis zu dem Tage sind sie aufbewahrt, an dem man sie bestraft. Jeder, der den heiligen Geist lästert, erhält ewige Strafe: Peinigung.[51]

So hat die Gnosis die Höllenvorstellung übernommen, wie sie im Hellenismus und Christentum anzutreffen war.[52]

Aufstieg der Seele

Der Aufstieg der Seele[53] geschieht auch in mehr sublimierter Form. Dann handelt es sich um stufenweise Ablegung der leiblich-psychischen Schichten, die den göttlichen Teil umgeben. Ein umgekehrter Geburtsvorgang ist im Spiel. Was die Sphären der Planeten bei der Schaffung des Menschenkörpers beitrugen, wird ihnen zurückgegeben, bis das Geistige oder Göttliche rein und fleckenlos zu Gott zurückgekehrt ist. Eine solche Vorstellung findet sich im Poimandres.[54]

Ablegung des Leibes bedeutet nicht nur Befreiung der Seele, sondern auch Gericht über die Mächte, die einen Leib geschaffen haben. Es ist ein Sieg der Lichtwelt, der die endgültige Vernichtung der Finsternis einleitet. Folgende Schilderung illustriert dies: Die Seele übergab den Leib denen, die ihn ihr gegeben hatten. Sie waren beschämt, so daß die mit den Leibern Handeltreibenden weinend dasaßen, weil sie mit jenem Leib keinen Handel treiben noch eine andere Ware für ihn finden konnten. Sie haben große Mühe übernommen, bis sie den Leib dieser Seele gebildet hatten, um die unsichtbare Seele niederzuwerfen. Sie erlitten den Verlust an dem, für den sie sich abgemüht hatten. Sie wußten nicht, daß sie (die Seele) einen unsichtbaren, geistigen (pneumatischen) Leib hat. Sie dachten vielmehr: Wir sind ihr Hirte, der sie weidet. Sie wußten aber nicht, daß sie einen anderen ihnen verborgenen Weg kennt, den ihr wahrer Hirte durch Erkenntnis gelehrt hat.[55]

So findet sich (in mandäischen Texten) der Hinweis, daß die Seele, sobald sie ins ewige Licht im Hause des Lebens emporgeht, unvergänglichen Glanz empfängt. Die Taufe ist von hoher Bedeutung in derartigen Zusammenhängen. Statt irdischer Gewänder werden solche des Lichts verteilt. Wer in der Quelle des Lebenswassers getauft ist, empfängt den Thron des Glanzes. Eine andere Schrift (aus der gnostisch-koptischen Bibliothek «Zostrianos») beschreibt eine Himmelsreise des Zoroaster durch den Äther, die sieben Archontensphären, den Ort der Busse und schließlich die Räume der Lichtäonen. Diese kann man nur betreten, indem verschiedene Taufen vorgenommen werden, die der Einführung in himmlische Geheimnisse dienen, somit den Charakter einer Initiation haben, wobei das Fortschreiten von Stufe zu Stufe ein solches an spiritueller Einsicht ist.[56]

Auferstehung in gnostischer Interpretation

Die Güter des Heils, von denen gnostische Texte sprechen, sind weitgehend übereinstimmend. In erster Linie geht es um die Integration des zeitweise verlorenen Teils in das wahre Sein. Erlangen der Ruhe, Überwindung der Unruhe und des Streites der Welt werden genannt. Ein Brautgemach zwecks einer geistig zu verstehenden heiligen Hochzeit zwischen der Seele und ihrem Erlöser kommt hinzu. Zusammenführung des Getrennten und Zurückgewinnung der männlich-weiblichen Einheit ist das Thema. Sie empfängt von der unsterblichen Speise. Sie findet das, wonach sie gesucht hat. Sie erlangt Ruhe von ihren Mühen. Das Licht, das über ihr leuchtet, geht nicht unter. Für alle Schmach und Schande, die sie in dieser Welt erduldet hat, empfängt sie zehntausendfach mehr an Gnade und Ehre.

Auch Auferstehung ist Thema der Gnosis. Der Glaube an die Auferstehung der Toten offenbart eine universal-eschatologische Hoffnung, zunächst der iranischen, dann auch der jüdisch-christlichen Überlieferung.[57] Gnostiker biegen diesen Glauben schon sehr früh zu einer individuellen Hoffnung um. Ein weiterer Anknüpfungspunkt könnte die Auferstehung Jesu im Rahmen der Ereignisse von Ostern und Himmelfahrt gewesen sein. Sodann spielt möglicherweise die Deutung der Taufe in den Mysterien im Sinne von Tod und Auferstehung ebenfalls eine Rolle. Bereits der Apostel Paulus wird mit der gnostischen Interpretation der Auferstehung konfrontiert.[58] Damals behaupten Christen, die Auferstehung sei bereits geschehen. So kommt das gnostische Verständnis dieser Lehre ins Blickfeld, das die Befreiung der Seele durch Erkenntnis als Akt der Auferstehung von den Toten (d. h. der Unwissenden) interpretiert. Ein derartiges Verständnis ist schon von der Auffassung des Körperlichen her, wie sie die Gnosis vertritt, erforderlich. Für sie gilt, was auch Paulus sagt: «Fleisch und Blut können das Reich Gottes nicht erben.»[59] Eine Auferstehung der Toten in einer neuen Leiblichkeit scheidet für die Gnostiker aus. Fleisch bzw. Materie ist wert, daß sie zugrunde geht. Es gibt nur eine Auferstehung der Seele. Und diese versteht man in der Gnosis einmal als Auferweckung des Lichtfunkens aus Vergessenheit und Unwissenheit durch den Ruf des Erlösers und durch Selbsterkenntnis, zum anderen als Aufstieg des Lichtfunkens zum göttlichen Pleroma. Beide Aspekte gehen häufig ineinander über, da die befreiende Erkenntnis eine Vorwegnahme des Endes bedeuten mag und seine Verwirklichung bereits eingeholt ist.

Unter den Nag-Hammadi-Schriften findet sich eine Abhandlung über die Auferstehung.[60] In ihr zeigt sich das Ringen gnostischen Auferstehungsverständnisses mit dem des christlichen Gemeindeglaubens. Der Erlöser hat den Tod besiegt; er verließ ja die vergänglichen Werke, er verwandelte sich in einen unvergänglichen Äon und ist auferstanden, indem er das Sichtbare durch das Unsichtbare verschlang und damit den Weg zur Unsterblichkeit eröffnete. «Wenn wir aber in dieser Welt (Kosmos) als solche erscheinen, die ihn (den Erlöser) in sich tragen, so sind wir seine Strahlen und werden von ihm bis zu unserem leiblichen Untergang, das ist unser Tod in diesem Leben, umfangen. Wir werden dann von ihm zum Himmel emporgezogen, wie die Strahlen von der Sonne, ohne durch irgend etwas zurückgehalten zu werden: Das ist die geistige-pneumatische Auferstehung, die die seelische (psychische) gleicherweise wie die fleischliche (sarkische) verschlingt.»[61]

Das Philippusevangelium redet von wahrhaftigem Fleisch, das Christus trug, von dem das menschliche ein Abbild ist. Wir sehen: Die Gnosis christlicher Prägung konnte ein leibfeindliches Prinzip gerade hinsichtlich Auferstehung und Auferstehungsleib nicht problemlos durchhalten.[62]

Geschichte der Welt als Heilsgeschichte
Die Eschatologie der Gnosis erschöpft sich nicht in Bildern des Seelenaufstiegs, sie zielt auch auf das Ende der Welt. Auch Gnostiker rech-

nen, was den Kosmos anbelangt, mit eindeutigem Ende auf einem Weg, der durch einen unwiederholbaren, unaufhaltsam auf ein Ziel zustrebenden Prozeß charakterisiert ist. Dieser Prozeß zeigt sukzessive Rückführung der entfremdeten Lichtteile in das Pleroma, um so dessen Mangel zu beheben. Die Geschichte der Welt kann als eine innere Heilsgeschichte gelesen werden, sie ist erfüllt, wenn alle Lichtteile zurückgekehrt sind und damit der Anfangszustand – als Trennung von Licht und Finsternis, Göttlichem und Nichtgöttlichem, Geist und Körper, Gut und Böse, Oben und Unten – wiederhergestellt ist. Hans Jonas sagt: «Der gnostische Mythos ist sowohl seinem Inhalt als auch seiner Formstruktur nach eschatologisch.»[63] Die grundlegende Ausrichtung der Gnosis auf eine Endzeit betrifft das Schicksal der Einzelseele als auch der Gesamtheit der Seelen, die noch zu retten sind. Dies kann nur in einem letzten Akt geschehen, der den Kosmos als ganzes meint.

4. 1. 3 Die alte und die mittelalterliche Kirche
Die frühkatholische Kirche: auserwählte Gemeinde und
Figurationen der himmlischen Kirche
In frühkatholischer Zeit fühlen sich die hauptstädtischen Christengemeinden (Rom, Antiochien und Alexandrien) trotz großen Mitgliederbestandes in starkem Maße isoliert. Die Großstadt erzeigt unmißverständlich, daß Christsein Minorität bedeutet. Diese Situation befördert in den frühkatholischen Gemeinden das eschatologisch begründete Bewußtsein. Man ist nicht von dieser Welt und somit in Wahrheit einer jenseitigen Welt als Bürger zuzurechnen. Die ursprünglich im Kirchenverständnis enthaltene Konzeption, nämlich auserwählte Gemeinde göttlicher Verheißung zu sein, bleibt wirksam. So verwendet der Verfasser des (sogenannten) zweiten Klemensbriefs[64] (Mitte des 2. Jahrhunderts) spätjüdisch-apokalyptische Vorstellungen, die man auch früher benutzt, wenn er die heidnische Vergangenheit seiner Hörer wie auch ihr christliches In-der-Welt-Sein als Fremdlingschaft bzw. als Emigrantendasein bezeichnet.

Später wird die Leib-Seele-Frage diskutiert, um die Dialektik christlichen Lebens in der Welt zu veranschaulichen: Die Seele wohnt *im* Körper, aber sie ist nicht *aus* dem Körper. Die Christen wohnen *in* der Welt, aber sie sind nicht *von* der Welt. Die Seele wird vom Körper eingeschlossen, sie selbst aber hält ihn zusammen. Auch die Christen werden von der Welt wie in einem Gefängnis gefangengehalten, sie selbst aber halten sie – die Welt – zusammen.[65] Ein Konzept innerer Emigration liegt dem zugrunde.

Besonders eindrucksvoll versucht Ignatius von Antiochien (um 110 n. Chr.) die Relation von empirischer Gemeinde und überirdischer, jenseitiger Gesamtkirche zu denken. Bei der Schilderung der transzendenten Wirklichkeit, die der Kirche zuzusprechen ist, bleibt die Rede karg. Nur gelegentlich trifft der Leser auf das Bild vom himmlischen Tempelbau. Die Gläubigen werden als Steine des Tempels durch den Hebebaum des Kreuzes Christi und das Seil des heiligen Geistes bzw. als Geleiter des Glaubens in die Höhe emporgetragen.[66] (Wir haben es hier mit einem Bild gnostischer Herkunft zu tun.) Wahre Katholizität kommt nur der himmlischen, jenseitigen Kirche zu. Eine einzelne Gemeinde hat repräsentativ jene himmlische Kirche abzubilden. Es geht um Einung bzw. Durchdringung des Irdischen mit der himmlischen Göttlichkeit wie die Einung von Fleisch und Geist im inkarnierten und erhöhten Kyrios. Einung ist die gegenwärtige Überwelt, ja Gott selbst; sie garantiert Teilhabe an Gott – somit am Jenseits. Der zweite Klemensbrief entwickelt den Gedanken einer himmlischen Geistkirche, auch Erste Kirche oder Kirche des Lebens genannt. Sie steht als weibliches Prinzip neben dem männlichen, präexistenten Logos. Sie ist das Original, während die irdische Kirche nur Gegenbild und zweite Kirche genannt wird. Man kann letztere auch als Fleisch bezeichnen, weil man ihre Geschichtlichkeit als Ergebnis eines Inkarnationsprozesses verstehen muß. Die übergeschichtliche Kirche des Geistes ist mit dem präexistenten Christus in unlösbarer Einheit verbunden. Deshalb wird sie auch am Fleisch Christi, d. h. gleichzeitig mit der Inkarnation des Christus sichtbar. Die Verwirklichung des kirchlichen Ideals durch ein asketisches Leben in den Gemeinden soll die eschatologische Hoffnung auf das Kommen des Reiches Gottes als der jenseitigen Welt beleben.[67]

Wir finden eine Symbolfigur der Kirche, die Greisin. Ihr transzendentes Wesen erkennt man an scheinbar belanglosen Details (wie z. B. ihrem Platznehmen auf der mit Zeichen der Offenbarungsmagie ausgestatteten Lehrkanzel etc.). Dazu gehört Enthüllung jenseitiger Kunde durch ein himmlisches Offenbarungsbuch oder einen Himmelsbrief.[68] Die Greisin ist Figuration der himmlischen Kirche.

Etwas anderes bedeutet die mit einer überhimmlischen Ursprünglichkeit identische Jugendlichkeit. Das apokalyptische Bild des neuen Jerusalem taucht in der Erinnerung auf. Es steigt wie eine geschmückte Braut aus den jenseitigen Bereichen des Himmels herab.[69] Jerusalem wird einst in strahlender Vollendung alle Gläubigen vereinen; das heilige Land ist im Zustand endzeitlicher Vollkommenheit als weite Ebene gedacht. Irdisch-Diesseitiges und Himmlisch-Jenseitiges mischen sich.

Das Programm des Hermas, in endzeitlicher Bußfrist den säumigen Christen eine letzte Chance einzuräumen, liefert eine neue, die innerweltliche Situation der Kirche berücksichtigende Begründung. Zwölf Berge sind als zwölf Stämme in der ganzen Welt verstanden, ein weißer Turm aber ist auf das neue Jerusalem der Endzeit zu beziehen.

Die eschatologische Blickrichtung, im frühkatholischen Christentum deutlich, verleiht der Erwartung des tausendjährigen Reiches (im heiligen Lande) unter dem Messias als König Anschaulichkeit. Bereits die Offenbarung des Johannes zeigt im Nebeneinander von Friedensreich[70] nach vorheriger Messiasschlacht[71] und Herabkunft des himmlischen Jerusalem,[72] wie man auch auf den Unterschied einer Zukunftschau konkreter Geschichte und einer an der Jenseitswelt orientierten Apokalyptik stößt.[73]

Der Kampf mit der Gnosis: gegen das Konzept vom Aufstieg der Seele
Die Kirche unternimmt in den Auseinandersetzungen mit Gnostikern des dritten Jahrhunderts einen entschiedenen Kampf zur Bewahrung des Kanons.[74] In diesem Zusammenhang verdient das (gnostische) Evangelium nach Philippus nochmals Beachtung.[75] Die Taufe, mit der Salbung verbunden, wird als Feuer im Sinne der Geisttaufe interpretiert. Ein spezifisches Textformular ist von Belang; es begleitet die Gnostiker auf ihrem Weg, die sogenannten Paßworte bzw. Apologien. «Der Herr hat mir offenbart, was die Seele beim Aufstieg in den Himmel sagen und wie sie jeder der oberen Kräfte antworten soll: ‹Ich habe mich erkannt und mich von allen Seiten her gesammelt und habe dem Archon keine Kinder gezeugt, sondern seine Wurzeln ausgerottet und die zerstreuten Glieder gesammelt und kenne dich, wer du bist; denn ich gehöre zu denen von oben her.›»[76] Erlöste Menschen sprechen diese Kennworte bei ihrem Aufstieg durch diverse planetarische Sphären. Feindliche Herrscher, die den Durchgang verwehren, lassen sie passieren. Das Konzept vom Aufstieg der Seele durch die verschiedenen Himmel erfreut sich in

Abb. 24: *Der thronende Christus hält der Welt seine verklärten Wunden entgegen. Detail des Verduner Altars bei Klosterneuburg b. Wien (1181). Christus ist auferstanden, trotzdem halten zwei Engel Kreuz und Marterwerkzeuge dem Herrn empor. Dieser hat die Zeichen seines Erlöungstodes mit in die Verklärung genommen, Sinnbild dafür, daß wir durch Tod und Auferstehung mit in seine Herrlichkeit geholt werden. (aus: E. Sauser, Symbolik der katholischen Kirche, Tafelband, Stuttgart 1966: 117)*

der Spätantike weiter Verbreitung. Ein großkirchlicher Theologe wie der Apologet Justin wendet es auf die Himmelfahrt Christi an. In den Mithras-Mysterien spielt es eine gewichtige Rolle.[77]

Eine andere, das Jenseits anzielende Existenzform der Christen in der altkatholischen Kirche ist die des Märtyrers. Märtyrertheologie gewinnt eine besondere Position und zwar in dem Sinne, daß den Märtyrern Richterfunktion im Jenseits zugesprochen wird. So kann es geschehen, daß z. B. während der Diokletianischen Verfolgung gewisse Christen nicht mehr geduldig die Verhaftung durch die Behörden abwarten, sondern das Martyrium provozieren.[78]

Die reichskatholische Kirche: irdischer Triumph und Jenseitsbezogenheit

Die Kirche gelangt zur Anerkennung; sie übt triumphierende Dominanz gegenüber vormals herrschenden Kulturen und Religionen. Wir begegnen der Ecclesia triumphans. Bei Eusebius findet sich ein entsprechendes Dokument.[79] In den geschmückten Bauten christlicher Kirchen hält man Gottesdienste, die das Abbild transzendenter Feiern im himmlischen Jerusalem darbieten. Auch die himmlischen Höhen (das Jenseits) frohlocken (wie auf Erden) über die folgenschwere politische Wende unter Konstantin. Kampf und Tod der Märtyrer werden nicht mehr erinnert.[80]

Man könnte jetzt detailliert von neuen Akzentuierungen sprechen, die z. B. die Auffassung des Osterfestes verändern, auch von einer besonderen Betonung des Auffahrtstages sowie der Pfingsten. Alle diese christlichen Feste sind hier auf Erden zu feiern, weil sie (in ihrer ursprünglichen Bedeutung) das Jenseits thematisieren.[81]

Das Mönchstum entfaltet eine starke geschichtliche Kontinuität. Es vermittelt besondere Impulse innerhalb der Kirche hinsichtlich der Auffassung von Diesseits und Jenseits.[82]

Schon das Urchristentum bei Paulus vertritt das Ideal jungfräulichen Lebens als Richtung auf das Jenseits. In der Hausgemeinschaft kann bereits asketische Leistung geschlechtlicher Abstinenz geübt werden. Das Verhältnis zwischen Christus und seiner jungfräulichen Braut, der Kirche, macht einen besonderen Kontext innerhalb des alten Christentums deutlich. Die zuerst anzutreffende Radikalität, die sich zugespitzt in der asketischen Einsiedelei darstellt, ist in ihrer Beziehung auf das Jenseits

Abb. 25: Der Tod als Tiefsee-Gottheit. Mosaik im Dom von Torcello im Golf von Venedig, 12. Jh. (aus: P. L. Wilson, Engel: 35)

eindrücklich; doch verweltlicht sich das Mönchstum hernach mit seinen Klostergründungen immer stärker. Dem folgt bis in die neueste Zeit in gewissen Intervallen die Tendenz zu Reformen. Mit der Verweltlichung und Abkehr vom Jenseits verläuft der Prozeß einer Integrierung klösterlichen Mönchtums in das Gemeindeleben der reichskatholischen Kirche praktisch reibungslos. Die Kirche wäre aber sich und ihren Traditionen untreu geworden, hätte man mönchisches Streben nach Vollkommenheit in der Ausrichtung aufs Jenseits innerkirchlich abqualifiziert. Stets hält man daran fest, daß der Anspruch lautet, Kirche der Heiligen bzw. eine heilige und das heißt: eine jenseitsbezogene Kirche zu sein.[83]

Die römisch-katholische Kirche: Prägung durch Augustin

Im Verlauf der Geschichte sieht sich das Christentum mehr und mehr vom Jenseits auf das Diesseits verwiesen. Jenseitsvorstellungen müssen deshalb in anderen Bereichen als den offiziellen gepflegt werden. In der römisch-katholischen Kirche sind weitherum Einflüsse des Aurelius Augustinus gegenwärtig; mit ihm hat das Jenseits seine Spuren tief ins Diesseits eingegraben, ohne freilich verfügbar zu werden. In seinem Werk über den Gottesstaat reflektiert Augustin die irdische Sphäre in ihrer Problematik mit all den Spannungen, die sich permanent ereignen.[84] Darüber hinaus zeigt er das Bild eines himmlischen Staates, einer geschichtstranszendenten Realität, auf die hin das Irdische in seiner schrecklichen Geschichte lebt.[85] Fragen wir nach den Jenseitsvorstellungen jener Zeit, so wird deutlich, wie Denkmuster, aus einem ewigen Rom in ein christliches Rom übernommen, die Gestaltung christlichen Lebens prägen. Augustin hat in seinem Werk über den Gottesstaat zum Ausdruck gebracht, wie sehr die Christenheit damals die ewige Stadt als Garant ökumenischer Wohlfahrt betrachtet.[86] Deshalb deutet man die Eroberung Roms durch Alarich (410 n. Chr.) als apokalyptisches Zeichen künftigen Weltunterganges.[87] Das zweite Buch von Augustins «Gottesstaat» will gegenüber den heidnischen Anwürfen, die Christen trügen Schuld am Fall Roms, den Nachweis erbringen, Roms heidnische Götter hätten seinen Sittenverfall nicht zu verhindern vermocht. Zudem habe es die Befehle des wahren Gottes mißachtet. Der Mensch soll entschieden dem wahren Gotte folgen, der in einer jenseitigen Welt residiert.[88]

Die byzantinisch-orthodoxe Kirche: der Einfluß des Dionysios Areopagita

Wir können die Geschichte der großen Kirchenversammlungen und ihrer Lehrstreitigkeiten, die sich auf die Natur Christi beziehen und damit jenseitsorientierte Spekulationen betreiben, nicht nachzeichnen. Wichtig ist, daß man unablässig über das Jenseits spekuliert und gedanklich in innergöttliche Verhältnisse einzudringen versucht, die Relationen von Gott, als dem Vater, zu dem Sohn und dem heiligen Geist auslotet. Um Jenseitsvorstellungen, die sich nun artikulieren, an einem besonderen Beispiel abhandeln zu können, ist es sinnvoll, auf den Repräsentanten platonisch-mystischer Theologie hinzuweisen, der sich bis zum heutigen Tage erfolgreich hinter dem Pseudonym Dionysios Areopagita verbirgt.[89] Sein Schriftum bietet Hinweise auf Gepflogenheiten in den Gottesdiensten.[90] Das Schriftkorpus umfaßt vier Abhandlungen, die in

Abb. 26: Das Innere der Kathedrale von Troyes. In dieser «Himmelsarchitektur» ist alles, was in der Apokalypse vom himmlischen Jerusalem gesagt wurde, bis ins einzelen nachgebildet: Der Bau ist voll Licht, die Fenster gleichen Mauern aus Edelsteinen, die prachvollen Fassaden mit ihren Portalen gemahnen zusammen mit einer Unzahl von Heiligen an die große Schar der Heiligen im himmlischen Jerusalem, die niemand zählen kann. (aus: E. Sauser, Symbolik der katholischen Kirche, Tafelband, Stuttgart 1966: 87)

innerem Zusammenhang zueinander stehen. Wir werden belehrt über die göttlichen Namen, die über Wesen und Eigenschaften Gottes sprechen. Bei Plotin hat dieser Schriftsteller gelernt, daß die göttliche Transzendenz keine positiven oder negativen Aussagen zuläßt. Aus der Erkenntnis, daß Gott die Ursache alles Seins und aller Seienden ist, resultiert eine allumfassende Aussage: Gott ist das Eine. Sie hat explosiven Charakter. Gott ist mit dem All identisch. Das Eine heißt Gott, weil er Kraft eines überragenden Vorzuges seiner eigenen Ureinheit auf allumfassende, einzigartige Weise eins und alles ist, weil er, ohne je aus dem Einen herauszutreten, Ursache von allem bleibt, was überhaupt existieren kann. Die jenseitige Welt der Gottheit ermöglicht durchgängig und entscheidend das Diesseits.[91] Aus dem Einen geht im Sinne neuplatonischer Emanation alles Seiende hervor. Wächst Entfernung vom Einen, so verliert man sich an die Vielheit der Dinge. Hat man am Sein des Einen durch sein Dasein Anteil, so ist man vom Göttlichen und damit Jenseitigen durchströmt. Gott selbst bleibt sich gleich; er ist unwandelbar und unendlich; er strahlt aus in alle Bereiche und damit in alles, was ist. Jenseits und Diesseits werden in nicht mehr zu trennender Verflechtung vorgeführt. Die Welt ist als der Gottheit lichtes Kleid zu begreifen. Doch vermöchten Welt und in ihr die Menschen sich nicht im Leben, worin sie sich vorfinden, zu halten, lebten sie nicht in ständiger Rückwendung zum Göttlichen und Jenseitigen. «Jetzt aber wollen wir zum göttlichen Frieden übergehen, dem Urquell aller göttlichen friedlichen Vereinigung, ihn in Friedenshymnen laut verkünden! Denn er ist es, der alles einigt, er, der uns Eintracht und Harmonie erzeugt, im Universum den Einklang erwirkt und unter den Menschen den Frieden fördert. Deshalb strebt auch alles nach ihm; er wendet die geteilte Vielheit der Dinge wieder zu einer, der eines Ganzen, er befriedigt die Geschöpfe des Alls, deren Auseinandergliederung zu inneren Feindschaften zu führen droht, und verbindet sie zu einträchtiger Gemeinschaft. Infolge der Teilnahme an göttlichem Frieden einigen sich zunächst die Höchsten aller vereinigenden Mächte, jede in sich und alle einander und dann mit dem Urfrieden des Alls. Hierauf einigen sie die ihnen untergeordneten Dinge – wieder sowohl jedes in sich selbst als auch gegenseitig und mit der einen und allvollkommenen Urquelle und Ursache des allgemeinen Friedens. Dieser ist aber ungeteilt allen gegeben – über das ganze Universum hin dringt er überall ein.»[92] Die metaphysische Verankerung des Frie-

Abb. 27: Die Seraphim umschweben den Thron und sind in alle Ewigkeit in die Betrachtung der Schönheit und Vollkommenheit versunken. Detail eines Freskos des Pietro Cavallini (1273–1308) in Sta. Cecilia, Rom. (aus: P. L. Wilson, Engel: 54)

dens in einer überzeitlichen, jenseitigen Seinsordnung wird hervorgehoben. Dionysios Areopagita kann das Universum mit jener Himmelsleiter von Johannes[93] vergleichen, auf der die Engel Gottes herab- und hinaufsteigen. Dieses in der Mönchsliteratur und später in der

Ikonenmalerei gebrauchte Bild von der Himmelsleiter in der Traumvision des Jakob[94] dient dazu, das Prinzip der göttlichen Immanenz auf der einen Seite und der göttlichen Transzendenz auf der anderen bei der kosmischen Selbstoffenbarung Gottes festhalten zu können. Die untersten Stufen dieser Himmelsleiter gehören dem Bereich des Seelenlosen und unbelebten Daseins an. Auf den obersten Sprossen stehen die Chöre der Engel. Die letzte Sprosse ist nicht mehr erkennbar, weil sie in das Reich des unsichtbaren und unerkennbaren Gottes hineinragt. Dionysios Areopagita vermittelt einen Blick ins Reich der himmlischen Geister und in den triadischen Stufenbau der jenseitigen Welt. Bereits Origenes schließt aus verschiedenen Engelsbezeichnungen (in der Bibel) auf unterschiedliche Rangordnung der himmlischen Wesen. Sie ist in erster Linie darauf zurückzuführen, wie Engel in der Betätigung ihres freien Willens sich bewähren.

Spätere Generationen zählen mit Hilfe von Jesaja[95] neun Engelschöre im Jenseits. Dionysios benutzt das neuplatonische Dreierschema. Die drei obersten Chöre innerhalb der obersten Triade der Engelwelt haben die ausschließliche Funktion, Gott zu Diensten zu sein, während die Engelschöre der untersten Triade innerhalb der himmlischen Hierarchie dem irdischen Geschehen zugewandt und dem Menschen dienstbar sind.[96] Die kirchliche Hierarchie, mit der sich Dionyisos beschäftigt, ist in ihrem triadischen Aufbau mehr als nur eine Analogie zur himmlischen Hierarchie. Sie geschieht von unten nach oben, d. h. sie beginnt mit ihrem triadischen Schema bei der Trias Katechumenen, Kranke und Büßer. Diese Dreiergruppe darf das Kirchenschiff selbst nicht betreten. Nur aus der Ferne erlebt sie die Messe mit. Diese noch Unvollkommenen gehören durchaus zum Kirchenvolk, dessen beide anderen Stände (Mönche und Laien) das Kirchenschiff füllen und gleichzeitig an die Schranken des Altars herantreten dürfen, um das Sakrament entgegen zu nehmen. Dort erhebt sich die Ikonostase mit ihren Bildern (den Ikonen), die von den Gläubigen ehrfurchtvoll geküßt werden. Sie stellen ja Bilder in dem Sinne von Fenstern zur jenseitigen Welt dar. Der Mystiker Dionysios schweigt, wo er vom gegenständliches Denken verlassenden Aufstieg mit dem Ziel ekstatischer Gottesschau spricht. Über die verschiedenen Stufen der Erleuchtung und Vollendung folgt die mystische Einung der Seele mit Gott. Hier hören die Vorstellungen auf, hier sind auch keine Jenseitsbilder zu erwarten.[97]

Gottesdienst

Wir können unsere Betrachtungen mit einem Hinweis auf die gottesdienstliche Ordnung der byzantinisch-orthodoxen Kirche abschließen. Da ist die Rede von dem kleinen Einzug, bei dem der Diakon feierlich das Evangeliumbuch dem Priester voranträgt, in dem beide, aus der Nordtür der Bilderwand kommend, durch das Mittelschiff schreiten und wieder durch die Mitteltüre, die sogenannte Königstür, in das Allerheiligste hinter der Bilderwand zurückkehren. Auf dem gleichen Weg vollzieht sich der große Einzug, mit dem die eigentliche Abendmahlsfeier eröffnet wird. Durch den Ritus des Vorbereitungsaktes ist das heiligste Geschehen des christlichen Glaubens symbolisch dargestellt. Nach dem kleinen Einzug wird ein Dreimal-Heilig gesungen, während, und das ist nun wieder ein deutlicher Hinweis auf unser Thema, der Priester das folgende Gebet spricht: «Heiliger der Heiligen, unser Gott, der allein heilig ist und unter den Heiligen ruht, du bist heilig, der du unübertrefflichen Ruhm an dir selbst besitzest. Heilig ist Gott, der das All durch den Logos zusammengefügt hat. Heilig ist Gott, den die viergestaltigen Wesen mit unablässiger Stimme preisen. Heilig ist Gott, der von der Menge der heiligen Engel und Erzengel, die auf unaussprechliche Weise zittern, angebetet und verherrlicht wird. Heilig bist du Gott, der du auf die vieläugigen Cherubine mit schlaflosem Auge schaust und ihrer unermüdlichen Stimme dein Ohr leihst. Heilig ist Gott, der über die sechsbeflügelten Seraphim dahinfährt, die mit ihren Flügeln schlagen und den Siegeshymnus anstimmen: Heilig, heilig, heilig ist der Herr Sabaoth, der Gebete erhört. Heilig bist du unser Gott, den die Herrschaften und die Obrigkeiten und die Herrschaften im Himmel anbeten und den die Menschen auf Erden preisen und ehren. Du Menschenfreund, nimm auch aus dem Mund von uns Sündern den dreiheiligen Hymnos entgegen, der uns und von deinem gesamten Volk dargebracht wird. Und laß uns auf dein reiches Erbarmen und deine Barmherzigkeiten herabkommen durch die Vermittlung der heiligen Gottesgebärerin und aller Heiligen, an den du von Ewigkeit an Wohlgefallen hast.»[98] Auch hier sehen wir die Verbindung, die sich bei Dionysios andeutet, zwischen der göttlichen, somit jenseitigen Welt und der diesseitigen des Menschen. Die Engelswelt wird in einem Zusammenhang des großen Einzugs den Teilnehmern am Gottesdienst in Erinnerung gebracht. Die Gemeinde, der Priester und der Diakon singen und sprechen Worte, die auf eine ge-

*Abb. 28: Christus Panto-
krator in der Kathedrale
von San Pietro, Cefalù.
Die herrscherliche Größe
kommt unwiderstehlich
zum Ausdruck. Er ist der
König des Alls. (aus: M.
Yanagi u. a., Byzanz,
Luzern u. a. 1976: 141)*

heimnisvolle Weise die Engel bildhaft darstellen und der lebensspen-
denden göttlichen Dreifalt einen Lobpreis bieten. Damit verbindet sich
die Aufforderung, alle weltliche Sorge abzulegen, um den jenseitigen
König des Alls, den unsichtbare Scharen umgeben und bewachen, zu
umfangen.

4. 1. 4 Dante

In den mittelalterlichen Aussagen, die das Jenseits thematisieren, ragt
in besonderer Weise der Florentiner Dante hervor.[99] Was uns hier aufgetragen ist, bedeutet Beschränkung auf ganz Weniges, für uns freilich
Wesentliches. In welchen Sichtweisen wird von Dante die Jenseitsfrage
abgehandelt? Sein Bild jenseitiger Möglichkeiten ist von drei Ebenen geprägt, die alle für eine nachtodliche Existenz in Betracht kommen: Hölle,
Fegefeuer, Paradies. Da die Bezüge dieser drei zueinander und im Blick

auf die in ihnen situierten Menschen insgesamt erst das Jenseitsverständnis Dantes konturieren, sind einige Grundcharakteristika belangvoll.

Pilger im Weltall

Wie in den Epen antiker Provenienz eröffnet der Dichter den Blick auf ein Individuum, das eine Reise unternimmt. Doch die Welträume, durch welche die Fahrt verläuft, sind bei den Antiken (Homer und Vergil) irdisch, wenn auch nicht vollständig, da die Unterwelten der Nachtodlichen durchaus hinzugehören.

Dantes «Divina Comedia» zielt mit gigantischem Aufwand sowie dichterischem Genie auf das Jenseits.

Ein Mensch pilgert durch das Weltall in seiner Gänze bis dorthin, wo die Gottheit nahe ist. Er wandert als einer, dem die Probleme seines fragenden Geistes auflasten und der das Heil sucht und findet. Für den Dichter ist das, was er am Ende vorlegt, ein heiliger Text, den er sich nicht selbst verdankt, sondern der gnädigen Mitwirkung höherer Mächte.[100] Die Verwandtschaft zur Antike bleibt erkennbar, doch die Sinngebung erwächst aus dem Christentum. Das Motiv des Besuches bei den Toten und die unvergeßliche Vision gehören in den Rahmen des Christlichen, wo dieser Übergang eines Lebenden in die Jenseitswelt zum ganz Außerordentlichen menschlicher Existenz zu rechnen ist. Was Menschen fürchten, nämlich im Tod zu versinken und zu verschwinden, wird hier entschärft durch den zu Lebzeiten gewährten Durchblick in die Möglichkeiten des Nachtodlichen.

Wovon Dante redet, ist das weite Reich der Toten. Die Beziehung des Jenseits der Toten zu dem Diesseits der Lebenden wird transparent in der Ausgestaltung der Figuren und im Verweis auf ihre Schicksale. Der Übergang zwischen der Welt der Toten zu der der Lebenden ereignet sich in dichterisch vollendetem Bild all derer, die dem Wanderer in ihrer Nachtodlichkeit gerade als die begegnen, die sie im irdischen Leben waren. So findet sich im Bild des Jenseits das Diesseits in allem Entscheidenden. Immer wieder kann gezeigt werden, wie einzigartig Dante die Fülle des Weltlichen in ein Jenseits einbringt.

Die Differenz zwischen Diesseits und Jenseits, ohne die beide nicht gedacht werden, fällt dem Leser dahin – Zeile um Zeile, um ebensobald ins Bewußtsein zurückzukehren.[101] Die permanente Durchbrechung

*Abb. 29: Nachdem Dante im 28. Gesang der Göttlichen Komödie die
äußerste Grenze des Kosmos erreicht hat, erblickt er eine Reihe strahlender
Lichthöfe, die einen zentralen Punkt umschließen. Der Hinweis auf die
Gottheit ist unverkennbar. Zeichnung Sandro Botticellis. (aus: P. L. Wilson,
Engel: 159)*

des Limes zwischen Diesseits und Jenseits ermöglicht eine Scharfkontu-
rierung beider, die völlig singulär ist. Erst hier im Diesseits gewinnt alles
Jenseitige seinen entscheidenden Sinn.

Aufstieg vom Diesseits zum Jenseits

Die Differenz der Bereiche (Hölle, Fegefeuer, Paradies) wird überschritten auf ein Ganzes hin, das sich in den vorliegenden 100 Gesängen
manifestiert und das seine abrundende Integration im letzten Gesang erfährt. Das Jenseits in seiner nicht fassbaren, deshalb umwerfenden Lichtfülle zeigt sich als durchdringend bis ganz hinunter in die Dunkelzonen
der Hölle. Die Hölle kann nur sein, weil sie dem Ganzen dient, aus dem
Ganzen entspringt. Desgleichen verhält es sich mit dem Fegefeuer. Der
in seiner Jenseitsvision Wandernde befindet sich im Transcensus, der ihn
in oberste Regionen des Heils gelangen läßt. Es geht ihm als Mensch um
sein Leben hier und jetzt, aber dies ist nur dann relevant, wenn «sein»

Jenseits hinzugehört. Ohne Jenseits wird sein Diesseits gestört sein, zerfallen. Diesem persönlichen Aspekt entspricht der allgemeine und durchaus mittelalterliche, wonach uns Menschen ein Kosmos birgt, der seine Bezeichnung zurecht trägt: von der Menschheit hinauf und hinüber ins Planetarische, dem die Engel zugesellt sind, was aber den heiligen Gott als höchste Instanz unbedingt ahnen läßt.

Vom Individuum her gesehen haben wir es mit dem realexistierenden Menschen Dante zu tun, der seine irdischen Bezüge in ihrer Fülle präsentiert. Doch nichts, was in Dantes Leben geschieht, bleibt für sich nur irdisch. Alles, auch das scheinbar Bedeutungslose, ist jenseitig gerichtet bzw. entrinnt einer Begegnung mit Jenseitigem nicht.

Wir möchten nur an die Einstiegsszene anknüpfen, da der Wanderer, im Walde verirrt, dem Vergil begegnet, der ihm zu sagen weiß, daß er als Lebender aus dem Diesseits ins Jenseits wird gehen dürfen. Die Szene hat eine derartige Kraft, daß kein Zweifel mehr am Gelingen dieses nun notwendigen Ganges aufkommt. Der Gang durch die Hölle und alles, was sich anschließt, ist in zeitlicher Folge präsentiert, meint aber die Eröffnung dessen, was keiner Zeit mehr angerechnet wird: bis dorthin, wo Dante in kosmischem Flug von Sternkreis zu Sternkreis schweben darf, um die Heerscharen Seliger und vieler Engel zu gewahren. «Sein Ziel ist erreicht, als er in das Lichtmeer der Gottheit schauen darf, dessen Übermaß seinen Blick zwar blendet wie ein Blitz, ihn aber einschwingen läßt in das Kreisen der liebenden Urmacht, die Sonne und Sterne bewegt.»[102]

Der Aufstieg vom Diesseits zum Jenseits als visionäres Erlebnis hat seine Vorgabe im Höhlengleichnis Platons. Es wird konstitutiv für abendländisches Menschenverständnis. Der Mensch zeigt sein Wesen als Wanderer, dem im Diesseits ein jenseitiges Ziel zugemessen wird. Im Aufstieg des Geistes, für das christliche Europa aus neuplatonischen Impulsen vermittelt, erlangt der Mensch den Blick für das Jenseits, d. h. für das, was gilt und zählt. Sein irdisches Dasein scheitert ohne dies Wissen, woraus er je und je Weisung schöpft. Das intelligible Verhalten des europäischen Menschen, dem sich im Diesseits das Jenseits erschließt, hat Dante dichterisch einzigartig zu Wort und Bild gebracht. Rückkehr zu Gott wird zum umgreifenden Thema einer großen Kultur, die die diesseitige Unruhe hinter sich bringt und in die jenseitige Ruhe einkehren möchte.

Abb. 30: Das Inferno Dantes, von Bartolomeo di Fruosino, um 1420. Dante beschreibt die Hölle als Trichter mit neun Strafkreisen. In der linken oberen Ecke tritt Dante mit Vergil als Führer in die Unterwelt ein. (aus: Peter Jezler, Himmel, Hölle, Fegefeuer, Zürich 1994: 402)

Weil dies Stimulans kulturellen und besonders religiösen Erlebens und Verhaltens dahinschwand, mußte der verpflichtenden Diesseitsgestaltung am Ende das Wort gehören, das Nietzsche als Treubleiben der Erde gegenüber formuliert.

Dante ist dessen gewiß, daß Gott ihn gnädig aufnehmen wird. In dieser Gewißheit repräsentiert sich das Jenseits im Diesseits. Die Repräsentanz kann auch anders gesehen sein: z. B. im heiligen Ort, wo in heiliger Zeit des Gottes Epiphanie beschworen und besungen wird. Dante hat als Individuum und Persönlichkeit solche Orte der Jenseitsrepräsentanz wohl nicht geleugnet, doch belangvoll allein ist sein gewisses Wissen, das in allem über das Hier und Jetzt hinausweist. Verinnerlichung bleibt nicht das letzte Wort, denn die kosmische Ordnung zeigt ihr subtiles Gerüst von den Elementen bis zu den Sternensphären hinauf, doch desgleichen im rechtlichen und sittlichen Feld des Menschen. Die Gliederung des Universums nach Geistigem und Sinnlichem ist derart wohlkomponiert, daß am Ende für den Leser eine Relation von Diesseits und Jenseits sichtbar wird, wie sie sich so nirgends anbietet. Eine theologische Summe des Mittelalters zu studieren, war und blieb bis heute wenigen Menschen vorbehalten.

Tektonik des Universums

Ein Letztes sei beigetragen: Das Weltkonzept mit seinem diesseitigen und seinem jenseitigen Aspekt beruht auf dem Verständnis, das Ptolemäus inaugurierte. Im kugelförmigen Weltall findet sich in der Mitte die kugelförmige Erde. Ein Punkt an deren Oberfläche eröffnet den Zugang zur Hölle, antipodisch zu ihr finden wir das Paradies. «Das Ganze ist umwölbt von den neun Gestirnsphären, und darüber ruht ein zehnter Himmel, das Empyreum, der Feuerhimmel, Wohnsitz Gottes und Ursprung aller Schöpferkraft.»[103] Jenseits und Diesseits weisen eine Tektonik auf, die nicht nur das Oben und Unten betont, sondern auch in der Horizontalen schwelgt. Die Polis der Toten hat horizontale wie vertikale Züge, so daß jeder, seiner vormaligen irdischen Würdigkeit gemäß, seinen Platz findet. Keiner aber, wo auch immer er eingewiesen ist, hat den Konnex zur göttlichen Heiligkeit verloren. Nichts und niemand entrinnt der göttlichen Macht. Die zur Identität hinstrebende Differenz wird in ihrer Dialektik erkennbar.

Die Plastizität der Danteschen Dichtung hat nicht ihresgleichen – so

z. B. wo sich in Landschaften, die ihre je eigene Lichtqualität haben, Menschen drängen. Vom dumpfen, trüben Schein der Hölle über die aufgehende Sonne, die im Purgatorium anhebt, aber in eine Farbenfülle übertritt, um sich in den dämmernden Abend zu verlieren, bis hin zu den glitzernden Sternenpalästen des Paradieses. Dort leben, in Licht gehüllt, die Geretteten und Seligen ewig – so markiert der Dichter den Rahmen für ein gewaltiges Geschehen, das nicht sein kann ohne die unabdingbar aufeinander verwiesenen Bereiche von Diesseits und Jenseits.

4. 1. 5 Byzanz
Theorie und Praxis

Der Tod bedeutet die Trennung von Leib und Seele, freilich nur auf Zeit. Am jüngsten Tag, am Ende der Welt, werden Leib und Seele wieder vereinigt. Damit verbindet sich die Vorstellung von einem jüngsten Gericht als endgültiger Scheidung der Guten von den Bösen. Die einen erhalten auf ewig ihren Lohn, die anderen auf ewig ihre Strafe.

Zu diesen theoretischen Sätzen treten Überlegungen, die vor allem religiöses Verhalten betreffen. Wohl ist der Tod Strafe für die Ursünde, verhängt von Gott, aber auch zugleich Gnade. Er gestattet den Übergang zur ewigen Seligkeit. Diese bedeutet Leben mit Gott, Gottesschau von Angesicht zu Angesicht und damit Glück ohne Ende. Menschsein findet letzten Sinn nicht im Diesseits, sondern im Jenseits. Ein wahrer Christ sehnt sich und strebt nach dem Jenseits.

Dieses dogmatische Fundament mit seinen religiösen Ausfaltungen ist in Modifikationen übernommen und gehandhabt worden.[104]

Ein Held namens Digenis Akritas wählt den Ruhestand zusammen mit seiner Frau. Er baut sich einen Palast und lebt mit vielen Annehmlichkeiten. Ab und zu versammelt er Freunde und geht mit ihnen auf die Jagd. Nach einer Jagd nimmt er ein Bad und erkrankt. Der Tod meldet sich. Er bittet seine Kampfgefährten, ihn nicht zu vergessen. Danach sieht er einen feurigen Engel vom Himmel her auf sich zukommen. Er erschrickt und versteht: das sichere Ende. Er ruft seine Frau, um von ihr Abschied zu nehmen. «Jetzt besiegt mich, den bisher niemand besiegt hat, Charos. Er trennt mich von dir, das Grab wird mich bergen. Heute werden wir getrennt, ich gehe in die schwarze Welt, die Finsternis, ich steige hinab in den Hades.»[105] Die Frau bittet Gott auf Aufforderung von Digenis in einem langen Gebet, diesen zu schonen und sein Leben zu verlängern. Sollte ihre Bitte nicht erhört werden, so möchte sie mit ihm zusammen sterben.

Digenis spricht Freunden gegenüber wohl vom schrecklichen kommenden Gericht. Doch wenn er zurückblickt, weiß er sich keiner Schuld bewußt. Daß er mit der Amazone Maximo Ehebruch getrieben hat, bevor er sie erschlug, ebenso daß er die Tochter des Emirs von Mepherke vergewaltigt hat, erwähnt niemand mehr. Ein letztes Gericht fürchtet dieser Mann nicht, aber er fürchtet das Dunkel des Hades und die Trennung von seiner Frau. Diesem Dunkel kann er nicht entrinnen. Am Ende bleibt als christliches Element das Gebet seiner Frau um Verlängerung des Lebens.[106]

Digenis erwartet nichts vom Jenseits. Er fährt in eine dunkle, weiter nicht bestimmbare Unterwelt, von der es nichts zu hoffen und aus der es kein Entkommen gibt. Man weiß nicht, wie lange dieser Zustand währt. Man könnte meinen, er sei endgültig. Eine Unterscheidung zwischen Gerechten und Ungerechten findet sich nicht. Auch ewige Belohnung ist kein Thema. Die Frau will zusammen mit ihrem Mann, der ein Held ist, sterben, weil sie nicht als Witwe leben möchte. Von einem Wiedersehen im Jenseits redet niemand. Keine Spur einer Sehnsucht nach Vereinigung mit Gott zu ewigem Glück findet sich.[107]

Hans-Georg Beck verweist auf entsprechende Stoffe,[108] die allerdings nicht vor dem 19. Jahrhundert in Griechenland aufgezeichnet werden können, weil die lange Vorherrschaft der Türken dies nicht gestattete. Eine mündliche Tradition bildet sich. Die Welt des griechischen Dorfes ist voller Erinnerungen an vergangene Zeiten. Das Dorf wird geprägt von der orthodoxen Religiosität. Wir finden Lieder, die sich mit dem Tod des Digenis befassen. Man kann ein Hauptmotiv hervorheben: den Zweikampf des Digenis mit dem Todesgott Charos. Digenis stirbt einen vorzeitigen Tod als noch verhältnismäßig junger Mann. In manchen Versionen kämpfen die beiden drei Tage und drei Nächte lang, bis schließlich Charos siegt und Digenis an den Haaren abschleppt oder ihn todkrank seiner Frau überläßt. Nicht selten – und das ist neu – tritt Charos als Bote Gottes auf. Er handelt also nicht mehr in eigener Mächtigkeit. Gelegentlich bleibt Digenis im Zweikampf Sieger, aber das nützt ihm nichts, weil eine Stimme vom Himmel ertönt, die sagt, daß Charos die Seele des Digenis zu holen habe. Das Schicksal des Helden ist besiegelt. Gott tritt dazwischen, aber keine Gnade kommt von ihm. Eine Reihe christlicher Elemente zeigt sich. Neben Charos erscheint Michael, der Erzengel. Von einem Leben nach dem Tod, Belohnung oder Bestrafung redet nur ein einziger Typus. Sofern er einem Bedürftigen ein Stück Brot gegeben hat, wird er ins Paradies gelangen.[109] Ohne solche oder ähnliche Taten wird er hinabgeworfen in Pech und Öl. Im ganzen Szenarium ist Charos die beherrschende, schreckliche Gestalt, Gott bleibt anonym. Der Engel ist noch kein Schutzengel, vielmehr ein Bote des Schreckens. Was nach dem Tode kommt, wird schweigend übergangen.[110]

In neugriechischer Totenklage trifft man Ähnliches. Doch namentlich bei diesen Totenklagen erzeigt sich Kontinuität. Viele Fragen über das Schicksal im Jenseits finden sich. Es kommt vor, daß dem Toten selbst die Klage in den Mund gelegt wird oder daß man in den Dialog mit ihm tritt. Die Totenklagen enthalten viel Material von Jenseitsvorstellungen aus einer Bevölkerungsschicht, die keine besondere theologische Programmierung aufweist. Der Tod ist und bleibt hier das Unglück schlechthin; das Jenseits erfüllt Freudelosigkeit schlechthin.[111] Trennung von Leib und Seele bzw. ein Auslöschen sinnlicher Wahrnehmung und seelischer Empfindung kennt man nicht. Der ganze Mensch gelangt an den Ort des Schreckens. Zwischen Guten und Bösen kennt man keinen Unterschied. Was die kleinen Annehmlichkeiten des Lebens ausgemacht hat, fehlt im Hades. Der Hades ist ein Ort, an dem Schlangen hausen, Vipern und Nattern. Immer wieder hören wir Klagen über den Verlust von Vater, Mutter und Kindern. Man hört immer wieder: Die schwarze Erde ist mein Weib, der Grabstein meine Schwiegermutter, die Kiesel am Rande der Platte meine Verwandtschaft. Dem toten Menschen und Helden mangelt, was ihm im Leben Sicherheit bietet.[112] Er besitzt kein Schwert mehr und auch kein Messer; er fühlt sich wie von einem Speer durchbohrt. Das irdisch-alltägliche Leben kann der Tote niemals vergessen – sowohl hinsichtlich seiner Sorgen wie Freuden. Eine tote Mutter will auf die Erde zurückkehren. Sie mußte ihr kleines Kind verlassen, ihren Säugling in der Wiege. Sie weiß, daß er nächtelang nach der Brust weint. Ein Fischer will an der Küste begraben werden, aber nicht bei der Kirche, wie es fromme Sitte gebietet. An der Steilküste vielmehr soll sein Grab sein, über dem Sandstrand. Er will die Stimmen anderer Fischer hören, die dort anlegen. Er will in der Nacht die Sterne über sich sehen und am Morgen den Ruf vernehmen: Hißt die Segel![113]

Man will in Kontakt bleiben mit dem irdischen Leben; in der Unterwelt gibt es weder Spiel noch Tanz und zwanglose Konversation. Die Unterwelt ist das Land ohne Wiederkehr.[114]

Tote möchten deshalb wohl die Verbindung nicht völlig abreißen lassen. In die Grabplatte ein Fenster zu schneiden, damit des morgens die Sonne hineinscheint und am Mittag ein kühlender Luftzug weht, sind verständliche Wünsche. So kann man auch die Vögel sehen, die hin- und herfliegen, um Nachrichten zu überbringen. Sterbenden gibt man Grüße an die Toten mit auf den Weg. Raubvögel haben einen Toten, der in Einsamkeit gestorben ist, aufgefressen. Seine Frau wünscht sich, von den gleichen Vögeln aufgefressen zu werden, um den gleichen Weg gehen zu können und am selben Ort zu landen wie ihr Mann.[115]

Unter vielen dieser Klagegesänge bemerken wir einen Typus, der gewisse Annäherungen an das Christliche zeigt. Einer sitzt bei Tisch und sieht plötzlich den Christus, Maria und die zwölf Apostel auf sich zukommen. Er lädt sie ein. Sie folgen seiner Einladung. Später übergeben sie ihm den Schlüssel zum Paradies. So kann er einen Blick hineinwerfen. Er sieht die Guten zur Rechten Gottes mitten unter Blumen und Nelken in den Händen. Die Verdammten stehen abseits zur Linken in einer Pechflut.[116]

In der Sterbestunde und beim Begräbnis beherrschen Klage, Schmerz über die Trennung und ihre Endgültigkeit, Hoffnungslosigkeit und damit alle negativen Gefühle das Feld. Für die christliche Jenseitshoffnung bleibt sehr wenig übrig. Trotz der Kirche, ihrer Totenliturgie und den Aktionen des Priesters ist kaum etwas von den genuinen christlichen Anschauungen zu vernehmen. Allein beherrschend sind Hoffnungslosigkeit und Endgültigkeit.[117]

Schichtspezifische Jenseitsvorstellungen

Eine andere Gruppe, deren Jenseitsvorstellungen man betrachten sollte, ist die der Gebildeten, der Grammatiker in den Schulen, in Büros der Verwaltung und am kaiserlichen Hof. Sie artikulieren sich in Leichenreden auf höhergestellte Persönlichkeiten, in Grabgedichten und theoretischen Abhandlungen. Als Beispiel dient eine Reihe von Grabgedichten anläßlich des Todes von Kaiser Leon VI. dem Weisen (886–912) und eines auf seinen Sohn Konstantin VII. (913–959).[118] Vom dunklen Hades, der den toten Kaiser aufnimmt und damit allem ein Ende macht, wird geredet. Die christliche Hoffnung findet keine Erwähnung. Leon

VI. figuriert unter den öffentlichen Sündern. Er macht sich der schweren Sünde der Tetragamie schuldig, d. h. er heiratet viermal. Sein Sohn Konstantin wird unehelich geboren. Da bleibt für Hoffnung nicht viel Raum. Ein zweites Gedicht legt Leon selbst ein Sündenbekenntnis in den Mund und läßt ihn sagen, daß seine Verfehlungen auf der Seelenwaage schwer wiegen. Er darf nur hoffen, daß Gott und die Gottesmutter seinen lebendigen Glauben berücksichtigen. Er nimmt Abschied von seinem Sohn, wobei sich endgültige Verzweiflung andeutet.[119] Ein drittes Gedicht rechtfertigt den Kaiser, weil er sich doch schließlich dem kanonischen Recht beugt und so wieder Aufnahme in den Schoß der Kirche gefunden hat. Von einem Jenseits bzw. einer Rede über dieses findet sich kaum eine Spur.[120] Was über Konstantin VII. gesagt wird, ist ebenfalls dunkel, mag dieser selbst in glänzenden Farben geschildert sein. Nach wie vor beherrscht Hades alles. Konstantin tröstet seine Witwe und seine Söhne, aber nicht mit einem Versprechen oder Hoffnung auf Wiedersehen im Jenseits, sondern damit, daß die Zeit Wunden heilen werde, den Kummer zu bewältigen, während er selbst im Grab vermodere. Immerhin findet sich hier ein einziger Satz, der Konstantin sagen läßt, der Herr möge ihn nicht seiner Gnade und des ewigen Lichtes berauben, sondern seinem Diener erlauben, an seiner Herrlichkeit teilzunehmen.[121]

Ambivalenzen

Andere Beispiele sind insofern eindrücklich, als eine Fülle von Zitaten aus der Bibel vorkommt, doch die interpretatorische Verwendung dieser Zitate bleibt problematisch. Wird der Tote laut Johannes-Evangelium[122] wie ein Getreidekorn in die Erde gesenkt, um viel Frucht zu bringen, so deshalb, weil der Prediger auf dem Acker die Ernte davon in Worten für seine Leichenrede einbringen kann! Die Hadesvorstellung wird sogar verfestigt mit einem Wort aus dem Buch der Weisheit:[123] «Der Hades ist versiegelt und keiner kehrt daraus zurück.» Oder man zitiert Psalm 48, 15, wo die Toten von Gott wie Herdenvieh in den Hades gestürzt werden. Dort zerfällt ihre Gestalt. Die Fortsetzung im Psalm bleibt unbeachtet, wonach Gott den Beter loskaufen wird aus dem Reich des Todes. Daneben findet sich auch das Bild vom Schoße Abrahams, in welchem der Tote ruht. Ein Gebet sagt, der Erlöser erquicke den Toten auf grünen Fluren des Elysiums und werde ihn teilhaben lassen an unendlicher Herrlichkeit. Wir finden also (unter bestimmten Aussagen) eine Ambivalenz zwischen vorchristlicher Endgültigkeit im nachtodlichen Bereich und christlich geprägter Hoffnung auf bessere Existenzformen in einem von Gott bestimmten Jenseits.

Beim Nachruf auf den 1448 gestorbenen Kaiser Joannes VIII. Palaiologos[124] steht der politische Aspekt im Vordergrund. Die Verzweiflung über die Lage des Reiches dringt durch. Viele meinen, es wäre besser, nicht geboren zu sein. Die Hauptstadt, den Türken in die Hand gefallen (was viele Theologen auf die Sünden der Byzantiner zurückführen), war dem Wirken übler Dämonen ausgesetzt. Der tote Kaiser hat gekämpft im Vertrauen auf die Weisheit des göttlichen Platon. Wohin ist der Kaiser gegangen? Die Frage bleibt offen. Keine Spur einer Hoffnung, nur Verzweiflung. Als die Mutter des Kaisers, die Kaiserin Helene, 1450 stirbt, greift ein anderer Gelehrter, Gemistos Plethon, zur Feder. Ihn interessiert weniger die Tote als das Bemühen, eine Endzeithoffnung eigener Prägung zu vertreten: Die Kaiserin ging an den ihr gebührenden Ort. Das bedeutet: Man muß nicht verzweifeln. Ein Teil des Menschen ist sterblich, aber nicht seine Seele.[125] Der Glaube an die unsterbliche Seele hat seine Logik. Er ist allgemeine Überzeugung der Menschheit. Die Kaiserin darf hoffen, obwohl sie tot ist. Der Nichtchrist Plethon behauptet ein keineswegs unglückliches Leben nach dem Tod nachdrücklicher als manche seiner Vorgänger und christlichen Zeitgenossen.[126]

Der gnadenlose Tod und das ferne Gericht

Aus dem Jahre 1522 findet sich eine Schilderung, in der der Tod als aus reiner Willkür agierender Sensenmann erscheint.[127] Es sieht so aus, als hätte Gott mit diesem Ereignis nichts zu tun. Nirgendwo ist der Tod Erlösung aus diesseitigem Elend.[128] Nie wird er in Demut als göttliche Fügung akzeptiert. Der Tod kennt kein Erbarmen und kein Mitleid. Er macht keine Unterschiede. Wer in seine Gewalt gerät, kommt an einen dunklen Ort ohne Luft und Sonne. Er hat keine Hoffnung mehr und kann seine Familie nie mehr wiedersehen.[129] Er wird nichts mehr wahrnehmen, denn seine Seele hat sich vom Leib getrennt. Wohin die Seele entschwunden ist, hören wir nicht. Wovon ist die Rede? Etwa von Ewigkeit? Oder von einem Zwischenstadium? Es gibt keine Antwort. Was gesagt wird, ist nur dies, daß es keine Ausnahme von diesem Zustand gibt.[130] Kein Paradies wird versprochen, aber auch keine eigentliche

Hölle. Später, in einem zweiten Teil, beschäftigt sich der Verfasser in Anlehnung an christlich-orthodoxe Lehre mit dem göttlichen Gericht, das er in eine unendlich ferne Endzeit verlegt. Er läßt seine Hörer wissen, daß es sinnlos ist, die Vorbereitung darauf bis in die letzten Lebenstage zu verschieben oder gar zu glauben, es sei damit getan, auf dem Sterbebett das Mönchskleid überzuziehen, um das Heil zu sichern.

Jetzt wird moralisiert, indem betont ist, das ganze vorausgegangene Leben zähle und nicht ein einzelner Tugendakt, in dem einer, der spürt, daß es mit ihm zu Ende geht, seine Rückversicherung sucht. Im Jenseits gibt es keine Gelegenheit mehr, sich zu reinigen. Wer dies meint, trägt eine falsche Hoffnung.[131] (Vermutlich hat dieser Autor eine Auseinandersetzung mit der im westlichen Bereich des Christentums anzutreffenden Anschauung des Purgatoriums geführt.)

Die Heiligen

Die byzantinische Hagiographie bietet eine wichtige Ergänzung. Nach christlicher Dogmatik besteht der Sinn des Lebens darin, sich vorzubereiten auf ein ewiges Leben im Jenseits. Wer diese Vorbereitung gut macht, darf im Jenseits, ob nun sogleich oder nach dem jüngsten Gericht, unendlicher Glückseligkeit teilhaftig werden, die nach der ausdrücklichen Lehre des NT[132] in der Schau Gottes von Angesicht zu Angesicht besteht. Sehnsucht nach dem Tod, weil Sehnsucht nach dieser Seligkeit, ist demnach entscheidendes Zeichen jener Menschen, die die christlichen Auffassungen mit einer besonderen Entschiedenheit zu realisieren trachten. Es sind die Heiligen. Wenig ist über das Sterben der Heiligen berichtet. Wunder, die durch sie getan werden nach dem Tod, sind für die Betrachter und die Beschreibenden wichtiger als der Tod selbst. Die Wunder nach dem Tod zeigen, daß es ein religiös und moralisch einwandfreies Sterben war. Gelegentlich kann der Heilige die Zeit seines Todes voraussagen – unter Umständen genau bis auf Tag und Stunde. Dies mag als Hinweis dafür gelten, daß Gott die ihm bedingungslos Zugewandten in spezieller Weise zum Tode führt. Was in der Jenseitswelt auf den Heiligen wartet, ist äußerst blaß, unkonturiert. Spricht man vom Jenseits, so ist dies häufig mit Ruhe gekoppelt. Zu den Vätern gehen, bedeutet in einen Raum eintreten, wo Ruhe und Leidfreiheit garantiert sind. Dieser Raum ist für die besonders Ausgezeichneten und vor Gott Bewährten Warteplatz bis zum jüngsten Tag mit dem alle dann definitiv treffenden Gericht. Wer wie ein Engel gelebt (es gibt solche), kann auch nachtodlich bei den Engeln weilen.[133]

Wenn der Apostel Paulus[134] den Wunsch ausspricht, abzuscheiden und bei Christus zu sein, so hat dies Wort unverkennbare Nachwirkungen. Eine legendäre Heilige, Theodora von Alexandreia, äußerte den entschiedenen Wunsch, in die Jenseitswelt eingehen zu dürfen. Ein Abt eines Klosters fühlt sich zeit seines Lebens auf dieser Welt als Fremdling und erwartet ständig den Tod. Er habe permanent im Verlangen gelebt, aufgelöst zu werden und des jenseitigen Glanzes teilhaftig sein zu dürfen. Theodora von Thessaloniki († 892) erkennt, daß ihr Ende gekommen ist. Sie offenbart ihrer Umgebung unerschütterliche Liebe zum himmlischen Bräutigam Jesus Christus und Sehnsucht, so rasch wie möglich mit ihm vereinigt zu werden. Es gibt keine Angst vor dem Tod; man versteht die Eile, zu Christus zu gelangen.[135]

Theologie ohne Hoffnung

Byzantinische Theologen vermitteln den Nichttheologen wenig Hoffnung auf jenseitiges Glück. Basileios der Große[136] ist Zeuge hierfür. Kein Heil für den Menschen! Einzig bei genauester Beobachtung auch der winzigsten Vorschriften des NT (wie der Bibel überhaupt) bestehen Chancen. Wer nur ein Gebot vernachlässigt, dem nützt peinliche Erfüllung der übrigen nichts. Jede Sünde ist Todsünde. Für einen Christen in der Welt sind derartige Forderungen unerfüllbar, weil nicht zuletzt die Versuchungen ehelichen Lebens groß sind. Nur ein Mönch und strenger Asket darf hoffen, ewiges Heil zu erlangen. Wer in klösterliche Askese und ihr entsprechende Buße eintritt, hat in der Welt keinen Platz. Ist jede Sünde eine Todsünde, so kann ein Verstorbener auch für kleinere Verfehlungen kaum mehr auf irgend eine Weise büßen und vielleicht (doch noch) der ewigen Herrlichkeit teilhaftig werden. Ein Purgatorium erübrigt sich in solchem Kontext. Dispute unter den Theologen erzeigen Einigkeit nur darin, daß die endgültige Entscheidung über das Schicksal des Menschen beim jüngsten Gericht fällt. Erst dann, außerhalb der Reichweite des dem Menschen Möglichen, erschließen sich die ewigen und vollen Freuden des Paradieses und die endgültige und ewige Pein der Hölle.[137] Ein anderes Problem verschärft sich, nämlich das der Wartezeit. Wo verbringen die Toten, namentlich die, die ihr Bestes gegeben haben, eine ja nicht abschätzbare Periode bis zum jüngsten Gericht?

Wenn Christus am Kreuz zum Schächer sagt: «Noch heute wirst du bei mir im Paradiese sein»,[138] so ist damit nicht ewige Seligkeit gemeint, sondern nach byzantinischer Auffassung ein Leben wie im irdischen Paradies mit Adam und Eva. Schon vor der endgültigen Entscheidung im jüngsten Gericht gibt es einen Vorgeschmack im Hades, weil dieser Ort seine Existenz nach wie vor bewahrt. Auch Christus stieg nach dem Sterben in den Hades hinunter und wurde damit zum Modellfall. Fragt man nach Präzisierungen des Jenseits, so ist der Eindruck diffus. Düsternis und Dunkelheit sowie seltsame Abwechslungslosigkeit fallen auf. Und zwar für einen Zeitraum, dessen Länge man nicht erahnen kann, der sich einer Ewigkeit nähert! Was zwischen Tod und jüngstem Gericht geschieht, deutet auf einen Dauerzustand, in den man eintritt, aus dem man kaum mehr herauskommt.

Symeon, der Neue Theologe

Immer wieder findet sich die freilich eher zurückhaltende Aussage, Gott schließe niemand prinzipiell von seiner Seligkeit aus. Symeon, der Neue Theologe, äußert sich als einer der wenigen ausgedehnt über Möglichkeiten, das Heil zu erlangen.[139] Wir konstatieren Begeisterung, von Mönchen und Theologen dem Durchschnittsmenschen suggeriert, etwa in Worten des Joannes Chrysostomos anläßlich des Osterfestes: «Wer fromm ist und Gott liebt, genieße dieses strahlende Fest! Arm und Reich: freut euch miteinander! Wer enthaltsam war und wer sich nicht darum gekümmert hat: ehrt diesen Tag! Wer gefastet hat und wer nicht gefastet hat: jubelt heute! Der Tisch ist reichlich gedeckt: alle sollen davon genießen. Niemand beweine seine Armut, denn das Reich für alle ist erschienen. Niemand klage über seine Sünden: die Vergebung ist vom Grabe auferstanden!»[140] Eine momentane Vertröstung, die nicht ins Leben hinaus wirkt! Denn man muß sich ja mit dem maßgebenden Theorem von der unabsehbaren Dauer nachtodlichen Zwischenstadiums bis zum jüngsten Gericht irgendwie arrangieren. Aus diesem Grunde funktioniert man den Zwischenzustand um. So wird er leidlich erträglich. In einem Hymnus des genannten Simeon kommt er auf das jenseitige Leben zu sprechen. Dort treffen sich Leute, die auf Erden genossen haben und die nur an ihr Vergnügen denken und des Glaubens sind, im Jenseits werde sich nicht allzuviel ändern. Sie sagen zum Beispiel, sie seien zwar nicht bei Gott, aber fänden angenehme Ruhe; zwar gebe es dort nicht viel

Licht, aber auch kein absolutes Dunkel; ohne das göttliche Reich zu besitzen, befänden sie sich doch nicht in der Hölle. Gern würden sie unter solchen Vorzeichen auf die ewige Seligkeit verzichten, zu der sie ohnedies kaum gelangen könnten. Unverkennbar ist, auf welch vage Weise mit diesen Problemen umgegangen wird.[141]

Der orthodoxe Himmel

Die Frage nach den Jenseitsvorstellungen findet keine befriedigende Antwort. Wir haben erneut in Kürze anzusetzen, um den orthodoxen Himmel zu fassen, der einem Christen nach irdischer Vollendung angeboten wird. Es gibt Leute, die eine völlige Durchschau des göttlichen Wesens als möglich erachten. Das Problem wird erst im 14. Jahrhundert mit Nachdruck gelöst.[142] Einsiedlermönche, besonders auf dem Berge Athos, die in Kontemplation leben wollen, haben eine Atemtechnik kreiert, verbunden mit dauernder Rezitation einer kurzen Gebetsformel, kraft deren sie ohne Vorbereitung und ohne zusätzliche Askese der *unio mystica* teilhaftig werden. Dieses Training erzeugt gelegentlich Begleitphänomene, vor allem Lichtvisionen. Letztere interpretiert man bald einmal als Visionen göttlichen Lichtes, besonders desjenigen, das Christus bei seiner Verklärung auf dem Berge Tabor umfloß. Die Mönche erklären, bereits hier und jetzt fähig zu sein, Gott in seiner Jenseitigkeit unmittelbar mit körperlichen Augen zu sehen. Aber göttliche Energien treffen auf den Menschen: er kann ihrer innewerden und vermag sie schon in diesem Leben, insofern er die Gnade findet, sinnlich zur Kenntnis zu nehmen.[143]

Mönchsmystik

Für die Zukunft bestimmend werden Ansichten des überragenden Theoretikers der Mönchsmystik, Euagrios Pontikos († 399).[144] Nach ihm erlangt der spirituelle Mensch den Himmel, sobald er Freiheit von Leidenschaften, Apatheia, erreicht und zugleich zur Erkenntnis geistiger Urgründe der dinglichen Welt gelangt. (Das Reich Gottes ist anders: Es besteht in der Erkenntnis der göttlichen Trinität, die zusammen mit dem Menschenintellekt existiert und diesen Intellekt noch transzendiert.) Euagrios legt eine Bestimmung der *visio beatifica* vor. Entscheidend dürfte sein, daß diese Erkenntnis kein Reservat des Jenseits meint, sondern dem spirituellen Menschen bereits in diesem Leben zugänglich wird. Das Jenseits bringt Stabilisierung dieses besonderen Zustandes – für alle Ewigkeit.[145]

Etwas anders spricht der orthodoxe Bekenner Maximos.[146] Für ihn geschieht Heilsgeschichte zwischen Menschwerdung des göttlichen Logos und seiner Transfiguration auf dem Berge Tabor in Geist und Gnosis. Indem sich ein Spiritueller diese Transfiguration aneignet, steht er als Gnostiker ohne jede Geschichte schon jetzt im Reiche Gottes. Auch die Mönche vom Berg Athos leben im Gefolge der von ihnen angewendeten Technik bereits im Reiche Gottes. Sie haben erreicht, was im Jenseits bloß noch verfestigt werden kann. Die Grenze zwischen Diesseits und Jenseits ist aufgebrochen. Das Jenseits verliert seine bedrohlichere Relevanz, die es für den Durchschnittsmenschen hat und behält.[147]

Symeon wird seines Gottes jeden Tag und bei jeder Gelegenheit inne; stets geschieht dies in einer Sphäre des Lichts, in die er eintaucht, ohne daß das Angesicht Gottes sich dabei klar abzeichnen würde, ohne daß, bei aller Affektgeladenheit eines solchen Erlebnisses, das göttliche Gegenüber personal konturiert würde. Euagrios unterstreicht mehr die intellektuelle Seite als das Affektive der Gottesliebe. Für ihn tritt der, der sich apathisch macht, auf die Stufe der Vollendung.[148]

Rückblick

Das Jenseits verweist auf keinen einheitlichen Phänomenbereich; es variiert von Gesellschaftsschicht zu Gesellschaftssicht. Antikes und Christliches vermischen sich, so daß Trennung von Fall zu Fall nach genauer Analyse der Texte allenfalls möglich ist. Auf der einen Seite findet man trostlose Höhlen des Hades, auf der anderen lichtvolle Szenarien in der Gesellschaft der Engel. Kein Versuch erfolgt, das mythologische Bild durch die christliche Aussage auf seinen vorläufigen Charakter zurückzuführen. Erstaunlich wie befremdlich ist, daß überall selten in Verbindung mit Tod und Jenseits der Gedanke an eine gütige Fügung des väterlichen Gottes auftaucht. Im 14. Jahrhundert, wo das Leben der Menschen in der Welt mit einem gigantischen Theater verglichen wird, bleiben die Menschen Schauspieler auf der Bühne ihres Lebens, gebunden an Texte und Regieanweisungen. Sie haben keine Möglichkeit, selbst frei zu gestalten. Verfasser, Dramaturg und Regisseur des Stückes ist eine unheimliche Größe im Hintergrund. Gelegentlich erscheint eine personifizierte Zeit, Chronos. Wo wirkt der gnädige, gute Gott, den der

Abb. 31: Der Rosengarten Mariae ist ein Paradies besonderer Art. Sie ist die Königin der Engel, denn sie ist selbst die vollkommenste Vermittlerin zwischen Himmel und Erde. Detail eines Gemäldes von Stefano de Zevio, Castelvecchio, Verona. (aus: P. L. Wilson, Engel: 146)

Meister Jesus von Nazareth verkündigt? Er ist Zuschauer. Den plötzlichen Tod möchten die Byzantiner der Kompetenz Gottes entziehen; sie können sich nicht vorstellen, daß er mit der göttlichen Vorsehung vereinbar ist.[149]

Das Purgatorium

Am 29. Januar 1336 formuliert Papst Benedikt XII. ein Dogma, wonach die Seelen der Verstorbenen, die keiner Reinigung bedürfen, sofort, ohne auf das letzte Gericht zu warten, zur Schau des göttlichen Wesens von Angesicht zu Angesicht gelangen, sowie die Bösen unmittelbar in ewige Höllenpein eingehen. Das Zwischenstadium als neutraler Wartezustand ist verschwunden. Die zeitlich befristete Reinigung der nicht ganz Vollkommenen in einem Purgatorium bleibt. Das Jenseits verliert schlagartig viel von seiner Vagheit, jedenfalls was die Zeit bis zum jüngsten Gericht betrifft. Die Folge läßt sich leicht abschätzen: Der Tod gewinnt ein neues Gesicht. Mit ihm ist eine existentielle Entscheidung verbunden, auf die es kein unbestimmtes Warten mehr gibt. Trotz mancher Stimmen in Byzanz, die ähnlich denken, können sich die Byzantiner aber nie von ihrer überkommenen Lehre trennen, die sagt, daß die letzte Entscheidung erst im letzten Gericht fällt.[150]

4. 1. 6 Luther

Luthers Kosmos

Die Ewigkeit meint nicht einfache Verlängerung, Extrapolation der Zeit ins Unendliche, sondern einen von der Zeit wesensverschiedenen Zustand.

Luther unterstreicht, wenn er nicht vom Gott in Christus spricht, sondern von der Gottheit (etwa im Occamschen Sinne), daß Zeit im Jenseits endet. Unsere Vorstellungen des Jenseits sind dem Instrumentarium unserer diesseitigen Welt entnommen; ihre Zeitgebundenheit ist unverkennbar. Wenn der Jüngste Tag, auf den hin alles gerichtet ist, ein «ewiger Tag sein wird»,[151] so sind damit die Konditionen des Irdischen aufgehoben. Luther läßt dies religiöse Theorem sehr plastisch werden. Am Jüngsten Tag wird es ganz anders her und zu gehen als an jedem gewöhnlichen Alltag. «Wenn Du wirst sitzen überm Tische und essen, stehen überm Kasten und die Taler zählen, im Bette liegen und schlafen, an der Zeche sitzen und saufen, am Tanze sein und springen, bald in einem Augenblick wirst Du verwandelt werden, das ist, tot und wieder lebendig sein.»[152]

Luthers Bild des Kosmos zeigt ebenfalls die große Verwandlung, wonach Gott nicht nur die Erde, sondern auch den Himmel selbst weit schöner machen wird, sobald er sein altes Kleid abgestreift hat. Ein neuer

Anfang im kleinen wie im großen steht bevor. Der Weg ins Jenseits stellt keine Fortsetzung des irdischen Laufes dar, sondern geht durch die Krise des Jüngsten Tages und Gerichtes hindurch. Somit ist auch die unsterbliche Seele als irdischer Garant jenseitiger Möglichkeiten kein Thema Luthers, dem der ganze Mensch mit einer Auferstehung wichtig war.[153] «Was das Paradies sei, weiß ich nicht.» Solche Allegorien (wie vom Schoße Abrahams) gebrauchte Christus oft. Aber Luther läßt sie beiseite; ihm ist das Leben selbst schon rätselhaft genug, so daß ein Fragen und Suchen nach postmortalen Existenzformen keine wahren Früchte bringt: «Was wollen wir also viel über die Seele nach dem Tod spekulieren?»[154] Das hat ihn aber nicht davon abgehalten, so eindrückliche Bilder vom Paradiesgarten im Brief an sein Hänschen zu malen.[155]

Die Existenzialität des Todes

Die Luthers Denken und Weg stimulierende Frage nach dem persönlichen gnädigen Gott war und blieb bis zuletzt maßgebend. Um den gnädigen Gott ging es am Ende der Tage im Jüngsten Gericht und im Tode, dem der persönliche Richterspruch unverzüglich folgt. Der Tod steht nicht unter dem Gesetz der Natur, sondern unter dem Willen Gottes. Er ist als Gottes Gericht der Sünde Sold von Adams Übertretung her.

Luther hat nicht das biologische Sterben thematisiert, sondern die Existenzialität des Todes; menschliches Sterben geschieht immer im Angesicht des Gottes. Der diesseitige Mensch und der jenseitige Gott berühren sich hier. Luthers Antwort auf die Frage nach der postmortalen Seinsweise findet sich in dem Hinweis auf die Heilstat Christi am Kreuz, die darin bestand, den Tod erwürgt zu haben. Mit der Auferstehung hat er den Sieg über den Tod definitiv errungen. Glaube an die persönliche Auferstehung und damit Eingang in die jenseitige Welt koppelt sich mit dem Glauben an die Auferstehung des Christus. Sie ist Garant, Unterpfand für diese so enge Verbindung der beiden Welten des Diesseits und des Jenseits.

«Aus dem ersten Gebot fließt das Argument: Gott ist nicht ein Gott der Toten. Also schließt Glaube, Gebet, Hören des Wortes den Artikel der Auferweckung der Toten und des ewigen Lebens ein. Wo Gott wohnt, da haben wir es ganz gewiß, daß dort ewiges Leben sei, also wird auch uns nach dem Tode Leben zuteil werden.»[156] Luthers Lebensinterpretation zeigt eine totale Umwertung aller Werte: «Die Stimme des Gesetzes schreckt, wenn sie den Selbstgewissen entgegentönt: mitten im Leben sind mit dem Tod umfangen, aber die Stimme des Evangeliums richtet wiederum auf und singt: mitten wir im Tode sind im Leben.»[157]

In Luthers Religiosität ist bereits das ganze Leben letztlich ein Jenseits geworden; es gibt kein Nachher mehr. Es bedarf keinerlei Spekulationen über Jenseitsschicksale. Das Jüngste Gericht ist eigentlich schon geschehen, indem der Tod entmachtet wurde. Was dann allenfalls noch kommt in der christlichen Heilslehre, ist letzte Folge der schon gegenwärtig bestehenden Seligkeit. Die Eschatologie ist ewige Gegenwärtigkeit geworden – eine solche Aussage kann nur insofern akzeptiert werden, als der Glaube die alles tragende Angel darstellt. Was haben Tod und Jenseits noch zu sagen, wenn die Ewigkeit schon eingebrochen ist in die Zeitlichkeit?

«Dieser schreckliche Tod ist nun hinweggenommen den Gläubigen durch Christum und verschlungen in seinem Leben und dafür gelassen ein kleines Tödlein, ja einen Zuckertod, den ein Christ stirbt nach dem Fleisch, d. i. aus dem Unglauben zum Glauben, aus der übrigen Sühne zu ewiger Gerechtigkeit, aus allem Jammer, Traurigkeit, Anfechtung zu aller ewiger Freude kommt. Solcher Tod ist süßer und besser denn kein Leben auf Erden; denn so fröhlich kann alles Leben, Gut, Lust und Freude dieser Welt nicht machen, als mit gutem Gewissen sterben, im gewissen Glauben und Trost des ewigen Lebens.»[158]

Luthers Vertrauen in Gottes Macht läßt ihm die Gewißheit, auch nachtodlich geborgen zu sein bis zur Stunde der Auferstehung. Die Auferstehung des Meisters hat allen Todesschmerz aufgelöst.[159] Das irdische Leben bedeutet Anfang des zukünftigen Lebens.[160] Die Bereitschaft hierfür, somit die für das Jenseits, ist zentrales Anliegen Luthers.

Mittelalterliches Vorstellen und Denken über das Fegefeuer hat Luther internalisiert. Eine innere Läuterung ist angesagt, vom äußeren Rahmen bleibt nichts mehr. Darüberhinaus wird die Höllenqual interpretiert als Komparativ der Qual des Fegefeuers. Luther selbst hat sich als einen betrachtet, dessen Vita auch die Kenntnis der Höllenqualen vermittelte. Sein Hoffen auf das Ende der Welt akzentuierte sich in der Beschreibung des neuen, jenseitigen Menschen, dem alle irdischen Gebrechen fehlen und der mit einem herrlichen Leib unsterblich sein wird.

Sehr farbig, plastisch malt Luther den Weltuntergang, der dem jenseitigen, neuen Leben vorangeht. Das alte Weltgerüst wird für das neue eingerissen.[161] Der offene Weg zum jenseitigen Gott, der bis dahin nur in der Menschengestalt des Christus erschien, bringt eine unverstellbare Nähe, die sich formuliert in dem Satz: «Es wird Gott sein alles in allem.» Die selige Schau ist gewonnen, der ganze Prozeß, der das Diesseits aufs Jenseits hin bringt, ist vollendet. Die Geschichte der Welt, deren Zeitlichkeit wandelt sich in ewige Ruhe.

4.1.7 Nach der Reformation und bis zur Gegenwart

Es darf nicht übersehen werden, daß die Erwartung des unmittelbar bevorstehenden Endes aller irdischen Dinge und der Hereinbruch des jenseitigen Heils im reformatorischen Konzept konstitutiv war. Allein der Gedanke an den das Christliche längst beherrschenden päpstlichen Antichristen sowie die Bedrängnis durch die von Südosten heranstürmenden Türken waren Stimulans genug. Doch das stark jenseitsbezogene Charisma Luthers, der selbst wohl dem Irdischen verpflichtet bleiben wollte auch angesichts eines gewissen morgigen Jüngsten Tages, schwand unter den Nachfolgern und Organisatoren neuer fixer kirchlicher Verbände. Innerhalb ihrer landesherrlichen Gemarken spielt sich strukturell das ab, was schon bei der römischen Kirche geschah. Die Außenseiter, auch neue Häretiker, Sekten übernehmen den Part der Sachwalterschaft fürs Jenseits. Immer neue Gruppierungen erscheinen, denen der irdische Blick allein nicht genügt, die ihre Jenseitsbindung in der Gewißheit des bevorstehenden Endes festmachen müssen.

Wodurch sich das Christentum bis heute maßgeblich charakterisiert, ist zweierlei: Die Dynamik des ständig neu angesagten Jenseitseinbruchs wirft auf die agierende Kirche ein zwiespältiges Image, hat sie doch nicht genügt im Wirken, das Jenseits und Diesseits zur Integration bringt. Hier sich zu sputen und die Botschaft verbal und sozial zu verbreiten, inauguriert eine in immer neuen Impulsen aufstrebende Mission. Doch die Geschichte der christlichen Endzeiterwartung vollzieht sich als permanente Säkularisierung, womit die Erwartung des jenseitig situierten Reiches Gottes ins diesseitige Elend transformiert wird – in irdische Utopien mit sozialer Verheißung.

Wir haben nachzutragen, daß die christliche Endzeiterwartung zweifach zielt: auf die künftige Kirche und auf das, was dem Einzelnen vom Jenseits her zukommt. Christliche Endzeiterwartung beinhaltet einen Fundus an Vorstellungen, die das nachtodliche Fortexistieren favorisieren. Wir haben daran zu erinnern, daß die Erwartung des nahen Endes in ihrer durchgängigen Bestimmung urchristlichen Lebens als Strukturmuster erhalten blieb. Daraus konnte sich eine Denkweise entfalten, die ewiges Leben zu ihrem Zentralthema machte. Ewiges Leben kontrastiert nicht zum irdischen Leben; es ist vielmehr Garant göttlicher Macht angesichts der Tödlichkeit des ewigen Todes. Ewiges Leben kann nur gelebt werden in enger Verbindung zum christlichen Heiland und Erlöser. Wem dies zuteil wird, der ist am Ende von aller Versuchung und Not und weiß sich neu und für immer in Liebe dem Nächsten verbunden. Wir – so läßt sich der Tenor fassen – treffen einander nicht nur wieder in einem unvergänglichen, also himmlischen Bezirk, sondern werden in neuen Formen der Gemeinschaft, die keine irdische Problematik mehr kennen, auf ewig dahinleben. Der neue, der jenseitige Mensch soll nicht nur von seinen Sünden und Gebrechen befreit sein, sondern darüber hinaus in persönlicher Vollendung sein Wesen zur Erfüllung bringen dürfen. Keine Gleichmacherei ist zu erwarten auf den himmlischen Foren; ein jeder wird in Herrlichkeit sein Eigenes, d. h. all seine Begabungen entfalten. «Der abendländische Persönlichkeitsbegriff hat durch die christliche Auffassung vom Ewigkeitswert der Persönlichkeit eine außerordentliche Vertiefung erfahren».[162]

Fassen wir zusammen: Das zentrale Problem christlicher Existenz findet sich in der nichteintretenden Parusie – also der Übernahme, der Überwältigung des schlimmen Diesseits durch das ewig-herrliche Jenseits. So formulieren mit diesem Problem Befaßte die Frage, wie denn wohl die nachtodliche Existenz des Einzelnen bis zur Auferstehung aussehen werde. Zwei Positionen erwuchsen und konkurrieren. Zum einen läßt sich ein persönliches Erscheinen vor einer Gerichtsinstanz, die nach dem Tode wirksam wird, denken. Ein mittlerer Zustand, gewissermaßen Basis für künftiges Heil oder Unheil, ist das Ergebnis der Gerichtsentscheidung. Damit freilich bleibt dem ja ursprünglich groß angesagten Weltgericht keine Aufgabe mehr. Somit mußte die zweite Position Gegensteuer geben; sie tat es mit dem Theorem des Seelenschlafes, in den ein Verstorbener verfällt, bis dereinst das Jünste Gericht eingeläutet wird. Was stört, ist hier die Schwächung der Persönlichkeit in ihrer Selbständigkeit; ihr trägt man so kaum genügend Rechnung.

Weil beide Positionen nicht genügen konnten, entstand in der römischen Kirche die Sicht des Fegefeuers, das der nachtodliche Reinigungsprozeß als Chance in Aussicht stellt. Eine mählich schwindende Bereitschaft der christlichen Institutionen, die für sie ursprünglich konstitutive Theorie vom Jenseits als Möglichkeit für nachtodliches Leben zu verkünden, hat tiefreichende Folgen gebracht. Letzte Dinge sind den vorletzten Dingen gewichen und weichen unaufhörlich weiter. Das Ende des Christentums scheint in Sicht. Wir müßten hier freilich einer Überzeugung Ausdruck verleihen, wonach im abendländisch-christlichen Raum Gedanken aufscheinen, die zur Reinkarnation führen.[163]

4. 2 Der Islam
Mohammed und der Einbruch des Jüngsten Tages
Die Jenseitsvorstellungen des Islam sind gekoppelt mit dem das religiöse System fundierenden Gottesbegriff, der sich auf religiöse Erfahrung, Denken und Handeln Mohammeds stützt.

Mohammed wirkt als Prophet und Staatsmann. Bei Watt[164] findet sich ein Text aus der Frühzeit, der von Mohammed als einen durch Offenbarungen seines Gottes zum Gesandten gemachten Propheten berichtet. «Am Anfang der Offenbarung stand für den Gesandten Gottes die wahrhaftige Vision; sie kam (über ihn) wie der Anbruch der Morgendämmerung.» Damit bekundet sich die konstitutive Mächtigkeit des Jenseits in der Ursprungssituation des Islam. Mohammed geht in die Einsamkeit, verweilt Nächte in einer Höhle und füllt seine Zeit mit Andachtsübungen. «Zuletzt kam unerwartet Die Wahrheit zu ihm und sagte: Oh Mohammed, du bist der Gesandte Gottes.»[165] Der Erzengel Gabriel verständigt Mohammed von seinem Auftrag. Diese ersten Kontakte bringen eine erschöpfende Erfahrung. Das an Mohammed gestellte Ansinnen, der Gesandte Gottes zu sein, bringt ihn derart in Verzweiflung, daß er sich von einer Felsenklippe herabstürzen möchte.

In den ersten Offenbarungen, die Mohammed empfängt, dominiert die Betonung von Gottes Güte und Macht. Gottes Macht webt in der Natur, besonders in der Fürsorge, die er den von ihm erschaffenen Menschen angedeihen läßt. Gottes Güte erscheint zudem in bestimmten historischen Ereignissen und Verhältnissen. Des Menschen Rückkehr zu Gott sowie die Erwartung des Gerichts deuten auf die Vorstellung des Jenseits. Im Abendland gab es Diskussionen darüber, welche Rolle die Furcht vor dem Jüngsten Tag bzw. dem Jüngsten Gericht bei der Entstehung des Islam spielt. Manche behaupten, diese Furcht sei Hauptmotiv dafür, daß Mohammed ein Prophet wird und viele zur Akzeptation des Islam bewegen kann. Andere sagen, in den ersten Offenbarungen fehle die Furcht vor einem Strafgericht; sie setze erst gegen Ende der mekkanischen Periode ein. In frühen Passagen finden sich in der Tat keine Schilderungen der Schrecknisse des Jüngsten Gerichts, wie sie in späteren mekkanischen Suren vorkommen. Die ausführlichste, älteste Beschreibung des Jüngsten Tages steht in Sure 84: «Wenn (dereinst) der Himmel sich spaltet, auf seinen Herrn hört und es schicklich für ihn ist (sich gefügig zu zeigen), wenn die Erde ausgebreitet (und eingeebnet wird), auswirft, was sie (an Toten) in sich hat, sich (völlig) entleert, auf ihren Herrn hört und es schicklich für sie ist (sich gefügig zu zeigen) (ist die Stunde des Gerichts da)! Du Mensch! Du strebst mit all deinem Bemühen deinem Herrn zu, und so wirst du ihm dereinst begegnen. Wem (dann) seine Schrift (mit dem Verzeichnis seiner Taten) in seine Rechte gegeben wird, mit dem wird glimpflich abgerechnet werden, und er wird froh (und unbeschwert) zu seinen Angehörigen zurückkehren (die er dann bereits im Paradies vorfindet?). Wem dagegen seine Schrift (mit dem Verzeichnis seiner Taten) von hinten her gegeben wird, der wird ach und weh schreien und im Höllenbrand schmoren.»[166] Von einer Spaltung des Himmels wird gesprochen. Die Erde wirft aus, was sie an Toten in sich birgt. Dies sind Kennzeichen des Jüngsten Tages. Menschen treten Gott beim Gericht entgegen. Die Gerechten werden von den Bösen durch die Art, wie man ihnen eine Schrift mit der Aufzählung ihrer Taten überreicht, geschieden. Der Böse möchte lieber völlig zugrunde gehen – als für immer im Höllenbrand schmoren. Der Koran spricht wohl davon, daß die Menschen zu einem Gericht auferstehen, daß sie belohnt oder bestraft werden, aber er mißt dem kein besonderes Gewicht bei. Demzufolge ist auch nicht Furcht vor der Strafe das Hauptmotiv, das hinter der islamischen Religion steht.[167]

Dankbar und gottesfürchtig soll der Mensch sein. Großzügig, nicht nur in einfacher Dankbarkeit soll er Gottesdienst üben, sondern sich auch vor dem jenseitigen Gott mit ethischem Verhalten Mitmenschen gegenüber rechtfertigen. Ethische Rechtschaffenheit darf als die religiös fundierte Haltung gelten, die vor Bestrafungen am Jüngsten Tag bewahrt. Wer zu Lebzeiten nicht an den gewaltigen, in seiner Jenseitigkeit unerfaßlichen Gott glaubt und seine eigene Familie dazu nicht anhält sowie den Armen nichts zu essen gibt, wird den Gerichten des Jüngsten

Tages verfallen. In Sure 70 ruft das Feuer der Hölle «(alle) diejenigen (zu sich), die (der Wahrheit der göttlichen Botschaft) den Rücken kehren und sich (davon) abwenden und die (mehr und mehr Geld und Gut) zusammenbringen und horten».[168] Von den Frommen sagt Sure 51, sie würden im Paradies für ihre guten Taten belohnt: «Sie waren (eben) vordem rechtschaffen, schliefen des nachts nur wenig, baten in der Morgendämmerung (in frommer Gebetsübung) um Vergebung und fühlten sich verpflichtet, den Bettler und Unbemittelten an ihrem Vermögen teilnehmen zu lassen.»[169] Nichtglauben an Gott und seine Botschaft kann durch keinerlei ethisches Verhalten kompensiert werden. In Schwierigkeiten bringen zudem Fälschen des Maßes[170] und unerlaubte sexuelle Beziehungen.[171]

Insgesamt findet sich im Koran vor allem eine Betonung von Gottes ständigem schöpferischem Weiterwirken, das in enger Verbindung mit der Vorstellung seiner Allmacht steht und im Hinblick auf die Verantwortung des Menschen zu Problemen führt, werden doch Handlungen manchmal direkt der Gottheit als veranlassender zugeschrieben. Auch radikale Äußerungen finden sich, wonach das ganze Wollen und Tun des Menschen von Gott kontrolliert werden: «Gott (hat) euch, und was ihr macht (oder tut), geschaffen.»[172] In der Hauptsache geht es dem Islam darum, daß Allah nicht nur der höchste, sondern auch der einzige Gott ist. «Es gibt keine Gottheit außer Gott.»[173]

Ein anderes Thema in den früheren Offenbarungen handelt davon, daß Gott am Jüngsten Tag die Menschen aus ihren Gräbern auferstehen lassen und zu sich zurückführen wird, um über sie zu richten. Gericht meint hier, daß die Menschen, je nachdem ob sie gut oder böse gehandelt haben, auf ewig entweder Himmel oder Hölle zugeordnet werden. In der frühesten Phase des Islam wird das Jüngste Gericht erwähnt, hat aber nicht die vorrangige Bedeutung, die ihm später zukommt. Auch die Schilderungen von Himmel und Hölle werden ausführlicher. Aus ihnen geht hervor, daß die Stunde des Gerichts plötzlich eintritt: «Weh uns über das, was wir vernachlässigen!»[174] Und so werden ihre Lasten [der schlechten Werke] auf ihrem Rücken durch einen Schrei[175] oder einen ohrenbetäubenden Lärm[176] oder durch den Schall der Trompete oder des Horns[177] angekündigt werden. Das Jenseits bricht buchstäblich herein und verwandelt die Welt; es löst sie auf. Die Meere sprudeln hervor; die Sonne verdunkelt sich; die Sterne fallen herab, der Himmel wird weggezogen. Die Engel stehen in Reihen.[178] Impliziert ist, daß Gott als Mittelpunkt der ganzen Szene gilt; er wird als der schlechthin Jenseitige aber nicht beschrieben. Frühe Berichte erzählen von den Büchern, in denen die Taten jedes Menschen eingetragen sind. Vor allem wird hervorgehoben, daß der Mensch als einzelner vor den Richterstuhl zu treten hat. Auch Hinweise auf Gruppen finden sich, die kollektiv in die Hölle gelangen, weil sie in Ablehnung des Propheten einer Meinung waren.[179]

Der Einbruch des Jenseits am Jüngsten Tage überrollt aber nicht unweigerlich und unaufhaltsam alles, sondern kann gemildert werden durch Fürsprache. Wer an eine andere Gottheit glaubte, war wohl der Meinung, daß geringere Gottheiten sowohl hier wie auch am Jüngsten Tag Fürsprache einzulegen vermöchten. Der Koran besteht nachdrücklich darauf, daß diese Gottheiten dazu keine Macht haben.[180] Aber mit Allahs persönlicher Erlaubnis ist Fürsprache immer möglich.[181] In späteren Jahrhunderten sagt man, daß einige der Verse, die von einer von Gott erlaubten Fürbitte sprechen, sich nur auf Mohammed selbst bezögen. Schließlich ist es allgemein angenommener Glaubenssatz, daß nur Mohammed am Jüngsten Tag für die Sünder seiner Gemeinde wirksame Fürsprache einlegen werde.[182]

Die im Gericht Verurteilten geraten in die Hölle, damit sie dort die Ewigkeit verbringen. Es gibt angstauslösende Schilderungen von Qualen der Verdammten: «Bei uns sind Fesseln und ein Höllenbrand (für sie bereit), und Speise, die einem (vor Ekel) im Hals stecken bleibt;[183] «die Höllenhitze [...] versengt die Haut.»[184] Eine besonders schmerzhafte Folter besteht darin, daß man die Frucht eines Baumes essen muß, die «wie flüssiges Metall ist und kocht im Bauch (der Sünder), wie heißes Wasser kocht».[185] Vieles ähnelt christlicher Literatur, z. B. die Tatsache, daß die Höllenwärter Engel sind.[186]

Wen Gott beim Gericht für gerecht hält, der geht in den Himmel bzw. das Paradies ein; er darf in Ewigkeit leben. Später wird darüber diskutiert, ob der Garten der Seligen identisch sei mit demjenigen, aus dem Adam und Eva vertrieben wurden. Paradies bedeutet ein Leben voller Seligkeit. Bäche durchfließen den Garten, Bäume spenden Schatten. Man liegt auf Liegebetten, die mit Edelsteinen geschmückt sind, und immerjunge Knaben schenken Wein ein. Man ißt überaus köstliche Speisen.[187] Freuden des Paradieses sind nicht nur materiell, sondern auch spirituell. Die Seligen wissen um das Wohlgefallen ihres Gottes.[188] Allahs Anblick wird angedeutet: «An jenem Tag wird es strahlende Gesichter geben, die auf ihren Herrn schauen.»[189]

Gericht und Varianten paradiesischen Lebens

Nach bisher summarisch Vorgreifendem, empfiehlt es sich, das Bild, das Mohammed zeichnet, in entscheidenden Aussagen noch etwas genauer zu reproduzieren. In Sure 55 steht folgendes: Zwei Gärten sind voller Zweige. In ihnen finden sich zwei eilende Quellen. In ihnen sind zwei Arten von jeder Frucht. Die, die dorthin gelangen, lehnen sich auf Betten, mit Futter aus Brokat; die Früchte der beiden Gärten sind ihnen nah.[190]

Außer diesen beiden Gärten gibt es noch zwei weitere. Diese zeigen grünen Schimmer. In ihnen sprudeln zwei reichliche Quellen. Da sind Früchte, Palmen und Granatäpfel. Und gute und schöne Mädchen, verschlossen in Zelten, Frauen, die weder ein Mensch noch ein Dschinn berührte. Wer dort weilen darf, soll sich lehnen auf grünen Kissen und schönen Teppichen.

In der folgenden 56. Sure, auch in Mekka geoffenbart, finden sich Ergänzungen. Voraus geht der Hinweis auf das (schon angedeutete) Erbeben der Erde sowie ein mit diesem verbundenes Zerstieben der Berge in Staub.

Die Gerechten auf der rechten Seite sind die Seligen in Allahs Nähe, in den Gärten der Wonne, auf durchwobenen Polstern, einander gegenüber. «Die Runde machen bei ihnen unsterbliche Knaben mit Humpen und Krügen und einem Becher von einem Born. Nicht sollen sie Kopfweh von ihm haben und nicht in Trunkenheit geraten. Und Früchte, wie sie sich erlesen und Fleisch von Geflügel, wie sie es begehren, und großäugige Huris gleich verborgenen Perlen als Lohn für ihr Tun. Sie hören kein Geschwätz darinnen und keine Anklage der Sünde; nur das Wort: Frieden! Frieden!»[191] Weiter wird dieses Bild ausgemalt: Unter wildem Lotusstrauch, dessen rote Beeren bei den Beduinen sehr geschätzt sind, Bananen mit Blütenschichten, einem weiten Schatten bei strömendem Wasser und Früchten in Menge finden sie sich ein. «Siehe, wir erschufen sie (die Huris) in besonderer Schöpfung und machten sie zu Jungfrauen, zu liebevollen Altersgenossinnen für die Gefährten der Rechten, eine Schar der Früheren und eine Schar der Späteren.»[192]

Abb. 32: Himmelfahrt des Propheten. Nach der Legende erfolgt die Himmelfahrt Mohammeds von der Ka'aba aus. Sie findet in der Nacht statt. Das Reittier hat die Gestalt eines Maulesels mit dem Kopf eines schönen Engels. (aus: U. Scerrato, Islam, Wiesbaden 1974: 16)

Dem entspricht spiegelbildlich die Szene der Gefährten zur Linken, der Unseligen. Wir treffen sie in Glutwind, siedendem Wasser und Schatten von schwarzem Rauch. Wo sie sich aufhalten müssen, ist es nicht kühl. Sie lebten vorher äußerst üppig und beharrten in großem Frevel. Sie haben sich vermessen zu sagen: Wenn wir gestorben und Staub und Gebein geworden sind, wahrlich, sollen wir dann erweckt werden? Ihr Los in dieser Jenseitszone ist äußerst unangenehm. Sie essen von einem Baum, überessen sich und trinken darauf siedendes Wasser. Ja, sie trinken wie dursttolle Kamele.[193]

Mohammed spricht in Allahs Namen: Der Tod ist verhängt, Allah jedoch kann nicht daran gehindert werden, eine neue Schöpfung zu inaugurieren. Aufgrund des Schöpfungsvorgangs sollen sich die Hörer der übergreifenden und fürsorgenden Macht Allahs unterstellen. Wer Allmacht und Güte Allahs nicht in ihrer wahren Tragweite zur Kenntnis nimmt, verfällt unweigerlich dem negativen Urteil des Gerichts. Er wird dann mit siedendem Wasser und Brennen im Höllenpfuhl zu rechnen haben. Mohammed betont, es handle sich um eine gewisse Wahrheit. Deshalb soll jeder den Namen des großen Herrn preisen.

In der 76. Sure, ebenfalls aus mekkanischer Zeit, handelt Mohammed vom Menschen. Die alles gestaltende Beziehung menschlichen Daseins zum jenseitigen, schlechthin allmächtigen Gott wird charakterisiert. Welche Menschen schützt Allah selbst vor dem finsteren und unheilvollen Tag des großen Gerichts? Der Mensch ist der Prüfung Allahs unterstellt, der ihm Gehör und Gesicht schenkt. Allah leitet ihn auf seinem Weg, so daß er dankbar, aber auch undankbar sein kann. Allah sorgt vor im Blick auf das Verhalten der Ungläubigen; er stellt Ketten, Joche und eine Flamme zum Brennen bereit. Die Gerechten freilich haben sichere Aussicht auf einen besonderen Trank aus einem Becher, gemischt mit Kafur (Kampfer). Die Quelle befindet sich im Paradies. Auch die zu spendenden Almosen sind erwähnt. Wer hier Verdienste zu Lebzeiten erworben hat, wird klare Gegenleistung im Jenseits erwarten dürfen. Wer in Allahs Namen Arme, Weise und Gefangene speist, dafür keinen Lohn und Dank begehrt, der bekundet, daß er sich vor seinem Herrn und dem von ihm zu inszenierenden, unheilvollen Tag des Gerichts fürchtet. Wer sich fürchtet und Allah über alles stellt, den schützt er vor sämtlichen Übeln jenes Tages und führt ihn in Sphären des Glanzes und der Freude. Er belohnt alle, die sich zu ihm bekennen, für ihre Standhaftigkeit – und zwar mit dem Garten, von dem die Rede war, sowie Gewändern aus Seide. Wieder sind Ruhebetten, wo man sich bequem zurücklehnt, erwähnt. Die Sonne quält nicht, auch nicht nächtliche, schneidende Kälte der Wüste. Wohltuende Schatten und niederhängende Trauben, die man offensichtlich mit Leichtigkeit zu pflücken vermag, verdienen Erwähnung. «Und es kreisen unter ihnen Gefäße von Silber und Becher wie Flaschen, Flaschen aus Silber, deren Maß sie bemessen. Und sie sollen darinnen getränkt werden mit einem Becher, gemischt mit Ingwer; eine Quelle ist darinnen, geheißen Salsabil – und die Runde machen bei ihnen unsterbliche Knaben; sähest du sie, du hieltest sie für zerstreute Perlen. Und wenn du hinsiehst, dann siehst du Wonne und ein großes Reich. Angetan sind sie mit Kleidern von grüner Seide und Brokat und geschmückt sind sie mit silbernen Spangen und es tränkt sie ihr Herr mit reinem Trank.»[194]

In der folgenden Sure 77 wird in einem knappen, eindrücklichen Text die Stunde der Entscheidung, in der sich alles auf die Zukunft und damit auf eine ewige Existenz konzentriert, dargestellt. Was angedroht wurde, trifft auch wahrlich ein. Bekanntes kehrt wieder: Die Sterne verlöschen, und der Himmel spaltet sich. Die Berge zerstäuben am Tag der Entscheidung. Die Erde ist ein Sammelplatz für Lebende und Tote; sie besitzt festgegründete, hochragende Berge; die Menschen auf ihr werden getränkt mit süßem Wasser. Wer solche Wohltaten nicht würdigt, sich gar der Lüge öffnet, der muß mit einer entsprechenden Quittung rechnen. Ja, Feuer wird im Spiel sein, wenn Allah sein Gericht über die Menschen kommen läßt, eine gigantische Feuerlohe so hoch wie ein Berg.[195]

Dem rächenden Gericht Allahs steht gleichgewichtig die Verheißung gegenüber, wonach Gottesfürchtige in den ersehnten Schatten und zu herrlichen Quellen gelangen, zudem zu Früchten, so wie sie sie begehren. Sie dürfen essen und trinken. Ihr Wohlbefinden ist garantiert. Alles, was ihnen geschieht, bezeichnet die Summe der Rechtfertigung, die sie als Rechtschaffene sich schon zu Lebzeiten gleichsam bereitgestellt haben. Allah nimmt in numinoser Übermacht die Leistungen der Lebenden zur Kenntnis. Er prüft gerichtlich genau und rechnet auf, aber dennoch erscheint er darüber hinaus als der gnädige und erbarmende, als der Gott einer letzten Freiheit.

Gottesfürchtige erwartet nachtodlich ein seliger Ort: mit Gartengehegen und Weinbergen, Jungfrauen mit schwellenden Brüsten, vollen Bechern. Wo man so leben kann, werden hohle Reden, dummes Geschwätz und Lügen für immer ein Ende haben. Alles zusammen ist der Lohn vom göttlichen Herrn, eine hinreichende Gabe, wie es heißt in Sure 78.[196]

Wird das Gericht inszeniert und stehen die Engel bereit in Reihen, um ihre Funktionen zu erfüllen, so darf nur noch der sprechen, dem es der göttliche Erbarmer erlaubt. Der große Tag des Gerichts, der das Jenseits für die Menschen in ihrem nachtodlichen Sein eröffnet, ist und bleibt der schlechthin gewisse Tag. «Drum, wer da will, der nehme Einkehr zu seinem Herrn. Siehe, wir warnen euch vor naher Strafe an jenem Tage, an dem der Mensch schauen wird, was seine Hände vorausgeschickt, und der Ungläubige sprechen wird: Oh, daß ich doch Staub wäre!»[197]

In der frühmekkanischen 88. Sure, «Die Bedeckende», heißt es, die Gesichter der einen werden an jenem zentralen Tag des Gerichts niedergeschlagen sein. Sie müssen sich abarbeiten und plagen, sie brennen sich an glühendem Feuer. Keine Speise kommt ihm zu, außer vom Dariastrauch (einem Dorn- oder Kaktusstrauch). Dieser Strauch stillt den Hunger nicht. Die Gesichter der Gerechten werden fröhlich sein, zufrieden mit ihren Mühen, die sie auf Erden hatten. Sie dürfen im hohen Garten, wo es kein Geschwätz mehr gibt, an strömenden Quellen trinken und, auch hier wiederum dieses Bild, auf erhöhten Polstern ruhen und Becher ergreifen, sich an ausgebreiteten Teppichen erfreuen. Mohammed wird von Allah aufgefordert, Ermahner zu sein; er selbst hat aber keine Macht über die Menschen. Doch ist er befugt, über den ein Urteil zu fällen, der sich ungläubig von Allah abwendet. Einen solchen wird Allah unweigerlich mit der größten Strafe belegen.[198]

In der 15., ebenfalls zu Mekka geoffenbarten Sure steht der Hinweis, Allah habe in den Himmel Türme (gemeint sind die zwölf Tierkreiszeichen) gesetzt und ausgeschmückt für die Beschauer. Auch die Satane und verstohlene Lauscher hat er in Schach gehalten. Die Erde hat er ausgebreitet, festgegründete Berge auf sie geworfen und allerlei Dinge zum Sprießen gebracht, doch nicht willkürlich, sondern in abgewogenem Maß. Den Menschen gab er in Fülle Nahrungsmittel. Allah schickt Regen vom Himmel, auf daß die Menschen zu trinken haben. Die Schleusen des Jenseits öffnen sich, um das Diesseits zu befruchten und zum

Blühen zu bringen. Er, er allein ist es, der Leben und Tod gibt. Die Menschen sind seine Erben.[199]

Christlich-abendländisches Denken vermeinte, Männer werden im Paradies des Koran großäugige Huris als Gattinnen haben.[200] Die Huris sind aber nur an vier Stellen[201] namentlich erwähnt; es gibt andere Stellen, in denen von ganz entzückenden Jungfrauen die Rede ist, die Gefährtinnen männlicher Paradiesbewohner sein sollen.[202] Offensichtlich hat Mohammed zu verschiedenen Zeiten Akzentuierungen vorgenommen. Nach der Hedschra dienen den Verstorbenen ihre Gattinnen, die gereinigt sind.[203] Es ist nicht mehr klar, ob es sich um Huris oder um die wirklichen, gläubigen Ehefrauen der Männer handelt. Auch lehrt der Koran, daß ganze Familien im Paradies beisammen leben werden. Mit den Männern werden diejenigen zusammen sein, die als Väter, Gattinnen und Nachkommenschaft fromm gelebt haben. Aufrechte und gottesfürchtige Männer sowie Frauen werden an einer Stelle[204] gleichermaßen des Paradieses versichert.

Summa summarum besagt die Lehre des Koran, daß das Leben im Paradies das große Glück ist,[205] die Erfüllung der geheimsten Wünsche des Menschen nach geistiger Vertiefung und innigen menschlichen Beziehungen.

Verschiedentlich wurde angenommen, der Koran lehre, es gebe zwischen Himmel und Hölle einen Zwischenzustand. Doch handelt es sich um eine Streitfrage, die wahrscheinlich auf einer Mißdeutung einer nicht ganz klaren Stelle beruht.[206] Von solchen ist die Rede, die zwischen denen im Paradies und denen in der Hölle stehen und mit beiden Gruppen kommunizieren. Muslime glauben, daß es innerhalb des Paradieses Unterschiede gibt. Man kann Rangstufen vor dem Herrn wahrnehmen. Die Lehre des Koran ist ein Ausdruck des Weltverständnisses der Araber des 6. Jahrhunderts. Das schließt den Glauben an verschiedene Arten übermenschlicher, geistiger Wesen ein, insbesondere an Dschinnen und Engel. Die Vorgaben des Koran werden von Muslimen weitergesponnen, womit sich erst das Bild der Jenseitsvorstellungen rundet. So hat sich in einem Buch über die Umstände bei der Auferstehung eine weiterführende Sicht dokumentiert,[207] auf die jetzt noch hingewiesen werden soll: Im Tod scheidet sich das Geistige vom Leib. Der Verstorbene erhält Befehl, sein Lebensbuch gewissermaßen mit dem Guten und dem Schlechten selbst zu erforschen und niederzuschreiben. Ein streng-

grausames Verhör folgt, dem nur ein klares Bekenntnis zu Mohammed ein Ende setzt. Die Auferweckung am Jüngsten Tag bleibt ohne weiteren Zentralpunkt, wenn die Grenzscheide zum Jenseits überschritten wird. Die furchterregende Schau dessen, was dem zu Beurteilenden bevorsteht, zeigt die Höllenvorstellung. Eine gigantische Waage ersteht; sie nimmt auf der einen Seite sämtliche Notizen zur Sünde, auf der anderen ein winziges Papierstückchen, dem das Bekenntnis islamischen Glaubens aufgeprägt ist. Wer hier ausgewiesen bleibt, muß die Fülle seiner

Sünden nicht fürchten. Die schwerste Prüfung stellt der Weg über die Brücke dar, die dünner als ein Haar und schärfer als ein Schwert ist. Während vieler tausend Jahre hat der Proband die Brücke zu überqueren. Wes Glaube nicht standhält, der stürzt ab in die höllischen Feuer. Hölle – das meint: Die Höllengeister kommen; sie bringen Halseisen und Ketten. «Eine solche Kette wird in den Mund des Menschen gesteckt und aus seinem Hintern wieder hervorgezogen; seine linke Hand wird an seinen Hals gefesselt, seine Rechte ins Innere des Herzens gedrängt und dann zwischen den Schultern herausgezogen. Er wird nun mit den Ketten gefesselt, und (das geschieht so), daß sie immer einen Menschen mit einem Satan an einer Kette zusammenkoppeln.»[208]

Die Verdammten, sofern sie Muslime waren, erlangen Freispruch, weil am Ende der Prophet sich ihrer erbarmt. «Jenseits der Höllenbrücke sind weit ausgedehnte Felder, auf denen anmutige Bäume wachsen. Unter einem jeden Baum sind zwei Wasserquellen, die aus dem Paradies hervorfließen: eine zur Rechten, eine zur Linken. Wenn nun die Gläubigen, nachdem sie aus den Gräbern auferstanden sind, der Hitze der Sonne preisgegeben, zur Rechenschaft gezogen worden, über die Höllenbrücke geschritten sind, so kommen sie durstig daselbst an. Sie trinken dann aus einer der Quellen, und wenn das Wasser bis zur Brust gedrungen, so schwindet alles, was von Hass, Falschheit und Neid darin ist; wenn aber das Wasser in den Bauch gekommen, geht alles, was von Unrat, Blut und Urin sich darin befindet, fort, so daß ihr Äußeres und Inneres rein wird. Dann kommen sie zu einem anderen Wasserbehälter und waschen darin ihren Kopf und den ganzen Körper, und es wird ihr Angesicht glänzend wie der Mond in der Vollmondnacht; ihr Körper wird weich und geschmeidig wie eine knospende Dattel, und ihr Leib duftet wie Moschus. So kommen sie zur Pforte des Paradieses, und sieh! diese ist aus rotem Hyazinth gebildet. Sie klopfen mit lautem Ruf an; die Huris, die schon versammelt sind, treten heraus und umarmen ihre Gatten. Und es sagt eine jede zu dem ihrigen: ‹Du bist mein, bist mein Geliebter, und ich habe Wohlgefallen an dir! Niemals werde ich unzufrieden sein, tritt ein!› Und er tritt in sein Haus, und es sind darin siebzig Ruhebetten, auf jedem derselben siebzig Bettkissen und auf jedem Bettkissen siebzig Gattinnen, deren jede siebzig Prachtgewänder trägt, (die aber so fein sind, daß) das Mark ihrer Schenkelknochen durch dieselben hindurchscheint. Das Haar der Frauen der Paradiesbewohner (ist so glänzend), daß, wenn ein Haar davon auf die Erde fiele, es über alle Bewohner derselben helles Licht verbreiten würde».[209] Produkte der Phantasie? Belege für den, der sich feuerbachscher Religionskritik oder psychoanalytischer Beurteilung befleißigt? Fraglos wird verständlich, daß selbst im eigenen islamischen Lager nicht jedermann Freude ob solcher Visionen empfand. Die rationalistischen Urteile drängten und drängen dorthin, wo man der Freiheitsproblematik nicht mehr ausweichen kann. Denn wie steht es wohl mit denen, die ihren Platz im Paradies oder in der Hölle erhalten haben? Vorherbestimmung oder Gnade – das ist das große Thema.

Die Widerspiegelung irdischer Gegebenheiten in diesen jenseitigen, nachtodlichen Verläufen deutet zumindest auf die nicht nur permanente Diskussion über Diesseits und Jenseits, deren Zusammenspiel, ohne das das eine wie das andere nicht sein kann, soll dem Menschen eine Bereinigung seiner irdischen Gegebenheiten mit ihren Schwächen, Fehlern und Sünden als mögliche in Aussicht gestellt werden.

al-Gazzali

Am Ende des 11. Jahrhunderts finden wir das Werk jenes Mannes, das als beste und vollständigste Darstellung eines (mystisch vertieften) gesetzestreuen Islam gilt: al-Gazzali.[210] In diesem Werk, das von Gottvertrauen, Liebe und Sehnsucht, Zufriedenheit und anderem handelt, werden Menschen auf den Augenblick vorbereitet, da sie Gott im Tode gegenüber stehen und Rechenschaft ablegen müssen. Gazzali versucht, den Menschen zu einem Gott gemäßen Verhalten in jedem Augenblick seines Lebens und damit auch des Sterbens zu leiten. Seelische Erziehung ist Pflicht aller geistigen Führer. Es ist die Welt des Sufismus,[211] mit ihrer besonderen Weise der Menschengestaltung vor dem heiligen, jenseitigen Gott. Ein Stufenweg zeigt sich, den der Wanderer – dem großen Ziel entgegen – zu durchlaufen hat. Besonders geht es um wirkliche materielle Armut und Freiheit von irdischem Besitz. Doch Armut bedeutet mehr als materielles Nichtbesitzen. Der Mensch ist, wie auch immer er sich als Mensch in dieser Welt und unter Menschen situiert, vor dem überreichen Gott der Arme. Größter materieller Reichtum schützt ihn nicht vor dieser Armut. Völliges Aufgeben menschlicher Ansprüche gegenüber Gott und ein Entwerden sind einzuüben. Wird Armut vollkommen, d. h. wird sich der Mensch seiner Nichtigkeit bewußt, kann er

Abb. 34: Innenansicht der Sultan-Ahmed-Moschee, der sog. Blauen Moschee, in Istanbul. Die Raumwirkung ist bezogen auf die Gewißheit der permanenten Gegenwart des Numinosen. (aus: U. Scerrato, Islam, Wiesbaden 1974: 166)

Zugang zum ewig reichen Gott finden und in dessen Reichtum ruhen. Der einzig Handelnde ist Gott selbst. Er ernährt die Menschen. Sich über den Lebensunterhalt Gedanken zu machen, bleibt sinnlos. Gott weiß, wann und unter welchen Umständen der Fromme etwas braucht. Man darf diese Haltung noch vermehren: um Geduld und Dankbarkeit. Dankbarkeit wird zum Zentralthema vieler Sufis. Sie trachten danach, ihr Leben in eine einzige Danksagung zu verwandeln. Der Gläubige fliegt, wie von Flügeln getragen, dem Ziele zu.[212] Er hat ein besonderes Gefühl der Gottesnähe, verbunden mit unendlicher Freude, die sich zu kosmischem Bewußtsein steigern und ihren Ausdruck in ekstatischen Versen finden kann. Absolutes Anhängen an Gott und zugleich Aufgeben jeder Willensregung beschäftigt den Sufi. Ein Mensch empfindet sich als zwischen zwei Fingern Gottes lebend und ständig den Manifestationen der göttlichen Einheit unterworfen: Schönheit und Güte, *mysterium fascinans* einerseits, Majestät und Zornesmacht, *mysterium tremendum* andererseits. Der Lebendige, der Lebensspendende wie Todgebende, der Heilende und Erniedrigende, der Erste und Letzte, der Äußere und Innere: das alles ist Gott. Niemand vermag Gott als Person zu sehen. Gottes Leben, in dem alles menschliche Leben geschieht, ist ewig. Wer mit Gott in solcher wie der eben beschriebenen Verbindung lebt, lebt in ihm ewiglich. Gott ist dem Menschen näher als die Halsschlagader.[213] Sehnsucht, unstillbar und mit zunehmender Nähe ständig wachsend, ist treibendes Element der Liebesbeziehung zu Gott. Verwandlung wird zum großen Thema, das der Sufismus unablässig beschwört. Zahllos sind die Bilder: Der Mystiker ist wie die Kerze; sie brennt zwar noch, wird aber im überhellen Licht der Sonne unsichtbar. Oder er ist gleich einem Eisen im Feuer, ganz durchglüht, in seiner Substanz aber immer noch Eisen. Aufhebung des Ich-Bewußtseins, Durchbruch eines neuen, verwandelten, anderen Bewußtseinszustandes ist generelles Signet der Jenseitserfahrung, die aufleuchtet. Sufis wissen auch, daß hinter diesem Zustand, der den Menschen wie im Rausch völlig allem Geschaffenen entzieht, noch eine höhere Stufe liegt, nämlich das Bleiben in Gott. Es geht um Rückkehr aus dem Rausch der Erfahrung absoluter Einheit in eine neue, zweite Nüchternheit, wo der verwandelte Sufi die Welt in neuem Licht sieht und aus der Erfahrung (der genannten Gottesbegegnung) heraus handelt.[214]

Basis von Religion und Zivilisation im Koran und schließlich die von Sufis verbreiteten Ideale durchweben und formen das Leben der Muslime.

Treten in der Familie Krankheiten auf, gibt es zahlreiche traditionelle Mittel, um damit umzugehen. Man rezitiert und bläst über den Kranken oder läßt ihn Wasser trinken, in dem Verse des Koran abgewaschen sind. Ein spezielles Gefäß, meist eine Schale aus Messing mit eingestanzten Koranversen sowie magischen Worten und Zahlenkombinationen, wird häufig verwendet, um Wasser für Leidende und allenfalls Sterbende zu bringen. Besonders der Thronvers in Sure 2[215] und Sure 112[216] gehören zu den am häufigsten gebrauchten heilkräftigen und schützenden Versen. Sollte die Krankheit dem bösen Blick zuzuschreiben sein, so sind besondere Vorsichtsmaßnahmen notwendig: Mensch und Tier (und neuerdings auch Autos) tragen blaue Perlen (oftmals in der Form eines Augapfels). Man kann auch mit Raute räuchern, und es gibt Frauen, die immer etwas Rautesamen in der Handtasche tragen, um den bösen Blick abzuwenden. Bemerkungen Mohammeds zu medizinischen Problemen lassen sich als geeignete Heilmittel einsetzen. Manche Dinge, die heute nur hinsichtlich ihrer schönen Gestalt noch Funktionen haben, sind ursprünglich als Medizin verwendet worden. Man sieht an diesen wenigen Beispielen, daß ein magisches Verhalten im Islam anzutreffen ist, das die Mächtigkeit des Jenseits bzw. des jenseitigen Gottes in die je speziellen Situationen des einzelnen Menschen hineinkanalisiert und somit in wohldosierter Weise heilsam macht.[217]

Wenn der Muslim dem Tode nahe ist, rezitiert man ihm das Glaubensbekenntnis, damit er es nicht vergessen hat, wenn er im Grabe nach seinem Glauben gefragt wird. Nach dem Tode wäscht man ihn und hüllt ihn in das Leichentuch, wobei man gelegentlich Leichentücher findet, die mit Worten aus dem Koran, Gebeten und frommen Anrufungen bedeckt sind, so daß die Segenskraft dieser Worte den Verstorbenen umgibt.[218]

Stirbt ein kleines Kind, so glaubt man, es werde seine Eltern ins Paradies führen, da es dort nicht allein sein möchte – ein rührender Trost in Jahrhunderten, in denen die Kindersterblichkeit noch sehr hoch ist.[219]

Verstorbene Fromme erscheinen ihren Freunden und Verwandten im Traum und berichten über ihr Leben im Jenseits sowie über die Gründe

Abb. 35: Pilger vor der Ka'aba in Mekka. Die Wallfahrt ist die Sichtbar-machung der weltweiten Bruderschaft im Islam, die nur realisiert werden kann durch Hingabe an den allmächtigen Gott. (aus: A. Anwander, Die Religionen der Menschheit, Freiburg 1949: 30)

für die ihnen von Gott unverdientermaßen erwiesene Huld. Der Traum als Tor zum Jenseits spielt in der muslimischen Welt eine bedeutende Rolle. Sein Wahrheitsgehalt gestattet dem Träumenden, zukünftige Ereignisse in seinem Leben zu erkennen. Die Kunst der Traumdeutung wird seit der Frühzeit im Islam geübt. Noch heute akzeptiert man die Realität von Träumen. Höchstes Glück heißt, den Propheten selbst im Traume zu erblicken.[220]

Erfahrungen, die der Verstorbene im Jenseits macht, sind aus koranischen Angaben abgeleitet. Wie in anderen Religionen übertreffen sich Ausleger und volkstümliche Prediger in Schilderungen von Höllenstrafen und Paradiesesfreuden, während Mystiker eine Verinnerlichung der unaussagbaren Erfahrungen im Jenseits intendieren. Über den Aufenthalt der Seelen bis zur Auferstehung wurde oft diskutiert. Die Auferstehung mit ihren Schrecken hat man immer wieder ausgemalt. Typisch ist, daß in vielen islamischen Sprachen von größter Verwirrung und einem entsetzlichen Durcheinander geredet wird, wenn es um dieses Thema geht, und daß man die qualvolle Länge des einen jüngsten Tages mit seinen Gerichtskomplikationen beschreibt. Der Posaunenstoß des Engels Israfil, die totale Verwirrung der Menschen, die Angst vor dem Gericht, die Bücher, in denen die Taten aufgeschrieben sind bis in alle Einzelheiten, die Waage und die haarscharfe Sirat-Brücke erscheinen in der frommen Literatur, aber auch in der profanen Dichtung, wo sie in Symbole der Trennung vom Geliebten, des Leidens und ähnliches verwandelt werden. Manche der volksnahen bzw. volkstümlichen Mystiker haben gegen diese naturalistischen Gerichtsvorstellungen rebelliert – denn wozu braucht Gott, der Allwissende, eine Waage, um schmutzige, manchmal doch nur kleine Sünden zu wiegen und aufzurechnen? Die Philosophen haben die Jenseitsvorstellungen entmaterialisiert. Für die Mystiker ist das höchste Glück im Jenseits nicht durch schön beschriebene Huris und Schlösser mit allem Komfort auszudrücken, sondern besteht in der Schau des ewig heiligen Gottes, der auch in der christlichen Mystik anzutreffenden höchsten Stufe der *visio beatifica*. Der Gedanke, daß die Erkenntnis Gottes im Jenseits kein Ende haben kann, ist in unserer Zeit am besten von Mohammed Eqbal dichterisch wie philosophisch formuliert worden: Ewiges Leben ist wirkliches Leben, meint immer neue und sich vertiefende seelische Erfahrung hinsichtlich bzw. in den je nicht auslotbaren Tiefen des Göttlichen.[221]

Mohammed, sein Gott und sein Werk

Der Islam ist eine geistige, religiöse Gestalt, und er ist eine Weltmacht. Er will das wahre Gottesreich sein. Vom Judentum unterscheidet den Islam nicht etwa dies, daß Gott ein persönlicher, heiliger Wille ist, der etwas vom Menschen fordert. Das ist im Alten Testament genauso. Dann wäre der Islam, der ja in Abraham und Moses prophetische Vorfahren erblickt, nur ein Ausläufer des jüdischen Prophetismus. Einzigartig ist das, was beim Homo religiosus Mohammed in Mekka durchbricht: die nirgends verkürzte Allmacht Gottes.[222] Der Mensch ist von allmächtiger Heiligkeit umstellt. Er lebt nur, er atmet nur, weil Allah es will. Macht als numinose Potenz rein für sich, der Machtgedanke, der allen Religionen eignet, ist im Islam zu steilster Aufgipfelung gebracht. Dabei verschwindet die Gestalt der Gottheit völlig. Die Bildlosigkeit begründet sich hier zwingend. Islam – die Kunst des Homo religiosus Mohammed – ist gelebte Verehrung dieser unbedingten Mächtigkeit.[223]

Die Schilderung des Engländers T. E. Lawrence fasziniert. Er machte sich selbst zum Araber. In den großen Wüsten, wo es keine Fruchtbarkeit der Natur gibt, wird das menschliche Bemühen ganz klein. Oben der Himmel, unten die nackte Erde. Da nähert sich der Beduine seinem Gott, der ihm nie irgendwie begreifbar ist; völlig außerhalb steht dieser Gott. Die Erfahrung, die sich bekundet, ist Erfahrung reinster Transzendenz. Der Beduine, wie Lawrence ihn schildert, kann die Gottheit nicht in seinem Innern suchen: er ist zu gewiß, im Innern Gottes zu sein. Er kann sich nichts denken, was Gott ist oder nicht ist. Im Gespräch, das Lawrence mit Beduinen führte, fällt das folgende Wort: «Wir kennen unsere Landschaften, unsere Kamele, unsere Frauen; das Übrige und der Ruhm gebühren Gott.»[224] Vom Menschen läßt sich über diesen Gott eigentlich nur dies eine sagen: Es gibt ihn, Er ist. Da kann des Menschen Haltung nur tiefste Demut sein. Islam heißt Unterwerfung; für uns ist das kein gutes Wort, wir denken sogleich an Passivität. Unterwerfung ist aber mit Vertrauen, Hoffnung auch für morgen und übermorgen zusammenzustellen. Sich dem Willen Gottes unterwerfen im Sinne der religiösen Urerfahrung Mohammeds heißt: sich anstrengen. Wir hören Islam und hören Salam, Schalom: Friede. Das darf nicht verschwiegen werden.[225]

Mohammed als Homo religiosus: echter Prophet und politischer Gestalter der Welt, in der er lebt. In seinem Falle ist die Umgestaltung dessen, was er als Lebenswelt vorfand, nahezu unfaßlich. Die Welt, zu der er im Jahre 610 zu sprechen beginnt, ist so verschieden von der Welt, aus der er im Jahre 632 wegstirbt, daß man sich diese Änderung kaum als Werk nur eines Mannes vorzustellen vermag. Die Kraft des Glaubens, den er verkündet, die Solidität der Institutionen, die er schafft, sind so groß, daß sie heute noch existieren und weiterwirken.[226]

Zudem gilt Mohammed als der einzige Prophet größten Zuschnitts, dessen Leben sich im hellen Licht der Geschichte abspielt.

4. 3 Die Religionen Indiens: Veda und älterer Hinduismus
Götter

Der vedischen Götterlehre liegt die Intention zugrunde, Wesen, Tätigkeit, Funktionen, Einfluß und Bedeutung der vielen und verschiedenen Mächte, die immer und überall zu spüren sind, in ihrer Individualität und ihrem Zusammenwirken zu erfassen, Weltgeschehen und

Weltordnung zu deuten und eine Theorie zu bilden, die ritueller Praxis zugrunde liegt, mit deren Hilfe die Menschen das Ihrige tun, um Weltgeschehen und Weltordnung instand zu halten und für sich selbst die erforderlichen Wirkungen der Göttlichen zu sichern. Bekannteste Götter sind Indra, Soma, Agni, Varuna, Vishnu.[227]

Indra als Hauptfigur im Kampf um die Schöpfung erstreitet den Sieg über die kosmosfeindliche, eine geordnete und bewohnbare Welt nicht gestattende Macht des Widerstandes. In diesem Kampf geht es um Stützung des Himmels und Befestigung der Erde, Trennung beider durch Ausdehnung des Luftraumes und Festsetzung der Wasser wie auch die Entwendung dieser Wasser für Manu, d. h. für die Menschheit. So wird die Erde bewohnbar. Indra stellt die göttliche Macht dar, die sich in allem, was positive Kraft besitzt, offenbart, nicht nur als unwiderstehlicher Kämpfer, Vernichter der Dämonen, sondern auch in anderen kosmischen Aktivitäten. Er belebt alles, erzeugt Licht, vertreibt die Finsternis, hat Roß und Rind geschaffen, legt die Milch in die Kuh, befruchtet alle weiblichen Wesen. Sein Wirken zeigt sich dort, wo nützliche Kraft entfaltet wird als Herr über die Natur und Wohltäter der Welt.[228]

Damit deutet sich an, wie eine jenseitige Welt im alten Indien nur gedacht wird in enger Verflechtung mit dem Diesseits der Menschen, das in allen Details von dem Jenseits zuzurechnenden göttlichen Potenzen abhängig ist.[229]

Aus der überirdischen Welt kommt der Somatrank als wohlschmeckendstes aller Getränke. Als Essenz aller Pflanzensäfte regt er das Denken an, verleiht eine für das Opfer erforderliche Stimmung, gibt Labsal und Stärkung, spendet geistige und physische Kraft, belebt Kämpfern den gesunkenen Mut, erhöht die Zeugungskraft des Mannes und heilt alles Kranke. Er ist aber namentlich der lebensverlängernde Saft, das Lebenselixier, dessen Götter und Menschen gleichermaßen bedürfen. Wegen seiner ekstatischen Wirkungen auf Götter und Menschen liebt ihn Indra als eigentlichen Göttertrank, dem alle Jenseitigen ihre außerordentliche Kraft, Herrlichkeit und Fortdauer ihres Lebens oder Sicherheit vor Todesgefahr – das meint das mit Unsterblichkeit übersetzte Wort – zu danken haben. Während in der Natur diese himmlische Flüssigkeit sich im Pflanzensaft unmittelbar in die Lebenssäfte von Tier und Mensch verwandelt und so den in allem tierischen Leben und in der Erneuerung des Lebens vom Himmel herab alles durchpulsenden Lebensstrom sowie die Lebenskraft darstellt, die alles belebende Feuchtigkeit, den Lebenstrank, den Trank der Lebensfortdauer, wird im Kult, wo Soma = Regen bedeutet, dieser überaus wichtige Prozeß reproduziert und dadurch befördert. Die Kontinuität des Kreislaufes ist gesichert. Leben, das auf Erden erlischt, steigt, wie die Erdenfeuchte selbst, wieder zum Himmel, ins Jenseits, empor. Den Verstorbenen trägt das Bestattungsfeuer empor. Der aufgestiegene Lebenssaft füllt die Schale des Mondes. Sobald sie voll ist, trinken die Götter daraus Unsterblichkeit. Die Verstorbenen trinken um die Neumondszeit den Rest. Anteil des Menschen an dieser Unsterblichkeit ist Neugeburt der kommenden Geschlechter – durch Zutun des wieder herabtröpfelnden Soma. Soma, alles Feuchte, spendet und erhält Leben, manifestiert sich in immer neuen Verwandlungen. Gott Somas Reich ist der ganze Kosmos, zu verstehen unter den Aspekten eines Kreislaufes von Wachstum, Absterben und neuem Wachsen. Weil der Platz des Somaopfers als Abbild und Modell des Universums gilt, die rituellen Handlungen den kosmischen Prozessen entsprechen, identifiziert sich der ausgepreßte und geopferte König Soma mit Soma, dem König des Universums.[230]

Agni, das Feuer selbst, ist der Gott und das als göttliche Macht bemerkte Phänomen. Seine Erscheinung, bald erfreulich, bald furchtbar, wirkt hell, licht, glanzreich. Agni der sich in Glut kleidet, entfaltet auf diese Weise seine vollkommene Pracht. Person und Phänomen lassen sich oft nicht voneinander unterscheiden. Sein Antlitz ist Licht, seine Augen funkeln. Auch seine Kraft zeigt sich im Himmel und auf Erden mit Herrscheraugen als funkelnder, wogender Lichtglanz. Bald ist es sein Leib, bald seine funkelnde Flamme, die glänzt. Er frißt mit scharfen Zähnen in die Bäume hinein. Seine Gluten schnappen mit Zähnen nach den Hölzern. Alt und immer wieder jung ist er ja zutiefst alterslos, unsterblich, unüberwindlich, im Besitz aller Kräfte, ein gefürchteter Bezwinger. Die Sonne ist unbezwingbar eine Erscheinung Agnis. Durch Rat, Weisheit und Einsicht zeichnet er sich aus, redekundig und ein unbeirrbarer Meister. Er weckt die Gedanken der Menschen, damit sie das Gute finden.[231]

Die Beziehung der Menschen zu dieser jenseitigen Welt des Leben und Gedeihen bringenden Feuers stiftet eine Tat des urzeitlichen Giganten Matarisvan: der erste Feuererzeuger und erste Mensch, der ein Opfer darbringt.[232] Manchmal identifiziert man Agni selbst mit Matarisvan. Auf sein aus dem Jenseits stammendes Licht, seine Wachsamkeit, seine in den Ritualen hervortretende Wirkung, womit man die Dämonen verscheucht, wird großer Wert gelegt. Als bei den Sterblichen seßhafter Gott ist er Gast in ihren Häusern, der alle Morgen von neuem sich entzündet und nächtens im Hause wacht. Plagen und Feinde vertreibt er, wehrt Gegner und böse Geister ab, bewahrt vor Übelwollenden und hält Not, Sünde und Tadel fern. Die Menschen beten zu Agni, dem Hausfeuer, er möge ihnen und dem Vieh Heil bringen, die Braut schützen und die Nachkommen alt werden lassen. Als Statue, mit Schmelzbutter begossen oder gesalbt, entfaltet er seine Kraft und nimmt die Gaben an; durch seinen Mund essen und trinken die übrigen Himmelsbewohner. Von den Menschen wird er angerufen und bedient; erwartet wird von ihm, daß er die Götter zur Mahlzeit lädt und zum Opferplatz führt. Mit dem inneren Auge schaut er die geheimnisvollen göttlichen Dinge und verborgenen Zusammenhänge. Er schützt die Sänger, verleiht ihnen Kraft, erfüllt ihre Wünsche, fördert ihre Lieder. Zu ihm als Vermittler reisen die gottverlangenden Gedanken der Menschen; er ist Freund des Opferers, den er belohnt. Aus diesen wenigen Hinweisen ersehen wir, wie im alten Indien die Mächte der Transzendenz konstitutiv sind für das Leben im Alltag, das Leben der Menschen untereinander.[233]

Varuna steht mit dem Wasser in Verbindung. Er wandelt im Wasser und wohnt in den Flüssen. Im Atharva-Veda und in nachvedischer Zeit ist er Herr des Meeres. Es gibt ein unsichtbares himmlisches Meer, eine Flut des Himmels als Ausgang des Regens. Die Götter spenden den Regen, nicht etwa die Wolken. Varuna straft Lügner und Wortbrüchige mit Wassersucht. Nach den Brahmanas ist das Universum und seine Ordnung auf den Wassern gebaut.[234]

Obwohl Vishnu in der älteren Literatur nicht besonders hervortritt, sind Anspielungen auf seine Funktionen zahlreich und verschieden.[235] Vornehmlich nennt man seine Fähigkeit, die verschiedenen Teile des Universums zu durchdringen und zu durchmessen, sich räumlich auszubreiten (wodurch er ja besonders den ewigen, in dieser Welt allgegenwärtigen, mächtigen und segnenden Strom von himmlischem Licht, von Wärme und Energie repräsentiert). Mit drei Schritten hat er die Welt durchmessen. Durch sein Schreiten schafft er den Göttern universelle Macht und den Menschen ihren Lebensraum. Die Erde, Atmosphäre und Himmel sind Bereiche, die sich auf Grund seiner stiftenden Tätigkeit konstituieren. Diesseits und Jenseits werden durch ihn besonders umklammert.²³⁶

Prajapati

In der auf die Vedas folgenden Epoche der Brahmanas tritt eine göttliche Figur besonders hervor: Prajapati.²³⁷ Seine hervorragende Stellung deutet zugleich eine Sonderstellung gegenüber den anderen Göttern an. Er wird der Unsterbliche genannt. Die Götter sind alle seine Söhne. Am Anfang, so lehren die Brahmanas, ist er dieses All. Er wünschte sich zu vermehren, zur Vielheit zu gelangen. Zunächst erschafft er einmal aus seiner eigenen Person durch Selbstdifferentiation die anderen Götter, die Menschen etc. Der Himmel entsteht, also der jenseitige Bereich, aus seinem Kopf, die Atmosphäre aus seiner Brust, aus seinen Füßen die Erde. Oder er entläßt ganz einfach die Kreaturen aus sich. Sein Wesen ist das Schaffen selbst. Nach seinem Schöpfungsakt, oft ein Akt der Askese (Tapas), wird er kraftlos; er gibt sich bis zur völligen Entleerung. Gott Prajapati ist das All in dessen zwei Aspekten: vor der Schöpfung das konzentrierte, integrale All, das Eine, und nachher das zerlegte, zerstreute, differenzierte All, die uns bekannte Welt. Seine Schöpfung ist nicht sofort vollständig und vollendet, seine Geschöpfe, durch Hunger gequält, fressen einander auf oder schwinden dahin. Er erfindet und erschafft rituelle Mittel, um Leben zu ermöglichen und ordnet die Geschöpfe nach Namen und Form. Schöpfung ist also mit Jammer, Unordnung und Tod verbunden. Das Geschaffene bleibt eine Beute der vernichtenden Zeit. Es zeigt sich zerstreut, als Diskontinuum, desintegriert, wie der Sand, den man beim Bau der Feuerstelle ausstreut und der das verloren gegangene Teil Brahmans repräsentiert.²³⁸ Werden die übrigen göttlichen Gestalten mit kosmischen oder anderen Mächten identifiziert, so setzt man Prajapati den höchsten und allgemeinsten Kategorien gleich. Er ist das Jahr, der vollständige Zeitzyklus, in den sowohl Vergangenheit als auch Zukunft einbegriffen sind. Das Jahr zeigt eine Struktur, deren wohlgegliederte Bestandteile auf ideale Weise zusammenstehen. Es gilt als fundamentale Basis desjenigen, was sich thematisch innerhalb der Zeit abspielt, und durch seinen mit dem Sonnenlauf identischen Kreisgang als Urbild des Unvergänglichen, des Ewigen und Jenseitigen.²³⁹ Prajapati ist aber auch das Opfer, richtiger: der sakrale Akt, d. h. das irdische Ebenbild und Gegenstück des großen, kosmischen Dramas. Diese Identifikation der von Sachverständigen vollzogenen Komplexe ritueller Handlungen mit dem Schöpfer, der zugleich die Schöpfung ist, bildet die Basis des ganzen rituellen Systems, das in den Brahmanas mit großer Virtuosität zu höchst wichtigen praktischen Zwecken entwickelt wird. Für die geistigen Väter dieser Konzeption bewegt sich das Weltgeschehen unaufhörlich zwischen den zwei Polen von Geburt und Tod oder, im weiteren Sinne, Entstehen und Vergehen. Sie bestimmen den zyklischen Rhythmus des Kosmos, den Zyklus des Ritus, der ihnen wie der Sonnenlauf, ohne Anfang und Ende, entspricht. Weil der Schauplatz der großen Riten ein Ebenbild des Kosmos ist, wird dort derselbe Zyklus von Geburt und Tod, die miteinander abwechseln, aufgeführt, und zwar derart, daß – mittels der zwischen Ritus und Kosmos bestehenden Verbindungen – die sakralen Vorgänge den Verlauf makrokosmischer Ereignisse beeinflussen und, was die Interessen des Opferers anbelangt, bestimmen. Zweck des Ritus ist, die verlorengegangene Einheit oder Totalität wieder herzustellen, das Auseinandergelegte neu zu integrieren, die nichtkoordinierten Phänomene zu sammeln und, wenn auch nur zeitweise und in Beziehung auf eine bestimmte Person, zu einem soliden und organischen Ganzen zu verbinden. Prajapati ist anfänglich das Eine, das ungeformte All.[240] Weil das All, zeitlich und räumlich aus ihm hervorgegangen, ist er Raum und Zeit, das in endlosen Formen ausgebreitete und differenzierte All, dieses Universum, und das mannigfaltige Jahr, die phänomenale Zeit. Im Ritus wird er wieder strukturiert, seine Einheit wiederhergestellt. Man darf sagen, daß Prajapati vor der Emanation geistige, konzentrierte, unmanifestierte Schöpfungsaktivität ist; während der Emanation erfährt seine Schöpfungsmacht eine Expansion; im dritten Stadium tritt wieder eine Konzentration ein. Prajapati ist alles: das Sterbliche sowohl als auch das Unsterbliche. In desintegriertem Zustand, als Vielheit, erscheint er, wie alles von ihm Geschaffene, die Götter eingeschlossen, selbst sterblich. Die Geschöpfe fürchten, daß er sie verschlingen werde. Tage und Nächte sind die Arme des Todes, die den Menschen umschlungen halten, Wogen, die alles in den Abgrund reißen. Ein Mensch, der die Riten nicht kennt, ist hilflos ausgeliefert. Es sind die Riten, die den Menschen wohlbehalten auf die andere Seite führen, ihm Unversehrtheit und Unsterblichkeit verbürgen. Nach diesem Zustand sehnt man sich. Immer wieder ertönt der Wunsch, ganz, komplett, integral, unverletzt (frei von Beschädigung, Tod und Verwesung) zu sein und in diesem Zustand auch nach dem Tode bleiben zu dürfen. Prajapati bittet die Geschöpfe, keine Furcht zu haben, auch wenn der Tod sie zugrunde gehen und sich wieder fortpflanzen läßt. Das Jahr (als die Zeit) wird am Ende des Lebens den nicht vernichten, der weiß, daß das Jahr immer auch der Tod ist. Durch dies Wissen identifiziert sich der Mensch sozusagen mit dem Tod. Schritt für Schritt kämpft Prajapati, siegreich gegen den Tod als die Desintegration und Diskontinuität selber und der, wie später bei den Buddhisten, «das Übel» heißt. Der mythische Krieg zwischen Göttern und anderen transzendenten Wesen (Asuras) wird als Kampf zwischen Prajapati und dem Tod interpretiert.[241]

Unsterblichkeit
Was für eine Unsterblichkeit erlangt der Opferer? Nach den Brahmanas stirbt der körperliche Mensch; er steht in der Gewalt des Todes. Freilich kann er sich Unsterblichkeit – besser: Fortdauer des Lebens erwerben. Durch ein vollständiges Leben von 100 Jahren auf Erden, sodann durch den Bau einer Feuerstätte oder andere Riten; er kann, wenn der Tod seinen Anteil erhalten hat, nach dem Ableben also, durch Wissen oder Werk unsterblich werden. So gelangt man nach dem Tode wieder zum Leben, und zwar zur Unsterblichkeit, die auch als Licht oder höchste Struktur, als das Höchste im Universum bestimmt wird. Diese Unsterblichkeit reicht über die Jahre (d. h. über die Zeit) hinaus. Wie Hunger durch Nahrung und Finsternis durch Licht enden, so hört die Macht des Todes durch Unsterblichkeit auf, die im Jenseits das ist, was das vollständige Leben hier im Diesseits. Von demjenigen, der solches weiß, entfernen sich Hunger, Übel, Finsternis und Tod; er überwindet auch den Wiedertod, den zweiten Tod, und gelangt zum ganzen, totalen Leben.[242]

Jan Gonda hebt hervor, daß man den Übergang von den Brahmanas zu den für die ganze Folgezeit wichtigen Upanishaden gern als Bruch bezeichnet, dabei aber den Inhalt der beide verbindenden kontemplativen Aranyakas nur ungenügend in Betracht zieht. Gonda ist der Ansicht,[243] es habe kaum je eine Zeit gegeben, in der der Geist der Upanishaden die Alleinherrschaft besitzt. Immer entfaltet sich neben starken, praktisch-ritualistischen Strömungen ein reflektierendes, spekulatives

Denken, das schon im Rig-Veda und Atharva-Veda Spuren hinterläßt. Die Upanishaden, obwohl aufs Ganze gesehen an der alten Denkstruktur festhaltend, stellen nicht länger den Ritus in den Mittelpunkt ihrer Interessen. Stattdessen wenden sie sich fundamentalen Fragen zu und entwickeln bestimmte Grundzüge vedischen Denkens weiter. Die ewigen Probleme des Menschen: Wer sind wir?, Woher kommen wir?, Wohin gehen wir?, Wodurch leben wir?, Was ist unser eigentliches Ich?, Wie verhält es sich zu dem großen Untergrund alles Seins?, Was ist dieser Untergrund? werden ausgiebig und langdauernd diskutiert.

Die Zeit der Upanishaden bringt eine Form geistiger Ekstase, die aber zuletzt abhängig ist von Materiellem. Materie und Geist stellen sich in engster Verflochtenheit dar. Brahman hat beides: Form und nichtgestaltete Materie, Unsterbliches wie Sterbliches, Jenseits und Diesseits. «Der Weltlauf selbst ist in der Unsterblichkeit begründet, die Materie hat daher eine unendliche und unsterbliche Dimension.»[244]

Dem Menschen ist aufgetragen, sich in seinem Einbezogensein in den Weltlauf zu gewahren – und das heißt, die Individualität zu überwinden und den Tod zu besiegen. Das, was macht, daß es ein Einzelwesen, und das, was macht, daß es eine für alle scheinende Sonne gibt, deutet auf eine Teilhabe des Einzelnen an der Unsterblichkeit des Ganzen. R. C. Zaehner sagt: «Dies ist mystisches Vereinigen und Einswerden mit der Gesamtsumme alles Existierenden, nicht aber Zurückziehen und Loslösen, wie man es im klassischen Yoga findet.»[245] Also: Ohne Materie ist kein bewußter Geist möglich. Ekstase befreit von Raum und Zeit. Der menschliche Körper, todgeweiht, trägt dennoch den unsterblichen, immateriellen Atman. Nach dem Tode geht die Seele in der höchsten Gottheit auf.[246]

Atman – Brahman

Atman, Weltseele, Brahman sind nicht darstellbar mit Mitteln, die Raum und Zeit entstammen. Umschreibungen in Parabelform können weiterhelfen. Eine sei hier skizzenhaft reproduziert. Der Pollen vieler Bäume kommt durch die Arbeit der Bienen zusammen. Das Individuum geht auf in einer Form, die anders ist als es selbst, ohne seine Hingabe freilich auch nicht werden kann, was sie schließlich ist. Auch das Meer als ein Großes und Ganzes speist sich aus der Fülle der einzelnen Flüsse, die sich in ihm verlieren. Beide Parabeln lassen sich zusammen deuten:

Die einzige Seele, die in Brahman eingeht, verliert ihre Individualität, ist und bleibt aber der Substanz nach eins mit dem Ganzen, doch fügt sie ihm ihr eigenes Wesen, ihren Stil, ihre Leistung und was immer nur sie hat, bei. Wenn wir zur höchsten Gottheit zurückkehren, verlieren wir uns, wissen nichts mehr von uns, doch sind wir unmeßbar tief geborgen. Ein Trost? Nur dann, wenn einer sein Individuumsein loslassen kann. Zaehner belehrt uns nachdrücklich: «Die allgemeine Lehre der Upanishaden lautet nicht, die Welt der Erscheinungen sei unwirklich, wie manchmal angenommen wird; vielmehr erwächst diese aus dem Absoluten, wie Funken aus dem Feuer sprühen oder wie ein Spinnennetz von der Spinne aus dem eigenen Leib gesponnen wird.»[247]

Es gibt aber auch den radikalen Monismus, der nur Eines und sonst nichts als realexistierend denkt. Ihn stellt man vor am Beispiel des Schlafes. Träumend entwerfen wir Welten, die wohl die unsrigen sind, deren Material aber aus der gemeinsamen großen Welt genommen ist. Der Mikrokosmos und der Makrokosmos zeigen ihr Zusammengehören.

Auf der Suche nach einem einheitlichen Weltgrund, einem Prinzip, das die Vielfältigkeit der Phänomene erklärt, gewinnt eine weitere Ergründung der letzten und höchsten Daseinsmächte, ihrer Korrespondenz und ihres Zusammenhangs, außerordentliche Wichtigkeit. Man treibt damals keine auf Weltobjekte bezogene Philosophie, vielmehr bemüht man sich um das eigene Heil. Dieses Ringen endet mit der Einsicht, daß Brahman = Atman zu setzen ist.[248] Später tritt die bestimmtere und einheitlichere Atmanidee immer stärker in den Vordergrund. Aus Mangel an besseren Worten, durch «Selbst» oder «Seele» übersetzt, steht Atman für Selbst im körperlichen und psychischen Sinne, für das die Individualität bestimmende Zentrum der Persönlichkeit und begegnet daneben als Größe, die wie der physische Atem, die Augen usw. dem Menschen generell von Natur eignet, als ein Lebenselement der psychisch-physischen Persönlichkeit. Der Atman, welchem im Makrokosmos nicht selten der Wind entspricht, gewinnt als integrierende Größe neben den psychischen Fähigkeiten eine zentrale Stelle als Subjekt des Sehens, Hörens und Denkens. Es heißt, daß der Atman sich auf diese Weise aber nur unvollständig manifestiere.[249]

Als das Übersinnliche und Wesentliche ist der Atman dem Tode entrückt. Man kann seiner innewerden im Schlaf und Traum. Traumloser Tiefschlaf, ähnlich dem Tode, gilt als vorzüglicher Aufenthaltsort des

Atman. Im Tiefschlaf wie im Tod fällt alles, was ist, in eins zusammen: die Konturen der Details verschwinden, aber das befreit, beglückt. Es gibt einen Zustand, der perfekte Identität mit dem Ganzen, dem Einen und Absoluten anzeigt.[250] Dort ist der Atman ganz allein, frei von dieser Welt, ohne Ich-Bewußtsein, Subjekte und Objekte, reines Bewußtsein, aber auch dem reinen Atman aller anderen Geschöpfe gleich. Der vergängliche Körper ist Sitz des fortlebenden Atmans, der bloß in der Vereinigung mit dem Körper Schmerz und Freude erfährt, nach der Trennung jedoch in vollkommener glücklicher Ruhe verharrt.[251]

Der Atman ist die subtile Essenz alles Existierenden. Alle Größen und Potenzen in der phänomenalen Welt (einschließlich der Götter) sind Manifestationen des einen Weltatmans. Hat man diese Einsicht gewonnen, so drängt sich der Schluß auf, daß Atman und Brahman identisch sind. Die (von Yajnavalkya gedachte) Folgerung ist: Der individuelle Atman ist eins mit Brahman. Diese Identifikation bietet die Grundlage für den in der Folgezeit, besonders im Vedanta, wichtigen Akt der Identifizierung einer individuellen Seele mit dem fundamentalen, universellen Prinzip der Alleinheit. Die einzige, ewige, alles tragende Macht, die sich in allem manifestiert, und die letzte, durch Selbstanalyse und Introspektion gefundene psychologische Einheit sind ein und dasselbe. Obwohl jedoch dieser bald als Glaubenssatz geltenden Identität ewige Wirklichkeit zukommt, bleibt sie den meisten Menschen verborgen; zu ihr durchzustossen, bedeutet höchste spirituelle Erfahrung.[252] Sie stellt den Schritt über die diesseitige Welt des Werdens und Vergehens hinaus ins ewige Jenseits dar. Völlige Überwindung des natürlichen Ich ist hierfür notwendige Vorstufe. Man kann diese Identifikation erleben und mittels intuitiver Einsicht aneignen. Die religiöse Existenz der Einheitssucher gründet auf unmittelbarer Erfahrung. Sie ersehnen das plötzliche Erlebnis völliger Wiedergeburt oder Transfiguration, des Bewußtseins der von jeher waltenden Einheit, endgültiger Unabhängigkeit von jeder schöpfungsmäßigen Begrenztheit. Wer den Atman, als göttliches Selbst ewig und unvergänglich, aber auch kleiner als das Kleinste und größer als das Größte, im Inneren schaut, der wird ganz eins mit ihm. Für solche Menschen gibt es kein Zweites, kein von ihm Verschiedenes, das er schauen könnte. Dieser ekstatische, nicht analysierbare Zustand vollendeter innerer Einheit, die *unio mystica*, liegt jenseits des normalen Seelenlebens.[253] Wer aus ihm in den Normalzustand zurückkehrt, vermag

Abb. 36: Pavillon und Turm des großen Vishnu-Tempels von Kumbhako-ram (Madras). Der Turm ist der in allen Details überwältigende Hinweis auf die ursprüngliche Zusammengehörigkeit der diesseitigen und jenseitigen Welt. (aus: A. Anwander, Die Religionen der Menschheit: 15)

seine Erfahrungen nur in Bildern des Diesseits, z. B. dem der Liebesvereinigung, zu veranschaulichen. Diese ganz andere Wirklichkeit deutet er als Fülle, als das All, als die höchste Wonne, als die vollkommene Einheit, in der jeglicher Unterschied zwischen Subjekt und Objekt, Innen- und Außenwelt, jeder Schmerz und jede Geistesverwirrung verschwunden sind. Alle sozialen, ethischen und religiösen Werte dieser Welt sind aufgehoben: ein übersittlicher Zustand.[254] Der Seelengrund, der in ekstatischer Erfahrung in Reinheit hervorkommt, erzeigt sich als identisch mit dem Weltgrund, dem Göttlichen, dem Unsterblichen, dem Brahman. Daher die Identifikation: «Ich bin Brahman.» Wer weiß, daß er eigentlich Brahman ist, der ist das All, d. h. er erlebt seine Identität mit der Totalität.[255] Sogar die Götter können ihn davon nicht abhalten, denn er ist auch eins mit ihrem Selbst. Diese Frucht stufenweise vorbereiteter Ekstase, erlösende Erkenntnis der Einheit, bedeutet wahre Freiheit, volles, unwandelbares Glück, eine unverlierbare Glaubensgewißheit. Angst vor Tod und Wiedergeburt verschwindet. Unsterblichkeit ist angesagt. Diesseits und Jenseits sind identisch.[256] Vernichtet bleibt jede irdische Begierde, sogar das Verlangen erstirbt. Das ist Erlösung (Moksa), Sein in einem Zustand, der phänomenalen Wirklichkeit in ihrer unendlichen Differenzierung entrückt, Befreiung von allen Bindungen, von jeglichem materiellen, aber auch ethischen, geistigen Wert. In Terminologie und Vorstellungen hat man sich noch keineswegs durchgängig von den ritualistischen Anschauungen losgesagt. Implizite fungiert der Glaube, wonach eine weitere Fortdauer oder Nicht-Fortdauer des Leibes gleichgültig ist. Man kann sich somit schon zu Lebzeiten die wahre Erlösung, im Diesseits schon das Jenseits erwerben. Zur Vorbereitung gehören Distanzierung, Abkoppelung von allem Weltlichen, ein auf Brahman gerichteter Lebenswandel (so die jüngsten der älteren Upanishaden). Auch Yoga ist vorbereitende Übung: Anhalten des Atems, Zurückziehen der Sinne von ihren Gegenständen, Meditation, Konzentration, geistige Betrachtung, Versenkung und Identifikation mit Brahman (Samadhi).[257]

Shankara und Ramanuja

Die bei Shankara und Ramanuja[258] gipfelnde begriffliche Bewältigung mystischer Erfahrung gehört späterer Zeit an. Einstweilen begnügt man sich damit, dem göttlichen Sein die Eigenschaften der irdischen Existenz abzusprechen. Das Höchste ist nicht von Sinnen, Geist oder Lebensfunktionen abhängig; es ist als Ursprung aller phänomenalen Größen und Maßstab aller Werte, als letztes Ziel alles Existierenden zu denken. In der Mannigfaltigkeit der Erscheinungen schaut man das umfassende Selbst, aus welchem jeder einzelne Atem, alle Welten, Gottheiten, Wesen hervorgehen, d. h. die Einheit der Totalität. Die phänomenale

Welt und das Eine sind wesentlich eins. Die vielfältigen Dinge dieser Welt wie die zahllosen Einzelseelen manifestieren das eine göttliche Sein; sie sind ihm wesensgleich. Es besteht also kein Wesensunterschied zwischen Gott und Welt, zwischen Transzendenz und Immanenz. Nur wenige Menschen, die derartige Subtilitäten begreifen, erfassen die wahre Struktur.[259]

Mit solch mystischer Einstellung zu den letzten Gründen hängt zusammen, daß man die nach dem Tode zu erwartende vollendete Seligkeit mit dem Zustand einer permanenten Ekstase als Vereinigung mit der Gottheit identifiziert. Was der Mystiker in Augenblicken der Einigung schaut und erlebt, muß Inhalt ewigen Lebens bilden. Daher resultiert die Auffassung, daß, wie in der Ekstase so auch im Zustand der Erlösung, Subjekt und Objekt zu vollkommener Einheit verschmelzen. Dabei handelt es sich nicht etwa um unbewußte, sondern vielmehr überbewußte, für die normale menschliche Erfahrung unfaßliche Zustände.[260] Obwohl später beliebte Ausdrücke wie Nirvana (in den älteren Upanishaden) noch nicht begegnen, ist diese Idee ihren Autoren bekannt. Was jetzt Unsterblichkeit heißt, ist nicht Fortbestehen des selbstbewußten Geistes – sondern Aufgehen desjenigen, was auf Erden als Individuum erscheint, im überpersönlichen, unendlichen Brahman. Ekstatische Erfahrung dieser als wahre Wirklichkeit geltenden Identität befreit von Notwendigkeit, wiedergeboren zu werden. Für indische Menschen bedeutet die Gewißheit, daß Erlösung überhaupt möglich ist, vorab Befreiung von Unruhe und vom Unbehagen des Daseins und ein nicht mehr störbarer Friede im Inneren.[261]

Der auf Erden durch Riten und religiöse Verdienste gewonnene Lebensraum ist nach herkömmlicher Ansicht vergänglich. Künftiges, nachtodliches Leben an sich gilt nicht unbestritten als ewig. Immer wieder spricht die alte Furcht vor Zerstörung und Vernichtung nach dem Tode, Furcht auch vor neuem Sterben im Jenseits, vor dem Wiedertod. Diese durch zyklisches Denken sowie durch Furcht, daß rituelle Verdienste im Jenseits verloren gehen können, genährte Überzeugung wird verständlicher, wenn wir hören, daß der Eintritt ins Totenreich als neue Geburt betrachtet wird.[262]

Sobald aber, wie in den Brahmanas, die Idee vom Wiedertod Einfluß gewinnt, zeigt sich das Jenseits in anderer Beleuchtung, in schärferen und beängstigenderen Konturen. Einzige Sicherheit, die man in den ritualistischen Kreisen kennt, sind Ritus und rituelle Kenntnisse der Priester. «Wer ohne dem Tod entronnen zu sein stirbt, wird im Jenseits immer wieder sterben; wer aber abends und morgens diese Libationen darbringt, wird den Tod überwinden; das ist die Befreiung vom Tode und wer diese Befreiung kennt, ist frei vom Tode.»[263] «Dadurch daß man den Feuerplatz schichtet, besiegt man den Wiedertod, denn Agni, das Feuer, ist das Unsterbliche.»[264] Auf diese Weise gewinnt man das ganze integrale Leben.

In Verbindung mit der Lehre vom Atman vollzieht sich nun eine Änderung, die einerseits vorbereitet wird durch den alten Glauben, daß wie Blut im Wasser, so der Atman im Weltraum aufgeht, andererseits durch die Überzeugung, daß das Wissen um Seele und Jenseits Macht über diese bedeutet. Nur diejenigen, die sterben, nachdem sie das wahre Selbst gefunden haben, werden wahrlich frei, d. h. dem Weltgeschehen und den irdischen Wanderungen auf immer entrückt. «Wer alle Wesen in seinem eigenen Selbst sieht und sein eigenes Selbst in allen Wesen – d. h. wer versteht, daß er an dem Einen teilhat, das das All ist –, ist wahrlich autonom.»[265] Von jetzt an tritt die Furcht vor dem Wiedertod im Jenseits in den Hintergrund. Die führenden Geister sind bestrebt, einen gangbaren Weg zur Erlösung von den sich wiederholenden Wanderungen durch Leben und Tod aufzuzeigen.

Karman

In bestimmten Kreisen gewinnt zunächst der Begriff des Karman an Gewicht. Das Wesentliche der in den älteren Upanishaden deutlich erscheinenden Karman-Lehre liegt darin, daß es nicht magische Formeln oder mit Magie durchsetzte Riten, nicht Opfer sind, von denen die Zukunft des Menschen abhängt, sondern seine eigenen Taten. «Wie man handelt und verfährt, so wird man nach dem Tode. Wer gut verfährt, dem geht es gut, wer Böses tut, wird elend.»[266] Karman ist zu denken als feinmaterielle, feinstoffliche Potenz, die sich an eine Person, an ihren Atman heftet und bleibt, wenn die Komponenten ihres psychisch-körperlichen Wesens beim Tode in entsprechenden Teilen der Natur aufgehen. Die Summe irdischen Tuns besteht fort und bestimmt das Los des Menschen nach seinem Hinscheiden und den Status, in welchem er wiedergeboren wird. Die individuelle Seele wandert durch verschiedene Existenzen – als Tier oder Mensch – je nach dem ihr anhaftenden Karman.[267] Zaehner hat uns die große Entdeckung nahegebracht, die die Weisen der Upanishaden gemacht haben: Die Seele des Einzelmenschen besitzt Unsterblichkeit; ihr wahres Sein findet sich außerhalb von Raum und Zeit. Ihre Kopulation mit der Materie, der Welt des Werdens und Vergehens (*samsara*), bleibt nicht, geht vielmehr unweigerlich vorüber. Indien hat die Reinkarnation besonders auf den Leuchter gestellt, weil dem Hindu Leben und Streben in Raum und Zeit ohne Anfang und ohne Ende ist. Immer wieder wird die Welt erschaffen, nach großen Zeiträumen geht sie unter, um erneut hervorzutreten. Damit ist dem Zwang der Wiedergeburt freie Bahn gegeben. Indien hat die daraus resultierende Problematik auf seine Weise zu bewältigen versucht, und das Wort, das hierbei entscheidend wird, heißt Karman, was meint, daß jede Handlung, rituell oder weltlich, ihre gute oder böse Frucht schafft. Wer sein Leben religiös rituell vorantreibt, kann Karman wegarbeiten – bis dorthin, wo ein reinkarnatorisches Geschehen nicht mehr erfolgt, also Erlösung für immer eintreten wird.

Wünsche des Menschen bestimmen die Richtung seiner Intentionen und diese seine Taten, sein Karman. Obwohl produziertes Karman Ergebnis der eigenen Handlungen (die Karmantheorie somit eine Vergeltungslehre) ist, wirkt es andererseits (wie alle autonomen Potenzen) automatisch und kraft eigener inhärenter Gesetzmäßigkeit. Das Karman macht Menschen zu Sklaven ihrer irdischen Existenz, nötigt sie, im Samsara zu bleiben, im rastlosen Strom des Weltgeschehens, niemals zu ruhen oder zu feiern, stets wie ein hilfloses Schiff dem sich unaufhörlich fortbewegenden Weltstrom preisgegeben, dem Leid unterworfen, mit Unlieben verbunden, dem Unbehagen verfallen. Karman gleicht dem Räderwerk, das beim Ablaufen sich selbst wieder aufzieht. Karman, von dem die nachfolgende Existenz abhängt, ist Produkt der vorigen. Das jetzige Leben ist Ergebnis eines Karmans, das in früheren Leben produziert, den Status festlegt, in dem einer später wiedergeboren wird. Nicht nur die Umstände des nächsten Lebens, auch die Schicksale des Individuums in der Zwischenzeit, Aufenthalt in einem Himmel oder in der Hölle, werden vom Karman bestimmt.[268] Den Menschen, der seine Sterblichkeit als Unglück erfährt, beschleicht eine Furcht, dieser Zustand könne endlos dauern, der Tod, das Übel, werde ihn immer wieder besiegen. Solche Quellen der Angst bedingen wachsende Überzeugung, daß die vergängliche, stetem Wandel unterliegende Welt, dies kurze Leben, diese vorübergehenden irdischen Freuden, an denen der Mensch hängt, nicht seine wahre Existenz sind. Diese Ansicht führt besonders bei denjenigen, denen das ganz Andere, das ewig von jedem Wandel, jeder Unruhe freien, Alter und Krankheit, besonders dem Tode entrückten Einen aufleuchtet, zur intensiven Bestrebung, die leidvolle zyklische Existenz auf immer zu durchbrechen, sich endgültig von allem Karman zu befreien und durch die erlösende Erkenntnis der Einheit von eigener Seele und Weltgrund die ewige Ruhe zu erlangen.[269] In der Maitri-Upanishad hören wir pessimistische Töne, die sich später im Buddhismus wiederfinden: Im von Schmerz, Angst, Verzweiflung, Krankheit, Alter und Tod geplagten Körper haben Freuden und Vergnügungen letztlich keinen Sinn; die Welt ist zu Zerfall und Untergang bestimmt.[270] Die Kena-Upanishad legt dar, daß hinter der phänomenalen Welt das Mysterium des Alleinen, Brahman, existiert. Sie lehrt, einige große Götter hätten entdeckt, daß einerseits ihre Macht von derjenigen Brahmans abhängig sei, daß aber andererseits diese Einsicht ihnen einen Vorrang unter den anderen Göttern gegeben habe. Ebenso wird der Mensch, der (die Übel vertreibende) Einsicht besitzt, in der unendlichen Himmelswelt Bestand haben und ihrer nicht mehr verlustig gehen.[271] Identifiziert man seinen eigenen Atman mit dem Einen, dessen Kenntnis alles erkennen läßt, d. h. mit dem Atman des Universums, so wird man eins mit dem All. Die jämmerliche Isolation als Individuum hört auf. Das in mystischer Versenkung erworbene Wissen des letzten Grundes bedeutet endgültiges Aufgehen in demselben.[272] Frei von der Welt und den Fesseln der Materie ist, wer in mystischer Schau des Brahman sich von jeder Begierde und Zuneigung erlöst und mit dem All und letzten Grund identifiziert. Große und gute Werke verrichten ohne Wissen, daß das All Brahman und man selbst im Eigentlichsten auch Brahman ist, läßt nur vergängliche Früchte ernten. Der Mensch freilich, der mit dem Atman eins wird, ist befreit aus dem Rachen des Todes. Es bedarf keiner Diskussion des nachtodlichen Seins mehr; sogenannte Todesforschung würde der Lächerlichkeit verfallen. Wer sich mit der wahren Wirklichkeit identifiziert und die klare Einsicht in das Aufgehen im Brahman hat, wird nicht mehr zurückkommen.[273]

Betont werden muß, daß es noch mancherlei weitere Wege zur Erlösung gibt. Diejenigen, die eine bestimmte Lehre verstanden haben, und diejenigen, die im Walde meditieren, gelangen auf dem Götterwege zum

Brahman. Den Wissenden und Leidenschaftslosen, die einen heiligen Lebenswandel führen, wird dies zuteil.[274] Im Hinblick auf das höchste Ziel erscheint jede spezielle Verehrung der Götter als wertlos.

Das Wissen um letzte Zusammenhänge und die damit verbundene Identifikation des wissenden Subjekts mit Brahman als erkanntem Objekt stehen in höchster Geltung. Herkömmliche Riten und traditionelle Religiosität behalten ihren Wert für niedrigere, alltäglich zu verwirklichende Zwecke. Das Objekt dieses identifizierenden Wissens oder Kennens vermag man damals bereits persönlich zu verstehen. Man spricht vom Herrn, der unsterblich und unvergänglich ist. Wer ihn kennt, dem lösen sich alle Fesseln: Gott, der selbst die Welt wie auch deren Urgrund, Schöpfer und Vernichter ist, wohnt als ewiges Selbst im Herzen des Menschen. Dieser eine Gott zeigt anderen Charakter als die vielen Götter. Er ist der Herrscher, höchster Oberherr, höchste Gottheit aller Götter usw. Trotz seiner Beziehung zur Welt steht er über der Welt. Er ist von jeglichem Tatendrang und Wandel der Zeit frei. Er verharrt in ewig unbewegter Stille. Aus ihm als Anfang kommt alles, und in ihm zergeht alles am Ende. Er ist immanent, Feuer, Sonne, Wasser, Brahman und Prajapati, das unpersönliche höchste Subjekt.[275]

Asketischer Lebenswandel gilt den Upanishaden als Ideal für diese Welt. In der Dauermeditation soll man sich dem wahren Selbst als dem mit dem Brahman identischen Atman zuwenden. Einer Ethik bedarf es nicht. Weder ist sie konzipiert noch überhaupt beabsichtigt. Es geht nur um die Macht des Wissens. Der Wissende ist erlöst und als solcher frei, autonom und selig.[276] Was auch immer in und auf der Erde, im Körper, in diesem Wind, in diesem Atem ist, alles ist Brahman, das All und der Atman. Brahman manifestiert sich im Individuum als dessen Bewußtseinsprinzip. Brahman liegt seinen Aktivitäten zugrunde. Ganzsein meint deutlich das Gegenteil von Krankheit, Tod und Unglück, vielmehr ein Zustand des Integralen, der Totalität. Wer ganz ist, der ist dem irdischen Leiden entrückt. Dieser Zustand läßt sich erreichen durch Kenntnis des Brahmans, das im Anfang existiert. Das Selbst, die Unsterblichkeit, Brahman und die Ganzheit werden identifiziert. Die Person, die dem Tode nicht unterliegt, ist das Selbst, Unsterblichkeit, Brahman, die Ganzheit. Sie ist idealiter von jeder weltlichen Beschränkung frei.

Daher die häufige Identifikation: «Brahman ist die Ganzheit, das All als eine Ganzheit gesehen.»[277]

Sie stimmt zur Überzeugung, daß Brahman über Hunger und Durst, Alter und Tod erhaben bleibt. Ein solcher Mensch ist befreit vom Turnus der Tage und Nächte, er ist ohne Wünsche. Das Karman und der aus Erkenntnis bestehende Atman werden eins im höchsten Unvergänglichen. Dem Kenner Brahmans heftet sich kein Karman mehr an, selbst wenn sein Leben fortdauert. Er kommt nach dem Tode nicht zurück.[278]

Die Lehre von der Wirkung der Werke über dieses Leben hinaus wird im Mahabharata als keines Beweises bedürftig hingestellt. Die Wirkung des Karman gehört zur normalen Weltordnung; sie ist Folge der allgemeinen Kausalität und des Moralischen. Die Theorie erklärt das Rätsel unverschuldeten Leidens und gesellschaftlicher Ungleichheit. Wir finden im speziellen den Standpunkt der Werktätigkeit, d. h. der Mensch kann durch Vollbringung guter Werke sich auf den guten Weg stellen. Rituelle Sühnungen vermögen wie Reue und Beichte mildernd zu wirken. Geburt als Mensch oder Tier, als glückliches oder unglückliches Wesen, wird weitgehend, aber nicht total vom Karman bestimmt, denn eine gewisse innere Disposition, die der Mensch mitbringt, spielt mit.[279]

Ahimsa und Dharma

Auch andere Strömungen gibt es im Mahabharata: eine pessimistische, die die Vergänglichkeit alles Existierenden betont, die sagt, daß überall Krankheit lauert, der Wagenlenker des Todes, Alter und Tod selbst als die großen Krokodile auf dem Ozean der Zeit. Hab und Gut, Familie und Freunde, alle Verbindungen sind wie Schaumblasen im Wasser. Jeder verfolgt nur egoistische Zwecke. Ursache des leidvollen Zustandes ist der Durst, d. h. der Wille zum Leben und zum Weiterleben wie die Begierde nach den kleinen, alltäglichen Freuden. Irdische Lust ist nur vorübergehend wie der Schuß eines Pfeils. Das Liebesverlangen, das wir immer wieder verspüren, hält uns von höheren Zielen ab. Auch die Wiedergeburt bringt nur eine neue, gleichfalls vergängliche Existenz. Samsara, die universelle Zirkulation aller Wesen, ist leidvoll. Das Geschick der Wesen im Samsara wird von einem nicht näher erklärten, teils als unpersönliche Gewalt, teils als Walten persönlicher Mächte aufgefaßten Verhängnis beeinflußt. Das unsichere Leben in dieser Welt, die wenig verlockende Aussicht auf eine bessere Fortsetzung oder Wiederholung, die schwache Kraft zur Selbsterhebung und das den dunklen Gewalten Ausgeliefertsein, läßt nur einen Ausweg: sich von allen weltlichen Interessen und Aktivitäten zurückzuziehen. Die ideale Haltung ist der Zustand des auf Wunschlosigkeit und Wertlosigkeit beruhenden Gleichmutes, der den sinnlichen Trieben nicht mehr ausgeliefert ist und weder durch persönliches Leiden noch durch die Vergänglichkeit der irdischen Existenz erschüttert werden kann. Auf diesem Prinzip, dem Aufgeben jeglicher auf Erfolg gerichteten Handlung, beruht das Ideal des Gleichmuts. Es erstreckt sich auf Lebensbedürfnisse, Besitz, sozialen Kontakt usw. und umfaßt zudem Ahimsa, Gleichgültigkeit gegen Lob und Tadel usw. Ahimsa hat praktischen Wert. Wer die Geschöpfe nicht verletzt und niemandes Feind ist, den verletzen die Geschöpfe auch nicht, der hat keine Feinde. Während feindseliges In-Beziehung-Treten mit der Umwelt in den Kreislauf verstrickt, bedeuten Ahimsa und freundliches Zurückziehen Loslösung von irdischen Kontakten. Sie stellen somit Elemente asketischer Weltabwendung dar. Daneben finden sich Mahnungen zur Milde, Mitleid und Freundlichkeit, die, obwohl auf den ersten Blick mit der negativen Anforderung unvereinbar, doch deren Komplement bilden.[280] Neigung zum Asketismus kennzeichnet den älteren Hinduismus. Nicht nur viele Brahmanen, sondern auch Angehörige der beiden anderen höheren Stände entsagen der Welt und leben außerhalb der Gesellschaft als Einsiedler oder als Wanderer. Emeritagen konstituieren sich als Zentren religiösen Lebens. Asketische Wanderer haben viel zur kulturellen Unifikation, besonders zur Verbreitung der brahmanischen (religiösen und weltanschaulichen) Ansichten, beigetragen. Schon vor Buddha (um 560–480 v. Chr.) begeben sich viele Inder in die Einsamkeit des Waldes. Einsicht in die Nichtigkeit menschlichen Daseins, Vergänglichkeit der irdischen Güter und Überzeugung, daß man das Glück der Erlösung im eigenen Innern mit Hilfe der Askese suchen müsse, bringen nicht nur lebensmüde Greise, sondern auch jüngere Männer zum Entschluß, der Welt zu entsagen. Schon früh werden wandernde Bettlerasketen, die weder nach Söhnen noch Hab und Gut verlangen, von seßhaften Anachoreten, die Askese mit Opfern und Veda-Studium verbinden, unterschieden (obwohl die Differenzen zwischen diesen Kategorien erst im Laufe der Zeit deutlicher werden). In diesen Zusammenhang gehört der Begriff des Dharma – als fundamentaler Begriff in Leben, Lehre, Gebräuchen und Auffassungen. Ursprünglich etwa Prinzip der universellen Stabilität, stützende, tragende Macht – spricht dieser Begriff von Gesetzmäßigkeit, Regelmäßigkeit,

Harmonie, fundamentalem Gleichgewicht, Norm, die in Kosmos, Natur, Gesellschaft und individueller Existenz herrschen. Dharma ist Grundlage der Verhaltensmaßstäbe des Individuums. Dharma stützt die Struktur der Gemeinschaft und bestimmt die Kontinuität in allen Erscheinungsformen der Wirklichkeit. Der Mensch, der Dharma befolgt, verwirklicht das Ideal des eigenen Charakters und manifestiert an sich selbst die ewige Gesetzmäßigkeit. In ihm realisiert sich die Potenz des Jenseitigen – und zwar schon hier und jetzt.[281]

4. 4 Buddhismus

Der Urbuddhismus

Die Lehre des Buddha, allgemein das Gesetz (*dharma*) genannt, ist eingegangen in ein ungeheueres Überlieferungsmaterial, das für ständige Weiterbearbeitung, auch Vertiefung, zeugt.[282]

Die vier edlen Wahrheiten (*arya satya*) sind Fundament der Lehre des Buddha. Ihre Entdeckung meint das eigentliche Erwachen (*bodhi*). Die erste Wahrheit handelt vom Leiden. Alles ist Leiden: Geburt, Krankheit, Tod, Vereinigung mit dem, was man nicht liebt, Trennung von dem, was man liebt, das Nichterlangen dessen, was man begehrt – kurz: das Haften am Irdischen ist Leiden.[283]

An zweiter Stelle findet sich ein Hinweis über die Entstehung des Leidens durch den Durst nach Sinnenlust, Durst nach dem Werden und Vergehen. Der Durst bindet den Menschen an den unendlichen Kreislauf, der durch das große Gesetz des Leidens regiert wird. Selbst der Wunsch nach dem Nichts bringt dadurch, daß er als Wunsch auch noch Durst genannt werden muß, die Wiedergeburt in eine neue Existenzform.[284]

An dritter Stelle ist die Rede von der Aufhebung des Leidens durch die Vernichtung des Durstes.[285]

An vierter Stelle endlich wird der Pfad gezeigt, der zur Aufhebung des Leidens führt: der bekannte achtgliederige Weg (*marga*). Rechte Anschauung, rechter Entschluß, rechtes Reden, rechtes Handeln, rechte Lebensweise, rechtes Streben, rechtes Gedenken, rechtes Sich-Versenken.[286]

Diese vier Wahrheiten entstammen in ihrer Konzeption offensichtlich der alten ärztlichen Kunst Indiens. Geht man von der Krankheit aus, so führt dies zur Frage nach ihrer Entstehung, von der man weiter-

Abb. 37: Der Aufstieg des Buddha auf den Gipfel des Meru-Bergs, die Predigt vor seiner Mutter und den Göttern und der Abstieg in Begleitung von Indra und Brahmâ. (aus: O. Karow, Symbolik des Buddhismus, Tafelband, Stuttgart 1989: 284)

schreitet zur Beseitigung, d. h. zur Rekonstruktion der Gesundheit und endlich zu Mitteln für die Heilung. Von daher gesehen ist der Buddhismus eine ausgesprochene Heilslehre; sie stützt sich auf den festen, unumstrittenen Glauben an die Seelenwanderung, deren Antrieb Durst oder Begierde ist.[287]

Als andere Variante gilt die Lehre vom Entstehen in Abhängigkeit. Nichtwissen (*avidya*) ist die Bedingung für das Entstehen der geistigen Bildkräfte. Diese bedingen das Bewußtsein, dieses bedingt Name und Körperlichkeit (*namarupa*), die die Persönlichkeit des Menschen ausmachen. Beide erwecken die sechs Sinnesbereiche, die ihrerseits die Berührung zwischen dem Objekt und dem Organ der Sinneserkenntnis be-

Abb. 38: Herabstieg des Buddha, der mit seiner Handgesten sagt: Ich habe den Göttern die Lehre gebracht. (aus: H. W. Schumann, Buddhistische Bilderwelt, Köln 1986: 65)

dingen. Diese Berührung ist die Existenzbedingung der Empfindung, aus der der Durst entsteht, genauer der Sexualtrieb. Er hat das Ergreifen, die Vereinigung der Geschlechter, im Gefolge. Daraus entsteht das Werden, aus diesem Geburt, Alter und Tod und mit ihnen Schmerz, Leid und Klagen.[288]

Damit bekundet sich eine veränderte Sicht gegenüber der mit den vier edlen Wahrheiten verbundenen. Nicht mehr der Durst ist Ursache des Leidens, sondern das Nichtwissen, als dessen nur sehr entfernte Folge der Durst wirkt. Außerdem spielt wohl der Glaube an die Seelenwanderung nicht die unbedingt entscheidende Rolle.[289]

So wird deutlich, daß das in den buddhistischen Texten entwickelte Konzept kaum ein zusammenhängendes System bildet. Offensichtlich

332

hat der Buddhismus den größten Teil seiner Ansichten früheren indischen Vorstellungen entlehnt und mit eigenen Ideen verknüpft. In diesem Sinne stellt der Buddhismus eine Reformbewegung auf indischem Boden dar.[290]

Welten, Bereiche, Höllen

In der Sicht des Buddhismus gibt es eine unendliche Zahl von Welten. Jede dieser Welten hat dieselbe Beschaffenheit, jede hat die Gestalt einer Scheibe, in deren Mitte sich der Berg Meru oder Sumeru erhebt. Um ihn herum befinden sich vier vom Ozean umgebene Kontinente. Jede Welt besteht aus drei Stufen oder Regionen. Auf der unteren Stufe der Sinnenlust (*kama*) wohnen die Verdammten, die hungrigen Gespenster, die Tiere, die Menschen und die niederen Götter (*asura*), die an den Hängen oder auf dem Gipfel des Meru, aber auch in Luftpalästen weilen. Alle diese Wesen sind dem Geschlechtstrieb unterworfen.

Die Region der Formen (*rupa*) hat vier Unterstufen, die den vier Stufen der Meditation (*dhyana*) entsprechen. Diese sind wiederum in mehrere Bezirke eingeteilt und werden von den begierdefreien Göttern bewohnt, die einen feinstofflichen Körper haben.

Die Region des Formlosen läßt sich nicht lokalisieren. Sie besteht aus vier Stufen, die vier (immateriellen) Betrachtungen entsprechen. Hier wohnen die körperlosen Gottheiten, die während langer Zeitabschnitte in Zuständen verharren, wo selbst das Denken selten ist.[291]

Die Lebewesen (*sattva*) werden, ihren Taten entsprechend, in fünf Schicksalsbereichen wiedergeboren: in Höllen (*niraya*, *naraka*), in hungrigen Gespenstern, in Tieren, in Menschen und in Göttern (*deva*).[292] An einigen Orten gesellt sich noch der Bezirk der *asura* hinzu, die nach der alten brahmanischen Mythologie als Gegner der Götter gelten.

Die Höllen befinden sich zwischen den Welten sowie auch unter der Erde. Acht Hauptunterwelten finden wir, von denen die berühmteste und schrecklichste die *avici* ist. Jede Hölle ist von sechzehn zweitrangigen Höllen umgeben. Die Verdammten erleiden während langer Zeit vielfache und grausame Folterungen. Sie werden verbrannt, gebraten, gekocht, erdrückt, zerstückelt, von Wölfen oder Vögeln mit eisernen Schnäbeln aufgefressen, von scharfen Klingen, die die Blätter der Höllenbäume bilden, zerschnitten, durch eisige Sturzbäche zum Erfrieren

Abb. 39: Unter den zahlreichen Höllenvorstellungen sind die des Buddhismus besonders deutlich auf die einzelnen Fehler menschlichen Handelns psychologisch abgestimmt. In heißen und kalten Höllen müssen die Sünder büßen. Der Totenrichter läßt die guten und schlechten Taten abwägen, um dann die Seelen den Schergen zu überstellen. (aus: M. Eliade u. a., Mythen der Welt, Luzern u. a. 1976: 285)

gebracht usw. Der Gott Yama, zu gewissen Stunden selbst ein Gefolter-
ter, richtet die Verdammten. Er klagt sie an, in ihrer Blindheit die drei
ausgesandten Boten, nämlich Alter, Krankheit und Tod, nicht erkannt zu
haben. Die Wiederkehrenden bzw. genauer: die Hinübergegangenen, die
Gespenster irren in den Räumen zwischen den Welten oder auf der Erde
umher. Da ihre Mundöffnung nur die Größe eines Nadelöhrs hat, sind

sie stets von Hunger und Durst gepeinigt und können sich nur mit Kot sättigen. Zu den Tieren gehören gewisse mythische, vom Brahmanismus überkommene Wesen, eine Art niedere Wasser- und Waldgottheiten. Sie können nach Belieben die Gestalt eines Menschen oder einer Schlange annehmen und spielen in den buddhistischen Texten eine große Rolle.[293] Das Schicksal des Menschen jedoch hat, trotz seiner Mühen, einen ungeheuren Vorteil, denn nur die Menschen sind in der Lage, die Mönchslaufbahn zu ergreifen als notwendige Kondition zur Erlangung des Heils.

Götter, aber nicht Brahma

Den Menschen ist ein gutes Geschick zugeteilt, wie auch den Göttern, im Gegensatz zum schlechten Los der drei vorhergehenden Arten von Wesen. Die Götter haben ein ungemein langes Leben; ihre Glückhaftigkeit ist Lohn vergangener guter Taten. Dieses Glück freilich bedeutet ein Hemmnis für ihre Erlösung. Es hindert sie daran, die Wahrheit des Leidens zu verstehen.

Die niederen Götter leben unter den Menschen, in Bäumen, Flüssen, Bergen und verschiedenen Gegenständen, deren Hüter sie sind. Andere wohnen an den Hängen des Meru als die vier großen Könige, die Hüter der Kardinalpunkte: im Osten, im Süden, im Westen und im Norden.

Auf dem Gipfel des Meru wohnen die dreiunddreißig Götter, die unmittelbar aus dem Brahmanismus stammen, mit ihrem Oberhaupt Indra. Im Himmel weilen in Luftpalästen an erster Stelle die Yama (von Yama, dem Gott, der die Toten regiert), dann die Befriedigten, die Freude an magischen Schöpfungen haben und die, die ihren Willen auf das von anderen magisch Erschaffene richten. Das Oberhaupt der letzten ist Mara, der den Tod und das Böse verkörpert.

Auf den vier Stufen der Region der Formen wohnen von unten nach oben: Brahma und sein Gefolge, die leuchtenden Götter, die herrlichen Götter. Endlich auf dem Gipfel mehrere Gruppen von Göttern, deren Zusammensetzung wechselt. Unter ihnen kann man die Unbewußten und die Nichtuntergeordneten, die Allerhöchsten nennen. Bemerkenswert ist, daß die verschiedenen vom Brahmanismus übernommenen Götter, wie Brahma, Indra, Yama usw. alle auf der Stufe der Begierde oder in der untersten Schicht der Region der Formen wohnen.[294]

Der Buddhismus akzeptierte niemals die Existenz eines ewigen, allwissenden, allmächtigen Gottes als Schöpfer und Herrn aller Dinge, wie etwa Brahma. Die Götter, wie alle anderen Lebewesen, haben nur eine begrenzte, wenn auch sehr lange Lebensdauer. Die buddhistischen Texte beschreiben die Götter in der Regel als gutmütige, feige und lächerliche Gestalten. Die Mehrzahl der Gottheiten sind nur nominell bekannt.[295]

Weg zur Erlösung

Der Urbuddhismus koppelt die Seelenwanderung mit der Verneinung eines persönlichen Prinzips, in dem man zugleich den verantwortlichen Täter der Taten erkennen könnte. Buddha und seine Schüler sagen: So wie ein Wagen nicht nur aus Rädern, Kasten oder Deichsel, sondern aus allem zusammen besteht, so auch die Person aus der Vereinigung der fünf Gruppen, der zwölf Regionen oder Sinnesbereiche, der achtzehn Elemente und der zweiundzwanzig Vermögen. So wie das kleine Kind vom Jüngling, vom reifen Mann, vom Greis verschieden ist und doch mit ihnen identisch, so ist auch das lebende Wesen, das eine bestimmte Existenz durchläuft, zugleich verschieden von und identisch mit denen, die ihm vorangegangen sind und deren Strafen und Belohnungen es gegenwärtig erduldet, sowie mit jenen, die ihm folgen und ihrerseits den Lohn seiner gegenwärtigen Taten und Handlungen empfangen werden. Wie alle Dinge, so ist auch die Person als etwas Zusammengesetztes zu betrachten – aus Elementen, die ihrerseits zusammengesetzt und unbeständig sind. Das macht ihre beständige Veränderung und Entwicklung nach dem Gesetz des Werdens einleuchtend.[296]

Es gibt eine Vergeltung der Taten, die keineswegs völlig automatisch geschieht. Kein Gott und oberster Richter schaltet sich ein, um Tugenden oder Untugenden, Wohltaten oder Missetaten abzuwägen und Strafen und Belohnungen zu verordnen. Nach dem urbuddhistischen Konzept konstituiert die Tat (*karman*) eine Frucht, deren Vergeltung oder Reifen sich allmählich vollzieht. Am Ende fällt sie auf den Verantwortlichen nieder. Damit eine Tat Frucht bringen kann, muß sie moralisch gut oder schlecht und durch eine Willensregung bedingt sein, die, indem sie in der Seele des Täters Spuren hinterläßt, sein Geschick in die durch die Vergeltung der Tat bestimmte Richtung lenkt. Die Dauer des Reifens überschreitet in der Regel die der irdischen Existenz. Deshalb hat die Vergeltung der Taten zwangsläufig eine oder mehrere Wiedergeburten zur Folge, die zusammen den Daseinskreislauf (*samsara*) ausmachen.

Abb. 40: Das Lebensrad (bhavacakra) ist eine auch dem Laien leicht verständliche Darstellung des ständig leidvollen Kreislaufs der Wiedergeburt. Schwein, Schlange und Hahn im Zentrum der Radnabe symbolisieren die Wiedergeburt auslösenden unheilvollen Ursachen: Gier, Haß und Unwissenheit. Der daran anschließende Ring weist auf die jedem freistehende Wahl zwischen karmischem Abstieg (rechts) und Aufstieg (links). Die von den Radspeichen begrenzten sechs Sektoren führen in szenenreicher Abfolge die Daseinsbereiche (gati) vor Augen, die sich der karma-bedingten Wiedergeburt eröffnen. Der äußere Ring, die Radfelge, illustriert die jeweiligen Stufen des «bedingten Entstehens» aller geistigen und körperlichen Daseinsphänomene (paticcasamuppâda). (aus: H. Bechert/R. Gombrich, Die Welt des Buddhismus, München 1984: 29)

Sowohl die guten Taten, die Belohnungen einbringen, als auch die schlechten, die Strafen im Gefolge haben, zeitigen Wiedergeburten und verstricken das Wesen in den endlosen Kreislauf des Daseins. Um sich davon zu erlösen, sollte man sich sowohl der guten wie auch der schlechten Taten enthalten.[297]

Da man gewöhnlich mehrere aufeinanderfolgende Existenzen durchlaufen muß, um auf dem Erlösungsweg voranzuschreiten, verhelfen am Ende nur die guten Taten zum Heil. Deshalb erscheint nach buddhistischer Auffassung alles, was unter Laster und Leidenschaften zu rechnen ist, als ein Haupthindernis auf dem Weg zur Erlösung.[298]

Vernichtung aller Leidenschaften, Irrtümer und Fesseln, die bisher das Wesen an den dauernden Kreislauf des Daseins gebunden haben, ist angesagt. Neue Leidenschaften, neue Irrtümer und neue Fesseln dürfen nie wieder entstehen. Darum erlangen die Heiligen, die das Nirvana erreicht haben, seien sie Buddha oder Arhat, zugleich zwei bezeichnende Erkenntnisse, nämlich die Gewißheit der Erschöpfung der alten Leidenschaften und ihres Nichtwiederentstehens in der Zukunft. Der Weg der Erlösung führt zu einem Ziel: der Ruhe (*samatha*), d. h. der Beruhigung, die aus der Vernichtung der Leidenschaften hervorgeht, unter klarer Einsicht in die vier edlen Wahrheiten, die verhindert, daß neue Leidenschaften in dem auf diese Weise aufgeklärten Geist aufkommen.[299]

Der Buddhismus praktiziert eine subtile meditative Regulierung der inneren, der seelischen Abläufe. Der Eintritt in die anzustrebende Versenkung wird durch verschiedene Kunstgriffe erleichtert. Die Beachtung des Ein- und Ausatmens empfiehlt man denen, deren Geist sich auf die Urteilskraft und Einbildungskraft beschränkt. Man zählt die Zahl des Einatmens und Ausatmens, indem man ihnen im Geiste folgt, sie zurückhält, sie zerlegt nach verschiedenen und mannigfaltigen Rhythmen. Herrscht bei bestimmten Menschen das Begehren vor, so müssen sie die Betrachtung des Unschönen, des Unreinen vollziehen, die den verschiedenen Verwesungsstadien einer Leiche entsprechen.[300] Auch andere Formen der Übung sind zu nennen – so die, welche die gesamte Welt ins Blickfeld rückt. Dann ist die Rede von Erde, Wasser, Feuer, Wind, Blau, Gelb, Rot, Weiß, Äther und Bewußtsein. Die Übung besteht aus dem intensiven Anschauen einer Erdscheibe, einer Wasserschüssel, eines brennenden Stabes etc., bis man davon ein Bild gewinnt, das sichtbar bleibt, auch wenn man die Augen schließt oder den Blick abwendet. Der Meditierende kann die sogenannten Brahmazustände als Übungen benutzen: die Liebe zu allen Wesen, das Mitfühlen mit den Leidenden, das Frohlocken beim Glück der anderen und der Gleichmut Freund und

Abb. 41: Die kosmischen Bezüge eines Stupa. Deshalb reihen sich um das Gebäude die verschiedenen Arten von Göttern, Schutzdämonen und Heiligen. (aus: A. Lommel, Kunst des Buddhismus, Zürich 1974: 55)

Feind gegenüber. Alle diese Methoden gestatten, Böswilligkeit, Schädlichkeit, Unzufriedenheit und Begierde zu bekämpfen.[301]

Solche Übungen haben nicht nur Beruhigung und Unterdrückung der Leidenschaften zum Zweck, worin freilich das Hauptziel des Buddhismus zu bemerken ist, sondern noch andere, untergeordnete, freilich nicht zu übersehende Folgen. Sie führen zum angenehmen Aufenthalt unter den geschauten Dingen, zur Glückseligkeit in dieser zeitbegrenzten Welt, die einen Vorgeschmack jener des Nirvana ist, und zur Erkenntnis, dank der man zur Aufhebung der intellektuellen Tätigkeit gelangt.[302] Ferner führen sie zum bewußten Nachdenken oder zur weisen Analyse und schließlich zur Erschöpfung der Befleckungen, zur Vernichtung der Leidenschaften; eine Eigenschaft, die den Heiligen höherer Stufe, Arhat, besonders kennzeichnet. Die Meditationsübungen haben zudem sechs übernatürliche Erkenntnisse zur Folge. Die erste besteht aus verschiedenen magischen Fähigkeiten, die es ermöglichen, den Raum zu durchwandern, Mond und Sonne zu erreichen, seinen Körper zu vervielfachen, durch Mauern und Berge hindurchzugehen, in die Erde und das Wasser zu dringen, auf dem Wasser zu gehen, Flammen und Rauch aus seinem Körper aufsteigen zu lassen. Die zweite ist das göttliche Ohr, mit dem man göttliche und menschliche Stimmen wahrnimmt. Die dritte ist Wahrnehmen des Denkens der anderen Menschen in all seiner Mannigfaltigkeit. Die vierte ist Erinnerung an die früheren Existenzen in ihren Einzelheiten bis in die entferntesten Zeiten. Die fünfte ist die Erkenntnis der Todesfälle und Wiedergeburten, auch göttliches Auge genannt, wodurch man das Schicksal der verschiedensten Lebewesen erkennt. Die sechste ist Erkenntnis der Erschöpfung eigener Befleckungen. Diese letzte ist den Heiligen eigen, während die anderen, wie alle vorhergenannten Vorteile, von allen Asketen erreicht werden.[303]

Nirvana

Der Übergang vom gemeinen diesseitigen zum heiligen jenseitigen Zustand vollzieht sich durch intellektuelle Bekehrung, ohne daß irgendwie (z. B. für das Christentum fundamentale) Begriffe wie Glauben und Gnade mitwirken.[304]

Verschiedene Stufen sind genannt, die wir jetzt nicht detailliert beschreiben. Von der vierfachen Wahrheit vollständig überzeugt, ist der

*Abb. 42: Ein Einblick in das «westliche Paradies» des roten Buddha
Amitâba. Es ist das himmlische Land Sukhâvatî in der westlichen
Himmelsgegend des Universums, in dem sich der Buddha des «unermeß-
lichen Lichtglanzes» Amitâbha befindet. (aus: D.-I. Lauf, Verborgene
Botschaft tibetischer Thangkas, Freiburg 1976: 49)*

Meditierende am Ende ein Heiliger und braucht nur noch dem Weg zu folgen, der ihn zum Nirvana führen wird. In Tat und Wahrheit stehen ihm drei Wege offen. Hat er die vier Wahrheiten nur durch die Vermittlung des Buddha oder eines seiner Jünger erkannt, so wird er Zuhörer. Hat er sie von sich aus gefunden, so wird er ein Erwachter, entweder ein Erwachter für sich allein, wenn er nicht lehrt, oder ein vollkommen und ganz Erwachter, wenn er wie Buddha die vier Wahrheiten lehrt, bevor er selbst in das Nirvana eingeht.[305]

Das Ziel ist unverkennbar: Erlöschen, völlige Erschöpfung der drei Grundleidenschaften Gier, Haß und Irrtum. Ferner ist es Erschöpfung des Durstes, das Entsagen. Dagegen steht der Hinblick auf das Unsterbliche, auf das Reine, Ruhige, Nichtböse, Nichtunreine, die Zuflucht, das Eiland, das, was nicht mehr dem Kreislauf des Lebens unterworfen ist. Worum es im Endergebnis geht, ist das Gegenteil unserer phänomenalen Welt, die durch ihre permanenten Wandlungen und die daraus entspringenden Leiden gekennzeichnet ist. Worum es geht, ist das Ganz-Andere, das Absolute, von dem wir aber keine Idee haben, keine Begriffe bilden können. Von dem, woraufhin alles sich richtet, gibt es keine Beschreibung und auch keine Begriffsbestimmung. Alle uns verfügbaren Worte beziehen sich auf ein phänomenales und damit relatives Dasein. Man kann also nicht sagen, das Nirvana als Nichtvorhandensein dieses Universums sei einfach ein Nichts, wie dies oft von Abendländern aus Unkenntnis behauptet wird. Die alten Texte unterscheiden zweierlei Weisen des Erlöschens: Erlöschen in den sichtbaren Dingen oder Erlöschen mit Überresten und Erlöschen ohne Überreste. Erstens ist das eigentliche Nirvana, es ist der Zustand des Heiligen, bei dem alle Leidenschaften endgültig vernichtet sind, der mehrere Jahre hindurch auf diese Weise weiterlebt, um den restlichen Lohn seiner früheren Taten zu erschöpfen – wie ein Rad, das noch im Freilauf weiterdreht, wenn der Antrieb aufgehört hat. Das zweite wird beim Tod des Heiligen erreicht. Alle Elemente, die seine Person bilden, hören in diesem Augenblick endgültig auf zu bestehen. Hier handelt es sich um das völlige Erlöschen. Der Heilige, der diesen Zustand erreicht, gehört unserer Welt nicht mehr an. Er hat alle Bande, die ihn mit ihr verbinden, gelöst. Man kann weder sagen, daß er ist oder nicht ist, noch daß er zugleich ist und nicht ist, noch das Gegenteil davon.

Man darf das, was dem völligen Erlöschen folgt, nicht als reines

Nichts betrachten. Es ist ein Zustand ewiger, transzendenter Glückseligkeit, den der beschränkte Geist des Menschen niemals faßt. Gautama Buddha hat zu seinen Jüngern folgendermaßen davon gesprochen: «Es gibt, ihr Mönche, einen Bereich, in dem ist weder Erde noch Wasser, weder Feuer noch Luft, weder das Raumunendlichkeitsgebiet noch das Bewußtseinsunendlichkeitsgebiet, weder das Gebiet der Nichtheit noch das der Weder-Wahrnehmung-noch-Nichtwahrnehmung, weder diese Welt noch jene Welt, weder Sonne noch Mond. Dies, ihr Mönche, nenne ich weder Kommen noch Gehen, noch auch Stillstand, weder Tod noch Geburt; es ist ohne Grundlage, Fortschritt oder Stütze; es ist das Ende allen Kummers. Denn alles, was einem anderen Ding anhängt, kommt zu Fall, aber zu dem, was nicht anhängt, kann kein Fall kommen. Wo kein Fall kommt, da ist Ruhe, und wo Ruhe ist, da ist kein heftiges Begehren. Wo kein heftiges Begehren ist, da kommt nichts und geht nichts; und wo nichts kommt und nichts geht, da ist kein Tod, keine Geburt. Wo weder Tod noch Geburt ist, da ist weder diese noch jene Welt, noch etwas dazwischen – es ist das Ende allen Kummers.»[306] Dieser Text zeigt die Zurückhaltung des Buddha, über ein wie immer zu verstehendes Jenseits zu sprechen. Er stellt das Wissen vom Sein nach dem Tode hinter das Wissen von den vier edlen Wahrheiten zurück, welches das Leiden, die Aufhebung desselben sowie auch den Weg dorthin meint.[307]

Die Logik ist zwingend. Geschieht Erlösung, dann ist der Tod und alles Nachtodliche kein Problem mehr. Erlösung kann ihrem Vollsinne nach nur Erlösung von Todesfurcht und möglichen Schrecken einer oder vieler Jenseitszonen bedeuten. Buddhas Nüchternheit fasziniert; sein antispekulatives Religiössein im Sinne des Entschiedenen, der den Weg der Übung und Selbtbemeisterung geht, läßt die von Jüngern immer wieder gestellte Frage nach den Weisen jenseitiger Existenz leerlaufen. Claus Vogel hat darauf hingewiesen, daß die Umformung des Menschen hier und jetzt, die der Buddhismus intendiert, beispielhaft an Buddha selbst gezeigt werden kann. Wer in der Leidenschaft und damit in irdischer Bindung bleibt, dem geschieht Wiedergeburt, wem die Leidenschaft erstirbt, der hat den Ausstieg aus dem Kreislauf geleistet und seinen Eingang ins Nirvana gesichert.[308] Im Falle des Buddha kann gesagt werden: «Nur das Substrat seiner Körperlichkeit trennte ihn noch vom substratlosen völligen Nirvana, das erst bei seinem Tode eintrat.»[309] Die Antizipation des Todes in der Erleuchtung ist offensichtlich. Man kann die Interpretation des Todes als des in keiner Weise mehr zu fürchtenden Ereignisses, das hier angedeutet wird, als die Kehrseite der Erleuchtung gewissermaßen in ihrer aktuellen Relevanz kaum überschätzen. Daß sich damit durchaus legitime Bilder nachtodlicher Existenz verbinden, dürfte ein Beleg für die von uns vertretene These sein, wonach die religiöse Deutung des Diesseits sich mit einer solchen des Jenseits koppelt, koppeln muß. Von der Fülle der Visionen, die der Buddhismus über die Himmelswelten präsentiert, war andeutend die Rede; hier sei abschließend nur der Hinweis noch geboten, in welchen nachtodlichen Existenzformen der Buddha gesehen wurde. In seinen Versenkungsstufen erhebt sich der Geist des Erhabenen zu den größten Höhen des Alls. Doch da auch diese keine ewige Bleibe garantieren, sondern den Zwang der Wiedergeburt implizieren, tritt der Buddha in eine weitere Bemühung um Meditation ein: der «leidlosen, glücklosen völligen Reinheit des Gleichmuts und der Achtsamkeit».[310]

«Auf dieser Stufe überkam ihn in der Nacht seiner Erleuchtung die erlösende Erkenntnis, und auf dieser Stufe überkam ihn in der Nacht seines Todes die Vollendung. So wird auf eindrucksvolle Weise eine Brücke zwischen den beiden Hauptereignissen seines Lebens geschlagen».[311]

4. 5 Der Lamaismus und die Religionen Tibets
Lamaismus
Die Religionen Tibets stehen unter dem Vorzeichen der Verbreitung des Buddhismus. Ein Nebeneinander und Widerstreit verschiedener Richtungen zur Zeit der Einführung des Buddhismus in Tibet, eine Rivalität zwischen indischen und chinesischen Strömungen, ist zu bemerken. In mehreren Anläufen wird der Buddhismus in Tibet heimisch gemacht. Besonders im Zusammenhang mit der Gründung großer Klöster tritt er erfolgreich auf. Aus diesen missionarischen Bemühungen des Buddhismus entwickelt sich der sogenannte Lamaismus. In lamaistischer Tradition entsteht aus dem Gegensatz der Schulen und ihrer Bedeutung für die politische Geschichte Tibets die besondere Würde des geistlichen und politischen Oberhauptes, des Dalai-Lama.[312]

Trotz aller Unterschiede im einzelnen zeigen sämtliche Richtungen bestimmte gemeinsame Voraussetzungen. Manche Einzelzüge erfahren eine größere oder geringere Betonung oder gewisse Abwandlungen. Allen eignet eine unerläßliche Propädeutik, ohne die von einer Akzeptation des Buddhismus kaum gesprochen werden kann: nämlich das Gelübde, den Heilsweg beschreiten zu wollen, das Auf-sich-Nehmen der zu diesem Ziele führenden Heilspraxis, das Erkennen der Bedingtheit (und folglich der Leere) jedes möglichen Denkobjektes usw. Über dies hinaus ist offenkundig, daß die tantristischen Grundlagen der gesamten lamaistischen Praxis und Einstellung ihr Gepräge verleihen und zwar nicht nur in ihrem liturgischen Gefüge, sondern auch in der Gestaltung der auf die Erlösung hin orientierten Lebenshaltung. Es geht nicht um Erwerb theoretischer Erkenntnisse, sondern um durchgreifende Ausrichtung der Erkenntnistätigkeit auf das Heilsziel. Das Erkennen bleibt dem Erleben untergeordnet. Erforschung und Prüfung der Wahrheit, die verstandesmäßige Einsicht in sie, haben hinter dem erlebten Besitz der Gewißheit zurückzutreten. Das Erkenntnisvermögen kann das Heil höchstens anbahnen, doch nicht gewähren. Um das Erlebnis zu verwirklichen, zieht der Lamaismus theoretische Lehre, seelische Entrückung und Yogatechnik zur Hilfe. Nur so vermag man die völlige Umkehrung der Seinsebenen zu bewirken, die dem Buddhismus zugrunde liegt. Alles Denkbare ist relativ und leer, aber diese Leere ist Leere nur insofern, als das wahre Sein nicht von unserem Denken erreicht und umfaßt werden kann. Dies Leere wird gleichgesetzt mit der Glückseligkeit und mit dem Licht jenseits der unendlichen Alternativen des Denkbaren. Wahres oder Unwahres, empirische oder absolute Wahrheit, *samsara* oder *nirvana*, alle Dichotomien sind willkürlich geschaffene Zeichen und Benennungen, die als solche das unaussprechliche Letzte niemals tangieren. Der Mensch kann seine eigene illusorische Existenz ebenso wie die nur in seiner Vorstellung als gegenständlich gegebene Ding-Welt kraft einer in ihm waltenden Geistigkeit (*sems*) überwinden. Diese überaus subtile, vom Atem getragene Potenz ist mit einer besonderen, nicht der gewöhnlichen Materie vergleichbaren Stofflichkeit begabt. Es ist Licht, ihr Wesenszustand ist reine Lichthaftigkeit, gegenstandslose Bewußtheit. Diese zentrale Kraft des Menschen muß sich emporläutern. Ziel der ganzen esoterischen Erfahrung ist Verwandlung des in Raum und Zeit gefangenen Ich. Auf dieser raum-zeitlichen Grundlage vollzieht sich die Umkehrung der Ebenen (in einem der drei Buddhakörper). Kraft seiner Verwandlungen gibt der *sems* den Vermittler ab zwischen dem meditierenden Wesen auf der einen Seite und jenen nach höheren Wesensformen weisenden Möglichkeiten auf der anderen Seite. Dem Eingeweihten erschließen sich die zu jenen besonderen Seinsweisen führenden Pfade.[313] Ein einzigartiger Emanations- und Reintegrationsvorgang wird sichtbar: das Hervortreten der Erscheinungswelt und das Verschwinden der Erscheinungswelt in der Leere. Theorie und Praxis des Buddhismus bieten hierfür technische Voraussetzungen. In liturgischen und meditativen Vollzügen kommt es zum Durchbruch der mystischen Individualität (des eingeborenen *sems*) des Schülers, geschieht sein Eingehen in die höheren Ebenen, die wunderbare Verschmelzung, dank der jeder Abstand zwischen der Transzendenz und der menschlichen Ebene der Immanenz aufgehoben wird. Der Myste selbst ist befähigt, sich vorläufig in eine Gottheit zu verwandeln. Wer sich nicht in Gott verwandelt, kann keinen Gott verehren.[314] Dieses Prinzip hat sich im Vajrayana[315] und im Lamaismus eminent fortgebildet. Ausgehend von jenen Meditationsformen, die das Aussehen und die Symbole der einzelnen Gottheiten beschreiben, konzentriert sich der Meditierende auf eine bestimmte Eigenschaft, verwandelt in seinem Geist seinen Standort in ein Paradies, bis dieses tatsächlich visuell vor ihm steht. In dessen Mitte – ein Götterpalast. In seiner Mitte – ein weißer Lotus bei freundlichen Göttern, ein roter Lotus bei kämpferischen und furchterregenden Gottheiten. Die Wandlung des eigenen Selbst in ein göttliches Wesen ist ein allen Richtungen des Lamaismus gemeinsames, wenn auch differenziertes Moment, das in Stadien vor sich geht. Wird die Verwandlung eine Tatsache, dann kann die heraufbeschworene Gottheit auch gegenüber dem eigenen Ich erscheinen, d. h. sie ist räumlich vor dem Schauenden projiziert. Andere Varianten können dazu führen, daß der Meditierende sich selbst in verschiedenen Gestalten vorstellt und visualisiert. Etwa wenn er aus sich ganze unendliche Chöre von Gottheiten emaniert und wieder in sich resorbiert oder auch wenn er aus dem unendlichen Raum unendliche Buddhas herbeiruft, um von ihnen die Weihe zu empfangen und sie dann wieder in den mit seinem eigenen Herzen identifizierten Raum entläßt.

Erstaunlich ist die Kraft indo-tibetischer Lehrmeister, Zustände seelischen Außersichseins und gesteigerten Erlebens zu entfesseln. Dabei wird auf die tieferen seelischen Schichten derart eingewirkt, daß paranormale Zustände ausgelöst und von den Meistern gelenkt werden kön-

Abb. 43: Dieser Thangka zeigt Tsong-kha-pa (1357–1419), Begründer der Schule der Gelbhutmönche, als deren Oberhaupt der Dalai Lama gilt, auf einem Lotusthron sitzend; um ihn herum die großen Klöster seiner Schulrichtung. Die Lotuspflanze ist der Ort, wo sich die Jenseitswelt manifestiert. Götter sitzen oder stehen auf dem Lotus. (aus: H. Bechert/R. Gombrich, Die Welt des Buddhismus, München 1984: 249)

nen. Das Wesentliche und Entscheidende besteht in der Auflösung aller Erscheinungen in Leere. Alle Formen müssen durch ihre Entformung ins Leere geläutert werden. Alles, was der Myste tut, ist auf ein einziges Ziel ausgerichtet, nämlich in sich selbst den Prozeß der Emanation und Resorption nachzuvollziehen und damit alle Erscheinungen ihres Realitätsanspruchs zu entkleiden.[316]

Jedem einzelnen Menschen eignet seine Schutzgottheit, jenes Göttliche, auf das hin er abgestimmt ist und das kraft solcher Bindung die Verwirklichung seiner Katharsis in die richtige Bahn lenkt. Die Meditationen, über die hier im Detail nicht berichtet werden kann, heben den Abstand zwischen dem Diesseits der Menschenwelt und der göttlichen Sphäre, also dem Jenseits, auf. Sie rufen das göttliche Wesen und ziehen es auf die Menschenebene herab. Gleichzeitig erheben sie das Menschliche über sich hinaus. Es handelt sich um Verwandlung, Entrücktsein, das mit Hilfe des (sich zu sublimiertem Bewußtsein geläuterten) *sems* geschieht, und zwar mit einer Lichtfülle, die den überwältigten Meditierenden einhüllt und seine Schauungen erhellt. Das Erlebnis richtet sich auf ein einziges Ziel: In einem Augenblick geschieht dem Meditierenden, daß sich der jenseits des Menschlichen gelegene Zustand göttlicher Existenz verwirklicht. Ohne diesen *sems* gäbe es keinen Kontakt zwischen der menschlichen und der übermenschlichen Ebene, keine Verwandlung, keine Transformation. Der eingeborene *sems* begibt sich auf den Versenkungspfad, der die übersinnlichen Situationen auslöst – und dies nicht nur in Vorwegnahme dessen, was ihn im großen Moment der Schau erwartet – sondern vor allem, um sich auf dies alles vorzubereiten. Religiöses Leben in letztem Verstand ist die von früh an geübte Vorbereitung auf Sterben und Tod.[317]

Der Wegführer zur Juweleninsel

Es gibt einen Text im Wegführer zur Juweleninsel, aus dem wir einige Partien präsentieren. In der Wildnis eines Tales liegt ein Greis, verbraucht und müde. Ihm naht sich ein Jüngling, stolz und voll Hochmut über seine Stärke. Die beiden sprechen miteinander. Der Junge: «Du, Alter! Beim Gehen, beim Sitzen und bei allem, was du machst, handelst du merkwürdig und ganz anders als die anderen. Was ist der Grund dafür?» Der Alte: «Höre zu, du hochfliegender Jüngling, der du so stolz bist auf dein starkes Fleisch und Blut! Vor vielen Jahren war ich körperlich noch viel stärker als du. Im Laufen konnte ich jedes Rennpferd überholen, und wenn ich einen wilden Yak der nördlichen Steppe einfangen wollte, so tat ich es. Mein Gewicht war leicht, glich demjenigen eines Vogels, der am Himmel fliegt. Meine Schönheit glich derjenigen eines jungen Sohnes der Götter. Ich trug glänzende Kleider und kostbaren Schmuck. Süße und wohlschmeckende Speisen aß ich und ritt auch die stärksten

Pferde. Es gibt weder ein einziges Spiel, das ich ausgelassen habe, noch Freude und Glück, die ich nicht genossen hätte. Ich dachte weder daran, daß ich sterben, noch daß ich alt werden könnte. Durch lärmenden Zeitvertreib und Geselligkeit mit Freunden habe ich alles andere vergessen. Aber während dieser Zeit schlichen sich die Leiden des Alters heimlich heran und begannen mich zu bedrücken. Selbst bemerkte ich jedoch nicht, daß ich langsam alt wurde, und als ich es endlich doch bemerkte, da war es zu spät. Wenn ich jetzt in einen Kristallspiegel blicke, fühle ich mich selbst von meinem eigenen Körper angeekelt. Körper und Geist werden im allgemeinen verbraucht, doch im besonderen immer angefangen vom Kopfe nach unten. Denn das Alter kommt wie durch das Weihwasser der Initiation als Segen, der vom Haupte nach unten wirkt. Meine Haare sind jetzt gleich einer weißen Muschel. Aber weder Schwärze noch Schmutz wurden weggewaschen, sondern der Herr des Todes hat mich angespien, und sein Speichel ist als Frost auf meinen Kopf gefallen. Meine Stirne ist jetzt voll Runzeln. Das sind jedoch nicht die Fettfalten eines dicken Jungen, sondern die Zahlen der Altersfurchen der vielen vergangenen Jahre, eingezeichnet vom Boten der Zeit. Wenn ich sehen will, zwinkere ich viel. Aber es ist kein Rauch in meine Augen gedrungen, sondern meine Sehorgane sind verbraucht. Meine Sicht ist durch Flimmern verdeckt, deswegen muß ich zwinkern, um sehen zu können. Wenn ich hören will, neige ich mein Ohr vor. Es gibt keine Geheimgespräche, doch alle Stimmen klingen so weit entfernt. Deswegen muß ich genau lauschen [...]. Der Kranz meiner Zähne ist ausgefallen. Aber es ist kein Zahnausfall, bei dem neue Zähne wachsen, sondern die Mahlzeiten dieses Lebens sind für mich aufgezehrt, deswegen wurden die Esswerkzeuge weggeräumt. Beim Sprechen rede ich unklar und stotternd. Es ist jedoch keine fremde Sprache, sondern früher habe ich zuviel unsinnig geschwätzt, deswegen ist meine Zunge müde geworden. Mein schönes Antlitz ist geschwunden und häßlich geworden. Es ist jedoch nicht die Maske eines Affen, die ich trage, sondern die ausgeborgte Maske der Jugendlichkeit wurde von mir wieder zurückgenommen. Deswegen zeige ich jetzt die eigene, knochige Häßlichkeit. Ich schüttle fortwährend den Kopf. Dies ist aber keine Beleidigung oder Mißbilligung der Handlung eines anderen, sondern die Keule des Herrn des Todes, der allem ein Ende bereitet, hat meinen Kopf getroffen. Deswegen kann ich mein Haupt nicht mehr ruhig halten, und mein Hirn zittert. Wenn ich im Gehen mein Gesicht auf den Weg hinunter gebeugt halte, so mache ich das nicht, weil ich eine verlorene Nähnadel suche, sondern es ist ein Beweis, daß ich mein Juwel der Jugend und mein Gedächtnis auf den Boden gestreut habe. Beim Aufstehen vom Boden stütze ich mich auf alle vier Glieder. Aber ich ahme kein Tier nach, sondern meine Beine können den Körper nicht mehr tragen, deswegen nehme ich meine Hände zu Hilfe. Beim Niedersitzen falle ich hin. Das tue ich jedoch nicht, um durch schlechtes Benehmen Freunde zu kränken, sondern weil das Seil der seelischen Lust und Freude und der fünffarbige Faden der Jugend abgeschnitten wurden. Während des Schreitens schwanke ich unsicher. Jedoch nicht um das Stolzieren einer hohen Persönlichkeit nachzumachen, sondern weil die Last des Alters für mich zu schwer geworden ist, deswegen kann ich mich nicht mehr aufrecht halten. Meine Hände zittern dauernd. Aber das tue ich nicht, weil ich nach Juwelen schnappe, sondern ich zittere aus Angst vor dem Herrn des Todes, der mir alles zusammen wegnehmen wird, was ich in Händen halte. Zwangsläufig atme ich schwerfällig und blase die Luft schnaufend heraus. Das ist jedoch kein Rezitieren mystischer Formeln, um Dämonen von jemandem anderen auszutreiben, sondern ein Omen, daß mein Lebensatem bald am Himmel verschwinden wird. Alle meine Handlungen sind anders geworden. Aber diese Veränderungen sind weder absichtlich kindisch noch unüberlegt, sondern der Dämon des Alters hält mich gefangen. Dadurch habe ich keine Kraft und keine Freiheit des Handelns mehr. Ich vergesse oft alle Arbeiten, die ich zu machen habe. Das tue ich jedoch nicht aus Leichtsinn oder weil ich diese Arbeiten unwichtig finde, sondern meine Aufnahmefähigkeit ist verbraucht, deswegen sind mein Erinnerungsvermögen und mein Bewußtseinszustand geschwächt.

Du, junger Mann, brauchst mich jetzt nicht beleidigen und auslachen, denn bei den Leiden des Alters gibt es keine Unterschiede in der Verteilung, und jeder erhält das gleiche. Schon in drei Jahren wird dich der erste schnelle Bote des Alters erreichen. Alles, was bis jetzt durch mich erklärt wurde, dringt nicht in deine Ohren, später wirst du es jedoch selber erfahren! Wir leben heutzutage in einer Epoche der immer kürzer werdenden Lebensdauer, deswegen kannst du nicht so alt werden wie ich. Wenn du jedoch gleich alt werden würdest, wie ich es jetzt bin, so könntest du nicht mehr so sprechen wie ich.»

Der Junge: «Du ausgekochtes Wrack, dessen Lebenskraft geschwunden ist! Es wäre besser zu sterben, als so zu leben wie du!»

Der Alte (mit einem Lächeln): «Du, Junge! Du willst lange leben, glücklich leben und immer gut aussehen, aber du willst nicht alt werden. Das ist sehr dumm von dir. Sterben und dennoch glücklich sein ist sehr schwierig. Wenn man durch sein ganzes Leben lang die gläubig gegebenen Speiseopfer und Spenden nicht mißbraucht, die eidgebundenen Worte und die religiöse Disziplin einhält, richtig lernt und meditiert, dann kann man ruhig sterben und auch im nächsten Leben glücklich werden. Ich selbst habe jedoch weder die kleinste Erinnerung noch irgend einen inneren Eindruck, daß ich jemals so gehandelt hätte. Deswegen, weil ich mein ganzes Leben nutzlos verschwendet habe und obwohl jetzt mein Körper alt geworden ist, möchte ich immer noch weiterleben, selbst wenn ich nur wenigstens einen einzigen Tag länger leben könnte. So denke ich, weil jeder zusätzliche Tag mir die Gelegenheit gibt, das gut zu machen, was ich versäumt habe.»

Der Junge: «Wahrlich! Du, Alter, hast recht! Alles das, was ich mit meinen eigenen Augen gesehen habe, und alles, was du erklärt hast, stimmt. Deswegen beeindrucken mich deine praktischen Belehrungen zutiefst. Oh wie schrecklich sind die Leiden des Alters, wenn man die ganze Jugendzeit nutzlos verschwendet. Du, alter Mann, hast großes Verständnis, große Erfahrung und bist ein großer Weiser. Wenn es also gegen diese erschreckenden Nöte des Alters eine hilfreiche Methode gibt, so erkläre sie mir ehrlich!»

Der Alte (mit einem Lächeln): «Jawohl, es gibt solche Methoden, auch solche, die gar nicht so schwierig sind, und man braucht doch nicht alle zu befolgen. Alle Wesen, die geboren werden, müssen sterben, aber nur wenige sterben in einem hohen Alter. Man würde ein Mittel für die Unsterblichkeit benötigen, das es jedoch nirgends gibt. Alle Lebewesen, Buddhas, Bodhisattvas, Große Wesen, Könige, Minister usw. der vergangenen Zeiten sind gestorben, und alle diejenigen der jetzigen Zeit müssen auch sterben. Du junger Mann, kannst nicht als einziger unsterblich bleiben. Wenn du jedoch echte Religion wirklich ausgeübt hast, wird deine Seele Freude empfinden, wie alt dein Körper auch geworden ist. Wenn dann der Tod zu dir kommt, wirst du wie ein kleiner unschuldiger Knabe freudig nach Hause zurückkehren. Alles das, was ich vorher geraten habe, ist die allerbeste Methode, um glücklich zu sterben. Ein noch besserer Ratschlag kann selbst von Buddha nicht gegeben werden. Alles, was ich gesagt habe, das sind Worte aus meinem Herzen; sie wurden nicht nur durch meinen Mund gesprochen. Du mußt jedoch selbst über deine eigene Handlung und über das, was du machen willst, entscheiden!»

Der Junge: «Gut, schon gut! Aber jetzt habe ich noch viele Arbeiten für meine Familie, Haus und Feld, Geschäfte usw., die erledigt werden müssen. Deswegen habe ich einige Jahre hindurch keine Zeit. Erst wenn diese irdischen Verpflichtungen erfüllt sind, dann werde ich religiöse Übungen machen. Sobald diese Zeit gekommen ist, müssen wir beide uns dann wieder treffen!»

Der Alte: «Deine Meinung ist leer von Sinn. Vor vielen Jahren war ich auch genau dieser Ansicht und wollte religiöse Übungen erst dann machen, wenn alle anderen Arbeiten fertig sind. Aber nicht erledigte Arbeiten können niemals wirklich beendet werden, denn sie sind wie der Bart eines alten Mannes, jeden Tag schneidet man ihn, und dennoch wächst er immer stärker. So vergehen einige Jahre und noch einige Jahre, und die Arbeit ist immer noch nicht fertig. Auf diese Art wird das ganze Leben versäumt. Und durch dieses fortwährende Hinausschieben der religiösen Verpflichtungen wird der ganze Sinn des Lebens verraten. Offensichtlich ist für dich eine Ausübung der Religion hoffnungslos. Deshalb haben unsere Gespräche auch gar keinen Sinn. Es ist besser, daß du wieder nach Hause gehst und mich alten Mann hier läßt, damit ich ruhig weiterbeten kann.»

Der Junge rebelliert nochmals gegen diese Zumutung, worauf der Alte erwidert: «Aha, zu mir kannst du so sprechen, aber in südlicher Richtung gibt es einen anderen gewaltigen, alten Mann, den Herrn des Todes, der keine Rücksicht auf noch unerledigte Arbeiten nimmt. Mit diesem Manne mußt du selber zu sprechen versuchen. Jedoch, wenn dieser Alte plötzlich ruft, dann sind alle – ob jung oder alt, ob hoch oder niedrig – gezwungen, alle noch nicht gemachten Arbeiten aufgeben zu müssen, wie wenn ein Faden aus Yakwolle durchgeschnitten wird. Denn in diesem Augenblick des Erscheinens des Todes muß jedermann alles aufgeben, und es gibt keine Berechtigung im angeborenen irdischen Zustand weiterleben zu können, weil man gezwungen wird, sofort alle noch nicht erledigten Arbeiten aufzugeben, wenn der Tod kommt. Deswegen ist es klug und sinnvoll, jetzt schon freiwillig nutzlose Ver-

Abb. 44: Das tibetanische Rollbild zeigt eine Gruppe von zehn Siddhas, die in der Frühzeit des tibetischen Buddhismus während des Wirkens von Guru Padmasambhava gelebt haben. Die Siddhas sind Mönche, die sich in den magischen Yogatechniken des tantrischen Vajrayâna vollendet haben und daher übernatürliche Fähigkeiten besitzen. Sie können Dämonen bannen und natürliche Vorgänge durchbrechen. (aus: D.-I. Lauf, Verborgene Botschaft tibetanischer Thangkas, Freiburg 1976: 113)

pflichtungen aufzugeben und sich der religiösen Praxis zu widmen. Im allgemeinen gibt es wenige nützliche Ratgeber, aber es gibt noch viel wenigere, die auf sie hören wollen!»

Der Junge: «Selbst von den höchsten, schirmgekrönten Lamas und den allergrößten Gelehrten könnte kein noch besserer Ratschlag als dieser gegeben werden. Du, alter Mann, bist ein echter religiöser Lehrer. Deswegen werde ich alles, was du gesagt hast, befolgen. Bitte erteile mir noch weitere gute Ratschläge.»

Der Alte: «Also, gut! Ich habe verschiedene große Erfahrungen gesammelt. Jedoch das Allerschwierigste zu verstehen, ist die Grundlage der religiösen Praxis. Diese kann man nicht im Alter erlernen, deswegen mußt du sie jetzt schon, in deiner Jugendzeit, üben. Wenn man in der Jugend die Grundlage der religiösen Praxis richtig gelernt hat, dann wird ihre Ausübung im Alter leichter. Wenn man die Methode der Anwendung der religiösen Praxis im Denken, Sprechen und Handeln erfaßt hat, dann kann alles, auch die allereinfachste Altagshandlung zur religiösen Übung werden. Du sollst jedoch nicht zu viel grübeln, sondern von jetzt an deine gesamte Kraft in Richtung der religiösen Grundsätze einsetzen! Du mußt den Lehren der religiösen Wurzeln genau folgen! Auf die Einhaltung des religiösen Eides und der religiösen Verpflichtungen muß du so achten wie auf deine eigenen Augen! Du mußt alle unsinnigen materiellen Wünsche und Gedanken für dein gegenwärtiges Leben aufgeben! Innerlich mußt du nur die Essenz der buddhistischen Lehre studieren und dich darauf konzentrieren und darüber meditieren. Wenn du dazu noch äußerliche Hilfsmittel, rituelle Zeremonien usw. anwendest, dann liegt Buddha in deiner Hand. Dann wirst du echte Freude und echtes Glück, d. h. Heiterkeit der Seele, erleben. Dann, du Junge, werden sich auch alle deine Wünsche erfüllen.»[318]

Wenn wir unsere Lebensführung nicht gemäß Weisung unseres Lehrers gestalten, dann fesselt uns das in der Vergangenheit angehäufte Karman an die von diesem erzeugten Illusionen, während wir neue Illusionen den bereits aufgestapelten hinzufügen. Solche Illusionen wirken sich ebenfalls in Bildern des Traumes aus, der durch sie in Gang gesetzt wird.[319] Indem sich dieser Zustand zementiert, gerät auch die Zwischenexistenz nach dem Eintritt des Todes in Mitleidenschaft. Eine dreifach strukturierte unreine Scheinwirklichkeit ergibt sich: Illusion als Karma-Wirkung, Ausstrahlung derartiger Illusion in das Traumleben,

Einwirkung des unrein Illusorischen auf den Geistleib, der im Todes-
moment einer neuen Verkörperung zustrebt. Der unreinen Existenzform muß man mit Hilfe der Meditation entgegentreten. So bleibt ein
Traum von unreinen Vorstellungsbildern bewahrt. Die (illusorischen)
Tageswahrnehmungen sind aus gleichem Stoff wie die Traumbilder. Beherrscht man die einen, hat man Gewalt über die anderen. In einem Zustand konzentriert sich das innere Licht (des *sems*) – wie eine Lampe sich
selbst und Gegenstände außerhalb ohne Beihilfe von außen erleuchtet.
Dann steht der Mensch jenseits jeder Dualität; er ruht in sich in unendlicher Helle und mit einer Erfahrung von Tönen, in der potentiell alle
überhaupt möglichen Töne enthalten sind. Eine strahlende Leere, aus
der die Unendlichkeit leuchtender Vorstellungen ausströmt. Diese
Scheingebilde sind nichts als die innerste Macht der Leere in sich
selbst.[320]

Transformation

Auch der Augenblick des Todes muß in die Praxis des Erlösungs-
weges eingearbeitet werden. Eine Erfahrung ist gefragt, die im Verlaufe
des Übungsweges als Vorbereitung für die Geschehnisse im Todesmo-
ment gewonnen wird. Der Meditierende muß sich selbst als Gottheit
vorstellen. Diese anspruchsvollen theoretischen, aus der Yogawelt
herkommenden Grundlagen sowie die im Augenblick des Todes zelebrierten Riten bezeugen die Intention auf ein einziges transzendentes
Ziel. In diesen Riten perfektioniert sich der Transformationsprozeß einzelner menschlicher Zustände auf das Heil. Ein bemerkenswerter Ver-
klärungsversuch geschieht, indem veränderliche und widersprüchliche
Konditionen der Erscheinungswelt zur Verwirklichung höchsten Bewußtseins benutzt werden. Die Zeitlichkeit löst sich für den Initiierten
auf in einen ewigen Augenblick.[321]
Die zu erstrebende mystische Schau kommt nicht von außen, sie fällt
auch nicht sozusagen von oben herab, sondern entspringt im Innern und
vollzieht sich im Innern des Meditierenden. Der Mensch bewegt sich im
Bannkreis ganz eigener Entrückungen. Treffen sich mystische Schau und
kontrollierte Meditation in untrennbarer Einheit, so haben wir darin
einen der tiefsten und originellsten Beiträge des Vajrayana-Buddhismus
und seiner lamaistischen Interpretation zu erblicken. Dank stufenweiser

Läuterung werden die Leidenschaften zum Instrument ihrer eigenen Aufhebung vorausgesetzt.[322]

Selbst die Bipolarität zwischen Mann und Frau fungiert als Voraussetzung der Transformation und ist eines der Wesensprinzipien tantrischer Erfahrungen. Die Bipolarität von Mann und Frau als unleugbare, das ganze Dasein prägende Tatsache ist relevant für das Zusammensein von Geschlechtlichkeit und Befreiung. Beide werden unter der Kontrolle läuternder Bewußtheit gehalten. Die sexuelle Erfahrung wird zum Bereich einer verwickelten, einem Laien unverständlichen Symbollehre. Das Sexualerlebnis steht in Relation zum esoterischen tantrischen Prozess, und zwar derart, daß dessen Phasen Situationen steigender Sinnlichkeit entsprechen.[323]

Was hier geschieht, dient dem Aufschwung zur Verwirklichung des Buddhatums. So wird auch der ungeheuerliche Bildreichtum im lamaistischen Kultwesen verständlich. Diese Bilder sind ein eindrücklicher Versuch, Geheimnisse anschaulich machen, so z. B. himmlische Chöre, die dem Meditierenden im Laufe seiner strahlenden Reise durch unendliche Welten innerer Erfahrung erscheinen. Nur die richtige Deutung der in Frage stehenden Bilder gibt ihnen den angemessenen Heilswert, d. h. sie öffnen den Weg zu einer bewußten Meditation.[324]

Korrespondenz mit der Volksreligion

Die importierte buddhistische Religiosität und die aus ihr hervorgehende Form des Lamaismus steht einer Volksreligion gegenüber, mit der sie sich in Korrespondenz weiß. Volksreligion mit ihren Göttergeschichten und Gebräuchen beherrscht das Alltagsleben des Tibeters wie sein Verhalten gegenüber den ihn umgebenden Mächten. Die Mischung des Lamaismus mit den volkstümlichen Formen überkommener Religiosität erzeugt komplexe Gebilde, so daß auf diese Weise das religiöse Dasein des Tibeters in seinen charakteristischen Gestalten den bekannten Reichtum erlangt.[325]

Das Leben des Tibeters bettet sich ein in eine Fülle vielgestaltiger Hierophanien, welche alle Phänomene mit Sakralität durchtränken. Numinose Mächte leisten unerschöpfliche Epiphanien sozusagen in klassifizierbaren Gruppen und Untergruppen. Dem Tibeter steht frei, die unsichtbare, unbezweifelbare Präsenz der Mächte auf seine besondere Weise zu beantworten. Der Lamaismus läßt die Numina der heimischen

Abb. 45: mChod-rten (Chorten) beim westlichen Tor Lhasas, Symbol für das Universum und den Menschen, für den Makrokosmos und den Mikrokosmos. Die Treppenstufen symbolisieren die Bergketten, die nach der tibetischen Weltvorstellung unser Universum sowie die Glieder des Menschen abgrenzen. Die Trommel symbolisiert diese Welt und den Unterleib. Der Griff sind die göttlichen Wohnstätten auf dem zentralen Weltberg oder der Brustkasten des Menschen. Oben sind der Mond und die Sonne angebracht, die auch den Kopf symbolisieren. In der Trommel sind oft Reliquien oder Bücher und Formeln untergebracht. (aus: J. P. Asmussen u. a., Handbuch der Religionsgeschichte, Bd. 2, Göttingen 1972: 529)

Religion weiterbestehen; er bemüht sich um Anpassung ihrer Anrufungen und Begehungen an die eigene Ritualwelt. Gemäß der üblichen kosmologischen Dreiteilung zerfällt der Bereich der Numina in den des Himmelsraumes, der Erdentiefe und der Zwischenwelt, jedoch ohne starre Trennungslinien im Detail.[326] So groß an Zahl die den Tibeter umgebenden übersinnlichen Mächte sind, so unbestimmt ist oft ihr Gepräge.[327] Die tibetische Welt ist voll ängstlicher Besorgtheit. Was immer dem Menschen zustößt, wird gekoppelt an eine übersinnliche Sphäre, mit der es zu kommunizieren gilt.[328]

Der Tibeter erlebt sein Haus als Mikrokosmos im Gegensatz zum äußeren Raum, dem Tummelplatz und Versteck der hinterhältig drohenden zahllosen Mächte.[329]

Weiterherum wird das Wort *bla* im Sinne von Seele gebraucht. Fällt jemand in Ohnmacht, so hat sein *bla* den Körper verlassen; stirbt jemand, so hat sich der *bla* vom Körper getrennt. Man denkt, er irre irgendwo umher, er sei entführt worden. Der *bla* ist lebendiger Doppelgänger des Menschen; sich seiner bemächtigen heißt sich des Menschen bemächtigen. Neben dem *bla* steht der *srog* als die mit der Lebenszeit identische Lebenskraft, die im Atem strömt und ihren Sitz im Herzen hat. Das Entschwinden dieser Kraft ist gleichbedeutend mit dem Tode. Sie fällt mit dem Leben als solchem zusammen.

Die Trennung des *bla* vom Körper ist nicht irreparabel, da geeignete Verfahren bestehen, den *bla* in seine körperliche Hülle zurückzuholen und dem Leben zurückzugeben. Der Lama, der dem Toten, um den noch ein Hauch des ihm eigenen Bewußtseins weht, den Wortlaut eines heiligen Buches[330] ins Ohr flüstert, ist der Psychopompos, der während der 49 Tage des Zwischenzustandes zwischen Tod und Wiedergeburt den Verstorbenen Schritt für Schritt auf seinem schweren Weg begleitet. Erweckt die Rezitation des heiligen Buches das Bewußtsein des Toten nicht, so wird er zum letzten Gericht vor den Totengott gebracht. Er steht freilich nicht allein vor den Richter, sondern in Begleitung zweier Gefolgsmänner. Der eine ist der mit dem Menschen geborene Dämon seiner bösen Werke, der andere ist der eingeborene Gott, der eine schwarz, der andere weiß, der eine hat schwarze Steinchen in der Hand, der andere weiße, um im Augenblick des Richterspruches die vom Toten verübten bösen und guten Taten zu zählen. Diese im Menschen bestehenden Mächte reifen mit ihm als Verkörperung des von ihm geleisteten Guten und Bösen heran. Im Todesaugenblick nehmen sie feste Gestalt an. Dem eingeborenen Gott steht der Widerpart gegenüber. Es handelt sich um einen Anwalt des Menschen beim letzten Gericht.[331]

Das Totenbuch

Als Beitrag zum Wissen über den Tod und einer Existenz nach dem Tode, sodann von der Wiedergeburt ist das Totenbuch der Tibeter, *Bardo thödol* genannt (Befreiung durch Hören auf der Stufe nach dem Tode), einzigartig unter den heiligen Texten der Menschheit, als Darstellung der Hauptlehren des Mahayana-Buddhismus. Als mystisches Handbuch zur Führung durch viele Bereiche der anderen Welt, deren Grenzen Tod und Geburt sind, gleicht es dem ägyptischen Totenbuch. Wir wissen, daß der Kern der Lehren unabhängig erhalten wurde durch eine lange Folge von Heiligen und Sehern des Landes Tibet. Ziel der Initiation, um die es sich handelt, ist Erleuchtung und Befreiung vom *samsara*. Ein menschlicher Körper besteht aus vier Elementen: Erde, Wasser, Luft und Feuer. Er sollte diesen Elementen zurückgegeben werden. Erdbegräbnis zielt auf Rückkehr des Körpers zum Element Erde, Wasserbestattung auf Rückkehr des Körpers zum Element Wasser, Luftbestattung zum Element Luft – die Vögel, die den Leichnam verschlingen, sind Bewohner der Luft – und Feuerbestattung auf Rückkehr des Körpers zum Element Feuer.[332]

Das Bewußtseinsprinzip ist vom Augenblick des Todes an und auf dreieinhalb oder vier Tage danach (im Falle eines gewöhnlichen Verstorbenen) wie in einem Schlaf- und Traumzustand anwesend und wird in der Regel nicht gewahr, daß es vom Körper getrennt wurde. Dies ist der Übergangszustand vom Augenblick des Todes an, in dem das klare Licht dämmert in ursprünglicher Reinheit. Der Verstorbene bemerkt, daß er nicht mehr zu den Lebenden zurückkehren kann. Beim Erwachen auf der zweiten Stufe dämmern in Visionen Bilder, die von den Widerspiegelungen seiner Taten im irdischen Körper hervorgerufen werden. Was er gedacht und getan hat, wird gegenständlich: Gedankenformen, die er sich bewußt vorgestellt hat und denen erlaubt war, Wurzeln zu schlagen, zu wachsen und zu blühen und Frucht zu tragen – sie ziehen nun vorüber in gewaltigem Panorama als der Bewußtseinsgehalt seiner Persönlichkeit.[333]

Das Totenbuch der Tibeter verdeutlicht, daß die Gestalt des Toten, Name, körperliche Erscheinung in einem Stadium der Jenseitsfahrt visuell vorgestellt wird. Die Sünde wird dinghaft und physisch vorgestellt als verderbliche schwarze Substanz, die ausgeschieden wird, um die ursprünglich weiße Farbe der Seele wieder zu gewinnen. Meistens geht der Jenseitsreise eine Krankheit voraus, die den Menschen überfällt und eigenartige Symptome hervorruft: Fieber, Brennen in der Kehle, Frostschauer. Vor der Reise hat der Reisende entsetzliche Gesichte und Halluzinationen, wähnt sich inmitten schrecklicher Ungewitter und Wirbelwinde, hört schauerliches Getöse, glaubt sich von heftigen Hagelstürmen angefallen, die ihm die Knochen zerschmettern und die Haut zerfetzen, erlebt sich als Schiffsbrüchigen am Meeresgrund oder im Sturz aus Himmelshöhen, meint tot zu sein, da die wirkliche Welt seinem Blick entschwindet und die jenseitige Welt von ihm geschaut wird. Mitunter schwingt er sich von seinem Wohnsitz auf dem Rücken eines plötzlich vor ihm erscheinenden Pferdes in die Lüfte und führt seine Reise auf Geheiß unsichtbarer, ihm als Führer dienender Wesen aus. Auch das Wiedererwachen ist langsam und mühevoll. Diese und ähnliche Einzelheiten erinnern an manche Entrückungserlebnisse, die Himmelsreise und die Unterweltsfahrten der Schamanen, doch ist ein gewisser Unterschied zwischen solchen schamanistischen Visionen und den Berichten der erwähnten Wiederkehr nicht zu verkennen. Während im schamanistischen Bereich der Schamane seine Reise freiwillig antritt, überfällt hier ja das Ereignis den Betroffenen unvorhergesehen, hat es einen ausgesprochenen Zufallscharakter. Gemeinsam ist beiden Bereichen das Aussichheraustreten und die Wiederkehr, die Jenseitsreise und die Heilung der Seele, wobei in der buddhistischen Umwelt Heilung gleichbedeutend ist mit Beseitigung moralischer Ansteckung und Sündhaftigkeit als solcher. Der Gedanke unmittelbarer Verbindung zwischen der Erde und den Sphären des Paradieses ist auch später in der tibetischen Volksphantasie nicht verschwunden. Immer bleibt der Glaube verbreitet, der Tote bewahre weiterhin sein Aussehen wie zu Lebzeiten, er trete, getragen von seinen verdienstlichen Werken, seine Reise nach den himmlischen Gefilden auf einer Stoffschärpe oder ähnlichem an.[334]

Bon-Religion

Die Bon-Religion ist die einheimische Religion Tibets. Sie vermochte sich trotz aller Beeinflussungen seitens des Buddhismus in eine spätere Zeit hinüber zu retten.[335] Die Bon-Religion ist darauf ausgerichtet, die feindseligen oder zweideutigen Mächte zu unterwerfen oder mindestens im Zaun zu halten und zu besänftigen, ferner darauf, im Bereich der Todes- und Bestattungsriten dafür Sorge zu tragen, daß die Toten den Lebenden keinerlei Schaden zufügen können. Der Großteil solcher Riten und Praktiken kann in der Volksreligion weiterleben, wenn auch häufig in buddhistischem Gewande. Wir stoßen auf Vorstellungen vom Himmelsraum und darüber hinaus auf eine ganze Reihe aufeinandergetürmter Himmelskreise, über denen sich ein unendlicher Raum befindet, in dem Sonne und Mond kreisen, ja sogar auf eine Göttin des Himmelszentrums. Jedoch werden Sonne, Mond und Sterne auch außerhalb dieser Zusammenhänge betrachtet, und ganz besonders gilt dies für die Erde. Gelegentlich wird der Boden, auf dem die Menschen leben, im Sinne des heiligen Ortes verstanden, wo sich die Herabkunft der Ahnen vom Himmel vollzieht.

Der Gipfel des heiligen Berges ist Stätte der Begegnung zwischen Himmel und Erde. Solche Berührung und Verbindung zwischen Himmel und Erde gilt als urtümlicher Glaubenssatz der Tibeter. Es darf in diesem Zusammenhang an das Seil erinnert werden, das Himmel und Erde verbindet, jedoch später durch ein menschliches Vergehen oder infolge Verletzung der Vorschriften durchschnitten wird, wodurch die beiden Welten für immer getrennt bleiben. Das Gebirge ist bis heute Mittelpunkt des besiedelten Raumes. Auf den Bergen werden die jahreszeitlichen Riten und Sonderfeste begangen, auf den Bergen wurden früher die Toten begraben und werden jetzt die Leichen ausgesetzt.[336]

5 Fernöstliche Religionen

5.1 Die Religionen Chinas
Alte Dynstien

Betrachtet man die Religionen Chinas, so befindet man sich sogleich in dem weiten Feld chinesischer Geschichte, die Jahrtausende zurückreicht. Die chinesische Welt ist derart umfassend, daß auch die Betrachtung der Religionen im Detail ebenso weitgespannt wie aufwendig ist.[1] Ausgeprägte Vorstellungen des Jenseits können in unserem Zusammenhang nicht reproduziert werden. Eine bis in die neueste Zeit wiederkehrende Struktur, welche den Kaiser als Sohn des Himmels an der Spitze des staatlichen wie religiösen Systems sieht, haben wir an den Anfang zu stellen. Der Kaiser mit numinosen Fähigkeiten, die man ihm kraft seines Amtes attestiert, fungiert als für alle verbindlicher Mittler zwischen Diesseits und Jenseits. Auch mit dem Niedergang des Kaisertums und daraus resultierenden Krisen erfolgt keineswegs die Auflösung der besonderen Mächtigkeit dieser Spitzenfigur. Darüber vermöchte eine Analyse z. B. des Mao-Kultes besondere Aufschlüsse zu geben.[2] Was die Chinesen durchgängig charakterisiert, scheint eine ihr lebensweltliches System fundierende Beziehung zu den Ahnen zu sein, die nach dem Abscheiden in eine jenseitige Welt eintreten.[3]

Als erster Träger der Geschichte Chinas begegnet die Shang- oder Yin-Dynastie,[4] die sich mit Hilfe überlegener Organisation und durch Gebrauch von Bronzewaffen über andere Stammesgruppen erhoben hatte. Nicht nur überlegene Technik, sondern auch eine Schrift, deren Ausbildung sich über die Geschichte ihrer Dynastie hin verfolgen läßt, machen die Shangse erfolgreich. Dank dieser Schrift liegt ein umfangreicher Schatz von Inschriften auf Bronzegefäßen und Orakelknochen vor, der uns ein einigermaßen zuverlässiges Bild von der Lebensweise dieser Zeit vermittelt.[5] Im Mittelpunkt ihrer archaischen Kultur steht der Ahnendienst, der wesentlich Zusammenhang und Macht der Sippe ermöglicht.

Hauptgegenstände im Ahnentempel sind dort aufgestellte Ahnenbilder. In die Ahnenverehrung werden auch diejenigen vor Gründung der Dynastie einbezogen, deren magische Kraft aus jenseitigem Bereich zur

Errichtung der Dynastie wesentlich mitgeholfen hat. Ihr Charakter als Sippengottheiten verliert sich im Dunkeln; es scheint, daß sich mit ihnen die Grenze gegenüber ebenfalls verehrten Gottheiten verwischt. Abgeschiedene Ahnen werden also ihrem Rang gemäß, mit göttlicher Macht (in verschiedener Abstufung und Qualität) ausgestattet. An der Spitze der gesamten Ahnenschaft rangiert ein Obergott, Shang-ti. Die Welt der Shang besteht insgesamt aus himmlischer Oberwelt, mittlerer Welt der Lebenden und Erdunterwelt. Eine Dreiteilung, die zum festen Bestand des chinesischen Weltbildes wurde. Entsprechend lassen sich drei Sphären aufweisen: Über der Erde befinden sich die Gottheiten der Sonne, des Mondes, der Sterne, des Windes, der Wolken usw. Auf und in der Erde gibt es die göttlichen Beherrscher der Flüsse, Berge, Kulturböden etc. Über allen Gottheiten steht der königliche Gottahn. Die Art, wie man diese Götter verehrt, fällt in keiner Weise aus dem Rahmen des im Ahnendienst Üblichen heraus. Die Ahnen der Shangzeit repräsentieren einen permanent anwachsenden Machtfaktor. Durch den Konnex toter und lebender Sippenmitglieder ist die Machtstellung der Shang in der irdischen wie in der jenseitigen Welt so stark, daß nur der gewaltsame Sturz dieser Dynastie ihn zu erschüttern vermag.[6]

Eine gewichtige Rolle spielt in jener Zeit der Schamanismus.[7] Zu seinen hervorstechendsten Charakteristika gehört, daß der Schamane konzentrierte, magische Macht seiner Sippe auf sich vereinigt. Die in den drei Schichten des Universums anzutreffenden Angehörigen seiner Sippe sind die Adressaten, mit denen er sich in Verbindung bringt. Der Schamane tritt also stets auch mit den Ahnen in Beziehung.

Die Welt der Shang-Leute ist erfüllt von Göttern und Geistern, vor allem aber den Geistern abgeschiedener Ahnen. Diese sind je nach ihrer alten Stellung unter den Lebenden mit größerer oder geringerer magischer Macht ausgestattet.[8] Wesentlich ist, daß die Numina, Götter oder Geister, keineswegs durch unüberwindliche Grenzen von der Bevölkerung getrennt bleiben. Die dem uns geläufigen Begriffsystem entnommenen Worte wie Diesseits und Jenseits, Göttliches und Menschliches, Leben und Tod sind wegen des scharfen Trennungsstriches, den sie für uns markieren, hier unzutreffend. Ein Mensch der Shang-Zeit vermag durch das Medium des Schamanen, durch Orakel oder Traum mit diesen Wesen in Beziehung zu treten. Er darf sogar erwarten, ihnen jederzeit von Angesicht zu Angesicht begegnen zu können. Zu ihrer Lebzeit sind die Menschen nur Teil eines umgreifenden Systems, das von Anderen, nämlich den in ein magisch wirksames Dasein Übergetretenen, gelenkt und überwacht wird. Das Verhältnis der Lebenden zu diesen Geistern und dem sie beherrschenden Obergott ist nicht das zu unnahbaren, wesensverschiedenen Göttern, sondern etwa so wie zu ehrwürdigen Verwandten, die sich zwar in eine andere Form des Daseins begeben, im übrigen aber das beiben, was sie vordem waren. Ihrer Führung unterwirft man sich willig.[9]

Der Shang-Dynastie folgt die der Chou. Von abruptem Bruch in der religiösen Entwicklung kann nicht die Rede sein. Im Politischen freilich hat der Herrschaftsbereich der Chou-Dynastie viel größeren Umfang als der seiner Vorgängerin.[10] Dem bisherigen Gott (Shang-Ti) erwächst ein Konkurrent in Gestalt des Tien. Dieser setzt sich gegenüber den Shang-Ahnen bzw. deren himmlischen Bereichen immer stärker durch.

Die Anzahl der zu verehrenden Ahnen ist gemäß sozialer Schichtung gestaffelt. Sieben Ahnengenerationen werden am Chou-Königshof berücksichtigt. Die korrekte Ausführung des Ritus bewirkt, daß die Ahnengeister unter allen Umständen gutes Gedeihen geben.[11]

Die Chou sistieren die engen und direkten Beziehungen zu den Göttern, wie sie für den Schamanismus charakteristisch sind, und verweisen die Götter in eine von den Menschen abgesonderte Sphäre. Sie stellen die Exaktheit bei der Ausführung gottesdienstlicher Riten in den Vordergrund. Mit der Entfernung von den Göttern konstituiert sich eine kritische Einstellung ihnen gegenüber. Wenn eine auf göttlicher Macht beruhende Dynastie durch eine andere ersetzt werden kann, so muß es wohl früher oder später zu Zweifeln an der betreffenden göttlichen Macht kommen.

Konfuzius

Wir blicken nun in Kürze auf die Zeit des Konfuzius (551–479 v. Chr.).[12] Immer mehr geht es um die Riten (Li). Diese erweisen sich als kulturell-religiöses Bindemittel für den Zusammenhalt des Reiches. Betont wird, daß Ausübung der Riten als äußere Haltung von einer inneren ethischen erfüllt sein müsse, doch gibt es auch andere Stellen, die zeigen, daß das Gewicht auf die Form und nicht auf den Inhalt gelegt wurde.[13] Li, alles durchwaltendes Hauptprinzip des Menschenwesens, nimmt in der obersten Schicht in China mehr und mehr den Platz der

Religion im eigentlichen Sinn ein.[14] Korrektes Verhalten, für jeden nur denkbaren Einzelfall genau festgelegt, tritt an die Stelle einer inneren Beziehung zur Gottheit. Fragen nach Existenz von Göttern oder Wesen übermenschlicher Art werden für den gebildeten Chinesen zweitrangig. Konfuzius erkennt im Alter von 50 Jahren seine Bestimmung des Himmels. Es heißt weiter, er habe den Geistern geopfert, als ob sie da wären. So sehr sich die Lehre des Konfuzius mit der Religionsatmosphäre des Ahnentempels verknüpft, ist sie, allein betrachtet, doch weit davon entfernt, eine Religion im eigentlichen Sinn des Wortes zu sein. Sie gründet nicht auf direkter göttlicher Autorität, sondern auf Autorität des Althergebrachten, d. h. Beachtung der großen Persönlichkeiten des Altertums. Li war und bleibt die ideale Haltung des ahnenverehrenden adligen Mannes. Konfuzius bemüht sich zu zeigen, daß diese Haltung weit in die Vorzeit zurückreicht. Solche Vereinseitigung in diesseitigem Handeln läßt eine Opposition aufkommen, für die der Name Mo Ti steht (468–376 v. Chr.).[15] Mo Ti will nicht nur den Ahnenkult reformieren, sondern auch daran erinnern, daß die Ahnen ständige Beobachter des Verhaltens der Menschen sind und stets bereit, dafür Lohn oder Strafe auszuteilen. Kein Ort könnte so verborgen sein, daß man von Ahnengeistern nicht bemerkt würde. Reichtum, Ansehen und Macht gewähren keinen Schutz vor ihren Strafmaßnahmen.

Ein besonderer Bereich, der die Beziehung der Menschen im Diesseits zum Jenseits anzeigt, sind die auch in China anzutreffenden heiligen Berge. Wir wissen von Bergen, die als spezielle Wallfahrtsstätten angesehen werden können. Höchstwahrscheinlich dient ihre Besteigung dazu, mit den entsprechenden Gottheiten zu kommunizieren.

Taoismus

Kurze Erwähnung verdient der alte chinesische Taoismus. Der sich hier abzeichnende Akzent liegt entscheidend auf Techniken zur Lebensverlängerung. Die Menschen glauben, gewisse Geisterwesen zu sich herab und in ihren Körper hinein zitieren zu können, so daß es möglich sein müsse, solche Wesen zwecks Lebensverlängerung in sich festzuhalten.

Mit der besonders in Nordostchina anzutreffenden körperlich-materiellen Auffassung von Geistern und Göttern stimmt das Vogeltotem überein. Auf vielen Abbildungen der Han-Zeit finden sich Feder- oder

Abb. 46: Der Philosoph Lao-tze, vergöttlicht als T'ai-shang lao chün, Personifikation der Weisheit und des «Tao». (aus: G. Prunner, Symbolik des chinesischen Universums, Tafelband, Stuttgart 1968: 9)

Vogelmenschen: Menschenwesen mit verlängertem Kopf und federbedecktem Körper, die vom Boden aufsteigen und fliegen können. Sie lassen sich Federn wachsen, um in die Luft, d. h. in jenseitige Bereiche aufzusteigen. Daneben gewichtet der Gedanke notwendiger Lebensverlängerung, die auch über eine angemessene Ernährung zu laufen hat.[16] Quintessenz des Taoismus ist die Aufforderung zur widerstandslosen Einordnung in den Gang (Tao) des Universums. Das berühmteste Buch des Taoismus (Tao-Te Ching) sagt, daß man das Tao mit Sinnesorganen nicht wahrnimmt, es aber die transzendente Existenzgrundlage alles Seienden bildet: «Es ist ohne Form, aber der Ursprung aller Formen. Es ist ohne Klang, aber der Ursprung aller Klänge. Sein Sohn ist das Licht, sein Enkel ist das Wasser. Alles entsteht also doch wohl aus dem Gestaltlosen.»[17] Religion im alten Taoismus meint ein Verhalten des Schwachen, des Nachgiebigen, des Machtlosen, aber eben deshalb mächtig, weil es schwach und machtlos und gerade deshalb stärker als alles Starke und Mächtige ist. In einem alten philosophischen Text ist zu lesen: «Tao ist der Beginn von Himmel und Erde. Es faßt alle Fäden (des Universums) zu einer Einheit zusammen. Es schuf alle Wesen und ließ den Himmel entstehen. Es umfaßt alles, ohne selbst Gestalt (Form) zu haben.»[18] Damit sind grundlegende Aussagen über die Beziehung von Diesseits und Jenseits angezeigt, wonach alles in ewigem Wandel in der Weise des Hinauf und des Hinunter unterworfen ist.

Im Jahre 221 v. Chr. wird zum ersten Mal das gesamte chinesische Territorium unter einem Herrscher geeinigt. Bemerkenswert in der religiösen Situation der begonnenen Chin-Zeit ist die Stellung, die der Kaiser einnimmt. Er nennt sich nicht nur Ti (vergöttlichter Königsahn), sondern Huang-ti (erhabener Gottkaiser, d. h. eigentlich Gott). Damit ist das Jenseits zum Diesseits getreten, hat sich dem Diesseits vermählt.[19] Der Konfuzianismus beruht auf dem Ritus im Ahnentempel; der Taoismus jener Zeit bewegt sich in der Sphäre der Himmelsgötter und Naturgeister. An der Spitze des ganzen Systems steht unbestritten der Kaiser. Die Taoisten konzentrieren sich auf zwei religiöse Institutionen: die Lichthalle und das Feng-Shan-Opfer. Die Lichthalle bezieht sich auf die in Glanz gehüllten, aber auch aus Licht bestehenden Geister der Ahnen. Man könnte sich unter dieser Lichthalle einen bestimmten Raum vorstellen, in dem solche Geister erscheinen. Diese Räumlichkeit dokumentiert sich bereits früher als eine Art Walhalla der Krieger des Nordstaates Chinn. Das genannte Feng-Shan-Opfer steht in einer Beziehung zu den bereits im Blick auf den Taoismus angesprochenen Lebensverlängerungspraktiken. Der Gelb-Kaiser gilt als erster Mensch, dem es gelungen ist, ein Himmelsgott zu werden. Als Mittel dazu dient das Feng-shan-Opfer. Darüber hinaus lassen sich in der reichen Welt Chinas neue Gottheiten, eine Wiederbelebung der Erdgottkulte, Aufwertung alten Magiertums verzeichnen. Die Konfuzianer sind unermüdlich in ihren Reformbestrebungen. Die amtliche Ausübung der Religion gerät weitgehend unter die Kontrolle einer kleinen Gruppe von Ritensachverständigen in höheren Staatsämtern. Kostspielige religiöse Vollzüge des damaligen Kaisers rufen den Protest rationalistischer Konfuzianer auf den Plan. So lesen wir: «Wer sich klar ist über die Natur von Himmel und

Erde, kann nicht in Verwirrung gebracht werden durch göttliche Wunder. Wer die Natur der Lebewesen kennt, kann nicht eingefangen werden durch übernatürliche Wesen.»[20] Für die Han-Zeit kann man aus den Texten erheben, daß gute Menschen im Blick auf ihre Werke anschließend mit dem Himmel kommunizieren.[21] Sie transformieren in eine feinstoffliche Form. Dieser Feinstgeist, wie er genannt wird, steht in besonderer Beziehung zum Jenseits, er kann die Grenze zwischen Tod und Leben klar erkennen. Für den Menschen ist es von größter Wichtigkeit, daß er zum Himmel ein Vertrauensverhältnis herstellt, indem er sein Herz weit im Tao öffnet, was ihn befähigt, ein Menschenliebender und recht Handelnder zu werden. Damit gewinnt er auch eindeutige Wahrhaftigkeit. Und der Himmel belohnt ihn. Erreicht er die Wahrhaftigkeit nicht, wird er vom Himmel bestraft. Das Leben gehört zum Himmel, Übel und Tod gehören zur Erde. Deshalb besteht der Lohn des Himmels in einem verlängerten Leben, Abkehr vom Himmel und Zukehr zu Geschäften der Erde in frühzeitigem Tod. Eine völlig neue Note bringt in der Han-Zeit das Auftreten der sogenannten Körpergötter. Auf ihnen beruht unser Leben überhaupt. Ihnen wirken freilich andere Kräfte entgegen. Unser Körper birgt Wesen, die dem Leben feindlich sind und uns allmählich verzehren. Diese zerstörenden Mächte im Körper liegen permanent auf der Lauer, um den Menschen auf böser Tat zu ertappen. Man muß also neben seinem Lebensodem möglichst viele gute Taten ansammeln.[22]

Buddhismus und Konfuzianismus im Widerstreit

Inzwischen ist der Buddhismus in China ansässig geworden. Für die Taoisten stellt er zunächst nur eine neue Methode der Lebensverlängerung dar. Nach dieser Lehre stirbt der aus feinster Materie bestehende, vom Himmel kommende Teil des Menschen nicht, sondern nimmt nach dem Tode wieder Gestalt an. Jeder erhält gemäß den zu Lebzeiten begangenen guten oder bösen Taten seine Strafe oder Belohnung. In der ausgehenden Han-Zeit scheint religiöse Hochstimmung geherrscht zu haben. Nicht selten ist die Rede von Heiligen, die aus Gräbern auferstanden. Den Tod haben sie nur vorgetäuscht, um nicht als abnorme Ausnahme Staunen und Bewunderung der Mitmenschen zu erregen. Himmelfahrten am hellichten Tag geschehen immer wieder. In der Zeit von 220 bis 600 n. Chr. entfaltet und verstärkt sich das konfuzianische

Ritualwesen in hohem Maße. Die Reichseinheit geht verloren; drei Staaten entstehen. Im Taoismus eröffnen sich neue religiöse Wege. Bei denjenigen, die den Göttlichkeitsstatus erlangt haben, kann man einen Eingang in das Paradies feststellen, welches «Größte Reinheit» genannt wird.[23]

Aber auch hier ist nicht alles auf einen Nenner zu bringen; es gibt verschiedene Paradiese, zwischen denen die religiös Aktiven wählen können. Gleichzeitig breitet sich der Buddhismus aus. Die Konfuzianer stehen in Gegenposition zur buddhistischen Lehre. Die Chinesen sehen als entscheidend im Buddhismus: das leere Nichtsein. Buddhisten schätzen Güte, Mitleid und Nichttöten. Sie glauben, daß nach dem Tod des Menschen sein aus feinster Materie bestehender Geist oder Seele nicht vergeht, sondern erneut Gestalt annimmt. Dabei erhalten die im Leben begangenen guten und bösen Taten ihren entsprechenden Lohn. Dagegen führen die Konfuzianer an, dieser Geist (oder diese Seele) entstehe und vergehe zusammen mit dem Körper. Nach chinesischer Ansicht gibt es nichts, das nicht aus Materie besteht. Deshalb glauben sie auch nicht an eine Unsterblichkeit im Sinne ewiger Unvernichtbarkeit. Das Leben aller Wesen, auch der Götter, Geister und Seelen, ist letztlich begrenzt, mag es die normale Lebensdauer um ein Vielfaches übertreffen.[24]

Zur weiteren Geschichte

Blicken wir wieder auf die Szene um den Kaiser in der Zeit von 581 bis 907 n. Chr. Das Hauptopfer, das zur Zeit der Wintersonnenwende dargebracht wird, ermöglicht eine höchst zeremonielle Begegnung zweier Welten: auf der einen Seite die Dynastie mit ihrem Hofstaat, auf der anderen der Himmel mit seiner Götterorganisation. Gastgeber ist der regierende Kaiser mit seinen Ministern als Helfern. Im Staatskult der Tang-Zeit gibt es auf der obersten Plattform des Altars einen Gott mit seinem Gegenüber, dem wichtigsten Ahn des Kaiserhauses. Auch in jener Zeit üben die Taoisten bedeutenden Einfluß auf das religiöse Leben Chinas aus. Sie vertreten die Überzeugung, daß zwischen Yin und Yang, den äußersten Polen des Existierenden, repräsentiert durch Himmel und Erde, eine Anzahl von Himmeln und in jedem von ihnen entsprechend viele Paläste existieren. In der Tang-Zeit beginnt eine sonderbare Korrespondenz des Kaisers mit den Bewohnern des Himmels, in seinem Fall mit dem entsprechenden Urahn.[25] Der Kaiser Hsüan-tsung scheint ein

Abb. 47: Erd- und Himmelsalter in Peking. Die Anlage des Erdaltars (um 1530) ist quadratisch, weil die Erde als quadratisch galt, jene des Himmelsaltars (um 1420) ist rund, weil der Himmel als rund galt. (aus: G. Prunner, Symbolik des chinesischen Universums, Tafelband, Stuttgart 1968: 34f.)

spezieller Liebling seines vergöttlichten Ahn gewesen zu sein. Kaum ein Jahr vergeht, in dem letzterer sich nicht bemerkbar macht. Bewegt ist die Geschichte des Buddhismus, der eine Verfolgung größeren Ausmaßes erlebt, wie im 7. Jahrhundert eindringende Fremdreligionen der Nestorianer, Manichäer und Mazdäer sowie der Muslime.[26] Die während der Tang-Zeit aufkommenden nichtchinesischen Elemente werden diskutiert, integriert, aber auch zurückgedrängt. Den Kaiser erinnert man von Zeit zu Zeit daran, daß über ihm noch eine höhere Autorität fungiert, nämlich der Himmel. In der folgenden Sung-Zeit entsteht der Brauch der Himmelsbriefe.[27] Diese werden durch Himmelsboten dem Kaiser angekündigt und, nachdem man ihr Herabkommen entdeckt hat, feierlich eingeholt. Sie sind in schwer lesbarer antiker Schrift und Ausdrucksweise abgefaßt. So kann das Erscheinen des ersten Himmelsbriefes eine Änderung der Regierungserklärung und den Erlaß einer großen Amnestie bewirken. Das taoistische Schrifttum erfährt in der Sung-Zeit einen bedeutenden Aufschwung. Es gibt zahlreiche Werke über die Methoden der Lebensverlängerung, auch über Götter- und Himmelssysteme. Diese Literatur beruht auf sehr eingehende Beobachtung der Gestirne und ist das Ergebnis von Reflexionen über deren Bedeutung und Ordnung. Eine letzte zusammenfassende Einheit wird thematisiert. Sie spaltet sich in die zwei bekannten Teile (Yin und Yang).[28]

Die gewaltsame Einbeziehung Chinas in das mongolische Weltreich[29] bedeutet in politischer und kultureller, aber auch in jeder anderen Beziehung einen brutalen Einbruch in die kontinuierliche Entwicklung des Chinesentums. Im Jahr 1219 erhält das damalige Oberhaupt der Taoisten vom Mongolenherrscher Dschingis Khan eine Aufforderung, zu ihm zu kommen. Dschingis Khan will Lebensverlängerung. Als der taoistische Führer erklärt, er habe keine entsprechende Medizin, aber er wisse, wie man das Leben vor Schaden bewahren könne, kann er den Mongolenherrscher mit den Grundlagen des Taoismus bekannt machen. Die Lehre läuft darauf hinaus, daß man den Geschlechtsverkehr nach Möglichkeit einschränken müsse, weil dieser die Lebenskraft schwäche. Dschingis Khan tritt auf diese Vorschläge ein und unterstützt taoistische Religiosität. Später freilich beginnen die Mongolenkhane, ihre Gunst mehr und mehr dem Buddhismus zuzuwenden. Auch sie fügen sich den Formen des überkommenen Staatskultes und opfern den himmlischen, darunter den berühmten Ahnen aus dem eigenen Hause.[30]

Wir erwähnen noch die Ming-Dynastie (1368–1644). Was nun auffällt, ist eine Neuorientierung im Staatskult und besondere Steigerung der Verehrung des Konfuzius. Der Dienst an den Ahnen beginnt in der Ming-Zeit damit, daß man für vier Kaiserahnen Tempelhallen errichtet. Neben den Feuern für die Ahnen sind es die großen Staatskulte, die die Akzente im Verlauf des Jahres setzen.[31]

Inzwischen kommt das Abendland mit China in Berührung. Jesuitische Missionare beginnen nach 1552 in China ihren Einzug zu halten. Der erfolgreichste ist Matteo Ricci, der eine Taktik des sich Anpassens an die Chinesen befolgt und damit am Ende seines Lebens (1616) das katholische Christentum in China einwurzeln kann.[32] Die letzte Dynastie ist die der Ching (1644–1911),[33] wiederum eine auswärtige, nämlich aus dem Volk der Mandschus. Diese versuchen das konfuzianische Ideal, soweit es mit ihren Interessen übereinstimmt, zu verwirklichen. Hier geht es um die großen Rituale, z. B. alljährlich am Tag der Wintersonnenwende mit Opfern für Sonne, Mond, Sterne, Wolken, Regen, Donner und Wind. Zu den großen Zeremonien des Staatskultes gehören in erster Linie die Feiern im kaiserlichen Ahnentempel. Man sieht, der Ahnendienst ist eine durch und durch religiöse Einrichtung, dessen Wurzeln tief in die Frühzeit hinabreichen und der mehr als Buddhismus und Taoismus die Schicht der Bildungsträger zu einer großen Gemeinschaft verbindet. Jeder gegen diesen Ahnendienst gerichtete Angriff bedeutet eine Bedrohung des religiös-kulturellen Grundgefüges der chinesischen Gesellschaft.

Zu erwähnen ist das wichtige Kommunikationsmittel mit der Götterwelt in der Form des magischen Pinsels.[34] Eine Person schreibt auf, und das Aufgeschriebene wird von der hier sich mitteilenden Gottheit überwacht, so daß man aus der Anzahl der Pinselstriche Glück oder Unglück erkennen zu können glaubte. China hat das Jenseits gesucht, aber dies nie ohne fundamentalen Bezug zum Diesseits getan.

5. 2 Die Religionen Koreas
Mythologie
Die Religionen Koreas zeigen eine starke Betonung des Diesseits, an dessen Strukturierung ihr Anteil groß ist. Ihr Potential hierzu wird, wie die folgenden Mythen erkennen lassen, durch und durch dem Jenseits entnommen. Das Jenseits kommt in Korea zum Diesseits – auch dort, wo die Ahnen als Repräsentanten von Macht und Einfluß erscheinen. Wir bringen diesen Tatbestand an Beispielen aus der Mythologie zur Anschauung.

Im Bezug auf die älteren Religionen spricht der Koreaner von der Verehrung der drei Arten von Gottheiten: der Himmelsgötter (z. B. der Sonnengottheit), der Erdgötter und -geister (z. B. Berge, Flüsse usw.)

und der Ahnengötter. Ein Mythos wird als der zentrale im Blick auf den Ursprung des gesamten koreanischen Volkes betrachtet.[35] Die Beziehung von himmlischer, jenseitiger Welt, und der irdischen Welt zeigt sich hier in ihrer Konstitution. Ein göttliches Wesen kommt zur Erde, um diese zu lenken. Es regiert mit den Göttern des Windes, des Regens und der Wolken über die Dauer des Lebens, über Krankheiten, Strafen, Gut und Böse. Dieser Mythos weist einige Ähnlichkeiten mit einem zentralen Thema der japanischen Mythologie auf, nämlich dem sogenannten Tenson(= himmlischer Enkel)-Mythos, d. h. der Tradition über die Herabkunft Ninigis aus dem Himmelsgefilde auf die Erde. Dieser ist Sohn des Sohnes der Sonnengöttin Amaterasu und der Tochter des Gottes Takamimusubi. Er schickt seinen Enkel herab, um die Welt zu regieren.[36]

Die Gründung des alten koreanischen Reiches von Silla (57 v. Chr. bis 935 n. Chr.) ist mit einem Mythos verbunden, dessen Hauptlinien sagen: Die Oberhäupter der sechs Stammesgruppen der Chinhan und ihre Nachkommen hatten sich am Ufer eines Flusses versammelt und diskutierten über die Notwendigkeit, sich zusammenzuschließen und einen tugendvollen Herrscher einzusetzen. Plötzlich kam ein sonderbares blitzartiges Effluvium vom Himmel zum Brunnen am Fluß herab. Die Menschen nahmen dort die Gestalt eines knienden und sich verbeugenden weißen Pferdes wahr. Als sie sich der betreffenden Stelle näherten, fanden sie ein großes purpurnes Ei, das Pferd jedoch flog mit sich langhinziehendem Gewieher zum Himmel empor, sobald es die Menschen erblickte. Als sie das Ei aufbrachen, entdeckten sie darin einen schönen Knaben. Sie badeten ihn in dem Brunnen. Sein Körper strahlte in auffallendem Glanz. Vögel und Vierfüßer tanzten in einer Reihe. Himmel und Erde bebten. Sonne und Mond waren zu gleicher Zeit hell und leuchteten. Später erschien ein Hühnerdrache und gebar aus seiner linken Flanke ein Mädchen. Seine Figur und sein Gesicht waren besonders schön, seine Lippen hingegen waren geformt wie der Schnabel einer Henne. Als die Leute das Mädchen in dem Fluß badeten, fiel der Schnabel ab. Daher nennt man diesen Fluß den Fluß des Abfallens. Man baute einen Palast für die beiden heiligen Kinder am Fuß des Mansam (des Südberges) und zog sie dort auf. Als die beiden Heiligen dreizehn Jahre alt waren, d. h. im Jahr der Ratte, wurde der Knabe als König eingesetzt und das Mädchen seine Gemahlin. Beide regierten 61 Jahre über das Land. Dann stieg er zum Himmel empor. Sieben Tage später fielen seine sterblichen Überreste auf die Erde nieder. Dann starb auch seine Gemahlin. Die Menschen des Landes wollten sie zusammen bestatten, aber eine große Schlange hinderte sie an diesem Vorhaben.[37]

Im Gründungsmythos von Kara, ebenfalls einem der alten Reiche Koreas heißt es: Am Tage der Reinigungszeremonie des dritten Monats im Jahres des Tigers, d. h. im 18. Jahre der chinesischen Chien-Wu-Ära (42 n. Chr.),[38] wurde auf dem Gipfel des Kuji eine sonderbare Stimme vernommen. Eine Menge von zwei- oder dreihundert Leuten sammelte sich dort und lauschte auf die Stimme. Diese fragte: «Gibt es hier Menschen oder nicht?» Die neun Stammeshäupter des Gebietes antworteten: «Unsere Gefolgschaft ist hier.» Dann fragte die Stimme: «Wo bin ich?» Sie erwiderten: «Auf dem Kuji.» Wiederum sprach die Stimme: «Einem Befehl des hohen Himmels gemäß soll ich diesen Ort verwalten, euren Staat erneuern und euer Herrscher sein. Daher bin ich vom Himmel herabgekommen. Ihr müßt diesen Berggipfel abgraben und die Erde anhäufen. Während ihr arbeitet, müßt ihr folgendes Lied singen: Oh Schildkröte! Oh Schildkröte! Zeige deinen Kopf! Wenn du ihn nicht zeigst, werden wir dich rösten und essen! Und dazu tanzen. Wenn ihr das tut, heißt das, daß ihr froh und begeistert seid, den großen König willkommen zu heißen.» Die neun Stammeshäupter handelten diesen Worten gemäß. Alle waren froh und sangen und tanzten. Nach kurzer Zeit blickten sie in die Höhe und sahen, wie ein purpurnes Seil vom Himmel herabkam. Am unteren Ende dieses Seiles entdeckten sie einen goldenen Kasten, der in ein rotes Tuch gewickelt war. Als sie den Kasten öffneten und hineinblickten, fanden sie sechs goldene Eier, die wie die Sonne glänzten. Nachdem die Menge sich viele Male verbeugt hatte, wickelte man den Kasten wieder in das Tuch ein und brachte ihn zum Hause eines der Stammeshäupter. Zur Zeit der Morgenröte des dreizehnten Tages nach diesem Ereignis versammelten sich alle und öffneten den Kasten. Da hatten die sechs Eier sich in Knaben mit edlen Antlitzen verwandelt.[39] Täglich wurden sie größer, und nach zehn bis zwölf Tagen hatten sie eine Körperlänge von neun Fuß erreicht. Ihre Gesichter waren wie die von Drachen. Der Erstgeborene bestieg den Königsthron.

Die Gemahlin des Königs Hamdal hatte ein großes Ei gelegt, das sich in einen Menschen verwandelte. Zu dieser Zeit kam Tarhae über das Meer nach Kara. Seine Körperlänge betrug drei Fuß, sein Kopfumfang einen Fuß. Er ging zum Palast des Königs und erklärte, er sei gekommen, um ihm den Thron abzunehmen. Als der König sich weigerte, schlug er vor, einen Wettkampf in magischen Fähigkeiten abzuhalten. Nun verwandelte er sich in einen Falken; der König verwandelte sich in einen Adler. Es geschah innerhalb weniger Augenblicke. Beide nahmen dann ihre ursprüngliche Gestalt wieder an und Tarhae warf sich vor dem König nieder. Er erklärte, er sei nicht imstande, mit dem König um den Thron zu kämpfen und verabschiedete sich. Als die neun Stammeshäupter den König drängten, sich mit der besten Jungfrau unter ihren Töchtern zu verheiraten, weigerte er sich mit den Worten: «Daß wir hier herabgestiegen sind, ist eine Verordnung des Himmels. Eine Frau für uns zu finden und sie zu unserer Gemahlin zu machen, wird auch eine Verordnung des Himmels sein. Macht ihr euch keine Sorgen!»[40]

Wir sehen in den Mythen Altkoreas überwiegend Geburten aus Eiern erwähnt.[41] Die meisten aus goldenen Eiern, die sich oft in goldenen Truhen oder Kisten befanden, sind Symbole einer jenseitigen Welt, nämlich der Sonne. Das Ei ist voller Lebenspotenz und daher ein Objekt religiösen Staunens, religiöser Ehrfurcht. Man sieht aus Mythen dieser Art, wie die Verfassungen des alten Koreas religiös in den Grundstrukturen geprägt sind, wie Himmel und Erde in einer irdisches Leben überhaupt erst ermöglichenden Korrespondenz zueinander stehen.[42]

In alten koreanischen Geschichtswerken finden wir den Begriff «Himmel» in interessanten Zusammenhängen. Weil diese Werke in chinesischer Sprache verfaßt sind, bekommt man den Eindruck, das Wort für Himmel werde auch im chinesischen Sinne gebraucht. Das trifft aber nicht immer zu. In China ist es z. B. dem Kaiser oder dessen Stellvertreter vorbehalten, sich persönlich an den Himmel zu wenden. So heißt es: «Allein ging Kim Yusin in die Grotte des Chungak hinein. Nachdem er gefastet hatte, verkündete er dem Himmel seinen Schwur: ‹[...] Möge der Himmel Vorschriften erlassen und mir beistehen.›»[43]

Man kann sich, sagt Vos, dem Eindruck nicht entziehen, daß der Himmel anthropomorph aufgefaßt werden muß – eine Mutmaßung, die noch gestärkt wird durch den Gebrauch der Schriftzeichen.[44]

Ein anderes Beispiel der Anrufung des Himmels und persönlicher Machtseiten eines gewöhnlichen Menschen zeigt sich in der Geschichte eines Mannes, der von einer Königin ins Gefängnis geworfen wird, weil er der Zusammenstellung und Verbreitung von buddhistischen Zaubersprüchen verdächtig ist. Er verfaßt im Gefängnis ein Gedicht, dessen letzte Zeile lautet: «Oh glorreicher Himmel! Warum sendest du mir kein gutes Vorzeichen?»[45]

Schamanismus

Als wichtiges Kapitel im Blick auf die hier zu behandelnde Thematik der Jenseitsvorstellungen gilt das des Schamanismus. Der Schamanismus, verbreitet über die ganze Welt, ist besonders typisch für Sibirien und Zentralasien.[46] Das Schamanentum, das man als eine Religion, in der das Element der spiritistischen Trance zum grundlegenden Faktum wurde, charakterisieren kann, läßt sich in Korea schon in alter Zeit nachweisen. Anhänger des Schamanismus rufen im zehnten Monat des Mondkalenders die mudang, um den Verstorbenen Opfer darzubringen. Beim Beten zu den Verstorbenen macht man einen Unterschied zwischen dem dunklen, d. h. stillen Gebet und dem mitteilenden Gebet. Letzteres ist eine Spezialität der mudang.[47] Im Falle verstorbener Eltern wird drei Jahre nach dem Tode eine Beschwörung zur Lösung aus der Trauer abgehalten. Die koreanischen Gräber kann man als eine Ausdehnung der Hausheiligtümer betrachten.[48] Wichtig ist, einen günstigen Platz für ein Grab auszuwählen. Zeremonien finden statt, bei denen man Schutz und Gunst der Götter und Geister erbittet, Zeremonien zur Heilung von Krankheit sowie Zeremonien zur Absendung der Seele eines Verstorbenen ins Jenseits.

Der koreanische Mensch steht in permanenter Verbindung mit einer anderen, jenseitigen Welt. Eine Unzahl von Göttern, Geistern, Dämonen und Gespenstern wirkt auf sein menschliches Leben ein. Diese werden durchwegs zusammengefaßt unter der Benennung kwisin.[49] Man darf einen Unterschied machen zwischen den kwi, die sich auf der Erde befinden und dem sin, die sich im Himmel aufhalten. Gewöhnlich spricht man nur von kwisin. Zum besseren Verständnis dieses Begriffes soll der Inhalt einer Abhandlung über shen zusammengefaßt werden: Das Wort shen wird im Chinesischen in mehreren Bedeutungen gebraucht. Wenn wir es in erster Linie im religiösen und magischen Sinne betrachten, dann finden wir es als etwas, das mit übermenschlicher Kraft und Erwirkung irgendwie auf das Leben der Menschen einwirkt. Beispiele davon sind Himmel und Erde, Berge, Flüsse, Tiere, Bäume und Steine, weiter auch Blut oder Knochen. Shen sind die Geister, die diesen Objekten innewohnen oder unabhängig von ihnen überall existieren.[50]

Geister verstorbener Personen nannte man, wenn sie zum Gegenstand religiöser Riten im Rahmen des Ahnenkultes wurden, auch *shen*. Mit der kulturellen Wandlung hören wir öfters von einer inhaltlichen Entwicklung des Begriffs *shen*. Es kommt vor, daß eine mysteriöse Kraft im Kosmos oder die des Kosmos selbst *shen* genannt wird. So lesen wir im I-ching (Buch der Wandlungen): *Shen* hat keine Richtung (die man festsetzen kann), und die Wandlungen (die er verursacht), haben keine feste Gestalt, und weiter noch: Von *yin* und *yang*[51] nennt man dasjenige, was man nicht ergründen kann, *shen*. *Shen* hat also einen metaphysischen Inhalt bekommen. Außerdem ist *shen* der Wohnsitz des Lebens, das, was die Lebenserfüllung ermöglicht, der Lenker des Lebens. *Shen* belebt im physiologischen Sinne den Körper, während das Herz mehr psychisch wirkt. *Shen* befindet sich sozusagen im inneren Teil des Herzens und wird als etwas geheimnisvoll Existierendes betrachtet, das das Herz und den lebenden Körper verwaltet. Somit ist eine mystische Zone bezeichnet, worin der Mensch eine stete Verbindung zu einer jenseitigen Welt findet. Ergänzend zu dieser Partie muß ein Hinweis treten, wonach die Sorge der Frauen für das Innere des Hauses in den Rahmen des Schamanismus gehört. Wenn das traditionelle koreanische Haus als voll von Geistern zu denken ist, mit denen man Umgang pflegen muß, um Schädliches zu verhindern, dann wird die Rolle der Frau in ihrer ganzen Dimension deutlich. Dem von Männern besorgten Ahnenkult stehen die schamanistischen Rituale der Frauen gegenüber.

Es gibt eine Fülle von himmlischen Göttern und Geistern, die zum schamanistischen Pantheon gehören.[52] In erster Linie sind zu nennen Hananim, der Herrscher des Himmels, sodann die Buddhas und Boddisattvas. Hier geht es um eine Verschmelzung alten chinesischen Glaubens mit dem Taoismus und Buddhismus. Da gibt es Götter, die den Himmel verwalten. Ein anderer verwaltet das heutige Leben und wieder einer das künftige Leben oder die Unterwelt. Der Sterngott, auch der große Bär, ist der Höchste, der im ganzen Land verehrt wird. Er kann das menschliche Leben verlängern. Andere Sterngötter haben ebenfalls mit der Lebensdauer zu tun.[53] Verlängerung der Lebensdauer steht in einem relevanten Bezug zum Jenseits; nur aus ihm fließen Kräfte, die irdisches Leben seiner Beschränkung zu entheben vermögen. Das Interesse an einem nachtodlichen Leben ist damit verlagert auf das Diesseitige, dem der Tod ferngehalten werden soll. Die Sterngötter gelten als männlich und gut. Ursprung und Art des Sterngötterglaubens sind deutlich taoistisch. Eine Fülle irdischer Götter und Geister, Begründer, Urahnengeister, sowie spezielle Ahnengeister der Schamanen wären zu nennen.

Geister

Als sehr wichtig haben wir auch die Hausgeister und die Erdgeister zu erachten. Besonders gefürchtet werden Kobolde (Tokkaebi), eine Art böser Geister. Über diese Geister wurde am Ende des 14. Jahrhunderts geschrieben: «Wenn der Äther aus der geheimnisvollen Leere von Bergen und Meeren und die Essenz von Gräsern, Bäumen, Erde und Felsen koagulieren, dann werden sie zu *imae*. Ein *imae* ist weder Mensch noch Dämon, ist weder diesseitig noch jenseitig.»[54] Die Tokkaebi werfen Steine, um Fenster und Türen zu zerschlagen, oder stehlen Gegenstände und hängen diese an Baumästen auf. Sie stecken auch Häuser in Brand. Dann ruft man andere Geister zu Hilfe, um sie zu beschwichtigen. Als Seoul elektrifiziert wurde, waren sie auf einmal verschwunden, denn sie sind Dämonen der Finsternis und fürchten das Licht. Meistens werden sie als Seelen schlechter Menschen betrachtet, die keine Ruhe finden, oder als Seelen von Menschen, die eines gewaltsamen Todes gestorben sind und daher ein heißes Verlangen haben, sich zu rächen. Manchmal nehmen sie die Gestalt eines Menschen an, manchmal auch die eines Mannes, von dem nur der Oberteil des Körpers sichtbar ist. Wie sehr die jenseitige Welt, aus der die Tokkaebi stammen, ins Diesseits hineinwirkt, zeigt sich im Beispiel der Irrlichter, den bläulichen Flämmchen, die man über Sümpfen, Mooren und Begräbnisorten schweben sieht.[55] In vielen Ländern betrachtet man die Irrlichter als menschliche Seelen.

Die Geister von Jungfrauen, Son-gaksi, die gestorben sind, ohne zu heiraten, sind ebenfalls sehr gefährlich. Sie können andere unverheiratete Mädchen attackieren oder sich den Körper einer verheirateten Frau aneignen. Deshalb werden beim Tode einer Jungfrau bestimmte Maßnahmen getroffen, um diesen Bedrohungen vorzubeugen.[56]

In koreanischen Literatur gibt es mehrere Geschichten über Geschlechtsverkehr zwischen kwisin und Menschen.[57] In einer alten Schrift heißt es: «Früher wohnte ein reicher Mann in einem Dorf nördlich von Kwangyu. Er hatte eine Tochter, die schön und sittsam war. Jede Nacht aber kam ein in ein purpurnes Gewand gekleideter junger Mann, um bei ihr zu schlafen, und hatte geschlechtlichen Umgang mit ihr. Ihr Vater sagte zu ihr: ‹Du mußt einen sehr langen Draht in eine Nadel einfädeln und diese in sein Gewand stechen.› Sie befolgte seinen Rat; als sie am nächsten Morgen dem Draht bis unten an der nördlichen Stadtmauer folgte, steckte die Nadel in der Flanke eines riesigen Erdwurmes (der Erdwurm als phallisches Symbol). Sie wurde diesem Ereignis zu folge schwanger und gebar einen Sohn.»[58] Solche Geschichten, in ihren Details ausführlicher, gibt es in beträchtlicher Zahl. Sie belegen die These, wonach das Jenseits als besonderer Kraftquell für erfolgreiche Schritte im Diesseits zu gelten hat, selbst die vitalen Funktionen, die das Weiterleben auf Erden garantieren, werden in ihrer Jenseitspotenz herausgestrichen.

Der Buddhismus in Korea[59]

Der Buddhismus wurde im Laufe des 4. Jahrhunderts unserer Zeitrechnung in Korea eingeführt. Das Jahrhundert von etwa 660 bis ungefähr 770 fungiert als das goldene Zeitalter des Reiches Silla und eine Blüteperiode des koreanischen Buddhismus. Einer der größten buddhistischen Denker Sillas und eine faszinierende Persönlichkeit war Wonhyo (617–686).[60] Er brach zwar sein Mönchsgelübde, hat sich aber ein großes Verdienst dadurch erworben, daß er den Buddhismus gemeinverständlich machte. Er pflegte auf der Straße mit dem Volk zu trinken und zu tanzen, wobei er sich durch das Singen selbstgemachter Schlager religiösen Inhalts begleitete. Er verfaßte mehrere philosophische Studien und wird als der Gründer der Dharmata-Sekte betrachtet. Berühmt ist die Geschichte von seiner Erleuchtung. Als er noch jung war, wollte er mit einem Kollegen nach China reisen, um dort den Buddhismus zu studieren. Als sie in die Nähe des heutigen Seoul kamen, wo sie auf ein Schiff nach China warten wollten, war die Nacht schon hereingebrochen. Im Dunkeln ein Obdach suchend, fanden sie eine leerstehende Wohnung, in der sie sich zur Ruhe begaben. Mitten in der Nacht erwachte Wonhyo mit brennendem Durst. Im Zimmer herumtappend, fand er zum Glück einen Napf voll herrlichen frischen Wassers. Beim Tagesanbruch stellte sich heraus, daß die Priester die Nacht in einer Grabkammer verbracht hatten, und daß der Napf ein menschlicher Schädel war. Angewidert erbrach sich Wonhyo, aber im selben Augenblick gelangte er zu folgender Einsicht: Wenn das Bewußtsein entsteht, entstehen die unterschiedenen

Phänomene; wenn das Bewußtsein verschwindet, verschwinden auch die Phänomene.[61] Alle Phänomene sind nichts anderes als Bewußtsein. Gegensätze wie die zwischen Reinheit und Unreinheit, Friede und Unfriede, werden nur vom Bewußtsein gebildet, existieren jedoch nicht in den Gegenständen an sich.[62] Die dargelegte Einsicht in die Bewußtseinsphänomenalität läßt die Grenze des Diesseits zum Jenseits aufbrechen. Einheit, das Ganze werden Themen, die als solche Immanenz und Transzendenz ineinander aufgehen lassen.

Der Konfuzianismus und Taoismus

Die stark moralisch geprägte konfuzianische Lehre enthält eine ausgebreitete Ahnenverehrung mit tausend Riten und Zeremonien. Ahne wird ein Klanmitglied, das durch den Tod vom Status eines Klanälteren zum Status eines Klanahnen übergewechselt hat. Der Tod bedeutet als Ende des diesseitigen Lebens keineswegs Ende des Einflusses, den die Ahnen ausüben. Der Tod ist Beginn einer Übergangsperiode, die dazu dient, dem ins Jenseits Transzendierenden behilflich zu sein. Der Tote soll seine Ruhe finden, um günstige Einwirkungen auf das irdische Leben zu ermöglichen. Auch hier verdeutlicht sich, wie das Jenseits als Bereich der mächtigen Toten, die ihre Ahnenschaft handhaben gemäß dem Verhalten der Irdischen, zum Ganzen des Systems zu rechnen sind. Über ihr konkretes nachtodliches Leben vernehmen wir nichts; sicher dürfte sein, daß man ihnen von den gesamten Prämissen her einen gewissen Komfort zurechnet.[63]

Sodann ist der Taoismus in Korea bedeutsam gewesen und ist es auch heute noch. Eine in Koryo[64] eingeführte Lehre war die des Vulgärtaoismus, und die Verehrung bezog sich in erster Linie auf die Himmelskörper, Dämonen und Geister. Die Priester hatten die Aufgabe, für das Wohl des Landes zu beten. Im Laufe der Jahre nahm die Zahl der dort verehrten Götter ständig zu. Wichtig war die Verehrung eines Sternes, der alle dreißig Jahre einmal in Korea wahrzunehmen ist. Wenn dieser Stern erscheint, genießen Fürst und Untertanen Gesundheit und Frieden und eine ergiebige Ernte.[65] Das Sternbild des großen Bären wurde verehrt, weil es vermag, ein Menschenleben zu verlängern.

Man kann feststellen, daß der Taoismus mit seinen Potenzen, die sich auf das Jenseits richten, besonders zum Schutze des Landes eingesetzt und gepflegt wurde.[66]

Tonghak

Interessant ist auch, was den Jenseitsbezug anbetrifft, die Geburt einer neuen Religion in Korea: Tonghak.[67] Ihr Begründer Cheu wurde Ende 1824 geboren. Im Alter von sechs Jahren verlor er seine Mutter. Weil er sehr begabt war, unterrichtete ihn sein Vater vom achten Lebensjahr an in chinesischer Philosophie und Dichtkunst. Mit dreizehn Jahren heiratete er, studierte jedoch unbekümmert weiter. Dann kam eine Zeit des Mißgeschicks. Als Sechzehnjähriger verlor er seinen Vater. Außerdem schwand das Familienvermögen, so daß er in geistiger und materieller Hinsicht eine Periode großer Bedrängnis durchlebte. Im Alter von zwanzig Jahren ließ er durch Fahrlässigkeit die große ererbte Familienbibliothek in Flammen aufgehen. Er führte ein sehr lockeres Leben, bis die Armut ihn ganz eingeholt hatte. Aber auch das hinderte ihn nicht, weiterhin zu studieren.

Im Frühling seines 32. Lebensjahres ereignete sich ein Umschwung. Ein Mönch eines berühmten Klosters überreichte ihm ein Buch, das unter einem Stupa gefunden worden sein sollte. In diesem Buch wurde die Einheit der drei Lehren, des Konfuzianismus, des Buddhismus und des Taoismus beschrieben. Nun war Cheu bestrebt, den wahren Weg aufgrund von Erfahrungen zu erreichen. Er zog sich in die Einsamkeit hinter ein Kloster zurück und betete 49 Tage. Er schloß sich in einer Grotte auf demselben Berge ein und beendete dort seine Gebete. Später wurde er Anhänger des römisch-katholischen Glaubens. Beeindruckt war er von den Anhängern der römischen Kirche, die unterdrückt wurde, wegen ihres Märtyrertums. Diese Opferfreude schien ihm etwas sehr Wünschenswertes. Er gelangte zur Überzeugung, daß der Geist dieses Märtyrertums wahrscheinlich in ihrem Gottesglauben wurzelte. Durch inbrünstiges Beten versuchte er, geistige Kraft vom Himmel zu erlangen. Wer dem Jenseits geöffnet sein Leben gestaltet, findet Kräfte, die das Diesseits verändern. Im göttlichen Wort, das herabkommt, entfernt sich der Schleier, der uns vom Jenseits trennt. So geschah eine Verschmelzung von Diesseits und Jenseits. Und so liest man: «Vollkommenes Lebensprinzip komme jetzt (zu mir). Ich wünsche, daß Du die große Herabkunft ausführst.»[68]

5.3 Die Religionen Japans

Der ursprüngliche Shintoismus

Die früheste Entwicklung des Shintoismus bis zu der Stufe, die wir aus ältesten schriftlichen Zeugnissen kennen, liegt im dunkeln wie die Anfänge des japanischen Volkes.[69] Wichtig dürfte eine Natur- und Seelenverehrung gewesen sein. Eine Verehrung der Toten kann zunächst als spezieller Fall im allgemeinen religiösen Verhalten betrachtet werden. Man dachte sich die Toten nur teilweise im Grab. Daraus erwuchs die Vorstellung einer von gräßlichen Weibern bevölkerten Unterwelt (Land der Finsternis), man sprach auch von einem Aufsteigen der Seelen zum Himmel.[70]

Die Toten begrub man in Särgen und gab ihnen Speisen, Waffen, Schmuckgegenstände und Geräte mit. Den Vornehmen folgte ihr persönliches Gesinde freiwillig oder unfreiwillig in den Tod. Wurden solche Menschenopfer allmählich durch Tonfiguren abgelöst, so blieb eine freiwillige Nachfolge in den Tod bis in unser Jahrhundert. Tief eingewurzelt war die Überzeugung, Tote seien imstande, an früheren Feinden Rache zu nehmen, woraus ein starkes Motiv erwuchs, persönliche Niederlagen im Kampf oder in der Liebe durch Selbstmord auszugleichen. Hier findet sich auch das Motiv für die Überlebenden, solche unheimlichen Toten gebührend zu ehren.[71]

Mit der Entwicklung der japanischen Familie zu einer Sippe und einem Stamm wurde der Totenkult zu einem Kult der Ahnen. Die in einem jenseitigen Bereich waltenden Ahnen waren für Schutz und Gedeihen der Nachkommen bedeutsam. Für die Lebenden beförderte die Verehrung der Ahnen den sozialen Zusammenhalt. Über die Ahnen im engeren Sinn erhoben sich diejenigen herrschender Familien, ehemaliger Stammeshäuptlinge und Helden. «Die zunehmende Arbeitsteilung bei strenger Erbfolge des Berufes machte die Ahnen bestimmter Geschlechter zugleich zu Schutzgottheiten der von ihnen ausgeübten Tätigkeit.»[72]

Mit den Ahnen nicht verwechseln darf man die Götter, die aus der Vorstellung von Urhebern oder Urvätern hervorgegangen sind. Während diese Urfiguren in der religiösen Vorstellung ein Sonderdasein führten, dürfte zwischen den Bereichen der Naturverehrung und des Ahnenkultes eine Verschmelzung eingetreten sein: Besonders verehrte Naturgegenstände wurden mit den Ahnen in Verbindung gebracht, ja sie flossen mit diesen in eins zusammen. Sturm und Donner sind Ahnherrn alter Herrschergeschlechter, namentlich aber gilt die Sonne mit der Ahnfrau des japanischen Kaiserhauses als ein und dieselbe Gottheit. Die umgebende Natur kam dem Menschen als Kraftäußerung seiner Ahnen näher, sie verlieh letzteren Anteil an ihrer Größe und Erhabenheit. Vertrauen und Furcht, demselben Gegenstand zugewandt, steigerten sich gegenseitig und hoben diesen in die Sphäre, wo ihnen der Titel zukam, mit dem die Japaner ihre Götter bezeichnen: Kami, d. h. die Oberen, also in einer jenseitigen Welt Residierenden.[73]

Einfluß des Buddhismus

In der Zeit vom 9. bis 12. Jahrhundert entfaltete sich ein verwirrender Reichtum an religiösen Formen, der auch das gesamte Kulturleben betraf. Zahlreiche Veranstaltungen wurden dem Volk angeboten. Die religiöse Hierarchie wuchs in beträchtlichem Ausmaß, auch die Entsittlichung der Geistlichkeit griff um sich, so daß der religiöse Betrieb mit der Zeit im Volk das Gefühl innerer Leerheit hinterließ. Derartige Erfahrungen, zudem noch mit politischer Verwirrung verbunden, lassen Weltuntergangsstimmung aufbrechen, in der sich die Gemüter auf eine bessere als diese irdische Welt auszurichten beginnen. Man erging sich in endzeitlichen Berechnungen und hob hervor, die letzte und schwerste Zeit sei nun angebrochen.[74]

Im Zeitraum vom 12. bis 16. Jahrhundert finden wir eine Vereinfachung und Vertiefung des Buddhismus, der in Japan seine Vorherrschaft von 552 bis 1549 ausübte.[75]

Eine Reihe von Buddhas hatte sich etabliert, so Gautama selbst, dann ein Buddha im westlichen Paradies oder reinen Land, Jodo, wo ein unermeßliches Licht leuchtet.[76] Weiter ein großer Sonnenbuddha und ein Buddha der künftigen Weltperiode, der die Liebe verkündet.[77] Alle diese Buddhagestalten deuten auf ein für das Leben bedeutsames Jenseits.[78]

Der religiöse Zerfall, von dem die Rede war, wurde durch Erneuerer aufgehalten. Unter diesen entsteht eine Gruppe, die sich in der Anrufung des Namens Amida Buddha, Nembutsu genannt, hervortut. Grundlage der Nembutsu-Praxis bilden drei Sutren, die den Buddha des unermeßlichen Lichts oder des unermeßlichen Lebens und sein Paradies des reinen Landes verherrlichen. Das reine Land liegt im Westen, in dem

Amida Buddha mit unzähligen anderen Buddhas regiert und in das er diejenigen einläßt, die einen bis sieben Tage lang seinen Namen mit ganzer Seele anrufen.[79]

Schon früh war in Japan die Lehre vom Paradies Amidas gepredigt worden. Wie ein Mensch dieser jenseitigen Welt näherkommt, hat der Mönch Genku, 1133 geboren, unterstrichen. Immer geht es um Anrufung des Namens Amida, welche Garantie des Heiles bedeutet. Selbst diejenigen, die nichts verstehen, werden auf diese Weise mit Sicherheit in das reine Land hinübergeboren. Es ist die Sekte des reinen Landes, Jodoshu, die Genku unter dem Namen Honen Shonin führte. Menschen starben in großer Zahl mit dem Namen Amida Buddha auf den Lippen: Ihr Weg ins reine Land war ihnen sicher.

Honen Shonin war ein Vereinfacher. Für ihn entfaltete sich das religiöse Ziel nicht mehr in einer Menge von Erleuchtungsstufen bis hin zur letzten des Nirvana, sondern erschöpfte sich in der erwähnten einmaligen Hinübergeburt in das Paradies Amidas.[80]

Lotus-Sutra

Nichiren Shonin, 1222 geboren, trat auf als religiöser Sucher, der nach einer Glaubensgrundlage forschte, die geeignet war, den Streit der religiösen Parteien zu beenden. Dieses Fundament fand er im Lotus-Sutra.[81] Er las den Text wie eine Apokalypse und wandte sich dem Ewigen und Jenseitigen mit großer Energie zu. Für ihn wird der Mensch in das reine Land entrückt, wenn er sich dem Klang der Worte des Lotus-Sutra öffnet. Wo man den heiligen Text zitiert, ist bereits das reine Land. Die Menschen werden Buddhas in der Gegenwart, auf dieser Erde. Spricht die Jodo-Sekte von einem jenseitigen Paradies, so gilt dies nun als eine Irrlehre.[82]

Wie schwer ein Verständnis östlichen Denkens wird, zeigt der Versuch, den Begriff von Nirvana zu umschreiben. Er bedeutet ausgelöscht sein, tot, verstorben, befreit und in ewiger Seligkeit lebend. Am besten übersetzt man Nirvana mit Erlöschen: individuelles Erlöschen, Aufhören der Wiedergeburt, Aufhören der Leidenschaften, Eintreten in die Seligkeit, wenn Lebewesen, besonders die Menschen, zahlreiche Wiedergeburten erfahren und in himmlischer Herrlichkeit am Geschehen dieser und anderer Welten teilnehmen. Beim Ausscheiden aus diesem Leben wird der Mensch noch nicht individuell erlöschen, sondern seinen guten oder schlechten Taten entsprechend eine große Zahl von herrlichen oder schrecklichen Möglichkeiten vor sich haben.[83]

Das Gleichnis von der Zauberstadt im 7. Kapitel des Lotus-Sutra veranschaulicht die Lehre über das Nirvana. Die weit entfernte Schatzinsel ist Buddhas Reich; es ist die wirkliche Stadt. Um zu diesem fernen Ziel zu gelangen, muß man durch die Zauberstadt gehen. Diese Stadt befindet sich jenseits von Zweifeln und Irrtümern dieser Welt, die mit gefährlichem Urwald verglichen werden. Das Gleichnis beschreibt die Zauberstadt als Ort des vorläufigen Ausruhens, der Erholung auf weitem Weg zum zukünftigen Reich Buddhas. Eigentlich ist die Zauberstadt die Stadt der Bodhisattvas. Im 7. Kapitel des Lotus-Sutra sagt der Buddha folgendes: «Meine Lehrmethode kann mit der Art und Weise verglichen werden, in der ein sehr geschickter Führer die Schatzsucher durch einen dichten, schrecklichen und gefahrvollen Urwald zur fernen Jueweleninsel führt: Nach sehr anstrengender Reise ist die ganze Gesellschaft der Schatzsucher der Erschöpfung nah. Aller Hoffnung bar befindet sie sich von Gefahren umgeben mitten im Urwald. Sie will die Suche nach der Juweleninsel aufgeben und umkehren. Der weise Führer aber verfügt über außerordentliche Fähigkeiten und läßt vor den Augen seiner mutlosen Gesellschaft mitten im Urwald eine wunderbare, herrliche und große Stadt mit Tausenden von Gebäuden entstehen. Um die Stadt noch zu verschönern, schmückt er sie mit vielen Tempeln, Klöstern und lieblichen Gärten und ruft die Seinen auf, sich gründlich auszuruhen und sich dieser Prachtstadt zu erfreuen. Später läßt er die Zauberstadt wieder verschwinden, und die Schatzsucher machen sich unter seiner Führung nach der wirklichen Juweleninsel auf. So verhält es sich mit Buddhas Lehre über das Nirwana. In Wirklichkeit gibt es nur ein einziges Fahrzeug, kein zweites oder drittes.»[84]

Zen

Die Beziehungen der japanischen Zen-Schulen zu China waren sehr dicht und bedeutsam, fand doch dieses fremde Gewächs in Japan dankbaren Boden. Dem Stand der Krieger und Ritter (Samurai oder Bushi) erschien das Zen mit seiner Männlichkeit und Zucht, seiner schlichten Lebenskunst und Todesverachtung, seiner Vornehmheit und Ritterlichkeit als besonders wichtig. Erleuchtung ist das gemeinsame Ziel des

Buddhismus und ebenso die Übung der Versenkung; beides ist im Zen streng beachtet.[85]

Ein Mahayana-Sutra wird im Zen viel benutzt. Es heißt Yuima-kyo. Hauptgestalt des Sutra ist Yuima. In der Philosophie des Mahayana war er gründlich bewandert und dazu ein großer Menschenfreund. In einem Gespräch empfiehlt er dem Partner dringend, den Sinn von jeder Unterscheidung zu befreien und sein Herz mit unparteiischer Liebe zu erfüllen. Dieser Zustand der Vergeistigung ist die entscheidende Voraussetzung für das Erlebnis, um das es im Zen geht.[86] Wer nicht offenen Ohres dem Buddha lauscht und einem Irrlehrer folgt, ist zur Hölle verdammt. Wahre Anhänger Buddhas sollten fähig sein, auch mit Dämonen umzugehen. Sie können dies, weil sie als Weise ohne alle Haftung sind.[87] Im gleichen Text findet sich ein Wort von Maitreya: «Als ich vor Zeiten im Tushita-Himmel weilte und vor dem Herrn des Himmels und seiner Heerscharen über ein Leben der Nichtwiederkehr sprach, erschien mir Yuima und redete folgendermaßen zu mir: «Oh Maitreya, wie ich vernehme, hat der Buddha Shakyamuni dir geweissagt, daß du die vollkommene Erleuchtung im Lauf eines einzigen Lebens erlangen wirst. Nur möchte ich gern wissen, was dieses einzige Leben in Wahrheit bedeutet. Ist es dein vergangenes, dein zukünftiges oder dein gegenwärtiges Leben? Wenn es ein vergangenes ist, so ist das Vergangene vergangen und ist nicht mehr. Wenn es das zukünftige ist, so ist das Künftige noch nicht da. Wenn es das gegenwärtige ist, so ist das Gegenwärtige ortlos (d. h. die Gegenwart hat keinen festen Punkt in der Zeit, sagst du, dies ist gegenwärtig, so ist es schon vorüber). Da dieses sich so verhält, so fällt das sogenannte gegenwärtige Leben, wie es in diesem Augenblick von einem jeden von uns gelebt wird, nach der Lehre des Buddha nicht unter die Begriffe von Geburt, Alter und Tod.»[88] Im gegenwärtigen Leben und qualifizierten Augenblick geschieht der Transcensus, in dem sich Diesseits und Jenseits verbinden.

5.4 Kitaro Nishida «Über das Gute»

Die eine Realität

Nishida hat in seinem Werk «Über das Gute»,[89] welches den Auftakt zur Arbeit der Kyôtoschule bildet, eine bemerkenswert konsistente Weltsicht vorgetragen. Darin integriert ist auch das Themenfeld, das andernorts als Jenseits gegenüber einem Diesseits erscheint.

Nishida betont zunächst, daß Geist und Natur «keine ihrer Art nach völlig verschiedene Realität»⁹⁰ sind. Für ihn gilt wohl im Universum der Primat des Geistes, womit aber nun die Natur in keinem Belang gemindert wird. Geist und Natur als die einzige Realität bestehen innerhalb des Universums sowohl im Gegensatz zueinander wie auch als «unendliche Einheit».⁹¹ Eine Dynamik wird damit von Nishida beschworen; niemals kann die Welt skeptisch sein. Und die Frage nach dem Jenseits beantwortet sich schon jetzt prinzipiell. Wenn die Gottheit kein der Realität transzendentes Wesen ist, so muß die Einheit des Universums das letzte Wort auch über den Tod hinaus sein. Nishida führt aus: «Sogenannte religiöse Menschen versetzen Gott oft in ein Außerhalb des Kosmos, von wo er wie ein übergroßer Mensch diesen Kosmos regiert. Aber eine solche Gottesvorstellung ist über die Maßen kindisch [...]».⁹² Wenn Gott im Sinne Nishidas als der große Geist des Universums feststeht, so sind Jenseitskonzepte allesamt überflüssig. Nishidas These deklariert gegen alle Tradition, die einen Gott und damit eine jenseitige Welt zu denken und zu glauben versucht, eine unendliche Einheitskraft im Ganzen der Welt ebenso wie im Einzelmenschen. «Dank dieser Kraft können wir auch in der Seelentiefe unseres Selbst das Fundament der Realität, auf dem das Universum errichtet ist, erkennen: Wir können hier das Gesicht Gottes erblicken.»⁹³ Nishida stellt sich auf die Seite der europäischen Mystiker des 15. und 16. Jahrhunderts, die Gott in ihrem Innern anschauen wollten und von denen er sagt: «Sie hatten das tiefste Wissen von Gott.»⁹⁴ Das Ereignis der Gottesschau darf das religiöse Ziel heißen, über das hinaus Jenseitswelten weder zu denken noch zu glauben sind. Die Erkenntnis des wahren Gottes erzwingt eine Disziplin des Selbst und gewährt eine Schulung des Auges, mit der einer diesen Gott, der alles in allem ist, erfassen mag.

Innerste Geburt

Jede Sehnsucht und jede daraus erwachsende Suche nach einem Jenseits entfallen, macht man sich die prinzipielle Doppelrichtung von Religion bewußt. Einmal geht der Mensch als religiöser zurück in seinen Ursprung, zum anderen drängt er vorwärts auf sein wahres Lebensziel, das nur der göttliche Geist sein kann. Immer, ob retentional oder protentional, ist religiöses Erleben und Verhalten eine Heimkehr, über die kein weiterer Transcensus hinausführt. Nishida attestiert aber jeder Religion die Heimkehrbewegung. Ohne die hier sich zeigende spezielle Struktur kann Religion ihren Namen zurecht nicht tragen.[95] Nishida formuliert weiter zugespitzt: «So wie unser Tag für Tag sich wandelndes Bewußtsein eine identische Einheit besitzt und wir es daher als identischen Geist erachten müssen, so muß auch unser Geist mit Gott dieselbe Substanz besitzen.»[96]

Die Einheit mit Gott basiert nicht auf einer moralischen Forderung, die, erfülle ich sie, mich auf eine transzendente Ebene führt, sondern die Einheit mit Gott ist total vital. Theologische Fragen nach der wahren Bedeutung von Religion enden dort, wo Menschen verstanden haben, was Nishida als Verschmelzung mit Gott anspricht. Es gibt keinen Glauben, der, von außen gepredigt, in mir aufbrechen könnte: «Glaube muß (vielmehr) aus dem Inneren herausgeschliffen werden.»[97] Wer bei Gott, somit im Jenseits ankommt, erfährt dabei nichts anderes als eine «innerste Geburt».[98] Was sich abspielt, wo wahre Religion geschieht, ist die Erfüllung des ganzen Lebens hier und jetzt. Und das genügt Nishida, dem ersten und überragenden Denker der Kyôtoschule.

Die persönliche Gottheit

Nishida vertieft seine Überlegungen in weiteren Abschnitten, indem er einerseits Identität und Differenz hinsichtlich göttlichen und menschlichen Geistes bedenkt. Kein ausdifferenziertes Verständnis und Bild einer Persönlichkeit Gottes, ähnlich der menschlichen, ist möglich, vielmehr geht es Nishida darum, «in Gott die große intellektuelle Intuition im Ursprung des Universums zu sehen».[99] Immer wieder verweist er auf Mystiker des Abendlandes wie Meister Eckhart und Jakob Böhme. Die Gottheit des ersteren und die Stille ohne Wesen des letzteren verweisen auf einen ursprünglichen Zusammenhang von Gott und Mensch, von dem dort zu sprechen ist, wo die Bewußtseinseinheit sich in tiefstem Stillstand befindet, «aus dem aber der Wandel hervorgeht».[100] So gewahren wir in der Tiefe des Bewußtseins genau den Himmel, den der Mensch auf vielerlei Wegen sucht. Der Zerfall sämtlicher Konkretisierungen, die das Jenseits darstellen, ist perfekt. Nishida kann abschließend sagen, daß es keinen Ort ohne Gott gibt. Es ist ein absoluter, unendlicher Gott, der nicht existiert ohne Welt. Wieder wird die Dialektik von Identität und Differenz ins Blickfeld genommen. So wie das wahre Eine nicht sein kann ohne die Allheit des Seienden, so eben auch Gott nicht ohne eine Welt, die sich freilich nicht verwechseln läßt mit dieser unserer sichtbaren und fassbaren Welt, von der es heißt, sie sei durch einen Schöpfungsakt einmal derart eingerichtet worden – wie sie nun eben immer war und ist und sein wird. Der Weltbegriff, den Nishida verwendet, entspricht dagegen dem Gedanken der *creatio continua*. Gott schafft die Welt, ohne die er nicht sein kann, ewig neu.[101]

5. 5 Keiji Nishitani «Was ist Religion?»

Religion im Horizont des Nichts

Nishitani, den wir hier als auch im Westen bekannten Vertreter der zenbuddhistischen Kyôtoschule nehmen, erklärt, daß einer, der die akademische Frage nach dem Wesen von Religion formuliert, deren tiefe Notwendigkeit überhaupt noch nicht wahrgenommen habe. Doch derjenige, der rein akademisch fragt, ist in Nishitanis Sicht gerade zu den Menschen zu zählen, die zutiefst für ihr Leben Religion benötigen. «Was Religion notwendig, was sie für den Menschen notwendig werden läßt, ist dies: Sie läßt uns zum Ursprung des Lebens zurückkehren. Dort ist Leben etwas jenseits von Funktionalität oder Nützlichkeit; das bedeutet, dort gehen wir über unsere übliche Lebensweise hinaus, unsere gewöhnliche Seinsweise wird durchbrochen.»[102] Der Mensch, für den Religion noch nicht notwendig wurde, ist in Wahrheit vom Ursprung des Lebens entfernt. Er lebt unter den Vorzeichen bestimmter Zwecke, die er verfolgt, und irgendwelcher Nutzeffekte, die er hier und jetzt zu erlangen hofft.

Nishitani fragt nicht nach der Bedeutung von Religion für die menschliche Gesellschaft und deren Funktionieren; er fragt gezielt nach dem Wesen allen religiösen Erlebens und Verhaltens. Der Weg zum Verständnis des Wesens von Religion führt nach Nishitani nur über das im Menschen aufbrechende religiöse Bedürfnis.[103]

Um auf diesem Wege sichere Schritte vorwärts tun zu können, formuliert er folgende Frage: Warum existieren wir eigentlich? Mit dieser Frage ist nicht der Nutzen dessen, was wir tun und erstreben, für unsere Existenz bzw. für unser Leben das Thema, sondern wir selbst als ganze Menschen sind in den Mittelpunkt der Frage gestellt. «Wenn wir [...] dahin gelangen, den Sinn unserer Existenz zu bezweifeln und wenn wir uns selbst zu einer Frage werden, dann steigt das religiöse Bedürfnis in uns auf.»[104] Das religiöse Bedürfnis zeigt sich dort, wo das gewöhnliche Leben, auch mit seinen Höhepunkten in Kultur und Wissenschaft, an Bedeutung verliert, ja im Grunde unwichtig wird.[105] Nishitanis Blick richtet sich auf die Grenzsituationen des Menschseins, wozu in besonderem Maße der Tod gehört. Wird ein nahestehender Mitmensch durch den Tod entrissen, so erhebt sich die Frage, weshalb wir eigentlich als Menschen mit dieser unentrinnbaren Sterblichkeit existieren. Eine Antwort ist nicht intellektuell leicht und billig zu haben. Wir stehen im wahrsten Sinne vor einem Abgrund der Leere, der Sinnlosigkeit. Dieser Abgrund liegt in der Sicht des östlichen Denkers «eigentlich immer schon unserer Existenz zugrunde».[106] Leben bedeutet stets Kontakt mit dem Tod. Wir befinden uns permanent am Abgrund des Todes, in den wir ganz plötzlich eingehen können. Nehmen wir dies zur Kenntnis, so müssen wir folgern: Der Grund unseres menschlichen Seins ist das zerstörende Nichts. Sind wir in alltägliche Beschäftigungen verstrickt, so können wir des Nichts am Grunde unseres eigenen Seins nicht gewahr werden, weil ein solches in die Tiefe dringende Gewahrwerden in unserer Alltäglichkeit verstellt bzw. verdeckt ist. Nishitani formuliert: «Wenn der Horizont des Nichts sich vom Grund unseres Lebens her auftut, so ist dies die Gelegenheit zu radikaler Umkehr in unserem Leben.»[107] Umkehr meint Abkehr von einem Denken, das sich auf den Nutzen dessen, was ist, richtet. Jetzt geht es um schonungslose Befragung der eigenen Existenz hinsichtlich ihres letzten Sinnes. An dieser Stelle unserer Umkehr bricht das religiöse Bedürfnis auf, indem die Frage nach dem Sinn unseres Seins als die Frage nach dem Wesen von Religion evident wird. Weder Philosophie noch Theologie können der menschlichen Existenz einen nicht in Frage zu stellenden Sinn vermitteln; beide operieren auf abstrakter Ebene. Die wahre Wirklichkeit, nach der zu fragen ist, erscheint als Thema erst, wenn die Notwendigkeit, sich des religiösen Bewußtseins zu vergewissern, aufbricht. Alltägliches Erleben und Verhalten gestaltet sich im Feld des Bewußtseins, worin und womit ich permanent Objekte, Themen, auch andere Menschen, die mir dienlich sein können, wahrnehme. Es ist das Feld, in dem sich die Spaltung und die Trennung von Subjekt und Objekt bekundet. Wir nehmen das, was ist, als etwas außerhalb unserer eigenen Existenz wahr und ordnen es ein in Zusammenhänge, die einerseits von der Gesellschaft vorgegeben sind, andererseits von uns selbst als unsere je eigene Lebenswelt gestiftet werden. Nie aber können wir so die Dinge bzw. die Objekte als das, was sie von sich her sind, in ihrem letzten Eigensein, wahrnehmen und würdigen.[108]

Das Feld der Leere

Was Nishitani anstrebt, ist Überwindung dieser alltäglichen, selbstverhafteten Seinsweise. Das Ziel, das verfolgt wird, heißt: Aufschließen des Feldes der Leere. Nur dann und dort gibt es unmittelbaren Kontakt mit der Realität der Dinge.[109]

Wir haben folgendes noch stärker hervorzuheben: Das Feld des Bewußtseins, von dem die Rede war, schließt das Feld der Subjekt-Objekt-Spaltung, das Feld der Sinneswahrnehmung und des Denkens, der Vernunft mit ein.[110]

Dann gibt es, worauf jetzt nicht näher eingegangen werden kann, das Feld des Nichts, in dem Subjekte wie Objekte von Grund auf genichtet werden – und zwar durch das Auftauchen des ihnen ursprünglich zugrundeliegenden *nihilum*, was soviel bedeutet wie, daß diese Nichtung das Seiende wesenhaft im Modus des Scheins hervortreten läßt, oder auch, daß sich hier die Dinge in ihrer Vergänglichkeit, in ihrer Nichtexistenz zeigen, d. h., sie lassen keine Spuren zurück, weil sie von Anbeginn an auf das *nihilum* gegründet sind. Aber dieses Nichts, das in Rede steht, ist bezogen auf das Sein, womit es ein relatives und kein absolutes Nichts ist. Das Nichts, wird so von ihm gesprochen, ist vom Standpunkt des Seins als das dem Sein zugrundeliegende vorgestellt.[111]

Ein drittes Feld, das Feld der Leere, ist das, worauf sich das Denken Nishitanis zentriert. Er kennzeichnet dieses Feld der Leere folgendermaßen: «Die Leere ist nichts, was neben dem Sein und getrennt von ihm vorgestellt werden könnte. Sie ist nicht einfach Leere als leeres Nichts. Sie ist eine absolute Leere und hat sich als solche von allen diesen Arten einer vorgestellten Leere entleert. Aus diesem Grunde ist sie von Anbeginn eins mit dem Sein. In seinem Ursprung, dort, wo es als Sein erscheint, kommt das Sein immer als eins mit der Leere zum Vorschein. [...] Und das Selbstsein eines sich auf eigenem Urgrund befindlichen Seienden [...], ein Ding in seiner Realität, ist eins mit der Leere.»[112] Die Leere ist absolut. Sie ist immer schon ineins mit dem Sein. Das Selbstsein eines Dinges eröffnet sich auf dessen ursprünglichem Grund, nämlich dort, wo das Selbstsein ineins mit der Leere ist.

Nishitani gibt ein Beispiel: Feuer bewahrt sich selbst inmitten seines

Brennens; es manifestiert sich auch als das Nicht-Brennen. Brennen ist Nicht-Brennen, und Nicht-Brennen ist Brennen. Damit ist das objektive Faktum des Feuers nicht bestritten, sondern es wird lediglich sein wesenhaftes Nicht-Brennen in seinem nichtgegenständlichen Selbstsein hervorgehoben. Wichtig ist, daß das Brennen nicht ohne das Nicht-Brennen und umgekehrt das Nicht-Brennen ohne das Brennen zustande kommen können.[113]

Obwohl sich das Feld der Leere im Grunde nicht vorstellen läßt, da es absolut, also auf nichts bezogen ist, versucht Nishitani doch, es zu fassen und dem Leser zu verdeutlichen. «Im Feld der Leere sind überall Zentren. Jedes Ding in seinem Selbstsein erweist den Modus des Zentrum-aller-Dinge-Seins. Jedes einzelne Ding wird, als Zentrum aller Dinge, zu einem absoluten Zentrum. Dies ist die absolute Einzigartigkeit der Dinge, ihre Realität.»

«Aber selbst wenn in dieser Weise jedes Ding ein absolutes Zentrum ist, bedeutet das nicht absolute Zerstreuung, sondern vielmehr das Gegenteil. Da jedes von ihnen ein absolutes Zentrum ist, in welchem Alles eins ist, ist auch ihre Gesamtheit eins.»[114]

Jedes einzelne Seiende ist selbst ein Zentrum, ein absolutes, und ist damit Herr für alle anderen Seienden. In jedem einzelnen Seienden versammeln sich gleichsam alle Seienden. Da also jedes einzelne Seiende alles Seiende in seinem Zentrum versammelt, ist es Alles. Oder anders: In einem absoluten Zentrum ist Alles eins. Damit das eine Seiende auf diese Weise Herr sein kann, müssen alle anderen Seienden Knecht von ihm sein. Aber wir haben ja stets mehr als nur *ein* absolutes Zentrum. Offensichtlich muß somit jeder Herr gleichzeitig stets Knecht sein. Ein bestimmtes Seiendes ist demzufolge allen anderen Seienden gegenüber Knecht, d. h. es verhilft diesen zur Selbstherrschaft, indem es jedes einzelne von ihnen sein läßt.[115]

Zwischen allen Seienden gibt es eine wechselseitige Herr-Knecht-Beziehung, in der ein bestimmtes Seiendes Herr von allen anderen Seienden dadurch ist, daß diese Knecht von ihm sind und in der es zugleich Knecht von allen anderen Seienden ist.

Diese wechselseitige Herr-Knecht-Relation ist *nur* auf dem Feld der Leere möglich, *nur* dort sammeln sich die Dinge ineins, ohne daß sie ihre je absolute Einzigartigkeit verlieren. Es geht um wechselseitige Durchdringung bzw. ein Ineinandersein.[116]

Auf dem Feld der Leere ist ein bestimmtes Seiendes nur dadurch in seiner Einzigartigkeit denkbar, daß alle anderen Seienden Knecht von ihm sind. Dies ist aber nur dann möglich zu denken, wenn alle anderen Seienden ihre Selbstherrschaft als einzigartig Seiende gegenüber diesem Herrn aufgeben, wenn sie sich ihm unterordnen und ihn in seinem Herrsein bestärken. Ein Ding in der Position als Knecht entleert sich seines eigenen Herrseins. Weil dies nur im Blick auf das Feld der Leere gedacht werden kann, ist es nach Nishitani möglich, daß sich sowohl ein Seiendes seines Seins entleert wie zugleich sein Sein bewahrt; so wie sich das Seiende, das sich als Knecht erfährt, seines Herrseins entleert, um Knecht zu sein, ist auch das Herrsein des anderen Seienden, das hier Blickfeld gerückt wird, auf dem Feld der Leere diesem Vorgang der Entleerung ausgeliefert. Also Herr- und Knechtsein stehen in einer dialektischen Beziehung der gegenseitigen Über- und Unterordnung, die in einer logischen Abfolge nicht eingefangen und festgemacht werden können. Als absolutes Zentrum, als Herr, steht ein Seiendes im Zentrum aller anderen Seienden. Gleichzeitig ist dieses Sein dadurch ermöglicht, daß es ein Sein nur ineins mit der Leere ist. Alle absoluten Zentren zusammen machen die Welt aus. Die Welt, die wir alltäglich erleben, ist nur möglich als Gesamt aller absoluten Zentren, in all denen alles eins ist, somit ist auch ihre Gesamtheit (diejenige der Zentren) eins.[117] Nishitani hebt hervor: «Nur in einem Feld, in dem das Sein aller Dinge Sein als Einssein mit der Leere bedeutet, ist es möglich, daß alle Dinge sich ineins sammeln, ohne das jedes einzelne aufhört, als ein absolut einzigartig Seiendes eine Realität zu sein – daß überhaupt das Sein ist und auch die Welt als Seinsordnung.»[118]

Nach diesen schwierigen Überlegungen gilt folgendes: Die Ordnung der Welt, daß überhaupt Seiendes ist, ist nur dann faßbar, wenn wir das Feld der Leere im Verständnis Nishitanis thematisieren. Das Feld der Leere muß als Kraftfeld oder Energiefeld gedacht werden, dessen ganze Kraft in jedem Ding wirkt, zur Kraft jedes einzelnen Dinges wird. Die wechselseitige Herr-Knecht-Beziehung, das Ineinssein des Seins aller Dinge mit der Leere, in der jedes Ding zugleich auf seinem eigenen Platz (als Herr) und zugleich auf dem aller anderen (als Knecht) ist, bedeutet, daß die ganze Welt im Sein eines jeden Dinges waltet.[119]

Wie realisiert sich das Feld der Leere im Selbst jedes einzelnen Menschen? Dieses Ereignis der Realisation heißt in der Zen-Sprache «Der Große Tod». Nishitani sagt: «Die Leere ist das Selbst, meint, daß das Selbst an seinem ursprünglichen Ort als ein solches Feld (als ein Feld der Leere) existiert [...]. Sofern das Selbst wahrhaft in seinem ureigenen Grund ist, sofern es das Selbst in seinem An-Sich ist, erschließt sich auf seinem eigenen Platz das Feld der Leere, in dem Welt und Dinge ermöglicht werden [...]. Das Selbst hat seinen eigenen Platz an einem von der Welt und den Dingen abgeschiedenen Ort, wo es von Anbeginn an daheim ist.»[120] Das Feld der Leere tut sich im Selbst des Menschen nur dann auf, wenn dieses auf seinem ureigenen Grund steht. Im Selbst des Menschen offenbart sich der ursprüngliche Ort, der die Welt und die Dinge möglich macht. Als Bedingung von Welt und Dingen ist das Selbst, indem es zu seinem Ursprung zurückfindet, diesen immer schon voraus.

Wenn sich das Feld der Leere in unserem Selbst realisiert, dann transzendiert unser Selbstsein das Subjekt (vom Feld des Bewußtseins) auf einen Ort hin, an dem das Selbst kein Sein mehr hat. Das Selbst ist dort von allem Sein entleert, es ist so etwas wie Leere. Diese entleerte Selbst heißt bei Nishitani das transzendente Nicht-Selbst-Sein. Der Ort, an dem unsere Transzendenz wie unsere Immanenz, oder anders gesagt, die Leere und das Sein, ineins sind, ist das konkrete Selbst-an-Sich oder (in anderen Worten): das wahre Selbst auf dem Feld der Leere. Die Selbstidentität beider im Selbst-an-Sich kann nur in paradoxer Ausdrucksweise als das Selbst im Nichtselbst oder umgekehrt als das Nichtselbst im Selbst formuliert werden.[121]

Das Selbst im Nichtselbst ist dasselbe wie: Das Sein ist nur ineins mit der Leere Sein. Das bedeutet, daß das Sein des Selbst als personale, bewußte und leibhafte Seinsweise des Selbst sowie das eigene Subjektsein wesenhaft temporäre und irreale Erscheinungen sind.[122] Auch die menschlichen Vorstellungen und Handlungen, aber auch alle reflexive Erkenntnis, in der das Selbst sich selbst und die Objekte erkennt, sind wesenhaft illusorisch. Sie sind auf dem Feld der Leere, dort, wo sie ineins mit Leere sind, wesentlich von aktualer Realität.[123]

Tut sich uns bzw. in uns das Feld der Leere auf, so befinden wir uns im Seinsmodus der Mitte. Wir stehen ohne Grund im Feld der Leere. Wir sind dann gleichsam in einem Übergang, in einem Provisorium, d. h. das Sein der Dinge erschließt sich in uns als das, was es wirklich ist, aber ohne daß sich dabei ein verborgenes Jenseits auftut, denn Leere und Sein, Jenseits und Diesseits entstehen immer zugleich ineins!

Nishitani meint, daß in Hinsicht auf das Feld der Leere auch das Wesen der Zeit nur noch auf eine paradoxe Art und Weise verstanden werden kann: «Das Selbstsein ist nun [...] radikal innerhalb der Zeit oder vielmehr ungründig zeitlich. Auf dem Feld der Leere ist das Selbst – insofern sein Nicht-Sein in Betracht gezogen wird, weil sein ‹Sein› nur ineins mit der Leere ‹Sein› ist – in jedem Augenblick zugleich völlig außerhalb der Zeit.»[124] Der Mensch in seinem Selbstsein ist also somit nicht nur innerhalb der Zeit, d. h. innerhalb des Zyklus von Geburt und Tod, sondern er ist auch ungründig zeitlich, d. h. wir machen Zeit zu Zeit und lassen sie sich zeitigen.[125] Auch das Selbstsein ist zugleich außerhalb der Zeit. Es liegt also allen Dingen und der Welt voraus, und deshalb sind wir Herr aller Dinge. Ungründig zeitlich in der Welt zu leben und gleichzeitig in jedem Augenblick außerhalb der Zeit bzw. der Welt zu stehen, nennt Nishitani Haltlosigkeit. Das bedeutet, daß wir auf dem Feld der Leere absolut frei sind. In jeder Zeit, in jedem Augenblick, sammeln sich alle Zeiten, weil Zeit ja ungründig Zeit ist, und dies ermöglicht, daß die jeweilige Zeit tatsächlich zustandekommt als diese oder jene Zeit.[126]

Erlösung auf dem Feld der Leere

Zusammenfassend ist zu sagen: Um uns in unserer Selbstverfangenheit zu bemerken und aus dieser zu befreien, postuliert Nishitani die Transzendierung des Feldes des nihilistischen Nichts. Erst im Durchstoß durch dieses Feld kann Erlösung des Menschen geschehen. Dann erst öffnet sich der Bereich der Religion und damit eines entsprechenden Jenseits. Bei dem Buddhisten Nishitani ist Erlösung nicht passiv, sondern der Mensch muß sich aktiv zu deren Empfang vorbereiten. Wird der Mensch erleuchtet, verwandelt er sich in einem Augenblick zum Gläubigen. So gibt es aus diesem Zustand der wahren Realität vom eigenen Selbst und dem aller anderen Dinge keine Rückkehr in die alltägliche Seinsweise, die aus der Sicht der wahren Realität nur Schein ist, in der der Nichterlöste immer lebt.

Das Feld, auf dem der Mensch die Erlösung empfängt, das Feld, in dem sich ihm Religion eröffnet, ist das Feld der Leere. Als wesentliches Merkmal dieses Feldes gilt: das Sein ist Sein ineins mit der Leere. Das bedeutet, wie gesagt, daß hier die Leere eine absolute Leere ist. Nishitani spricht von der wechselseitigen Durchdringung aller Dinge. Die wechselseitige Durchdringung aller Dinge drückt aus, daß alle Dinge in ihrem Ursprung, dort, wo sich das Feld der Leere im je eigenen Sein erschließt, ineins sind und zugleich jedes Ding einzigartig, völlig verschieden von allen anderen Dingen ist.

Nishitanis Überlegungen zur religiösen Befreiung des Selbst wird kaum die Subjektivität des heutigen Menschen zum Verschwinden bringen. Ja, man wird sagen dürfen, daß ihre wahre Realität erst im Seinsmodus der Mitte sich realisiert. Erst dann wird sich das Selbst rein als Selbstsein in sich selbst aufschließen. Diese Gedanken lassen sich nur nachvollziehen unter der Kondition, daß im Grunde alles eins ist und zugleich jedes Ding einzigartig. Dort, wo die Leere, die Unrealität der Dinge, und ihre Einzigartigkeit, d. h. ihr Sein, zugleich entstehen, am Ursprung des Lebens also, ist der Ort der Religion. Dort realisiert (verwirklicht und versteht) das Selbst seine und die Realität aller Dinge in einem diesseitigen Augenblick als wahre Realität. Diese Realisation der wahren Realität ist die Umkehr des Selbst, die Umkehr vom Großen Zweifel zum Großen Tod, die Erlösung, die gleichsam in einem Nu den Menschen in seiner ganzen Existenz (in Leib und Seele) unumkehrbar umkehrt. Wer dieses einschneidende Erlebnis erfahren hat, das als religiöse Befreiung bezeichnet wird, der kann nicht mehr in die Selbstverfangenheit und Selbstmächtigkeit eines cartesianischen *ego* und in das abgründige *nihilum* zurückfallen.

Das Jenseits, wird nach ihm gefragt, läßt sich als separater Raum oder Bezirk nicht konturieren. Es ist vielmehr dort zu erfahren, wo Leere und Sein in ihrem ursprünglichen Bezug relevant sind. Das Außerhalbstehen im Blick auf Zeit und Welt, das Nishitani Haltlosigkeit nennt, läßt sich als ein Existieren im Jenseits deklarieren. So konstituiert Jenseits das Diesseits, wie umgekehrt von Jenseits nur aus der Erfahrung des Diesseits gesprochen werden kann.

6 Neuere Strömungen

6.1 Neue Religionen

Entsprechend der Entwicklung des religiösen Bewußtseins und im Zusammenhang mit neuen geschichtlichen Erfahrungen kommt es immer wieder zu religiösen Neubildungen, die dem jeweiligen Bewußtseinsstand, der neuen Geschichtserfahrung und dem neuen Lebensgefühl Rechnung tragen. Der Prozeß der Neubildung von Religionen ist auch nach Christus weitergegangen. Zunächst erhebt der Manichäismus den Anspruch, als universale Religion die wesentlichen Elemente des Christentums, des Zoroastrismus und des Buddhismus zu verbinden und diese älteren Religionen als abschließende universale Offenbarung zu überhöhen.[1] Noch stärker führen Auftreten und weltweite Ausbreitung des Islam zu einer Revision bez. Relativierung des christlichen Anspruchs. Außerhalb des christlichen Europas und an seinen Rändern in Nordafrika, auf dem Balkan, in Kleinasien und Ägypten entwickeln sich Religionen in großer Manigfaltigkeit weiter, sowohl im Bereich des Islam selbst wie im Buddhismus und Hinduismus. Alle asiatischen Religionen erzeugen im Laufe ihrer Entwicklung neue Sekten, die neue Formen religiösen Bewußtseins und einer religiösen Ethik repräsentieren.[2]

Unter der Kapitelüberschrift «Neue Religionen» haben wir eine sehr begrenzte Auswahl zu treffen.[3]

Viele der neuen Religionen berufen sich auf eine neue göttliche Offenbarung und verehren Gründer oder Gründerinnen als Werkzeug dieser Offenbarung und sogar als göttliche Inkarnation. Jede Religion drängt auf Erfahrung der göttlichen Präsenz. Es geht um deren heilbringende, segensvolle, beglückende und erfüllende Nähe[4].

Sri Aurobindo

Aurobindos Geschichte kann nur in Stichworten angedeutet werden.[5] Einwirkungen jenseitiger Kräfte in das diesseitige Leben lösen bei Sri A. Ghose Aurobindo (geb. 1872 in Kalkutta, gest. 1950 in Pondicherry) Veränderungen aus. Aurobindo ist Schöpfer des Integralen Yoga, einer Lehre und einer Meditationspraxis, die auf einer Erfahrung beruht, wonach sich in Aurobindo selbst die Realisation des Supramentalen vollzogen hat. Mit Aurobindo ist die Menschheit in eine neue Phase eingetreten. Durch einen Menschen wurde mittels jenseitiger Kräfte die ganze Menschheit in ein neues Wegstück geleitet. Aus der jenseitigen Welt fließen Kräfte, die Erfahrungen auslösen, aufgrund deren Menschen ihre Lebenswelt verändern. Als politischer Revolutionär im britischen Indien verbringt Aurobindo eine bestimmte Zeit im Gefängnis. Er hat dort eine umstürzende Audition. Sodann überkommen ihn Visionen, in denen sich die Trostlosigkeit seiner äußeren Lage in beglückende Begegnung mit dem Heiligen verwandelt. Das Gefängnis selbst transformiert sich in einen Ort erfüllender und beseligender Präsenz desselben. «Ich blickte auf das Gefängnis, das mich von den Menschen abschloß, aber ich war nicht mehr durch seine hohen Mauern gefangen, nein es war Vasudeva, der mich umgab. Ich ging unter den Zweigen des Baumes vor meiner Zelle auf und ab, aber es war nicht der Baum, ich wußte es, es war Vasudeva, es war Krishna, den ich dort stehen sah und seinen Schatten über mich breiten. Ich schaute auf die Eisenstäbe meiner Zelle, auf das Eisengitter, das als Tür diente, und wiederum sah ich Vasudeva, es war Narayana, der mich bewachte und für mich Posten stand. Oder ich lag auf den rauhen Decken, die man mir als Bett gegeben hatte, und ich fühlte die Arme Krishnas um mich, die Arme meines Freundes und Geliebten. Und das war die erste Verwirklichung der tieferen Vision, die er mir gab. Ich blickte auf die Gefangenen im Gefängnis, die Diebe, die Mörder, die Schwindler, und wie ich sie ansah, da sah ich Vasudeva, es war Narayana, den ich in diesen verdunkelten Seelen und den geschändeten Leibern sah.»[6] Vasudeva, Narayana und Krishna sind Inkarnationen oder Aspekte des höchsten Gottes: Sie erscheinen, sie haben sich in die irdische Wirklichkeit eingesenkt, das Jenseits ist in ihnen diesseitig geworden. Diese Jenseitserfahrung erweckt in Aurobindo ein Weltverständnis, das auf elementarer Weltbejahung ruht.[7]

Das Jenseits waltet in der Evolution, die sich im Diesseits vollzieht. Sie beginnt mit dem Durchbruch des Bewußtseins im Menschen, ist freilich damit nicht abgeschlossen, sondern drängt auf eine höhere, übermenschliche Stufe des Supramentalen.[8] Aurobindo hebt in seiner Beschreibung des Aufstiegs nachdrücklich hervor, daß dieser Sprung der Evolution des Menschen in das Supramentale nur durch Herabkunft des Göttlichen zustande kommt. «Die erste Notwendigkeit besteht darin, daß der Einzelne – jeder Einzelne – den Geist, die göttliche Wirklichkeit, in sich entdeckt und in seinem ganzen Wesen und Leben zum Ausdruck bringt. Göttliches Leben muß zuerst und vor allem inneres Leben sein; denn weil das Äußere ein Ausdruck des Inneren sein muß, kann es keine Göttlichkeit im äußeren Dasein geben, solange das innere Wesen nicht vergöttlicht ist.»⁹ Die Korrespondenz mit einer jenseitigen Welt ist und bleibt unabdingbar. Das Thema des Aufstiegs eines neuen Menschen als Frucht der Herabkunft Gottes bringt Hoffnung, die eschatologisch anmutet und an die christliche Reich-Gottes-Erwartung erinnert. Die von Aurobindo angesprochenen Menschen möchten sich auf die Herabkunft des Supramentalen vorbereiten. Aurobindo selbst erscheint als erster, in dem ein Durchbruch des Supramentalen geschieht.¹⁰

In ihm offenbart sich ein Grundzug neuer Religiosität, die weltweit in verschiedensten Formen Gestalt annimmt. Die Welt verlassende, transzendierende Jenseitsvorstellungen sind sehr oft nicht aktuell, dafür aber die Gewißheit eines direkten, diese irdische Realität umstürzenden Eingreifens jenseitiger numinoser Potenzen.

Geistertanz und Peyote-Kult: neue Religionen nordamerikanischer Indianer

Die Geistertanz-Religion trat am Ende des vorherigen Jahrhunderts hervor, nachdem der Widerstand indianischer Stämme gegen die Vertreibung aus ihren alten Stammesgebieten und die Abdrängung in Reservate endgültig zusammengebrochen war. Etwas später erschien der Peyote-Kult. Geistertanz-Religion und Peyote-Kult stellen in der Religionsgeschichte indianischer Stämme des ausgehenden 19. und des beginnenden 20. Jahrhunderts charakteristische Stufen der Entwicklung religiösen Bewußtseins und allgemeinen Lebensgefühls unter den gewaltsamen Veränderungen der Lebensbedingungen dar.

Die Geistertanz-Bewegung ist von messianischen Hoffnungen erfüllt, die sich an eine messianische Führergestalt heften, von der erwartet wird, daß sie eine neue Zeit herafführt, in der die indianischen Stämme wieder in ihre alte, aber nunmehr schon paradiesisch, also jenseitig verklärte, religiöse, politische und soziale Lebensordnung eingesetzt werden.¹¹

Dem gegenüber hat der Peyote-Kult seine messianischen Erwartungen bereits in ein ganz eindeutiges besseres Jenseits verlegt und greift zum Peyote-Kaktus als kultischer Droge, die auf dem Weg der Vision den Zugang zu den himmlischen Paradiesen eröffnet.[12]

Die Geistertanz-Religion erhält ihren Namen von Geistertänzen; sie stellen die auffälligste Form kultischer Äußerungen dieser Religion dar. Geistertanz hängt mit dem Ahnenkult zusammen. Ihrer äußeren Machtmittel beraubt, fangen die Stämme zu tanzen an, um durch diese Tänze, die den Charakter einer kultischen Beschwörung haben, die Ahnen aus dem Jenseits herbeizurufen, um in Verbindung mit höheren Welten zu treten und von dort Kraft zu gewinnen. Als Mittler zwischen dem Reich der Ahnen, dem Geisterreich und den Stämmen, tritt gelegentlich ein bestimmter Typ des Propheten oder Messias hervor.

Diese Propheten standen längere Zeit mit anderen Stämmen oder mit Europäern in Kontakt. Sie haben zum Teil auch Schulen besucht, sie sprechen europäische Sprachen. Charakteristisch ist, daß sie sich auf Visionen berufen und in Trancezustände übergehen können. Sie vollbringen gelegentlich ungewöhnliche physische Leistungen und erweisen so für ihre ahnengläubige Umgebung eine tragende Verbindung mit Kräften der Geisterwelt. Ihre Reputation gründet sich häufig auf eine Geisterreise, bei der es teilweise um wirkliche Reisen über das Stammesgebiet hinaus in das von Europäern annektierte Gebiet oder weitliegende Stammesgebiete geht, in denen der Prophet Kontakt mit anderen Stämmen sucht, Erfahrungen mit Weißen und ihren Institutionen sammelt. Oder es geht um eine visionäre Seelenreise oder Geisterreise, die im Traum oder Trancezustand geschieht, aus der der Prophet mit Nachrichten über Götterwelt und Ahnen zurückkehrt.

Zum Stil dieser Propheten gehört sodann der Rückzug in die Einsamkeit der Berge, wo Zwiesprache mit den Göttern oder mit den Ahnen geschieht.[13]

Derartige Zustände sind besonders für einen Mann namens Wovoka charakteristisch. Er fällt tagsüber gelegentlich in Tranceschlaf, in dem er in eine jenseitige Welt entrückt wird und Gott sieht, der ihm aufträgt, zu seinen Leuten zurückzukehren und ihnen die Lehre der Geisterreligion zu verkünden.[14] Ein Anderer fällt eines Tages bei Sonnenaufgang in totenähnlichen Zustand. Als er zum Erstaunen seiner Umgebung, die gewisse Beerdigungszeremonien einleitet, wieder erwacht, erklärt er, er habe den Himmel besucht. Am Himmelstor seien ihm Engel entgegengetreten; sie hätten ihm befohlen, auf die Erde zurückzukehren, um seinen göttlichen Auftrag zu erfüllen.[15] Der Inhalt der Verkündigung solcher Propheten zielt auf das Kommen einer neuen Zeit, in der indianische Heilserwartung Erfüllung findet. Diese ist meist mehr diesseitig, sie wendet sich dem Jenseits erst dann zu, als die Hoffnung auf diesseitige Verwirklichung der Heilserwartung durch Ausrottung der Stämme und völlige Vernichtung der Büffel, ihrer Existenzbasis, permanent verzweifelter wird.

Diesseitige Heilserwartung zielt auf die Wiederkehr des Paradieses. Erwartung ewiger Jugend und ewigen Lebens bildet den Hauptinhalt. Hinzu kommt Erwartung einer Art Schlaraffenlandes, in dem Menschen ohne Arbeit und Kosten an allen Gütern teilhaben; eine indianische Analogie zu den Endzeiterwartungen des indonesischen Cargo-Kultes.[16] Doch diese Paradieserwartungen haben bescheidene Grenzen in traditionellen Lebensidealen der Indianer. Hoffnung auf Wiederkehr gewaltiger Büffelherden dominiert. Ein Kiowa-Prophet weiß, daß die Büffel nicht ganz verschwunden sind. Jenseits des Horizontes oder in Höhlen unter der Erde leben sie nun. Mit den Büffeln kehren auch Freiheit und Wohlstand zurück. Anbruch einer neuen Zeit geschieht nach vorausgehendem Weltuntergang. Nach der Lehre des einen Propheten werden beim Weltende einzig die Weißen vernichtet, die Indianer bleiben übrig und genießen das Glück der neuen Erde.[17]

Die Verkündigung anderer Propheten kreist um ein allgemeines Weltende, bei dem Weiße und Indianer dahinschwinden. Eine Vision bekundet, daß die Indianer als nach drei Tagen wieder auferweckte in ein Leben voll Glück und Wohlstand übergehen. Ihre Feinde, die Weißen, bleiben für immer vernichtet. Auch die Büffel kann niemand mehr vernichten. In großer Zahl kehren sie wieder.[18]

Unter dem Einfluß messianischer Naherwartungen haben gewisse Stämme Teile ihrer Reservate an Weiße verkauft; der baldige Einbruch des Weltendes und die Aufrichtung des Paradieses, so ihr Glaube, werde alles zum Guten wenden. Als diese Heilserwartungen scheitern, greift eine Depression um sich, die zu einer Transposition der Heilserwartung in ein entsprechendes Jenseits führt.[19]

Mit dem Erlöschen aktiver revolutionärer Heilshoffnung kommt der sogenannte Peyote-Kult zum Zug. Er breitet sich seit Mitte des 19. Jahrhundert immer mehr unter den nordamerikanischen Indianerstämmen aus. Er etabliert sich schließlich am Ende eines Prozesses der Christianisierung als eigene christliche Religionsgemeinschaft, die den Namen «Church of the First Born» trägt, heute «Native American Church». Der Peyotegenuß bewirkt eigentümliche Formen geistiger Erfahrungen, z. B. Empfindung der Levitation, des Schwebens oder Fliegens, Visionen leuchtender farbiger Bilder, ungewöhnlich scharfe Wahrnehmung von Geräuschen und Formen. Häufig führt er zu visuellen und auditiven Halluzinationen. In den vorchristlichen indianischen Religionen benutzte man den Peyote-Kaktus bereits, um Visionen übernatürlichen Charakters, vor allem Begegnungen mit Geistern der Ahnen, zu initiieren. Die Peyote-Religion bedient sich des Christlichen, um eigene Formen auszubilden. So erscheinen in Visionen gewisser Peyote-Anhänger in Mexico christliche Heilige als riesige Männer und Frauen.[20]

Peyote selbst offenbart sich als eine Art Gottheit, als himmlisches Wesen, das den Menschen heilbringende Begegnungen mit dem Jenseits vermittelt. «Peyote hatte Mitleid mit ihm [dem Gründer] und führte ihn in das Himmelreich, wo er in einer großen Vision Zeichen und Bilder sah, die Ereignisse im Leben Christi darstellten, und es wurde ihm auch der Aufenthaltsort des Mondes, der Sonne, des Feuers und der Geistmächte gezeigt, die nach der Überlieferung als Vorfahren und Älteste betrachtet wurden. Er sah auch den Weg, den Jesus bei seinem Aufstieg vom Grabe zum Mond in den Himmel nahm, und es wurde ihm gesagt, er solle auf diesem Weg für den Rest seines Lebens bleiben, so daß er in die Gegenwart Christi und Peyotes gebracht werden könnte. Er empfing denn auch Anweisungen für die Abgrenzungen eines heiligen Bezirkes in dem Peyote-Zelt und wurde belehrt, welche Lieder während des Rituals gesungen werden sollten. Ebenso wurden ihm alle Besonderheiten des Zeremoniells gezeigt, das in dem neuen Kult befolgt werden sollte.»[21] In seinem Trancezustand erlebt der Gründer der Peyote-Religion oft eine Entraffung auf den Mond und erhält Erlaubnis, ihm seine Geheimnisse zu entreißen.[22] Charakteristisch an der Peyote-Religion ist das Peyote-Essen inmitten langwieriger und komplizierter sakraler Zeremonien, wobei die Gruppe der Gemeindeglieder, die im Rahmen dieser Zeremonien zusammen den Kaktus genießen, geschlossen in Trance fällt und Visionen erlebt, die oft eine Nacht lang andauern. Visionen dieser Art tragen zumeist nicht individuelle Züge; sie sind in ihrem Bilder- und Vorstellungsgehalt an die Tradition gekoppelt. Bildelemente, die den alten vorchristlichen indianischen Kulten entstammen, mischen sich mit Bildern, Figuren und Szenen, welche offensichtlich der christlichen Tradition entstammen. Tierförmige Ungeheuer der alten indianischen Mythologie erscheinen, aber auch Geister der Toten in strahlendem himmlischen Glanze. Die Visionen verlaufen in kaleidoskopartigem Farbenspiel, einer faszinierenden Abfolge unbeschreiblicher Formen, als Erscheinungen himmlischer Wesen oder Frauen von übernatürlicher Schönheit mit himmlischem Saitenspiel und Gesängen. Nicht selten tritt die Gestalt Christi hervor; sie wird als sichtbare Erscheinung des Geistes Gottes betrachtet. Wir finden eindrückliche Berichte über Jenseitserlebnisse während des Essens von Peyote.[23] Am Ende des letzten Jahrhunderts macht John Rave seine entscheidenden Erfahrungen. Während einer Nacht des Peyote-Essens geschieht eine besondere Erkenntnis des Heils. Die numinose Macht offenbart sich als der Gott droben, der Vater, an den sich ein Gebet um Erbarmen richtet. Die furchterregende Macht, die sich unter erschreckenden Gestalten naht, bekundet sich als himmlischer Vater, und eine rettende Macht als Peyote, sein Sohn: Jesus Christus. Eine Schreckenserfahrung des Numinosen transformiert in errettende Heilserfahrung. Peyote-Erlebnisse enden damit, daß der Gläubige sich total der gnädigen göttlichen Macht anvertraut.[24] Besonders charismatische Formen der Vision konstituiert Fernsicht, Television, Wahrnehmung räumlich sehr entfernter Geschehnisse, die mittels normaler sinnlicher Wahrnehmung nicht wahrgenommen werden können. In dieser Fernsicht liegt ein Idyll. Hellsicht, durch den Anblick des Morgensterns eingeleitet, heißt, daß John Rave seine spielenden Kinder vor seinem Hause sieht. Ein Mann bringt Whisky, wird selbst betrunken, belästigt die Familie und geht weg. John Rave erkennt, was seine Leute denken. Kräfte jenseitiger Provenienz ermöglichen ein im Irdischen sehr relevantes Erkennen. Der Peyote-Anhänger weiß, daß das Heilige, der Gott, in seinem Leben zentral Einsitz nimmt, ja daß er in seinem Innersten immer schon präsent ist. Demzufolge geschieht eine grundlegende Veränderung in der Lebenshaltung, z. B. als Alkoholabstinenz. Das Jenseits, für das der Peyote-Genuß Pforten öffnet, reguliert die Strukturen des Diesseits.[25]

Black Muslims: der schwarze Islam in den USA[26]
Weniges läßt sich hervorheben, das freilich eindeutig die zu beachtende Kommunikation mit dem Jenseits belegt. Black Muslims denken,

Allah habe früher gestattet, daß einige Schwarze als Sklaven nach Nordamerika gebracht wurden, um sich gerade dadurch selber besser kennen zu lernen. Vierhundert Jahre lang sollten sie Sklaven bleiben. Eine Prophezeiung vom baldigen Ende der weißen Herrschaft und damit vom Ende der Sklaverei im Dienste der Weißen spielt eine Rolle. Auf der ganzen Erde erhebt sich das schwarze Volk. Allah hat die weiße Kultur zur Selbstzerstörung verdammt. Die Schwarzen brauchen diese also gar nicht mehr zu zerstören. Die Herrschaft der Schwarzen kommt ohnehin über die Erde! Freiheit und Gerechtigkeit, Gleichheit, Geld, menschenwürdige Wohnungen und Freundschaft auf allen Lebenswegen charakterisieren das neue irdische Leben. Zentral in der Heilserwartung der schwarzen Muslime ist ein innerweltliches Paradies. Hier erfüllen sich alle Wunschträume der Unterdrückten. Jenseitserwartungen der schwarzen Muslims, übersetzt ins Diesseits, zeigen einen namhaften Unterschied zum traditionellen Islam.[27] Erwartung himmlischer Freuden, einem Muslim eminent teuer, fallen in der Predigt der Black Muslims aus Abschied und Traktanden. Diese Schwarzen möchten nicht mehr auf goldenen Straßen des Himmels wandern. Sie wollen die Schwierigkeiten des Lebens auf dieser Erde meistern und lehnen eine quietistische, auf das Jenseits gerichtete Frömmigkeit ab. Im schwarzen Islam bekundet sich ein Messianismus von starker religiöser Dynamik, aus Verzweiflung in einer weißen Umwelt gespeist. Angesichts bisheriger durch Sklaverei und ihre Folgen geprägten Praxis des Zusammenlebens handelt es sich um einen innerweltlichen Aufbruch mit transzendentem Potential.[28]

Cargo-Kulte Neuguineas und Melanesiens

Die genuinen Kulturen Amerikas, Indonesiens und Afrikas repräsentieren jeweils total religiös fundierte Systeme. Die Lebenswelten sind sakral gebildet. Infragestellungen der Fundamente bewirken tiefgreifende Erschütterungen in sozialer und wirtschaftlicher Hinsicht. Zunächst dominiert der Gedanke, wonach Christentum und westliche Zivilisation zusammengehören. Deshalb erscheint es ratsam, die christliche Religion anzunehmen, um auch an Gütern westlicher Zivilisation zu partizipieren. Aus diesem Kontakt des Genuinen mit westlich abendländischer Zivilisation, der die geistigen und sozialen Fundamente in Frage stellt, erstehen neue Religionen.

Der Cargo-Kult[29] hat seinen Namen von dem Wort Cargo, das Schiffsfracht bedeutet. Er weist eine Anzahl von Bewegungen, namentlich in Neuguinea und Melanesien, auf. Der Cargo-Kult knüpft an die religiöse Bedeutung des Schiffes an, das in den Religionen der pazifischen Völker viel bedeutet.[30] Im Shintoismus Japans finden wir das Symbol des Glückschiffs, das, mit geschwellten Segeln vor der aufgehenden Sonne, mit den sieben Glücksgöttern an Bord und mit Kulturgütern beladen ist. Über dem Meer im Osten befindet sich das Paradies, gleichzeitig Sitz der Götter und Land der Toten. Die Ahnen leben dort selig, in ewiger Jugend. Sie gewähren durch das Schiff ihren Nachkommen einen Vorgeschmack der Seligkeit. Die Koppelung des Paradieses mit dem Totenreich ermöglicht ein religiöses Verständnis des Schiffes mit seiner Fracht.

Aber die Hoffnung auf ein solches Schiff verlagert sich seit Ausgang des 19. Jahrhunderts. Das Glücksschiff ist nunmehr ein Schiff mit kostbaren europäischen Gütern. Sie werden gratis, ohne jeden eigenen Aufwand überbracht. Auf diesen Cargo-Schiffen können auch die Ahnen heimkehren. Die Verhältnisse der alten Zeit werden erneuert. Ewiges Leben und ewige Freuden stehen in Aussicht. Die Alten werden wieder jung, Ungläubige sterben und kommen ins Höllenfeuer, oder sie vegetieren als Sklaven der Gläubigen in dieser goldenen Zeit. Im Grunde hofft man auf eine politische und soziale Revolution. Man kann sie durch Glaube, Gebet und Gesang herbeiholen. Der Mythos, in diesem Zusammenhang von den Eingeborenen formuliert und benutzt, zeigt in seiner vorliegenden Weiterbildung, daß die Weißen in ihn integriert sind, freilich mit negativen Vorzeichen. Die Weißen versuchen nämlich, die Schiffe der Ahnen am Horizont zu erspähen und sie vor der Landung umzulenken.[31] Für diesen Betrug erhalten die Weißen Strafe: Ihre Regierungsbeamten, Missionare und Händler werden ins Meer gejagt oder haben geringste Dienste zu vernichten.

Heiliges Wasser gelangt zum Verkauf. Es stammt aus Quellen des Lebens und verspricht Unsterblichkeit. Ein Prophet geht dazu über, die Wiederkehr der Ahnen und die Errichtung des goldenen Zeitalters auf ein Datum hin zu fixieren. Er wird verhaftet und auf eine andere Insel verbannt. Er stirbt kurze Zeit vor Ablauf der Frist seiner Verbannung. Auf Fidschi glauben viele seiner Anhänger die Nachricht von seinem Tod nicht. Sie entfalten unter sich eine Reihe von mythischen Schilderungen, die entweder seinen Tod leugnen oder seine Auferstehung behaupten.[32]

Eine Modifikation der neuen Religion ist die des Propheten Mambu[33] in Neuguinea. Dieser weiß zu überzeugen, daß in nächster Zeit ein neues Weltalter anbricht. Er hält es für seine ihm von den Göttern befohlene Sendung, seine Mitmenschen auf diese neue Zeit, die in Bälde aus dem Jenseits hereinbricht, vorzubereiten und die Konditionen zu nennen, deren Erfüllung den Anbruch eines neuen Äons herbeiführen wird.[34]

Wunderbare Ereignisse leiten die neue Zeit ein. Die Schiffe mit den Ahnen kommen direkt nach Neuguinea. Die Küste wird einstürzen, das Meer ins Land strömen. Nun ist es möglich, den Cargo im Hinterland direkt vor dem Hause Mambus zu löschen. 1938 hat diese Bewegung erheblichen Umfang angenommen. Die Menschen warten in extrem gespannter Verfassung auf die Ankunft der Ahnen. Die Bewegung breitet sich immer weiter aus, bis Mambu festgenommen wird. Man verurteilt ihn wegen revolutionärer Umtriebe und deportiert ihn. Die Bewegung zerfällt nicht, die Anhänger meinen, Mambu habe sich in die große Stadt bringen lassen, um dort seine neue Lehre zu verbreiten. Der Anbruch einer neuen Zeit, des neuen Weltalters, sei in Bälde zu erwarten.[35] Die Konsistenz einer Heilserwartung, im Jenseits fundiert, ist bemerkenswert. Nur so kann das Diesseits erträglich bleiben.

Messianische Religionen in Afrika

Schwarze Heilbringer treten auf und behaupten von sich, Träger neuer Offenbarung sowie Stifter neuer Religionen zu sein. Von der weißen Kirche Südafrikas spaltet sich ein afrikanischer Komplex ab, worin Stammesstrukturen, durch das Erscheinen neuer Propheten, neue messianische Gemeinschaften konstituiert werden. Besonders zu nennen ist die Nazareth Baptist Church, 1919 von Isaiah Shembe gegründet.[36]

Shembe hat als Heiler einen großen Namen. Er tauft und findet bald großen Zulauf. Schon als Knabe hat er Auditionen und Visionen. Viele Menschen (oder Engel) deuten auf etwas Liegendes: es ist sein eigener Leichnam, übelriechend, weil im Zustand der Verwesung. Nach einer weiteren Vision verläßt er seine vier Frauen. Die Berufung zum Propheten wird durch andere Wunder besiegelt. Predigend zieht er durchs

Land, heilt, treibt Dämonen aus. Er gründet die eigene Kirche, ein Charismatiker und Organisator, ungewöhnlich dichterisch und musikalisch begabt. Sein Sohn Johannes leitet die Kirche bis in die 70er Jahre. Die afrikanischen Gemeinden erblicken in ihrem Propheten eine leibhafte Repräsentation des schwarzen Christus. Dessen Macht waltet nicht bloß hier auf Erden, sondern reicht bis in den Himmel. Das Jenseits also tritt ins Spiel.

Wichtig ist, daß Shembe einen Himmelsschlüssel besitzt. Er kann damit Weiße am Tor des Himmels zur Rückkehr zwingen und seine getreuen schwarzen Anhänger einlassen.[37]

Neben der Predigt hat Heilung als Zeichen überirdischer Kräfte ein bedeutsames Gewicht. Man kann so auf die Medizin der Weißen verzichten, man erweist eigene Gottgemäßheit und Verbindung zu jenseitigen Kräften. Heilungszeugnisse, von den Genesenen abgelegt, finden große Beachtung. Glossolalie gilt als Engelssprache. Engel erscheinen als Vermittler göttlicher Mächte, Kräfte und Offenbarungen. Spielen in vorkolonialer Zeit von den Ahnen eingegebene Träume eine große Rolle, so erscheint nun der Traum als Eingebung der Engel oder des Heiligen Geistes. Im Traum wird der Mensch mit der jenseitigen Welt verbunden. Er fungiert als Mittel göttlicher Offenbarung. Gott gibt dem Träumenden Befehle, die sein Handeln formen. Die religiösen Gemeinschaftssiedlungen bringen den apokalyptischen Charakter ans Licht. Der Prophet gründet schon jetzt und hier auf dieser Erde das neue Jerusalem. Die Gemeinde vollzieht eine Vorwegnahme der Ordnung des himmlischen Reiches.[38] Nicht alle Mitglieder der Gemeinde residieren am Ort des neuen Jerusalem, sie versammeln sich freilich dort zu den Hauptfesten. Die Siedlung, die Isaiah Shembe gründet, heißt «der hohe und erhabene Ort», was doppelsinnig nicht nur den Ort auf dem Hügel, sondern auch den Himmel selbst meint.[39]

Die Sehnsucht nach dem irdischen Paradies

Die neuen Religionen sind alle insofern neu, als sie sich auf neue Offenbarungen berufen in Verbindung mit bestimmten Berufungs- und Sendungserlebnissen. Sie wollen Antwort auf religiöse Fragen geben, die durch eine neue Weltsituation provoziert werden. Diese besteht in fortschreitender Integration der Völker und Kulturen. Eine Anzahl neuer Religionen tritt mit der These hervor, die bevorstehende Integration der

Menschheit zu einer einheitlichen globalen Gesellschaft verlange eine neue Weltreligion.

Die Bezeichnung «neue Religionen» meint auch eine dritte Gruppe, deren Konstitution sich mit dem Auftreten von messianischen Figuren verknüpft, welche in bestimmten Krisensituationen eine Anhängerschaft gefunden haben. Neue Formen des Ahnenkults dienen dazu, kraftspendende, heilbringende Verbindungen mit den Ahnen zu pflegen, an ihrem Wissen und ihren Kräften zu partizipieren, durch Opfer- und Tanzriten eine Beschleunigung ihrer Wiederkehr und dadurch den Beginn der paradiesischen Endzeit herbeizuführen.

In diesen neuen Religionen treffen wir nicht so sehr die Sehnsucht nach einem wie immer ausgebildeten Jenseits an, sondern eine mehr oder weniger klare Suche nach dem irdischen Paradies.[40] Zu erwähnen sind die Guarani-Stämme in Südamerika mit einer Ansicht vom Weltende, das durch Ungeheuer hervorgerufen wird. Die Suche nach dem Paradies steht in unmittelbarem Zusammenhang mit der Angst vor dem herannahenden Niedergang, einer Katastrophe. Das Paradies ist der einzige Ort, wo man vor allgemeiner Zerstörung sicher sein wird. Das Paradies ist der Ort, wo man sich nicht fürchtet. Seine Bewohner kennen weder Hunger noch Krankheit noch Tod. Im Gegensatz zu weit verbreitetem Glauben auch jüdischer und christlicher Herkunft wird das Weltende nicht als von einer sündigen Menschheit bewirktes angesehen. Für die Guarani sind Menschheit und Erde müde und suchen Ruhe. «Heute ist die Erde alt, unser Volk will sich nicht mehr vermehren. Wir werden die Toten wiedersehen, Dunkelheit wird einfallen, die Fledermäuse werden uns berühren, und wir alle, die wir noch auf der Erde sind, werden unser Ende finden.»[41] Die Welt degeneriert dadurch, daß sie existiert. Sie muß periodisch regeneriert, neu geschaffen werden. Ein Weltende ist nötig, damit die neue Schöpfung vor sich gehen kann. In der Suche nach dem Paradies brechen Menschen zu kollektiven Wanderungen auf – mit einem Ziel: das Land ohne Übel noch vor der Zerstörung der Welt zu erreichen, sich im Paradies niederzulassen und eines seligen Daseins zu erfreuen, während der erschöpfte und nicht wiedergeborene Kosmos auf sein gewaltsames Ende zusteuert. Besonders in Krisenzeiten sucht man den Weg zu den Göttern. Menschen tanzen Tag und Nacht, um diesen Weg, der ins Paradies führt, zu finden. Sie tanzen mit Eifer; das Weltende ist nah. Nur im Paradies kann man gerettet werden. Zu bestimmten Zeiten ihrer Geschichte haben viele Völker geglaubt, es sei möglich, periodisch zu den ersten Tagen der Schöpfung zurückzukehren – es sei möglich, in einer aufgehenden vollkommenen Welt zu leben, so wie sie gewesen war, ehe die Zeit sie verschlang und die Geschichte sie erniedrigte.[42]

6.2 Zur Theosophie

Tendenz zu höherer Einsicht

Theosophie[43] möchte ihre religiöse Überzeugung nicht nur existentiell bekunden, sondern auch aus Erkenntnis entfalten. Theosophie hat nicht genug an dem, was Philosophie, Metaphysik und Theologie über Gott, Welt und Mensch aussagen, sie will vom Glauben zu höherer Wahrheitsschau aufsteigen. Der wörtliche Sinn heiliger Schriften gilt dem Theosophen als geheimnisvoll hintergründig. Mit Hilfe besonderer Deutungsverfahren lassen sich die Texte verstehen. Theosophie diskutiert die großen Grundfragen, etwa die nach der Relation von Geist und Materie oder die nach dem Verhältnis von Mann und Frau im Blick auf den Urmythos, welcher den Menschen als einheitliches, ganzes Wesen faßt. Des Theosophen Tendenz zu spekulativer Einsicht veranlaßt ihn häufig, Alchemie, Astrologie, Parapsychologie, Okkultismus, auch Askese und Mystik zu seinen Themen zu machen. Die entscheidende These heißt: Einzig die geläuterte Seele nimmt an höheren Einsichten und Wundern zentraler Schau teil. Theosophen sind erfolgreich, weil sie das menschliche Erkenntnisverlangen direkt befriedigen möchten.[44]

Theosophie bleibt davon überzeugt, daß Hellsehen z. B. zur ursprünglichen menschlichen Ausstattung gehört. In der Neuzeit wurde unter rationalistischen und materialistischen Einwirkungen diese ungemeine Fähigkeit verschüttet. Theosophen sind davon überzeugt, daß immer mehr Menschen neue Hellsichtigkeit ausbilden. Theosophische Systeme geben Weisung, wie Erkenntnis höherer Welten zu erlangen ist. Moralische Übung und permanente Selbsterziehung sind von großer Bedeutung. Spekulative Erkenntnis einerseits, ein ethisch geprägtes Verhalten andererseits geben der Theosophie nach wie vor gewisse Chancen.[45]

Das Diesseits als Kristallisation des Jenseits

Im Sinne angedeuteter Grundsätze theosophischen Denkens ist der Versuch zu interpretieren, der eine Antwort auf die Frage «Wo sind die

Toten?» vermittelt.[46] Zu Beginn steht die Aussage: Der Mensch, wenn er die Tiefen seines eigenen Wesens zu erkennen beginnt, ist imstande, zu begreifen, inwiefern alle Kräfte im Weltall und in ihm selber Ausdruck eines einheitlichen Willens sind, des göttlichen Willens, der sich in den Geschöpfen und Dingen sowie in allem Geschehen offenbart. «Er ist das Eine Leben alles Lebens, die Eine Grundkraft aller Kräfte und die Ursache alles Daseins.»[47] Die Rätsel des Lebens und das Geheimnis des Todes vermag man dann zu entschlüsseln, wenn man sich in Einklang setzt zu dieser einen Grundkraft.

Das Jenseits ist zu interpretieren als das, was jenseits des sinnlich Wahrnehmbaren liegt. In uns selbst entdecken wir den Schlüssel zum Jenseits, in unserer eigenen, komplexen Natur. «Durch die stille Einkehr in uns selbst kommt es uns zum Bewußtsein, daß wir nicht der äußere, sichtbare Körper sind, sondern daß uns eine höhere, geistige Einheit zugrunde liegt, ein unvergängliches Wesen, das über allem Wechsel erhaben ist.»[48] Unser Organismus trägt alle höheren und niederen Schwingungsarten, die im universellen Leben wirksam sind. Träume erzeigen, daß der Mensch nicht in seinem physischen Körper eingeschlossen bleibt. Im Traum offenbart sich, was im Tagesbewußtsein nicht ins Blickfeld tritt. Die fruchtbarsten Einfälle stellen sich manchmal im Traume dar. Vorausahnungen, Visionen, Gedankenlesen, Erscheinungen Verstorbener, Fernsehen in Zeit und Raum, Fernwirkung durch Heilkräfte, hypnotische und andere Erscheinungen wären nach theosophischer Lehre nicht zu erklären, nähme man nicht die Realität eines Jenseits an. Der stoffliche Körper, lediglich ein Werkzeug, umhüllt die Seele. Diese, wohl ein Instrument des in ihr wirkenden Geistes und damit nicht der Welt der Erscheinung angehörig, ist Bürger der geistigen Welt, Kind der Ewigkeit. Beim Menschen haben wir zu unterscheiden (außer dem physischen Körper) auch einen Äther- oder Lebensleib als Träger der Lebenskräfte im Menschen.

Darüber hinaus sind zu nennen: Wunschleib, auch Astral- oder Gefühlskörper genannt, und Gedankenleib als stofflicher Träger der Gedankenkräfte. Sodann der lichte Tugendleib, in dem alle Tugendkräfte liegen. Und ein höherer Teil: der spirituelle oder Christus- und Auferstehungsleib. Hier geht es um den Träger der eigentlichen geistigen Potenz. «Überall in diesem Körper leuchtet und wirkt der in uns als ewiger Wesenskern liegende Gottesfunke, der gottbewußte Teil, der göttliche

Strahl, der dem Reiche Gottes angehört und uns mit dem Einen Gott verbindet.»[49]

In der jenseitigen Welt finden sich die Ursachen, die Wirkungen sind diesseitig. Wie man Ursache und Wirkung nicht trennen kann, so kann man auch nicht vom Diesseits ohne Jenseits sprechen. Ohne permanente Einwirkung des Jenseits können im Diesseits keine Formen entstehen und kann sich kein Wachstum entfalten. Das Jenseits wirkt beständig auf das Diesseits ein, weil es ein höherer Schwingungszustand der Materie ist. «Man könnte das Diesseits auch einen Niederschlag, eine Kristallisation des Jenseits nennen.»[50] Ein Weltenwanderer wird der Mensch genannt. Seine Seele hat vor Zeiten, vom Drang nach Betätigung getrieben, ihre kosmische Heimat, die geistige Welt verlassen. In immer dichtere Sphären ist sie hinuntergestiegen. Sie umkleidete sich mit immer gröberen Hüllen. Sie durchwandert alle Räume des Weltalls und gelangt allmählich in Berührung mit allen Wesen und Formen der verschiedenen Welten, um durch solche vielseitige Erfahrung potente Mitstreiterin am göttlichen Plan der Weltentwicklung zu werden.

Je tiefer ein Mensch in die Materie eindringt, um so mehr vergißt er seine wahre Heimat, die lichte Welt des Geistes. Je zahlreicher des Menschen Wünsche werden und je heftiger ihn seine Begierden und Leidenschaften heimsuchen, desto mehr Leiden aller Art schafft er sich, die sich, je mehr er seinen Trieben nachgibt, ständig verstärken und verschärfen. Enttäuschungen und innere Kämpfe zwingen zur Umkehr. Er tritt den Heimweg an; das Ziel ist Vollkommenheit. Entfaltung des wahren, unsterblichen Menschen nach dem Idealbild – das ist Realisation des Christus im Menschen. Hier haben wir unsere wahre Lebensaufgabe, hier liegt der Zweck des Lebens, das Ziel des Daseins. Das innere, göttliche Bild muß herausgearbeitet werden im Geist des Christus, der sagt: «Ihr sollt vollkommen sein, gleich wie euer Vater im Himmel vollkommen ist.»[51]

Ein Mensch, dem sich immer reinere, höhere, lichtere Sphären auftun, der unablässig tiefer in sein Inneres, sein eigenes Wesen eindringt, kennt den Tod nicht mehr. «Das Ablegen seines Körpers, das wir Tod nennen, ist für ihn dasselbe, als ob er im äußeren Leben seine Kleider wechselt. Er sucht die Ewigkeit weder in der Vergangenheit noch in der Zukunft, sondern er kennt und er lebt sie in der Gegenwart des Wirklichen. Sein Leben ist Unsterblichkeit, sein Wissen Daseinserkenntnis, sein Bewußtsein Einheit und Ewigkeit, sein Sein Seligkeit, Licht und Freiheit geworden.»[52]

Ohne Todesfurcht sich vom irdischen Körper trennen
Todesfurcht wurzelt nach theosophischer Sicht im Materialismus. Dieser nimmt die Form der Erscheinungswelt als eine wirkliche. Todesfurcht folgt persönlichem Anhaften an materielle Güter, an Familie, Freunde oder liebgewonnene Lebensaufgaben. Sie gründet in Unkenntnis der Natur und des menschlichen Wesens, des Fortlebens und Wirkens nach dem physischen Tode. Allein die Einsicht, wonach Menschen geistige, ewige Wesen sind, die im Sterben lediglich die Fesseln des Körpers abstreifen, nimmt dem Tod seine Schrecken. Der Tod ist Übergang von einer Bewußtseinsform in eine andere, also nicht Vernichtung, sondern Geburt, Durchgang, Durchbruch in eine andere Bewußtseinswelt. Doch die Einsicht, daß die menschliche Seele nach dem Tod des Körpers weiterlebt, nützt nichts, sofern wir nicht in der Lage sind, uns diesen nachtodlichen Zustand vorzustellen. «Diese Fragen vermag der Mensch wohl zu beantworten, der imstande ist, sein Bewußtsein in seine unsichtbaren, inneren Körper zu verlegen, sich in ihnen zu betätigen und sie durch seinen Willen zu lenken.»[53] Auf einer bestimmten Bahn kann der Mensch gehen, um derartige Einsichten zu finden. Voraussetzung ist die Öffnung des dritten Auges. Gelingt dies, so können wir das Bild zeichnen, das sich beim Sterben dem Menschen zeigt, dem die inneren Sinne erschlossen wurden. Er ist fähig, seine verschiedenen Körper und deren Organe bewußt zu benutzen.

«Beim Tode verläßt der wahre, geistige Mensch den äußeren Leib. Ist der Augenblick des Todes gekommen, so trennt sich, ähnlich wie beim Einschlafen, der Lebensleib mit dem Wunschleib vom physischen Körper. Zwischen Tod und Schlaf besteht nur der Unterschied, daß sich beim Einschlafen der Ätherleib nicht vollständig von dem physischen Körper löst, sondern mit ihm durch ein feines, silberhelles, vibrierendes Band verbunden bleibt, das in schillernder Farbe leuchtet.»[54] Über diese Trennung bereits im Schlaf und Tiefschlaf läßt sich einiges sagen, das auch in der großen Tradition indischen Denkens formuliert ist. Der Schlaf gleicht dem Tode und wird mit Recht der jüngere Bruder des Todes genannt. Der in den inneren Welten wach und bewußt Existierende sieht sich selbst mit seinem Körper im Bett liegen. Er ist imstande, in seinem feinstofflichen Körper schwebend überallhin zu gehen. Im Traum erleben wir Dinge, die uns am Tage unbekannt sind, ja wir vermögen, fremde Orte und Länder zu besuchen oder mit Verstorbenen während der Nacht zusammenzutreffen. Im Traum können wir auch Ereignisse, die sich erst Jahre später realisieren, vorausschauen bis in Details. Im physischen Tod setzen die Zellen des Körpers sowie die Lebensströme des Ätherleibes, zusammengehalten durch den Willen zu einem geordneten einheitlichen Ganzen, ihre Tätigkeit aus. Sie trennen und lösen sich in ihre Bestandteile auf. Der Organismus zerfällt. Die Verwesung des grobstofflichen Erdenleibs geht einher mit der Zersetzung des feinstofflichen Ätherleibs, welch letzterer dem physischen Körper als Träger der Lebenskräfte diente. Der Tod nimmt dort seinen Anfang im physischen Körper, wo ihn Krankheit, Abnutzung oder Veranlagung am meisten geschwächt haben. Am längsten zirkulieren die Lebensströme im Kopf. Das geschieht, wenn der Körper, den äußeren Anzeichen entsprechend, bereits bewußtlos bzw. leblos ist. Der Sterbende vermag noch lebhaft und klar zu denken, obwohl seine Nerven ihre Tätigkeit eingestellt haben und das Gefühl in dem physischen Körper erstorben ist. Die Theosophen meinen, daß unser Denken dann noch an Stärke und Klarheit zunehmen kann. Das Bewußtsein erlischt nach der vollständigen Trennung des Ätherleibes vom physischen Leib. Bei denen, die am physischen Leben hängen oder große Todesfurcht haben, vergeht Zeit, bis sich die Herauslösung des Lebens- und Wunschleibes aus dem Körper vollzogen hat. Die Frage, ob das Sterben schmerzhaft sei, wird mit Nein beantwortet. «Wohl krümmt und verkrampft sich in schwerem Atmen, Ringen und Kämpfen der physische Körper mancher Sterbenden, doch ist dies nur solange der Fall, als sich der Ätherleib und der Wunschleib von ihm trennen. Die Schmerzen haben ihre Ursache im physischen Leib und sind eine Folge der Krankheit desselben. Sobald aber die Loslösung der Seele vom Körper ihren Anfang nimmt, läßt das Schmerzgefühl nach und weicht, wenn der Sterbende innerlich ruhig und harmonisch eingestellt war, einem Gefühl der Gesundung und Befreiung, das sich immer mehr und mehr steigert. Der Sterbende lebt meist schon in einer anderen Welt, während sein Körper im Sterben liegt, daher oft das Leuchten der Augen, das strahlende Lächeln, das freudig-verklärte Antlitz mancher Sterbenden.»[55] Während der Zeit des Sich-Loslösens vom physischen Körper zieht am sterbenden Menschen noch einmal sein ganzes

Leben in lebendigen Bildern vorüber. Was er während seines Lebens dachte und erlebte, erscheint in voller Lebendigkeit vom letzten Augenblick beginnend und bis zur Geburt zurück. Verständlich ist, daß sehr oft der Wunsch dominiert, noch einmal das ganze Leben beginnen zu dürfen, um die negativen Handlungen gut zu machen oder Versäumtes nachzuholen. Diese Phase wird von den Theosophen als besonders entscheidend betrachtet für die Übergänge (die reinkarnatorischen Ereignisse), die ein nächstes Erdenleben eröffnen.

Die ersten nachtodlichen Ereignisse
«Wenn sich im Augenblick des Todes das ätherische Band mit dem Wunschleib losgelöst hat, rollt es sich mit der übrigen Äthermaterie und dem Wunschleib ungefähr in der Mitte des Leichnams zu einem rundlich-ovalen Ballen zusammen, der sich gleich einer stahlblauen, bei geistig entwickelten Menschen himmelblauen Wolke wie eine feine Nebelhülle in der Form eines länglichen Eis über den physischen Körper erhebt und in seiner Höhe von ungefähr 60 bis 70 cm über demselben schwebt.»[56] Aus diesem Wolkengebilde formiert sich in einer gewissen Zeit ein Gesicht, das dem Sterbenden ähnelt. Dies ist das für die nächste Existenzform Entscheidende. Der Verstorbene erwacht aus einem Schlafzustand, der in dieser Phase eingetreten ist und hat dasselbe Gefühl wie nach dem Erwachen noch zu seiner Lebzeit.

Wir hören von Einsichten, die die Theosophen besonders im Blick auf das Nachtodliche vermitteln. Die meisten Verstorbenen sind sehr erstaunt, daß sie vom gleichen Ambiente umgeben sind wie vor dem Tod. Je mehr der Verstorbene erwacht, desto größer ist seine Verwunderung und seine Erwartung. Er ist auch in seinen Bewegungsmöglichkeiten sowie in seiner Wahrnehmungsfähigkeit ungemein gesteigert gegenüber dem irdischen Leben. Er sieht und hört seine Hinterbliebenen. Er nimmt an ihrem Leben weiterhin Anteil. Viele Verstorbene nehmen erst mit der Zeit wahr, daß sie gestorben sind! Manche Verstorbene, die unmittelbar nach ihrem Tod den eigenen Leichnam sehen, versuchen, ihn wieder zu beziehen. Sie sind erstaunt, wenn dies nicht gelingt. Sie versuchen mit Hinterbliebenen in Verbindung zu treten: rufen sie an, greifen nach ihnen, reden auf sie ein und sind verwundert, wenn diese weder antworten noch sonstwie reagieren.

Der Verstorbene kann sich von nun an nach Belieben frei bewegen.

Hat er vordem vielleicht lange Zeit auf schmerzvollem Krankenbett gestöhnt, so fühlt er sich plötzlich gesund. Er kann leichtbeschwingt gehen und mit größter Schnelligkeit durch alle Räume schweben. Physische Mauern, Wände, Türen, Fenster, alle festen, dichten Gegenstände sind kein Hindernis mehr für ihn. Denkt er an einen Ort, mag dieser noch so weit entfernt sein, so befindet er sich unverzüglich dort. Denkt er an einen entfernten Freund, so ist er unverzüglich bei diesem. Er kann sich derart transformieren, daß er als lichte Erscheinung sichtbar wird. Im Volksmund nennt man dies Spuk.

Die Zustände der Verstorbenen sind ihrer geistigen Einstellung entsprechend sehr verschieden. Ein Mensch, dessen Bewußtsein eng war und nicht über sein irdisches Dasein hinausreicht, bemerkt im nachtodlichen keinen wesentlichen Unterschied zu den früheren Verhältnissen. «Bedeutende Gelehrte und Forscher von Weltruf sind darum nach ihrem Tode manchmal ebenso schwer davon zu überzeugen, daß sie gestorben sind, wie die gewöhnlichen Durchschnittsmenschen.»[57] Die Zahl der Beispiele scheint groß zu sein.

Ein im ersten Weltkrieg gefallener junger Lehrer kam kurz nach seinem Tod (in seinem Wunschleib) in das Zimmer, das er früher bewohnt hatte. Dort lebte ein anderer Mann, der inzwischen das Zimmer gemietet hatte. Während dieser abends zu Bett gegangen war, setzte sich der Verstorbene an den Tisch und suchte etwas in der Schublade, in der er früher seine schriftlichen Arbeiten deponiert hatte; er stöhnte andauernd. Aus seinem Kopf und seiner Schulter, wo sich klaffende Wunden zeigten, floß ununterbrochen Blut. Nach etwa zwei Stunden entfernte er sich, kam aber mehrere Nächte hintereinander wieder. Er zeigte sich tagsüber sogar in klarer, bestimmter Gestalt und vollständiger Uniform mit Abzeichen und Ausrüstung. Er war kaum von seiner physischen Erscheinung zu unterscheiden. Wiederholt versuchte er, sich seiner ehemaligen Wirtin durch Anrufen und Anfassen bemerkbar zu machen. Da sie ihn nicht bemerkte und keine Notiz von ihm nahm, war er sehr erstaunt und traurig. Nach vier bis fünf Wochen traf die Todesnachricht von der Front ein. Wie man durch Umfrage bei seinen überlebenden Kameraden feststellen konnte, war er gerade am Abend vor jener Nacht, als er zum ersten Mal erschien, am Kopf und an der Schulter durch eine Granate schwer verwundet worden, so daß nach kurzer Zeit der Tod eintrat.

Die Verstorbenen beschäftigen sich unmittelbar nach ihrem Tod mit Problemen oder Gegenständen ihres früheren Interesses. So vertieft sich der Forscher in seine Forschungen, der Chemiker macht weiter Versuche, der Philosoph bearbeitet seine Fragen, der Feldherr unternimmt Feldzüge und eröffnet, wenn auch nur in Gedanken, ähnlich wie während des Erdenlebens im Traum, neue Gefechte.

Stand ein Mensch im Gegensatz zu seinem Beruf oder übrigen Lebensverhältnissen, so versucht er auch nach dem Tod den Schwierigkeiten zu entrinnen und neue Möglichkeiten zu finden.[58]

Ein hervorragender Dirigent verschied nach kurzem Krankenlager. Beim Verlassen seines Körpers war er sich des Abgeschiedenseins bewußt; er hörte aufmerksam wundervolle Sphärenmusik, die ihm entgegenscholl. Er erblickte viele Lichtgestalten in unvergleichlicher Schönheit. Diese lichten Wesen geleiteten ihn in höhere Sphären, deren Pracht und Schönheit ihn immer mehr verklärte. Voll seliger Freude erkannte er einige früher verschiedene Meister der Musik. Sie schwebten ihm wie zum Willkommensgruß entgegen. Dankbar und wunschlos fühlte er sich in der Nähe derer, die er so tief verehrte.

An dem Tage nun, als ihm zu Ehren eine Gedächtnisfeier stattfinden sollte, ausgeführt von seinem Orchester, erschien er im Konzert. Nachdem der Dirigent das Podium bestiegen hatte, trat auch er an das Dirigentenpult und dirigierte in altgewohnter Weise mit. Er war sehr erstaunt, daß die Musiker sehr bewegt waren und lebhaft an ihn dachten, was er an ihren Gedanken und Vorstellungen, die er wahrnehmen konnte, beobachtete. Noch mehr erstaunt war er aber über die weihevolle, erhabene Sphärenmusik und deren lichtvolle Auswirkungen im Jenseits. Alle Melodien ertönten und erschienen als prachtvolle, farbenfrohe Gemälde und machtvolle architektonische Kunstwerke. Während der Pause trat er zu den Mitgliedern des Orchesters und reichte ihnen bewegt und mit herzlichen Worten die Hand. Auch den zweiten Teil des Konzertes dirigierte er mit. Nachdem die Konzertbesucher das Haus verlassen hatten, setzte er das Konzert unter Mitwirkung höherer Naturgeister während der ganzen Nacht fort. Seine Freude und Begeisterung wurde immer größer, als immer neue Zuhörer herbeiströmten. Aus vielen Ländern kamen Verstorbene in Scharen herbei und lauschten seinen Darbietungen.

Was hier geschildert wird, soll sich kurz nach dem Tode ereignet haben. Die Theosophen wollen zeigen, daß das Ableben am Wesen und Charakter des Verstorbenen nichts verändert. Die Hauptthese lautet: Jeder ist auch nach seinem Tod der, der er vorher war. Im Jenseits trifft er nichts anderes an, als was er vor seinem Tod im Bewußtsein, in Gedanken und Gefühlen in sich trug. Nur das, was immer schon im Willen und in Vorstellungen lebte, kann sich ihm als lebendige Wirklichkeit in Ereignissen, Erscheinungen und Szenen seines Lebens im Jenseits zeigen.

Nachtodliche Sphären

Die unsichtbaren, jenseitigen Bereiche besitzen nach theosophsicher Lehre sieben verschiedene Stufen oder Sphären. Die drei untersten Regionen bilden die Unterwelt – gedacht unter der Erdoberfläche bzw. im Erdinnern. Wer hier lebt, befindet sich wohl in der Erde, vermag sich aber über die Erde zu erheben. Die verschiedenen Regionen der Unterwelt werden bestimmt durch die Stärke der Begierden und Leidenschaften: Orte, Gestalten und den Zustand der in der Unterwelt lebenden Wesen. Geiz, Wollust und Bosheit veranlassen ein ihrer Stufe entsprechendes Aussehen.

Die Rede ist zudem von der Hölle als Ort und Zustand niederster Triebe, Aufenthaltsort von Dämonen und niederen Wesen verschiedenster Art, eine Welt der Finsternis. In ihrer dichten, grauschwarzen Sphäre, die undurchdringlich ist, gleicht sie einer giftigen Essenz. Teuflische Naturen mit boshaftem und lasterhaftem Charakter leben hier; ihr Leben und Treiben ist eine Abscheulichkeit. Ihr finsteres, grauenhaftes Wesen entspricht dieser dunklen, öden, eisigen, stürmischen und grauenvollen Sphäre.

Auch die nächst höhere Region gilt als eine Stätte furchtbaren Grauens. Im folgenden Bereich befinden sich solche Verstorbene, die einst vorwiegend ein Leidenschafts- und Genußleben führten, Egoisten und Scheinheilige. Auch ihre Welt ist dunkel, öde und finster, voller Schrecken.[59]

In der Unterwelt oder Hölle leben also niedere Wesen, verstorbene Menschen von niederer Gesinnung. Solange ein Verstorbener in seinen Leidenschaften lebt, wird er mit der Gruppe, die die Unterwelt bevölkert, verbunden bleiben. Diese Gruppe umgibt und reizt ihn permanent zu neuen Ausschweifungen. Sein unstillbares Verlangen kommt aber an den Punkt, wo er sich nach Ruhe und Frieden sehnt. Ihm wird klar, daß nicht der Genuß seinen Drang zu stillen vermag; er beginnt zu ahnen, daß nur im Höheren, Reineren ein Dauerndes liegt. Allein die ersehnte Ruhe bringt wirklichen Frieden und dauernde Glückseligkeit. Eine allmählich dämmernde Ahnung bewirkt, daß der Aufstieg in die Zwischenregion beginnen kann. Diese gleicht einer Gegend im Zwielicht. Der Verstorbene hat das Gefühl, als ob er sich in starkem Nebel und Dunstkreis befände, in dem er nichts richtig zu erkennen vermag. Zustände von Lust und Leid wechseln miteinander ab.[60]

Das Fegefeuer deutet auf ein allmähliches Sich-Losringen der Seele vom Zustand der Hölle. Es ist der Ort der büßenden Seele, die sich über den Schlamm der Hölle erhebt. Sie ahnt die Größe der Leiden, die sie einst anderen bescherte. Sie erkennt die Folgen ihrer niederen Triebe, Wünsche, Begierden und Leidenschaften. Sie nimmt den Kampf auf mit diesen. Die Einsicht erwacht, daß einer Leiden und Schmerzen, die er selbst verursacht, austragen muß. Innere Flammen der Reinigung sind vonnöten, um sich aus dem Schmutz zur Reinheit, aus dem Zustand der Verzweiflung zum Zustand der Hoffnung durchzukämpfen. Hoffnung und Glaube erwachen, daß es eine Möglichkeit der Befreiung, eine Erlösung gibt: an einem Ort der Läuterung, an dem die Seele bemüht bleibt, in das Reich der Ideale, der Freude, des Lichtes und des Friedens durchzudringen. Alle Verstorbenen leben hier, in denen die Empfindung wach ist, daß sie eine höhere, göttliche Abstammung haben, aber bisher in verkehrtem, unnatürlichem Dasein dahinvegetierten. Die Kräfte des Lasters und der Begierden müssen sich erschöpfen, ausgebrannt werden, dann kann sich der Verstorbene in sich selbst zurückziehen. Er verfällt in einen schlafähnlichen Zustand und führt ein Traumdasein. Er durchlebt in seiner Erinnerung ruhende Erfahrungen von neuem, er zieht daraus Folgerungen, die zu neuen Entschlüssen anregen. Langsam wird er wieder wach, er durchlebt seine Lebenserfahrungen in verstärktem Maße. Ein Drang nach Befriedigung neu erwachter Wünsche, aber auch Sehnsucht nach Befreiung und Erhebung werden stärker. Der Zustand ist aber noch so labil, daß ein Zurückfallen in die Hölle möglich ist. Wird der inneren Stimme nachgegeben, dann vermag der Verstorbene sich in die nächst höhere Region aufzuschwingen.[61]

Nun hören wir vom Sommerland mit drei verschiedenen Sphären für den Aufenthalt von Verstorbenen. Dort sind alle bereits von ihren niederen Trieben und Leidenschaften befreit. Im Sommerland ist hoffnungsfrohes, erwartungsvolles Leben. Eine Seele empfindet die Befreiung von diesen niederen Begierden und Leidenschaften als äußerst wohltuend, was zu weiterem Streben führt. Die Szenerie zeigt ein ruhiges und ernstes Landschaftsbild, belebt von Verstorbenen, die auf Erden vorab in ihrem Berufsleben aufgingen und Mitmenschen gegenüber gleichgültig waren.[62] Differenzierter und farbiger ist die mittlere Region des Sommerlandes. Hier glaubt sich der Verstorbene in einer sommerhellen Landschaft mit üppiger Vegetation. Anzutreffen sind solche, die früher ihre persönlichen Liebhabereien über alles stellten. Dritte und höchste Sphäre des Sommerlandes ist ein idyllisches, von der Sonne hell bestrahltes Gefilde, das mit unübersehbaren, duftenden, blumigen Matten und in architektonischer Vollendung erstrahlenden Prachtbauten ein Bild unbeschreiblicher Schönheit bietet. «Weite Meere spiegeln das klare, blaue Himmelszelt wider, hochragende Gebirge bieten ein bezauberndes Panorama. Zartgrüne Auen mit blühenden Bäumen und prächtige, rauschende Wälder, in denen zahlreiche Quellen murmeln und sprudeln, wechseln ab mit blumenreichen Gärten und weithin sich ausdehnenden Obstanlagen. Die verschiedenartigsten Tiere leben in kleinen und größeren Gruppen friedlich nebeneinander. In Wirklichkeit sind es allerdings nur die eigenen Vorstellungen und Gedankenbilder der Verstorbenen.»[63] Wir finden hier Aufenthaltsorte von Verstorbenen, die einst im Familienleben und Freundeskreis aufgegangen sind und in persönlichen Idealen lebten. Eine reine, schöne Welt, in der sie dasselbe Empfinden und Bewußtsein haben wie in ihren schönsten Jahren auf Erden. Jugendlich frisch und stark fassen sie voll Tatkraft und froher Begeisterung neue Entschlüsse und formulieren neue Pläne. Sie bauen in lebhaften Gedanken Städte, Straßen, Dörfer, Schlösser, Kirchen, Schulen und Kunstbauten, Parkanlagen, Kanäle, wie überhaupt alles, was ihnen auf Erden lieb und wert war. Viele Verstorbene legen sich, allerdings nur in der Vorstellung, einen landwirtschaftlichen Betrieb an, arbeiten mit schönen, kräftigen Pferden, wie sie es einst zu ihren Lebzeiten taten. Sie verbinden sich als Eheleute, haben Freunde und organisieren sich zu Körperschaften, Vereinen und Staatsverbänden. Ihre Lebensweise gleicht ganz der, die sie auf Erden gepflegt haben. Verspüren sie Hunger, so genießen sie von den imaginären Früchten, um in der Tat ein wunderbares Gefühl der Sättigung zu erleben. Viele Verstorbene meinen, im Sommerland sei der Himmel, wie sie ihn sich in ihren mythischen Kinderjahren ausgemalt haben. Summa summarum: Hier sind sie glücklich![64]

So arbeiten sie unablässig an ihrer weiteren geistigen Entwicklung. Haben sie sich mehr und mehr hinaufgearbeitet und gereinigt, dann betreten sie die höchste Stufe des Sommerlandes, die bereits dem Zustand der untersten Sphäre der Himmelswelt ähnelt und den Übergang in diese bildet. Theosophen meinen, die Dauer des Aufenthaltes in den verschiedenen Sphären der Wunschwelt, um die es sich hier ja im Blick auf das Sommerland handelt, hänge von der Stärke des Wünschens ab. War der Verstorbene stark in seiner Wunschnatur verstrickt, so heißt dies, daß sein Aufenthalt in den genannten Regionen lange andauert. Wer frei von Wünschen ist, der geht in die lichte selbstlose Welt der Ideale, die Himmelswelt über.

«So durchlebt der Verstorbene in der Wunschwelt die verschiedenartigsten Zustände, während er sich in den seiner Natur entsprechenden Sphären aufhält und sich dort seinem Charakter gemäß betätigt. Der Grad des Wachbewußtseins, wie auch die Fähigkeit des Wahrnehmens der neuen Umgebung ist sehr verschieden, ebensosehr wie die Veranlagungen und Fähigkeiten der Menschen in der physischen Welt verschieden sind, auf der sich kaum zwei Menschen vollkommen gleichen.»[65] In die Himmelswelt kommt nur der von an allen Leidenschaften geläuterte Mensch. Triebhafte, leidenschaftliche Regungen und selbstsüchtige Neigungen sind vollkommen überwunden. Damit hat alles Leid ein Ende; Seligkeit ist an seine Stelle getreten. Der innere Zustand des Verstorbenen ist tiefe Ruhe, Hoffnungsfreudigkeit und Harmonie.

Der Verstorbene führt in diesen reinen Sphären ein tief innerliches Leben und realisiert alle seine Ideale. Nichts mehr bindet ihn an die vergänglichen Erscheinungen seines Daseins. Er ist frei von aller Erdenschwere; er hat sich erhoben über die engen Grenzen selbstsüchtigen, wechselvollen Daseins. Raum und Zeit scheinen für ihn nicht mehr zu bestehen; alle lichtvollen Ereignisse, Bilder, Vorstellungen und Gedanken aus seinem verflossenen Erdenleben haben sich zu einem fortdauernden Erlebnis vereinigt, für den menschlichen Verstand unfaßbar. Was die Erde an reinen Freuden zu bieten hat, macht dort den dauernden Zustand der Seele aus.

Dieses Erleben besitzt nichts von der unruhigen, lauten Lust, die unreife Menschen an sich haben; hier vereinigt sich die reine, übersprudelnde Lebensfreude des unschuldigen Kindes mit klarer Erkenntnis und unerschütterlichem Seelenfrieden eines gereiften Menschen. Eine unvergleichliche Fülle von Formen, Farben und Klängen umwogt den Verstorbenen. Gleich einem Panorama ziehen die Gedankengebilde immer wechselnd an ihm vorüber. Alle Ideale, die er im Herzen trug, sind verwirklicht. Je stärker und bestimmter er denkt, um so lebendiger, klarer und vollkommener werden sie durch seine Gedankenformen dargestellt. Die Eindrücke, die er von ihnen aufnimmt, wirken kraftvoll auf sein seelisches Leben ein und lösen neue Kräfte aus. Gedanken gestalten das Leben des Menschen! Je klarer und selbstloser der Mensch denkt, um so edler gestaltet sich sein Wesen, um so schöner, reicher und erhabener ist sein Leben in der Himmelswelt. Eine im Erdenleben betätigte selbstlose Liebe bildet das Material, das die Seele verarbeitet. Jeder reine Gedanke und jede aufbauende Arbeit stärken das Leben der Seele und verlängern den Aufenthalt in der Himmelswelt. Jede Anstrengung, die auf Erden gemacht wurde, bildet eine Kraft, die die Seele zu höheren Sphären emporhebt. In allen Sphären der Himmelswelten sind die Verstorbenen in ein beschaulich-ernstes Leben vertieft.[66]

Doch nicht alle durchwandern sämtliche sieben Sphären. Nur die geistig Erwachten, die wissenden Helfer und Diener der Menschheit, leben bewußt in allem, da sie vermöge ihres erweiterten Bewußtseins höhere Schwingungen in sich auslösen können. Aber nicht nur die menschlichen Verstorbenen, sondern viele andersartige Geschöpfe teilen das glückselige Leben in den paradiesischen Gefilden der Himmelswelt: Engel und Söhne Gottes, Wesen von unbeschreiblicher Schönheit und Majestät. Sie gehören einer anderen Entwicklungslinie an als der Mensch und haben in verschiedenen Bewußtseinsphären des Weltalls besondere Aufgaben zu erfüllen. Als Schutzengel dienen sie den Menschen bei jeder selbstlosen, liebeerfüllten Arbeit.[67]

Himmlisches Leben und Rückkehr ins Irdische

Das himmlische Leben in der Gedankenwelt ist nicht endlos, auch ihm sind Grenzen gesetzt. Nach einer bestimmten Zeit entzieht sich die der Seele eingeborene Potenz zu allen Gestaltungen. Nun geschieht völliges Ruhen in sich selbst, in der Bewußtseinsebene der Tugendwelt. Wir betreten das Reich vollendeten Friedens und höchster geistiger Lebendigkeit. Diese Region ist noch unvergleichlich erhabener, als sie es im niederen Himmel der Gedankenwelt sind. Je mehr der Mensch seine Tugendkräfte betätigte, je selbstloser er wirkte, je tiefer seine Erkenntnis war, desto klarer kommt er in dieser erhabenen Sphäre zum Erwachen und desto länger zum bewußten Leben. In dieser Welt, der Heimat der Weisen, der Heiligen und wahrhaft Wissenden, vermag sich der Mensch im allgemeinen nicht ohne Hilfe eines höher entwickelten, eines älteren Bruders zu erheben. Ohne dessen Beistand ist es ihm nicht möglich, sich nur kürzere Zeit in dieser Sphäre zu halten. Aber mit der Zeit wird die Seele auch hier nach vielen neuen Erfahrungen und Übungen heimisch, so daß sie jederzeit bewußt zu leben und zu wirken vermag. Sodann findet sich die Sphäre eines feierlich erhabenen Zustandes, in der nicht mehr von festen Formen und Bildern gesprochen werden kann, da die Materie nahezu an der Grenze ihrer Schwingungsfrequenz steht. Nur noch schwingendes Licht ist wahrzunehmen. Der Verstorbene befindet sich in einem Dauerzustand, wie ihn etwa der geniale Künstler, der wahrhaft Religiöse in Zeiten tiefster Innenschau auf Erden vielleicht einmal für Augenblicke erlebt. Diese Sphäre bildet den Sammelpunkt der Seelen, die während vieler Erdenleben als Schüler und Jünger der großen Menschheitslehre, der Erleuchteten und Wissenden, all ihre Kräfte in den Dienst der Menschheit stellten und sich treu in diesem Dienste bewährt haben. Kraft ihrer erwachten Erkenntnis vermögen sie in tiefe Geheimnisse einzudringen, ungeahnte Perspektiven eröffnen sich ihnen und geben ihnen eine höhere heilige Weihe. Kein Vergleich ist mehr imstande, die Pracht und die Erhabenheit, die unermeßliche Glorie des strahlenden Lichtes, der schwingenden Töne und innerlichen Erlebnisse in der höchsten Sphäre des planetarischen Himmels auch nur ahnen zu lassen. Es ist der siebte Himmel, in dem sich der Verstorbene wahrhaft frei, erlöst von allen Täuschungen und aller Gebundenheit weiß, in dem er sich in seinem wahren, wirklichen Selbst erkennt. «Hier lebt er im Bewußtsein der Einheit, die ihn mit allen Wesen verbindet. Zeit und Raum haben ihren Einfluß ganz verloren. Er steht erhaben über allen Zeitströmungen und Bildern und ist erfüllt von dem allverklärenden Lichte, der unermeßlichen Schönheit, reinen Freude und göttlichen Größe.»[68]

Was dann folgt im theosophischen System, ist das Aufzeigen des Reinkarnationsweges. Die auf der höchsten Stufe angelangten Seelen bleiben nicht in der reinen Schau und Seligkeit, sondern nehmen einen sehr gezielten Abstieg in die unteren Welten. Dem geistig Erwachten, der sich bewußt in die jenseitigen Sphären erheben kann, erscheint die Himmelswelt wie ein unendlich weites, sonniges, leuchtendes Blumenfeld.

Je mehr die Ideale der Menschheit nicht nur gedacht, sondern auch realisiert werden, um so schöner, lichter und vollkommener leuchten diese Blumen, die in Wahrheit die in Glückseligkeit versunkenen Menschenseelen darstellen. An diesem Leuchten wird die Reife der einzelnen Seelen erkennbar. Zeigt sich solche Reife, dann veranlassen die älteren Brüder ihre Schüler, die geistig Erwachten, die Seele für ein neues Erdenleben zu erwecken. Gleich dem Gärtner, der die Reife seiner Früchte kennt, sehen sie die Reifezeit gekommen und veranlassen die Rückkehr in ein neues Erdendasein. Hier schließt sich ein sehr ausgedehnter, differenzierter Weg zur Wiederverkörperung an.[69]

6.4 Anthroposophie und Christengemeinschaft

Rudolf Steiner, zu Beginn unseres Jahrhunderts Generalsekretär der Theosophen in Deutschland, gründet 1913 die Anthroposophische Gesellschaft. Die Bestimmung des Menschen als Wesen zwischen Himmel und Erde, in dem sich der göttliche Geist entfalten möchte, darf als Signet verstanden werden.

Da der Mensch ein aus der Welt des Göttlichen stammendes Ich besitzt, sind für ihn Geburt und Tod bloß Durchgangsstufen. Das im Tod erlöste Unsterbliche des Menschen durchmißt hernach eine Reihe geistiger Sphären. Es sind spirituelle Bewegungen, denen Steiner nachdenkt. Das nicht gut Getane eines Lebens, seine Karmaseite, muß zu einem Ausgleich gebracht werden; er geschieht in einer neuen Inkarnation. Doch diese erfolgt nicht in unmittelbarem Ablauf nach dem Tod, sondern erst nach sehr langem Zeitraum.

Die Nähe zur Theosophie ist unverkennbar. Das Nachtodliche eröffnet die Möglichkeit einer Reinigung und ereignet sich im Verband mit anderen Menschen, die zu Lebzeiten nahestanden. Die schließliche Reinkarnation ist erst dann angezeigt, wenn sich die irdische Szene im Verlauf der Geschichte derart gewandelt hat, daß eine weitere Entwicklung des Menschseins geschehen kann.

Was Steiners Anthroposophie keineswegs verkennt, ist das stets wirksame Luziferische oder Ahrimanische, das eine Evolution hin zu geistiger Vertiefung stört. Wenn sich überhaupt ein Weg für die ihrer Selbstzerstörung verfallenden Welt eröffnen soll, der Einsicht und Heil bringt, so leuchtet für Steiner gerade hier ein enger Bezug zum Christusereignis auf.

Steiner spricht von Reinkarnation und Karma. Aus seiner Sicht kann dies aber alles nur im Kontext einer bestimmten Christologie geschehen. Wer Christus als geistigen Urtypus erfaßt und für sich internalisiert, der ist ein Bürger übersinnlicher Welten. Und Bürger sein bedeutet Verpflichtung, Mitwirkung, Mitgestaltung im Kontext dieser Welt.

Die Aufnahme des Christus in die Substanz des eigenen Wesens gilt als Bedingung der Möglichkeit, nachtodlich zur Schau des ewigen göttlichen Meisters zu gelangen.[70]

Zum Geschehen nach dem Tode

Steiner beschreibt: «Während sich beim Übergang in den Schlaf der Astralleib nur aus seiner Verbindung mit dem Ätherleibe und dem physischen Leibe löst, die letzteren jedoch verbunden bleiben, tritt mit dem Tode die Abtrennung des physischen Leibes vom Ätherleib ein ...»[71]

Dieser Prozeß läuft dahin, daß Astralleib und Ätherleib voneinander scheiden und letzterer dem Todgeweihten umfassende Rückschau auf das ganze irdische Leben gestattet. Im leiblichen Leben ist dies nur dann der Fall, wenn der Mensch sich infolge eines Unglücks z. B. plötzlich mit dem Tod konfrontiert weiß. Steiner setzt das Ich als die Größe des Menschseins, die einerseits Wünsche des Lebens wahrnimmt, die zu Lebzeiten leiblich Befriedigung erheischen, andererseits solche, die aus der geistigen Natur des Ich stammen. Steiner betont, daß das Leben mit seiner Sinnlichkeit einen Hinweis bietet auf das Übersinnliche: im Leiblichen webt immer auch der Geist. Nach dem Tode löst sich das Ich vom Sog der äußeren Welt. «Wie ein Gegenstand vom Feuer erfaßt und verbrannt wird, so wied die [...] Begierdewelt nach dem Tode aufgelöst und zerstört.»[72] Der Mensch ist nun in die Geisteswelt aufgestiegen; ein lange währender Läuterungsprozeß geschieht. «Er macht alles dasjenige noch einmal durch, was er im Leben seit der Geburt erfahren hat. Von den Vorgängen, die dem Tode unmittelbar vorausgingen, beginnt er und erlebt alles nochmals bis zur Kindheit in rückwärtiger Reihenfolge.»[73]

Der nachtodliche Zerfall schreitet weiter. Nachdem der physische

Leib abgelegt ist, folgt der Ätherleib, und nun zerfällt der Part des Astralleibes, der nur im Bewußtsein der äußeren physischen Welt leben kann. Damit ist eine Freiheit realisiert, die den Verstorbenen dessen gewiß sein läßt, daß er sich nunmehr unter Wesenheiten befindet, «welche gleicher Art [...] mit seinem Ich, denn nur ein Ich hat zu einem Ich den Zutritt».[74]

Nachtodliches Existieren meint dieses Umgebensein in der geistigen Welt, wie Existieren zu Lebzeiten ein Umgebensein von Sinnlichem, sinnlich Wahrnehmbarem darstellt. Im Ich konzentriert sich für Steiner das Extrakt aus allen Erfahrungen zwischen Geburt und Tod.

«Dieses Erträgnis ist noch vereinigt mit jenen Teilen des Astralleibes, der am Ende der Läuterungszeit nicht abgeworfen wird. Es fällt ja nur jener Teil ab, welcher nach dem Tode mit seinen Begierden und Wünschen dem physischen Leben zugewandt war.»[75] Die Früchte des irdischen Lebens wirken im Feld des Nachtodlichen mit beim Aufbau einer neuen geistigen Wesenheit. Steiner formuliert: «Und nach einer gewissen Zeit [...] hat sich um das Ich herum ein Astralleib gegliedert, der wieder in einem solchen Ätherleib und physischen Leib wohnen kann, wie sie dem Menschen zwischen Geburt und Tod eigen sind. Der Mensch kann wieder durch eine Geburt gehen und in einem erneuten Erdendasein erscheinen, das nun in sich eingegliedert hat die Frucht des früheren Lebens.»[76]

Eine bestrickende Verheißung bietet Steiner im Blick auf das Nachtodliche: Was in der physischen Welt aus dem Geist entstand, das hat auch in der geistigen Welt selbst Bestand. Freundschaft und Liebe, die sich ins Geistige erhoben, finden erneut zusammen im Geisterland. «[...] nach Ablegung der Leiber sind sie noch in einer viel innigeren Gemeinschaft als im physischen Leben.»[77]

Das Fazit lautet: Was Menschen irdisch-leiblich erwerben an geistiger Vertiefung wird nachtodlich weiterbearbeitet, um später, auf höherer Stufe geläutert, wieder einer irdischen Existenz zugeführt zu werden.

Der diese Entwicklung Garantierende ist der kosmische Christus, den Steiner nach Johannes interpretiert und hochachtet. Indem der Mensch den Christus immer mehr in sich aufnimmt, entdeckt er sich das, was über den Tod hinaus als Liebe Bestand hat. Er vermag als unsterbliche Individualität seinem Gott gegenüber zu treten.

427

Die Christengemeinschaft

Der protestantische Pfarrer Friedrich Rittelmeyer begründet nach einer Begegnung mit Rudolf Steiner die Christengemeinschaft, die ihre Bibelinterpretation mit Hilfe anthroposophischer Theoreme durchführt. Der Gottedienst, Menschenweihehandlung genannt, erinnert an die katholische Messe. Es geht stets um die Zurechtbringung und Mahnung, selbst ein geistiges Wesen zu werden. Über die nachtodlichen Bereiche hat sich Rittelmeyer ebenfalls geäußert und speziell den Akzent auf eine Gemeinschaft mit den Verstorbenen gelegt. Die Welt der Toten, der Blick über das Gtab hinaus, die Gemeinschaft mit den Verstorbenen und die eigene Sterbestunde sind seine relevanten Themen.[78]

Die Welt der Toten

Rittelmeyer nennt das Jahr 869 als Anfang eines gewaltigen Abstiegs. Das damals tagende Konzil von Konstantinopel definierte: Es gibt keinen Geist, es gibt nur einen Leib und eine Seele mit einigen geistigen Eigenschaften. Rittelmeyer stellt dazu den Trend der modernen Wissenschaft, die sagt: Es gibt nur einen Leib mit einigen seelischen Eigenschaften.

Rittelmeyer beurteilt den Spiritismus und erschrickt ob der Geister, die unter spiritistischen Vorzeichen direkt vor der Tür warten. Hellseher und Wahrsager haben dann gute Zeit, wenn das Geistige destruiert wird. Die Aubeute erscheint derart mager, daß Rittelmeyer sich abwendet und heftig kritisiert: «[...] was in den spiritistischen Sitzungen vor sich geht, hat mit den Toten so gut wie nichts zu tun.»[79]

Rudolf Steiners Lehre wird in der Christengemeinschaft nicht als Dogma genommen, sondern frei benutzt. Steiners Charisma beeindruckt tief. Ihm steht der Weg zur Totenwelt offen, er kann das Sterben bemerken, bervor überhaupt eine Nachricht vom Tode möglich ist. Er sieht Zusammenhänge, die anderen niemals zu sehen vergönnt sind. «[...] er ist nicht der einzige Mensch, den ich in die Welt der Toten blicken sah, aber der größte, bei weitem der größte.»[80]

Von Erfahrungen mit Steiner kann Rittelmeyer sagen, daß der Konnex Lebender und Toter ein ganz enger ist. Derjenige, der vor dem Einschlafen seiner Toten liebevoll gedenkt, wird im Schlaf von ihnen mitgenommen «durch hohe ewige Räume».[81] «Der Mensch wird lernen,

428

Träume zu unterscheiden, die Nachbilder des Alltags sind, und Träume, die Abbilder sind des höheren Tages der Seele.»[82]

So kann Rittelmeyer die wahre Christengemeinschaft als eine Gemeinschaft über das Leben hinaus definieren, eine Gemeinschaft zwischen Lebenden und Toten. Der Sterbende erhält ein Geleit, innerhalb dessen die Worte des hohenpriesterlichen Gebets (Johannesevangelium Kap. 17) den Sterbevorgang umhüllen. «Eine Trauerfeier, deren sich der Tote selbst nicht schämen muß, ist die andre Gabe, die die Christengemeinschaft zu bringen hat.»[83] Und schließlich bietet nach ihrem Selbstverständnis die Christengemeinschaft einen Gottesdienst, der Lebenden wie Toten gleichermaßen dient. Ihr Ziel ist Realisation der Gemeinschaft aller Lebenden und aller Toten zu jeder Zeit, um das Fördernde zu finden, das die Gemeinschaft mit den Toten für Lebende bereithält.

Gemeinschaft mit den Verstorbenen

Rittelmeyer vergleicht Kinder und Tote. Beide fangen ein neues Leben an. «Beide gedeihen am besten auf dem Nährboden des Vertrauens.»[84] Das Gedenken an die Toten ist von höchstem Belang. Was damit zu Tage tritt, wird von Rittelmeyer das Sternwesen genannt. Alles, was zu Lebzeiten das Miteinander erschwerte, fällt dahin.

Das Konzept einer einzigen Welt steht im Vordergrund – nicht eines zweier Welten, die der Lebenden und die der Toten, ist das Thema. Die eine, die einzige Welt hat ihren sichtbaren und ihren unsichtbaren Bezirk. Beide Teilreiche stehen in reger Verbindung zueinander, aber nicht wie der Spiritismus es sieht. Davon abzuheben, das ist Rittelmeyers unermüdliches Tun und Reden. Nicht die Detailberichte spiritistischer Medien können uns interessieren. Uns geht es, so hebt er hervor, um Frieden, Liebe, Licht. Diese drei wichtigen Worte verweisen auf Erfahrungen mit den Toten. Die angestrebte kultivierte Gemeinschaft mit den Toten bewirkt eine Verlagerung der Lebensschwerpunkte ins Geistige. Deshalb gilt es die Gemeinschaft mit den Toten zu üben, sich in deren Welt hineinzuleben – eine Welt der geistigen Beziehungen. Die anzustrebende Verbindung mit den Toten entfaltet sich aus dem Christuswort: Ich will euch wiedersehen. «Aus diesem Ich können wir alle unsere Hoffnung herausholen auch auf Wiederfinden mit denen, die zu uns gehören.»[85]

Wem die neutestamentliche Wolke der Zeugen gewiß ist (Hebräer 12, 1), dem erwächst, erblüht ein neues, erhabenes Lebensgefühl. Rittelmeyer zeichnet das Bild: «Eine hell beleuchtete aber kleine Arena: das ist die Erde. Um diesen irdischen Schauplatz her lagert sich – das Bild des Kolosseums in Rom steigt vor uns auf – bis in ferne Höhen empor die Fülle der zuschauenden, die höchsten wie in den Wolken verschwindend, wie Menschenwolken selbst erscheinend.

Ist dies die Wahrheit? Es gab wohl kaum eine Zeit, wo der Kampf auf der Erde entscheidender war, wo die Geister aller derer, die am Erdenschicksal Interesse nehmen, gespannter auf die Erde blickten, wo die Kräfte aller derer, die dem Menschheitslos ihre Liebe zuwenden, hilfreicher bereitstanden – als die Gegenwart.»[86]

6. 4 «Der jenseitige Mensch»

Der jenseitige Mensch – ein echter Mystiker

«Der jenseitige Mensch» ist der Titel eines Werkes von Emil Mattiesen,[87] das wir hier zu Wort kommen lassen auch als Beitrag zur Mystik.

Mattiesen definiert zunächst den diesseitigen Menschen: «Diesseitig ist der Mensch, dessen Lebenstriebe – seien sie ihm bewußt oder nicht – auf Wachstum und Genuß, auf Erfolg im Schaffen und Erwerb, auf Sieg in jeder Art von Wettstreit innerhalb der Sinnenwelt und ihrer unmittelbaren seelischen Grenzgebiete gerichtet sind.»[88] Der diesseitige Mensch ist ohne weiteres in der Lage, sich einer Religion zu verschreiben. Doch was er unternimmt, verbindet er mit dem Ziel, in der Sinnenwelt unter seinesgleichen möglichst umfassend voranzukommen, zu diesem Zweck die Welt zu beherrschen und geglaubte unsichtbare Mächte in seinen Dienst zu stellen. Der diesseitige Mensch, mag er sich in diesen Belangen noch so differenziert und hochkultiviert verhalten, verfällt nie in Widerspruch zu seinen Trieben und Zielen, die ihn von Anfang beherrschen. Vorstellungen des Jenseits sind für einen solchen Menschen, mögen sie mächtig in ihm wirken, nur regulative Ideen, um seine irdischen Aktivitäten zu steigern. Was der diesseitige Mensch am Ende erstrebt, ist ein dauerhaftes, immerwährendes, ein ewiges Glück.

Für Mattiesen ist der jenseitige Mensch ein Sammelbegriff, worunter sich viele Phänomene subsumieren lassen. Der jenseitige Mensch hat besondere Träume, Sehnsüchte und tiefste Strebungen, die ihn von der Sinnenwelt wegtreiben.[89] Jenseitige Menschen können ungemein am Leben leiden, so daß sie nicht mehr eine Steigerung ihrer Lebensbejahung finden. Die Umgebung setzt sie unter Druck; diesem Druck stehen nicht genügende physische wie psychische Spannkräfte gegenüber. Bei solchen Menschen ist das seelische Kräftespiel, der innere Ausgleich, dessen der Mensch für gewöhnlich bedarf, so sehr reduziert, daß keine entsprechende Anpassung an die Realität möglich wird.

Man kann freilich nicht jeden Menschen, der uns in einer derartigen Verfassung begegnet, als einen Jenseitigen bezeichnen. «Der Kranke, der sich im Verlangen nach Gesundheit, der Mensch des geringen Kalibers, der sich in Sehnsucht nach Kraft und Größe verzehrt; der Schwächling, der die kleine Münze der Weltlichkeit spielend durch die Finger gleiten läßt; der Ästhet, der – außerstande zu leben – doch die bunten Lichter des Lebens liebend betrachtet – sie alle entscheiden sich eben durch ihr Sehnen und Spielen für das Diesseits, auch wenn sie zeitlebens nur als Schmarotzer oder als Ausgebeutete im Troß des Lebens sich zu erhalten vermögen.»[90] Diese Haltung des Ressentiments, die Nietzsche beschreibt, dominiert dann nicht mehr, wenn das im Inneren zurückgetretene Diesseits bejaht werden kann und dies sich auf eine Lebensumgestaltung bis in alltägliche Kleinigkeiten hinein auswirkt. Als Belege solch innerer Veränderung nennt der Autor «die großen Fluchtbewegungen, welche in Zeiten verstärkten äußeren Drucks gewaltige Maßen von Opfern der Lebensangst in den Hafen religiöser Vorstellungen und vollendeter Weltabkehr hineinschwemmten: wie etwa die geradezu als Volkskrankheiten bezeichneten Erscheinungen des Mittelalters im Zeichen der großen Pest und steigenden Satansfurcht. War doch Angst von jeher ein wesentlicher Bestandteil der Religion der Massen, und hat doch unter Druck Geneigten – und schon darum sich ‹sündhaft› Fühlenden – die angsterregende und gleichzeitig hoffnungweckende Vorstellung eines nahen Weltendes von jeher größte Volkstümlichkeit besessen.»[91] Es handelt sich um Menschen, die mit dieser Welt und den permanenten Aufforderungen zum Kampf ihren Frieden gemacht haben: Menschen, die Sorge, Ungewißheit und Gefahr möglichst verbannen wollen, woraus sich ein quietistisches Verhalten ergibt, zu dessen «Verwirklichung Viele das Kloster oder die Einsiedelei aufsuchen, die aber Zahllose auch in mannigfachen anderen Formen des Winkel- und Schattendaseins durchzuführen wissen».[92] Diese Menschen interpretieren ihr Leben und das ihnen zugemutete Leiden mit einem Sinn, der sich aus einem Verständnis als Gabe Gottes gewinnen läßt. Wer als unschuldig Leidender akzeptiert, was ihm in dieser Welt beschieden, der hat das Jenseits bereits für sich sichergestellt. «Die Vorstellung dieses glücklichen Jenseits wirft damit nicht nur ihren vergoldenden Schein auf das diesseitige Leid, sondern lenkt auch von der quälenden Beschäftigung mit diesem ab; ja sie ermöglicht Manchem zudem die beglückend ergänzende Vorstellung einer Rache an denen, die ihm hinieden Leid zufügten.»[93]

Daneben aber gibt es ungemein diesseitsbezogene und in der Immanenz erfolgreiche Menschen, die unter dem Einfluß jenseitiger Vorstellungen ihr Inneres auf eine ausgesprochene Jenseitigkeit hin entwickeln. Das Irdische steht ihnen prinzipiell offen; sie entschließen sich aber mit Leidenschaft zu einer bestimmten Askese und gelangen in dieser Haltung nahezu zur Selbstzerfleischung.

Bei vielen ist der Altruismus derart angewachsen, daß kein Ausgleich zwischen natürlicher Selbstsucht und gefordertem Selbstopfer mehr möglich ist. Die Fähigkeit zum Diesseits ist in Frage gestellt. Gott ist heilig und fordert Heiligkeit. Er fordert sie nicht bloß, sondern flößt sie auch ein, soweit ein Mensch sich zur Aufnahme solcher Einflüsse bereitfindet. Im Menschen erscheint diese Heiligkeit besonders als Abkehrung von allen natürlichen Strebungen. Dann heißt es: Diese Selbstsüchte haben ihre Wurzeln im Fleischlich-Sinnlichen.

Mattiesen verweist auf die Auswirkung asketischer Ideale in einem Kampf, der in seiner Methodik jedes Mittel weltlicher, diesseitiger Selbsterziehung aufgegriffen, gesteigert und verfeinert hat. Aber, sieht man genauer, so ist der auf das Jenseits gerichtete Asket als der angestrengt Übende doch der, der sich zu allem selbst gezwungen hat. In diesem Zwang, den er radikal handhabt, dokumentiert sich sein Versagen als ein Mensch, der auf das Jenseits grundsätzlich bezogen sein möchte. «Das Ich mit seiner Selbstbetonung ist nicht verschwunden, sondern nur unterdrückt.»[94]

«Das Herz ist gebessert, aber nicht der ganze Mensch erneuert. Der Schritt von der Tugendhaftigkeit des Willens zur Heiligkeit des Wesens ist noch ungetan. Und eben weil der Heiligkeitswille noch nicht Ausdruck der ganzen Natur ist, befindet sich das Erreichte stets in Gefahr. Eitelkeit mischt sich zuweilen dem asketischen Streben bei. Innere Schwankungen oder äußere Ereignisse können die unterdrückten Tiefen jederzeit zum Ausbruch bringen. Versuchungen drohen und ein Erkalten der Seele. Sofern ein religiöser Glaube den neuen Willen ausdrückt, wird die Möglichkeit und Nähe von Zweifeln als schwerer Vorwurf empfunden.»[95]

An dieser Stelle gelangt der *echte Mystiker* ins Spiel. Das, was ihm als Botschaft des Jenseits ins Leben kommt, kann er nur im Sinne einer gnadenhaften, von ihm selbst nicht intendierten und gesteuerten Erfahrung gelten lassen. Hier ist die Gegenposition zu bemerken, die eine höhere religiöse Jenseitigkeit, um die es entscheidend geht, ankündigt.

Eine Fülle von Erfahrungen läßt sich beschreiben, die der jenseitige Mensch im zuletzt genannten Sinne macht. Sie erwecken ihn zu seinem besonderen Weg über das Diesseits hinaus. Anwesenheit von etwas Unsichtbarem ist das Thema, über das vielfältige Zeugnisse vorliegen. Einer nennt z. B. das Gefühl der Gegenwart Gottes «eine geistige und in der Erfahrung gegebene Gewißheit, daß Gott in der Seele und an jedem Ort sei [...]. Je mehr man im Dienste Gottes fortschreitet, desto deutlicher und andauernder ist diese Gegenwart [...]. Ich habe es häufig genug erfahren, daß ohne alles Nachsuchen von meiner Seite, selbst ohne daß ich daran dachte, dieser allmächtige Herr fühlbar vor mich hingetreten ist, wie ein Mensch plötzlich vor einen anderen hintritt, ohne daß sich dieser dessen versehe. Eines Tages im November 1844 [...] hatten wir uns eben zum gemeinsamen Mahle gesetzt, als mir plötzlich eine so klare Schau der göttlichen Gegenwart verliehen wart, wie ich es sonst nie ähnlich erlebt habe. Das geschah plötzlich wie ein Blitz und versetzte mich in eine andere Welt angesichts der Offenbarung eines unendlich großen, unendlich heiligen und anbetungswürdigen Wesens, des Wesens Gottes selber. Ich war bis ins Mark der Knochen durchdrungen von einem sehr tiefen Gefühl der Ehrfurcht, der Liebe und religiösen Betäubung [...]. Der Eindruck dieses hellen und blendenden Lichtes war derart, daß ich plötzlich den leiblichen Hunger verlor.»[96]

Eine Stimmungslage kommt auf, die durch eine bestimmte Erfahrung in Gang gesetzt wird und durch die ein Gefühl von Jenseitigkeit bzw. für eine jenseitige Welt besonders heraussticht. Es kann sich um einen Rausch handeln, der ekstatisch von besonderer Gottesliebe zeugt. Liebe kann als Zustand erlebt werden, als überquellende Liebesseligkeit, von einem glücklichen Gefühl bis zum erregtesten Rausch gesteigert, bis zu einer Auslöschung aller übrigen Bewußtseinsinhalte. Durch den Liebesrausch gepackt, überfällt es einen Mystiker sozusagen immer ohne sein eigenes Wollen oder Erwarten, und verläßt ihn nie, ohne etwas von seinem alten Wesen mit allen egoistischen Zeichen entfernt, herausgebrannt, herausgeschnitten zu haben. Eine Umstrukturierung auf neues Fühlen und Handeln kündet sich an. Nicht nur Passivität, auch Aktivität des Mystikers können ins Spiel treten. «Denn diese Rauschzustände gehen zuweilen aus Übungen der Meditation hervor. In diesen sind die Anteile der Vorstellungs- und der gefühlsmäßigen Elemente von Fall zu Fall verschieden, und es ließe sich eine Stufenreihe von Gebets- und Meditationszuständen aufstellen, an deren einem Ende ein Maximum der Anschauung und ein Minimum des Gefühls, an deren andrem ein Maximum des Gefühls und ein Minimum der Vorstellung zusammenbeständen.»[97]

Man kann diese Erlebnisse bzw. Erfahrungen, die sich in mystischer Schau der Liebe Gottes zusammenraffen, in ihrem Gewicht nicht nachhaltig genug unterstreichen. All diese Erlebnisse – ihre Fülle ist unübersehbar – fokussieren in einem: sie sind nicht nur auf Abläufe des Gefühls beschränkt, wie wohl dies zunächst den Anschein erweckt. Sie beschäftigen darüber hinaus das ganze interne Rezeptionsvermögen des menschlichen Seelen- und Geisteslebens. Was sich besonders als Auswirkung nennen läßt, ist, wie schon angedeutet, das Schwinden einer Ich-Haltung zugunsten einer mählichen bzw. auch gegebenenfalls ganz kurzfristigen Umstrukturierung der inneren und das heißt ja der charakterlichen Verhältnisse. Angela von Foligno sagt: «Wenn die Liebe rein ist, so hält sich die Seele nach solchen Gefühlserlebnissen für völlig tot, und sieht, daß sie nichts ist.»[98] Wie ein Falter in die Flamme, so drängt nun, nach einem beliebten Vergleich der Sufi-Dichtung, die Seele zur Auflösung, zur Vernichtung in Gott. Katharina von Genua schreibt: «Nur einmal, eh ich sterbe, möchte ich sagen können, wie diese Liebe in mir wirkt, und was sie von mir will [...]. Mit einem glühenden, flammenden, durchdringenden Strahl trifft sie das Herz, versengt und verzehrt darin jegliche Liebe, jegliche Neigung, jegliche Lust, jegliche Begierde, die es jemals an Dinge dieser Erde banden oder noch binden könnten [...]. Gern würde das also ergriffene Geschöpf von ihren Flammen sich verzehren lassen. Die Anschauung der heißen Liebe, die Gott zu ihr trägt, verursacht ihr unsägliche Qual, und sie kann in diesem Gefühl nichts mehr in sich dulden, was Gott mißfallen könnte. Sie legt deswegen nicht nur alle ihre Fehler bis auf die geringsten ab, sondern auch all ihre Unvollkommenheiten und unnützen Gewohnheiten.»[99]

Was ist hier, wenn der jenseitige Mensch sich nun allmählich besser charakterisiert, das Entscheidende? Es ist eine innere Abkehr vom Ich und eine Zuwendung zu etwas, das sich wohl im Innern des Menschen meldet, aber nicht ihm selbst als diesem bestimmten und endlichen zugehört: ein Außer-Ich. Der hier visierte mystische Mensch als der jenseitige ist der, der sein Inneres gewissermaßen ausgeleert und seine ganze Lebensrichtung auf ein Äußeres, das über ihm steht, als das Göttliche und Heilige neu etabliert hat. Sein Herz wird zur ganzen und damit nicht mehr im einzelnen auszugliedernden Liebe zu jedem Ding und jedem Menschen. Das Unglück des Anderen ist nun realiter das, was den Mystiker und Heiligen schlaflos macht. Auch der Feind, der ihm Böses zufügt, kann nicht mehr als ein Widersacher betrachtet werden. Es ist eine völlige Ablösung vom sinnlichen Selbst des persönlichen-egoistischen Lebens.

Tod

Emil Mattiesen gibt in einem breit ausgeführten Part seines Werkes über den jenseitigen Menschen auch Hinweise auf den Tod als eine anhaltende Exkursion, also eine Reise – wohin auch immer. Die Reise selbst betrachtet er aufgrund des ihm verfügbaren Materials als vorübergehenden Tod. Er ist der Ansicht, daß der Tod und das Auftreten eines Phantoms in einer eigentümlichen Beziehung zueinander stehen. Dies kann auf eine zweifache Weise dargelegt werden: «Durch Aussagen derer, die ihn von innen erlebt, und derer, die ihn von außen beobachtet haben. Aussagen der ersteren Art nun sind äußerst selten; nicht nur weil sie einen Zeitpunkt und Vorgang betreffen, der für die Mehrzahl der Menschen überhaupt allen Aussagen ein Ende setzt, sondern auch seltsamerweise «Geister» von auch nur leiblichen spiritistischen Ansprüchen fast nie nach ihrem Erleben des Todes gefragt worden sind.»[100] Mattiesen hat eine Fülle von Zeugnissen durch sein ganzes Buch hindurch zur Hand, somit Zeugnisse über den erlebten Vorgang des Sterbens, die eigenartig mit dem übereinstimmen, was man im Blick auf derartige das Jenseits thematisierende Phänomene sagen möchte. Da ist das Beispiel eines Mannes, der seiner Schwester erscheint und ihr sagt: Er habe sich zuerst in einem Zustand doppelten Bewußtseins gefühlt; er wußte, daß sein

Körper im Bett liege und doch ihm nicht mehr ganz angehöre; zugleich, daß sich um seinen Geist eine ätherische Hülle lege; [...] und er fühlte, wie er mit der Ausbildung jener Hülle sich einem anderen Geist nähern könne. Mattiesen zitiert den Bericht eines Verstorbenen: «Ich hatte zuerst das dunkle Bewußtsein von Gestalten, die sich im Zimmer und um das Bett bewegten. Dann wurde die Tür geschlossen und alles war still. Ich nahm dann zunächst wahr, daß ich nicht auf dem Bette lag, sondern ein wenig über diesem in der Luft schwebte. Ich sah in dem trüben Lichte den Körper gerade ausgestreckt und mit zugedecktem Gesicht. Mein erster Gedanke war, wieder in ihn einzugehen, aber der Wunsch danach verging mir bald völlig [...].»[101] Dann gibt es Hinweise Sterbender, die kurz vor ihrem Tode verlauten lassen, daß ihnen so sei, als nähme man sie nun fort, als würden sie von unsichtbaren Händen in eine verdünnte Luft gebracht. Mattiesen läßt ganz unverkennbar die Unterscheidung des einmal und zweimal Gestorbenen in seinen Text einfließen, d. h. in unserem Verständnis die des klinischen und die des biologischen Todes. Immer ist es der vor dem biologischen Tod offensichtlich häufige Zustand des klinischen Todes, aus dem heraus Mitteilungen an die Zurückgebliebenen gelangen. Da lesen wir von einem Menschen, der schwer an Typhus erkrankt ist und wörtlich berichtet: «Ich überlegte in Ruhe folgendermaßen: Ich bin gestorben [...] doch bin ich ein Mensch wie nur je. Ich bin im Begriff, den Körper zu verlassen. Ich beobachtete den merkwürdigen Vorgang der Trennung von Seele und Leib. Durch eine Kraft, die anscheinend nicht mir zugehörte, wurde das Ich [...] seitwärts hin- und hergeschaukelt, [...] wodurch ihre Verbindung mit den Geweben des Körpers sich löste. Nach einer kleinen Weile hörte diese seitliche Bewegung auf, und (von den Füßen aufwärts schreitend) fühlte ich und hörte ich gewissermaßen das Zerreißen zahlloser winziger Fesseln [...]. Ich erinnere mich deutlich, wie (schließlich) mein ganzes Ich im Kopfe zusammengefaßt war [...]. Als ich (aus dem Schädel) hervortrat, sah ich zwei Damen mir zu Häupten sitzen. Ich schätze den Abstand vom Kopfende meines Bettes bis zu den Knien der einen Dame und schloß, daß ich genügend Raum haben würde, dort zu stehen [...]. (Indessen) schwebte ich auf und nieder und seitwärts wie eine Seifenblase, die am Pfeifenkopf haftet, bis ich endlich mich vom Körper losriß und sanft zu Boden sank, von wo ich mich langsam erhob und bis zum vollen Wuchs eines Menschen ausdehnte. Ich schien transparent, von bläulicher Farbe und vollkommen nackt zu sein. Hiervon peinlich berührt und auf Flucht bedacht, fand ich mich bekleidet, als ich die Tür erreichte, und beruhigt wandte ich mich wieder den Anwesenden zu. Dabei berührte mein linker Ellenbogen den Arm eines von zweien Herren, die in der Tür standen. Zu meiner Überraschung ging sein Arm durch den meinen anscheinend ohne Widerstand hindurch (und der Betreffende bemerkte nichts von der Berührung). Seinem Blicke folgend, sah ich meinen eigenen toten Körper [...]. Ich war überrascht von dem bleichen Aussehen des Gesichtes. Ich hatte tagelang in keinen Spiegel geblickt und geglaubt, ich sei nicht so blaß, wie die meisten Schwerkranken [...]. Ich sah eine Anzahl Personen um den Körper herumsitzen und -stehen und bemerkte in sonderheit zwei Frauen, die anscheinend zu seiner Linken knieten [...]. Ich habe seitdem erfahren, daß dies meine Frau und meine Schwester waren.»[102]

Mattiesen unterscheidet solche Beobachtungen, wie die eben in diesem Beispiel gebotenen, von denen, die von außen gemacht werden, «welche die Aussendung eines Phantoms im Augenblick des Todes zum Gegenstand haben, die also dem Hellsehenden die einleitende Phase jenes Vorgangs vor Augen führen, dessen räumliche Fortentwicklung das Phantom des Gestorbenen in größerer Entfernung vom Leichnam zur Beobachtung kommen läßt»[103]. Auch hier gibt es Berichte sicher glaubwürdiger Zeugen, die Mattiesen benutzt. So z. B. der folgende: Ein bekannter Schriftsteller sah einmal, neben einer sterbenden Frau sitzend, ein Etwas von ihrem Körper aufsteigen, das wie ein sich entfernendes Wesen erschien. Dieser Mann war zutiefst beeindruckt von dem Erlebnis, das er nur so deuten konnte: Hier löst sich eine geistige Substanz vom materiellen Körper. Ein anderer formuliert: «Ich sah einen schwärzlichen Dampf meines Vaters Haupt verlassen, als er – vor etwa zwölf Jahren – starb, und dieser Dampf formte sich zu einer Gestalt in voller Lebensgröße, und die sieben folgenden Nächte hindurch sah ich sie in meinem eigenen Zimmer, [...] jede Nacht lichter werdend, bis sie in der siebenten völlig strahlend, ja blendend erschien. Sie hielt etwa ein und eine halbe Minute an. Es war dunkel, so oft das Phantom erschien; ich war völlig wach, beim zu Bett gehen; mein Alter zweiunddreißig Jahre.»[104] Auch hier liegt nichts Singuläres vor – immer finden sich parallele, analoge und weitgehend übereinstimmende Beobachtungen aus anderer Situation. Ein weiterer Bericht erzählt, daß aus dem Kopf einer sterbenden Frau sich, von einer leuchtenden Atmosphäre umgeben, ein zweiter, seinerseits schwächer leuchtender Kopf bildete, und danach in ähnlicher Weise die übrigen Teile eines geistigen Leibes, der sich dann erhob.[105]

Was insgesamt als Verständnis von Mattiesen aufscheint, läßt sich besonders dort suchen, wo etwas, das den Tod überdauert, ihm aber durchaus ähnlich, Thema ist. Gedacht ist an den Schlaf, an hypnotische Zustände und Ekstase. Ein Beispiel: «Ich gerate, sagte die Frau, in einen Zustand ähnlich dem, in den mich die magnetische Behandlung versetzt; dann dehnt sich mein Körper allmählich aus und ich sehe ihn (d. h. offenbar den normalen Köper, nicht das, was sich ausgedehnt hat) sehr deutlich in einiger Entfernung, unbeweglich, bleich und kalt, wie einen Toten; was mich anlangt, so erscheine ich mir als leuchtende Dampfwolke und bin mir bewußt, getrennt von meinem Körper zu denken [...]. Nach einigen Minuten, höchstens eine Viertelstunde, nähert sich dieser Dampf mehr und mehr meinem Körper, ich verliere das Bewußtsein, und die Ekstase ist vorüber.»[106] Der Begriff der Exkursion, also des Ausflugs, des Hinausgangs aus dem Körper im Ablauf des Sterbens ist den herkömmlich sogenannten ekstatischen Zuständen vergleichbar. Der seelisch, dem Leib Entrückte erfährt vorübergehend, was er im Tod endgültig erfahren wird. Die religiösen Mystiker haben gewisse Arten des Ekstaseerlebnisses bezeugt als Entrissenwerden der Seele aus dem Körper, also eine gewaltsame Erhebung, gleich als ob die Seele in einem Augenblick tausend Millionen Meilen durcheilte.

Eine weitere Aussage führt zu folgenden Überlegungen: Ein Zeuge berichtet, daß er eines Nachts ohne sichtlichen Grund erwacht und den Antrieb verspürt, sich herumzudrehen, indem sein Gesicht der Wand, sein Rücken den Kindern im Schlafsaal zugewendet ist. Ehe er sich umwendet, blickt er auf und sieht ein mattes Licht im Zimmer, das er fälschlich den herabgeschraubten Gasflammen im Vorraum zuschreibt. «Doch wurde mir bald klar, daß dem nicht so sei. Ich wandte mich um und hatte einen wunderbaren Anblick. Über dem zweiten Bett nächst meinem und auf der gleichen Seite des Zimmers schwebte eine kleine Lichtwolke, (etwa fünf Fuß hoch) [...] von der Helligkeit des Mondes in einer gewöhnlichen Mondnacht. Ich saß im Bette auf, blickte nach der seltsamen Erscheinung hin, griff nach meiner Uhr und stellte fest, daß die Zeiger auf fünf Minuten vor eins wiesen [...] ich war völlig wach [...] um sechs

Uhr [...] nahm ich den kleinen Knaben (über welchem die Erscheinung gesehen worden war) aus dem Bette, setzte ihn auf mein Knie und zog ihm einige Kleidungsstücke an [...]. Indem er mir mit einem außergewöhnlichen Ausdruck fest ins Gesicht sah, sagte er: Oh, meine Mutter kam diese Nacht zu mir. Haben Sie sie gesehen? [...] (Die Mutter war vor etwa einem halben Jahr gestorben).»[107]

Was bezeugt wird, deckt sich mit alten Aussagen, wonach der Mensch außer seinem leiblichen Körper noch mehrere nicht nach seinem eigentlichen Bild geformte Leiblichkeiten haben soll. Mattiesen betont: «Daß dem Mikrokosmos Mensch die Möglichkeit der Anpassung für mehr ‹Niveaus› offenstehe, als die Physiologie schon heute einräumt, ist uns bereits geläufig, und daß zwischen dem Chemismus dieser Physiologie und den Wurzeln des Individuums im größeren Bewußtsein sich noch andere mögliche Träger seines Einzellebens einschieben mögen, als etwa das gestaltete Phantom (oder das, was uns als Phantom erscheint), ist ein Gedanke, der eigentlich für uns kein Erschrecken mehr haben sollte.»[108]

Mystik

Wir wollen noch eine Reihe von aus mystischem Erleben und Erkennen entstandene Visionen in unsere Betrachtung einschließen. Da solche Visionen im Katholizismus häufig angetroffen werden, ist es von Interesse festzustellen, daß ein Entsprechendes durchaus auch im protestantischen Bereich vorkommt. Einer sagt: «Während ich mit meinem Bruder den Zustand meiner Seele und meine Befürchtungen betreffs meines jenseitigen Wohlergehens besprach, befand ich mich ganz plötzlich in einem anderen Daseinszustand, unter der Führung eines erhabenen Wesens, das mir folgen gebot. Ich ward also schwebend dahingetragen, ich weiß nicht wie, bis ich in der Ferne einen unbeschreiblichen Glanz gewahrte, der auf meinen Geist einen Eindruck machte, den ich auf keine Weise einem Sterblichen mitteilen könnte. Ich sah eine unzählbare Schar von seligen Wesen, die jenen unbeschreiblichen Glanz umgaben, mit Äußerungen der Anbetung und freudigen Verehrung; aber ich sah keinerlei körperliche Gestalt oder Bild in der erhabenen Erscheinung. Ich hörte unaussprechliche Dinge, [...] Gesänge und Hallelujas des Dankes und Lobes, voll unsagbarer Entzückung, und empfand unaussprechliche Wonne [...]. Darauf wandte ich mich an meinen Führer und bat um die Erlaubnis, mich unter die selige Schar zu mischen; er aber berührte meine Schulter und sprach: Du mußt zur Erde zurückkehren. Dies ging mir wie ein Schwert durchs Herz. Alsbald sah ich – wie ich mich entsinne – meinen Bruder vor mir stehen, der sich mit dem Arzt besprach. Die drei Tage, während welcher ich anscheinend ohne Leben gewesen, erschienen mir nicht länger als zehn oder zwanzig Minuten. Der Gedanke, in diese Welt der Schmerzen und Mühen zurückkehren zu müssen, verursachte mir eine solche Erschütterung, daß ich mehrere Male in Ohnmacht fiel.»[109] Typisch für viele Erfahrungen der Geisterwelt ist die Führung des Schauenden in eine wundervolle Landschaft, sonnig grünend, blumengeschmückt, das Sommerland, ein Nachklang der alten Vorstellungen von elysischen Gefilden oder Inseln der Seligen.

Und als Beispiel wird von Mattiesen der Bericht eines gewissen W. Stainton Moses vom 25. Januar 1874 genannt. Dieser sitzt am frühen Nachmittag schreibend an seinem Tisch, entsinnt sich aber später nicht, mit dem Schreiben aufgehört zu haben. Er behauptet nachdrücklich, nicht eingeschlafen zu sein. Das erste, woran er sich erinnert, ist, daß er neben seinem Körper steht und seinen Körper anblickt. Sein Geistleib scheint sich vom Körper getrennt zu haben und ein unabhängiges Dasein zu führen. Während dieser Betrachtung wird ihm klar, daß der Prophet neben ihm steht. Diese Gestalt ist safirblau gekleidet und trägt auf dem Haupt einen Kronreif mit hellem Stern in der Mitte über der Stirn. Dieser Prophet befiel ihm zu folgen. Er hat hierbei ganz seltsame Gefühle; denn er merkt, daß die Wand des Zimmers für ihn keine Schranke bildet. Die beiden gehen ungehindert ihren Weg, bis er plötzlich sieht, daß er sich mit seinem Begleiter inmitten einer wunderbar schönen Landschaft befindet. Er weiß nicht, wie er dahin gekommen ist, vielmehr scheint es ihm, als hätte er fast plötzlich die Umgebung der Erde mit einem außerirdischen Bereich vertauscht. Und er beschreibt nun diese prachtvolle Landschaft. Er stellt fest, daß mit außergewöhnlicher Leichtigkeit sein bloßer Wille ihn dahinträgt mit einer eigentümlich gleitenden Bewegung. Er findet in einer kleinen Hütte seine Großmutter – und zwar ganz so, wie er sich ihrer erinnert, nur in einem langen, reinen Gewand mit einem dunkelroten Gürtel und einem verklärten Gesicht. Doch er und der Prophet eilen weiter, aber was dann folgt, entschwindet seiner Erinnerung. Er entdeckt sich wieder am Schreibtisch. Auch in völlig profanen Träumen erleben Menschen, wie Mattiesen bereits zu Beginn also unseres Jahrhunderts bemerkt, eine typische Exkursion der eben genannten Art, wodurch sie zu einem Ort der Seligen und einer Begegnung mit den Verstorbenen gelangen.[110] Beizufügen ist, daß die Seelenreise durch Himmel und Hölle außerordentlich weitgespannt und intensiv untersucht wurde. «Gegeben ein beschränkt-astronomisches Weltbild von der Art des babylonischen, gegeben die Vorstellung von der Seele, ihrer Verstrickung im Leibe, ihrer Erlösung als Befreiung vom Leibe, wie sie schon früh z. B. die altpersische Religion entwickelt hatte, so ergab sich leicht die Vorstellung nicht nur einer Abwanderung der im Tode befreiten Seele nach irgendwelchen der himmlischen Örtlichkeiten – Sonne, Mond, Planetensphären oder was sonst –, sondern auch die eines gelegentlichen Ausfluges der während des Lebens ekstatisch dem Leibe entwundenen Seele nach jenen Örtlichkeiten.»[111] Sehr alte Überlieferungen dieser jenseitigen Orte erinnern bereits ganz stark an neuere, daß die Annahme der Vererbung und Wanderung von Vorstellungen sich aufdrängt.

Mattiesen legt abschließend den Finger darauf, daß mystische Einsichten sich größtenteils mit Bezirken der übersinnlichen Welt befassen, ja, daß sie beanspruchen, vielfach geradenwegs in die Tiefe der Gottheit zu dringen, sowie in Gebiete, die zwischen dieser und der Welt der Toten sich erstrecken sollen. «Und doch läßt sich nicht verkennen, daß die Anschauungen, die sich [...] aufgedrängt haben, nicht unfruchtbar auch bezüglich dieser ferner liegenden Mysterien sind; daß sie in der Tat ein unverkennbares Entgegenkommen bekunden gegenüber dem, was man etwa – mit einer Weitherzigkeit des Begriffs – als die mystische Weltanschauung aller Zeiten bezeichnen könnte.»[112]

Es ist die Grundlehre der Mystik, daß die Welt des bewußt Lebenden zuinnerst eine Einheit ist, daß ein Wesen, ein Leben, ein Bewußtsein letzten Endes alles umfasse: die un- oder überpersönliche Gottheit jenseits aller Götter, die die Welt umschließt, die Welt aus sich heraustreten läßt und sie wiederum in sich hineinnimmt. Dem Mystiker geht es um dieses Gegründetsein alles einzelnen in der Gottheit, das sich aber weiter ausdrückt in einem metaphysischen Stufenbau der Welt, in der Tatsache, daß die Welten ihrem metaphysischen Status nach der Gottheit näher oder ferner sind oder auf verschiedenen metaphysischen Niveaus stehen. Daraus läßt sich die Folgerung ableiten, daß alle Wesen letztlich in Gott wurzeln; selbst diejenigen, die Gott ganz ferne stehen, sind in ihren Wurzeln in die Gottheit versenkt.

Fragen wir nach einer Darlegung der *unio mystica*, so findet sich bei Mattiesen ein entsprechendes Kapitel. Der Mystiker taucht in den letzten Abgrund, in die göttliche Nacht, er bemerkt das Urlicht, die stille Wüste der Gottheit. Mattiesen hebt hervor, daß der Psychologe zu seiner Zeit das, was der Mystiker über sein Erleben berichtet, als ein reines Gefühlserlebnis qualifiziert, das höchstens von einer dumpfen Lichtempfindung getragen ist.

6. 4 New Age
Denken des Ganzen

New Age, das Neue Zeitalter, lebt von der Überzeugung, daß die Menschheit an einem Wendepunkt steht. Ihr zukünftiges Leben wird davon abhängen, ob sie sich als fähig erweist, ein neues Bewußtsein bis in feinste Verästelungen zu formieren. New Age darf man als Begriff gleichsetzen mit diesem Bewußtsein. Es ist auf das Ganze ausgerichtet, von materiellen Interessen hinübergetreten zu einer neuen, im Grunde freilich uralten Spiritualität, es ist beweglich und innovativ, ja stets kooperativ und intuitiv. Es ist das Bewußtsein, das für das Wassermannzeitalter als charakteristisch gilt.

Wir haben über New Age eine ausgebreitete Literatur und kritische Diskussion, die wir nicht nachzeichnen müssen, da ja nur Hinweise auf Jenseitiges bzw. Jenseitsvorstellungen gefragt sind.

Eine Schlüsselaussage für das Denken im New Age stellt die Kritik an der Philosophie des René Descartes dar, der die Unterscheidung zwischen dem Menschen als einem Geistwesen (res cogitans) und der Materie (res extensa) vorgenommen hat. In der Kritik der New-Age-Anhänger ist diese Unterscheidung die Ursünde im Sinne einer Preisgabe, ja einer alles zerstörenden Verachtung der Natur. So werden alle heutigen Probleme der Umweltzerstörung dem descartesschen Denken angelastet.

Was New Age verabschieden möchte, ist neuzeitliches Denken, das Welt und Mensch als determinierte kosmische Maschine betrachtet. Ein kausal-mechanistisches Weltbild, in das ein monarchischer Gott, der die Welt von oben regiert und als christlich deklariert wird, hineinpasst, haben wir zu verabschieden. Der Gott des Christentums als Schöpfer der

Welt gerät in kritische Überlegungen, die einen radikalen Abschied von ihm fordern. New Age steht für den sogenannten Paradigmenwechsel. Während man dem von Descartes und Newton inaugurierten Weltbild falsche Objektivierung und gesetzliche Starre anlastet, findet man nun – so sagen es die New Age-Denker – lebendige Wechselbeziehungen aller Teile in einem harmonischen Ganzen. Alles, was ist und geschieht, ist Teil eines Ganzen. Das Ganze in umfassendem Wechselspiel und lebendigem internen Bezugssystem wird zum neuen Denkmuster. Es ermöglicht, Vorstellung und Erfahrungen miteinander zu einer zunächst verborgenen Einheit zu verbinden.

Fritjof Capra

An diesem Punkt setzt der bekannte, für New Age erfolgreich operierende Fritjof Capra ein. In seiner Sicht bildet das physikalische Denkmuster den naturwissenschaftlichen Beweis für eine religiöse Überhöhung des Gesamtzusammenhangs. Religiöse Offenbarungsinhalte und überkommene Jenseitsvorstellungen, namentlich wie die des Christentums, rücken in den Bereich des Partiellen und Vorläufigen. Was sich an Aussagen findet in den überkommenen Religionen und namentlich im Christentum, ist mit einer neuen Sicht als Chiffre zu interpretieren. Capra findet auf der Suche nach zeitloser Erfahrung des gesuchten Ganzen die Antwort in fernöstlicher Mystik. Deshalb der Titel des ersten Buches, mit dem er berühmt wurde: Das Tao der Physik.[113] Östliche Religiosität dient Capra dazu, harmonisierende Ausgliederung und Vergliederung von Teilphänomenen im Blick auf ein Ganzes zu vermitteln: In Gestalt östlicher Meditationserfahrung sollen sich Wissenschaft und New Age die Hand reichen. Capra sagt in seinem zweiten Buch «Wendezeit»: «Eine wachsende Zahl von Wissenschaftlern ist sich dessen bewußt, daß mystisches Denken einen stimmigen und relevanten philosophischen Hintergrund für die Theorien der zeitgenössischen Wissenschaft liefert, für eine Vorstellung von der Welt, in der die wissenschaftlichen Entdeckungen von Männern und Frauen in vollkommener Harmonie mit ihren spirituellen Zielen und religiösen Glaubensvorstellungen sein können.»[114]

New Age postuliert, daß der Mensch sich selbst wahrnimmt, seine bislang verborgenen Seiten und seine Ganzheit entdeckt. Dazu werden Erfahrungen einbezogen, die geeignet sind, einen Transformationsprozeß einzuleiten. Hier öffnet sich der Bereich, wo wir – sehr gezielt – Nachforschungen im Blick auf unsere spezielle Thematik anstellen können.

Gibt es einen Transcensus ins Jenseits? Ist für den Anhänger des New Age ein solcher Übergang in ein Anderes, ein Weitergehen bereits im diesseitigen Leben und in der nachtodlichen Sphäre nicht nur denkbar, sondern gewiß?

Verwandlung unseres Menschseins im Sinne angedeuteter Transformation kann als Einkehr in die Welt der Träume beschrieben werden und als neues Auftauchen aus tiefen Schichten des Geheimnisvollen. Was als zu übende Eigenschaft angesprochen wird, ist eine neue Aufmerksamkeit. Sie soll dem Zustand vergleichbar sein, der das Erwachen aus dem Traum verbindet. Quellgründe des Unbewußten, als Reservoir für heilsame menschliche Verwandlungen dienend, sind zu aktivieren. Kann man das alte Dasein mit dem Bild des Gefängnisses beschreiben, so ist neues Dasein ein Erwachen, Ausbrechen, ein Überstieg – aber nun nicht mehr bloß in eine neue Sichtweise, sondern eine durchgängig, somit ganzheitlich neue Existenz. Von daher darf man vermuten, daß dieser in New Age thematisierte Transcensus auch einen Transcensus in Jenseitiges meint.

Fritjof Capra hat in seinem genannten Buch «Wendezeit» im Kapitel «Reisen jenseits von Zeit und Raum» den amerikanischen Psychologen Ken Wilber als charakteristisch für die von uns zu verfolgende Intention referiert. Ich beziehe mich deshalb im folgenden direkt auf Capra und seine Darstellung bzw. Auslegung der Arbeit von Ken Wilber.

Ken Wilber

Die Psychologie von Ken Wilber vereinigt zahlreiche westliche und östliche Methoden in einer Reihe psychologischer Modelle und Theorien, womit er das Spektrum menschlichen Bewußtseins zu reflektieren versucht. Man kann beginnen bei einer höchsten Identität kosmischen Bewußtseins bis hinunter zu gänzlich verengter Identität des kleinen Ego. Die Fülle der Nuancen und graduellen Abweichungen erscheint enorm. Wichtig ist, daß keine exakt nachzuzeichnende Stufenleiter vorliegt, sondern ein fließendes Übergehen von einem in das andere. Für den Betrachter ist dennoch deutlich, daß sich eine Anzahl von Bewußtseinszuständen in diesem Spektrum von oben nach unten oder unten nach oben zeigen. Wilber unterscheidet vier Ebenen: die Egoebene, die biosoziale Ebene, die existentielle Ebene und die transpersonale Ebene. Schon jetzt deutet sich an, daß man auf der letzten Ebene, die das Personale transzendiert, so etwas wie die Startrampe für mögliche Jenseitsreisen zu suchen hat. Aus diesem Grunde handeln wir die ersten drei Ebenen in äußerster Kürze ab.

Auf der Egoebene ist der Mensch fixiert auf sich selbst bzw. das Bild, das er sich selbst von seinem Dasein entwirft. Der Mensch ist gespalten: Er betrachtet seinen Körper von einer angeblichen Position des Geistes aus und versucht von der letzteren her den Körper mit seinen Möglichkeiten in Griff zu bekommen.

Die nächste Bewußtseinsebene, die biosoziale, repräsentiert die soziale Umwelt eines Menschen. Sie ist mitverantwortlich für das Identitätsgefühl des Betreffenden. Solche Zusammenhänge wurden von Sozialwissenschaftlern, Anthropologen und Psychologen in hohem Maße erforscht.

Die existentielle Ebene, die dritte somit, ist diejenige des ganzen Organismus. Sie charakterisiert sich durch ein Identitätsgefühl, zu dem die Erfahrung des ganzen Geist-Körper-Systems als eines integrierten, sich selbst organisierenden Ganzen gehört. Die Psychologie, die hier ansetzt und sich humanistisch nennt, möchte das mit diesem Identitätsgefühl verbundene Selbstwissen des Menschen zu durchdringen versuchen, um den Dualismus von Geist und Körper zu überwinden. Aber, so läßt Capra wissen,[115] der Dualismus von Subjekt und Objekt oder des Selbst gegenüber dem Anderen sowie der von Leben und Tod bleiben bestehen. Somit dürfte klar sein, daß der Übergang in ein Jenseits auf dieser Stufe, mag sie noch so fortschrittlich erscheinen, in der Sicht von New Age nicht möglich ist. Es kommt an auf den Übergang in einen kosmischen Zusammenhang, in dem die individuellen existentiellen Probleme angegangen und gelöst werden können. Capra sagt: «Eine solche Bewußtheit entsteht erst auf der transpersonalen Bewußtseinsebene.»[116]

Auf der vierten Stufe, der transpersonalen, geschieht eine Ausweitung des Bewußtseins über konventionelle Grenzen des Organismus hinaus und die Konstitution eines dementsprechend umfassenderen Identitätsgefühls. Hierzu sind auch Wahrnehmungen der Umwelt und der ihr zuzurechnenden Gegebenheiten zu stellen, die die gewöhnlichen Grenzen sinnlicher Wahrnehmung transzendieren. «Die transpersonale Ebene ist die Ebene des kollektiven Unbewußten und der damit verbundenen Phänomene, wie es in der Jungschen Psychologie beschrieben wird. Es ist eine Art des Bewußtseins, in der das Individuum sich mit dem Kosmos als Ganzem verbunden fühlt und die so mit dem traditionellen Begriff des transzendenten menschlichen Geistes identifiziert werden können. Diese Art des Bewußtseins transzendiert oft den logischen Verstand und die intellektuelle Analyse und nähert sich der unmittelbaren mystischen Erfahrung der Wirklichkeit an.»[117]

In diesem Kontext findet sich ein Hinweis auf den Mythos, den Capra selbst nicht gemacht, sondern von dem Inder Ananda Coomaraswami übernommen hat. In mythischen Bildern – wir fügen hinzu: des Jenseitigen, der Jenseitswelten – geschieht die größte Annäherung an die absolute Wahrheit. Was soll das bedeuten? Es ist die Sprache der Mythologie, die ihre eigenen Begriffe kennt, aber nicht mit Rational-Logischem im überkommenen Verstand abendländischen Denkens identifiziert werden darf. Der Logos des Mythos erlaubt eine Annäherung, ja einen Überstieg in die andere Wirklichkeit, wir sagen jetzt: das Jenseits zu vollziehen.

Für Capra ist entscheidend, daß dieses ganze Bewußtseinsspektrum am Ende die Person in ihrer Konturiertheit übersteigt, somit transpersonal wird und den Übertritt auf die Ebene des kosmischen Bewußtseins vorbereitet. Auf dieser Ebene kann man sich mit dem Universum identifizieren. Der Mensch wird eins mit dem Universum, was wohl zwangsläufig bedeutet, daß er Diesseits und Jenseits, Immanenz und Transzendenz in einer neuen Sicht, in einer eigentümlichen Verschlungenheit, hier und jetzt erlebt. Es handelt sich nicht nur um ein gefühlsmäßig und somit subjektiv garantiertes Erleben, sondern um Erkennen der transpersonalen Ebenen, auch mit einem Anspruch auf neue Wissenschaftlichkeit. «Die Ebene des Kosmischen Bewußtseins zu erreichen war seit jeher das alles überragende Bestreben der spirituellen oder mystischen Traditionen, im Osten wie im Westen. Obwohl viele dieser Überlieferungen sich der anderen Ebene durchaus bewußt waren und sehr oft in allen Einzelheiten dargestellt haben, betonen sie jedoch stets, daß die mit allen anderen Bewußtseinsebenen assoziierten Identitäten illusorisch sind, ausgenommen die allerhöchste Ebene des Kosmischen Bewußtseins, auf der man seine allerhöchste Identität findet.»[118]

Stanislav Grof

Capra verweist im Anschluß an diese Bemerkungen auf die Arbeit des Therapeuten Stanislav Grof. Wir können nur knappste Ergänzungen anbringen. Grof hat sich mit Fragen der perinatalen Erfahrung befaßt und eine Vielfalt reichhaltiger wie komplexer Erfahrungsmuster im Zusammenhang der biologischen Geburt aufgewiesen. Zu dieser Erfahrung gehört ein Wiedererleben verschiedener Stadien der eigenen Geburt: die heitere Seligkeit der Existenz im Mutterleib in Urverbundenheit mit der Mutter, aber auch die Störungen dieses friedlichen Zustandes durch toxische Chemikalien und Muskelanspannungen; es gehören dazu die scheinbar ausweglose Situation im ersten Stadium der Geburtswehen, wenn der Muttermund noch geschlossen ist, während die Kontraktionen der Gebärmutter den Fötus bedrängen, wobei sich eine von starkem physischen Unbehagen begleitete Klaustrophobie einstellt. Dann geschieht das Hindurchdrängen durch den Geburtskanal mit einem gewaltigen Kampf ums Überleben unter oft fast erstickendem Druck. Dann kommt die plötzliche Befreiung und Entspannung, der erste Atemzug und das Abschneiden der Nabelschnur, das die physische Trennung von der Mutter vollendet.

Grof ist der Ansicht, daß diese Empfindungen und Gefühle nochmals auftauchen in der Form symbolischer Erfahrungen. Er sieht Geburtswehen einer neuen Zeit in Visionen fürchterlicher Kampfszenen, Naturkatastrophen, Bildern von Zerstörung und Selbstzerstörung. So ist der besonders auffallende Aspekt im perinatalen Bereich die Koppelung von Geburt und Tod. Begegnung mit Leiden und Kampf und Auslöschung aller vorherigen Bezugspunkte beim Geburtsvorgang kommen der Erfahrung des Todes derart nahe, daß Grof dieses Phänomen als Tod-Wiedergeburt-Erfahrung bezeichnet. Sie geschieht als eine äußerste existentielle Krise. Grof kann sagen, Geburt und Tod scheinen das A und O menschlicher Existenz zu sein. Wichtig ist der Charakter, die Tönung in der Begegnung mit Geburt und Tod. Die Menschen, die diese Erfahrung machen, sehen sich gezwungen, den Sinn ihres Lebens neu zu überdenken und ihrem bisherigen Leben inhärente Wertvorstellungen zu überprüfen. Welche Ambitionen in welchen Situationen, welche materiellen und gesellschaftlichen Ziele habe ich angestrebt und strebe ich heute noch an? Ist es Macht und nur Macht und mit ihr gekoppelt materieller Besitz? Auf dem Hintergrund genannter

Erfahrungen wird alles durch und durch nichtig, nämlich wenn man es vor dem Hintergrund des eventuell nahe bevorstehenden Todes und eines mit ihm verbundenen Übertritts in ein Anderes sieht.

Bei diesem Überstieg in das Transpersonale, wozu nach Grof die angedeutete perinatale Erfahrung gehört, geht es um Verlassen der irdisch gegebenen bis in alle Details fixierten Lebenssphäre. Es ist der Überstieg in ein Meer des Unbewußten, des Chaotischen auch, das aber nicht mehr als das Angstmachende auftritt. «Transpersonale Erfahrungen scheinen tiefe Einsichten in das Wesen und die Bedeutung der spirituellen Dimension des Unbewußten zu gewähren.»[119]

Für Capra hat das alles zu tun mit dem spirituellen Gehalt einer sich herausbildenden und im Wassermannzeitalter dominierenden ökologischen Weltanschauung. Diese Weltanschauung ist a priori gekoppelt mit der von der Frauenbewegung befürworteten feministischen Spiritualität. «Die feministische Spiritualität beruht auf dem Bewußtsein des Einssein aller lebenden Formen und ihres zyklischen Rhythmus von Geburt und Tod, woraus sich ein Verhalten gegenüber dem Leben ergibt, das zutiefst ökologisch ist. Wie zahlreiche feministische Autoren in jüngster Zeit hervorgehoben haben, scheint das Vorstellungsbild einer weiblichen Gottheit dieser Art von Spiritualität mehr zu verkörpern als das eines männlichen Gottes.»[120] Diese von Frauenseite her artikulierte neue Sicht des Menschseins, die nach Capra und Grof zu tun hat mit dem Übergang, den New Age thematisieren möchte, ist die neue Verfassung menschlichen Bewußtseins, durchlässig für Erfahrungen des Transzendenten in der Immanenz. Wenn es keine ausgearbeiteten Jenseitsvorstellungen in diesem Rahmen gibt, man sich gelegentlich mit Rückgriffen auf Altes und Uraltes zu behelfen versucht, so ist doch die irdische Empfindlichkeit des Menschen derart neu thematisiert, daß man einen Jenseitsbezug in seinem diesseitigen Erleben und Verhalten als konstitutiv setzt.[121]

Der Weg nach innen, von dem wir ausgegangen sind, ist zugleich der Weg in ein Anderes, in ein jenseitiges Feld. Man kann hier auf die Wege nach innen verweisen, die bei den Mystikern in besonderem Belang stehen. Es ist wohl auch kein Zufall, daß Mystik als zentrale Form religiösen Erlebens und Verhaltens sich als Kernzone aller Religion mit diesen Vorzeichen weiblichen Denkens und Empfindens verbindet. Nicht umsonst sind in unseren Betrachtungen heute nicht nur die Mystiker, sondern die Mystikerinnen des Mittelalters Feld hohen Interesses.[122]

6.5 Ufos – die Religion von den Planetariern
Bewohner anderer Gestirne und ihre Geschichte

Die Anhänger der Ufo-Religion erzählen von Bewohnern anderer Planeten, worauf sich irdisches Heilsverlangen richtet. Ufos, unbekannte Flugkörper, haben interplanetarische Reichweite; ihre Besatzungen nähern sich aus anderen, höheren Gestirnen. Diese neue Religion entfaltet sich in den letzten Jahrzehnten auf der ganzen Erde mit bemerkenswertem Erfolg.[123]

Carl Gustav Jung interpretiert diese Phänomene als Hinweis auf tiefreichende Spannungen im Kulturkontext der Gegenwart. Im Ufomythos antwortet das kollektive Unbewußte auf reale Gefahren, die von der technischen Zivilisation ausgehen.[124]

Nach traditionellem Weltbild (Erde im Mittelpunkt des Weltalls) fungiert ein Gott als Schöpfer. Er ist besorgt um das Heil der Menschen. Indem er dies realisiert, vollendet sich auch das Werk seiner ganzen Schöpfung. Ein zentrales Ereignis der Schöpfung unserer Erde und der Erlösung aller Menschen fällt in der Neuzeit dahin. Der Planet Erde erweist sich als Winzling inmitten einer großen Zahl von Sonnensystemen und Milchstraßen.

Es gibt den Himmel und die Welt der Engel nicht mehr, dafür stehen Systeme zu erforschender Welten, die ihre eigenen Erden und Planeten in unbekannten Sonnensystemen haben. Seit dem 16. Jahrhundert sagen Astronomen, Naturforscher und Theologen, daß Bewohner anderer Gestirne möglicherweise viel höhere Stufen geistigen Lebens und der Erkenntnis erlangen als wir Menschen auf dieser Erde.

Friedrich Christoph Oetinger möchte naturwissenschaftliche Sichtweisen mit traditioneller christlicher Doktrin über den Kosmos und altbekannte eschatologische Erwartungen zusammendenken.[125] Seine Rede von Planetenbewohnern bewirkt eine bedeutsame Umbildung pietistischer Endzeiterwartungen und Jenseitsvorstellungen.[126]

Auch Astronomen sind, wie Ernst Benz gezeigt hat, beteiligt. Christian Huygens zum Beispiel bezieht sich in seinen Reflexionen über Außerirdische auf Nikolaus Cusanus, Giordano Bruno, Johannes Kepler, Tycho de Brahe und Bernard Fontenelle, weil alle von möglichen Bewohnern auf anderen Planeten gesprochen haben.[127] Fontenelle vertritt eine bestimmte Anschauung von der Gestalt, den geistigen und den leiblichen Eigenschaften der Außerirdischen. Sie besitzen höhere Gaben und Fähigkeiten als die Menschen. Fontenelle spricht auch davon, daß sich solche Planetenbewohner in ihrer äußeren Gestalt von Menschen auf dieser Erde unterscheiden.[128]

Immanuel Kants «Allgemeine Naturgeschichte und Theorie des Himmels» (1755) handelt im dritten Teil von den Planetenbewohnern.[129] Kants Text war sehr erfolgreich – wissenschaftlich wie in Sachen der Religion. Sogar die Frage nach einer Ethik der Planetenbewohner ist gestellt.

«Wer ist so kühn, eine Beantwortung der Frage zu wagen: ob die Sünde ihre Herrschaft auch in den anderen Kugeln des Weltbaus ausübe, oder ob die Tugend daselbst allein ihr Regiment aufgeschlagen.»[130] Im Kosmos ist ein bestimmter Zustand erforderlich, um unsere Freiheit, die wählen kann zwischen Gut und Böse, zu garantieren. Diese Freiheit setzt Kant in einen Konnex mit der Anziehungskraft: «Wer weiß, sind also die Bewohner jener entfernten Weltkörper nicht zu erhaben und zu weise, um sich bis zu der Torheit, die in der Sünde steckt, herabzulassen, diejenigen aber, die in den unteren Planeten wohnen, zu fest an die Materie geheftet und mit gar zu geringen Fähigkeiten des Geistes versehen, um die Verantwortung ihrer Handlungen vor dem Richterstuhle der Gerechtigkeit tragen zu dürfen.»[131] «Auf diese Weise wäre die Erde, und vielleicht noch der Mars (als elender Trost, Gefährten des Unglücks zu haben) allein in der gefährlichen Mittelstraße, wo die Versuchungen der sinnlichen Reizungen gegen die Oberherrschaft des Geistes ein starkes Vermögen zur Verleitung haben.»[132]

«Sollte die unsterbliche Seele wohl in der ganzen Unendlichkeit ihrer künftigen Dauer, die das Grab selber nicht unterbricht, an diesen Punkt des Weltraumes, an unsere Erde jederzeit geheftet bleiben? Sollte sie niemals von den übrigen Wundern der Schöpfung eines näheren Anschauens teilhaftig werden? [...] Vielleicht bilden sich darum noch einige Kugeln des Planetensystems aus, um nach vollendetem Ablaufe der Zeit, die unserem Ablauf allhier vorgeschrieben ist, uns in anderen Himmeln neue Wohnplätze zu bereiten. Wer weiß, laufen nicht jene Trabanten um die Jupiter, um uns dereinst zu leuchten?»[133]

Der Tod ermöglicht den Menschen auf dieser Erde eine neue Chance zur Entfaltung der Persönlichkeit – und zwar auf höheren Ebenen des Universums. Das ganze Universum ist eine Schule der Geister. Der Mensch als Geistwesen kann aufsteigen und sich vervollkommnen.

Raumfahrt: die neue Epoche
Ein solches Denken, das die Pluralität der Welten thematisiert und andere Planeten in anderen Sonnensystemen sowie die Existenz reiferer Bewohner dieser oberen Welt kennt, erfuhr Aktualisierungen in den Anfängen der Raumfahrt.[134]

Die Landung Außerirdischer ist bereits als Gedanke von Angst und Hoffnung begleitet.[135]

Am 7. Juli 1947 soll in New Mexico ein toter Außerirdischer geborgen worden sein, dessen Photographie eine russische Testpilotin, Dr. Marina Popovich, dem Esoterikforscher Johannes von Buttlar übergibt.[136]

Einen neuen Schock bewirkt 1952 das Buch D. E. Keyhoes «Flying Saucers from outer space» (dt. «Der Weltraum rückt uns näher»). Dieser pensionierte Major hat Schilderungen über Ufos untersucht. Im einzelnen möchte er zeigen, daß natürliche Erklärungen nicht stimmen. Berichte über Ufos lassen nur eine Schlußfolgerung zu. Es sind interplanetarische Fahrzeuge, geschickt von anderen Planeten.[137]

Unerbittlich inszeniert die Menschheit ihre Selbstzerstörung und die ihres Lebensraumes. Das Auftreten der Planetarier beinhaltet doppelten Zweck: die Erde mit einem Strahlengürtel zu umgeben, der verhindern soll, daß das zu erwartende atomare Unglück nicht auch andere Gestirne tangiert. Sodann soll sich eine auserwählte Gemeinde formieren. Sie darf in einer interplanetaren Arche Noah auf einen besseren Stern entschwinden.

Immer wieder findet sich auch die Behauptung, die Geister anderer Planeten, die in spiritistischen Sitzungen der Ufogläubigen als Urheber von Botschaften und Offenbarungen auftreten, seien identisch mit Jesus Christus. Am Ende wird jede kosmisch-religiöse Phantasie als Offenbarung Christi ausgeben, um die biblische Offenbarung zu erweitern. Die Menschen als Gläubige blieben trotz Enttäuschungen beieinander. Der angekündigte Weltuntergang wird auch, wie von anderen religiösen Sekten, als aufgeschoben deklariert. Gott läßt noch einmal über dieser Erde seine Gnade walten.[138]

Rael – ein neuer Führer

Wir verfolgen nun Grundaussagen der Außerirdischen, die Claude Vorilhon – genannt Rael, in jüngster Zeit erfolgreich repetiert. Rael ist mit seinem Wagen in eine einsame Gegend in der Nähe von Clermont-Ferrand gefahren, um zu laufen. «Plötzlich nahm ich in dem dichten Nebel ein rotes Blinklicht wahr, dann eine Art Helikopter, der geradewegs auf mich zukam. Aber ein Helikopter macht Lärm, da jedoch hörte ich überhaupt nichts, auch nicht das leiseste Pfeifen. Ein Ballon? Das Flugobjekt befand sich jetzt etwa 20 Meter über dem Boden, und ich stellte fest, daß es von abgeflachter Form war. Eine fliegende Untertasse! Ich hatte schon immer fest daran geglaubt, aber nie zu hoffen gewagt, je selbst eine zu Gesicht zu bekommen. Ihr Durchmesser betrug etwa sieben Meter, unten war sie flach, auf der Oberseite kegelförmig und etwa zwei Meter fünfzig hoch. An der Unterseite blinkte ein grellrotes Licht und auf der Spitze von Zeit zu Zeit ein weißes, das an das Blitzlicht eines Photoapparates erinnerte. Dieses weiße Licht war so stark, daß ich es nur blinzelnd betrachten konnte. Der Flugkörper sank lautlos weiter herab und hielt zwei Meter über dem Boden an. Ich war wie versteinert und blieb reglos stehen. Ich empfand jedoch keine Angst, sondern war hocherfreut, einen solchen Augenblick zu erleben. Ich bereute bitter, keinen Photoapparat bei mir zu haben. Dann geschah das Unglaubliche: Eine Klappe öffnete sich an der Unterseite des Raumfahrzeuges und eine Art Treppe entfaltete sich bis zum Boden. Mir war klar, daß nun ein Wesen herauskommen wird und ich fragte mich, wie es wohl aussehen würde.

Es erschienen zwei Füße, dann zwei Beine, was mich etwas beruhigte, denn wahrscheinlich würde ich es mit Menschen zu tun haben. Das, was ich zuerst für ein Kind hielt, erschien schließlich ganz, stieg aus und kam geradewegs auf mich zu. Ich erkannte, daß es trotz seiner Körpergröße von etwa einem Meter zwanzig kein Kind mehr war. Der Fremde hatte leicht mandelförmige Augen, langes, dunkles Haar und einen kleinen schwarzen Bart. Etwa zehn Meter vor mir blieb er stehen. Ich hatte mich immer noch nicht bewegt. Er trug einen grünen einteiligen Raumanzug, der den ganzen Körper umschloß, und obwohl sein Kopf frei zu sein schien, war dieser von einem merkwürdigen Lichthof umgeben, als ob die Luft um sein Gesicht herum leicht glänzen und flimmern würde. Es sah aus wie ein unsichtbarer Helm, wie ein zarte, kaum sichtbare Blase.

Seine Haut war weiß, mit einem leichten Stich ins Grüne, wie bei einem Leberkranken. Er lächelte mir leicht zu. Ich dachte, daß es das beste wäre, das Lächeln zu erwidern. Unruhig lächelte ich ebenfalls und nickte leicht zum Zeichen der Begrüßung. Er antwortete mit demselben Zeichen.»[139] Der außerirdische Partner spricht alle Sprachen der Welt. Er teilt mit, daß er oft schon auf der Erde gewesen sei. Heute sei sein Anliegen, ihn, Claude Vorilhon, direkt anzusprechen. Seit langem werde er von den Außerirdischen beobachtet, um als Träger ihrer Botschaft unter den Menschen eine bestimmte Aufgabe zu übernehmen.

Claude Vorilhon wird eingeladen, die Maschine zu betreten. «Ich folgte ihm und stieg die kleine Treppe unterhalb des Fluggerätes hinauf. Aus der Nähe betrachtet, glich dieses ein wenig einer flachen Glocke mit einem geschlossenen und leicht gewölbten Unterteil. Im Innern befanden sich zwei einander gegenüberstehende Sessel. Die Temperatur war angenehm, trotz des offenen Eingangs. Es gab keine Lampen, jedoch natürliches Licht, das von überall her zu kommen schien. Ich sah auch keine Bordinstrumente, die an das Cockpit eines Flugzeuges erinnert hätten. Der Boden bestand aus einer leicht bläulichen funkelnden Legierung. Nachdem ich mich im größeren, aber niedrigeren der Sessel, der aus einem farblosen, leicht durchsichtigen und sehr bequemen Material angefertigt war, niedergelassen hatte, richtete sich der kleine Mann mir gegenüber im kleineren, aber höheren Sessel ein, so daß unsere Augen sich auf gleicher Höhe befanden. Dann berührte er eine Stelle an der Wand, worauf der Flugapparat durchsichtig wurde, mit Ausnahme des Bodens und des obersten Teiles. Wir waren wie im Freien, doch es war angenehm warm. Er schlug mir vor, meinen Mantel auszuziehen, was ich auch tat.»[140] Das Gespräch betrifft ideologische Hintergründe, d. h. die Wahrheit der Botschaft der Außerirdischen. Die Bibel mit ihren Themen wie Schöpfung, Sintflut, Turm von Babel, Sodom und Gomorrha, das Opfer Abrahams findet eine Beachtung, um freilich in den Dienst einer Ideologie der Außerirdischen gestellt zu werden. Am Ende ist die Rede vom Untergang der Kirche, von ihren Fehlern und vom Ursprung aller Religionen. Als eine Krankheit des Weltalls wird der Mensch dargestellt, von der es aber eine Genesung gibt, wenn die Vermittlung des seit 25 000 Jahren gewonnenen Wissens der Außerirdischen an die Adresse der Irdischen geschieht. Die Außerirdischen schufen die Menschen; die Außerirdischen bezeichnen sich mit einem biblischen Begriff als die Elohim. Die Außerirdischen als Schöpfer des Lebens auf der Erde, das sich selbst zu zerstören droht, vermitteln einen Wissensinput, der dem Menschen gestatten dürfte, neues und besseres Leben zu schaffen. Die Außerirdischen haben keine Religion, wie sie bei den Menschen auf Erden sich immer wieder bildet. Ihre einzige Religion ist der Genius. Der Sprecher sagt: «Wir glauben nur daran, und wir lieben ganz besonders die Erinnerung an unsere eigenen Schöpfer, die wir niemehr wiedersahen und deren Welt wir nicht auffinden konnten. Sie müssen untergegangen sein. Sie hatten die Vorsichtsmaßnahme getroffen, ein immenses Raumschiff in eine Umlaufbahn um unseren Planeten zu setzen, der ihr gesamtes Wissen enthielt und der automatisch auf unserem Planeten landete, als ihre Welt zerstört wurde. Wir haben dank ihnen die Nachfolge angetreten. Diese Nachfolge, die wir gerne von der Erde angetreten sehen möchten.»[141] Die Außerirdischen haben eine Qualität, die man als Unsterblichkeit bezeichnen könnte; sie leben zehnmal länger als die Irdischen.

Auch über das Leben auf dem anderen Planeten wird einiges mitgeteilt. Die Arbeit, die dort geschieht, ist eine geistige. Der Wissensstand, den die Außerirdischen erreicht haben, erlaubt es, für alles Roboter zu haben. Man arbeitet nur, wenn man Lust dazu verspürt – und dies nur mit dem Gehirn. Die Außerirdischen haben die Möglichkeit entdeckt, Atome im geschlossenen Kreislauf zu verwenden, so daß eine hochentwickelte Atomenergie unerschöpfliche Quellen für sie erschließt. Sie nutzen Sonnenenergie und andere Energiequellen. Sie verwenden nicht Uran für die Atomreaktoren, sondern viele andere, einfache und ungefährliche Stoffe. Sie machen das, was gefällt: vor allem Liebe. «Wir finden unsere Frauen sehr schön und genießen es auch.»[142] Die Frage nach der Ehe beantwortet sich mit dem Hinweis, daß die Frauen wie die Männer frei sind. «Es gibt auch Paare, und die als Paar leben wollen, können dies tun, aber sie können jederzeit ihre Freiheit wieder in Anspruch nehmen. Wir lieben alle einander. Eifersucht gibt es nicht, da jedermann alles haben kann und es Eigentum nicht gibt. Wir kennen keine Kriminalität bei uns, und folglich gibt es weder Gefängnisse noch Polizei, dafür aber viele Ärzte und regelmäßige Geistes-Untersuchungen. Diejenigen, bei denen die kleinste Geistesstörung aufgespürt wird, welche Taten zur Folge haben könnte, die gegen die Freiheit oder das Leben anderer ausgerichtet sind, werden sofort einer Behandlung unterworfen, die sie wieder auf den rechten Weg bringt.»[143]

Der Tageslauf eines Außerirdischen: Er steht in der Frühe auf, badet. Überall gibt es Schwimmbecken. Er frühstückt und tut dann das, wozu er Lust hat. Alle arbeiten, weil sie Lust dazu haben. Geld gibt es nicht. Immer sind es kreative Tätigkeiten, die aus innerer Berufung hervorgehen. Unter den Bewohnern des anderen Planeten findet sich der kleine Kreis der wahrhaft Unsterblichen, die bestimmte Aufträge erfüllen. Sie überwachen die Elektronengehirne und die Computer, die sich mit lebenswichtigen Problemen befassen – wie Energieversorgung, Nahrung, Organisation etc. Sieben Milliarden Bewohner leben auf dem anderen Planeten. Unter ihnen befinden sich siebenhundert Unsterbliche, völlig gesondert von den anderen. Sie haben das Privileg, unsterblich zu sein, aber auch die Pflicht, sich um alles zu kümmern. Von den sieben Milliarden Einwohnern sind nur ungefähr vierzig Millionen Kinder. Erst wenn die Kinder volljährig geworden sind, zwischen achtzehn und einundzwanzig, wird an ihnen die Operation vorgenommen, die ihnen eine Lebensspanne von über siebenhundertfünfzig Jahren verleiht. Von diesem Zeitpunkt an können sie Kinder zeugen. Das führt dazu, daß die ältesten Normalbürger der außerirdischen Gesellschaft ihre Nachkommen bis zur fünfzigsten Generation kennen. Etwa eine Million ist in Behandlung; es handelt sich meist um Geisteskranke, die während einer Zeit von sechs Monaten von Ärzten saniert werden. Die Mehrzahl der Menschen interessiert sich für die Künste. Sie malen, bildhauern, musizieren, schreiben, machen Filme, treiben Sport. Ihre Kultur ist insgesamt echte Freizeitkultur. Ihre Städte sind im Durchschnitt von fünfhunderttausend Außerirdischen bewohnt – freilich auf sehr kleinem Raum. In Wirklichkeit ist die Stadt ein riesengroßes Haus, das auf einer Anhöhe liegt und in dessen Innerem die Leute schlafen, sich lieben und auch sonst machen können, was ihnen gefällt. Es sind sogenannte Hausstädte, in allen Richtungen von Sammel-Transportwellen durchzogen. Man schnallt sich einen Gürtel um und begibt sich in den Wellenstrom, der sehr schnell dorthin trägt, wo man hinwill. Die Städte sind würfelartig, um die Landschaft nicht zu zersiedeln, wie das auf der Erde bekanntlich der Fall ist. Wer von den Außerirdischen aufs Land möchte, benötigt nur ganz wenige Sekunden. Viele Aktivitäten gibt es, um Langeweile zu vermeiden. Jeder einzelne kann Werte schaffen und vor den anderen präsentieren. Was immer einer tut, es wird Anerkennung und Diskussion finden. Wer sich waghalsig in Todesgefahr begibt oder sehr gefährliche Sportarten betreibt, darf dies ungescheut tun; denn die Außerirdischen bzw. ihre Mediziner sind in der Lage, jeden Verletzten wieder ins Leben zu rufen. Auch Automobilrennen finden statt und sehr brutale Spiele etwa wie Boxen bei uns oder eine Art Rugby, bei dem alle Schläge erlaubt sind. Das Grundgesetz lautet: Eine äußerst verfeinerte Kultur braucht ihren primitiven Ausgleich. Ständiger Diskurs und eine Wettbewerbs-situation auf allen Gebieten sind üblich, wobei alles äußerst friedlich und in gegenseitigem Einvernehmen geschieht. Das höchste Ziel eines jeden Außerirdischen ist, unter die Unsterblichen aufgenommen zu werden. Die Ältesten im Rate der Unsterblichen sind 25 000 Jahre alt. Derjenige, der mit Rael an jener Stelle in Frankreich spricht, behauptet von sich, er habe bis zum heutigen Tag fünfundzwanzig Körper bewohnt und er sei der erste, mit dem dieser Versuch gemacht wurde, weshalb er auch Vorsitzender der Unsterblichen sei. Er habe selbst die Erschaffung des Lebens auf Erden geleitet!

Nach solchen Mitteilungen verspürt Rael Neugierde, diese jenseitige Welt mit ihren Bewohnern zu besuchen.

Die zweite Vision

Am 31. Juli 1975 hat Rael eine zweite Vision. Mit seiner Gefährtin ist er ins Freie gegangen, um frische Luft zu schnappen. Er sieht ein riesen-großes, aber lautloses Gerät über dem Haus stoßartig umherfliegen, mit unvorstellbarer Geschwindigkeit, dann wieder augenblicklich stillste-hend und sich in etwa fünfhundert Meter Entfernung im Zickzack fort-bewegen. Am 6. August desselben Jahres findet eine Zusammenkunft statt, genau am 30. Jahrestag der Explosion der Bombe von Hiroshima und zugleich dem christlichen Feiertag der Erinnerung an die Verklä-rung Jesu. In dieser Zeit hat sich Rael in einem Hause in jener Gegend niedergelassen, so daß er nun in der Lage ist, bis dorthin zu gelangen, wo noch kein Mensch war.

Am 7. Oktober 1975 um 23 Uhr geht er hinaus und hat erneut eine Vision: «Ich sah einen riesigen Feuerball wie einen Funken hinter den Büschen erscheinen.»[144]

Nun darf er in das Raumschiff steigen, um die Reise ins Jenseits an-zutreten. Das Schiff zittert wenige Sekunden. Rael hat ein Gefühl inten-

Abb. 50: Eduard Meiers Kontakt mit dem Sternenmädchen Semjase, wie der US-Künstler Jim Nicholson ihn sieht. (aus: M. Hesemann, Geheimsache U.F.O.: 411)

siver Kälte, wie wenn sich sein Körper in einen Eisblock verwandeln würde, ja, wie wenn Tausende von Eiskristallen in alle Poren seiner Haut bis ins Mark seiner Knochen eindringen würden. Und dann ist die Landung bereits erfolgt. «Das Gerät stand in einem runden, metallisch aussehenden Raum von etwa fünfzehn Metern Durchmesser und etwa zehn Metern Höhe. Eine Tür öffnete sich, und mein Führer bat mich hineinzugehen und mich ganz auszuziehen, worauf ich weitere Anweisungen erhalten würde.»[145] Anschließend darf Rael baden und gelangt, nachdem er diese Schleusen passiert hat, in einen geräumigen Saal. Dieser Saal ist über verschiedene Ebenen angelegt und hat etwa hundert Meter Durchmesser. Überall stehen Kunstwerke, die Decke bzw. die Kuppel des Saales ist durchsichtig, so daß man den von Sternen übersäten schwarzen Himmel der Nacht bemerken kann.

Nun teilt man ihm mit, daß er eine zweite Botschaft erhalten soll. Auch jetzt hat er nichts bei sich, um Notizen zu machen, doch wird ihm versichert, daß er von nun an ein derartig ausgezeichnetes Gedächtnis habe, um alle Einzelheiten wörtlich bewahren zu können. Wieder ist die Menschheit Thema. Sie erreicht einen Wendepunkt in ihrer Geschichte, die Zukunft hängt nur noch von ihr selbst ab. Der außerirdische Sprecher betont, daß die Menschheit, wenn sie es versteht, ihre Aggressivität gegenüber sich selbst und der Umwelt zu meistern, in das goldene Zeitalter der interplanetarischen Zivilisation mit universellem Glück und universeller Entfaltung eintreten kann. Läßt sich die Menschheit aber zu Gewalt hinreißen, so wird sie sich direkt oder indirekt aus eigener Kraft zerstören.

Rael empfängt Lektionen in Kosmologie, in denen behauptet wird, daß alles im Universum lebendig sei und in Harmonie mit dem unendlich Großen und Kleinen lebe. Die Erde sei lebendig wie alle Planeten, doch für den kleinen Schimmelpilz Menschheit sei es schwer, sich dessen bewußt zu werden wegen der Zeitverschiebung, die auf dem ungeheuren Masse-Unterschied beruht, der es dem Menschen verwehrt, das Pulsieren wahrzunehmen. Um was geht es? Wenn ein Mensch stirbt, dann verliert er im Augenblick des Todes ein paar Gramm an Gewicht. Dabei handelt es sich nur um die Energie, über die jedes Lebewesen verfügt und die sich in jenem Augenblick verflüchtigt.

Die Außerirdischen behaupten entdeckt zu haben, daß es im unendlich Kleinen organisiertes, intelligentes Leben gibt, das bestimmt genauso entwickelt ist, wie wir es sind. Sie haben entdeckt, daß die Sterne und die Planeten Atome eines gigantischen Wesens sind, das bestimmt selbst neugierig andere Sterne betrachtet. Alles ist in allem: In jedem Augenblick entstehen und vergehen in einem Atom z. B. eines menschlichen Armes Millionen von Welten. Welten, die an einen Gott und eine Seele glauben oder nicht glauben. Während ein Jahrtausend vergeht, hat das gigantische Wesen, in dem die Sonne ein einziges Atom nur ist, kaum die Zeit gehabt, einen Schritt zu machen. Die Zeit ist umgekehrt proportional zur Masse oder besser: zur Ebene der Lebensform.

Nach dieser Lektion in theoretischer Hinsicht darf Rael die Landschaft betrachten. «Da konnte ich eine wunderbare, paradiesische Landschaft entdecken, und ich finde keine Worte, um das Entzücken zu beschreiben, das der Anblick riesiger Blumen hervorrief, die eine schöner als die andere, inmitten derer sich unvorstellbare Tiere tummelten, bunt gefiederte Vögel, rosarote und blaue Eichhörnchen mit Teddybärkopf, die in den Zweigen von Bäumen herumkletterten, die gleichzeitig riesige

Früchte und gigantische Blüten trugen. Etwa dreißig Meter vom Raumschiff entfernt erwartete uns eine kleine Gruppe von Elohim, und ich konnte hinter den Bäumen eine Ansammlung von Bauwerken entdecken, die vollkommen der Vegetation angepaßt waren und farbig leuchtenden Muschelschalen glichen. Die Temperatur war sehr mild und die Luft duftete nach tausend Wohlgerüchen exotischer Blumen. Wir gingen in Richtung Gipfel einer Anhöhe, und das Panorama, das sich mir nach und nach eröffnete, war wunderbar. Unzählige Bächlein schlängelten sich durch eine üppig wuchernde Pflanzenwelt, und in der Ferne spiegelte sich ein azurblauer Ozean in der Sonne.

In einer Lichtung angekommen, entdeckte ich mit höchstem Erstaunen eine Gruppe mir ähnlicher Menschen, ich will sagen, Menschen, ähnlich denen, die auf der Erde leben, und keine Elohim. Die meisten waren nackt oder mit bunten Seidentüchern bekleidet. Sie verneigten sich ehrerbietig vor meinen drei Führern, und wir setzten uns alle in Sessel, die anscheinend aus dem Felsen gehauen und mit dicken Fellen ausgekleidet waren, die aber trotz der Wärme immer sehr frisch und angenehm blieben. Männer, die aus einer winzigen Höhle herauskamen, die sich gleich neben uns befand, näherten sich, Tabletts tragend, die sich unter Unmengen von Früchten bogen, gegrillten Fleischsorten, begleitet von Saucen, eine besser als die andere, und Getränken mit unvergeßlichen Aromen. Und die ganze Zeit kauerten hinter jedem Tischgast zwei der Menschen, die die Tabletts trugen, bereit, den geringsten Wunsch der sich Stärkenden zu erfüllen. Diese übrigens äußerten ihre Wünsche, ohne jene zu beachten. Während der Mahlzeit erklang, ich weiß nicht mehr woher, eine wundervolle Musik, und junge Frauen mit eben vollendeten Formen wie die Diener begannen, mit unvergleichlicher Anmut auf dem umliegenden Rasen nackt zu tanzen.»[146]

In diesem Stil werden die Ausführungen fortgesetzt. Es erübrigt sich, weitere Details zu schildern. Rael begegnet beispielsweise einer Neuanfertigung des Jesus Christus. Er trifft andere Berühmtheiten aus dem Menschengeschlecht. Besonders bemerkenswert ist die Roboterisierung, von der auch schon im ersten Begegnungsbericht die Rede ist. Diese Roboter sind keine Maschinen, sondern lebende Wesen mit selisch-geistiger Beschränktheit, so daß es ihnen möglich ist, ohne irgend welche Ansprüche zu stellen, die niedrigsten Arbeiten, die auch in der außerirdischen Welt anfallen, willig und freudig zu übernehmen. Wieder endet die ganze Botschaft damit, daß die Menschheit ermahnt wird, ihre Situation fünf vor zwölf zu überdenken.[147]

Weitere Formen

Die Zahl der Berichte über Begegnungen mit Außerirdischen wächst ins Uferlose. Hier sei nur auf zwei Aspekte verwiesen, die inskünftig zu beachten sind. Neben demjenigen, der eine Ufo-Landung wahrnimmt und allenfalls in Kontakt treten darf mit der Besatzung, findet sich inzwischen auch derjenige, der auf einem anderen Stern geboren wurde und dort heranwuchs. Er ist dazu bestimmt, die irdische Leiblichkeit anzunehmen und uns, die Irdischen, durch seine Ursprungsspiritualität auf ein höheres Niveau zu bringen. Im Hintergrund steht die Überlegung, durch eine andere menschliche Möglichkeit das drohende Unheil auf dem Planeten Erde abzuwenden, besonders die ökologische Krise und die ihr mit Sicherheit folgenden ökologischen Katastrophen. Die Idealwelt solcher Außerplanetarischer wird detailliert dargelegt – mit Geburt, Kindheit, Eltern und deren Zusammenleben sowie der hinter allem stehenden staatlichen Ordnung.

Ein ähnliches Utopia also kündet sich an. Es existiert außerterrestrisch und wird durch Transfer einiger Erfahrener auf die Erde ins Zwischenmenschliche gebracht. Nicht im Großen geschieht der erforderliche Umbruch, sondern nur in der engen Intimsphäre.[148]

Sodann finden wir inzwischen (namentlich in den USA) eine sich mehrende Zahl von Menschen, die von Außerirdischen irgendwann entführt und zu experimentellen Handlungen gebraucht, vielleicht auch mißbraucht wurden. Sie sind ambivalent, haben Angst und Ehrfurcht zugleich, bewundern die Überlegenheit der Außerirdischen, erhoffen von ihnen Hilfe für eine sich selbst zerstörende Menschheit. Aufgrund psychiatrisch geleiteter Rückführungssitzungen ergibt sich ein Gesamtbild, demzufolge der innerpsychische Prozeß Betroffener eine Wendung und Lösung von Lebensproblemen erfährt. Die Vermutung, daß das ganze Geschehen um die Ufos eine psychische Bewältigungsstrategie impliziert, verstärkt sich zusehends.[149]

Damit wäre der seinerzeit erstmaligen und wohl auch erstrangigen Analyse und Beurteilung durch C. G. Jung ein beachtlicher Support erwachsen. Darüber hinaus (Jung hat dies zu seiner Zeit bereits geahnt) scheint sich im Ufo-Phänomen der Wurzelgrund einer religiösen Haltung, die nicht neu, sondern uralt ist, zu manifestieren. Wandlungen religiöser Phänomene, die durch die Tiefenbedürfnisse der anima religiosa in Gang kommen, sind eine entscheidende Charakteristik religiösen Erlebens und Verhaltens. Die Phänomene steigen auf, wandeln sich und zerfallen womöglich, um neuen Phänomenen Platz zu machen. Das Religiöse als ein menschlich Unabdingbares bleibt. Der Mensch vermag die radikale Autonomie wohl zu postulieren, aber nicht zu leben auf der ihm zugemessenen Strecke zwischen Geburt und Tod.[150]

7 Schlußbetrachtung

Mit der Präsentation einer Reihe von Materialien stellt sich die Frage nach dem Gemeinsamen, Übergreifenden und Allgemeinen im Blick auf die Jenseitsvorstellungen.

Jenseitsvorstellungen sind weltweit unter Menschen anzutreffen. Offensichtlich zählen sie nach wie vor zu entscheidenden Bestandteilen der religiösen Systeme, auch wenn modern-kritisches, von der Aufklärung her beeinflußtes Denken dazu beiträgt, daß man diesen Vorstellungen nicht mehr wie ehedem naiv begegnen kann.

Jenseitsvorstellungen als relevanter Part religiöser Systeme sind das eine, das zur Diskussion steht, das andere ist die Religion selbst als begrifflich umfassender einzustufende Größe, so daß man zunächst zu fragen hat, worum es sich handelt, wenn von Religion gesprochen wird. Darüber hinaus ergibt sich eine zweite Frage in speziellem Blick auf die Jenseitsvorstellungen: Welche Bedeutung haben diese für Religion? Ist diese Frage allgemein beantwortbar, oder sind etwa alle Einzelfälle detailliert zu prüfen und auf eine je nur ihnen entsprechende Antwort hin zu betrachten?

Die Situation heute läuft auf permanent deutlicher sich artikulierende Trennungsabsichten von Kirchen und Religion bzw. Religionen hinaus. Die überkommen, in der Sozietät mit besonderen Traditionen und Privilegien ausgestatteten offiziellen Kirchen einerseits und die religiösen Inhalte andererseits werden nicht mehr unbestritten deckungsgleich zueinander in Beziehung gesetzt. Religion scheint sich je länger desto mehr in Bereichen zu dokumentieren, die von den offiziellen Kirchen nicht nur als randständig, sondern manchmal sogar als abwegig, ja sektiererisch bezeichnet werden: Theosophie z. B. oder die New-Age-Strömung, die in den Kirchen nur vereinzelte Ableger gefunden hat. Religion als ein für den Menschen bedeutungsvolles Erleben und Verhalten überschreitet somit die Räume bzw. Institutionen, die als offizielle Vertreter religiöser Erfahrung galten und gelten. Das heißt, Jenseitsvorstellungen stehen nicht mehr in der Verwaltung der offiziellen Kirchen allein, sondern ebenso in einer sich weiter ausdifferenzierenden, ausdehnenden und damit auch immer weniger übersichtlichen Fülle kleinerer Gruppierungen.

Jenseitsvorstellungen haben fraglos, was die Materialien andeuten, mit der Brutalität des Todes zu tun. Weil die letztere auf die Menschen, die überleben und einem Verstorbenen nachtrauern, tiefgreifend und nachhaltig wirkt, ist der Wunsch nach einer über den Tod hinaus möglichen Existenzform und die Lebenden existentiell betreffenden Verbindung durchaus verständlich. Wir sehen, daß z. B. im tibetischen Buddhismus einleuchtend gemacht wird, wie einer auf den Tod hin zu praktizierenden Religiosität ganz besondere Wertigkeit zuzumessen ist. Diese Religiosität findet in einem unablässig das gelebte Leben begleitenden Ritualverhalten und in meditativer Übung ihre Selbstgestaltung. Damit wird auf die brutale Erfahrung des Sterbens hin das Antidotum, Gegenmittel aus religiösen Quellen, gesetzt – und zwar von Anfang an. Leben ist unaufhaltsames Schreiten zum Tode.

Die Jenseitsvorstellungen sind aber auch in der Weise zu diskutieren, daß man ihren produktiven, schöpferischen Charakter nicht verkennt und mißversteht, sondern vielmehr angemessen deutet. Sie dürfen als eine dem Menschen besonders eigene Auseinandersetzung mit seinem Leben und ineins mit seiner eigenen Sterblichkeit gelten.

In diesem Zusammenhang ist nochmals an die religionskritische Arbeit Ludwig Feuerbachs zu denken, dem die Auseinandersetzung mit der Sterblichkeit als Stimulans zur Ausbildung von Jenseitsvorstellungen gilt, wobei freilich für ihn zu bemerken ist, daß es sich im Falle einer solchen Ausbildung immer auch um den Hinweis auf eine irdisch-unbefriedigende, politisch negative Situation handelt. Aus irdischem Elend entsteht das Gottesbild; der in irdischem Elend vegetierende Mensch sehnt sich nach einer besseren Welt jenseits des Todes. So aber verarbeitet er bereits hier und jetzt den unweigerlich auf ihn zulaufenden Tod.

Für Feuerbach ist das Erleben und Verhalten, das Jenseitsvorstellungen produziert, ein aus der menschlichen Psyche allein zu verdeutlichendes. Ob aber die menschliche Psyche im Umgang mit ihren Geschicken diese große und zum Teil überragende Selbstgestaltung auch im Blick auf das jenseitige, nachtodliche Leben besitzt – oder ob ihr hier nicht zu viel an schöpferischer Selbstmächtigkeit zugemessen wird, mag dahingestellt bleiben. Die Religion insgesamt als bloßes Spiel der menschlichen Psyche zur Selbstgestaltung des Menschen in einer veränderlichen und unsicheren Welt zu interpretieren, ist – setzen wir dies als Hypothese – eine wohl eindrücklich akzentuierende, aber doch das Ganze eines religiösen Systems schwerlich erfassende religionskritische Bemühung.

Im Material, das zu präsentieren war, zeichnen sich verschiedene religiöse Existenzformen ab: die in den Stammesreligionen gepflegten, die von den antiken Kulturen über ein weites Feld hin dargelegten Konzepte, die völkerübergreifenden Religionen, unter denen besonders die Weltreligionen zu nennen sind. Die neue Religiosität, von der heute viel die Rede ist, dürfte, sieht man genauer, ihre Grundstruktur, die sich auch in all den vorher genannten Bereichen ohne weiteres aufweisen läßt, ebenfalls als Charakteristikum erzeigen.

Bei den Stammesreligionen ist unverkennbar, daß die jenseitigen Sphären als Gegenwelten und direkte Spiegelbilder erscheinen. Der Übertritt über die Todesschwelle in einen jenseitigen Bereich ist in der Regel nicht abhängig von einem moralisch einwandfreien Verhalten zu Lebzeiten, sondern von politischem und wirtschaftlichem Mächtigsein, das auch die Zurückgebliebenen instandsetzt, mit dem dem Tode folgenden Opfer und rituellen Vollzügen dem auf der Jenseitsreise Befindlichen Sukkurs zu erteilen. Der Gerichtsgedanke ist somit, was seine ethische Relevanz betrifft, schwach ausgebildet.

In den antiken Kulturen und darüber hinaus in den sogenannten Weltreligionen findet sich – das ist ihr Besonderes – der Ansatz und die Ausbildung einer ethischen Beurteilung, die mit dem Schwellenübertritt vom Diesseits zum Jenseits unweigerlich wird. Der Gerichtsgedanke in einer oftmals äußerst scharfen Form wird illustriert und detailliert ausgearbeitet. Besonders zeigt sich dies bei Zarathustra. Wir dürfen hier die von Rudolf Otto in die Diskussion gebrachte Terminologie ohne weiteres beiziehen, wenn im berühmten Buche Ottos «Das Heilige» darauf hingewiesen wird, daß numinose Urerfahrungen das Primäre sind, später erst das ethische Implikat hinzutritt, so daß aus dem religiösen Phänomen das im Titel des Buches visierte Heilige entsteht. Überall dort, wo in dieser Weise, sei es präethisch oder ausgesprochen ethisch prononciert über die Todesschwelle und das, was nach ihr folgt, gesprochen wird, ist vom Menschen mit einer seinem irdischen Dasein entsprechenden Seele die Rede. Eine Seele löst sich von der vergänglichen Leiblichkeit. Der konsequenteste – in diesem Zusammenhang je formulierte – Gedanke ist der von Platon in seinem Sokratesbild als klassisch dargelegte.

Diese Typik, die mit der Seele des Einzelnen und seinem Verhalten hier und jetzt zu tun hat, empfängt eine Verschärfung, wo, wie z. B. in Indien, der Karman-Gedanke und die Reinkarnation das Konzept prägen. Wo der personale Status als solcher nicht mehr das Entscheidende und allein Erhaltenswerte ist, sondern der im Kern zu erfolgende Überschritt des Einzelnen selbst, genannt Atman, auf das allumgreifende Brahman hin, ist die Ethik umfassend integriert. Der religiöse Transcensus mit seiner karmischen Akzentuierung ist das A und O der ganzen Bewegung.

In der modernen Szene finden wir sozusagen alles, was die Religionsgeschichte insgesamt in einer Abfolge der Zeiten uns wissen läßt: das Angebot an religiösen Möglichkeiten ist global und enzyklopädisch.

In religionsphänomenologischer Betrachtung eines solchen speziellen Bereichs wie der Jenseitsvorstellungen ist die Frage nach deren Konstitution unabdingbar. Wie schon angedeutet, müßte man Ludwig Feuerbach als entscheidenden kritischen Konstitutionsforscher im 19. Jahrhundert detailliert beiziehen.

Auch Niklas Luhmann hat mit seiner Systemtheorie und der in ihr für die Religion namhaft gemachten Dualität von Immanenz und Transzendenz einen bedeutsamen Beitrag zur Konstitutionsproblematik geleistet. Zu bemerken ist, daß die Frage nach der Konstitution abhängt von Gegebenheiten, von denen her über eine bestimmte Religion und im speziellen über deren Jenseitsvorstellungen geschrieben wird. So wird z. B. einem Bericht, der aus unmittelbarer Nähe und sprachlicher Intimkenntnis erwächst, eine größere Kreditwürdigkeit zuzumessen sein als den Reflexionen, die ein hiesiger Religionswissenschaftler sicher unter Verwendung vielfältiger Materialien an seinem Schreibtisch vornimmt.

Eine zu revidierende, somit zeitgemäße Phänomenologie der Religion müßte im speziellen Hinblick auf die Jenseitsvorstellungen folgende Frage thematisieren: Was ist das Jenseitsvorstellungen in dieser oder jener Weise Auslösende? Sind es allein Versuche der betreffenden Menschen, ihre Todeserfahrungen zu verarbeiten? Oder sind es über das Gesamte des irdischen Daseins hinausgreifende Bemühungen um einen Übergang in ein Anderes?

Diese Frage vermag man erst dort schärfer zu stellen und auf eine mögliche Beantwortung hin zu diskutieren, wo zuvor eine Betrachtung über den Wert der Jenseitsvorstellungen geboten wurde. Was für ein Wert kommt den Jenseitsvorstellungen für den Einzelmenschen und für eine menschliche Gemeinschaft zu? Braucht eine menschliche Gemeinschaft – sei es eine kleine Gruppe oder eine Weltreligion, wie z. B. der Islam mit seinen besonders farbigen Jenseitsvorstellungen – solche überhaupt? Weshalb ist das Fascinosum eines Weiterlebens nach dem Tode bzw. dessen Möglichkeit derart, daß, in welcher Form auch immer, Jenseitsvorstellungen gewissermaßen unaufhörlich produziert werden? Eine Antwort – vorläufig selbstverständlich – mag so lauten: Menschen erfahren sich in einer Selbstkonstitution, die die Todesschwelle zu transzendieren entschlossen ist. Die radikale Akzeptation des Todes als letztes Wort in einem menschlichen Leben ist, sieht man genauer, äußerst selten. Mag moderne Wissenschaftlichkeit während langer Zeit, sicher nicht mehr jetzt und nicht mehr einhellig, jedes Sich-Beschäftigen mit Erlebnissen und Erfahrungen in nachtodlicher Hinsicht als frommen Wunsch abtun, so ist der *consensus gentium* zumindest auffallend. Wir konstatieren eine menschheitliche Tendenz zum Aus- und Übergriff über das zutiefst und allüberall bedrohende Ereignis des Todes.

Wollen wir noch in religionsphilosophischer Hinsicht über das Abgehandelte eine Anmerkung anschließen, so ist die Frage nach der Philosophie durchaus berechtigt. Erst wenn diese Frage gestellt und beantwortet ist, kann über Religionsphilosophie als einer speziellen Disziplin im Ganzen philosophischen Bemühens gesprochen werden. Philosophie ist seit Immanuel Kant geprägt von der Reflexion auf das Weltgestaltende in der Welterfahrung des Menschen, auf das Zusammentreffen von den Menschen erreichenden Reizen mit ihm eigenen Möglichkeiten, woraus er eine für ihn erlebbare und bewohnbare Welt formt. Dann entspricht Religionsphilosophie diesem Schema – gerade auch wenn Kant die alte Metaphysik und mit ihr den überkommenen Gottesbegriff als eine spekulative Ausgeburt destruiert. Denn an anderer Stelle ist Kant die Erschütterung durch das Heilige in der Gewißheit des kategorischen Imperativs das Religion maßgeblich Kennzeichnende und alles religiöse Erleben und Verhalten Bestimmende, ja Konstituierende. Religionsphilosophie müßte im Sinne des transzendentalen Betrachtens in einer sicher über Kant hinausgehenden modernen Form, wie sie bei Edmund Husserl vorliegt, zur Arbeit an den Phänomenen finden.[1]

Was heißt das im Falle der Jenseitsvorstellungen? Eine Antwort: Die Jenseitsvorstellungen drücken gerade das aus, was irdisches Dasein mit seinen Besonderheiten für die betreffenden Menschen als unverkennbar charakteristisch erzeigt. Wir sprachen von der Gegenwelt und den Spiegelungen.

Sodann: Worin liegt das Intentum, worauf sich der Mensch ausrichtet, wenn er Jenseitsvorstellungen produziert? Der Tod selbst dürfte es schwerlich sein, da die Todesschwelle durch die Jenseitsvorstellungen gerade überschritten, transzendiert wird. Eine Antwort kann aus fundamentalanthropologischem Repertoire versuchsweise gegeben werden. Wird der Mensch als Selbstsein etwa im Sinne fundamentaler Anthropologie gefaßt, dann heißt dies, daß er als ein in der Zeit existierendes Wesen er selbst sein will – und zwar möglichst in seiner Gänze.

Selbstsein meint den durchgängigen Seinsmodus des menschlichen Daseins, der in allen seinen Äußerungen, Zuständen und Betätigungen vorliegt, auch in den elementarsten. Er meint, daß alles, was wir sind und tun, je von uns selber gelebt und getan wird, daß unser Leben und also auch unser Sterben unser eigener Vollzug ist. Wir leben unser Sein, und wir sterben es, indem wir es selbst vollziehen. Alles, was über uns kommt und worin wir als passiv Erfahrende erscheinen – wie eben normalerweise im Tod – wird doch gerade auch von uns selbst gelebt.

Es geht dem Menschen zuletzt und zutiefst immer um dieses sein Sein, das er in allem seinem Erleben und Verhalten als das Letzte, ihm Eigene vollzieht. In allen seinen Weltgestaltungen bis in den einzelnen Atemzug hinein ist er es, der sich als der Betreffende selbst vollzieht, der sein eigenes Dasein leistet. In diesem Leisten, das auf Gänze hin tendiert, ist die Erfahrung permanenten Unvollendetseins eingebaut. Glaubwürdige Zeugnisse, die darüber sprechen, daß ein Mensch alt und lebenssatt gestorben ist, sind äußerst selten. Denn, wir erwähnen dies nochmals, der Tod erscheint in seiner Brutalität und zerbricht das Selbstseinwollen. Der Selbstseinsvollzug, der bis ins Sterben hinein geschieht (worauf ja ganz besonders östliche Systeme wie der Buddhismus den Finger legen), bleibt strukturell in seiner Tendenz auf Ganzheit ausgerichtet. Martin Heidegger hat mit der vorlaufenden Entschlossenheit zum Tod dieses Thema der Ganzheit in «Sein und Zeit» aufgegriffen, allerdings damals ohne jede auf Transzendenz bezogene Optik. Der Transcensus im Sterben und über den Tod hinaus ist angelegt, disponiert im menschlichen

Dasein, das nur als Selbstvollzug gedacht und gefaßt werden kann. Die Tatbestände erweisen es gelegentlich deutlicher, gelegentlich weniger deutlich. Aber gerade dort, wo ein irdisch unvollendetes, nie zur Vollendung gelangendes Dasein glaubt, in ewiger Seligkeit seine Vollendung zu erleben, ist dies zu seiner Vollendung Drängende des menschlichen Selbstseins thematisiert. Auch dort, wo dieser Transcensus gänzlich entindividualisiert wird und nur das Kollektiv bzw. einzelne leuchtende Träger desselben den Vordergrund zieren, bleibt unterschwellig die singuläre, persönliche Tendenz des Selbstseins. Auch der Kollektivmensch ist der sich selbst vollziehende – dies nicht in einem soziologischen Verstand, sondern eben in einem fundamentalanthropologischen. Im Zustand relativen Wohlbefindens will der Mensch nicht sterben, er will leben und sein Leben mehren, stärken, ausweiten. Nietzsche hat diese dem Menschen mögliche Selbsterfahrung zur Leitlinie seiner Philosophie gemacht. Deshalb wird mit den Jenseitsvorstellungen, die heute erneut in vielfältigen Modifikationen aufbrechen, deutlich, welchen Stellenwert Religion überhaupt hat: Jenseitsvorstellungen sind ein sicher besonderer und besonders wichtiger Themenbereich von Religion. Alles religiöse Erleben und Verhalten, alle religiösen Entwürfe, auch innersozietätische, die z. B. Ethik in die öffentliche Szene bringen wollen, haben etwas mit der zentralen Tendenz von Religion zu tun: nämlich aus Diesseits, Immanenz, aus menschlichem Dasein in zeitlicher Verfassung hinüber zu gelangen zum Jenseits, Transzendenz, göttlichen Sein in seiner ewigen Verfassung. Wie unsere Wissenschaft Beweise anzutreten pflegt, indem sie immanente Fakten mit immanenten Fakten mißt, bis Übereinstimmung herrscht, und sich glücklicherweise eine neue Konstellation ergibt – eine solche Beweisführung gibt es hier nicht.

Religion tendiert auf Zuständlichkeiten verschiedenster Ausprägung, die am Ende übereinkommen: Ich spüre, ich bemerke, ich bedenke, wie sehr ich brüchig und begrenzt bin, aber auch mächtig, so daß ich Welt finde, gestalte und demzufolge Welt habe. Die Menschen vergessen in diesem Erleben, das mit ihrer Welt verbunden ist, wie wenig Bestand man ihren Produkten zumessen soll. Geschäftige Eitelkeit, die meint, Welt, in der ich mich vorfinde, sei das letztlich Maßgebende, ist als religiösem Existieren diametral entgegengesetzte Form menschlicher Selbstgestaltung zu betrachten.

Religion hat man dann als Freigabe, als Sich-selbst-Freigeben, und zwar zunächst ohne spezielle, gezielte Absicht interpretiert. Sich selbst für sich selbst und für die anderen Menschen freigeben – ohne irgend eine Absicht: darin erfährt Religion ihre letzte Bestimmung. Wo Absichten ins Spiel treten – das ist generell ja fraglos der Fall –, ist genau der Ansatz wahrzunehmen, den Feuerbach gezeigt hat, wenn er Religion in ihrem aus menschlichen Intentionen gespeistem Hervorkommen deutet.

Ohne Absicht auf irgend ein innerweltliches Ziel richtet sich das Nachdenken über Religion, wie es in einer besonderen buddhistischen Form in Japan geschieht. So hat Keiji Nishitani verdeutlicht, wie sich das religiöse Bedürfnis im großen Zweifel bekundet. Es geht um Offenbarung der Ungewißheit bzw. des Nichts alles Existierenden – und zwar vom eigenen Grund und dem Grund aller anderen Menschen und Dinge her. Am Ende stehen Preisgabe selbstmächtiger Subjektivität und Übertritt in das Feld der Leere, worin sich der große Zweifel wie der ihm gemäße große Tod in einer neu strukturierten Existenz integrieren. Diese fundamentalanthropologische Sicht des Ostens müßte inskünftig in weiterreichende philosophische Reflexionen, die auch die Jenseitsvorstellungen betreffen, einbezogen werden.

Anhang

Anmerkungen

Anmerkungen zu Kapitel 1

1 A. E. Imhof, Ars moriendi.
2 Meister Eckehart, Deutsche Predigten und Traktate.
3 G. van der Leeuw, Phänomenologie der Religion, bes.: 359–366.
4 F. Heiler, Erscheinungsformen und Wesen der Religion, bes.: 515–540.
   Ders., Unsterblichkeitsglaube und Jenseitshoffnung.
5 G. Widengren, Religionsphänomenologie, bes.: 440–479.
6 Zu E. Husserl und der Fruktikabilität seines Werkes im Rahmen religionsphänomenologischer Reflexionen s. H.-J. Braun, Elemente des Religiösen.
7 L. Feuerbach, Das Wesen des Christentums, z. B.: 41.
8 S. Freud, bes. Die Zukunft einer Illusion: 340ff.
   Ders., Totem und Tabu: 77.
   Ders., Der Mann Moses und die monotheistische Religion: 168.
9 Parmenides in: Die Vorsokratiker I: 312; K. Reinhardt: 17.
10 Platon, Politeia: 514a–517a.
11 L. Oeing-Hanhoff: 220–237; E. Simons: 1540ff.
12 W. Koehler: I, 282ff.
13 R. Descartes, Meditationes de prima philosophia; G. Schmidt: 103ff., 116ff.
14 J. Kant, Kritik der reinen Vernunft: B XXXVff.; ders., Die Religion innerhalb der Grenzen der bloßen Vernunft: 68f.
15 Hierzu: H.-J. Braun, Ludwig Feuerbach. Grundlegung einer neuen Anthropologie.
16 Vgl. Ph. Ariès: 49; N. Elias: 47; A. Paus: 216f. (Aufs. v. G. Condrau, Todesfurcht und Todessehnsucht).
17 R. A. Moody: 37ff., 42ff., 53, 59, 79f.
18 Hierzu H.-J. Braun, Elemente des Religiösen.
19 J. Habermas: 163-165.
20 Hierzu H.-J. Braun u. a., Utopien – Die Möglichkeit des Unmöglichen: 3–8.
21 E. Bloch, Religion im Erbe: 183ff.
22 Ebenda.
23 N. Luhmann, Die Ausdifferenzierung der Religion: 331.
24 Ebenda.
25 Ebenda: 239f.
26 Ebenda.
27 Hierzu: K. Nishida und K. Nishitani.

Anmerkungen zu Kapitel 2

1 H. Schärer legt in vortrefflicher Gliederung sein Material dar und behandelt besonders in § 11 die heiligen Toten, um hernach ein glänzendes Gesamtbild der Religion der Ngadju-Dajak zu zeichnen.
2 Aus Schärers Nachlaß wurde 1966 eine umfangreiche Sammlung von Mythen und anderen Texten zum Totenkult der Ngadju Dajak veröffentlicht. Sodann benutze ich die Darstellung der Religionen indonesischer Altvölker von Waldemar Stöhr im enzyklopädischen Werk «Die Religionen der Menschheit», hrsg. von Christel Matthias Schröder, Band 5/1, Stuttgart

1965 und die Lizentiatsarbeit von Verena Münzer, «Tod, Seelenreise und Jenseits bei den Ngadju Dajak in Kalimantan», Zürich 1976.

3   H. Schärer, Die Gottesidee.

4   Ebenda.

5   Man könnte mit Friedrich Daniel Schleiermacher sagen: Das Universum zeigt von sich selbst her seine Strukturen als die Strukturen des Göttlichen bzw., in der Sprache Rudolf Ottos, des Heiligen.

6   Ph. Zimmermann: 314–393.

7   Ad. E. Jensen, Die getötete Gottheit; ders., Mythos und Kult bei den Naturvölkern.

8   H. Schärer, Die Gottesidee: 21f.

9   W. Stöhr: 31.

10 H. Schärer, Die Gottesidee: 84f.

11 Ebenda: 160.

12 Ph. Zimmermann: 391.

13 Ebenda.

14 Hierzu: H. Schärer, Der Totenkult.

15 H. Schärer, Die Gottesidee; ders., Der Totenkult.

16 Wir stützen uns auf die Darstellung der Religionen asiatischer Negritos und einzelner Stammesgruppen Hinterindiens, die Andras Höfer für die «Religionen der Menschheit», Bd. 23, Stuttgart 1975, geliefert hat.

17 Vor 2000 bis 3000 Jahren waren die Negritos höchstwahrscheinlich in weiten Gebieten Südostasiens, insbesondere auf der malaiischen Halbinsel, verbreitet.
    Vor einem Menschenalter existierten noch einzelne Gruppen in entlegenen, unzugänglichen Waldgebirgen im Grenzbereich zwischen Thailand und Malaysia, auf den Philippinen und auf den Andanamen.Die Semang unfaßten damals knapp 3000 Personen. Jede kleine umherschweifende Gruppe hatte ihr fest abgegrenztes Territorium tief in den Wäldern.
    Die Negritos dürften nicht mit den Pygmäen Afrikas verwandt sein!

18 Rambutan ist ein tropisches Obst der Gattung Nephelium. Diese indomalaiische Gattung der Seifennußgewächse hat dreißig Arten – u. a. Obstsorten. Der dickfleischige Samenmantel ist süß.

19 Wir stützen uns auf H. Nevermann u. a., Die Religionen der Südsee und Australiens.

20 Ebenda: 22.

21 Ebenda: 30f.

22 Ebenda: 85.

23 Ebenda: 86.

24 Wir können uns auf eine der großen Monographien zur Völkerkunde stützen, die das Hamburgische Museum für Völkerkunde herausgegeben hat, nämlich die von Hermann Strauß und Herbert Tischner verfaßte Arbeit unter dem Titel «Die Mi-Kultur der Hagenberg-Stämme im östlichen Zentral-Neuguinea» (Cram und de Gruyter) Hamburg 1962.

25 Früherer Direktor des Museums für Volkerkunde in Munchen, der unter anderem mit einer Publikation aus dem Jahre 1969 «Fortschritt ins Nichts. Die Modernisierung der Primitiven Australiens. Beschreibung und Definition eines psychischen Verfalls» hervorgetreten ist.

26 A. Lommel, Fortschritt ins Nichts: 136.

27 Ebenda: 137.

28 R. M. Bucke.

29 Im Vordergrund stehen die Forschungen von I. Paulson.

30 I. Paulson: 114. Die den Körper belebende, ursprünglich während des ganzen Lebens mit diesem untrennbar verbundene Atemseele hat sich in bestimmten Bereichen stellenweise bereits

zu einem einheitlichen Seelenbegriff im christlichen Sinne entwickelt, was durch den Einfluß der dort bestimmenden russisch-orthodoxen Kirche zu erklären ist.

31 Ebenda: 115.

32 Das erinnert an die altnordische Identifizierung des Totenreichs mit dessen Herrscherin. Bei den übrigen finnischen Völkern ist die Jenseitsvorstellung im allgemeinen nicht derart reich entwickelt wie bei den Finnen selbst und den Kareliern, doch sind Einflüsse des Islam anzutreffen, wodurch sich differenziertere und entwickeltere Jenseitsbilder ergaben. Hierzu gehören Vorstellungen von der ins Totenland führenden haarscharfen Brücke, vom Fürsten der Toten usw.

33 I. Paulson: 227.

34 Ebenda: 77.

35 A. Lommel, Die Welt der frühen Jäger: 72–108.

36 Ebenda: 97.

37 Å. Hultkrantz: 357–410.

38 A. Lommel, Die Welt der frühen Jäger: 87.

39 Ebenda.

40 Ebenda: 98.

41 Hierzu: W. Müller, in: W. Krickeberg u. a.: 173f.

42 Ebenda: 182.

43 Ebenda: 201.

44 A. Lommel, Die Welt der frühen Jäger: 87f.

45 Zum Schamanen im allgemeinen bes. M. Eliade, Schamanismus und archaische Ekstasetechnik.

46 W. Müller, in: W. Krickeberg: 222.

47 Ebenda: 247.

48 Ebenda: 248ff.

49 Ebenda: 250.

50 O. Zerries, in: W. Krickeberg u. a.: 343.

51 Ebenda: 345.

52 Ebenda: 349.

53 M. S. Cipolletti, Jenseitsvorstellungen: 68ff.

54 Zum ganzen Part über Südamerika: M. S. Cipolletti, Jenseitsvorstellungen.

55 K. Jettmar, Die Religionen des Hindukusch: 51ff.; Kafiren ist die frühere Bezeichnung für die Bewohner von Kuristan.

56 Ebenda: 64.

57 Ebenda: 134.

58 Ebenda: 137.

59 Ebenda: 139.

60 «Nördlich der westlichen Himalayaausläufer und südlich vom Karakorumhauptkamm liegt zwischen Chitral im Westen und Baltistan im Osten das Hauptverbreitungsgebiet des Shina, einer altertümlichen nordwestindischen Sprache. Für ihre Träger gibt es bis heute keinen brauchbaren Namen.» So K. Jettmar: 187; ebenda: 215ff.

61 Ebenda: 219.

62 Ebenda: 335–339.

63 Ebenda: 338.

64 Die Darstellung von E. Dammann liegt im wesentlichen dem folgenden Kapitel zugrunde.

65 Ebenda: 13.

66 Ebenda: 15.

67 Ebenda: 17.

68 Ebenda: 27.
69 Ebenda: 185.
70 H. Baumann: 303ff.
71 E. Dammann: 133.
72 Ebenda: 135.
73 Ebenda: 138.
74 Ebenda: 141.
75 Zu afrikanischen Religionen bes. nach folgenden Werken: J. S. Mbiti, African Religions and Philosophy; J. F. Thiel, Tod und Jenseitsglaube in Bantu-Afrika, in: H.-J. Klimkeit, Tod und Jenseits im Glauben der Völker: 40–47; J. Zwernemann.
76 J. F. Thiel: 41.
77 Ebenda: 47.
78 P. Radin, Die religiöse Erfahrung der Naturvölker: 21f.

Anmerkungen zu Kapitel 3
1 Hierzu R. Coulbron, Der Ursprung der Hochkulturen.
2 Sehr deutlich zeigt sich dieser Zusammenhang z. B. bei den Elamitern, vgl. W. Hinz: 54ff.
3 H. Greßmann, Altorientalische Texte: 150–198.
4 H. Schmökel: 203.
5 Ebenda.
6 Ebenda: 294.
7 H. Greßmann: 183–186.
8 Ebenda: 185.
9 H. Schmökel: 215.
10 S. Moscati: 44f.
11 Hierzu Th. Beran, in: H. Schmökel: 606–658.
12 H. Schmökel: 634.
13 Ebenda: 636.
14 Siehe Geschichtlicher Überblick, ebenda: 606ff.
15 Ebenda: 637.
16 Hierzu H. Otten, in: H. Schmökel: 313–447.
17 H. Schmökel: 439; ebenfalls H. Otten, in: B. Spuler: 113f.
18 Ebenda: 440.
19 Ebenda.
20 Besonders V. Maag, in: H. Schmökel: 448–605.
21 Ezechiel 32, 18.
22 Jesus Sirach 38, 16–23.
23 H. Greßmann: 206–208.
24 Jesaja 14, 9.
25 Jeremia 31, 15.
26 Hierzu J. Hempel, in: B. Spuler: 122–146; S. Moscati: 130–138; G. Fohrer: 212–221; H. Ringgren: 218–225.
27 Jesaja 66, 1.
28 Psalm 90, 10.
29 Prediger 3, 19.
30 H. Ringgren: 219; 2. Mose 20, 12 = 5. Mose 5, 16.
31 Wenn das Gilgameschepos über ähnliche Vorstellungen berichtet, so liegt die Annahme nah, die Nichtbegrabenen müßten als Gespenster umherirren.

32 1. Samuel 28, 11–15.
33 5. Mose 18, 11.
34 Jesaja 8, 19.
35 H. Ringgren: 222.
36 z. B. 2. Könige 22, 20.
37 H. Ringgren: 222.
38 Ebenda.
39 5. Mose 32, 22.
40 Psalm 18, 5f.
41 Jona 2, 3f.
42 Hiob 10, 21f.; 17, 13f.
43 Hiob 3, 13–19; Psalm 49, 7–15; Ezechiel 32, 1
44 Jesaja 5, 14.
45 Hiob 7, 9.
46 Ebenda 24, 20.
47 Psalm 88, 11–13.
48 Psalm 139, 8.
49 Amos 2, 9.
50 Jesaja 14, 9–11.
51 Psalm 116, 8.
52 Psalm 118, 17f.
53 Psalm 16, 10 u. 49, 16.
54 H. Ringgren: 225.
55 1. Mose 5, 24.
56 2. Könige 2, 9f.
57 Jesaja 26, 19.
58 Prediger 3, 19f.
59 Jesus Sirach 14, 16; 17, 27f.
60 Jesaja 26, 19.
61 H. Ringgren: 294.
62 Daniel 12, 2.
63 2. Makkabäer 7, 9, 14, 36; 12, 43ff.
64 H. Ringgren: 294.
65 H. Conzelmann/A. Lindemann: 148
66 H. Conzelmann/A. Lindemann: 315ff.; Ph. Vielhauer: 485–528
67 H. Ringgren: 302.
68 Joel 4.
69 Daniel 7.
70 Vgl. B. Lang.
71 z. B. Amos 5, 1.
72 V. Maag, Recht und Unrecht individueller Überzeugung.
73 Zur geschichtlichen Gesamtsituation: F. Altheim, Das alte Iran in G. Mann und A. Heuss, Propyläen Weltgeschichte: 135–236.
74 G. Widengren, Die Religionen Irans: 21.
75 F. Althein, Das alte Iran in: G. Mann/A. Heuss: 138.
76 G. Widengren, Die Religionen Irans: 22.
77 Ebenda: 33.
78 Ebenda: 21f.
79 Ebenda: 35.

80 Die Schilderung dieser Himmelsreise begegnet uns zwar nur in zoroastrisierter Gestalt, aber einerseits ist die Zoroastrisierung eben nur rein äußerlich, anderseits liegen in den indischen Upanishadentexten entsprechende Vorstellungen vor, die zur Kontrolle dienen können, so daß es, wie Widengren meint (S.37), nicht schwerfällt, die nicht-zoroastrische Urgestalt wieder zu gewinnen.

81 Ebenda: 37.

82 Ebenda: 20.

83 Solche Vorstellungen finden sich ebenfalls in indischen buddhistischen Texten, wo es heißt: «Den lange verreist gewesenen Menschen, der aus der Ferne wohlbehalten ankommt, bewillkommnen Verwandte, Freunde und Genossen, wenn er ankommt. So auch empfangen den Tugendhaften, wenn er aus dieser Welt zur anderen gegangen, die tugendhaften Werke wie einen lieben Verwandten, der angekommen ist.» (in: G. Widengren, Die Religionen Irans: 39.)

84 G. Widengren, Iranische Geisteswelt: 176–180.

85 Ders., Die Religionen Irans: 40.

86 Ebenda; ders., Iranische Geisteswelt: 240–242.

87 Ders., Die Religionen Irans: 41–49.

88 Zu seiner Gestalt: G. Mensching, Die Söhne Gottes: 191–198; B. Schlerath, Zarathustra; H.-P. Hasenfratz, Zarathustra, in: P. Antes, Große Religionsstifter: 9–31.

89 Hierzu: G. Widengren, Die Religionen Irans: 60.

90 Vgl. F. Altheim, in: G. Mann/A. Heuss: 158ff.

91 Dem Soma der Inder entsprechend. Die Heiligkeit dieses Tranks umfaßt auch die Geräte, die für seine Herstellung erforderlich sind.

92 G. Widengren, Die Religionen Irans: 67.

93 Ebenda: 72.

94 Ebenda: 88.

95 Ebenda: 103.

96 Ebenda.

97 Ebenda: 103f.

98 Ebenda: 105.

99 Ebenda: 165f.

100 Ebenda.

101 Ebenda: 196.

102 Ebenda: 199.

103 Ebenda: 205.

104 Rig Veda X, 16, 3.

105 Bundashn: die ursprüngliche Schöpfung, spekulativ-mythologisch (9./10. Jh.).

106 Aus der überreichen Literatur ragen für unsere Zwecke ein paar Namen hervor: E. Hornung, S. Morenz, A. Erman, J. H. Breasted, K. Michalowski.

107 S. Morenz, Ägyptische Religion: 196.

108 Ebenda.

109 Ebenda: 197.

110 Ebenda: 123.

111 Ebenda: 198.

112 Ebenda: 199.

113 Ebenda.

114 Philipper 1, 21. 23: «Denn für mich ist das Leben ein Dienst für Christus und das Sterben ein Gewinn … Es wird mir aber von den zwei Dingen hart zugesetzt, indem ich Lust habe, abzuscheiden und bei Christus zu sein; denn das wäre bei weitem das Bessere.»

115 S. Morenz, Ägyptische Religion: 200.

116 Herodot II, 78.

117 W. Wolf, Kulturgeschichte des Alten Ägypten: 268, 271.

118 Über den Tod in ägyptischer Sicht denkt man im allgemeinen weniger nach als über die Toten selbst, über Bestattungsbräuche und Jenseitsvorstellungen. S. Morenz, Ägyptische Religion: 208.

119 Ebenda: 216.

120 Ebenda: 217.

121 Von hier erhebt sich die Frage einer Lokalisierung des Totenreiches, die nicht einfach zu beantworten ist, weil das ägyptische Wort von Haus aus etwa Dämmerzone, Nachthimmel heißt und – falls ursprünglich – zur oberen Region gehört.

122 E. Hornung, Das Totenbuch: 271f. (Spr. 138).

123 Ebenda: 148ff. (Spr. 71).

124 Ebenda: 194–198 (Spr. 99B).

125 Ebenda: 41 (Spr. 1).

126 Ebenda: 298–301 (Spr. 148). Hornung sagt wörtlich: «Die Barke des Gottes schwimmt hoch droben im Lapislazuli und Türkis des Himmels, aber jede Nacht muß sie hinab in die äußersten Tiefen der Welt, den Toten Licht und Leben bringen, selber Bedrohung und Schrecken des Todes bestehen, um das verjüngte Gestirn mit neuen Kräften durch das Tor des Horizontes wieder in diese Welt zu tragen, die Morgensonne als Zeichen eines immer neuen Anfangs erscheinen zu lassen. So gibt gerade der Sonnenlauf beruhigende Gewißheit, daß die Gegensätze der Welt sinnvoll zusammengehören und sich ergänzen. Re am Himmel und Osiris in der Unterwelt verkörpern extreme Gegensätze, die sich jede Nacht begegnen und doch nicht einfach zur Einheit verschmelzen [...].» (S. 34).

127 Ebenda: 178–180 (Spr. 89).

128 Ebenda: 204f. (Spr. 105) und 88f. (Spr. 25).

129 Ebenda: 128–134 (Spr. 58–63).

130 Ebenda: 104f. (Spr. 38A); 106 (Spr. 38B); 125–130 (Spr. 54–59); 148 (Spr. 70).

131 Ebenda: 350f. (Spr. 171).

132 Ebenda: 374–378 (Spr. 178) und 156–164 (Spr. 76–78).

133 Ebenda: 374–378 (Spr. 178) und 156–164 (Spr. 76–78); 84 (Spr. 21); 86 (Spr. 23); 89–97 (Spr. 26–30B); 118f. (Spr. 43); 210–218 (Spr. 110).

134 Ebenda: 128f. (Spr. 58); 188f. (Spr. 98); 189–194 (Spr. 99A); 194–198 (Spr. 99B).

135 Ebenda: 276–298 (Spr. 144–147).

136 Ebenda: 182–184 (Spr. 92); 95–99 (Spr. 30A–31).

137 Ebenda: 53 (Spr. 12); 54 (Spr. 13); 59–77 (Spr. 17); 229–230 (Spr. 122).

138 Ebenda: 323f. (Spr. 152).

139 Ebenda: 113–118 (Spr. 42); 118f. (Spr. 43); 365–371 (Spr. 175).

140 Ebenda: 113–118 (Spr. 42).

141 Ebenda: 37f. E. Hornung beschließt sein einführendes Kapitel: «Die Spruchdichter des Totenbuches wissen, daß Erhabenes und Lächerliches des Menschen in seinem Leben und in seinem Tod nahe beisammen wohnen. Die tiefe Menschlichkeit der alten Ägypter beruht auf ihrer Fähigkeit, beides zu sehen, zu verbinden und im Gleichgewicht zu halten. Diese Totensprüche spiegeln die lebendige Seele der Menschen des zweiten Jahrtausends vor Christus, und wir haben seit dem nicht viel dazugelernt. An der dunklen Mauer des Todes hat all unser Wissen und Können immer noch ein Ende, und niemand kann uns sagen, ob wir in diesen Sprüchen durch einen Spalt der Mauer blicken.»

142 S. Morenz, Ägyptische Religion: 223.

143 J. de Vries, Keltische Reliogion: 17, sagt: «Man hat oft darüber geklagt, daß die Quellen für die keltische Religion so außerordentlich dürftig sind. Sie sind überdies sehr disparat.

Manchmal beschleicht uns ein beunruhigender Zweifel am Wert bestimmter Quellen. Es gibt zwar auch vollkommen zuverlässige Zeugnisse; diese sind jedoch manchmal kaum deutbar. Verglichen mit dem, was wir über die germanische Religion erfahren, sind unsere Kenntnisse auf gallischem Gebiet sehr viel bescheidener.» Hierzu auch M. Eliade, Geschichte der religiösen Ideen, Bd. 2: 124.

144 Ebenda: 249.

145 Ebenda: 251.

146 Ebenda: 252.

147 Ebenda: 253.

148 Ebenda.

149 Ebenda: 254.

150 Ebenda.

151 Ebenda: 256; auch F. Lautenbach, Der keltische Kessel, bes.: 168–255.

152 Ebenda: 258. F. Lautenbach: 256–278.

153 J. Markale: 243.

154 Ebenda.

155 Ebenda.

156 Ebenda: 244.

157 Ebenda: 245f.

158 Markale sagt: «Damit zeichnen sich zwei Spekulationen in der keltischen Metaphysik ab: Zum einen ist es in jedem Fall gut, den Weg zu erkennen, der in die andere Welt führt, selbst wenn sie nur unter der Bedingung des Todes zu erreichen ist; zum anderen sind bestimmte Wissende, Eingeweihte auch zu Lebzeiten in der Lage, diese Reise zu bestehen, ohne vorher sterben zu müssen.»

159 Ebenda: 251.

160 M. Eliade, Geschichte der religiösen Ideen, Bd. 2, beleuchtet diese Situation: 134–137.

161 Zum ganzen des Keltentums: M. Draak, The Religion of the Celts, in: C. J. Bleeker/G. Widengren, Historia Religionum, Bd. 1: 629–646; sodann F. Le Roux-Guyonvarc'h, Keltische Religion, in: J. P. Asmussen/J. Læssøe/C. Colpe, Handbuch der Religionsgeschichte, Bd. 1: 245–276.

162 A. V. Ström/H. Biezais, Germanische und Baltische Religion: 116.

163 J. de Vries, Altgermanische Religionsgeschichte II: 58f.

164 A. V. Ström: 119.

165 Ebenda: 120.

166 Ebenda: 177.

167 Ebenda.

168 Ebenda: 184.

169 Ebenda: 185.

170 Ebenda.

171 Ebenda: 188.

172 Der letzte Amalerkönig, Theoderich der Große, wird gemäß einer weitverbreiteten Sage lebend auf einem Roß entrückt. Endlich erwarten Karl der Große (mit weißem Bart) im Untersberg und Odenberg, Friedrich Barbarossa im Kyffhäuser und Untersberg und Karl der XII. im Älleberg, also weit von ihren Gräbern, die Stunde, da sie aus dem Berg hinausreiten werden, um die Menschheit (endlich) zu erlösen. Ebenda: 188.

173 Ebenda: 189.

174 Eine wichtige Verweisung auf den indischen Totenglauben findet sich bei Ström: S. 190: Der indische Totenglaube kennt zwei Wege, von denen es in Rigveda X, 18, 1 heißt: «Geh fort, oh Tod, auf deinem eigenen Wege, verschieden von der anderen Götterstraße.» Der eine ist der

devayana, Götterweg (Atharvaveda XV, 12, 5), der durch die Flamme, den Tag, die lichte Monatshälfte, das Sommerhalbjahr, das Jahr, die Sonne und den Blitz in die Welt des Brahma führt (Chandogya up. V, 10, 1f.). Dagegen verläuft der Pitrayana, Väterweg (Rigveda X, 2, 7), durch den Rauch, die Nacht, die dunkle Monatshälfte, das Winterhalbjahr, durch die Vorfahrenwelt, den Raum zum Mond und von dort durch Raum, Wind, Rauch, Nebel und Regen auf die Erde zurück (Chandogya up. V, 10, 3–6).

175 A. V. Ström: 193.
176 Ebenda: 246f.
177 Platon, Phaidon: 128.
178 A. V. Ström: 243.
179 Ebenda: 245.
180 Ebenda: 247.
181 Ebenda: 284.
182 Ebenda: 161f.
183 Ebenda: 256.
184 Ebenda: 26–28.
185 Ebenda: 280.
186 Vgl. W. Grönbech, Kultur und Religion der Germanen, Bd. 1: 319–354.
187 W. Burkert, Griechische Religion: 300.
188 E. Rohde, Psyche I: 301–319.
189 Homer, Ilias: 23, 72 (773–775); ders., Odyssee: 11, 80ff. (292–293).
190 Ders., Ilias: 23, 99f. (774–775).; ders., Odyssee: 11, 204–208 (298–299).
191 Ders., Ilias: 9, 457 (302–303); Hesiod, Werke und Tage: 465 (72); Aischylos, Die Schutzflehenden: 231 (502–503).
192 Homer, Ilias: 20, 61–65 (682–683).
193 Ders., Odyssee: 24, 1–14 (683–639).
194 Hesiod, Sämtl. Werke: Theogonie: 311 (16).
195 Homer, Odyssee: 11, 100–137 (292–295).
196 Ebenda: 11, 465–486 (312–313).
197 Ebenda: 11, 215–224 (298–301).
198 Ebenda: 11, 226 u. 385 (300–301 u. 308–309).
199 Ebenda: 11, 489 u. 491 (314–315).
200 Ders., Ilias: 8, 13 u. 481 (248–249 u. 272–273); Hesiod, Theogonie: 720–819 (34–39).
201 Homer, Ilias: 3, 279 (102–103); Aischylos, Eumeniden: 417 (214–215).
202 Homerische Demeterhymnen: 367 (26–27).
203 Homer, Odyssee: 4, 561–569 (110–113).
204 Ebenda: 562 (110–111).
205 Ebenda: 565 (112–113).
206 Ders., Ilias: 3, 380ff. (108–109).
207 Ebenda: 5, 305 (160–161).
208 Ebenda: 20, 443 (702–703).
209 Homer, Odyssee: 1, 235ff. (18–19).
210 Ebenda.
211 Ebenda: 20, 61–65 u. 79ff. (546–547 u. 548–549).
212 E. Rohde, Psyche: 1, 85–90.
213 Hesiod, Werke und Tage: 167–173 (58–59).
214 Homer, Ilias: 18, 117–119 (628–629); ders., Odyssee: 11, 601–603 (318–319); Hesiod, Frauenkataloge: 19–22.
215 W. Burkert, Griechische Religion: 306.

216 Homer, Ilias: 16, 431–461 (556–559); 22, 213 (752–753).

217 Sophokles, Antigone: 938.

218 F. Nietzsche, Die Geburt der Tragödie.

219 Vgl. M. P. Nilsson, Geschichte der griechischen Religion: 1, 345–358 u. 358–367.

220 Hierzu auch W. F. Otto, Die Götter Griechenlands.

221 Hierzu D. Roloff.

222 Erhebung des Christentums zur Staatsreligion: 24. Februar 391; Aufgliederung in zwei Reichshälften nach dem Tode des Theodosius: 395 n. Chr.

223 R. Muth, Einführung in die griechische und römische Religion: 202ff.

224 Ovid, Die Fasten: II, 540 (120f.).

225 K. Latte, Römische Religionsgeschichte: 99.

226 Ebenda: 99f.; W. F. Otto, Die Manen: 55.

227 K. Latte, Römische Religionsgeschichte: 100.

228 Ebenda: 101.

229 Ebenda.

230 Ebenda: 148ff

231 Die Vorstellungen der Etrusker sind den bildlichen Darstellungen mit Vorbehalt zu entnehmen, da sich dort übernommene Mythen mit ihren eigenen Anschauungen mischen.

232 K. Latte, Römische Religionsgeschichte: 155.

233 Ebenda: 156.

234 Plautus bezieht sich für seine Schilderung der Höllenqualen auf Gemälde, wobei freilich dahingestellt bleiben muß, wieweit hier das Original eingewirkt hat, da der Redner gegen Aristogeiton ebenfalls von solchen Gemälden spricht. Diese Vorstellungen bleiben undeutlich genug. So K. Latte, Römische Religionsgeschichte: 156.

235 Ebenda: 157.

236 Ebenda.

237 Ebenda: 246.

238 Ebenda: 247.

239 Ebenda: 287; W. F. Otto, Die Manen: 71.

240 K. Latte, Römische Religionsgeschichte: 257.

241 Ebenda: 287.

242 Ebenda: 287f.

243 Ebenda: 294ff.

244 Seneca, Ad Polybium de consolatione, in: Philosophische Schriften, Bd. 2: 274f.

245 K. Latte, Römische Religionsgeschichte: 325.

246 Ebenda: 326.

247 Ebenda: 321.

248 Ebenda: 359.

249 Vgl. R. Bultmann, Das Urchristentum: 232f.

250 H. Bengtson, Grundriß der römischen Geschichte: 45.

251 K. Latte, Römische Religionsgeschichte: 103f.

252 W. F. Otto hat in seinem Text über die Manen oder von den Urformen des Totenglaubens am Schluß des Kapitels über die Römer (S. 78) folgendes wörtlich formuliert: «Kein Volk hat für die Beseeltheit des Lebendigen ein tiefsinnigeres Symbol geschaffen als das römische. Es ist das Wesen des Lebens, daß es nicht stillesteht, sondern zeugend sich wiederholt und vervielfältigt. Der fromme Sinn weiß sich begleitet von einem göttlichen Freunde, der das Leben erhält und fördert. Aber er fühlt in ihm nicht bloß die eigene individuelle Existenz, sondern den Nachklang des Vaters und der vorangegangenen Generationen, durch die das Leben fortzeugend bis zu ihm gedrungen ist.»

253 Hierzu: J. Straub, Die Himmelfahrt des Iulianus Apostata, in: A. Wlosok, Römischer Kaiserkult: 528–550.

254 Ebenda.

255 Ebenda.

256 Johannes Straub sagt: «In dieser Glaubensgewißheit war aber damals der absolute Geltungsanspruch ihrer ‹politischen Theologie› begründet, die anstelle des heidnischen Imperiums das Imperium Christi zu errichten gedachte» (S. 549).

257 M. Eliade, Mythen, Träume und Mysterien: 316f.

258 Ebenda: 318f.

259 W. Burkert, Antike Mysterien: 19.

260 Ebenda: 20.

261 Ebenda: 23f.

262 Homerische Hymnen, An Demeter: 181–190 (16–17).

263 Ebenda: 231–246 (18–20).

264 Ebenda: 273–274 (20–21).

265 W. Burkert, Antike Mysterien: 27, präsentiert solche.

266 «Der Lebensfreude wird kein Eintrag getan, doch der Nachdruck liegt auf der jenseitigen Ergänzung. Was denn genau und im einzelnen versprochen wurde, bleibt vage, doch daß die Verheißung ernst gemeint ist, leidet keinen Zweifel.»

267 Hierzu W. F. Otto, Dionysos, und M. P. Nilsson, Geschichte der griechischen Religion.

268 Hierzu K. Kerényi, Der frühe Dionysos.

269 F. Nietzsche, Die Geburt der Tragödie aus dem Geiste der Musik.

270 Platon, Politeia: 365a (102).

271 W. Burkert, Antike Mysterien: 28.

272 Pindar: Fragment 108 (448–449).

273 W. Burkert, Antike Mysterien: 28.

274 Platon, Politeia: 330d.

275 W. Burkert, Antike Mysterien: 29.

276 Ebenda.

277 Platon, Phaidros: 244 (26).

278 W. Burkert, Antike Mysterien: 30.

279 Apuleius, Der goldene Esel: 11, 1–4 (456–457).

280 Ebenda: 11, 3, 2–5; 4, 1–3 (458–461).

281 Ebenda: 11, 5, 4–6, 5 (462–463).

282 Ebenda: 11, 6, 6–7 (464–465).

283 Ebenda: 11, 15, 2–5 (474–477).

284 W. Burkert, Antike Mysterien: 34. «Es gab offenbar keinen festen, dogmatisch abgesicherten Mysterienglauben, der den Tod zu überwinden unternahm, keine Immunisierung gegen die Katastrophen des Lebens.»

285 Ebenda: 77. «Dann erlebt die Seele etwas von der Art wie diejenigen, die in große Mysterien eingeweiht werden [...]: Umherirren zuerst, ermüdende Umläufe, ängstliches Gehen im Dunkeln, das kein Ziel findet; dann unmittelbar vor dem Ende all das Furchtbare, Schauder, Zittern, Schweiß und Staunen. Dann kommt ein wunderbares Licht entgegen, reine Räume, Wiesen nehmen uns auf, es gibt Stimmen, Tänze, Feierlichkeit heiliger Worte und heiliger Erscheinungen: inmitten von ihnen ist der Vollendete, Geweihte frei und gelöst geworden, er geht umher, bekränzt und feiert das Fest in Gemeinschaft mit heiligen, reinen Menschen, und er sieht herab auf die ungeweihte, ungereinigte Menge, die in Schlamm und Nebel unter seine Füsse getreten wird [...].»

286 Platon, Phaidros: 250b (31).
287 Apuleius, Der goldene Esel: 11, 23, 5–7 (448–489).
288 Ebenda.
289 M. Giebel, Das Geheimnis der Mysterien: 48.
290 Ebenda: 49.
291 Hierzu J. Leipoldt, Von den Mysterien zur Kirche.
292 Platon, Phaidon: 64a (17).
293 Ebenda: 64c (17).
294 Ebenda: 64e (17).
295 Ebenda: 65e (17f.).
296 Ebenda: 65c (18).
297 Ebenda: 66e (18).
298 Ebenda: 67d–e (20).
299 Ebenda: 68d (21).
300 Ebenda: 70c (22).
301 Ebenda: 71c–e (23f.).
302 Ebenda: 72b–d (24).
303 Ebenda: 72d (24).
304 Ebenda: 72e (24).
305 Ebenda: 73a (25).
306 Ebenda: 73c (25).
307 Ebenda: 74a (26).
308 Ebenda.
309 Ebenda: 74b–e (26).
310 Ebenda: 77b (29).
311 Ebenda: 77d (29).
312 Ebenda: 78d (30).
313 Ebenda: 79a (30).
314 Ebenda: 79b (39f.).
315 Ebenda: 79c (31).
316 Ebenda: 79d (31).
317 Ebenda: 80e (32).
318 Ebenda: 81a (32).
319 Ebenda: 81e (33).
320 Ebenda: 82b (33).
321 Ebenda: 82e (34).
322 Ebenda: 83b (34) und 85d (36).
323 Ebenda: 105e (32).
324 Ebenda: 107dff. (57).
325 Ders., Politeia: 614b (304).
326 Ebenda: 616a (306).
327 Ders., Phaidros: 246a–e (27f.).
328 Ders., Politeia: 619ff. (308ff.).
329 Hierzu auch Plotin, Das Gute (das Eine): VI 9, 7 (50f.).
330 2. Korinther 5, 1.
331 Plotin III, 7
332 Ebenda: 3, 16–23 (98f.).
333 Ebenda: 3, 24–27 (98f.).
334 Ebenda: 11, 15–20 (126f.).

335 Diese Grundstellung wird verbindlich für viele Wege abendländischer Mystik bis in die Neuzeit. Eine umfangreiche Studie hierzu ist in Vorbereitung.

Anmerkungen zu Kapitel 4

1 R. Kopf, Einführung in das Neue Testament: 214ff.
2 Ebenda: 209f.
3 G. Fohrer: 380ff.; H. Ringgren, Israelitische Relgion: 294ff.; siehe auch oben!
4 Markusevangelium: 12, 25; Matthäusevangelium: 22, 30; 22, 31; Lukasevangelium 20, 35.
5 Hierzu H. Braun, Jesus; R. Bultmann, Jesus; M. Dibelius, Jesus; E. Fuchs, Jesus.
6 W. G. Kümmel, Verheißung und Erfüllung: 132.
7 Hierzu: A. Schweitzer, Geschichte der Leben-Jesu-Forschung; sodann eine neueste Publikation: J. D. Crossan, Der historische Jesus, München 1994.
8 R. Bultmann, Das Evangelium des Johannes; S. Schulz, Das Evangelium nach Johannes; ders., Die Stunde der Botschaft.
9 1. Thessalonicherbrief 4, 14–18.
10 Hierzu M. Werner, Die Entstehung des Christlichen Dogmas: 74–100.
11 Offenbarung 20.
12 W. Koehler, Dogmengeschichte I: 254f.
13 Ebenda: 252.
14 Kolosser 3, 1.
15 Johannesevangelium 8, 23.
16 Johannesevangelium 3, 13.
17 Markusevangelium 12, 25.
18 Matthäusevangelium 18, 10.
19 Lukasevangelium 2, 15.
20 Johannesevangelium 1, 51.
21 Kolosserbrief 1, 5.
22 Matthäusevangelium 5, 12.
23 Ebenda: 6, 20.
24 Offenbarung 21, 2.
25 Philipperbrief 3, 20; Lukasevangelium 10, 10.
26 Lukasevangelium 10, 18.
27 Offenbarung 12, 7f.
28 Hebräerbrief 7, 1–10.
29 2. Korintherbrief 5, 1ff.
30 Lukasevangelium 15, 18.
31 Markusevanelium: 11, 30.
32 1. Thessalonicherbrief: 5, 10.
33 2. Korintherbrief: 13, 4.
34 Ein Beispiel: J. Staudinger, Das Jenseits.
35 Lukasevangelium: 16, 23ff.
36 Johannesevanelium 11.
37 Matthäusevangelium: 22, 21.
38 Korintherbrief: 6, 2.
39 Offenbarung: 20, 4.
40 Offenbarung: 21, 6.
41 H. Leisegang: 26f.; auch H. Conzelmann/A. Lindemann, Arbeitsbuch zum Neuen Testament: 169–174.

42 K. Rudolph, Die Gnosis: 40–54 (bes. über die Fundgeschichte).
43 Ebenda: 159.
44 Ebenda: 67, 100ff., 186ff., 240, 363f., 386.
45 Ebenda: 191.
46 Ebenda.
47 Ebenda: 192.
48 «Das Tor der Gefesselten passierte ich, mein Glanz erschien in ihrem Kerker. Es erschien mein Glanz in ihrem Kerker, sie wurden durch meinen Duft wohlriechend. Durch meinen Duft wurden sie wohlriechend, und die Hölle leuchtete durch meinen Glanz. Die (gefangenen) Seelen bemerkten es, sie weinen, jammern und vergießen Tränen. Ich rufe zum Gefangenenwärter: ‹Öffne das Tor für die Seelen.› Er spricht: ‹Wieviel soll ich von Tausenden herausgehen lassen, wie viele soll ich von Zehntausenden herausgehen lassen?› Er öffnete mir das Tor und setzte ein Zeichen auf den Paß. Er öffnete mir das Tor und gab ihnen (den befreiten Seelen) den Lohn für ihre Ketten.» Ebenda: 199.
49 Ebenda: 200.
50 Ebenda: 201.
51 Ebenda: 202.
52 Ebenda.
53 Ebenda: 204.
54 Ebenda.
55 Ebenda: 205f.
56 Ebenda: 207.
57 Ebenda.
58 1. Korinther 15, 12; K. Rudolph, Die Gnosis: 208.
59 1. Korinther 15, 50; K. Rudolph, Die Gnosis: 208.
60 Ebenda: 209.
61 Ebenda: 210.
62 Ebenda: 212.
63 H. Jonas I: 261.
64 Hierzu R. Knopf, Einführung in das NT: 156f.; C. Andresen, Die Kirche der alten Christenheit: 25f.
65 C. Andresen: 26.
66 Ebenda: 29.
67 Ebenda: 31.
68 Ebenda: 33.
69 Offenbarung 21, 2.
70 Ebenda: 20, 4–6.
71 Ebenda: 19, 19–21.
72 Ebenda: 21, 2.
73 H. Conzelmann/A. Lindenmann: 315–321.
74 R. Knopf: 166ff.
75 J. Leipoldt/H.-M. Schenke, Koptisch-gnostische Schriften: 56.
76 C. Andresen: 236.
77 F. Cumont, Die orientalischen Religionen im römischen Heidentum: 145f.; ders., Die Mysterien des Mithra: 129ff.; R. Reitzenstein, Die hellenistischen Mysterienreligionen: 43.
78 K. Heussi, Kompendium der Kirchengeschichte: § 22 / 90.
79 C. Andresen: 326.
80 Ebenda: 327.
81 Ebenda: 365.

82 Hierzu W. Nigg, Vom Geheimnis der Mönche.
83 C. Andresen: 445.
84 Aurelius Augustinus, Der Gottesstaat: IV, 15.
85 Ebenda: XXII, 30.
86 C. Andresen: 525.
87 Ebenda.
88 W. Koehler, Dogmengeschichte I: 88f.
89 Hierzu W. Tritsch, Mystische Theologie: 7ff.
90 Aber auch solche Einsichten bringen, was die Identität dieses Verfassers betrifft, keinen Schritt weiter.
91 W. Koehler, Dogmengeschichte I: 105f.; J. Geffcken, Der Ausgang des griechisch-römischen Heidentums: 31–56.
92 C. Andresen: 641.
93 Johannesevangelium 1, 52.
94 1. Mose 28, 12.
95 Jesaja 6.
96 Das entspricht neuplatonischer, allerdings auf die kosmische Seinsordnung ausgerichteten Hypostasenlehre.
97 Dionysius Areopagita, Von den Namen zum Unnennbaren: 86.
98 C. Andresen: 661.
99 K. Leonhard, Dante.
100 Dante, Divina Comedia, Paradies XXV, V 1/2
101 B. Hanssler: 35.
102 Ebenda: 37.
103 Ebenda: 41.
104 Hans-Georg Beck hat in einer Akademiearbeit «Die Byzantiner und ihr Jenseits» über die Byzantiner und ihr Jenseits zunächst auf ein Epos hingewiesen, das einem Helden namens Digenis gewidmet ist. Es gibt eine ganze Reihe von Ausgaben, die zum Teil in Einzelheiten variieren: 11ff.
105 Ebenda: 13.
106 Ebenda: 15.
107 Dieses Grundkonzept findet sich in allen Varianten der Geschichte, die vom 12. bis zum 16. Jahrhundert kursiert und weitergegeben wird. Ebenda: 16.
108 Ebenda.
109 Ebenda: 19.
110 Ebenda.
111 Ebenda: 20.
112 Ebenda: 21.
113 Ebenda: 21f.
114 Dem Toten wird ein Wort in den Mund gelegt: «Ich kehre erst zurück, wenn das Meer zum Festland und zum Garten geworden ist; wenn man aus der Olive Wein preßt und aus Traube Öl; wenn der Rabe weiß wird und die Möwe schwarz.» (Beck: 22)
115 Ebenda: 22.
116 Ebenda: 23.
117 Ebenda: 24.
118 Ebenda: 26.
119 Ebenda: 27.
120 Ebenda.
121 Ebenda: 28.

122 Johannesevanelium: 12, 24.

123 Weisheit: 2, 5.

124 H.-G. Beck: 35.

125 Ebenda.

126 Ebenda.

127 Ebenda: 40.

128 Ebenda.

129 Ebenda.

130 Ebenda.

131 Ebenda: 41.

132 1. Korintherbrief: 13, 12: «Denn wir sehen jetzt nur wie mittels eines Spiegels in rätselhafter Gestalt, darin aber von Angesicht zu Angesicht.»

133 Ebenda: 43.

134 Philipperbrief: 1, 23.

135 H.-G. Beck: 45.

136 Ebenda: 47f.

137 Ebenda: 50.

138 Ebenda: 51.

139 Ebenda.

140 Ebenda: 52.

141 Ebenda: 56.

142 Ebenda: 57.

143 Ebenda.

144 Ebenda: 58.

145 Ebenda: 59.

146 Ebenda.

147 Ebenda: 60.

148 Ebenda: 61.

149 Ebenda: 62.

150 Ebenda: 69f. An solchen Stellen der geschichtlichen Entwicklung zeigt sich deutlich, wie divergent bis in die Verwurzelungen auch der Interpretationen die beiden Bereiche des Westens und des Ostens geworden sind.

151 M. Luther, Werke: 1144.

152 Ders. 49: 732.

153 Ders., Tischreden 5: 5534.

154 Ebenda 3: 3904.

155 W. Köhler II: 478f.

156 M. Luther 44: 498.

157 Ders. 40: 3496.

158 Ders. 22: 101.

159 Ders. 34: 491.

160 Ders. 18: 785. ([...]: cum haec vita sit nihil nisi praecupus aut initium potius futurae vitae)

161 Ders., Tischreden: 2277 1b.

162 E. Benz, Beschreibung des Christentum: 221.

163 Ebenda: 223.

164 W. Montgomery Watt/A. T. Welch, Der Islam I: 53.

165 Ebenda.

166 Ebenda: 63.

167 Ebenda, sowie R. Hartmann, Die Religion des Islam: 15.

168 W. M. Watt: 67.
169 Koran: 51, 16–19; W. M. Watt: 67.
170 Koran: 83, 1–3.
171 Ebenda: 70, 29–31.
172 Ebenda: 37, 96.
173 Ebenda: 37, 35.
174 Ebenda: 6, 31; 7, 187.
175 Ebenda: 36, 53.
176 Ebenda: 80, 33.
177 Ebenda: 39, 68; 68, 13; 74, 8; 78, 18.
178 Ebenda: 89, 22.
179 Das stimmt mit der Tatsache überein, daß in späteren Passagen das Kriterium, auf das sich das Gericht gründet, eher dem Glauben bzw. einem Unglauben entspricht als guten oder bösen Taten.
180 W. M. Watt: 218; Koran: 10, 18; 30, 12f.; 36, 23; 39, 43; 43, 86; 53, 26.
181 Koran: 2, 255; 10, 3; 19, 87; 20, 109; 21, 28; 34, 23.
182 W. M. Watt: 219.
183 Koran: 73, 12f.
184 Ebenda: 74, 27–29.
185 Ebenda: 44, 43–46; 56, 51–56.
186 Ebenda: 47, 30f.
187 Ebenda: 56, 10–26.
188 Ebenda: 3, 15; 9, 72.
189 Ebenda: 75, 22f.
190 Ebenda: 55, 46–54.
191 Ebenda: 56, 17–26.
192 Ebenda: 35–39.
193 Ebenda: 40–56.
194 Koran: 66, 15–21.
195 Koran: 77, 31f.
196 Koran: 78, 36.
197 Ebenda: 39–41.
198 Koran: 88.
199 Koran: 15, 16–23.
200 Koran: 44, 54.
201 W. M. Watt: 220.
202 Koran: 37, 48; 38, 52; 55, 56–58; 56, 35–40; 78, 39.
203 Koran: 2, 25; 3, 15; 4, 57.
204 Koran: 33, 35.
205 Koran: 85, 11.
206 Koran: 7, 46–49.
207 T. Nagel, in: H.-J. Klimkeit, Tod und Jenseits: 135ff.
208 Ebenda: 138.
209 Ebenda: 139.
210 W. M. Watt, Der Islam II: 407–418.
211 Hierzu A. Schimmel, Mystische Dimensionen des Islam.
212 A. Schimmel u. a., Der Islam III: 183.
213 Koran: 50, 16.
214 Hierzu I. Shah, Die Sufis.

215 Koran: 2, 256.

216 Koran: 112.

217 A. Schimmel, Islam III: 250.

218 Ebenda.

219 Ebenda: 251.

220 Ebenda.

221 Ebenda: 252.

222 H.-J. Braun, Mohammed als Homo religiosus: 30.

223 Ebenda.

224 Ebenda.

225 Ebenda.

226 Ebenda: 31.

227 J. Gonda, Die Religionen Indiens I: 48f.; auch R. C. Zaehner, Der Hinduismus.

228 J. Gonda I: 53–57; A. Hillebrandt, Lieder des Rgveda: 38, 41f.; R. C. Zaehner, Der Hinduismus: 28–36.

229 Hierzu auch etwas anders J. C. Heesterman, Vedisches Opfer und Transzendenz, in: G. Oberhammer, Transzendenzerfahrung, Vollzugshorizont des Heils: 29–44.

230 J. Gonda I: 62–67.

231 Ebenda: 67–73; A. Hillebrandt, Lieder des Rgveda: 9–22; R. C. Zaehner, Der Hinduismus: 24–26.

232 Ebenda: 69.

233 H. Zimmer, Philosophie und Religion Indiens: 310 u.ö.

234 J. Gonda I: 73ff.; K. Mylius, Altindische Dichtung und Prosa: 149f.

235 J. Gonda I: 89ff.; A. Hillebrandt, Lieder des Rgveda: 89; R. C. Zaehner, Der Hinduismus: 13, 25, 40 u. ö.

236 J. Gonda I: 91.

237 Ebenda: 187ff.; R. C. Zaehner, Der Hinduismus: 45–48.

238 Ebenda: 188–189.

239 Ebenda: 190; H. Zimmer, Philosophie und Religion Indiens: 271f.

240 J. Gonda I: 195; R. C. Zaehner, Der Hinduismus: 54; K. Mylius, Älteste indische Dichtung und Prosa: 149f.

241 J. Gonda I: 196.

242 Ebenda: 197; J. C. Heesterman, Vedisches Opfer und Transzendenz, in: G. Oberhammer, Transzendenzerfahrung, Vollzugshorizont des Heils: 29–44.

243 J. Gonda I: 199.

244 R. C. Zaehner, Der Hinduismus: 57.

245 Ebenda.

246 Ebenda: 59.

247 Ebenda: 61f.

248 Ebenda: 199ff.; T. Vetter, Erfahrung des Unerfahrbaren bei Shankara, in: G. Oberhammer, Transzendenzerfahrung: 45–59; R. C. Zaehner, Der Hinduismus: 79f.

249 J. Gonda I: 199ff.; H. Zimmer, Philosophie und Religion Indiens: 61.

250 R. C. Zaehner, Der Hinduismus: 62.

251 J. Gonda I: 202.

252 Ebenda: 203; K. Mylius, Altindische Dichtung und Prosa: 202–208.

253 J. Gonda I: 203.

254 Ebenda: 204.

255 Ebenda.

256 Ebenda.

257 M. Eliade, Yoga: 55–109.
258 J. Gonda I: 205f.; T. Vetter, Erfahrung des Unerfahrbaren bei Sankara, in: G. Oberhammer, Transzendenzerfahrung: 45–59; H. Himmer, Philosophie und Religion Indiens: 544.
259 J. Gonda I: 205f.
260 Ebenda.
261 Ebenda.
262 Ebenda: 206.
263 Ebenda: Satapatha-brahmana: 2, 3, 3, 8.
264 Ebenda: 10, 1.4, 14.
265 J. Gonda I: 206; Chandogya Upanishad: 8, 1, 6.
266 J. Gonda I: 207; Brhadaranyka Upanishad: 4, 4, 5.
267 J. Gonda I: 207; H. Zimmer, Philosophie und Religion Indiens: 394–399.
268 J. Gonda I: 208.
269 Ebenda.
270 Ebenda: 208f.
271 Ebenda: 209; K. Mylius, Älteste indische Dichtung und Prosa: 183–185.
272 J. Gonda I: 210; Mundaka-Upanishad: 3, 2, 7.
273 J. Gonda I: 210.
274 Ebenda: 210.
275 Ebenda: 211.
276 J. Gonda I: 212.
277 Ebenda: 213.
278 Ebenda.
279 K. Mylius, Geschichte der Literatur im alten Indien: 99–130.
280 J. Gonda I: 282.
281 Ebenda: 285ff.
282 Hierzu E. Conze, Der Buddhismus: 26–30; D. Schlingloff, Die Religion des Buddhismus: 7–12; A. Bareau, Die Religionen Indiens III: 11, 23ff.
283 A. Bareau, Die Religionen Indiens III: 14, 33.
284 Ebenda; hierzu auch H. W. Schumann, Buddhismus: 59–70.
285 A. Bareau, Die Religionen Indiens III: 14, 33.
286 Ebenda.
287 Ebenda.
288 Ebenda: 33f.
289 Ebenda: 34.
290 E. Conze, Der Buddhismus; H. W. Schumann, Buddhismus: 13–50.
291 A. Bareau, Die Religionen Indiens III: 34.
292 Ebenda: 35.
293 Ebenda. P. Dahlke, Dhammapada: 63–65.
294 A. Bareau, Die Religionen Indiens III: 36; W. Kirfel, Symbolik des Buddhismus: 21–23.
295 A. Bareau, Die Religionen Indiens III: 36.
296 Ebenda: 40f.
297 Ebenda: 41; H. W. Schumann, Buddhismus: 88–106.
298 A. Bareau, Die Religionen Indiens III: 42.
299 Ebenda: 43.
300 Ebenda: 45.
301 Ebenda.
302 Ebenda: 47.
303 Ebenda. D. Schlingloff, Die Religion des Buddhismus: 62ff.

304 A. Bareau, Die Religionen Indiens III: 48.

305 Ebenda; R. H. Robinson/W. L. Johnson, The Buddhist Religion: 50–56.

306 Udana VIII, 1, 4, 3; auch H. W. Schumann, Buddhismus: 106.

307 C. Vogel, in: H.-J. Klimkeit, Tod und Jenseits im Glauben der Völker: 147.

308 Ebenda: 151.

309 Ebenda.

310 Ebenda: 156.

311 Ebenda.

312 G. Tucci/W. Heissig, Die Religionen Tibets und der Mongolei: 47–61. Um die Jenseitsvorstellungen im tibetischen Lamaismus lebensweltlich angemessen verankern zu können, wäre
es von Vorteil, die Lehren der bedeutendsten Schulen lamaistischer Prägung im Einzelnen
vorzuführen. Das ist wegen des knappen Raumes, der hier zur Verfügung steht, nicht möglich.

313 G. Tucci, Die Religionen Tibets: 62–67. So schließt sich das Diskontinuum zwischen Leere,
Wesensbewußtsein und endlosem Hervorsprießen von Götterfiguren im dicht bevölkerten
buddhistischen Pantheon wie der Scheinhaftigkeit alles dessen, was sich als existent und denkbar ausgibt.

314 G. Tucci, Die Religionen Tibets: 114.

315 Ebenda: 114f.; H. Hoffmann, Die Religionen Tibets: 21, 74.

316 Ebenda: 116.

317 Ebenda: 117.

318 B. C. Olschak/T. Wangyal, Geistiger Führer zur Juweleninsel: 161–221.

319 G. Tucci, Die Religionen Tibets: 118.

320 Ebenda: 118–120.

321 Ebenda: 120f.

322 Ebenda: 122; hierzu im Detail auch Sogyal Rinpoche.

323 Ebenda: 123.

324 Ebenda: 124f. Die im Lamaismus gebräuchlichen Bilder von Paaren in Liebesumarmung
werden so erklärt: Dem Vater sei es gegeben, sich durch allmähliche Anpassungen in das
höhere Bewußtsein zu verwandeln; die Mutter, mit dem Vater im Liebesakt umschlungen,
stelle selbst das höhere Bewußtsein dar. Der große Genuß der Begattung entspricht
der großen Leere, dem Eingehen in das Jenseits. Die Höhen mystischer Kontemplation,
dieser bewundernswerte Versuch, eine philosophische Erfahrung und ein in der Vergangenheit wurzelndes Erbe volkstümlicher Vorstellungen und magischer Ängste in gnostische
Schauung zu transformieren, sind keineswegs jedem Menschen zugänglich. Ihr geheimer Sinn
bleibt einer Minorität vorbehalten, während die Menge bildliche Darstellungen direkt auf-
faßt.

325 Ebenda: 184f.

326 Ebenda.

327 Ebenda: 187. Es ist das Wirken Padmasambhavas, wodurch die alten einheimischen Numina
ein Bürgerrecht in der neuen buddhistischen Religion erhalten.

328 Ebenda: 192.

329 Ebenda: 207ff.

330 Ebenda: 214.

331 Ebenda: 216; In einem anderen Buch ringen die über die guten und bösen Taten der Menschen
wachenden Hüter miteinander um den Besitz der Seele. Siegt der Hüter der guten Werke,
dann befreit er den Toten aus den Krallen seines Anklägers und geleitet ihn vor den auf seinem Thron sitzenden Großen und weiter vor das Angesicht der Leuchtenden. Geht jedoch
der Hüter der Sünder als der Sieger hervor, dann wird die Seele den Händen ihres Verteidi-

gers entrissen und der Sphäre des Hungers, des Durstes und qualvollen Krankheiten überant-
wortet.

332 W. Y. Evans-Wentz, Das tibetanische Totenbuch: 76–103.
333 Ebenda: 104f.
334 G. Tucci, Die Religionen Tibets: 220; H. Hoffmann, Die Religionen Tibets: 53f.
335 Ebenda: 235; hierzu auch H. Hoffmann, Die Religionen Tibets: 1–16.
336 Ebenda: 274.

Anmerkungen zu Kapitel 5

1 Hierzu H. Franke/R. Trauzettel, Das Chinesische Kaiserreich.
2 W. Schilling, Einst Konfuzius, heute Mao Tse-Tung.
3 M. Granet, Die chinesische Zivilisation, II: Familie, Gesellschaft, Herrschaft: 44ff. u. ö.
4 H. Franke/R. Trauzettel: 27–36.
5 Ebenda.
6 W. Eichhorn, Die Religionen Chinas: 21–24.
7 Ebenda: 25–28.
8 Manche dieser Geisterwesen waren jedoch auch nicht menschlichen Ursprungs und mögen totemistischen oder schamanistischen Vorstellungen entstammen.
9 Die religiöse Aktivität in der Shang-Zeit bestand deshalb darin, sich ständig über die Wünsche dieser Sippenahnen zu informieren und sie durch Opfer bei der Stange bzw. bei guter Laune zu erhalten.
10 W. Eichhorn: 29.
11 Ebenda: 40.
12 H. Franke/R. Trauzettel: 37–40.
13 W. Eichhorn: 51.
14 M. Granet, Das chinesische Denken, I: Inhalt, Form, Charakter: 322.
15 W. Eichhorn: 72–74.
16 Ebenda: 81ff.
17 Ebenda: 86.
18 Ebenda: 87.
19 Hierzu W. Bauer, China und die Hoffnung auf Glück: 140, 141, 169 u. ö.
20 W. Eichhorn: 126.
21 Ebenda: 144.
22 Ebenda: 145f., 153.
23 Ebenda: 183.
24 Ebenda: 191–201.
25 Ebenda: 237.
26 Ebenda: 253ff.
27 Ebenda: 275.
28 Hierzu: G. Béky, Die Welt des Tao.
29 H. Franke/R. Trauzettel: 223–238.
30 W. Eichhorn: 314f.
31 Ebenda: 332.
32 H. Franke/R. Trauzettel: 269, 271, 295, 297.
33 Ebenda: 275–310.
34 W. Eichhorn: 371f.
35 F. Vos, Die Religionen Koreas: 24ff.

36 Ebenda: 27f.
37 F. Vos, Die Religionen Koreas: 38.
38 Ebenda: 41f.
39 Ebenda: 42.
40 Ebenda: 42f.
41 Ebenda: 43.
42 Die strikte Abgrenzung eines Jenseits vom Diesseits, die nachtodliche Probleme virulent macht, ist somit ein keineswegs typisches Signet für die gesamte fernöstliche Situation.
43 F. Vos, Die Religionen Koreas: 59.
44 Ebenda.
45 Ebenda.
46 Vgl. A. Friedrich/G. Buddruss, Schamanengeschichten aus Sibirien.
47 F. Vos, Die Religionen Koreas: 66, 72. Die *mudang* sind Frauen, deren wichtigste Handlungen beschwörende Tänze und das Rezitieren von Beschwörungsformeln sind (ebenda: 67).
48 Ebenda: 70.
49 Ebenda: 73.
50 Ebenda.
51 Ebenda.
52 Ebenda: 79.
53 Ebenda: 80.
54 Ebenda: 100.
55 Ebenda: 101.
56 Ebenda: 103.
57 Ebenda: 115.
58 Ebenda.
59 Ebenda: 133.
60 Ebenda: 139.
61 Ebenda: 140.
62 Ebenda.
63 Hierzu M. Deuchler, Konfuzianismus und Schamanismus: Männerreligionen und Frauenreligion in Korea, in: H.-J. Braun/K. H. Henking, Homo religiosus: 90.
64 F. Vos, Die Religionen Koreas: 186.
65 Ebenda.
66 Ebenda.
67 Ebenda: 189.
68 Ebenda: 191f.
69 Hierzu Th. Immoos, Japan: 15–21.
70 W. Gundert, Japanische Religionsgeschichte: 3.
71 Ebenda: 4.
72 Ebenda.
73 Ebenda: 5f.
74 Ebenda: 79–81.
75 Ebenda: 82–115.
76 Ebenda: 86ff.
77 Ebenda.
78 Ebenda.
79 Ebenda: 84f.
80 Ebenda: 86f.
81 Hierzu auch W. Kohler, Die Lotus-Lehre: 120–175; 177–200.

82 W. Gundert, Japanische Religionsgesichte: 107.
83 Ebenda.
84 W. Kohler, Die Lotus-Lehre: 142–160.
85 D. T. Suzuki, Zen und die Kultur Japans.
86 Hierzu G. Schüttler, Die Erleuchtung im Zen-Buddhismus, und S. Sekiguchi, Was ist Zen?
87 D. T. Suzuki, Zen und die Kultur Japans: 129.
88 Ebenda: 129f.
89 Nishida Kitaro, Über das Gute (Zen no kenkyu, 1991), übers. und eingeleitet von P. Pörtner, Frankfurt (Insel) 1989.
90 Ebenda: 118.
91 Ebenda.
92 Ebenda: 119.
93 Ebenda: 121.
94 Ebenda.
95 Ebenda: 197.
96 Ebenda: 198.
97 Ebenda: 199.
98 Ebenda: ein Hinweis auf Jakob Böhme.
99 Ebenda: 208.
100 Ebenda.
101 Ebenda: 212.
102 K. Nishitani, Was ist Religion?: 40.
103 Ebenda.
104 Ebenda: 41.
105 Ebenda: 41f.
106 Ebenda: 42.
107 Ebenda: 43.
108 Ebenda: 50.
109 Ebenda: 177.
110 Ebenda: 185.
111 Ebenda: 190.
112 Ebenda: 206.
113 Ebenda: 191f., 196.
114 Ebenda: 236.
115 Ebenda: 238.
116 Ebenda: 240.
117 Ebenda: 236.
118 Ebenda: 238f.
119 Ebenda: 239.
120 Ebenda: 242f.
121 Ebenda: 247.
122 Ebenda: 249f.
123 Ebenda: 250.
124 Ebenda: 253.
125 Ebenda.
126 Ebenda: 255.

Anmerkungen zu Kapitel 6

1 Zu oft wird übersehen, daß der Manichäismus sich nach Manis Tod als Weltreligion etablieren konnte, wenngleich auf diese Blütezeit im vierten Jahrhundert im Westen ein rascher Verfall folgte, im Osten dagegen noch ein Jahrtausend öffentlicher Anerkennung.

2 Hierzu auch E. Benz, Neue Religionen: 9.

3 Wie reichhaltig diese sind, kann man aus der Tatsache entnehmen, daß dem staatlich anerkannten offiziellen Verband neuer Religionen in Japan über 450 Religionsgemeinschaften angehören. Auch in anderen Kontinenten häufen sich die neuen Religionen. Ihre Bedeutung ist oft schwer zu erfassen, weil sich der Prozeß ihrer Entstehung wie ihres Verschwindens in voller Entwicklung befindet und manche bald in den Vordergrund treten, die heute kaum bekannt sind, und manche wieder zurücktreten, die heute eine maßgebliche öffentliche religiöse, politische und soziale Rolle spielen. Vgl. E. Benz, Neue Religionen: 14.

4 Die Heilsbotschaften der verschiedenen neuen Religionen Japans stimmen weitgehend darin überein, daß das Erlangen des Heils auf dem entsprechenden neugeoffenbarten Heilsweg nicht nur eine Erlösung im seelisch-geistigen Bereich hervorruft, sondern auch leibliche Heilung mit sich bringt. Bezeichnenderweise spielen in vielen dieser neuen Religionen Heilungswunder eine große Rolle, und zwar sowohl Heilungen an Geisteskranken wie auch Heilungen an physisch Kranken. Der Gedanke an ein Jenseits und entsprechende Vorstellungen sind in diesen Kontexten äußerst spärlich, wenn sie überhaupt berührt werden. E. Benz, Neue Religionen: 20.

5 Hierzu z. B. S. Aurobindo, Der integrale Yoga, und ders., Alles Leben ist Yoga.

6 E. Benz, Neue Religionen: 47.

7 «Dem Leben entsagen kann nicht der Sinn des Lebens sein, noch Verwerfung der Welt der Zweck, zu dem sie geschaffen wurde. Wenn die Welt vom Fleisch und vom Teufel regiert wird, um so mehr Grund, daß die Kinder der Unsterblichkeit dasein müssen, sie für Gott und den Geist zu erobern. Wenn zwischen Geist und Gott, Religion und Welt ein Gegensatz besteht, dann ist das integrale Yoga dazu da, diesen Abgrund zu überbrücken.» E. Benz, Neue Religionen: 50f.

8 «Der denkende Mensch muß in sich selbst erst noch ein vollbewußtes Wesen entwickeln, ein göttliches Menschsein oder ein spirituelles oder supramentales Menschtum, das das nächste Ergebnis der Entwicklung im Rahmen der Unwissenheit zu einer größeren Entfaltung im Rahmen des Wissens darstellt, das sich nicht länger auf das Dunkel des Nichtwissens und des Nichtbewußten gründet, sondern im Lichte des Überbewußtseins vor sich geht.» E. Benz, Neue Religionen: 51.

9 Ebenda: 53f.

10 Die Aurobindo in seinem Werk maßgebend unterstützende «Mutter» schreibt von ihm: «Was Sri Aurobindo in der Geschichte der Welt darstellt, ist nicht eine Lehre, nicht einmal eine Offenbarung; es ist ein entscheidendes Eingreifen direkt von dem höchsten Wesen. Sri Aurobindo verkörperte in einem menschlichen Leib das supramentale Bewußtsein. Er offenbarte uns nicht nur die Natur des Pfades, den wir gehen, und die Methode, die wir befolgen müssen, um zum Ziel zu gelangen. Er hat uns vielmehr durch seine eigene persönliche Realisation das Vorbild gegeben. Er hat uns den Beweis geliefert, daß es getan werden kann, und daß es jetzt die Zeit ist, es zu tun.» E. Benz, Neue Religionen: 55.

11 Hierzu bes. W. H. Lindig/A. M. Dauer, Prophetismus und Geistertanz-Bewegung bei nordamerikanischen Eingeborenen, in: W. E. Mühlmann, Chiliasmus und Nativismus: 41–74.

12 P. Gerber, Die Peyote-Religion: 27.

13 Auch E. Benz, Neue Religionen: 71.

14 Ebenda.

15 Ebenda: 72.

16 Ebenda: 73.

17 Ebenda: 74.

18 Zum Teil ist der Weltuntergang als neue Sintflut gedacht, so bei den Cherokesen, bei denen ein Prophet im Jahre 1812 verkündet, daß durch eine Flut und schrecklichen Sturm mit Hagelkörnern, so groß wie Eisenhämmer, alle Menschen, mit Ausnahme der wahren Gläubigen, der Indianer, vernichtet würden, die sich zuvor auf die höchsten Berge als Bergungsort zu begeben hätten. E. Benz, Neue Religonen: 74.

19 Ebenda: 75.

20 Ebenda: 77.

21 Ebenda: 79f.

22 Man kann sagen, es ist ein visionärer Vorläufer des Gemini- und Apolloprojektes. E. Benz, Neue Religionen: 80.

23 P. Gerber, Die Peyote-Religion: 59f.

24 E. Benz, Neue Religionen: 81.

25 W. E. Mühlmann, Chiliasmus und Nativismus: 43f.

26 Hierzu G. Lanczkowski, Die neuen Religionen: 152–157.

27 Ebenda.

28 Auch E. Benz, Neue Religionen: 92–112.

29 Vgl. P. Worsley, Die Posaune wird erschallen: 134ff.

30 E. Benz, Neue Religionen: 128.

31 P. Worsley, Die Posaune wird erschallen: 137; E. Benz, Neue Religionen: 129f.

32 Ebenda: 132–135.

33 Hierzu G. Lanczkowski, Die neuen Religionen: 181–184.

34 E. Benz, Neue Religionen: 133.

35 Ebenda: 134.

36 G. Lanczkowski, Die neuen Religionen: 124; V. Lauternari, Religiöse Freiheits- und Heilsbewegungen unterdrückter Völker: 77–79.

37 Ebenda.

38 E. Benz, Neue Religionen: 147f.

39 Ebenda.

40 Diese Intention ist nicht neu. So ist z. B. für Kolumbus, als er in der neuen Welt landet, die Überzeugung eindeutig, daß er sich dem irdischen Paradies genähert hat. In einer messianischen und apokalyptischen Atmosphäre finden die transozeanischen Expeditionen und geographischen Entdeckungen statt, die Westeuropa tief erschüttern und verwandeln. In ganz Europa glauben die Menschen an eine unmittelbar bevorstehende Regeneration der Welt. Die Kolonialisierung der beiden Amerika beginnt unter einem eschatologischen Zeichen. Die Menschen glauben, die Zeit wäre gekommen, die christliche Welt zu erneuern, und die wahre Erneuerung sei die Rückkehr zum irdischen Paradies oder zumindest der Neubeginn der heiligen Geschichte, die Wiederholung der wunderbaren Ereignisse, von denen die Bibel erzählt. Hierzu M. Eliade, Die Sehnsucht nach dem Ursprung: 117f.

41 Ebenda: 134f.

42 Ebenda: 141.

43 Hierzu H.-D. Leuenberger, Das ist Esoterik: 186–190.

44 Das Leben und Wirken von H. P. Blavatsky läßt insgesamt diese Tendenz erkennen. Vgl. St. Holhaus, Madame Blavatsky und die Theosophische Gesellschaft.

45 A. Köberle, Art. Theosophie, in Rgg³ Bd. VI.

46 Von Erhard Bäzner liegt eine Abhandlung vor über Tod und Wiederverkörperung; sie erschien in Leipzig im Theosophischen Kultur-Verlag 1927 in zweiter, veränderter und erweiterter Auflage. (Wir beziehen uns im folgenden auf die Ausführungen von Bäzner.)

47   E. Bäzner, Wo sind die Toten?: 9.
48   Ebenda: 14.
49   Ebenda: 16.
50   Ebenda: 18.
51   Ebenda: 20.
52   Ebenda: 22.
53   Ebenda: 24.
54   Ebenda: 25.
55   Ebenda: 27.
56   Ebenda: 29.
57   Ebenda: 31.
58   Ebenda: 37.
59   Ebenda: 46.
60   Ebenda: 47.
61   Ebenda: 48.
62   Ebenda: 49.
63   Ebenda.
64   Ebenda: 50f.
65   Ebenda: 51.
66   Ebenda: 67f.
67   Ebenda: 69.
68   Ebenda: 75.
69   Vgl. H.-D. Leuenberger, Das ist Esoterik: 191–197.
70   Vgl. hierzu R. Steiner
71   R. Steiner, Geheimwissenschaft im Umriß, in: Ruprecht, Tod und Unsterblichketi: 289.
72   Ebenda: 293.
73   Ebenda: 294.
74   Ebenda:976.
75   Ebenda. 295
76   Ebenda: 296.
77   Ebenda: 299
78   F. Rittelmeyer, Gemeinschaft mit den Verstorbenen. Er analysiert mit knappen Strichen die moderne Situation mit einer materialistisch orientierten Wissenschaft. Die Prognose ist verblüffend: «Ein Tierstaat ist die letzte Höhe der menschlichen Kulturentwicklung. Aus dem Tierstaat wird wieder Urwald werden.»
79   Ebenda: 6.
80   Ebenda: 11.
81   Ebenda: 12.
82   Ebenda.
83   Ebenda: 14
84   Ebenda: 30
85   Ebenda: 35.
86   Ebenda: 35.f
87   E. Mattiesen, Der jenseitige Mensch. Eine Einführung in die Metapsychologie der mystischen Erfahrung, 1925 [unv. Nachdruck 1987].
88   Ebenda: 1.
89   Ebenda: 2.
90   Ebenda.
91   Ebenda: 2f.

92 Ebenda: 3.
93 Ebenda: 4.
94 Ebenda: 9.
95 Ebenda: 10.
96 Ebenda: 18.
97 Ebenda: 21.
98 Ebenda: 29.
99 Ebenda: 30.
100 Ebenda: 656.
101 Ebenda: 656f.
102 Ebenda: 657f.
103 Ebenda: 659.
104 Ebenda.
105 Ebenda.
106 Ebenda: 660.
107 Ebenda: 664.
108 Ebenda: 666.
109 Ebenda: 290.
110 Ebenda: 292f.
111 Ebenda: 298f.
112 Ebenda: 685f.
113 Deutsch unter dem Titel: Der kosmische Reigen. Physik und östliche Mystik – ein zeit-
    gemäßes Weltbild, 1978[2].
114 F. Capra, Wendezeit: 8of.
115 Ebenda: 416.
116 Ebenda.
117 Ebenda: 416f.
118 Ebenda: 417.
119 Ebenda: 421.
120 Ebenda: 469.
121 Bemerkenswert ist die Diskussion, die u. a. hierzu geführt wird in H. Bürkle, New Age. Kriti-
    sche Anfragen an eine verlockende Bewegung.
122 Hierzu als besonderes Beispiel: S. A. Buholzer, Studien zur Gottes- und Seelenkonzeption im
    Werk der Mechthild von Magdeburg.
123 Hierzu J. von Butlar, Das UFO-Phänomen, der versucht, das angebliche Beweismaterial auf
    seinen harten Kern hin zu sichten.
124 C. G. Jung, Ein moderner Mythus: 346, 349f., 354, 356f.
125 Oetinger stützt sich auf eine (lateinische) Schrift Emanuel Swedenborgs, die 1760 unter dem
    bemerkenswerten Titel erschien: «Von den Erdkörpern der Planeten und des gestirnten Him-
    mels Einwohnern». Dieses Buch hat wohl bedeutend auf den deutschen Pietismus und die
    Theosophie gewirkt. Zu F. Ch. Oetinger vgl. R. Piepmeier, Aporien des Lebensbegriffs seit
    Oetinger, und E. Benz, Neue Religionen: 113–124.
126 E. Benz, Neue Religionen: 115.
127 Fontenelle legt dies in einem Buch unter dem Titel «Discours sur la Pluralité des Mondes» in
    amüsanter Form dar. Sein Buch, 1780 ins Deutsche übersetzt, wird mit großer Begeisterung
    von Intellektuellen, Dichtern und Philosophen dieser Zeit rezipiert. Spuren Fontenelles sol-
    len sich bei Kant, Herder, Goethe, Lavater und den Romantikern sowie idealistischen Philoso-
    phen bis zu Schelling und Franz von Baader finden. Fontenelle nimmt die Leser auf einer
    imaginären Reise durch die Gestirnswelt mit: «Ernstlich gesprochen würde es kein geringes

Vergnügen sein, viele voneinander verschiedene Welten zu sehen. Diese Reise ergötzt mich zuweilen schon sehr, obwohl erst in der Imagination gemacht. Wie sehr würde sie es nicht, wenn's wirklich geschähe. Das wäre viel wichtiger, als von hier nach Japan zu reisen, d. h. mit vieler Beschwerlichkeit von einem Punkt der Erde bis nach einem anderen zu kriechen und doch weiter nichts als Menschen zu sehen.» So bei E. Benz, Neue Religionen: 116.

128 E. Benz, Neue Religionen: 115f.

129 Kant: 375, setzt für den dritten Teil der Allgemeinen Naturgeschichte folgenden Untertitel: «Welcher einen Versuch einer auf die Analogien der Natur gegründeten Vergleichung zwischen den Einwohnern verschiedener Planeten in sich enthält».

130 Ebenda: 393.

131 Ebenda: 394.

132 Ebenda.

133 Ebenda: 395; vgl. E. Benz, Neue Religionen: 118.

134 Hierzu J. von Buttlar, Das UFO-Phänomen; E. Benz, Neue Religionen: 118.

135 Die amerikanische Öffentlichkeit reagiert bereits 1938 auf ein Hörspiel von H. G. Wells «Invasion der Marsbewohner». Wells bietet den Bericht über eine bereits erfolgte Invasion von Marsbewohnern auf dem Boden der USA. Eine Panik bricht aus; eine Selbstmordepidemie ist die Folge. Am 24. Juni 1947 sichtet ein Privatflieger in der Nähe von Washington neun riesige glühende Scheiben, die in Kolonnenformation durch den Himmel rasen. Untertassenartig erscheinen diese Scheiben; damit ist der Name «fliegende Untertasse» kreiert: So E. Benz, Neue Religionen: 119f.

136 J. von Buttlar hat besonders den Konkurrenzkampf in der Aufklärung des UFO-Phänomens, wie er sich zwischen den USA und der Sowjetunion abspielte, ins Blickfeld gerückt.

137 Hierzu auch C. G. Jung, Ein moderner Mythus: 339; E. Benz, Neue Religionen: 120.

138 E. Benz, Neue Religionen: 123f.

139 Cl. Vorilhon «Rael», Die Botschaft der Außerirdischen: 11f. Die Texte von Vorilhon sind derart phantastisch wie auch bezogen auf die Situation und Sehnsucht des heutigen Menschen, daß wir im Text einige längere Zitate präsentieren.

140 Ebenda: 13f.

141 Ebenda: 122.

142 Ebenda: 124.

143 Ebenda: 125.

144 Cl. Vorilhon «Rael», Die Außerirdischen haben mich auf ihren Planeten mitgenommen: 41.

145 Ebenda: 42f.

146 Ebenda: 57f.

147 Die Projektionen einer verunsicherten Psyche, wodurch aber irdischer Halt zurückgewonnen werden soll, repräsentieren zweifelos ein zeitgenössischer technischer Zivilisation alltägliches Wunschdenken. Man könnte die Texte von Vorilhon mit interessanten Einblicken auch religionssoziologisch diskutieren.

148 Hierzu O. Onec, Ich kam von der Venus.

149 Hierzu J. E. Mack, Entführt von Außerirdischen.

150 Die Publikationen von M. Hesemann müßten in diesem Zusammenhang eingehender diskutiert werden.

Anmerkungen zu Kapitel 7

1 Ich verweise auf mein Buch zur religionsphänomenologischen Theorie: «Elemente des Religiösen» (Artemis) 1993.

Glossar

Agnostizismus, Agnostiker Sammelbegriff für jegliches theologische und philosophische Bemühen, mit Hilfe der Vernunft gerade die Unerkennbarkeit des Göttlichen oder des Gottes zu betonen.

Ahimsa Sanskrit «nicht-verletzen». Grundbegriff wie Grundlage altindischer Ethik. Kein Lebewesen soll getötet werden. Gandhis These der Gewaltlosigkeit ist ein Versuch zur Verwirklichung.

Allegorie Vebildlichung eines Begriffs oder Geschehens, dem keine Anschauung zukommt, häufig durch Verkörperung als Person (beispielsweise der Tod als wandelndes Skelett). Die Relation zwischen dem Dargestellten und Gemeinten ist oft künstlich, gewollt.

Anachoret Asketischer Einsiedler. Er entzieht sich jeder menschlichen Gemeinschaft. Anachoreten im christlichen Mönchtum treten seit ca. 300 n. Chr. in Ägypten auf.

Apokalyptik Religiöse Haltung, die sich im nachexilischen Judentum herausbildet. Sie erstreckt sich von etwa 200 v. Chr. bis ins frühe Christentum. Vielfältige Aussageformen (Weissagungen, Träume, Visionen usw.) sind wohl zumeist literarische Produkte, in denen es um Vorstellungen der Heilsgeschichte und des Endes der Zeit geht. In der Apokalyptik sind sehr oft Berechnungen üblich.

apotropäisch Unheil abwehrend; gehört in den Bereich des Zaubers, durch welchen die eigene Person geschützt und feindliche Mächte abgewehrt werden.

Aranyakas Bücher zum Studium in der Waldeinsamkeit. Sie setzen die Brahmanas fort. Ihr spekulativer Inhalt bezieht sich auf Opfermystik und Opfersymbolik.

Archonten Archon: griechisch Herrscher; Inhaber des höchsten Staatsamtes. Nach dem an der Spitze stehenden Archon Eponymos (= Namengeber) wird das Jahr benannt.

Arhat Buddhistischer Heiliger in höchster Vollendungsstufe

Astralleib Für Rudolf Steiner ist dasjenige, was das Leben immer wieder aus dem Zustand der Bewußtlosigkeit erweckt, der Astralleib. Der Ätherleib ist von einem Astralleib durchleuchtet. (E. u. A. Ruprecht: 281f.).

Atharva-Veda Enthält das Wissen von den Beschwörungen und Zaubersprüchen, die der Brahmane kennen muß, wenn er das Opfer beaufsichtigt.

Ätherleib In Rudolf Steiners Lehre durchsetzt der Ätherleib den physischen Körper überall. «Alle Organe werden in ihrer Form und Gestalt durch die Strömungen und Bewegungen des Ätherleibes gehalten.» (E. u. A. Ruprecht: 283).

Atman Sanskrit «Hauch, Seele», das Unvergängliche im Menschen. Der individuelle Atman ist mit dem Brahman identisch.

Bewußtsein, kosmisches R. M. Bucke hat in seinem Werk (s. Literaturverzeichnis) diesen Begriff geprägt. Es handelt sich um eine die Schranken der Persönlichkeit sprengende und eine Glücksstimmung ermöglichende Erfahrung.

Bifurkation Gabelung, besonders verwendet für die Flußgabelung, bei der das Wasser eines Armes in ein anderes Flußgebiet abläuft.

Brahman Die Kraft, die alle Welten schafft und erhält; später auch als männliche Gottheit verehrt – in Einheit mit Shiva und Vishnu.

Brahmanas Name der Texte, die sich an die Veden anschließen. Sie beschreiben und erläutern die heiligen Handlungen.

Cherubim Lichtengel in der Nähe der Gottheit; Schützer der Bundeslade und des Himmelgartens.

chtonisch Irdisch, unterirdisch; Bezeichnung der in und unter der Erde mächtigen Gottheiten wie Demeter, Persephone, Pluto.

Dämonologie Religionswissenschaftliche, auch theologische Lehre von den Dämonen.

Demagottheiten Sie entwickeln sich aus Ahnengeistern. Durch ihren Tod und die Zerteilung ihres Körpers wird das Leben für die Menschen möglich.

Demiurg Griechisch «Handwerker»; bei Platon der Weltbaumeister. Er formt die chaotische Materie nach den Ideen und bringt so den geordneten Kosmos hervor. In der Religionswissenschaft im allgemeinen ist der Demiurg eine Schöpferfigur, die in höherem Auftrag handelt.

Dichotomie Zweiteilung , Gliederung in zwei Begriffe oder Bereiche.

Diptychon Zusammenklappbares Paar von Täfelchen aus Elfenbein, Holz oder Metall; die Innenseiten mit Wachs überzogen zum Einritzen der Schrift.

Dschinn Geist, aus Feuer erschaffen, gut oder böse.

Effluvium Ausfluß, Ausdünstung.

Emanation Hervorgehen aller Dinge aus einem höchsten Ursprung.

Epiphanie Griechisch epiphania = Erscheinung; das plötzliche Sichtbarwerden einer Gottheit; im Herrscherkult das Erscheinen des als Gott verehrten Herrschers; im Christentum das Erscheinen Gottes in der Welt in Christus.

Erinyen Rachegöttinnen der griechischen Mythologie. Sie verfolgen Frevler und strafen sie mit Wahnsinn.

Eschatologie Die Lehre vom Weltende und Aufbruch einer neuen Welt, auch vom Tod und Jenseits. Die christliche Eschatologie beruht auf der Verheißung Jesu, bei seiner Wiederkunft das Reich Gottes zu bringen nach oder inmitten von Weltkatastophen.

Ethnozentrismus Soziologischer Begriff mit gesellschaftskritischem Einschlag, der auf die Tendenz verweist, die eigene Religion oder das eigene Volk als allgemeinen Bewertungsmaßstab zu fassen.

Evangelien, synoptische Die Evangelien von Matthäus, Markus und Lukas. Johannes gehört nicht zu den Synoptikern.

Evolutionstheorie Biologische Theorie, wonach die heutigen Lebewesen sich aus sich selbst heraus entwickelt haben.

Glossolalie Zungenreden, eine Erscheinung religiöser Verzückung in den ältesten Christengemeinden; reden in ekstatischem Zustand (1. Korintherbrief 14).

Gnosis Wissen um die göttlichen Geheimnisse, das darin besteht, eine dualistische Kosmologie zu entwerfen: Mensch und Kosmos enthalten Partikel einer jenseitigen guten Lichtwelt, die aus der gottfeindlichen, bösen Materie erlöst werden müssen.

Hagiographie Lebensbeschreibung der Heiligen, besonders im Blick auf Überlieferung und Kult. Die H. beruht erstmals auf den Märtyrerakten des 2. Jh. mit Lebensbeschreibungen von Asketen und Mönchen.

Harpyen Fabelwesen, Sturmdämonen, häßliche Riesenvögel mit Frauenköpfen.

Hedschra Die Auswanderung Mohammeds von Mekka nach Medina zwischen dem 28. Juni und dem 20. Sept. 622 n. Chr.; Beginn der islamischen Zeitrechnung. .

Hierophanie Erscheinung des Heiligen, Göttlichen in vielerlei Gestalt: in Bäumen, Steinen, Quellen, Naturgewalten, aber auch Menschen.

Homilie Deutende Betrachtung biblischer Texte, Rede.

Immanenz Beschränkung auf das innerweltliche Sein (Gegensatz: Transzendenz).

Initiation Aufnahme der Jugendlichen in die Welt der Erwachsenen; Zulassung zu den Mysterien.

Ka und Ba Der Ka, etwa Lebenskraft, verläßt den Menschen beim Tod. Zur erneuten Vereinigung im Jenseits wird die Ka-Statue als Sitz für den Ka mit ins Grab gegeben.
Ba ist eine Seele vogelgestalter Art, welche dem Verstorbenen den Himmelflug ermöglicht.

Kalevala-Epos Finnisches Nationalepos, das in der endgültigen Fassung von 1848 aus fünfzig Gesängen mit 22 795 Versen besteht.

Kanon Die Gesamtheit der als echt bezeichneten biblischen Schriften. Zum Wesen des Kanon gehört seine Unabänderlichkeit.

Karman Das Schicksal des Menschen nach dem Tod hängt von seinem abgelaufenen Dasein oder früheren Daseinsformen ab.

Kenotaph Leergrab (Hügel oder Steinbau) zum Gedächtnis an einen Toten, dessen Leichnam verschollen oder in der Fremde bestattet worden war. Die Seelen Unbestatteter finden sonst keine Ruhe.

Klaustrophobie Krankhafte Angst in geschlossenen Räumen.

Klemensbriefe 1. Klemensbrief: Brief der christlichen Gemeinde Roms an die Gemeinde von Korinth, verfaßt um 96 n. Chr. angeblich von Papst Klemens I., um einen Streit wegen des Gemeindeamtes in Korinth zu schlichten. Der 1. Klemensbrief ist das älteste Zeugnis für die Martyrien von Petrus und Paulus. 2. Klemensbrief: älteste christliche Homilie.

Kontingenz Zufall, Möglichsein im Gegensatz zur Notwendigkeit.

Lamaismus Tibetische Abart des Buddhismus, die sich auf der Grundlage des Mahajana-Buddhismus entwickelte, diese mit Elementen der einheimischen Bon-Religion verschmolz und eine eigenartige Hierarchie ausbildete.

Lebenswelt Nach E. Husserl der Weltzusammenhang, der aller objektiv-logischen Wissenschaft vorausliegt, der intersubjektiv in ursprünglicher Evidenz erfahren wird und der sich in der Praxis bewährt.

Levitation Freies Schweben eines Menschen. Es wird Heiligen, Fakiren und Medien nachgesagt.

Maat Zentraler ägyptischer Begriff, häufig als Göttin der Wahrheit personifiziert. Die Maat bezieht sich auf natürliche, staatliche und zwischenmenschliche Ordnungen.

Mahabharata Das mehr als 80 000 Verse umfassende Nationalepos der Hindus. Die Handlung wird oft durch Episoden unterbrochen (hier ist besonders die Bhagavadgita zu nennen). Es gilt nicht nur als Heldenlied, sondern auch als religiöses Buch.

Mana Melanesisch «das außerordentlich Wirkungsvolle»; religionswissenschaftlich der Begriff für die geheimnisvolle übernatürliche Macht.

Mandäer Gnostische Täufersekte, die sich südlich von Bagdad und in den angrenzenden iranischen Gebieten bis ins 20. Jahrhundert erhalten hat. Sie leitet sich (irrtümlich) von Johannes dem Täufer ab.

Manen Bei den Römern die Seelen der Verstorbenen.

Manichäer Anhänger der von Mani (216–277) begründeten, doch ausgestorbenen Weltreligion, die sich von Babylonien aus im Westen bis Spanien, im Osten bis China ausgebreitet hatte.

Mazdäer Nach dem Namen Ahuta Mazdas benannte Parsen.

Metaphysik, metaphysisch Die M. bemüht sich um Erklärung der Tiefen des Seins, indem sie den Zusammenhang alles Seienden deutet.

Moiren Schicksalsgöttinnen. Hesiod kennt drei: Klotho, die den Lebensfaden spinnt, Lachesis, die ihn zuteilt, und Atropos, die ihn abschneidet. Von den Römern wurden sie den Parzen gleichgestellt.

Myste Myste: die in ein Mysterium eingeweihte Person.

Mystik Eine Grundform religiösen Erlebens: das unmittelbare Erleben der Gottheit, das Aufgehen in ihr (vgl. auch unio mystica; visio beatifica).

Mythologie Wissenschaft von den Mythen; auch die Traditionen, die von Religionsstiftern sprechen, gehören hierher.

Nag-Hammadi Ort in Oberägypten, wo 1945/46 eine koptisch-gnostische Bibliothek, bestehend aus 13 Bände mit 52 Werken, gefunden wurde.

Nestorianer Anhänger des Patriarchen von Konstantinopel Nestorius (381–451), der eine christologische Konzeption vertrat, wonach Maria nicht die Gottesgebärerin, sondern die Christusgebärerin zu nenen ist.

Numen Eigentlich «Wink», der durch Kopfnicken angedeutete Wille einer Gottheit, dann auch für ein göttliches Wesen selbst gebräuchlich.

numinos Schauervoll und anziehend zugleich, heilig.

Parasange Wegmaß des Alten Orients, das auch im antiken Griechenland Verwendung fand. 1 P = 5 670 m (babylonisch-assyrisch); 1 P = 4 725 m (griechisch)

Parusie Gegenwart, Anwesenheit; Wiederkunft des Christus am Jüngsten Tag zum Weltgericht und zur endgültigen Aufrichtung des Reiches Gottes.

perinatal Die Zeit kurz vor, während und nach der Geburt.

Pharisäer Von Perushim «Abgesonderte»; religiös-politische Partei, enstanden in Israel im 2. Jh. v. Chr. Sie beachten streng den Wortlaut des mosaischen Gesetzes.

Philippusevangelium Nach dem Apostel Philippus benannt apokryphe neutestamentliche Schrift gnostischen Inhalts, fragmentarisch in Zitaten erhalten. Eine koptische Version wurde in Nag-Hammadi gefunden.

Pleroma In gnostischer Sicht ist die materielle Welt das Ergebnis eines urzeitlichen Falles bzw. das Geschöpf eines der von Gott, der in der Lichtfülle des Pleroma lebt, abgesunkenen Zwischenwesens. Die gnostische Intention zielt auf die Rückkehr ins göttliche Pleroma, in die reine Lichtfülle.

Pneumatologie Lehre vom Geist.

Porticus Säulenhalle als Vorbau an der Haupteingangsseite eines Gebäudes, ausgebildet in der Antike.

Protention Im nachdenkenden Sprechen, das sich hier und jetzt vollzieht, kenne ich schon den Umkreis dessen, wohin meine Gedanken vorstoßen, wohin sie weiterführen. In der Religionsbetrachtung meint Protention den auf der Zeitlinie «nach vorn», in die Zukunft drängenden Ausgriff, z. B. in einer starken Heilserwartung.

Provenienz Herkunft, Ursprung.

Psychopompos Führer der Seelen in der Unterwelt. Im antiken Griechenland kommt Hermes, dem Götterboten, diese Rolle zu.

Purgatorium Feg(e)feuer. Es gehört in den größeren Vorstellungskreis eines Zwischenreiches und Reinigungsvorgangs zwischen Tod und endgültigem Jenseitszustand.

Quadriga Viergespann: ein offener Streit-, Renn- oder Triumphwagen der Antike mit vier nebeneinandergespannten Pferden.

Quietismus, quietistisch Der Q. lehrt, daß durch Aufgabe des Wollens, Vernichtung des Eigenlebens und Aufgehen in Gott eine durch nichts zu erschütternde Seelenruhe Platz greifen kann.

Reinkarnation Wiederverkörperung. Sie beruht auf der Voraussetzung, daß der Mensch eine von seinem Körper lösbare Seele besitzt.

Retention Was ich je vorher sagte, muß ich in einem Gespräch im Blick behalten, sonst wäre kein verständiger und vorstellbarer Gedankengang möglich. Religiöse Retention meint die permanente Rückkoppelung an eine Urstiftung, z. B. in welcher das für jede Gegenwart Verbindliche gesetzt wurde.

Rig-Veda Wohl ins zweite Jahrtausend zurückreichend, enthält zehn Bücher, die beim Opfer verwendet werden.

Sarkophag Setinsarg, Prunksarg.

Seraphim Name von sechsflügligen Wesen, die die Gottheit umschweben; später unter die Engel eingeordnet. Im Alten Testament bei Jesaja 6.

Schamane Geisterbeschwörer, Krankenheiler und Visionär, der Kontakte mit dem Jenseits herstellt.

Skopus Lateinisch «Ziel»; zentrale Aussage eines Textes.

Sophistik Eine einflußreiche Strömung im antiken Griechenland. Denker und Weise, Lehrer der gewandten Rede und Unterredungskunst galten als Sophisten.

Spiritismus Glaube an einen durch Medien vermittelten Verkehr mit Geistern Verstorbener; durch die ganze Religionsgeschichte hindurch feststellbar.

Stratifikation Schichtung.

Stupa Buddhistischer Sakralbau in Indien, für die Aufnahme von Reliquien bestimmt oder auch reines Kultmal.

Symplegaden Nach griechischer Sage zwei Felsen am Eingang des Schwarzen Meeres, die immer zusammenschlagen, bis die glückliche Durchfahrt der Argo sie zum Stillstand bringt.

Synkretismus Vermischung verschiedener Religionen oder Philosophien, ohne zwingende innere Einheit.

Systemtheorie Grundlegendes Erkenntnismodell, mit welchem das Zusammenwirken der durch ihre Einzelfunktionen beschriebenen Elemente eines Systems miteinander und mit der Außenwelt sowie der Beziehungen zwischen Systemen beschrieben wird. Bei N. Luhmann, einem der wichtigsten Vertreter der S., erfolgte eine Verlagerung des Forschungsschwerpunkts vom System weg und hin zum Paradigma System und Umwelt, wobei es um den Kontext und die Differenz von System und Umwelt geht.

Tantrismus Eine Bewegung, die um 500 n. Chr. in Erscheinung tritt, nach deren Lehre alles im Weltall in mystischer Verbindung zueinander steht.

Theogonie Entstehung der Götter bei Hesiod im gleichnamigen Werk und bei L. Feuerbach als religionskritischer Traktat über das Aufkommen der Gottesidee.

Transmigration Wanderung, besonders Seelenwanderung.

Transzendenz Überschreiten der Erfahrungsgrenzen des Diesseits.

Ubiquität Allgegenwart (des Göttlichen).

unio mystica Geheimnisvolle Vereinigung der Seele mit Gott als Ziel der Gotteserkenntnis in der Mystik.

Upanishaden Sanskrit «Sitzung», «vertrauliche Belehrung»; eine Gattung altindischer, theologisch-philosophischer Texte.

Utgard Altnordisch «äußeres Gehöft»; in der nordgermanischen Mythologie bzw. Kosmologie das außerhalb des menschlichen Lebensraumes lokalisierte Reich der Riesen und Dämonen; daneben Midgard, wo die Menschen wohnen.

Vajrayana Eine ins Magische umgebogene esoterische Ausgestaltung des Buddhismus (neben Hinayana und Mahayana).

Vedanta Zusammenfassung der Gedankenwelt der Upanishaden.

Visio beatifica Die Kontemplation, die zur mystischen Gotteseinigung führen kann, bringt die glückliche Vision des Höchsten, des Allheiligen, des göttlichen Gottes.

Literaturverzeichnis

Gerhard Adler, Erinnerung an die Engel. Wiederentdeckte Erfahrungen, Freiburg (Herder) 1986.

Aischylos, Tragödien und Fragmente, München (Heimeran) o. J. [Artemis 1988⁴]

William Foxwell Albright, Von der Steinzeit zum Christentum, Bern (Francke) 1949.

Tor Andrae, Islamische Mystiker, Stuttgart (Kohlhammer) 1960.

Carl Andresen, Die Kirchen der alten Christenheit. Die Religionen der Menschheit 29,1/2, Stuttgart (Kohlhammer) 1971.

Peter Antes, Große Religionsstifter, München (C. H. Beck) 1992.

Anton Anwander, Die Religionen der Menschheit, Freiburg (Herder) 1949².

Apuleius, Der goldene Esel. Metamorphosen, hrsg. v. E. Brandt/W. Ehlers, München (Heimeran) 1963² [Artemis 1989⁴].

Philippe Ariès, Studien zur Geschichte des Todes im Abendland, München/ Wien (C. Hanser) 1976.

Jens Peter Asmussen/Jörgen Læssøe/Carsten Colpe, Handbuch der Religionsgeschichte, Bde. 1–3, Göttingen (Vandenhoeck & Ruprecht) 1971–75.

Aurelius Augustinus, Der Gottesstaat, 2 Bde., hrsg. v. Carl Johann Perl, Paderborn (Schöningh) 1981.

Sri Aurobindo, Der integrale Yoga, Reinbek (Rowohlt) 1961.

Ders., Alles Leben ist Yoga, Bern, München/Wien (Scherz/O. W. Barth-Verlag) 1975.

André Bareau/Walther Schubring/Christoph von Fürer-Haimendorf, Die Religionen Indiens III: Buddhismus, Jinismus, Primitivvölker. Die Religionen der Menschheit 13, Stuttgart (Kohlhammer) 1964.

Claudio Barocas, Ägypten. Monumente großer Kulturen, Wiesbaden (Ebeling) 1974.

Christoph Barth, Diesseits und Jenseits im Glauben des späten Israel, Stuttgart, 1974.

Wolfgang Bauer, China und die Hoffnung auf Glück, München (dtv) 1974².

Hermann Baumann, Schöpfung und Urzeit im Mythos der afrikanischen Völker, Berlin (D. Reimer/Andrews und Steiner) 1964².

Erhard Bäzner, Wo sind die Toten? Sehen wir sie wieder? Leipzig (Theosophischer Kultur-Verlag) 1927.

Heinz Bechert/Richard Gombrich, Die Welt des Buddhismus, München (C. H. Beck) 1984.

Hans-Georg Beck, Die Byzantiner und ihr Jenseits. Zur Entstehung einer Mentalität, München (C. H. Beck) 1979.

Gellért Béky, Die Welt des Tao, Freiburg/München (Alber) 1972.

Hermann Bengtson, Grundriß der römischen Geschichte, Bd. 1, München (C. H. Beck) 1982³.

Ernst Benz, Beschreibung des Christentums, München (dtv) 1975.

Ders., Neue Religionen, Stuttgart (Klett) 1971.

Helena Petrowna Blavatsky, Die Geheimlehre, Graz (Adyar) 1984².

C. Jonco Blenker/Geo Widengren, Historia Religionum. Handbook for the History of Religions, Leiden (E. J. Brill) 1969.

Ernst Bloch, Das Prinzip Hoffnung, 2 Bde. Frankfurt (Suhrkamp) 1959.

Ders., Religion im Erbe, München/Hamburg (Siebenstern-Tb) 1966.

Ders., Atheismus im Christentum., Reinbek (Rohwolt) 1970.

Hans Bonnet, Reallexikon der ägyptischen Religionsgeschichte, Berlin (W. de Gruyter) 1952.

Serge Bramly, Macumba. Die magische Religion Brasiliens, Freiburg Br. (Hermann Bauer) 1978.

Hans-Jürg Braun, Mohammed als Homo religiosus, in: Der Islam 1 (1982): 27–31.

Ders. (Hrg.), Utopien – Die Möglichkeit des Unmöglichen, Zürich (Verlag der Fachvereine) 1989².

Ders./Karl H. Henking (Hrsg.), Homo religiosus, Zürich (Ethnologische Schriften des Völkerkundemuseums Zürich) 1990.

Ders., Ludwig Feuerbach. Grundlegung einer neuen Anthropologie, in: F. Decher/J. Hennigfeld (Hrg.), Philosophische Anthropologie im 19. Jahrhundert, Würzburg (Königshausen und Neumann) 1992: 109–123.

Ders., Elemente des Religiösen. Aufbau und Zerfall seiner Phänomene, Zürich (Artemis) 1993.

Herbert Braun, Jesus, Stuttgart/Berlin (Kreuz) 1969.

J. H. Breasted, Geschichte Ägyptens, Zürich (Phaidon) 1954.

Richard Maurice Bucke, Die Erfahrung des kosmischen Bewußtseins, Freiburg Br. (Aurum) 1975.

Sonja A. Buholzer, Studien zur Gottes- und Seelenkonzeption im Werk der Mechthild von Magdeburg, Bern/Frankfurt a. M./New York/Paris (P. Lang) 1988.

Rudolf Bultmann, Das Urchristentum, Zürich (Artemis) 1986⁵.

Ders., Jesus, Tübingen (J. C. B. Mohr) 1951.

Ders., Das Evangelium des Johannes, Göttingen (Vandenhoeck & Ruprecht) 1953.

Johann Christoph Bürgel, Allmacht und Mächtigkeit. Religion und Welt im Islam, München (C. H. Beck) 1991.

Walter Burkert, Griechische Religion der archaischen und klassischen Epoche, Die Religionen der Menschheit 15, Stuttgart (Kohlhammer) 1977.

Ders., Antike Mysterien. Funktionen und Gehalt, München (C. H. Beck) 1990.

Horst Bürkle, New Age. Kritische Anfragen an eine verlockende Bewegung, Düsseldorf (Patmos) 1988.

Johannes von Buttlar, Das UFO-Phänomen, Frankfurt a. M./Berlin (Ullstein) 1990².

Fritjof Capra, Der kosmische Reigen (The Tao of Physics), Bern/München/Wien (Scherz) 1975 [1978²].

Ders., Wendezeit, Zürich (Ex Libris) 1984.

Ders., Das neue Denken, München (dtv) 1992.

Richard Cavendish/Trevor O. Ling, Mythologie, München (Christian Verlag) 1981.

Albert Champdor, Das Ägyptische Totenbuch im Bild und Deutung, Zürich (Ex Libris) 1979.

Karl Christ, Geschichte der römischen Kaiserzeit, München (C. H. Beck) 1988.

Maria Susana Cipolletti, Jenseitsvorstellungen bei den Indianern Südamerikas, Berlin (Reimer) 1983.

Dies., Langsamer Abschied. Tod und Jenseits im Kulturvergleich, Frankfurt a. M. (Museum für Völkerkunde) 1989.

Filippo Coarelli, Rom, Luzern/Stuttgart (Kunstkreis) 1974.

G. Condrau, Todesfurcht und Todessehnsucht, in: Grenzerfahrung Tod, hrsg.v. Ansgar Paus, Graz/Wien/Köln (Styria) 1976: 201–240.

Hermann Conrad/Hugo Friedrich Bernhard Haussler, Dante. Der Dichter des Abendlandes, Karlsruhe (Badenia Verlag) 1969.

Edward Conze, Der Buddhismus, Stuttgart (Kohlhammer) 1962³.

Hans Conzelmann/Andreas Lindenmann, Arbeitsbuch zum Neuen Testament, Tübingen (J. C. B. Mohr) 1975.

René und Mirabelle Coudris, Im Trance-Dialog mit C. G.Jung oder Kontakte mit dem Unbewußten?, Channeling Chronik I–III, Silberschnur Studio Phoenix Austria (Seewalchen/Attersee) o. J.

Rushton Coulborn, Der Ursprung der Hochkulturen, Stuttgart (Kohlhammer) 1962.

John Dominic Crossan, Der historische Jesus, München (C. H. Beck) 1994.

Franz Cumont, Die orientalischen Religionen im römischen Heidentum, Darmstadt (Wissenschaftliche Buchgesellschaft) 1959⁴.

Ders., Die Mysterien des Mithra, Darmstadt (Wissenschaftliche Buchgesellschaft) 1963⁴.

Paul Dahlke (Hrsg.), Buddha. Auswahl aus dem Palikanon, Wiesbaden (Fourier) o. J.

Ders., Dhammapada, Heidelberg (Arkana) 1970.

Ernst Dammann, Die Religionen Afrikas. Die Religionen der Menschheit 6, Stuttgart (Kohlhammer) 1963.

Dante Alighieri, Die göttliche Komödie (übers. v. W. G. Hertz), München (dtv) 1982².

Werner Daum, Ursemitische Religion, Stuttgart (Kohlhammer) 1985.

Jean-Baptiste Delacour, Aus dem Jenseits zurück. Berichte von Totgeglaubten, München (Knast) 1973.

René Descartes, Meditationes de prima philosophia (Philosophische Bibliothek 250a), Hamburg (Meiner) 1959.

Martin Dibelius, Jesus, Berlin (W. de Gruyter) 1939.

Peter Dinzelbacher, An der Schwelle zum Jenseits. Sterbevisionen im interkulturellen Vergleich, Freiburg (Herder) 1989.

Dionysios Areopagita, Mystische Theologie und andere Schriften, hrsg. v. Walther Tritsch, München-Planegg (O. W. Barth) 1956.

Ders., Von den Namen zu Unnennbaren, hrsg. v. Endre von Ivánka, Einsiedeln (Johannes-Verlag) 1981².

Sergio Donadoni (Hrsg.), Der Mensch des alten Ägypten, Frankfurt/New York (Campus) 1992.

Wolfram Eberhard, Lexikon chinesischer Symbole, Köln (Diederichs) 1987².

Meister Eckehart, Deutsche Predigten und Traktate, hrsg. v. J. Quizet, München/Zürich (Hanser/Diogenes) 1963/1979.

Werner Eichhorn, Die Religionen Chinas. Die Religionen der Menschheit 21, Stuttgart (Kohlhammer) 1973.

Lotte von Einem-Jingrisch, Reiseführer ins Jenseits, München (Goldmann) 1984 [Wien (Verlag der österreichischen Staatsdruckerei) 1990].

Mircea Eliade, Die Religionen und das Heilige, Salzburg (O. Müller) 1954.

Ders., Schamanismus und archaische Ekstasetechnik, Zürich/Stuttgart (Rascher) 1957.

Ders., Yoga. Unsterblichkeit und Freiheit, Zürich und Stuttgart (Rascher) 1960.

Ders., Mythen, Träume und Mysterien (Wort und Antwort 25) Salzburg (O. Müller) 1961.

Ders., Die Sehnsucht nach dem Ursprung, Wien (Europa Verlag) 1973.

Ders. u. a., Mythen der Welt, Luzern/Frankfurt a. M. (C. J. Bucher) 1976.

Ders., Geschichte der religiösen Ideen, Bd. 2: Von Gantama Buddha bis zu den Anfängen des Christentums, Freiburg/Basel/Wien (Herder) 1979.

Norbert Elias, Über die Einsamkeit der Sterbenden in unseren Tagen, Frankfurt (Suhrkamp) 1987.

Adolf Erman, Die Religion der Ägypter, Berlin/Leipzig (W. de Gruyter) 1934.

W. Y. Evans-Wentz/C. G. Jung (Hrsg.), Das Tibetanische Totenbuch, Olten (Walter) 1990¹³.

Reshad Feild, Ich ging den Weg des Derwisch, Düsseldorf/Köln (Diederichs) 1977.

Ders., Das Siegel des Derwisch, Düsseldorf/Köln (Diederichs) 1983⁴.

Ludwig Feuerbach, Das Wesen des Christentums (1841). Werke in sechs Bänden, hrsg. v. E. Thies, Frankfurt (Suhrkamp) 1976.

Hans Findeisen, Schamanentum, Stuttgart (Kohlhammer) 1957.

Ulrich Fischer, Eschatologie und Jenseitserwartungen im hellenistischen Diasporajudentum, Berlin (W. de Gruyter) 1978.

Georg Fohrer, Geschichte der israelitischen Religion, Berlin (W. de Gruyter) 1969.

Herbert Franke/Rolf Trauzettel, Das chinesische Kaiserreich, Frankfurt (Fischer) 1968.

Otto Franke (Hrsg.), Dighanikaya, Göttingen/Leipzig (Vandenhoeck/J. C. Hinrichs) 1913.

Sigmund Freud, Totem und Tabu, in: Gesammelte Werke, Bd. 9, Frankfurt (Fischer) 1961³.

Ders., Die Zukunft einer Illusion; Das Unbehagen in der Kultur, in: Gesammelte Werke, Bd. 14 (1925–1931), London (Imago Publishing) 1955².

Ders., Der Mann Moses und die monotheistische Religion, in: Gesammelte Werke, Bd. 16 (1932–1939), Frankfurt (Fischer) 1961².

Adolf Friedrich/Georg Budruss, Schamanengeschichten aus Sibirien, München-Planegg (O. W. Barth) 1955.

D. L. Johannes Frohnmeyer, Die theosophische Bewegung, Stuttgart (Calwer Vereinsbuchhandlung) 1920.

Ernst Fuchs, Jesus, Tübingen (J. C. B. Mohr) 1971.

Christian Gahr, Die Anthroposophie Steiners, Erlangen (Selbstverlag) 1929.

Johannes Geffcken, Der Ausgang des griechisch-römischen Heidentums, Darmstadt (Wissenschaftliche Buchgesellschaft) 1963².

Peter Gerber, Die Peyote-Religion [Diss. Phil. I.] Zürich (Völkerkundemuseum) 1975.

Hartmut Gese/Maria Höfner/Kurt Rudolph, Die Religionen Altsyriens, Altarabiens und der Mandäer. Die Religionen der Menschheit 10/2, Stuttgart (Kohlhammer) 1970.

Marion Giebel, Das Geheimnis der Mysterien. Antike Kulturen in Griechenland, Rom und Ägypten, Zürich (Artemis) 1990.

Helmuth von Glasenapp, Indische Geisteswelt. Glaube und Weisheit der Hindus, Baden-Baden (Holle Verlag) 1958.

Jan Gonda, Die Religionen Indiens I: Veda und älterer Hinduismus. Die Religionen der Menschheit 11, Stuttgart (Kohlhammer) 1960.

Ders., Die Religionen Indiens II: Der jüngere Hinduismus. Die Religionen der Menschheit 12, Stuttgart (Kohlhammer) 1963.

Leonhardt Goppelt, Theologie des Neuen Testaments, hrsg. v. J. Roloff, Göttingen (Vandenhoeck & Ruprecht) 1981³.

Lamma Anagarika Govinda, Grundlagen tibetischer Mystik, Frankfurt (Fischer) 1975.

Marcel Granet, Das chinesische Denken, I: Inhalt, Form, Charakter, II: Familie, Gesellschaft, Herrschaft, München/Zürich (Piper) 1971/1976.

Gisbert Greshake, Ungewisses Jenseits, Düsseldorf (Patmos) 1986.

Hugo Gressmann, Altorientalische Texte zum Alten Testament, Berlin/Leipzig (W. de Gruyter) 1926.

Ders., Altorientalische Bilder zum Alten Testament, Berlin/Leipzig (W. de Gruyter) 1927.

Bernhard Grom, Anthroposophie und Christentum, München (Kösel) 1989.

Wilhelm Grönbeck, Kultur und Religion der Germanen, 2 Bde., Darmstadt (Wissenschaftliche Buchgesellschaft) 1991¹¹.

Wilhelm Gundert, Japanische Religionsgeschichte, Stuttgart (D. Gundert Verlag) 1943.

Harri Günther (Hrg.), Die Edda, Wiesbaden (VMA-Verlag) 1987.

Friedrich-Wilhelm Haack, Europas neue Religion, Zürich (Orell Füssli) 1991.

Jürgen Habermas, Legitimationsprobleme im Spätkapitalismus, Frankfurt (Suhrkamp) 1973.

Joan Halifax, Die andere Wirklichkeit der Schamanen, Bern/München (Scherz) 1979.

Marvin Harris, Fauler Zauber. Unsere Sehnsucht nach der anderen Welt, Stuttgart (Klett-Cotta) 1993.

Richard Hartmann, Die Religion des Islam, Darmstadt (Wissenschaftliche Buchgesellschaft) 1987².

Friedrich Heiler, Unsterblichkeitsglaube und Jenseitshoffnung in der Geschichte der Religionen, München/Basel (E. Reinhardt) 1950.

Friedrich Heiler, Erscheinungsformen und Wesen der Religion. Die Religionen der Menschheit 1, Stuttgart (Kohlhammer) 1961.

Die Heilige Schrift des Alten und des Neuen Testaments, Zürich (Verlag der Zürcher Bibel) 1975.

Johannes Hemleben, Jenseits. Ideen der Menschheit über das Leben nach dem Tode vom Äyptischen Totenbuch bis zur Anthroposophie Rudolf Steiners, Reinbek (Rowohlt) 1985.

Michael Hesemann, Ufos: Die Kontakte, Düsseldorf (Verlag M. Hesemann) o. J.

Karl Heussi, Kompendium der Kirchengeschichte, Tübingen (J. C. B. Mohr) 1949[10].

Alfred Hillebrandt, Lieder des Rgveda, Göttingen/Leipzig (Vandenhoeck & J. C. Hinrichs) 1913.

Herodot, Historien, 2 Bde., hrsg. v. J. Feix, München (Heimeran) 1963 [Artemis 1988[4]].

Hesiod, Sämtliche Werke, Bremen (Schünemann) o. J.

Hésiode, Théogonie – Les Travaux et les Jours le Bouclier, Paris (Société d'Édition «Les Belles Lettres») 1964.

Gottfried Hierzenberger, Erkundungen des Jenseits. Der Blick auf die andere Seite der Wirklichkeit, Wien/Freiburg/Basel (Herder) 1988.

Walter Hinz, Das Reich Elam, Stuttgart (Kohlhammer) 1964.

Hôseki Shinichi Hisamatsu, Die fünf Stände von Zen-Meister Tosan Ryokai, Pfullingen (Neske) 1980.

Ders., Die Fülle des Nichts, Eine Zen-Buddhistische Definition der Wirklichkeit, Pfullingen (Neske) 1984[4].

Ders., Philosophie des Erwachens, Satori und Atheismus, Zürich/München (Theseus) 1990.

Josef Hochstaffl, Negative Theologie, München (Kösel) 1976.

Ändras Höfer/ Gernot Prunner/Erika Kaneko/Louis Bezaciert/Manuel Sarkisyanz, Die Religionen Südostasiens. Die Religionen der Menschheit 23, Stuttgart (Kohlhammer) 1975.

Helmut Hoffmann, Die Religionen Tibets, Freiburg/München (Alber) 1956.

Stephan Holthaus, Madame Blavatsky und die Theosophische Gesellschaft, Berneck (Schwengeler) 1990.

Homer, Odyssee, München (Heimeran) 1961[2] [Artemis 1994[10]]

Ders., Ilias, Zürich (Artemis 1994[10])

Homerische Hymnen, München (Heimeran) 1961[2] [Artemis 1989[6]]

Erik Hornung, Das Grab des Haremhab im Tal der Könige, Bern (Francke) 1971.

Ders., Der Eine und die Vielen, Darmstadt (Wissenschaftliche Buchgesellschaft) 1971.

Ders. Das Pfortenbuch, Basel (Ägypt. Seminar) 1979–84.

Ders., Das Totenbuch der Ägypter, Zürich (Artemis) 1990[2].

Ders., Die Nachtfahrt der Sonne, Zürich (Artemis) 1991.

Christmas Humphreys, Buddhismus als Lebensweise, Rüschlikon-Zürich/Stuttgart/Wien (A. Müller) 1975.

Sigrid Hunke, Tod – was ist dein Sinn? Pfullingen (Neske) 1986.

Edmund Husserl, Ideen zu einer reinen Phänomenologie und Phänomenologischen Philosophie. Erstes Buch. Husserliana III, Den Haag (Nijholl) 1950.

Ders., Formale und Transzendentale Logik. Husserliana XVII, Den Haag (Nijholl) 1974.

Arthur E. Imhof, Ars Moriendi, Wien/Köln (Böhlen) 1991.

Ders./Rita Weinknecht (Hrsg.), Erfüllt leben – in Gelassenheit sterben, Geschichte und Gegenwart, Berlin (Duncker und Humblot) 1994.

Thomas Immoos, Japan. Archaische Moderne, München (Peter Kindt) 1990.

Adolf E. Jensen, Mythos und Kult bei den Naturvölkern, Wiesbaden (F. Steiner) 1960[2].

Ders., Die getötete Gottheit. Weltbild einer frühen Kultur, Stuttgart (Kohlhammer) 1966[3].

Karl Jettmar u. a., Die Religionen des Hindukusch. Die Religionen der Menschheit 4/1, Stuttgart (Kohlhammer) 1975.

Peter Jezler, Himmel, Hölle, Fegefeuer. Das Jenseits im Mittelalter, Katalog, Zürich (Verlag Neue Zürcher Zeitung) 1994.

Hans Jonas, Gnosis und spätantiker Geist, Teil 1 und 2/1, Göttingen (Vandenhoeck & Ruprecht) 1954[2].

C. G. Jung, Ein moderner Mythus: Von Dingen, die am Himmel gesehen werden, Gesammelte Werke Bd. 10, Olten/Freiburg/Br. (Walter) 1974: 337–474.

Ernst Felix Jung, Der Weg ins Jenseits. Mythen vom Leben nach dem Tod, Düsseldorf (Econ) 1983.

Rainer Kakuska, Esoterik. Von Abrakadabra bis Zombie, Weinheim/Basel (Beltz) 1991.

Immanuel Kant, Kritik der reinen Vernunft (Philosophische Bibliothek 37a), Hamburg (F. Meiner) 1956.

Ders., Die Religion innerhalb der Grenzen der bloßen Vernunft (Philosophische Bibliothek 45), Hamburg (F. Meiner) 1961.

Ders. Allgemeine Naturgeschichte und Theorie des Himmels, Vorkritische Schriften bis 1768 in Werke Band 1, hrsg. v. W. Weischedel, Darmstadt (Wissenschaftliche Buchgesellschaft) 1968.

Otto Karow, Symbolik des Buddhismus, Tafelband, Stuttgart (A. Hiersemann) 1989.

Otto Karrer, Der mystische Strom, von Paulus bis Thomes von Aquin, München (Verlag Arssacra Josef Müller) 1977².

Peter Kawerau, Das Christentum des Ostens. Die Religionen der Menschheit 30, Stuttgart (Kohlhammer) 1972.

Karl Kerényi, Der frühe Dionysos, Oslo-Bergen (Universitetsforlaget) 1961.

Ders., Die Mysterien von Eleusis, Zürich (Rhein-Verlag) 1962.

Willibald Kirfel, Symbolik des Buddhismus, Stuttgart (Anton Hiersemahn) 1959.

Hans-Joachim Klimkeit (Hrsg.), Tod und Jenseits im Glauben der Völker, Wiesbaden (O. Harrassowitz) 1978.

Ders., Der Buddha. Leben und Lehre, Stuttgart (Kohlhammer/Urban Tb. 438) 1990.

Rudolf Knopf u. a., Einführung in das Neue Testament, Berlin (Töpelmann) 1949.

Walther Koehler, Dogmengeschichte als Geschichte des christlichen Selbstbewußtseins. Von den Anfängen bis zur Reformation, Zürich (M. Niehans) 1951³.

Ders., Dogmengeschichte. Das Zeitalter der Reformation, hrsg. v. Hans Barth, Zürich (Max Niehans) 1951.

Werner Kohler, Die Lotus-Lehre und die modernen Religionen in Japan, Zürich (Atlantis) 1962.

Franz König, Zarathustras Jenseitsvorstellungen und das Alte Testament, Freiburg (Herder) 1964.

Der Koran, übers. v. Max Henning, Wiesbaden (VMA-Verlag) o. J.

Der Koran, übers. v. Ludwig Uhlmann, München (Goldmann) 1959.

Walter Krickeberg/Hermann Trimborn/Werner Müller/Otto Zerries, Die Religionen des alten Amerika. Die Religionen der Menschheit 7, Stuttgart (Kohlhammer) 1961.

Walter Kugler, Rudolf Steiner und die Anthroposophie, Köln (Du Mont) 1978.

Werner Georg Kümmel, Verheißung und Erfüllung, Zürich (Zwingli-Verlag) 1953.

Donna C. Kurtz/John Boardman, Thanatos. Tod und Jenseits bei den Griechen, Mainz (Ph. v. Zabern) 1971.

Günter Lanczkowski, Die neuen Religionen, Frankfurt (Fischer) 1974.

Bernhard Lang (Hrsg.), Der einzige Gott. Die Geburt des biblischen Monotheismus, München (Kösel) 1981.

Lucienne Laroche, Mesopotamien, Luzern/Stuttgart (Kunstkreis) 1975.

Kurt Latte, Römische Religionsgeschichte, Handbuch der Altertumswissenschaft, hrsg. v. H. Bengtson, München (Beck) 1960.

Detlef-Ingo Lauf, Verborgene Botschaft tibetischer Thangkas, Freiburg i. Br. (Aurum) 1976.

Fritz Lautenbach, Der keltische Kessel, Stuttgart (Urachhaus) 1991.

Vittorio Lauternari, Religiöse Freiheits- und Heilsbewegungen unterdrückter Völker, Neuwied/Berlin (Luchterhand) 1966.

Gerardus van der Leeuw, Phänomenologie der Religion, Tübingen (Mohr) 1956.

Ders., Einführung in die Phänomenologie der Religion, Darmstadt (Wissenschaftliche Buchgesellschaft) 1961².

Jacques Le Goff, Die Geburt des Fegefeuers, München (dtv) 1990.

Johannes Leipoldt/Hans-Martin Schenke, Koptisch-gnostische Schriften aus dem Papyrus-Codices von Nag-Hamadi, Hamburg-Bergstedt (H. Reich) 1960.

Johannes Leipoldt, Von den Mysterien zur Kirche, Hamburg-Bergstadt (H. Reich) 1962.

Hans Leisegang, Die Gnosis, Stuttgart (Kröner) 1985⁵.

Kurt Leonhard, Dante, Reinbeck (Rowohlt) 1991.

Hans-Dieter Leuenberger, Das ist Esoterik, Freiburg/Br. (Hermann Bauer, esotera Taschenbücherei) 1989⁴.

Andreas Lommel, Die Welt der frühen Jäger. Medizinmänner, Schamanen, Künstler, München (Callwey) 1965.

Ders., Fortschritt ins Jenseits. Die Modernisierung der Primitiven Australiens. Beschreibung und Definition eines psychischen Verfalls, Zürich (Atlantis) 1969.

Ders. Die Yäst's des Awesta, Göttingen/Leipzig (Vandenhoeck & Ruprecht/J. C. Hinrichs'sche Buchhandlung) 1972.

Ders., Kunst des Buddhismus, Zürich (Ex Libris) 1974.

Friedrich Loofs, Leitfaden zum Studium der Dogmengeschichte, hrsg. v. Kurt Aland, 1. Teil, Halle-Saale (Max Niemeyer) 1950⁵.

Niklas Luhmann, Funktion der Religion, Frankfurt (Suhrkamp) 1977.

Ders., Die Unterscheidung Gottes, in: Soziologische Aufklärung, Bd. 4, Opladen (Westdeutscher Verlag) 1987: 236–253.

Niklas Luhmann, Die Ausdifferenzierung der Religion, in: Gesellschaftsstruktur und Semantik, Bd. 3, Frankfurt (Suhrkamp) 1989: 259–357.

Martin Luther, Werke [Weimarer Ausgabe], 1964ff.

John E. Mack, Entführt von Außerirdischen, München (Bettendorf und W. Heyne) 1995.

Victor Maag, Recht und Unrecht individueller Überzeugung, Chur (Jahresgabe der Vereinigung freigesinnter evang. Kirchgenossen) 1958.

Hans Mader, Es ist echt zu bitter. Todesanzeigen gesammelt und kommentiert, Hamburg (Germe-Press) 1990.

Golo Mann/Alfred Heuss, Propyläen Weltgeschichte, Bd. 2: Hochkulturen des mittleren und östlichen Asiens, Berlin, Frankfurt, Wien (Propyläen) 1962.

Hans Jochen Margull, Aufbruch zur Zukunft. Chiliastisch-messianische Bewegungen in Afrika und Südostasien, Gütersloh (Gerd Mohn) 1962.

Jean Markale, Die Druiden. Gesellschaft und Götter der Kelten, München (Goldmann) 1989 [1990²].

Emil Mattiesen, Der jenseitige Mensch. Eine Einführung in die Metapsychologie der mystischen Erfahrung, Berlin/New York (W. de Gruyter) 1987 [Reprint der Erstausgabe von 1925].

Emil Mattiesen, Das persönliche Überleben des Todes, Berlin/New York (W. de Gruyter) 1987 [Reprint der Erstausgabe von 1936–1939].

John S. Mbiti, African Religions and Philosophy, New York (Doubleday) 1970 [dt.: Afrikanische Religion und Weltanschauung, Berlin, New York (W. de Gruyter) 1974].

Bernard Mc Ginn, The Foundations of Mysticim, New York (Crossroad) 1991.

Gustav Mensching, Die Söhne Gottes, Wiesbaden (R. Löwit) o. J.

Ders., Das lebendige Wort, Wiesbaden (VMA-Verlag) o. J.

Bernhard Mensen, Jenseitsvorstellungen verschiedener Völker, 1985.

Kazimierz Michalowski, Ägypten. Kunst und Kultur, Freiburg/Basel/Wien (Herder) 1969.

Volker Moeller, Symbolik des Hinduismus und des Jainismus, Tafelband, Stuttgart (A. Hiersemann) 1974.

Mette Moltesen/Cornelia Weber-Lehmann, Lebendiges Jenseits, Mainz (Ph. v. Zabern) 1995².

Pierre Montet, Das alte Ägypten, Zürich (Kindler) 1964.

Raymond A. Moody, Leben nach dem Tod, Zürich (Ex Libris) 1980.

Guido Moosbrugger, ... und sie fliegen doch! Aquarius! München (Schenker), o. J.

Luigi Moraldi, Nach dem Tode. Jenseitsvorstellungen von den Babyloniern bis zum Christentum, Bergisch Galdbach (Bastei/Lübbe Tb) 1989.

Siegfried Morenz, Ägyptische Religion. Die Religionen der Menschheit 8, Stuttgart (Kohlhammer) 1960.

Ders., Gott und Mensch im alten Ägypten, Heidelberg (Lambert Schneider) 1964.

Sabatino Moscati, Die altsemitischen Kulturen, Stuttgart (Kohlhammer) 1961.

Wilhelm E. Mühlmann, Chiliasmus und Nativismus, Berlin (D. Reimer) 1964[2].

Verena Münzer, Tod, Seelenreise und Jenseits bei den Ngadju Dajak in Kalimantan [ungedr. Liz.-Arbeit] Zürich, 1976.

Roberth Muth, Einführung in die griechische und römische Religion, Darmstadt (Wissenschaftliche Buchgesellschaft) 1988.

Klaus Mylius (Hrsg.), Älteste indische Dichtung und Prosa, Wiesbaden (VMA-Vlg.) o. J.

Klaus Mylius, Geschichte der Literatur im alten Indien, Leipzig (Reclam) 1983.

George E. Mylonas, Eleusis and the Eleusinian Mysteries, Princeton, NJ (Princeton University Press) 1961.

Hans Nevermann/Ernst A. Worms/Helmut Petri, Die Religionen der Südsee und Australiens. Die Religionen der Menschheit 5/2, Stuttgart (Kohlhammer) 1968.

Friedrich Nietzsche, Die Geburt der Tragödie aus dem Geiste der Musik, München (Goldmann Tb) o. J.

Walter Nigg, Vom Geheimnis der Mönche, Zürich/Stuttgart (Artemis) 1953.

Martin P. Nilsson, Geschichte der griechischen Religion, Bd. 1 und 2, München (C. H. Beck) 1967[3]/1961[2].

Martin Ninck, Wodan und germanischer Schicksalsglaube, Jena (Diederichs) 1935.

Kitaro Nishida, Über das Gute, Frankfurt (Insel) 1989 [engl.: An Inquiry into the Good, New Haven/London (Yale University Press) 1990].

Keiji Nishitani, Was ist Religion? Frankfurt (Insel) 1992.

Gerhard Oberhammer (Hrsg.), Offenbarung, geistige Realität des Menschen, Wien (Gerold u. a.) 1974.

Ders., Strukturen yogischer Meditation, Wien (Verlag der österreichischen Akademie der Wissenschaften) 1977.

Ders. (Hrsg.), Transzendenzerfahrung, Vollzugshorizont des Heils, Wien (Gerold u. a.) 1978.

Ludger Oeing-Hanhoff, Art. Immanent, Immanenz, in: Historisches Wörterbuch der Philosophie, hrsg. v. J. Ritter/K. Gründer, Bd. 4, Basel/Stuttgart (Schwabe) 1976, 220–237.

Ryôsuke Ohashi, Die Philosophie der Kyôto-Schule, Freiburg/München (Alber) 1990.

Blanche C. Olschak-Thupten Wangyal, Geistiger Führer zur Juweleninsel, Buddhist Publications, Institute for Buddhist Psychology and Central Asian Studies, Zürich 1973.

Omnec Onec, Ich kam von der Venus, Düsseldorf (Myrddin-Verlag) 1994.

Eberhard Otto, Ägypten. Der Weg des Pharaonenreiches, Stuttgart (Kohlhammer) 1953.

Rudolf Otto, Das Heilige, München (Biederstein) 1947 [spätere Ausgaben (Beck)].

Walter F. Otto, Dionysos, Darmstadt (Wissenschaftliche Buchgesellschaft) 1960.

Ders. Die Götter Griechenlands, Frankfurt (Schulte-Bulmke) 1961[5].

Ders., Die Manen oder von den Urformen des Totenglaubens, Darmstadt (Wissenschaftliche Buchgesellschaft) 1962[3].

P. Ovidius Naso, Die Fasten, 2 Bde., hrsg. v. R. Bömer, Heidelberg (C. Winter) 1957/1958.

Parmenides, Die Vorsokratiker I: Hrsg. Jaap Mansfeld, Stuttgart (Reclam) 1983.

Rudolf Passian, Abschied ohne Wiederkehr? Tod und Jenseits in Parapsychologischer Sicht, Buschkoven (Der Leuchter, Otto Reichl Verlag) o. J.

Ivan Paulson, Äke Hultkrantz, Karl Jettmar, Die Religionen Nordeurasiens und der amerikanischen Arktis. Die Religionen der Menschheit 3, Stuttgart (Kohlhammer) 1962.

Ansgar Paus (Hrsg.), Grenzerfahrung Tod, Graz/Wien/Köln (Styria) 1976.

Rainer Piepmeier, Aporien des Lebensbegriffs seit Oetinger, Freiburg/München (Alber) 1978.

Pindar, Siegesgesänge und Fragmente, München (Heimeran) o. J.

Platon, Phaidon, übers. v. F. Schleiermacher, Stuttgart (Reclam) 1950.

Platon, Phaidon, Politeia, Sämtliche Werke 3, übers. v. F. Schleiermacher, Reinbek (Rowohlt) 1958.

Platon, Phaidros, Sämtliche Werke 4, übers. v. F. Schleiermacher), Reinbek (Rowohlt) 1958.

Platon, Sämtliche Werke Bd. 3, hrsg. v. Walter F. Otto u. a., übers. v. F. Schleiermacher, Reinbek (Rowohlt) 1967[11].

Plotin, Ausgewählte Einzelschriften: Das Schöne – Das Gute – Entstehung und Ordnung der Dinge, Hamburg (Meiner) 1956.

Plotin, Über Ewigkeit und Zeit, Enneade III[7], Frankfurt (V. Klostermann) 1967.

Gernot Prunner, Symbolik des chinesischen Universums, Tafelband, Stuttgart (A. Hiersemann) 1968.

Paul Radin, Die religiöse Erfahrung der Naturvölker, Zürich (Rhein-Verlag) 1951.

Siegfried Raguse, Was erwartet uns nach dem Tode? 24 Darstellungen von Religionen und Konfessionen, 1983.

Josef Ratzinger, Eschatologie – Tod und ewiges Leben, Regensburg (Pustet) 1978.

Karl Reinhardt, Parmenides und die Geschichte der griechischen Philosophie, Frankfurt (V. Klostermann) 1959[2].

Richard Reitzenstein, Die hellenistischen Mysterienreligionen, Darmstadt (Wissenschaftliche Buchgesellschaft) 1956[4].

Helmar Ringgren, Israelitische Religion. Die Religionen der Menschheit 26, Stuttgart (Kohlhammer) 1963.

Sogyal Rinpoche, Das tibetanische Buch vom Leben und vom Sterben, Bern/ München/Wien (Scherz/O. W. Barth) 1993[4].

Trungpa Rinpoche/Francesca Fremantle, Das Tibetanische Totenbuch, Köln (Diederichs) 1975.

Friedrich Rittelmeyer, Gemeinschaft mit den Verstorbenen, Stuttgart (Urachhaus) 1938 [1961[2]].

Richard H. Robinson/Willard L. Johnson, The Buddhist Religion, Eucino and Belmont (Dickenson) 1977[2].

Erwin Rohde, Psyche, 2 Bde., Darmstadt (Wissenschaftliche Buchgesellschaft) 1961.

Dietrich Roloff, Gottähnlichkeit, Vergöttlichung und Erhöhung zu seligem Leben, Berlin (W. de Gruyter) 1970.

Kurt Rudolph, Die Gnosis. Wesen und Geschichte einer spätantiken Religion, Göttingen (Vandenhoeck) 1990[3] [UTB 1577].

Kurt Ruh, Geschichte der abendländischen Mystik, Bd. 1, München (C. H. Beck) 1990.

Hans-Jürgen Ruppert, Durchbruch zur Innenwelt. Spirituelle Impulse aus New Age und Esoterik in kritischer Beleuchtung, Stuttgart (Quell) 1988.

Erich und Annemarie Ruprecht, Tod und Unsterblichkeit, Bd. 2: Vom Realismus bis zur Gegenwart, Stuttgart (Urachhaus) 1993.

Ekkart Sauser, Symbolik der katholischen Kirche, Tafelband, Stuttgart (A. Hiersemann) 1966.

Umberto Scerrato, Islam, Wiesbaden (Ebeling) 1974.

Hans Schärer, Die Gottesidee der Ngadju Dajak in Süd-Borneo, Leiden (E. J. Brill) 1946.

Hans Schärer, Der Totenkult der Ngadju Dajak in Süd-Borneo, Bd. 1–3, Leiden/'s-Gravenhage (Nijoff) 1966.

Georg Scheja, Der Isenheimer Altar, Köln (Du Mont) 1969.

Werner Schilling, Einst Konfuzius, heute Mao Tse-Tung, Weilheim (O. W. Barth) 1971.

Annemarie Schimmel, Mystische Dimensionen des Islam, Köln (Diederichs) 1985.

Dies. u. a., Der Islam: III Islamische Kultur – Zeitgenössische Strömungen – Volksfrömmigkeit. Die Religionen der Menschheit 25/3, Stuttgart (Kohlhammer) 1990.

Dieter Schlingloff, Die Religion des Buddhismus I. Der Heilsweg des Mönchtums, Sammlung Göschen 174, Berlin (W. de Gruyter) 1962.

Bernfried Schlerath, Zarathustra, Wege der Forschung CLXIX, Darmstadt (Wissenschaftliche Buchgesellschaft) 1970.

Gerhardt Schmidt, Aufklärung und Metaphysik, Tübingen (Niemeyer) 1965.

Hartmut Schmökel (Hrsg.), Kulturgeschichte des Alten Orient, Stuttgart (Kröner) 1961.

Wilhelm Schneemelcher, (Edgar Hennecke †), Neutestamentliche Apokryphen, Bde. 1 und 2, Tübingen (J. C. B. Mohr) 1990[6]/1964[3].

Siegfried Schulz, Die Stunde der Botschaft, Hamburg (Furche Verlag) 1967.

Ders., Das Evangelium nach Johannes, NTD 4, Göttingen (Vandenhoeck & Ruprecht), 1972.

Hans Wolfgang Schumann, Buddhismus, Olten/Freiburg (Walter) 1976.

Ders., Buddhistische Bilderwelt, Käln (Diederichs) 1986.

Günter Schüttler, Die Erleuchtung im Zen-Buddhismus, Freiburg/München (K. Alber) 1974.

Albert Schweitzer, Geschichte der Leben-Jesu-Forschung, München/Hamburg (Siebenstern) 1966: 77–80.

Shindai Sekiguchi, Was ist Zen? Rüschlikon-Zürich, Stuttgart/Wien (Müller) 1974.

L. Annaeus Seneca, Philosophische Schriften, Bd. 2, Darmstadt (Wissenschaftliche Buchgesellschaft) 1983.

Idries Shah, Die Sufis, Düsseldorf/Köln (Diederichs) 1976.

Eberhard Simons, Art. Transzendenz, in: Handbuch philosophischer Grundbegriffe Bd. 6, hrsg. v. Hermann Krings u. a., München (Kösel) 1974, 1540–56 [Studienausgabe].

Peter Sloterdijk/Thomas H. Macho (Hrsg.), Weltrevolution der Seele, 2 Bde., Zürich (Artemis) 1991.

Sophokles, Tragödien und Fragmente, München (Heimeran) 1966.

B. Spuler (Hrsg.), Religionsgeschichte des alten Orients, Handbuch der Orientalistik, 1. Abtlg., 8. Band, Lieferung 1, Leiden/Köln (E. J. Brill) 1964.

Josef Staudinger, Das Jenseits, Einsiedeln/Köln (Benziger) 1941[2].

Rudolf Steiner, Philosophie und Anthroposophie (1904–1918), Dornach (Verlag der Rudolf-Steiner-Nachlaßverwaltung) 1965.

Ders., Die Wirklichkeit der höheren Welten, Zürich (Ex Libris) 1972.

Ders., Wie erlangt man Erkenntnisse der höheren Welten. Metamorphosen des Seelenlebens, Zürich (Ex Libris) 1974.

Waldemar Stöhr/Piet Zoetmulder, Die Religionen Indonesiens. Die Religionen der Menschheit 5/1, Stuttgart (Kohlhammer) 1965.

Johannes Straub, Die Himmelfahrt des Iulianus Apostata, in: Antonie Wlosok (Hrsg.), Römischer Kaiserkult. Wege der Forschung CCCLX–XII, Darmstadt (Wissenschaftliche Buchgesellschaft) 1978: 528–550.

Hermann Strauss/Herbert Tischner, Die Mi-Kultur der Hagenberg-Stämme im östlichen Zentral-Neuguinea, Hamburg (Cram/W. de Gruyter) 1962.

Äke V. Ström/Harald Biezais, Germanische und Baltische Religion. Die Religionen der Menschheit 19/1, Stuttgart (Kohlhammer) 1975.

Jenseitsvorstellungen in Antike und Christentum. Gedenkschrift für Alfred Stuiber, 1982.

Josef Sudbrack, Neue Religiosität, Mainz (Matthias Grünewald-Verlag) 1987.

Daisetz Teitaro Suzuki, Die große Befreiung, Frankfurt (Fischer) 1975.

Ders., Zen und die Kultur Japans, Hamburg (Rowohlt) 1958.

Emanuel von Swedenborg, Über das Leben nach dem Tode. Eine christliche Jenseitsschau.

Visionen und Anditionen (aus: Himmel und Hölle nach Gehörtem und Geschenem) Zürich (Swedenborg-Verlag) o. J.

Fritz Taeger, Charisma, 2 Bde., Stuttgart (Kohlhammer) 1957/1960.

Hajime Tanabe, Todesdialektik, in: G. Neske (Hrg.), Martin Heidegger zum siebzigsten Geburtstag (Festschrift), Pfullingen (Neske) 1959: 93–133.

Josef Franz Thiel (Hrsg.), Der Tod – Ende oder Tor zum Leben? Tod und Jenseitsvorstellungen der Völker, Frankfurt a. M. (Museum für Völkerkunde) 1990.

Guiseppe Tucci/Walter Heissig, Die Religionen Tibets und der Mongolei. Die Religionen der Menschheit 20, Stuttgart (Kohlhammer) 1970.

Philipp Vielhauer, Geschichte der urchristlichen Literatur, Berlin/New York (de Gruyter) 1975.

Herbert Vorgrimler, Geschichte der Hölle, München/Zürich (W. Fink/Verlag NZZ) 1993.

Claude Vorilhon «Rael», Die Botschaft der Außerirdischen, Wien (Sensn-Verlag) 1985.

Ders., Die Außerirdischen haben mich auf ihren Planeten mitgenommen, Weiden (Verlag der Rael-Bewegung) 1990.

Frits Vos, Die Religion Koreas. Die Religionen der Menschheit 22/1, Stuttgart (Kohlhammer) 1977.

Jan de Vries, Altgermanische Religionsgeschichte, 2 Bde., Berlin (W. de Gruyter) 1956²/1957².

Ders., Keltische Religion. Die Religionen der Menschheit 18, Stuttgart (Kohlhammer) 1961.

Waley-el-dine-Sameh, Alltag im alten Ägypten, München (G. D. W. Callwey) 1963.

W. Montgomery Watt/Alford T. Welch, Der Islam: I Mohammed und die Frühzeit – Islamisches Recht – Religiöses Leben. Die Religionen der Menschheit 25/1, Stuttgart (Kohlhammer) 1980.

Ders./Michael Marmura, Der Islam: II. Politische Entwicklungen und theologische Konzepte. Die Religionen der Menschheit 25/2, Stuttgart (Kohlhammer) 1985.

Carl Wickland, Dreißig Jahre unter den Toten, Remagen (Der Leuchter, Otto Reichl Verlag) 1957.

Geo Widengren, Iranische Geisteswelt von den Anfängen bis zum Islam, Baden-Baden (Holle/Bertelsmann) 1961.

Ders., Die Religionen Irans. Die Religionen der Menschheit 14, Stuttgart (Kohlhammer) 1965.

Ders., Religionsphänomenologie, Berlin (W. de Gruyter) 1969.

Ken Wilber, Das Spektrum des Bewußtseins, Bern/München/Wien (Scherz) 1987.

Peter L. Wilson, Engel, Stuttgart u. a. (W. Kohlhammer) 1989.

Antonie Wlosok (Hrsg.), Römischer Kaiserkult. Wege der Forschung CCCLX–XII, Darmstadt (Wissenschaftliche Buchgesellschaft) 1978.

Hans Wolf, Griechische Götter, München (Piper) 1971.

Walther Wolf, Kulturgeschichte des alten Ägypten, Stuttgart (Kröner) 1962.

Peter Worsley, Die Posaune wird erschallen. ‹Cargo›-Kulte in Melanesien, Frankfurt (Suhrkamp) 1973.

Munemoto Yanagi u. a., Byzanz, Luzern/Stuttgart (Kunstkreis) 1976.

Robert C. Zaehner, Der Hinduismus, München (Goldmann) 1964.

Heinrich Zimmer, Philosophie und Religion Indiens, Frankfurt (Suhrkamp stw 26) 1973.

Philipp Zimmermann, Kuala Kuron. Studien zur Religion der Ngadju-Dajak in Südborneo, in: Ethnologica, Neue Folge Bd. 4, Köln (E. J. Brill) 1968: 314–393.

Friedo Zölzer, Leben und Lehre Zarathustras nach dem Gathas, Würzburg (Königshausen und Neumann) 1979.

Jürgen Zwernemann, Die Erde in Vorstellungswelt und Kultpraktiken der sudanischen Völker, Berlin (D. Reimer) 1968.

Namenregister
(Personen, Götter, Stämme bzw. Völker)